浙江省统计局 国家统计局浙江调查总队 · 编
ZHEJIANG STATISTICS BUREAU NBS SURVEY OFFICE IN ZHEJIANG

2019 浙江统计年鉴

ZHEJIANG STATISTICAL YEARBOOK

中国统计出版社
China Statistics Press

图书在版编目（CIP）数据

浙江统计年鉴. 2019 / 浙江省统计局, 国家统计局浙江调查总队编. -- 北京 : 中国统计出版社, 2019.9
ISBN 978-7-5037-8922-9

Ⅰ. ①浙… Ⅱ. ①浙… ②国… Ⅲ. ①统计资料 – 浙江 – 2019 – 年鉴 Ⅳ. ①C832.55-54

中国版本图书馆CIP数据核字(2019)第185735号

浙江统计年鉴——2019

作　　者/ 浙江省统计局 国家统计局浙江调查总队
责任编辑/ 钟　钰
责任校对/ 胡　东
装帧设计/ 罗贤军
出版发行/ 中国统计出版社有限公司
地　　址/ 北京市丰台区西三环南路甲6号　　邮政编码/ 100073
电　　话/ 邮购（010）63376909　书店（010）68783171
网　　址/ http://www.zgtjcbs.com
印　　刷/ 杭州嘉业印务有限公司
经　　销/ 新华书店
开　　本/ 890mm × 1240mm 1/16
字　　数/ 1350千字
印　　张/ 41
印　　数/ 1-1700册
版　　别/ 2019年9月第1版
版　　次/ 2019年9月第1次印刷
定　　价/ 498.00元　　Price: 498 yuan(RMB)

本书附同版本CD-ROM一张，光盘内容以书面文字为准。
如有印装差错，由本社发行部调换。

《浙江统计年鉴—2019》编辑委员会和编辑部

Editorial Board and Editorial Department of Zhejiang Statistical Yearbook–2019

·编辑说明·

一、《浙江统计年鉴-2019》是一部全面反映浙江国民经济和社会发展情况的资料性年刊，本年鉴收录了浙江及各市、县2018年经济和社会各方面大量的统计数据，以及改革开放以来浙江主要统计数据。

二、全书内容分为18部分，即：1.综合；2.人口和就业人员；3.固定资产投资；4.价格；5.人民生活；6.农业；7.工业和能源；8.建筑业；9.交通运输和邮电通信业；10.批发、零售贸易和餐饮业；11.对外经济贸易和旅游；12.财政、金融和保险；13.城市建设和生态环境；14.教育、科技、专利、测绘和标准计量；15.文化、体育和卫生；16.档案、司法、社会福利和工会组织；17.各市、县国民经济主要指标；18.附录（信心指数、投入产出表）。为便于读者使用，部分统计表下作了简要注释，每篇章后附有《主要统计指标解释》。

三、本年鉴对过去发表的统计资料重新予以核实，凡与本年鉴数据有出入的，以本年鉴为准。

四、本年鉴凡带续表的资料，如有注解均注在最后一张续表的下方。

五、本年鉴中符号使用说明："…"表示数据不足本表最小单位数；"#"表示其中主要项；"空格"表示该项统计指标数据不详或无该项数据。

《浙江统计年鉴》自公开出版以来，受到了社会各界的关心和支持，对年鉴编辑工作提出了许多宝贵意见，对此我们深表谢意。为进一步提高统计年鉴的编辑水平，欢迎读者继续对年鉴的不足之处给予批评和指正。

· Preface ·

Zhejiang Statistical Yearbook 2019 is an annual statistics publication,which contains very comprehensive statistics of Zhejiang' s social and economic development in 2018 and selected data since China adopted the policy of reforming and opening to the outside world.

The yearbook is composed of 18 parts.1.General Survey 2.Population and Employment 3.Investment in Fixed Assets 4.Prices 5 People' s Livelihood 6.Agriculture 7.Industry and Energy 8.Construction 9.Transportation,Posts and Telecommunications 10.Wholesale and Retail Sale Trade and Catering Trade 11.Foreign Economy and Trade, Tourism 12.Public Finance,Banking and Insurance 13.City Construction and Environment 14.Education,Science,Patent,Surveying and Mapping and Standard Calculating 15.Culture,Sports and Public Health 16.Archives,Judicature,Social Welfare and Labour Union 17.Major Indicators of National Economy by City and County 18.Appendix (Confidence Index,Input Output table) .In addition,brief notes are placed at lower part of some tables and explanatory notes on main indicators are provided at end of each part.

The statistics in former statistical yearbook have already been checked. The data in Zhejiang statistical yearbook 2019 shall be regarded as authentic ones.The footnotes are placed at the last page,if the table is a continued one.

Notations used in this yearbook:

"…" indicates that the figure is not large enough to be measured with the smallest unit in the table. "#" indicates the major items of the total. "blank" indicates that the data is unavailable.

Since published openly ,Previous Editions of Zhejiang Statistics Yearbook have enjoyed wide concern and support,all circles have made many valuable suggestions, and we express heartfelt thanks. In order to improve yearbook editorial level,we welcome all candid comments and criticism from our readers.

目录
CONTENTS

一、综 合
Chapter 1 GENERAL SURVEY

二、人口和就业人员
Chapter 2 POPULATION AND EMPLOYMENT

三、固定资产投资
Chapter 3 INVESTMENT IN FIXED ASSETS

四、价格
Chapter 4 PRICES

五、人民生活
Chapter 5 PEOPLE’S LIVELIHOOD

六、农业
Chapter 6 AGRICULTURE

七、工业和能源
Chapter 7 INDUSTRY AND ENERGY

八、建筑业
Chapter 8 CONSTRUCTION

九、交通运输和邮电通信业
Chapter 9 TRANSPORTATION,POSTS AND TELECOMMUNICATIONS

十、批发、零售贸易和餐饮业
Chapter 10 WHOLESALE AND RETAIL TRADE AND CATERING TRADE

十一、对外经济贸易和旅游
Chapter 11 FOREIGN ECONOMY AND TRADE,TOURISM

十二、财政、金融和保险
Chapter 12 PUBLIC FINANCE，BANKING AND INSURANCE

十三、城市建设和环境保护
Chapter 13 CITY CONSTRUCTION AND ENVIRONMENT

十四、教育、科技、专利、测绘和标准计量
Chapter 14 EDUCATION,SCIENCE,PATENT,SURVEYING AND MAPPING AND STANDARD CALCULATING

十五、文化、体育和卫生
Chapter 15 CULTURE，SPORTS AND PUBLIC HEALTH

十六、档案、司法、社会福利和工会组织
Chapter 16 ARCHIVES,JUDICATURE,SOCIAL WELFARE AND LABOUR UNION

十七、各市、县国民经济主要经济指标
Chapter 17 MAJOR INDICATORS OF NATIONAL ECONOMY BY CITY，PREFECTURE AND COUNTY

2019
浙江统计年鉴
ZHEJIANG STATISTICAL YEARBOOK

CHAPTER 1

综 合
General Survey

1-1 国民经济和社会发展总量与速度
Main Aggregate Indicators of National Economic and Social Development and Their Related Indices

指标		Item		1978	2000	2010	2011	2012
人口		**Population**						
年末常住人口	(万人)	Total Population with Permanent Residence	(10000 persons)		4679.91	5446.51	5463.00	5477.00
年末就业人员数	**(万人)**	**Year-end Employment**	**(10000 persons)**	**1794.96**	**2726.09**	**3636.02**	**3674.11**	**3691.24**
全省生产总值	**(亿元)**	**Gross Domestic Product**	**(100 million yuan)**	**123.72**	**6141.03**	**27747.65**	**32363.38**	**34739.13**
第一产业		Primary Industry		47.09	630.98	1360.56	1583.04	1667.88
第二产业		Secondary Industry		53.52	3273.93	14187.36	16331.27	17000.09
第三产业		Tertiary Industry		23.11	2236.12	12199.74	14449.07	16071.16
人均生产总值	**(元)**	**Per Capital GDP**	**(yuan)**	**331**	**13415**	**51758**	**59331**	**63508**
交通运输		Transportation						
旅客周转量	(亿人公里)	Turnover Volume of Passenger Traffic	(100 million passenger-km)	66.68	606.73	1250.74	1296.25	1317.58
货物周转量	(亿吨公里)	Turnover Volume of Freight Traffic	(100 million ton-kil)	164.19	1199.74	7117.04	8634.82	9183.30
固定资产投资总额	**(亿元)**	**Investment in Fixed Assets**	**(100 million yuan)**			**11451.98**	**14077.25**	**17095.96**
财政收支		**Finance**						
财政总收入	(亿元)	Financial Revenue	(100 million yuan)	27.45	658.42	4895.41	5925.00	6408.49
#地方财政收入	(亿元)	Local Financial Revenue	(100 million yuan)	27.45	342.77	2608.47	3150.80	3441.23
财政支出	(亿元)	Financial Expenditure	(100 million yuan)	17.43	431.30	3207.88	3842.59	4161.88

2013	2014	2015	2016	2017	2018	指数 Indices(2018 年为以下各年%)(2018 as Percentage of the Following Years)			1979－2018 年平均增长(%)Average Annual Growth Rate (%)	2014－2018 年平均增长(%)Average Annual Growth Rate (%)
						1978	2013	2017		
5498.00	5508.00	5539.00	5590.00	5657.00	5737.00		104.3	101.4		0.9
3708.73	**3714.15**	**3733.65**	**3760.00**	**3796.00**	**3836.00**	**213.7**	**103.4**	**101.1**	**1.9**	**0.7**
37756.58	**40173.03**	**42886.49**	**47251.36**	**51768.26**	**56197.15**	**9068.4**	**144.2**	**107.1**	**11.9**	**7.6**
1760.34	1777.18	1832.91	1965.18	1933.92	1967.01	415.2	110.6	101.9	3.6	2.0
18047.52	19175.06	19711.67	21194.61	22232.08	23505.88	17532.7	135.7	106.7	13.8	6.3
17948.72	19220.79	21341.91	24091.57	27602.26	30724.26	12642.1	156.2	107.8	12.9	9.3
68805	**73002**	**77644**	**84916**	**92057**	**98643**	**5948.5**	**138.9**	**105.7**	**10.8**	**6.8**
1025.10	1056.99	1092.53	1074.99	1096.04	1103.66	1655.2	107.7	100.7	7.3	1.5
8949.57	9548.09	9868.98	9788.76	10105.81	11537.91	7027.2	128.9	114.2	11.2	5.2
20194.07	**23554.76**	**26664.72**	**29571.00**	**31125.99**			**170.3**	**107.1**		**11.2**
6908.41	7521.70	8549.47	9225.07	10301.16	11705.82	42644.2	169.4	113.6	16.3	11.1
3796.92	4122.02	4809.94	5301.98	5804.38	6598.08	24036.7	173.8	113.7	14.7	11.7
4730.47	5159.57	6645.98	6974.25	7530.32	8627.51	49498.0	182.4	114.6	16.8	12.8

续表 Continued

指标		Item		1978	2000	2010	2011	2012
贸易		**Trade**						
社会消费品零售总额	(亿元)	Total Retail Sales of Consumer Goods	(100 million yuan)	46.86	2553.59	10387.02	12532.80	14199.59
进出口总额	(亿美元)	Total Imports and Exports Value	(USD100 million)	0.70	278.33	2535.33	3093.78	3124.03
#出口总额	(亿美元)	Total Exports Value	(USD100 million)	0.52	194.43	1804.65	2163.49	2245.19
价格指数		**Price Indices**						
居民消费价格指数(上年=100)		General Consumer Price Index			101.1	103.8	105.4	102.2
城乡居民收入		**Living Standard**						
城镇居民人均可支配收入	(元)	Per Capital Disposable Income of Urban Households	(yuan)	332	9279	27359	30971	34550
农村居民人均可支配收入	(元)	Per Capital Disposable Income of Rural Households	(yuan)	165	4254	11303	13071	14552
教育和文化		**Education and Culture**						
高等学校在校学生数	(万人)	Students Enrollment in Institutions of Higher Education	(10000 persons)	2.4	22.2	93.3	95.9	98.7
普通中学在校学生数	(万人)	Student Enrollment in Regular Secondary Schools	(10000 persons)	214.7	249.6	255.2	244.5	236.9
小学在校学生数	(万人)	Students Enrollment in Primary Schools	(10000 persons)	501.4	353.8	333.3	344.1	346.7
报纸出版数量	(万份)	Number of Newspapers Published	(10000 copies)	24080	173526	325048	359090	347100
杂志出版数量	(万份)	Number of Magazines Published	(10000 copies)	393	8736	7201	8001	8312
图书出版数量	(万份)	Number of Magazines Published	(10000 copies)	12033	27014	28179	32608	37250

注：1.本表价值量指标按当年价格计算,发展速度按可比价格计算。
2.城镇居民人均可支配收入,农村居民人均可支配收入发展速度均已扣除价格变动因素。
3.2013年起交通运输指标按新口径统计。
4.从2013年起,国家统计局开展了城乡一体化住户收支与生活状况调查,与2013年前的分城镇和农村住户调查的调查范围、调查方法、指标口径有所不同(以后各表同)。农村居民人均可支配收入2013年前为农村居民人均纯收入。

2013	2014	2015	2016	2017	2018	指数 Indices(2018 年为以下各年%)(2018 as Percentage of the Following Years) 1978	2013	2017	1979－2018 年平均增长(%)Average Annual Growth Rate (%)	2014－2018 年平均增长(%)Average Annual Growth Rate (%)
15970.84	17835.34	19784.74	21970.79	24308.48	25007.90	53367.3	156.6	102.9	17.0	9.4
3357.89	3550.49	3467.84	3365.00	3779.07	4324.77	617824.3	128.8	114.4	24.4	5.2
2487.46	2733.29	2763.32	2678.64	2868.91	3211.55	617604.9	129.1	111.9	24.4	5.2
102.3	102.1	101.4	101.9	102.1	102.3		110.1	102.3		2.0
37080	40393	43714	47237	51261.00	55574	2074.7	136.1	106.0	7.9	6.4
17494	19373	21125	22866	24956.00	27302	2476.5	141.7	107.0	8.4	7.2
101.7	103.9	105.5	106.3	107.70	110.2	4591.7	108.4	102.3	10.0	1.6
232.2	229.0	225.3	226.9	233.20	238.4	111.0	102.7	102.2	0.3	0.5
349.6	354.5	357.0	355.0	354.00	360.6	71.9	103.1	101.9	-0.8	0.6
346280	337367	283634	261658	230830	211181	877.0	61.0	91.5	5.6	-9.4
8149	7765	7719	7690	7534	7366	1874.2	90.4	97.8	7.6	-2.0
38491	36971	36663	39894	39919	41810	347.5	108.6	104.7	3.2	1.7

1. Figures in value terms are calculated at current price, while the indices and growth rates are calculated at comparable price.
2. Urban per capita disposable income and rural per capita disposable income growth factors have been deducted price change.
3. The data of transportation are adjusted since 2013.
4. National Bureau of Statistics of China strted an integrated households income and expenditure survey, including both urban and rural households since 2013. The coverage, the methodology and definitions used in the survey has been changed compared with before. The same applies to the relevant tables following. The data of per capita disposable income of rural households refer to the per capita net income of rural households before 2013.

1－2 国民经济社会发展结构指标
Structural Indicators on National Economic and Social Develpoment

单位:%(%)

指标	Item	1978	2000	2010	2011	2012	2013	2014	2015	2016	2017	2018
人口	**Population**											
城乡结构	Urban and Rural Structure											
城镇	Urban	14.5	48.7	61.6	62.3	63.2	64.0	64.9	65.8	67.0	68.0	68.9
乡村	Rural	85.5	53.3	38.4	37.7	36.8	36.0	35.1	34.2	33.0	32.0	31.1
性别结构	Sexual											
男	Male	51.9	51.5	51.4	51.3	51.5	50.7	51.3	51.2	51.3	51.2	51.2
女	Female	48.1	48.5	48.6	48.7	48.5	49.3	48.7	48.8	48.7	48.8	48.8
就业	**Employment**											
产业结构	Industrial Structure											
第一产业	Primary Industry		35.6	16.0	14.6	14.1	13.7	13.5	13.2	12.4	11.8	11.4
第二产业	Secondary Industry		35.5	49.8	50.9	51.0	50.0	49.7	48.3	47.4	46.2	45.1
第三产业	Tertiary Industry		29.0	34.2	34.6	34.9	36.3	36.8	38.5	40.2	42.0	43.5
国民核算	**National Accounting**											
生产总值产业结构	Industrial Structure of GDP											
第一产业	Primary Industry	38.1	10.3	4.9	4.9	4.8	4.7	4.4	4.3	4.2	3.7	3.5
第二产业	Secondary Industry	43.3	53.3	51.1	50.5	48.9	47.8	47.7	46.0	44.8	43.0	41.8
第三产业	Tertiary Industry	18.7	36.4	44.0	44.6	46.3	47.5	47.9	49.8	51.0	53.3	54.7
居民消费结构	Structure of Resident Consumption											
农村居民	Rural Consumption	75.3	39.6	30.3	31.5	32.7	33.9	34.9	37.4	38.5	38.0	
城镇居民	Urban Consumption	24.7	60.4	69.7	68.5	67.3	66.1	65.1	62.6	61.5	62.0	
固定资产投资结构	Structure of Investment in Fixed Assets											
国有	State－owend			33.9	31.6	31.4	31.5	30.8	33.8	38.6	37.1	

续表 1 Continued

单位:%(%)

指标	Item	1978	2000	2010	2011	2012	2013	2014	2015	2016	2017	2018
非国有	Non – state – owend			66.1	68.4	68.6	68.5	69.2	66.2	61.4	62.9	
财政	**Government Finance**											
财政收入结构	Strucure of Government Revenue											
中央	Central Enterprises		47.9	46.7	46.8	46.3	45.0	45.2	43.7	42.8	43.7	43.6
地方	Local Governments		52.1	53.3	53.2	53.7	55.0	54.8	56.3	57.2	56.3	56.4
产业	**Industrial**											
农业	**Agriculture**											
农林牧副渔业产值结构	Structure of Gross Output Value of Agriculture											
农业	Farming	77.4	49.3	47.9	45.4	46.3	47.1	48.7	48.9	47.9	48.3	48.1
林业	Forestry	3.0	5.2	5.5	5.3	5.3	5.0	5.2	5.2	5.2	5.5	5.6
牧业	Animal Husbandry	14.3	17.4	20.6	21.6	20.7	19.3	16.6	14.5	15.0	12.0	10.5
渔业	Fishery	5.3	28.1	24.0	25.9	25.8	26.7	27.4	29.2	29.6	31.7	33.0
农林牧渔服务产值	Services for Agriculture			1.9	1.8	1.9	1.9	2.1	2.2	2.3	2.5	2.8
工业	**Industry**											
规模以上工业总产值结构	Structure of Gross Output Value of Industry Above Designated Size											
轻工业	Light Industry	60.2	54.1	40.7	38.9	39.3	39.3	38.8	39.6	39.0	37.8	35.5
重工业	Heavy Industry	39.8	45.9	59.3	61.1	60.7	60.7	61.2	60.4	61.0	62.2	64.5
建筑业	**Construction**											
建筑业总产值结构	Structure of Gross Output Value of Construction											
国有企业	State – owned Enterprises		10.6	1.0	1.1	1.1	0.6	0.4	0.3	0.3	0.2	0.3
集体企业	Collective Owned Enterprises		28.6	1.1	1.0	1.1	0.9	0.8	0.9	0.9	0.9	1.0
其他	Others		60.8	97.9	97.9	97.8	98.5	98.8	98.8	98.8	98.9	98.7

续表 2 Continued 单位:%(%)

指标	Item	1978	2000	2010	2011	2012	2013	2014	2015	2016	2017	2018
交通运输业	**Transportation**											
货运量结构	Structure of Freight Traffic											
按运输方式分	By Means of Transportation											
铁路	Railways	16.7	2.6	2.3	2.3	2.0	2.1	1.8	1.7	1.5	1.5	1.4
公路	Highways	31.8	73.5	60.6	58.5	59.4	57.1	60.1	61.1	62.3	62.8	62.0
水运	Waterways	51.5	23.9	37.1	39.2	38.6	40.8	38.1	37.3	36.2	35.7	36.6
国内商业	**Domestic Trade**											
社会消费品零售总额构成	Composition of Retail Sales of Comsumer Goods											
城镇	Urban			88.0	84.2	84.3	83.9	83.7	83.5	83.2	83.0	82.7
乡村	Rural			12.0	15.8	15.7	16.1	16.3	16.5	16.8	17.0	17.3
对外经济贸易	**Foreign Trade**											
出口商品结构	Structure of Exports											
初级产品	Primary Goods		10.1	3.5	4.1	4.5	4.2	3.4	3.0	2.9	2.9	3.2
工业制成品	Manufactured Goods		89.9	96.5	95.9	95.5	95.8	96.6	97.0	97.1	97.1	96.8
进口商品结构	Structure of Imports											
初级产品	Primary Goods		24.2	26.3	30.0	31.2	32.8	34.1	33.9	36.3	37.2	36.4
工业制成品	Manufactured Goods		75.8	73.7	70.0	68.8	67.2	65.9	66.1	63.7	62.8	63.6
国际旅游	**International Tourism**											
来华旅游人数结构	Structure of Tourists											
外国人	Foreigners		57.2	65.3	66.6	65.9	66.6	66.0	66.4	65.3	66.1	70.8
港澳台同胞	Hong Kong and Macao Compatriots Taiwan Compatriots		42.8	34.7	33.4	34.1	33.4	34.0	33.6	34.7	33.9	29.2
教育、科技、文化	**Education, Science and Culture**											
在校学生结构	Structure of Student Enrollment											
大学生	College and University Students		3.2	13.7	14.0	14.5	14.9	15.1	15.3	15.4	15.5	15.5
中学生	Secondary School Students		43.9	37.4	35.7	34.7	34.0	33.3	32.8	33.0	33.6	33.6
小学生	Primary School Students		52.9	48.9	50.3	50.8	51.1	51.6	51.9	51.6	50.9	50.8
专任教师结构	Full-time Teachers By Type											
大学	University	1.9	5.8	12.6	12.8	13.0	13.3	13.4	12.4	13.4	13.5	13.4
中学	Secondary School	36.3	45.2	45.1	44.6	44.0	43.3	42.6	47.1	42.2	42.1	42.0
小学	Primary School	61.8	49.0	42.3	42.6	43.0	43.4	44.0	40.5	44.4	44.4	44.6

续表 3　Continued　　单位:%(%)

指标	Item	1978	2000	2010	2011	2012	2013	2014	2015	2016	2017	2018
生活	**People's Livelihood**											
城镇居民消费结构	Consumption Structure of Urban Residents											
食品	Food		39.2	34.3	34.6	35.1	28.2	28.3	28.2	28.2	27.9	27.1
衣着	Clothing		8.1	10.1	10.5	9.8	7.6	7.3	7.1	6.3	6.0	6.4
家庭设备用品及服务	Household Facilities, Articles and Services		9.4	5.1	5.4	5.4	5.1	4.9	4.8	4.7	5.1	5.7
医疗保健	Medical Services		7.7	5.8	6.1	5.7	5.3	5.6	5.4	5.6	5.9	6.6
交通和通讯	Transportation and Communications		8.9	19.2	18.2	19.2	15.0	16.5	16.6	17.0	15.5	14.5
娱乐教育、文化	Recreation, Education and Culture		13.1	14.5	13.8	13.9	9.9	9.7	10.3	11.5	11.0	10.6
居住	Residence		8.6	7.9	7.4	7.2	26.2	25.3	25.2	24.6	26.4	26.5
其他商品和服务	Others		5.1	3.1	4.0	3.7	2.7	2.3	2.4	2.1	2.2	2.6
农村居民消费结构	Consumption Structure of Rural Residents											
食品	Food		43.5	35.5	37.6	37.7	31.8	31.9	31.1	31.8	31.0	30.3
衣着	Clothing		5.2	6.3	6.9	7.1	6.3	6.1	5.9	5.5	5.3	5.2
家庭设备用品及服务	Household Facilities, Articles and Services		4.5	4.8	5.5	5.5	5.1	5.1	5.1	5.0	4.7	5.3
医疗保健	Medical Services		6.2	7.8	8.8	7.2	7.6	7.4	7.7	6.8	7.6	8.3
交通和通讯	Transportation and Communications		8.5	12.7	13.1	14.3	15.6	15.6	15.9	17.7	17.1	15.0
娱乐教育、文化	Recreation, Education and Culture		10.2	9.5	8.6	8.6	9.5	9.3	9.2	9.3	8.8	9.1
居住	Residence		18.0	21.4	17.2	17.3	22.1	22.8	23.2	22.3	24.1	25.3
其他商品和服务	Others		3.9	2.0	2.3	2.3	1.9	1.8	1.9	1.6	1.5	1.6

注：工业总产值 1978－1995 为乡及乡以下独立核算工业企业,2000－2015 年为规模以上工业企业。
The gross industrial output value from 1978 to 1995 is calculated by industrial enterprises at township level and above, and the figures from 2000 to 2015 refers to industrial enterprises above designated size.

1－3 人均主要工农业产品产量(1978－2018年)
Per Capita Output of Major Industrial and Agricultural Products(1978－2018)

年份 Year	粮食 (公斤) Grain (kg)	棉花 (公斤) Cotton (kg)	油料 (公斤) Oil－bearing Crops (kg)	糖料 (公斤) Sugar Crops (kg)	茶叶 (公斤) Tea (kg)	水果 (公斤) Fruit (kg)	猪牛羊肉 (公斤) Pork,Beef and Mutton (kg)	水产品 (公斤) Aquatic Products (kg)
1978	393.44	1.95	5.92	17.20	1.57	3.92	11.33	23.47
1980	376.81	2.18	7.58	15.43	1.98	5.91	18.52	21.46
1985	404.18	2.03	11.02	27.43	2.32	11.12	19.10	26.13
1986	396.34	1.87	10.60	32.63	2.58	12.85	20.03	28.94
1987	387.97	1.60	9.68	26.56	2.83	17.32	18.60	30.52
1988	374.78	1.05	10.39	20.01	3.09	12.45	19.56	30.92
1989	371.01	1.00	9.14	16.74	2.81	23.57	19.67	30.84
1990	375.68	1.52	11.45	14.87	2.77	25.35	20.28	32.92
1991	386.05	1.77	10.72	16.19	2.69	31.66	20.13	35.57
1992	363.51	1.39	11.72	17.55	2.79	23.95	22.73	39.72
1993	334.03	1.35	8.97	18.43	2.84	34.63	22.74	44.02
1994	324.46	1.28	7.99	16.21	2.47	40.64	22.68	59.62
1995	328.53	1.43	11.48	15.11	2.34	49.28	23.61	73.03
1996	345.91	1.56	11.88	14.57	2.26	51.91	16.85	78.03
1997	338.58	1.08	11.08	13.61	2.31	61.07	18.44	90.61
1998	323.64	1.46	8.02	13.97	2.55	46.55	19.05	95.33
1999	312.52	0.91	12.14	15.94	2.64	62.64	19.27	99.33
2000	266.91	0.65	12.91	21.97	2.60	84.89	22.65	104.70
2001	228.64	0.67	12.38	22.53	2.56	109.82	23.65	100.51
2002	201.87	0.47	9.88	23.87	2.91	105.39	25.12	101.14
2003	168.01	0.44	9.09	25.73	2.76	118.00	25.37	100.24
2004	173.82	0.47	9.97	21.73	2.84	129.23	26.93	100.91
2005	167.49	0.44	10.11	18.15	2.91	116.57	26.31	97.57
2006	156.12	0.47	7.08	17.39	3.03	128.00	21.65	83.08
2007	140.35	0.46	6.44	17.01	3.13	135.00	22.39	81.19
2008	140.35	0.47	7.96	16.48	3.13	144.28	25.02	76.89
2009	137.06	0.43	8.25	15.52	3.19	135.85	24.97	81.92
2010	126.00	0.41	7.36	13.86	3.04	130.82	25.17	89.15
2011	123.82	0.42	7.31	13.04	3.11	130.59	25.45	94.56
2012	118.35	0.36	6.99	12.81	3.19	128.45	26.02	98.52
2013	109.34	0.31	6.87	11.62	3.07	130.17	27.63	100.19
2014	109.59	0.26	5.57	11.38	3.00	129.78	25.36	104.40
2015	105.43	0.19	5.66	11.22	3.11	133.75	20.12	108.68
2016	101.05	0.15	4.65	7.33	3.08	129.57	17.11	104.53
2017	102.55	0.11	4.76	6.63	3.15	132.81	15.38	105.08
2018	104.43	0.14	5.13	7.07	3.05	129.62	13.50	103.84

注：2003年起按常住人口计算。农产品产量已与三农普数据衔接。

布（米）Cloth (m)	纱（公斤）Yarn (kg)	原煤（公斤）Coal (kg)	发电量（千瓦小时）Electricity (kw. h)	成品钢材（公斤）Steel (kg)	水泥（公斤）Cement (kg)
9.28	1.95	42.71	135.66	8.58	48.54
12.81	2.47	37.56	213.83	15.14	59.85
21.79	3.93	37.55	329.14	15.80	199.44
27.73	4.31	36.46	365.89	17.01	246.43
27.64	4.89	35.23	422.43	18.70	296.90
30.85	5.46	34.51	458.95	17.41	316.97
29.91	5.15	34.30	478.23	18.36	307.44
37.09	4.77	32.45	494.23	19.27	317.39
31.85	4.78	32.76	570.41	21.80	381.81
30.96	5.77	33.67	674.23	27.94	460.03
41.03	5.53	32.24	717.55	32.15	517.72
41.92	5.44	29.88	767.05	38.53	623.49
74.55	6.51	28.76	921.77	61.13	749.64
36.38	6.42	27.97	1022.52	53.47	808.92
84.67	7.47	26.07	1101.22	61.53	777.57
23.66	6.73	20.63	1109.71	57.33	771.21
27.87	7.10	18.57	1185.80	59.92	851.53
36.10	7.62	16.27	1393.36	65.15	944.64
49.74	8.37	15.30	1516.66	78.78	1017.63
67.21	10.14	15.47	1637.42	85.18	1208.35
88.80	11.90	14.41	2060.89	109.42	1479.69
178.84	18.76	11.51	2461.52	170.42	1788.19
168.70	19.45	8.33	2728.81	144.61	1780.82
193.73	23.02	2.68	3302.51	227.29	1977.02
224.67	28.64	2.41	3688.68	310.70	2062.35
263.29	32.44	2.53	3590.96	375.44	1960.54
265.49	37.30	2.52	4182.48	449.93	2058.85
296.57	40.08	2.81	4656.20	528.37	2103.21
267.49	36.38	2.76	5078.13	574.96	2218.98
261.49	42.22	2.74	4961.33	613.72	2106.92
279.10	43.49		5244.82	695.42	2266.80
283.68	41.75		5124.16	757.26	2245.37
275.79	39.73		5245.10	730.77	2037.64
266.91	38.60		5526.14	672.79	1931.40
244.40	33.86		5795.32	559.84	1997.19
146.06	30.40		5886.68	591.04	2160.20

Data in this table is calculated at permanent residence since 2003. The output of agricultural products has been linked to the threeagricultural agricultural census data.

1-4 平均每天主要社会经济活动
Indicators of Average Daily Social and Economic Activities

指标		Item		1978	2010	2011	2012
平均每天创造财富		**Daily Production**					
生产总值	（亿元）	Gross Domestic Product	(100 million yuan)	0.34	76.02	88.67	95.18
第一产业		Primary Industry		0.13	3.73	4.34	4.57
第二产业		Secondary Industry		0.15	38.87	44.74	46.58
第三产业		Tertiary Industry		0.06	33.42	39.59	44.03
工业		Industry		0.13	34.18	39.37	40.83
财政收入	（亿元）	Financial Revenue	(100 million yuan)	0.08	13.41	16.23	17.56
粮食	（万吨）	Grain	(10000 tons)	4.02	1.88	1.85	1.78
棉花	（万吨）	Cotton	(10000 tons)	0.02	0.01	0.01	0.01
油料	（万吨）	Oil-bearing Crops	(10000 tons)	0.06	0.11	0.11	0.10
猪牛羊肉产量	（万吨）	Meat	(10000 tons)	0.12	0.37	0.38	0.39
水产品	（万吨）	Aquatic Products	(10000 tons)	0.24	1.31	1.41	1.48
发电量	（亿千瓦小时）	Electricity	(100 Million Watt Houses)	0.14	6.84	7.60	7.44
成品钢材	（万吨）	Steel Products	(10000 tons)	0.09	7.76	8.61	9.21
水泥	（万吨）	Cement	(10000 tons)	0.50	30.89	33.21	31.62
每天消费量		**Daily National Consumption**					
最终消费	（亿元）	Final Consumption Expenditure	(100 million yuan)	0.21	34.97	41.21	45.23
居民消费		Resident Consumption		0.20	26.84	31.90	34.24
#农村居民		Rural Residents		0.15	6.07	7.03	7.66

续表 1 Continued

指标		Item		1978	2010	2011	2012
城镇居民		Urban Residents		0.05	20.77	24.87	26.57
政府消费		Government Consumption Expenditure		0.02	8.13	9.31	11.00
社会消费品零售总额	（亿元）	Total Retail Sales of Consumer Goods	(100 million yuan)	0.13	28.46	34.34	38.90
每天其他经济活动		**Other Daily Economic Activities**					
资本形成总额	（亿元）	Gross Capital Formation	(100 million yuan)	0.09	35.48	40.39	42.36
固定资产形成		Fixed Capital Formation		0.06	33.15	37.87	40.02
存货增加		Changes in Stock		0.03	2.33	2.52	2.34
竣工住宅面积	（万平方米）	Residential Buildings Completed	(10000 sq. m)		25.14	11.57	11.44
客运量	（万人）	Passenger Traffic	(10000 persons)	56	624	635	642
货运量	（万吨）	Freight Traffic	(10000 tons)	23	467	509	523
沿海主要港口货物吞吐量	（万吨）	Cargo Handled at Principal Seaports	(10000 tons)	2.4	216.0	237.5	254.1
邮电业务量	（万元）	Business Volume of Postal and Telecom - munications Services	(10000 yuan)	19	54026	24601	28055
进出口总额	（万美元）	Total Imports and Exports	(USD 10000)		69461	84766	85590
出口总额		Exports			49442	59277	61512
进口总额		Imports			20019	25490	24078
实际利用外资额	（万美元）	Foreign Capital Actually Used	(USD 10000)		3624	4219	4445
每天人口变动和婚姻		**Daily Population Changes and Marriages**					
出生	（人）	Births	(person)	1856	1509	1415	1517
死亡	（人）	Deaths	(person)	596	814	807	827
结婚	（对）	Marriages	(couple)		1182	1208	1211
离婚	（对）	Divorces	(couple)		240	248	269

续表 2 Continued

指标		Item		2013	2014	2015	2016	2017	2018
平均每天创造财富		**Daily Production**							
生产总值	(亿元)	Gross Domestic Product	(100 million yuan)	103.44	110.06	117.50	129.46	141.83	153.96
第一产业		Primary Industry		4.82	4.87	5.02	5.38	5.30	5.39
第二产业		Secondary Industry		49.45	52.53	54.00	58.07	60.91	64.40
第三产业		Tertiary Industry		49.17	52.66	58.47	66.00	75.62	84.18
工业		Industry		43.39	45.95	47.17	51.11	53.35	56.16
财政收入	(亿元)	Financial Revenue	(100 million yuan)	18.93	20.61	23.42	25.27	28.22	32.07
粮食	(万吨)	Grain	(10000 tons)	1.65	1.65	1.60	1.55	1.59	1.64
棉花	(万吨)	Cotton	(10000 tons)						
油料	(万吨)	Oil - bearing Crops	(10000 tons)	0.10	0.08	0.09	0.07	0.07	0.08
猪牛羊肉产量	(万吨)	Meat	(10000 tons)	0.42	0.38	0.31	0.26	0.24	0.21
水产品	(万吨)	Aquatic Products	(10000 tons)	1.51	1.58	1.65	1.60	1.63	1.63
发电量	(亿千瓦小时)	Electricity	(100 Million Watt Houses)	7.90	7.73	7.96	8.46	8.93	9.19
成品钢材	(万吨)	Steel Products	(10000 tons)	10.48	11.43	11.09	10.30	8.63	9.23
水泥	(万吨)	Cement	(10000 tons)	34.14	33.88	30.92	29.58	30.77	33.72
每天消费量		**Daily National Consumption**							
最终消费	(亿元)	Final Consump - tion Expenditure	(100 million yuan)	48.60	53.06	57.36	62.33	69.81	
居民消费		Resident Consumption		37.24	40.53	43.45	46.87	52.15	
#农村居民		Rural Residents		8.46	9.27	10.47	11.28	11.87	

续表 3 Continued

指标	Item	2013	2014	2015	2016	2017	2018
城镇居民	Urban Residents	28.78	31.27	32.98	35.58	40.28	
政府消费	Government Consumption Expenditure	11.35	12.52	13.91	15.47	17.65	
社会消费品零售总额（亿元）	Total Retail Sales of Consumer Goods (100 million yuan)	43.76	48.86	54.20	60.19	66.60	68.51
每天其他经济活动	**Other Daily Economic Activities**						
资本形成总额（亿元）	Gross Capital Formation (100 million yuan)	46.92	48.84	51.72	58.61	62.37	
固定资产形成	Fixed Capital Formation	44.22	46.58	49.90	56.65	59.89	
存货增加	Changes in Stock	2.70	2.26	1.82	1.96	2.47	
竣工住宅面积（万平方米）	Residential Buildings Completed (10000 sq. m)	12.86	14.75	15.33	17.48	15.82	
客运量（万人）	Passenger Traffic (10000 persons)	375	361	346	294	294	278
货运量（万吨）	Freight Traffic (10000 tons)	515	534	550	589	663	736
沿海主要港口货物吞吐量（万吨）	Cargo Handled at Principal Seaports (10000 tons)	275.6	296.4	301.2	312.9	344.5	365.8
邮电业务量（万元）	Business Volume of Postal and Telecom - munications Services (10000 yuan)	32290	46150	65537	101791	96384	176041
进出口总额（万美元）	Total Imports and Exports (USD 10000)	92013	97274	95009	92191	103534	118487
出口总额	Exports	68165	74885	75707	73387	78600	87988
进口总额	Imports	23847	22389	19302	18804	24934	30499
实际利用外资额（万美元）	Foreign Capital Actually Used (USD 10000)	3879	4328	4647	4816	4905	5107
每天人口变动和婚姻	**Daily Population Changes and Marriages**						
出生（人）	Births (person)	1505	1584	1592	1710	1836	1721
死亡（人）	Deaths (person)	819	830	833	841	858	871
结婚（对）	Marriages (couple)	1157	1197	1075	1005	944	924
离婚（对）	Divorces (couple)	296	304	315	337	364	355

注：1. 本表价值量指标按当年价格计算。The data in Value terms in the table are calculated at current price.
2. 邮电业务总量1978—2000年按1990年不变价计算，2001年开始按2000年不变价计算，2011年起按2010年不变价计算。电信业务总量2017年起按2015年不变价格计算。
Business volume of post and telecommunications from 1978 to 2000 were calculated at constant price of 1990, at constant price of 2000 from 2001 to 2010, at constant price of 2010 since 2011. Business volume of telecommunications from 2017 were calculated at constant price of 2015.
3. 2013年起交通运输指标按新口径统计。The data of transportation are adjusted since 2013.

1-5 全省生产总值(1978-2018年) Gross Domestic Product(1978-2018)

年份 Year	全省生产总值(亿元) Gross Domestic Product	第一产业 Primary Industry	第二产业 Secondary Industry	第三产业 Tertiary Industry	工业 Industry	人均生产总值(元) Per capita GDP (yuan)
1978	123.72	47.09	53.52	23.11	46.97	331
1979	157.75	67.56	64.07	26.12	55.59	417
1980	179.92	64.61	84.07	31.24	73.71	471
1981	204.86	69.06	94.68	41.12	84.08	531
1982	234.01	84.88	98.44	50.69	87.21	599
1983	257.09	82.89	113.12	61.08	102.55	650
1984	323.25	104.40	141.48	77.37	127.91	810
1985	429.16	123.88	198.91	106.37	178.68	1067
1986	502.47	136.29	230.89	135.29	206.63	1237
1987	606.99	159.41	281.47	166.11	249.69	1478
1988	770.25	195.68	354.39	220.18	315.36	1853
1989	849.44	210.95	386.25	252.24	346.50	2023
1990	904.69	225.04	408.18	271.47	363.74	2138
1991	1089.33	245.22	494.11	350.00	438.36	2558
1992	1375.70	262.67	653.43	459.60	581.73	3212
1993	1925.91	315.96	983.96	625.99	876.26	4469
1994	2689.28	438.65	1398.12	852.51	1243.37	6201
1995	3557.55	549.96	1854.52	1153.07	1645.51	8149
1996	4188.53	594.93	2232.17	1361.43	1983.90	9552
1997	4686.11	618.90	2554.57	1512.64	2285.24	10624
1998	5052.62	609.30	2766.94	1676.38	2484.97	11394
1999	5443.92	606.31	2974.74	1862.87	2679.68	12214
2000	6141.03	630.98	3273.93	2236.12	2945.70	13415
2001	6898.34	659.78	3572.88	2665.68	3181.94	14664
2002	8003.67	685.20	4090.48	3227.99	3640.84	16841
2003	9705.02	717.85	5096.38	3890.79	4462.97	20149
2004	11648.70	814.10	6250.38	4584.22	5491.33	23817
2005	13417.68	892.83	7164.75	5360.10	6344.71	27062
2006	15718.47	925.10	8511.51	6281.86	7585.47	31241
2007	18753.73	986.02	10154.25	7613.46	9090.74	36676
2008	21462.69	1095.96	11567.42	8799.31	10328.72	41405
2009	22998.24	1163.08	11860.16	9975.01	10440.77	43857
2010	27747.65	1360.56	14187.36	12199.74	12477.11	51758
2011	32363.38	1583.04	16331.27	14449.07	14370.50	59331
2012	34739.13	1667.88	17000.09	16071.16	14902.22	63508
2013	37756.58	1760.34	18047.52	17948.72	15837.20	68805
2014	40173.03	1777.18	19175.06	19220.79	16771.90	73002
2015	42886.49	1832.91	19711.67	21341.91	17217.47	77644
2016	47251.36	1965.18	21194.61	24091.57	18655.12	84916
2017	51768.26	1933.92	22232.08	27602.26	19474.48	92057
2018	56197.15	1967.01	23505.88	30724.26	20499.57	98643

注：1.本表按当年价格计算。2000年以后人均生产总值均按常住人口计算。
The figures in this table are calculated at current price. The per capita GDP have calculated at permanent residence since 2000.
2.从2004年起第一产业包括农林牧渔服务业。The Value Added of Primary Industry includes Services for Agriculture since 2004.
3.2013年起三次产业分类依据国家统计局2012年制定的《三次产业划分规定》，后表同。
Since 2013, Classification of three strata of industry is categorized of regulations formalated by National Bureau of Statistic of China in 2012. The same applies to the relevant tables following.
4.2016年起研发支出计入地区生产总值，后表同。
R&D expenditure is included in GDP since 2016. The same applies to the relevant tables following.

1-6 全省生产总值构成(1978-2018年)
Structure of Gross Domestic Product(1978-2018)

单位:%(%)

年份 Year	生产总值 Gross Domestic Product	第一产业 Primary Industry	第二产业 Secondary Industry	第三产业 Tertiary Industry	工业 Industry
1978	100	38.1	43.3	18.7	38.0
1979	100	42.8	40.6	16.6	35.2
1980	100	35.9	46.7	17.4	41.0
1981	100	33.7	46.2	20.1	41.0
1982	100	36.3	42.1	21.7	37.3
1983	100	32.2	44.0	23.8	39.9
1984	100	32.3	43.8	23.9	39.6
1985	100	28.9	46.3	24.8	41.6
1986	100	27.1	46.0	26.9	41.1
1987	100	26.3	46.4	27.4	41.1
1988	100	25.4	46.0	28.6	40.9
1989	100	24.8	45.5	29.7	40.8
1990	100	24.9	45.1	30.0	40.2
1991	100	22.5	45.4	32.1	40.2
1992	100	19.1	47.5	33.4	42.3
1993	100	16.4	51.1	32.5	45.5
1994	100	16.3	52.0	31.7	46.2
1995	100	15.5	52.1	32.4	46.3
1996	100	14.2	53.3	32.5	47.4
1997	100	13.2	54.5	32.3	48.8
1998	100	12.1	54.8	33.2	49.2
1999	100	11.1	54.6	34.2	49.2
2000	100	10.3	53.3	36.4	48.0
2001	100	9.6	51.8	38.6	46.1
2002	100	8.6	51.1	40.3	45.5
2003	100	7.4	52.5	40.1	46.0
2004	100	7.0	53.6	39.4	47.1
2005	100	6.7	53.4	39.9	47.3
2006	100	5.9	54.1	40.0	48.3
2007	100	5.3	54.1	40.6	48.5
2008	100	5.1	53.9	41.0	48.1
2009	100	5.1	51.6	43.4	45.4
2010	100	4.9	51.1	44.0	45.0
2011	100	4.9	50.5	44.6	44.4
2012	100	4.8	48.9	46.3	42.9
2013	100	4.7	47.8	47.5	41.9
2014	100	4.4	47.7	47.9	41.7
2015	100	4.3	45.9	49.8	40.1
2016	100	4.2	44.8	51.0	39.5
2017	100	3.7	43.0	53.3	37.6
2018	100	3.5	41.8	54.7	36.5

注:1.本表按当年价格计算。The figures in this table are calculated at current price.
2.从2004年起第一产业包括农林牧渔服务业。The Value Added of Primary Industry includes Services for Agriculture since 2004.

1-7 按行业和构成分的全省生产总值(2008-2012年)
Gross Domestic Product by Sector and Structure(2008-2012)

单位:亿元

指标	Item	2008	2009	2010	2011	2012
全省生产总值		**21462.69**	**22998.24**	**27747.65**	**32363.38**	**34739.13**
按行业分						
第一产业(农业)	Primary Industry	1095.96	1163.08	1360.56	1583.04	1667.88
第二产业	Secondary Industry	11567.42	11860.16	14187.36	16331.27	17000.09
工业	Industry	10328.72	10440.77	12477.11	14370.50	14902.22
建筑业	Construction	1238.70	1419.38	1710.25	1960.78	2097.86
第三产业	Tertiary Industry	8799.31	9975.01	12199.74	14449.07	16071.16
交通运输、仓储和邮政业	Transport, Storage and Post	843.20	891.55	1089.49	1233.44	1328.25
信息传输、计算机服务和软件业	Information Transmission, Computer Services and Software	482.28	522.78	607.81	759.98	885.76
批发和零售业	Wholesale and Retail Trade	1899.02	2162.16	2753.66	3491.36	3993.39
住宿和餐饮业	Hotels and Catering Services	388.01	425.17	541.09	664.92	730.68
金融业	Banking	1653.45	1880.69	2284.22	2676.44	2696.39
房地产业	Real Estate	1052.03	1323.40	1634.62	1710.55	1979.61
租赁和商务服务业	Renting and Business Services	338.74	377.98	477.38	615.29	708.68
科学研究、技术服务和地质勘查业	Scientific Research, Technic Service and Geological Prospecting	182.85	188.20	242.57	299.87	356.51
水利、环境和公共设施管理业	Water Conservancy, Environment and Public Utility	77.25	86.78	108.84	136.59	159.60
居民服务和其他服务业	Service for the Residents and Other	266.11	285.73	344.10	392.37	449.18
教育	Education	523.63	604.81	691.85	767.94	867.55
卫生、社会保障和社会福利业	Health Care, Sports and Social Welfare	294.18	335.63	395.56	487.49	580.94
文化、体育和娱乐业	Culture, Sports and Entertainment	121.99	135.76	163.33	208.59	239.24
公共管理和社会组织	Public Administration and Social Organization	676.56	754.39	865.23	1004.23	1095.38
按构成分						
劳动者报酬	Remuneration of Laborers	8852.48	9102.30	10789.15	13168.24	14563.03
生产税净额	Net-taxes on Production	3260.31	3421.08	4287.30	5270.37	5524.69
固定资产折旧	Depreciation of Fixed Assets	2906.36	2972.54	3334.67	3937.25	4525.55
营业盈余	Operating Surplus	6443.54	7502.32	9336.53	9987.52	10125.87

1－8 按新行业和构成分的全省生产总值(2013－2018 年)
Gross Domestic Product by New Sector and Structure(2013－2018)

单位:亿元(100 million yuan)

指标	Item	2013	2014	2015	2016	2017	2018
全省生产总值	**Gross Domestic Product**	**37756.58**	**40173.03**	**42886.49**	**47251.36**	**51768.26**	**56197.15**
按行业分	By Sector						
农、林、牧、渔业	Farming, Forestry, Animal Husbandry and Fishery	1787.25	1806.60	1865.31	2000.23	1972.84	2010.44
工业	Industry	15837.20	16771.90	17217.47	18655.12	19474.48	20499.57
建筑业	Construction	2243.01	2467.10	2558.38	2610.72	2845.48	3098.81
批发和零售业	Wholesale and Retail Trade	4589.13	4911.71	5245.03	5754.19	6217.29	6709.27
交通运输、仓储和邮政业	Transport, Storage and Post	1427.52	1525.93	1631.88	1774.37	1938.17	2082.45
住宿和餐饮业	Hotels and Catering Services	768.64	884.91	995.02	1119.00	1218.51	1321.03
信息传输、软件和信息技术服务业	Information Transmission Software and Information Technology Services	1095.24	1355.19	1693.01	2239.90	2914.81	
金融业	Banking	2795.13	2767.44	2922.93	3050.61	3533.05	3931.99
房地产业	Real Estate	2229.69	2166.86	2351.42	2607.00	3222.54	3508.09
租赁和商务服务业	Renting and Business Services	859.05	967.33	1147.95	1341.06	1481.53	
科学研究和技术服务业	Scientific Research and Technic Service	441.32	497.74	550.21	691.80	795.47	
水利、环境和公共设施管理业	Water Conservancy, Environment and Public Facilities Management	179.69	200.18	232.15	273.29	255.27	
居民服务、修理和其他服务业	Service for the Residents, Repair and Others	492.23	538.89	621.63	724.19	823.29	
教育	Education	980.66	1076.58	1212.73	1408.05	1606.60	
卫生和社会工作	Health Care and Social Work	569.43	673.66	842.65	929.11	1105.54	
文化、体育和娱乐业	Culture, Sports and Entertainment	267.20	291.71	344.05	385.44	431.10	
公共管理、社会保障和社会组织	Public Administration, Social Security and Social Organization	1194.19	1269.30	1454.67	1687.28	1932.29	
第一产业	Primary Industry	1760.34	1777.18	1832.91	1965.18	1933.92	1967.01
第二产业	Secondary Industry	18047.52	19175.06	19711.67	21194.61	22232.08	23505.88
第三产业	Tertiary Industry	17948.72	19220.79	21341.91	24091.57	27602.26	30724.26
按构成分	By Structure						
劳动者报酬	Remuneration of Laborers	17898.75	18534.26	20573.26	22181.68	24229.44	
生产税净额	Net－taxes on Production	5711.10	6191.46	6238.29	6662.24	7472.86	
固定资产折旧	Depreciation of Fixed Assets	4663.63	5077.79	5427.75	6038.94	6492.66	
营业盈余	Operating Surplus	9483.10	10369.52	10647.19	12368.50	13573.30	

注：农、林、牧、渔业增加值2017年数据与三农普数据衔接。
The added value of agriculture, forestry, animal husbandry and Fisheries in 2017 is linked to the three agricultural census data.

1-9 全省生产总值指数(1978-2018年)
Indices of Gross Domestic Product (1978-2018)

(上年=100)(preceding year=100)

年份 Year	全省生产总值 Gross Domestic Product	第一产业 Primary Industry	第二产业 Secondary Industry	第三产业 Tertiary Industry	工业 Industry	人均生产总值 Percapita GDP
1978	121.9	118.7	128.6	113.5	126.5	120.4
1979	113.6	110.8	118.0	108.1	117.1	112.3
1980	116.4	97.3	132.0	112.9	133.3	115.1
1981	111.5	104.7	111.3	126.1	113.1	110.5
1982	111.4	116.5	104.9	118.1	104.9	109.9
1983	108.0	93.9	115.5	116.0	118.5	106.8
1984	121.7	119.3	124.0	120.3	124.4	120.6
1985	121.7	101.9	135.3	119.2	135.0	120.8
1986	112.1	104.0	114.0	116.8	114.2	110.9
1987	111.8	101.0	116.8	110.9	116.4	110.6
1988	111.2	99.0	116.3	109.8	117.5	109.9
1989	99.4	100.2	100.8	94.9	101.7	98.4
1990	103.9	102.7	105.2	101.4	105.4	103.1
1991	117.9	107.9	118.2	125.6	118.4	117.1
1992	118.8	100.6	125.2	122.7	126.6	118.2
1993	122.0	104.8	133.2	116.0	135.3	121.3
1994	120.0	104.4	127.5	115.8	128.0	119.2
1995	116.8	107.5	118.4	118.3	117.8	116.0
1996	112.7	104.4	115.5	111.1	115.8	112.2
1997	111.1	104.5	112.8	110.5	113.3	110.4
1998	110.2	103.2	110.8	111.7	111.1	109.6
1999	110.0	103.3	111.4	109.9	111.8	109.5
2000	111.0	104.5	111.7	111.8	112.0	108.1
2001	110.6	104.8	111.0	111.7	111.0	107.7
2002	112.6	104.5	113.4	113.7	113.6	111.5
2003	114.7	103.6	116.8	114.4	115.7	113.2
2004	114.5	105.1	116.4	113.7	117.0	112.7
2005	112.8	101.5	112.7	115.2	113.1	111.2
2006	113.9	103.2	114.3	115.1	114.6	112.2
2007	114.7	102.3	115.6	115.3	116.4	112.8
2008	110.1	104.8	109.3	111.7	110.0	108.6
2009	108.9	102.4	106.4	113.0	105.1	107.7
2010	111.9	103.2	112.0	112.8	111.9	109.5
2011	109.0	103.6	108.5	110.1	109.3	107.1
2012	108.0	102.0	106.8	109.9	106.6	107.7
2013	108.2	100.5	108.4	108.9	108.2	107.9
2014	107.6	101.4	107.2	108.6	107.2	107.3
2015	108.0	101.5	105.3	111.3	104.9	107.6
2016	107.6	102.7	105.7	109.7	106.1	106.8
2017	107.8	102.7	106.6	109.2	107.7	106.6
2018	107.1	101.9	106.7	107.8	107.5	105.7

注：本表按可比价格计算。The figures in this table are caculated at comparable price.

1-10 全省生产总值指数(1978-2018年)
Indices of Gross Domestic Product(1978-2018)

(1978年=100)(1978=100)

年份 Year	全省生产总值 Gross Domestic Product	第一产业 Primary Industry	第二产业 Secondary Industry	第三产业 Tertiary Industry	工业 Industry	人均生产总值 Percapita GDP
1978	100.0	100.0	100.0	100.0	100.0	100.0
1979	113.6	110.8	118.0	108.1	117.1	112.3
1980	132.2	107.9	155.7	122.1	156.0	129.2
1981	147.4	113.0	173.4	154.0	176.5	142.8
1982	164.2	131.6	182.0	181.9	185.1	157.0
1983	177.4	123.6	210.3	211.0	219.2	167.7
1984	216.0	147.5	260.8	253.8	272.6	202.3
1985	262.9	150.3	352.9	302.6	367.9	244.3
1986	294.6	156.2	402.1	353.4	420.2	271.1
1987	329.4	157.8	469.9	392.1	489.2	299.8
1988	366.4	156.3	546.6	430.6	574.9	329.5
1989	364.3	156.7	551.2	408.5	584.8	324.2
1990	378.6	160.9	579.9	414.1	616.7	334.4
1991	446.3	173.6	685.8	520.3	730.1	391.7
1992	530.3	174.7	858.8	638.5	924.3	462.8
1993	647.1	183.1	1143.9	740.4	1250.7	561.3
1994	776.4	191.1	1458.0	857.2	1601.1	669.1
1995	906.7	205.6	1725.8	1013.8	1886.5	776.3
1996	1021.7	214.7	1993.3	1126.4	2184.7	870.9
1997	1135.1	224.3	2249.0	1244.9	2475.3	961.9
1998	1250.6	231.5	2491.0	1390.7	2751.1	1054.1
1999	1376.1	239.1	2773.8	1528.4	3075.1	1154.0
2000	1528.0	249.9	3099.2	1709.4	3442.6	1247.6
2001	1690.6	261.9	3441.6	1909.7	3819.5	1343.3
2002	1904.3	273.6	3902.3	2171.4	4338.9	1497.7
2003	2184.2	283.5	4557.4	2483.3	5020.2	1695.0
2004	2500.9	297.9	5304.8	2823.1	5872.5	1910.9
2005	2820.1	302.3	5977.1	3252.1	6642.9	2125.6
2006	3211.5	312.0	6833.3	3741.9	7614.1	2385.3
2007	3682.5	319.3	7897.2	4314.9	8865.1	2691.3
2008	4052.7	334.4	8633.7	4820.5	9755.6	2921.7
2009	4413.8	342.5	9185.8	5447.0	10257.2	3145.4
2010	4939.8	353.5	10287.1	6144.9	11480.5	3443.4
2011	5382.6	366.0	11160.4	6766.8	12545.8	3687.6
2012	5811.1	373.3	11920.2	7437.3	13372.4	3970.1
2013	6290.4	375.3	12917.1	8095.9	14474.1	4283.8
2014	6770.0	380.6	13852.1	8791.7	15520.0	4597.4
2015	7308.9	386.1	14592.0	9787.7	16278.5	4944.9
2016	7860.7	396.7	15421.0	10740.4	17273.4	5279.1
2017	8471.1	407.5	16439.3	11729.6	18596.7	5629.3
2018	9068.4	415.2	17532.7	12642.1	19991.4	5948.5

注：本表按可比价格计算。The figures in this table are calculated at comparable price.

1-11 按行业分的第三产业增加值指数(2005-2012年)
Indices of Value-added of the Tertiary Industry by Sector(2005-2012)

(上年=100)(preceding year=100)

行业	Sector	2005	2006	2007	2008	2009	2010	2011	2012
总计		**115.2**	**115.1**	**115.3**	**111.7**	**113.0**	**112.8**	**110.1**	**109.9**
交通运输、仓储和邮政业	Transport, Storage and Post	113.3	116.8	114.1	109.0	103.2	113.7	109.7	106.8
信息传输和计算机服务	Information Transmission, Computer Services and Software	114.3	116.3	122.4	123.2	111.2	113.3	117.7	114.5
批发和零售业	Wholesale and Retail Trade	110.7	111.2	111.8	108.6	116.5	117.5	116.7	112.6
住宿和餐饮业	Hotels and Catering Services	109.5	115.4	114.5	111.8	106.2	114.4	113.8	106.2
金融业	Banking	128.5	129.7	124.2	123.4	114.6	112.9	107.9	105.6
房地产业	Real Estate	115.0	113.2	112.8	102.5	123.2	104.7	95.1	110.0
租赁和商务服务业	Renting and Business Services	111.3	116.1	114.6	110.2	110.9	115.7	115.6	113.8
科学研究、技术服务和地质勘查业	Scientific Research, Technic Service and Geological Prospecting	123.3	115.1	115.3	112.4	104.1	122.1	115.4	115.0
水利、环境和公共设施管理业	Water Conservancy, Environment and Public Utility	113.2	102.3	107.9	110.8	110.7	117.0	115.5	112.9
居民服务和其他服务业	Service for the Residents and Other	125.5	120.5	124.1	121.9	108.9	111.2	109.9	112.0
教育	Education	114.5	109.7	112.3	109.7	114.5	111.2	108.4	111.3
卫生、社会保障和社会福利业	Health Care, Sports and Social Welfare	116.1	107.9	111.7	105.8	109.1	109.6	113.8	114.1
文化、体育和娱乐业	Culture, Sports and Entertainment	122.3	123.6	118.6	117.9	110.1	114.4	120.2	112.5
公共管理和社会组织	Public Administration and Social Organization	116.9	109.7	112.3	106.6	108.5	108.4	109.0	106.2

1－12 按新行业分的第三产业增加值指数
Indices of Value－added of the Tertiary Industry by New Sector

（上年＝100）（preceding year＝100）

行业	Sector	2013	2014	2015	2016	2017	2018
总计	**Total**	**108.9**	**108.6**	**111.3**	**109.7**	**109.2**	**107.8**
批发和零售业	Wholesale and Retail Trade	112.6	110.2	109.0	108.0	107.6	105.7
交通运输、仓储和邮政业	Transport,Storage and Post	104.5	108.6	108.2	107.0	107.5	106.1
住宿和餐饮业	Hotels and Catering Services	105.2	111.6	109.4	107.9	105.0	105.4
信息传输、软件和信息技术服务业	Information Transmission Software and Information Technology Services	118.7	123.9	126.1	126.7	125.1	
金融业	Banking	104.4	102.1	107.2	103.9	107.6	107.0
房地产业	Real Estate	107.3	99.3	109.5	107.8	109.1	103.6
租赁和商务服务业	Renting and Business Services	121.0	112.0	116.4	113.2	105.9	
科学研究和技术服务业	Scientific Research and Technic Service	117.0	112.7	108.9	114.9	109.0	
水利、环境和公共设施管理业	Water Conservancy,Environment and Public Utility	109.8	111.3	113.2	114.2	91.8	
居民服务、修理和其他服务业	Service for the Residents and Others	106.5	108.4	113.9	112.3	108.1	
教育	Education	109.7	110.2	113.2	108.2	108.7	
卫生和社会工作	Health Care and Social Work	104.3	117.7	114.2	108.6	111.0	
文化、体育和娱乐业	Culture,Sports and Entertainment	105.5	109.6	117.3	110.1	108.5	
公共管理、社会保障和社会组织	Public Security,Social Security and Social Organization	106.2	106.2	114.8	110.4	106.10	

1－13 按支出法计算的全省生产总值(2012－2017年)
Gross Domestic Product Calculated by Expenditure Approach(2012－2017)

单位:亿元

指标	Item	2012	2013	2014	2015	2016	2017
全省生产总值	**Gross Domestic Product Calculated with Expenditure Approach**	**34739.13**	**37756.58**	**40173.03**	**42886.49**	**47251.36**	**51768.26**
最终消费	**Final Consumption**	**16509.40**	**17737.24**	**19365.42**	**20936.30**	**22751.65**	**25478.95**
居民消费	Resident Consumption	12496.10	13593.16	14794.82	15858.82	17106.67	19036.30
农村居民	Rural	2796.25	3087.61	3382.01	3820.21	4118.18	4334.23
城镇居民	Urban	9699.85	10505.55	11412.81	12038.61	12988.49	14702.07
政府消费	Government Consumption	4013.30	4144.08	4570.60	5077.48	5644.98	6442.65
资本形成总额	**Total Capital Formation**	**15460.74**	**17125.33**	**17827.25**	**18879.28**	**21393.84**	**22764.48**
固定资本形成总额	Fixed Capital Formation	14607.57	16139.70	17000.91	18213.27	20677.81	21861.53
存货增加	Changes in Inventories	853.17	985.63	826.34	666.01	716.03	902.95
货物和服务净出口	**Net Export**	**2768.99**	**2894.01**	**2980.36**	**3070.91**	**3105.87**	**3524.83**

注：本表按当年价格计算。The figures in this table are calculated at current price.

1－14 总产出(2012－2017年)
Total Output(2012－2017)

单位:亿元(100 million yuan)

指标	Item	2012	2013	2014	2015	2016	2017
总产出	**Total Output**	**120148.71**	**133905.46**	**141741.30**	**145029.76**	**151189.76**	**160829.40**
第一产业	Primary Industry	2658.66	2782.48	2784.55	2868.38	3075.67	3015.22
第二产业	Secondary Industry	86856.95	95131.13	99954.42	98158.04	99223.57	101018.48
第三产业	Tertiary Industry	30633.10	35991.85	39002.33	44003.34	48890.52	56795.70
工业	Industry	76476.85	84068.97	87565.30	85259.30	85719.36	86136.88

注：1. 本表按当年价格计算。The figures in this table are calculated at current price.
2. 从2004年起第一产业包括农林牧渔服务业。The Output of Primary Industry includes Services for Agriculture since 2004.

1－15 居民消费水平和指数(1978－2017年)
Resident Consumption Level and Its Indices(1978－2017)

单位:%(%)

年份	居民总消费水平(元/人) Resident Consumption level (yuan/person)	农村居民总消费水平 Rural Resident	城镇居民总消费水平 Urban Resident	居民总消费水平指数 Indices of Resident Consumption Level	农村居民消费水平指数 Rural Resident	城镇居民消费水平指数 Urban Resident
1978	193	164	410	100.0	100.0	100.0
1979	218	183	466	112.1	111.1	110.6
1980	240	198	511	120.1	119.6	111.0
1981	317	271	595	156.2	161.6	127.0
1982	354	305	630	173.4	181.4	132.0
1983	383	328	672	184.3	192.8	137.0
1984	439	369	788	206.7	213.5	154.9
1985	580	472	1063	237.6	238.7	181.4
1986	702	558	1283	270.5	266.1	206.1
1987	828	655	1492	295.2	293.4	216.1
1988	1070	829	1959	314.6	309.8	229.9
1989	1186	914	2145	293.7	285.6	215.5
1990	1227	930	2235	297.5	285.2	220.0
1991	1353	1005	2493	317.7	303.4	232.5
1992	1528	1091	2882	335.6	314.5	245.9
1993	1850	1244	3608	351.2	325.1	253.6
1994	2536	1654	4920	389.0	348.7	282.4
1995	3217	2053	6141	423.2	374.0	301.9
1996	3906	2486	7268	473.5	423.7	325.4
1997	4233	2665	7649	496.8	444.8	330.0
1998	4397	2774	7607	515.1	466.5	326.6
1999	4539	2845	7566	534.7	485.6	326.6
2000	5099	3278	8020	587.5	547.9	339.1
2001	5551	3621	8404	641.2	605.3	356.8
2002	6098	4012	8839	711.6	675.3	379.8
2003	7033	4504	9907	810.6	737.4	423.5
2004	8174	4918	11771	912.3	769.7	489.6
2005	9558	5439	13843	1036.4	832.8	557.7
2006	11099	6216	15837	1174.2	933.6	621.2
2007	12730	7169	16986	1310.4	1055.9	646.7
2008	14264	7881	19002	1429.7	1128.7	704.9
2009	15867	8571	21204	1606.9	1242.7	794.4
2010	18274	10273	23655	1775.7	1430.4	850.0
2011	21346	12371	26856	1965.7	1624.9	915.5
2012	22845	13724	28259	2084.0	1767.7	957.1
2013	24771	15458	30101	2237.7	1955.0	1012.1
2014	26885	17281	32186	2401.2	2165.4	1069.4
2015	28712	19953	33359	2545.3	2403.6	1111.1
2016	30743	22028	35152	2682.2	2614.1	1151.9
2017	33851	23717	38730	2875.8	2738.6	1236.3

注：本表绝对数按当年价格计算,指数按可比价格计算。
The absolute figures in this table are calculated at current price, while the indices are calculated at comparable price.

1-16 按机构类型和登记注册类型分组的法人单位数
Number Of Corporation Units by Types of Organization and Registration

单位:个(unit)

指标名称	Item	法人单位数 Number Of Corporation Units		单产业法人 Containing Single Industrial Activity		多产业法人 Containing Multiple Industrial Activity	
		2017	2018	2017	2018	2017	2018
总计	**Total**	**1792469**	**1610874**	**1752540**	**1579299**	**39929**	**31575**
按机构类型分组	**by Type of Organization**						
企业	Enterprise	1599314	1408417	1564106	1378011	35208	30406
事业单位	Public Institution	32297	28652	30182	28126	2115	526
机关	Office	8266	7575	6728	7180	1538	395
社会团体	Social Group	21285	19586	21062	19584	223	2
民办非企业单位	Private Non-enterprise Unit	19370	24401	19276	24396	94	5
基金会	Foundation	344	517	343	517	1	
居委会	Neighborhood Committees	4341	4514	4286	4512	55	2
村委会	Villagers Committee	28213	26904	27781	26875	432	29
农民专业合作社	Farmer specialized cooperative		52707		52546		161
农村集体经济组织	Rural collective economic organization		25998		25968		30
其他组织机构	Others	79039	11603	78776	11584	263	19
按登记注册类型分组	**by Registered Type**						
内资	Domestic Funded Enterprises	1766851	1592927	1728060	1562204	38791	30723
国有	State-owned Enterprises	48205	42018	44017	40743	4188	1275
集体	Collective Owned Enterprises	14958	33794	14410	33457	548	337
股份合作	Cooperative Enterprises	8739	6319	8435	6111	304	208
联营	Joint Ownership Enterprises	824	446	813	437	11	9
国有联营	State Joint Ownership Enterprises	46	30	44	28	2	2
集体联营	Collective Joint Ownership Enterprises	317	156	314	152	3	4
国有与集体联营	State-collective Joint Enterprises	58	43	57	42	1	1
其他联营	Other Joint Ownership Enterprises	403	217	398	215	5	2
有限责任公司	Limited Liability Corporations	63142	71101	58199	66715	4943	4386
国有独资公司	State Sole Funded Corporations	3879	4510	3395	4033	484	477
其他有限责任公司	Other Limited Liability Corporations	59263	66591	54804	62682	4459	3909

续表 Continued 单位:个(unit)

指标名称	Item	法人单位数 Number Of Corporation Units 2017	2018	单产业法人 Containing Single Industrial Activity 2017	2018	多产业法人 Containing Multiple Industrial Activity 2017	2018
股份有限公司	Share－holding Corporations Ltd.	5566	10352	4339	9031	1227	1321
私营	Private Enterprises	1482733	1302170	1456121	1279188	26612	22982
私营独资	Private Funded Enterprises	204632	134286	202773	133156	1859	1130
私营合伙	Private Partnership Corporations	54694	44540	54413	44306	281	234
私营有限责任公司	Private Limited Liability Corporations	1218022	1114358	1193952	1093149	24070	21209
私营股份有限公司	Private Share－holding Corporations Ltd.	5385	8986	4983	8577	402	409
其他内资	others	142684	126727	141726	126522	958	205
港、澳、台商投资企业	Funded by Enterpreneurs From Hong Kong Macao and Taiwan	11484	7149	10937	6758	547	391
与港澳台商合资经营	Joint－venture Enterprises	4670	2911	4433	2754	237	157
与港澳台商合作经营	Cooperation Enterprises From Hong Kong, Macao and Taiwan	171	86	164	83	7	3
港澳台商独资	Enterprises with Sole Hong Kong, Macao and Taiwan	6248	3918	5967	3706	281	212
港澳台商投资股份有限公司	Share－holding Corporations Ltd. with Funds From Hong Kong, Macao and Taiwan	169	128	152	116	17	12
其他港、澳、台商投资	Others	226	106	221	99	5	7
外商投资	Foreign Funded Enterprises	14134	10798	13543	10337	591	461
中外合资经营	Joint－venture Enterprises	5055	3484	4809	3290	246	194
中外合作经营	Cooperation Enterprises	172	73	166	70	6	3
外资企业	Enterprises With Sole Foreign Investment	7472	5647	7170	5420	302	227
外商投资股份有限公司	Foreign Investment Share－holding Corporations Ltd.	297	190	273	169	24	21
其他外商投资	Others	1138	1404	1125	1388	13	16

注：1.2017 年包含在部门注册而未经营的统计基本单位名录库单位,2018 年仅包含年内有经营活动的单位。
In 2017, this table includes the basic statistical units registered by the Department but not operated, and in 2018 only the units with operational activities in the year.
2.2017 年“其他组织机构”包含农民专业合作社、农村集体经济组织和其他组织机构。
In 2017, "other organizations" include farmers'professional cooperatives, rural collective economic organizations and other organizations.

1 - 17 按行业分的法人单位数(2018 年)
Number Of Corporation Units by Sector(2018)

单位:个(unit)

行业	Sector	法人单位数 Number Of Corporation Units	单产业法人 Containing Single Industrial Activity	多产业法人 Containing Multiple Industrial Activity
总计	**Total**			
按国民经济行业分组	**By Sector**	**1610874**	**1579299**	**31575**
农、林、牧、渔业	Farming, Forestry, Animal Husbandry and Fishery	68543	68196	347
农业	Farming	42763	42588	175
林业	Forestry	6088	6048	40
畜牧业	Animal Husbandry	8822	8755	67
渔业	Fishery	8186	8139	47
农、林、牧、渔专业及辅助性活动	Services	2684	2666	18
采矿业	Ming and Quarrying	841	827	14
煤炭开采和洗选业	Coal Mining and Dressing	7	7	
石油和天然气开采业	Petroleum and Natural Gas Extraction			
黑色金属矿采选业	Ferrous Metals Mining and Dressing	18	17	1
有色金属矿采选业	Nonferrous Metals Mining and Dressing	47	46	1
非金属矿采选业	Nonmetal Minerals Mining and Dressing	749	737	12
开采专业及辅助性活动	Supplementary Activities for Mining	10	10	
其他采矿业	Other Minerals Mining and Dressing	10	10	
制造业	Manufacturing	424775	419438	5337
农副食品加工业	Non - staple Food Processing	4896	4717	179
食品制造业	Food Manufacturing	3060	2914	146
酒、饮料和精制茶制造业	Wine, Soft Drinks and Refined Tea Manufacturing	2564	2460	104
烟草制品业	Tobacco Processing	1		1

续表 1　Continued　　单位:个(unit)

行业	Sector	法人单位数 Number Of Corporation Units	单产业法人 Containing Single Industrial Activity	多产业法人 Containing Multiple Industrial Activity
纺织业	Textile Industry	32694	32319	375
纺织服装、服饰业	Garments, Shoes and Hats Manufacturing	30657	30287	370
皮革、毛皮、羽毛及其制品和制鞋业	Leather, Furs, Down and Related Production, Shoes Manufacturing	19732	19498	234
木材加工和木、竹、藤、棕、草制品业	Timber Processing, Bamboo, Cane Palm Fiber and Straw Production	6877	6813	64
家具制造业	Furniture Manufacturing	7206	7096	110
造纸和纸制品业	Papermaking and Paper Products	12851	12759	92
印刷业和记录媒介的复制	Printing and Record Medium Reproduction	11037	10874	163
文教、工美、体育和娱乐用品制造业	Cultural, Educational and Sports Goods	22084	21868	216
石油、煤炭及其他燃料加工业	Petroleum Processing, Cooking and Nuclear Fuel Processing	440	430	10
化学原料及化学制品制造业	Raw Chemical Materials and Chemical Production	8608	8449	159
医药制造业	Medical and Pharmaceutical Products	1275	1229	46
化学纤维制造业	Chemical Fiber	1820	1800	20
橡胶和塑料制品业	Rubber and Plastic Production	33975	33685	290
非金属矿物制品业	Nonmetal Mineral Production	13032	12855	177
黑色金属冶炼及压延加工业	Smelting and Pressing of Ferrous Metals	2422	2383	39
有色金属冶炼及压延加工业	Smelting and Pressing of Nonferrous Metals	3125	3086	39
金属制品业	Metal Products	40141	39756	385
通用设备制造业	Ordinary Machinery	53354	52729	625
专用设备制造业	For Special Purpose Equipment Manufacturing	26404	26111	293

续表 2 Continued

单位:个(unit)

行业	Sector	法人单位数 Number Of Corporation Units	单产业法人 Containing Single Industrial Activity	多产业法人 Containing Multiple Industrial Activity
汽车制造业	Automotive Manufacturing	17194	17003	191
铁路、船舶、航空航天和其他运输设备制造业	Railway, shipbuilding, aerospace, and other transportation equipment manufacturing industry	4335	4264	71
电气机械及器材制造业	Electric Equipment and Machinery	38251	37707	544
计算机、通信和其他电子设备制造业	Telecommunications Equipment, Computer and Other Electronic Equipment Manufacturing	11110	10923	187
仪器仪表制造业	Instruments Manufacturing	5738	5631	107
其他制造业	Other Manufacturing	7050	6988	62
废弃资源综合利用业	Comprehensive Utilization of Waste Resources	715	707	8
金属制品、机械和设备修理业	Metal Products, Machinery and Equipment Repair Industry	2127	2097	30
电力、热力、燃气及水生产和供应业	Electricity, Heating Power, Gas and Water Production and Supply	5240	5057	183
电力、热力生产和供应业	Production and Supply of Electricity and Heating Power	3712	3632	80
燃气生产和供应业	Production and Supply of Gas	279	235	44
水的生产和供应业	Production and Supply of Water	1249	1190	59
建筑业	Construction	51730	49386	2344
房屋建筑业	Housing	7819	7027	792
土木工程建筑业	Civil Engineering	12023	11161	862
建筑安装业	Installation	6827	6570	257
建筑装饰、装修和其他建筑业	Building Decoration and Others	25061	24628	433
批发和零售业	Wholesale and Retail Trade	465896	457837	8059
批发业	Wholesale	294814	291101	3713
零售业	Retail Sale	171082	166736	4346
交通运输、仓储和邮政业	Transportation, Storage and Post	32135	30656	1479
铁路运输业	Railway Transpot	14	13	1
道路运输业	Highway Transport	19530	18949	581
水上运输业	Waterway Transport	1338	1252	86

续表 3 Continued 单位:个(unit)

行业	Sector	法人单位数 Number Of Corporation Units	单产业法人 Containing Single Industrial Activity	多产业法人 Containing Multiple Industrial Activity
航空运输业	Air Transport	135	126	9
管道运输业	Pipeline Transport	4	4	
多式联运和运输代理业	Multimodal Transport and Transport Agent Industry	6920	6670	250
装卸搬运和仓储业	Handling and Warehousing Industry	2680	2596	84
邮政业	Postal Services	1514	1046	468
住宿和餐饮业	Hotels and Catering Services	24951	23485	1466
住宿业	Hotels	9207	8844	363
餐饮业	Catering Services	15744	14641	1103
信息传输、软件和信息技术服务业	Information Transmission, Software and Information Technology Services	55067	54163	904
电信、广播电视和卫星传输服务	Telecommunication, Radio and Television, Satellite Transmission Services	1053	938	115
互联网和相关服务	Internet and Related Services	5549	5464	85
软件和信息技术服务业	Software and Information Technology Services	48465	47761	704
金融业	Banking	16946	15833	1113
货币金融服务	Monetary and Financial Services	1977	1469	508
资本市场服务	Capital Market Services	13069	12981	88
保险业	Insurance	797	325	472
其他金融业	Others	1103	1058	45

续表 4 Continued 单位:个(unit)

行业	Sector	法人单位数 Number Of Corporation Units	单产业法人 Containing Single Industrial Activity	多产业法人 Containing Multiple Industrial Activity
房地产业	Real Estate	46052	43880	2172
房地产业	Real Estate	46052	43880	2172
租赁和商务服务业	Renting and Business Services	157725	154497	3228
租赁业	Leasing	9232	9031	201
商务服务业	Commercial Services	148493	145466	3027
科学研究和技术服务业	Scientific Research,Technic Service and Geological Prospecting	61583	60081	1502
研究与试验发展	Research and Experiment Development	10019	9923	96
专业技术服务业	Technical Services	30312	29151	1161
科技推广和应用服务业	Promotion and Application of Science and Technology Services	21252	21007	245
水利、环境和公共设施管理业	Water Conservancy,Environment and Public Utility	8556	8325	231
水利管理业	Water Conservancy	956	939	17
生态保护和环境治理业	Ecological Protection and Environmental Management	1294	1254	40
公共设施管理业	Public Facilities	5782	5621	161
土地管理业	Land management industry	524	511	13
居民服务、修理和其他服务业	Service for the Residents,Repair and Others	26474	25666	808
居民服务业	Resident Services	12496	11993	503
机动车、电子产品和日用产品修理业	Motor Vehicles,Electronics and Household Goods Repair Industry	9340	9126	214
其他服务业	Other Services	4638	4547	91
教育	Education	37929	37027	902
教育	Education	37929	37027	902

续表 5 Continued 单位:个(unit)

行业	Sector	法人单位数 Number Of Corporation Units	单产业法人 Containing Single Industrial Activity	多产业法人 Containing Multiple Industrial Activity
卫生和社会工作	Health Care, Sports and Social Welfare	12391	11955	436
卫生	Health Care	6622	6215	407
社会工作	Social work	5769	5740	29
文化、体育和娱乐业	Culture, Sports and Entertainment	36470	35903	567
新闻和出版业	News and Publishing	342	337	5
广播、电视、电影和影视录音制作业	Television, Radio, Film and Television Sound Recording Production	7346	7227	119
文化艺术业	Culture and Arts	8201	8132	69
体育	Sports	3766	3591	175
娱乐业	Recreation	16815	16616	199
公共管理、社会保障和社会组织	Public Administration, Social Security and Social Organization	77570	77087	483
中国共产党机关	Communist Party Agencies	950	934	16
国家机构	Government Agencies	15330	14898	432
人民政协、民主党派	The CPPCC, Democratic Parties	299	299	
社会保障	Social Security	159	159	
群众团体、社会团体和其它成员组织	Mass Organizations, Social Groups and Other Members of the Organization	29414	29410	4
基层群众自治组织	Mass Grassroot Organizations	31418	31387	31

1-18 按地区分组的法人单位数(2018年)
Number Of Corporation Units by Region(2018)

单位:个(unit)

指标名称	Region	法人单位数 Number Of Corporation Units	单产业法人 Containing Single Industrial Activity	多产业法人 Containing Multiple Industrial Activity
按地区分组	**By Region**			
杭州市	Hangzhou	361200	350845	10355
上城区	Shangcheng	13766	13069	697
下城区	Xiacheng	23729	22725	1004
江干区	Jianggan	41858	40555	1303
拱墅区	Gongshu	28950	27939	1011
西湖区	Xihu	42179	40627	1552
滨江区	Bingjiang	22792	22108	684
萧山区	Xiaoshan	60613	59344	1269
余杭区	Yuhang	56278	54724	1554
富阳区	Fuyang	22262	21876	386
临安区	Tonglu	13721	13479	242
桐庐县	Chunan	15117	14905	212
淳安县	Jiande	10208	9944	264
建德市	Linan	9727	9550	177
宁波市	Ningbo	292611	287436	5175
海曙区	Haishu	36002	35157	845
江北区	Jiangbei	20959	20511	448
北仑区	Beilun	39836	39214	622
镇海区	Zhenhai	16963	16691	272
鄞州区	Yinzhou	73532	71963	1569
奉化区	Xiangshan	13232	13005	227
象山县	Ninghai	14632	14404	228
宁海县	Yuyao	15558	15330	228
余姚市	Cixi	24912	24568	344
慈溪市	Fenhua	36985	36593	392
温州市	Wenzhou	224885	220212	4673
鹿城区	Lucheng	29074	28041	1033
龙湾区	Longwan	22217	21643	574
瓯海区	Ohai	18049	17618	431
洞头区	Dongtou	3368	3297	71
永嘉县	Yongjia	20950	20721	229
平阳县	Pingyang	18064	17760	304

续表 1 Continued 单位:个(unit)

指标名称	Region	法人单位数 Number Of Corporation Units	单产业法人 Containing Single Industrial Activity	多产业法人 Containing Multiple Industrial Activity
苍南县	Cangnan	29837	29364	473
文成县	Wencheng	4679	4608	71
泰顺县	Taishun	5577	5502	75
瑞安市	Ruian	31421	30724	697
乐清市	Yueqing	41649	40934	715
嘉兴市	Jiaxing	123394	120897	2497
南湖区	Xuichen	22477	21835	642
秀洲区	Xuizhou	15521	15172	349
嘉善县	Jiashan	15979	15808	171
海盐县	Haiyan	9932	9721	211
海宁市	Haining	22446	21947	499
平湖市	Pinghu	15896	15609	287
桐乡市	Tongxiang	21143	20805	338
湖州市	Huzhou	60831	59800	1031
吴兴区	Wuxing	17703	17272	431
南浔区	NanXun	8684	8592	92
德清县	Deqing	9985	9767	218
长兴县	ChangXing	14750	14607	143
安吉县	Anji	9709	9562	147
绍兴市	Shaoxing	137126	135444	1682
越城区	Yuechen	23333	22829	504
柯桥区	keqiao	41630	41333	297
上虞区	Shangyu	19483	19277	206
新昌县	Xinchang	8205	8004	201
诸暨市	Zhuji	29495	29244	251
嵊州市	Shengzhou	14980	14757	223
金华市	Jinhua	173776	171934	1842
婺城区	Wuchen	16980	16582	398
金东区	JIndong	10710	10602	108
武义县	Wuyi	7956	7834	122
浦江县	Pujiang	8791	8727	64
磐安县	Panan	4508	4477	31
兰溪市	Lanxi	8502	8392	110

续表 2 Continued 单位:个(unit)

指标名称	Region	法人单位数 Number Of Corporation Units	单产业法人 Containing Single Industrial Activity	多产业法人 Containing Multiple Industrial Activity
义乌市	Yiwu	77461	76852	609
东阳市	Dongyang	15167	14925	242
永康市	Yongkang	23701	23543	158
衢州市	Quzhou	38895	38223	672
柯城区	Kechen	11144	10821	323
衢江区	Qujiang	5863	5774	89
常山县	Changshan	4394	4353	41
开化县	Kaihua	4017	3961	56
龙游县	Longyou	6218	6159	59
江山市	Jiangshan	7259	7155	104
舟山市	Zhoushan	24297	23425	872
定海区	Dinghai	13732	13263	469
普陀区	Putuo	6261	5987	274
岱山县	Daishan	2926	2857	69
嵊泗县	Shengsi	1378	1318	60
台州市	Taizhou	134327	132395	1932
椒江区	Jiaojiang	14720	14321	399
黄岩区	Huangyan	15449	15222	227
路桥区	Luqiao	16146	15862	284
玉环市	Yuhuan	15239	15114	125
三门县	Sanmen	8003	7926	77
天台县	Tiantai	11275	11141	134
仙居县	Xianju	8734	8623	111
温岭市	Wenling	25613	25285	328
临海市	Linhai	19148	18901	247
丽水市	Lishui	39532	38688	844
莲都区	Liandu	7466	7226	240
青田县	Qingtian	7370	7228	142
缙云县	Jinyun	5046	4973	73
遂昌县	Suichang	3516	3417	99
松阳县	Songyang	3279	3199	80
云和县	Yunhe	2936	2906	30
庆元县	Qingyuan	3053	3009	44
景宁县	Jingning	2195	2147	48
龙泉市	Longquan	4671	4583	88

浙/江/统/计/年/鉴

主要统计指标解释

■ 生产总值

是按市场价格计算的国内生产总值的简称。它是一个国家(地区)所有常住单位在一定时期内生产活动的最终成果。生产总值有三种表现形态,即价值形态、收入形态和产品形态。从价值形态看,它是所有常住单位在一定时期内所生产的全部货物和服务价值超过同期投入的全部非固定资产货物和服务价值的差额,即所有常住单位增加值之和;从收入形态看,它是所有常住单位在一定时期内所创造并分配给常住单位和非常住单位的初次分配收入之和;从产品形态看,它是最终使用的货物和服务减去进口货物和服务。在实际核算中,国内生产总值的三种表现形态表现为三种计算方法,即生产法、收入法和支出法。三种方法分别从不同的方面反映国内生产总值及其构成。

■ 三次产业

根据社会生产活动历史发展的顺序对产业结构的划分,产品直接取自自然界的部门称为第一产业,对初级产品进行再加工的部门称为第二产业,为生产和消费提供各种服务的部门称为第三产业。它是世界上通用的产业结构分类,但各国的划分不尽一致。我国的三次产业划分是:

第一产业:农林牧渔业(包括农业、林业、畜牧业、渔业和农林牧渔服务业)。

第二产业:包括采矿业、制造业、电力、燃气、及水的生产和供应业、建筑业。

第三产业:除第一、第二产业以外的其他各业。

■ 支出法国内生产总值

指一个国家(或地区)所有常住单位在一定时期内用于最终消费、资本形成总额,以及货物和服务的净出口总额,它反映本期生产的国内生产总值的使用构成。

■ 最终消费

指常住单位在一定时期内对于货物和服务的全部消费支出,也就是常住单位为满足物质文化和精神生活的需要,从本国经济领土和国外购买的货物和服务的支出;不包括非常住单位在本国经济领土内的消费支出。最终消费分为居民消费和政府消费。

■ 居民消费

指常住住户对货物和服务的全部最终消费指出。居民消费按市场价格计算,既按居民支付的购买者价格计算。购买者价格是购买者取得货物所支付的价格包括购买者支付的运输和商业费用。居民消费除了直接以货币形式购买货物和服务的消费之外,还包括以其他方式获得的货物和服务的消费支出既所谓的虚拟消费支出。居民虚拟消费支出包括以下几种类型:单位以实物报酬及实物转移的形式提供给劳动者的货物和服务;住户生产并由本住户消费了的货物和服务,其中的服务仅指住户的自有住房服务;金融机构提供的金融媒介服务;保险公司提供的保险服务。

■ 政府消费

指政府部门为全社会提供公共服务的消费支出和免费或以较低价格向住户提供的货物和服务的净支出前者等于政府服务的产出价值减去政府单位所获得的经营收入的价值,政府服务的产出价值等于它的经常性业务支出加上固定资产折旧;后者等于政府部门免费或以较低价格向住户提供的货物和服务的市场减去向住户收取的价值。

■ 资本形成总额

指常住单位在一定时期内获得的减去处置的固定资产加存货的变动,包括固定资本形成总额和存货增加。

■ 固定资本形成总额

指常住单位购置、转入和自产自用的固定资产,扣除固定资产的销售和转让,分有形固定资产形成总额和无形固定资产形成总额。有形固定资产形成总额包括一定时期内完成的建筑工程、安装工程和设备工器具(减处置)价值,以及土地改良、新增役种奶毛娱乐用牲畜和新增林木价值。无形固定资产总额包括矿藏的勘探、计算机软件、娱乐和文学艺术品原件等获得减处置。

主要统计指标解释

■ 存货增加

指常住单位存货实物量变动的市场价值，即期末价值减期初价值的差额。存货量增加可以是正值，也可以是负值；正值表示存货上升，负值表示存货下降。它包括生产单位购进的原材料燃料和储备物资等存货，以及生产单位生产的产成品在制品等存货等。

■ 货物和服务净出口

指货物和服务出口减货物和服务进口的差额。出口包括常住单位从非常住单位出售或无偿转让的各种货物和服务的价值；进口包括常住单位从非常住单位购买或无偿得到的各种货物和服务的价值。由于服务活动的提供与使用同时发生，因此服务的进出口业务并不发生出入境现象，一般把常住单位从国外得到的服务作为进口，非常住单位从本国得到的服务作为出口。货物的进口和出口都按离岸价格计算。

■ 劳动者报酬

指劳动者因从事生产活动所获得的全部报酬。包括劳动者获得的各种形式的工资，奖金和津贴，既包括货币形式的，也包括实物形式的；还包括劳动者所享受的公费医疗和医药卫生费上下班交通补贴和单位支付的社会保险费等。对于个体经济来说其所有者所获得的劳动报酬和经营利润不易区分，这两部分统一作为劳动者报酬处理。

■ 生产税净额

指生产税减生产补贴后的余额。生产税指政府对生产单位生产销售和从事经营活动以及因从事生产活动使用某些生产要素（如固定资产土地劳动力）所征收的各种税、附加费和规费。生产补贴和生产税相反，指政府对生产单位的单方面收入转移，因此视为负生产税，包括政策亏损补贴、粮食系统价格补贴、外贸企业出口退税收入等。

■ 固定资产折旧

在一定时期内为弥补固定资产损耗按照核定的固定资产损耗率提取的固定资产折旧，或按国民经济核算统一规定的折旧率虚拟计算的固定资产折旧。它反映了固定资产在当期生产中的转移价值。各类企业和企业化管理的事业单位的固定资产折旧是指实际计提并计入成本费中的折旧费；不计提折旧的政府机关非企业化管理的事业单位和居民住房的固定资产折旧是按照统一规定的折旧率和固定资产原值计算的虚拟折旧。原则上，固定资产折旧应按固定资产的重置价值计算，但是目前我国尚不具备对全社会固定资产进行重估价的基础，所以暂时只能采用上述方法。

■ 营业盈余

指常住单位创造的增加值扣除劳动者报酬生产税净额和固定资产折旧后的余额。它相当于企业的营业利润加上生产补贴，但要扣除从利润中开支的工资和福利等。

ZHEJIANG STATISTICAL YEARBOOK

Explanatory Notes on Main Statistical Indicators

□ Gross Domestic Product(GDP)

refers to gross domestic product calculated at market prices, which is the final products of all resident units in a country(or region) during a certain period of time. Gross domestic product is expressed in three different forms, i. e. value added, income, and products respectively. The form of value added refers to the total value of all products and services produced by all resident units during a certain period of time minus total value of input of materials and services of the nature of non-fixed assets or the summation of the value added of all resident units; the form of income includes all the income created by all resident units and distributed primarily to all resident and non – resident units; the form of products refers to all final goods and services minus imports of goods and services. In the practice of national accounting, gross domestic product is calculated with three approaches, i. e. product approach, income approach, and expenditure approach respectively to reflect gross domestic product and its composition from different aspects.

□ Three Industries

Industry structure has been classified according to the historical sequence of development. Primary industry refers to extraction of natural resources; secondary industry involves processing of primary products; and tertiary industry provides services of various kinds for production and consumption. The above classification is universal although it varies to some extent from country to country. Industry in China comprises:

Primary industry: agriculture, forestry, animal husbandry and fishery, including farming animal husbandry, fishery industry and service industry for farming, animal husbandry and fishery.

Secondary industry: mining, manufacturing, power、steam and water production and supply, construction.

Tertiary industry: all other industries not included in primary or secondary industry.

□ GDP Calculated by Expenditure Approach

refers to total expenditure on final consumption, total capital formation and net export of goods and services by resident units of a country in a certain period of time. It reflects the composition of GDP by its use.

□ Final Consumption

refers to the total expenditure of resident units on final consumption of goods and services in a certain period, namely the expenditure of the resident units for perchases of good and services from domestic economic territory and abroad to meet the requirements of meterial, cultural and spritual life. It excludes the expenditure of non – resident units on consumption in the economic territory of the country. The final consumption is classified into household consumption and government consumption.

□ Households Consumption

refers to the total expenditure of resident households on the final consumption of goods and services. The households consumption is calculated at market prices, namely the purchaser's prices which the households pay; the purchaser's prices of goods are the prices the households pay when they obtain the goods including the transport and commercial expenses paid by the households. In addition to the consumption of goods and services bought by the households directly with money, the expenditure on goods and services obtained by the households in other ways, i. e. the so – called imputed expenditure on consumption, is also included in the households consumption. The imputation expenditure of the households on consumption includes the following types: (a) the goods and services privided to the households by the units in the form of payment in kind and transfer in

EXPLANATORY NOTES ON MAIN STATISTICAL INDICATORS

kind; (b) the goods and services produced and consumed by the households themselves, in which the services refer only to the services provided by the residential buildings owned by the households; (c) the services of financial intermediary provided by the financial institution; (d) the insurance services provided by the insurance companies.

□ Government Consumption

refers to the expenditure on the consumption of the public services provided by the government to the whole society and the net expenditure on the goods and services provided by the government to the households at free charge or lower prices. The former equals to the output value of the government services minus the value of operating income obtained by the government departments. (The output value of the government services equals to its current operating expenditure plus depreciation of fixed assets). The latter equals to the market value of the goods and services provided by the government free of charge or at low prices to the households minus the value received by the government from the households.

□ Total Capital Formation

refers to the fixed assets acquired minus those disposed and the change in inventory including the total fixed assets formation and the increase in inventory.

□ Total Fixed Capital Formation

refers to the value of fixed assets purchased, transferred in by the resident units and those produced and used by themselves deducting the value of fixed assets sold and transferred out. It can be classfied into total tangible assets formation and total intangible asset formation. The total tangible assets formation and total intangible assets formation. The total tangible assets formation include the value of construction projects, installation projects completed and the equipment apparatus and instruments purchasedas well as the value of land improved, the value of draught animals, breeding stock, milk, wool and recreational animals and the newly increased economic forest in a certain period. The total ingangible assets formation includesthe prospecting of minerals, the acquisition of computer software, the orginals of recreational works and works of literature and arts minus the disposal of them.

□ Increase in Inventory

refers to the market value of the change in inventory, i.e. the difference of value between the beginning and the end of the period. The increase in inventory can be positive or negative. A positive value indicates the increase in inventory while a negative value indicates the decrease in stock. The inventory includes the raw materials, fuels, and reserve materials purchased by the production units as well as the inventory of finished products, semifinished products work – in – progress, ect.

□ Net Export of Goods and Services

refers to the difference of the exports of goods and services minus the imports of goods and services. The imports include the value of various goods and services sold or gratuitously transferred by the resident units to the non – resident units. The imports include the value of various goods and services purchased or gratuitously acquired by the resident units from the non – resident units. Because the provision of services and the use of them happen simultaneously, the import and export of services do not appear to have the phenomena of crossing the border of the country. The acquisition of services by the resident units from abroad is uaually treated as import while the acquisition of services by non – resident units in this country is uaually treated as export. The export and import of goods are calculated at FOB.

□ Labourer's Remuneration

refers to the whole payment of various forms earned by the labourers from the productive activities they are engaged in. It includes wages, bonuses and allowances the labourers earned in monetary form and in kind. It also includes the free medical services provided to the labourers and the medicine expenses, traffic subsidies and social insurance free paid by the labourers' working units for them. As the individual economy is concerned, since the labourers' remuneration is not easily distingushed from the operating profit, both are treated as labourers remuneration.

EXPLANATORY NOTES ON
MAIN STATISTICAL INDICATORS

□ Net Taxes on Production

refers to the residual of the taxes on production minus the subsidies on production. The taxes on production refer to the various taxes, extra charges and fees levied on the production units on their production, sail and business activities as well as on some factors of production, such as fixed assets, land and labour force, used in the production activities they are engaged in. In contrast to the taxes on production, the subsidies on production refer to the unilateral transfer of part of the government's revenue to the production units and is therefore regarded as negative taxes on production. They include sunsidies on the loss due to implementation of government policies, price subsidies to the grain institutions, foreign trade corporations' receipts from drawback, ect.

□ Depreciation of Fixed Assets

refers to the depreciation of fixed assets of a given period, drawn in accordance with the stipulated depreciation rate for purpose of compensating the wear loss of the fixed assets of the depreciation of fixed assets calculated in a fictitious way in accordance with the stipulated unified depreciation rate in the national economic accounting system. It reflects the value of transfer of the fixed assets in the production of the current period. The depreciation of fixed assets in various enterprises and institutions managed as enterprises refers to the depreciation expenses actually drawnand calculated as part of the cost. In government agencies and institutions not managed as enterprises which do not draw the depreciation expenses, as well as for the house of residents, the depreciation of fixed assets is the imputed depreciation, which is calculated in accordance with the stipulated unified depreciation rate. In principle, the depreciation of fixed assets should bs calculated on the basis of the repurchased value of the fixed assets. However, there is no actual condition to reevaluated all the fixed assets in China. Therefore, the abovementioned methods are temporarily adopted at present.

□ Operating Surplus

refers to the balance of the value added created by the resident units deducting the laboures' remuneration, net taxes on production and the depreciation of fixed assets. It is equivalent to the business profit of the enterprises plus subsidies on production, but the wages and welfare expenses paid from the profits should be deducted.

CHAPTER 2

人口和就业人员

Population and Employment

2-1 历年总户数和总人口数(年底数)
Total Population and Households(year-end)

年份 Year	总户数 (万户) Total Households (10000 households)	总人口数 (万人) Total Population (10000 households)	按性别分 By Sex 男性 Male	按性别分 By Sex 女性 Female
1978	897.62	3750.96	1948.29	1802.67
1979	905.32	3792.33	1967.40	1824.93
1980	923.58	3826.58	1985.59	1840.99
1981	965.92	3871.51	2007.55	1863.96
1982	990.66	3924.32	2034.98	1889.34
1983	1014.03	3963.10	2056.06	1907.04
1984	1038.85	3993.09	2071.46	1921.63
1985	1081.20	4029.56	2090.69	1938.87
1986	1122.09	4070.07	2112.05	1958.02
1987	1167.30	4121.19	2137.38	1983.81
1988	1211.08	4169.85	2161.26	2008.59
1989	1240.41	4208.88	2180.83	2028.05
1990	1259.49	4234.91	2193.71	2041.20
1991	1276.80	4261.37	2206.65	2054.72
1992	1297.81	4285.91	2218.72	2067.19
1993	1311.07	4313.30	2232.72	2080.58
1994	1321.54	4341.20	2246.57	2094.63
1995	1339.82	4369.63	2259.54	2110.09
1996	1353.99	4400.09	2273.54	2126.55
1997	1369.79	4422.28	2282.85	2139.43
1998	1389.44	4446.86	2293.29	2153.57
1999	1410.25	4467.46	2302.64	2164.82
2000	1440.40	4501.22	2316.54	2184.68
2001	1447.67	4519.84	2323.87	2195.97
2002	1466.19	4535.98	2330.30	2205.68
2003	1485.72	4551.58	2335.61	2215.97
2004	1509.29	4577.22	2345.26	2231.96
2005	1534.16	4602.11	2354.19	2247.91
2006	1556.53	4629.43	2364.97	2264.46
2007	1578.85	4659.34	2377.12	2282.22
2008	1595.70	4687.85	2388.98	2298.87
2009	1604.17	4716.18	2400.16	2316.02
2010	1607.86	4747.95	2413.13	2334.83
2011	1618.04	4781.31	2426.93	2354.38
2012	1616.25	4799.34	2433.68	2365.66
2013	1622.44	4826.89	2445.04	2381.86
2014	1630.49	4859.18	2458.69	2400.49
2015	1642.42	4873.34	2462.76	2410.58
2016	1652.99	4910.85	2479.23	2431.62
2017	1672.00	4957.63	2499.50	2458.13
2018	1694.80	4999.84	2517.95	2481.89

注：本表资料为公安年报数。
Data in this table refers to the data from the annual reports fo the Bureau of Public Security.

2-2 各市、县总户数和总人口数(2018 年底)
Total Households and Population by City and County(End of 2018)

地区	Region	总户数（户） Total Households (households)	总人口数（人） Total Population (person)	按性别分 By Sex	
				男性 Male	女性 Female
合计	**Zhejiang**	**16947968**	**49998360**	**25179485**	**24818875**
杭州市	Hangzhou	2418408	7741016	3842004	3899012
市辖区	District	1948418	6353005	3142760	3210245
上城区	Shangcheng	111705	318678	158240	160438
下城区	Xiacheng	131455	410519	202737	207782
江干区	Jianggan	185689	601533	298293	303240
拱墅区	Gongshu	134271	380879	188498	192381
西湖区	Xihu	208231	739784	369546	370238
滨江区	Bingjiang	73169	261377	132350	129027
萧山区	Xiaoshan	383174	1320579	647430	673149
余杭区	Yuhang	315167	1098603	537061	561542
富阳区	Fuyang	217039	683454	342003	341451
临安区	Tonglu	188518	537599	266602	270997
桐庐县	Chunan	149132	417174	207477	209697
淳安县	Jiande	146704	459653	232570	227083
建德市	Linan	174154	511184	259197	251987
宁波市	Ningbo	2321348	6029568	2985080	3044488
市辖区	District	1170058	2955704	1451062	1504642
海曙区	Haishu	249854	629970	308051	321919
江北区	Jiangbei	107784	257730	125690	132040
北仑区	Beilun	169153	423717	206275	217442
镇海区	Zhenhai	104841	260828	128736	132092
鄞州区	Yinzhou	356224	902151	440932	461219
奉化区	Fenhua	182202	481308	241378	239930
象山县	Xiangshan	181880	548600	277439	271161
宁海县	Ninghai	233037	633256	326403	306853
余姚市	Yuyao	319681	836306	412214	424092
慈溪市	Cixi	416692	1055702	517962	537740
温州市	Wenzhou	2385129	8287449	4291084	3996365
市辖区	District	529588	1723740	864824	858916
鹿城区	Luchen	264831	775884	381628	394256
龙湾区	Longwan	83345	337671	174611	163060
瓯海区	Ohai	130294	455442	229443	225999
洞头区	Dongtou	51118	154743	79142	75601
永嘉县	Yongjia	297513	983669	522902	460767
平阳县	Pingyang	240531	886195	459892	426303
苍南县	Cangnan	334597	1349464	707954	641510

续表 1 Continued

地区	Region	总户数（户）Total Households (households)	总人口数（人）Total Population (person)	按性别分 By Sex	
				男性 Male	女性 Female
文成县	Wenchen	139917	408586	216288	192298
泰顺县	Taishun	129362	373478	194127	179351
瑞安市	Ruian	330655	1253384	642456	610928
乐清市	Yueqing	382966	1308933	682641	626292
嘉兴市	Jiaxing	1109639	3604370	1764539	1839831
市辖区	District	310811	924069	452008	472061
南湖区	Xuichen	187424	519320	254832	264488
秀洲区	Xuizhou	123387	404749	197176	207573
嘉善县	Jiashan	130090	399259	195603	203656
海盐县	Haiyan	126607	382097	187925	194172
海宁市	Haining	195174	697717	340348	357369
平湖市	Pinghu	155140	499923	243938	255985
桐乡市	Tongxiang	191817	701305	344717	356588
湖州市	Huzhou	871084	2670612	1318454	1352158
市辖区	District	353447	1121156	549846	571310
吴兴区	Wuxing	211356	629879	308823	321056
南浔区	NanXun	142091	491277	241023	250254
德清县	Deqing	134738	442407	217489	224918
长兴县	ChangXing	228973	636389	318095	318294
安吉县	Anji	153926	470660	233024	237636
绍兴市	Shaoxing	1613413	4472101	2227461	2244640
市辖区	District	781471	2225624	1091315	1134309
越城区	Yuechen	268193	763936	373364	390572
柯桥区	keqiao	228347	681299	333421	347878
上虞区	Shangyu	284931	780389	384530	395859
新昌县	Xinchang	171764	434806	222648	212158
诸暨市	Zhuji	406492	1085367	541995	543372
嵊州市	Shengzhou	253686	726304	371503	354801
金华市	Jinhua	1914300	4889662	2479662	2410000
市辖区	District	382594	988494	492054	496440
婺城区	Wuchen	243372	651069	323698	327371
金东区	JIndong	139222	337425	168356	169069
武义县	Wuyi	133865	345006	175007	169999
浦江县	Pujiang	138301	401200	208417	192783
磐安县	Panan	87446	213070	109961	103109
兰溪市	Lanxi	215772	660489	341020	319469
义乌市	Yiwu	364184	818362	411832	406530
东阳市	Dongyang	349253	847814	428185	419629

续表 2 Continued

地区	Region	总户数（户）Total Households (households)	总人口数（人）Total Population (person)	按性别分 By Sex	
				男性 Male	女性 Female
永康市	Yongkang	242885	615227	313186	302041
衢州市	Quzhou	954725	2578752	1315158	1263594
市辖区	District	342660	852030	430833	421197
柯城区	Kechen	180114	439368	219815	219553
衢江区	Qujiang	162546	412662	211018	201644
常山县	Changshan	122114	344267	178154	166113
开化县	Kaihua	120341	362158	186463	175695
龙游县	Longyou	166385	403909	203828	200081
江山市	Jiangshan	203225	616388	315880	300508
舟山市	Zhoushan	372082	968983	477284	491699
市辖区	District	265069	714917	352415	362502
定海区	Dinghai	153779	397569	195430	202139
普陀区	Putuo	111290	317348	156985	160363
岱山县	Daishan	76874	178845	88257	90588
嵊泗县	Shengsi	30139	75221	36612	38609
台州市	Taizhou	1918307	6053971	3090586	2963385
市辖区	District	504413	1624970	813062	811908
椒江区	Jiaojiang	175264	549676	275036	274640
黄岩区	Huangyan	196092	615197	307892	307305
路桥区	Luqiao	133057	460097	230134	229963
玉环市	Yuhuan	141726	435295	219949	215346
三门县	Sanmen	150777	447491	233913	213578
天台县	Tiantai	195790	602520	313490	289030
仙居县	Xianju	144436	517377	268127	249250
温岭市	Wenling	405921	1221381	617989	603392
临海市	Linhai	375244	1204937	624056	580881
丽水市	Lishui	1069533	2701876	1388173	1313703
市辖区	District	193116	413887	207318	206569
莲都区	Liandu	193116	413887	207318	206569
青田县	Qingtian	192073	564984	292705	272279
缙云县	Jinyun	205761	469957	241754	228203
遂昌县	Suichang	86730	230912	119381	111531
松阳县	Songyang	96109	241184	124561	116623
云和县	Yunhe	41806	114093	58706	55387
庆元县	Qingyuan	89139	205069	105798	99271
景宁自治县	Jingning	66347	170954	89568	81386
龙泉市	Longquan	98452	290836	148382	142454

注：本表资料为公安年报数。
Data in this table refers to the data from the annual reports fo the Bureau of Public Security.

2-3 人口自然变动情况(1978-2018年)
Natural Population Changes(1978-2018)

年份 Year	年末常住人口(万人) Total Population with Permanent Residence (10000 persons)	出生 Brith		死亡 Death		自然增长 Natural Growth	
		人数(万人) Population (10000 persons)	出生率(‰) Brith Rate (‰)	人数(万人) Population (10000 persons)	死亡率(‰) Death Rate (‰)	人数(万人) Population (10000 persons)	自然增长率(‰) Natural Growth (‰)
1978		67.75	18.17	21.75	5.83	46.00	12.34
1979		67.82	17.98	22.23	5.89	45.59	12.09
1980		59.40	15.59	23.97	6.29	35.43	9.30
1981		69.00	17.93	24.12	6.27	44.89	11.66
1982		71.38	18.31	23.17	5.94	48.21	12.37
1983		62.66	15.89	25.13	6.37	37.53	9.52
1984		49.80	12.52	23.82	5.99	25.97	6.53
1985		50.59	12.61	24.25	6.05	26.34	6.56
1986		64.64	15.96	24.06	5.94	40.58	10.02
1987		69.67	17.01	28.34	6.92	41.33	10.09
1988		64.42	15.54	26.32	6.35	38.10	9.19
1989		63.68	15.20	26.85	6.41	36.83	8.79
1990	4238.00	64.75	15.33	26.65	6.31	38.10	9.02
1991	4269.50	61.59	14.48	27.18	6.39	34.41	8.09
1992	4304.40	63.10	14.72	28.17	6.57	34.93	8.15
1993	4334.80	58.79	13.61	28.42	6.58	30.37	7.03
1994	4363.70	56.67	13.24	28.25	6.64	28.42	6.60
1995	4389.00	54.52	12.66	29.07	6.75	25.45	5.91
1996	4413.00	53.21	12.09	28.96	6.58	24.25	5.51
1997	4434.80	50.47	11.41	28.66	6.48	21.81	4.93
1998	4456.20	49.57	11.15	28.14	6.33	21.43	4.82
1999	4475.40	47.51	10.64	28.36	6.35	19.15	4.29
2000	4679.91	48.09	10.30	28.63	6.13	19.46	4.17
2001	4728.80	46.14	10.02	28.78	6.25	17.39	3.77
2002	4776.40	46.19	9.98	28.65	6.19	17.54	3.79
2003	4856.80	44.96	9.66	29.70	6.38	15.26	3.28
2004	4925.20	50.12	10.71	26.95	5.76	23.16	4.95
2005	4990.90	54.37	11.10	29.78	6.08	24.59	5.02
2006	5071.80	50.78	10.29	26.75	5.42	24.03	4.87
2007	5154.90	52.11	10.38	27.96	5.57	24.15	4.81
2008	5212.40	51.92	10.20	28.61	5.62	23.31	4.58
2009	5275.50	52.63	10.22	28.79	5.59	23.84	4.63
2010	5446.51	55.08	10.27	29.70	5.54	25.38	4.73
2011	5463.00	51.66	9.47	29.46	5.40	22.20	4.07
2012	5477.00	55.36	10.12	30.20	5.52	25.16	4.60
2013	5498.00	54.93	10.01	29.91	5.45	25.02	4.56
2014	5508.00	57.80	10.51	30.30	5.51	27.50	5.00
2015	5539.00	58.10	10.52	30.40	5.50	27.70	5.02
2016	5590.00	62.40	11.22	30.70	5.52	31.70	5.70
2017	5657.00	67.00	11.92	31.30	5.56	35.70	6.36
2018	5737.00	62.80	11.02	31.80	5.58	31.00	5.44

注：1.本表为人口抽样调查数据。
Data in this table are obtained from the sample survey on population changes.
2.2001年至2009年末常住人口数据，根据2010年第六次全国人口普查数据进行了修正。
Data of total population with permanent residence from 2001 to 2009 are adjusted according to the Sixth National Population Cencus.

2-4 各市人口自然变动情况
Population Natural Changes by City

单位:‰(‰)

地区	Region	年末常住人口(万人) Population with Permanent Residence (10000 persons)					自然增长率 Natural Growth Rate	
		1990	2000	2010	2017	2018	2017	2018
全省	Zhejiang	4144.6	4593.1	5442.7	5657.0	5737.0	6.36	5.44
杭州市	Hangzhou	583.2	687.9	870.0	946.8	980.6	7.40	6.20
宁波市	Ningbo	509.1	596.3	760.6	800.5	820.2	5.20	4.80
温州市	Wenzhou	633.1	755.8	912.2	921.5	925.0	8.70	6.50
嘉兴市	Jiaxing	316.3	358.3	450.2	465.6	472.6	5.90	5.80
湖州市	Huzhou	245.0	262.6	289.4	299.5	302.7	3.70	3.40
绍兴市	Shaoxing	399.7	430.4	491.2	501.0	503.5	2.80	2.50
金华市	Jinhua	412.0	457.2	536.2	556.4	560.4	7.60	6.70
衢州市	Quzhou	226.0	212.9	212.3	218.5	220.9	6.10	4.80
舟山市	Zhoushan	97.6	100.2	112.1	116.8	117.3	3.50	2.70
台州市	Taizhou	487.6	515.4	596.9	611.8	613.9	6.80	5.80
丽水市	Lishui	234.9	216.2	211.7	218.6	219.9	6.70	6.40

续表 Continued

单位:‰(‰)

地区	Region	出生率 Brith Rate		死亡率 Death Rate		城镇人口比重(%) Percentage the urban population(%)			
		2017	2018	2017	2018	2000	2010	2017	2018
全省	Zhejiang	11.92	11.02	5.56	5.58	48.7	61.6	68.0	68.9
杭州市	Hangzhou	12.50	11.30	5.10	5.10	58.6	73.3	76.8	77.4
宁波市	Ningbo	10.00	9.50	4.80	4.70	55.7	68.3	72.4	72.9
温州市	Wenzhou	13.70	11.50	5.00	5.00	51.5	66.0	69.7	70.0
嘉兴市	Jiaxing	11.70	11.60	5.80	5.80	38.0	53.3	64.5	66.0
湖州市	Huzhou	10.40	10.10	6.70	6.70	38.7	52.9	62.0	63.5
绍兴市	Shaoxing	9.20	9.00	6.40	6.50	48.7	58.6	65.5	66.6
金华市	Jinhua	13.30	12.40	5.70	5.70	45.3	59.0	66.7	67.7
衢州市	Quzhou	12.60	11.30	6.50	6.50	29.6	44.1	55.7	58.0
舟山市	Zhoushan	9.70	9.10	6.20	6.40	56.0	63.6	67.9	68.1
台州市	Taizhou	12.60	11.90	5.80	6.10	51.5	55.5	62.2	63.0
丽水市	Lishui	12.80	12.50	6.10	6.10	33.1	48.4	59.7	61.5

注：本表1990、2000、2010年数据为人口普查数据，其余为人口抽样调查数据。
Data in this table are obtained from Population Census in 1990.2000 and 2010,others are obtained from the sample survey on population changes.

2-5 各市、县户籍人口年龄构成(2018年底)
Population by Age, City and County (End of 2018)

单位:人(person)

地区	Region	18岁以下 Age -18		18-35岁 Age 18-35		35-60岁 Age 35-60		60岁以上 Age 60 and over	
		人数 Population	占总人口% Percentage to Total	人数 Population	占总人口% Percentage to Total	人数 Population	占总人口% Percentage to Total	人数 Population	占总人口% Percentage to Total
浙江省	Zhejiang	8551382	17.10	10219193	20.44	19999151	40.00	11228634	22.46
杭州市	Hangzhou	1328160	17.16	1700690	21.97	2967629	38.34	1744537	22.54
杭州市区	District	1124654	18.16	1403051	22.97	2407515	39.34	1417785	23.54
上城区	Shangcheng	38345	12.03	64385	20.20	115366	36.20	100582	31.56
下城区	Xiacheng	54135	13.19	97632	23.78	147413	35.91	111339	27.12
江干区	Jianggan	128533	21.37	141904	23.59	218344	36.30	112752	18.74
拱墅区	Gongshu	65942	17.31	78226	20.54	142370	37.38	94341	24.77
西湖区	Xihu	143997	19.46	180005	24.33	281434	38.04	134348	18.16
滨江区	Bingjiang	60030	22.97	74056	28.33	91669	35.07	35622	13.63
萧山区	Xiaoshan	221771	16.79	275861	20.89	498460	37.75	324487	24.57
余杭区	Yuhang	224682	20.45	237553	21.62	412392	37.54	223976	20.39
富阳区	Fuyang	109558	16.03	142822	20.90	280243	41.00	150831	22.07
临安区	Tonglu	77661	14.45	110607	20.57	219824	40.89	129507	24.09
桐庐县	Chunan	63668	15.26	89307	21.41	164066	39.33	100133	24.00
淳安县	Jiande	68061	14.81	95514	20.78	192742	41.93	103336	22.48
建德市	Linan	71777	14.04	112818	22.07	203306	39.77	123283	24.12
宁波市	Ningbo	901880	14.96	1167142	19.36	2447836	40.60	1512710	25.09
宁波市区	District	464218	15.71	568772	19.24	1189268	40.24	733446	24.81
海曙区	Haishu	92853	14.74	118340	18.79	254765	40.44	164012	26.03
江北区	Jiangbei	40988	15.90	49003	19.01	102358	39.72	65381	25.37
北仑区	Beilun	71484	16.87	83528	19.71	167637	39.56	101068	23.85
镇海区	Zhenhai	43142	16.54	51962	19.92	100656	38.59	65068	24.95
鄞州区	Yinzhou	155961	17.29	177800	19.71	361161	40.03	207229	22.97
奉化区	Fenhua	59790	12.42	88139	18.31	202691	42.11	130688	27.15
象山县	Xiangshan	83380	15.20	103708	18.90	231797	42.25	129715	23.64
宁海县	Ninghai	111203	17.56	123008	19.42	266526	42.09	132519	20.93
余姚市	Yuyao	103070	12.32	161489	19.31	338276	40.45	233471	27.92
慈溪市	Cixi	140009	13.26	210165	19.91	421969	39.97	283559	26.86
温州市	Wenzhou	1635035	19.73	1843416	22.24	3289997	39.70	1519001	18.33
温州市区	District	329141	19.09	345936	20.07	696400	40.40	352263	20.44
鹿城区	Luchen	145334	18.73	143529	18.50	313648	40.42	173373	22.35
龙湾区	Longwan	68661	20.33	73238	21.69	135431	40.11	60341	17.87
瓯海区	Ohai	87277	19.16	97069	21.31	181176	39.78	89920	19.74
洞头区	Dongtou	27869	18.01	32100	20.74	66145	42.75	28629	18.50
永嘉县	Yongjia	199103	20.24	233044	23.69	379879	38.62	171643	17.45
平阳县	Pingyang	165693	18.70	191643	21.63	360692	40.70	168167	18.98
苍南县	Cangnan	272449	20.19	315114	23.35	541687	40.14	220214	16.32

续表 1 Continued 单位:人(person)

地区	Region	18 岁以下 Age -18		18-35 岁 Age 18-35		35-60 岁 Age 35-60		60 岁以上 Age 60 and over	
		人数 Population	占总人口% Percentage to Total	人数 Population	占总人口% Percentage to Total	人数 Population	占总人口% Percentage to Total	人数 Population	占总人口% Percentage to Total
文成县	Wenchen	85031	20.81	86053	21.06	162332	39.73	75170	18.40
泰顺县	Taishun	78580	21.04	83995	22.49	147641	39.53	63262	16.94
瑞安市	Ruian	240649	19.20	269389	21.49	507520	40.49	235826	18.82
乐清市	Yueqing	264389	20.20	318242	24.31	493846	37.73	232456	17.76
嘉兴市	Jiaxing	529945	14.70	720518	19.99	1403316	38.93	950591	26.37
嘉兴市区	District	151293	16.37	187551	20.30	354619	38.38	230606	24.96
南湖区	Xuichen	84087	16.19	102898	19.81	200809	38.67	131526	25.33
秀洲区	Xuizhou	67206	16.60	84653	20.91	153810	38.00	99080	24.48
嘉善县	Jiashan	51764	12.97	79533	19.92	153576	38.47	114386	28.65
海盐县	Haiyan	50873	13.31	76445	20.01	153474	40.17	101305	26.51
海宁市	Haining	106356	15.24	136025	19.50	268679	38.51	186657	26.75
平湖市	Pinghu	64917	12.99	99362	19.88	197497	39.51	138147	27.63
桐乡市	Tongxiang	104742	14.94	141602	20.19	275471	39.28	179490	25.59
湖州市	Huzhou	379913	14.23	543514	20.35	1066920	39.95	680265	25.47
湖州市区	District	156604	13.97	224318	20.01	432812	38.60	307422	27.42
吴兴区	Wuxing	98501	15.64	128315	20.37	245678	39.00	157385	24.99
南浔区	NanXun	58103	11.83	96003	19.54	187134	38.09	150037	30.54
德清县	Deqing	60319	13.63	90781	20.52	176648	39.93	114659	25.92
长兴县	ChangXing	93514	14.69	131980	20.74	261485	41.09	149410	23.48
安吉县	Anji	69476	14.76	96435	20.49	195975	41.64	108774	23.11
绍兴市	Shaoxing	648821	14.51	873419	19.53	1808606	40.44	1141255	25.52
绍兴市区	District	322898	14.51	452480	20.33	881985	39.63	568261	25.53
越城区	Yuechen	114379	14.97	152273	19.93	301813	39.51	195471	25.59
柯桥区	keqiao	108192	15.88	145752	21.39	262979	38.60	164376	24.13
上虞区	Shangyu	100327	12.86	154455	19.79	317193	40.65	208414	26.71
新昌县	Xinchang	67001	15.41	80259	18.46	183063	42.10	104483	24.03
诸暨市	Zhuji	161071	14.84	208948	19.25	440297	40.57	275051	25.34
嵊州市	Shengzhou	97851	13.47	131732	18.14	303261	41.75	193460	26.64
金华市	Jinhua	888061	18.16	968558	19.81	1971338	40.32	1061705	21.71
金华市区	District	177125	17.92	180135	18.22	413010	41.78	218224	22.08
婺城区	Wuchen	119405	18.34	116450	17.89	273621	42.03	141593	21.75
金东区	JIndong	57720	17.11	63685	18.87	139389	41.31	76631	22.71
武义县	Wuyi	58823	17.05	66255	19.20	141246	40.94	78682	22.81
浦江县	Pujiang	68357	17.04	82084	20.46	163983	40.87	86776	21.63
磐安县	Panan	38967	18.29	38066	17.87	91261	42.83	44776	21.01
兰溪市	Lanxi	103466	15.67	132214	20.02	267681	40.53	157128	23.79
义乌市	Yiwu	164146	20.06	177604	21.70	312902	38.24	163710	20.00

续表 2 Continued 单位:人(person)

地区	Region	18 岁以下 Age -18		18-35 岁 Age 18-35		35-60 岁 Age 35-60		60 岁以上 Age 60 and over	
		人数 Population	占总人口% Percentage to Total	人数 Population	占总人口% Percentage to Total	人数 Population	占总人口% Percentage to Total	人数 Population	占总人口% Percentage to Total
东阳市	Dongyang	146021	17.22	168488	19.87	343278	40.49	190027	22.41
永康市	Yongkang	131156	21.32	123712	20.11	237977	38.68	122382	19.89
衢州市	Quzhou	455402	17.66	491017	19.04	1060546	41.13	571787	22.17
衢州市区	District	146713	17.22	162672	19.09	345559	40.56	197086	23.13
柯城区	Kechen	75954	17.29	83021	18.90	179458	40.84	100935	22.97
衢江区	Qujiang	70759	17.15	79651	19.30	166101	40.25	96151	23.30
常山县	Changshan	65872	19.13	65021	18.89	143842	41.78	69532	20.20
开化县	Kaihua	66378	18.33	67382	18.61	153392	42.35	75006	20.71
龙游县	Longyou	62660	15.51	76108	18.84	167900	41.57	97241	24.07
江山市	Jiangshan	113779	18.46	119834	19.44	249853	40.54	132922	21.56
舟山市	Zhoushan	113001	11.66	171473	17.70	415021	42.83	269488	27.81
舟山市区	District	91717	12.83	127304	17.81	306760	42.91	189136	26.46
定海区	Dinghai	56911	14.31	71913	18.09	167391	42.10	101354	25.49
普陀区	Putuo	34806	10.97	55391	17.45	139369	43.92	87782	27.66
岱山县	Daishan	14922	8.34	30830	17.24	74872	41.86	58221	32.55
嵊泗县	Shengsi	6362	8.46	13339	17.73	33389	44.39	22131	29.42
台州市	Taizhou	1150695	19.01	1196897	19.77	2455539	40.56	1250840	20.66
台州市区	District	298215	18.35	317740	19.55	657730	40.48	351285	21.62
椒江区	Jiaojiang	106405	19.36	111872	20.35	220980	40.20	110419	20.09
黄岩区	Huangyan	106917	17.38	115433	18.76	250201	40.67	142646	23.19
路桥区	Luqiao	84893	18.45	90435	19.66	186549	40.55	98220	21.35
玉环市	Yuhuan	83701	19.23	81798	18.79	181664	41.73	88132	20.25
三门县	Sanmen	91484	20.44	86990	19.44	185743	41.51	83274	18.61
天台县	Tiantai	121126	20.10	129132	21.43	237251	39.38	115011	19.09
仙居县	Xianju	112354	21.72	101889	19.69	204726	39.57	98408	19.02
温岭市	Wenling	207223	16.97	246344	20.17	496703	40.67	271111	22.20
临海市	Linhai	236592	19.64	233004	19.34	491722	40.81	243619	20.22
丽水市	Lishui	520469	19.26	542549	20.08	1112403	41.17	526455	19.48
丽水市区	District	82211	19.86	83881	20.27	164836	39.83	82959	20.04
莲都区	Liandu	82211	19.86	83881	20.27	164836	39.83	82959	20.04
青田县	Qingtian	116707	20.66	127802	22.62	223109	39.49	97366	17.23
缙云县	Jinyun	90680	19.30	88702	18.87	193681	41.21	96894	20.62
遂昌县	Suichang	37782	16.36	43256	18.73	97644	42.29	52230	22.62
松阳县	Songyang	44072	18.27	47707	19.78	101268	41.99	48137	19.96
云和县	Yunhe	20335	17.82	21588	18.92	48743	42.72	23427	20.53
庆元县	Qingyuan	39954	19.48	41384	20.18	86949	42.40	36782	17.94
景宁自治县	Jingning	34948	20.44	30066	17.59	74123	43.36	31817	18.61
龙泉市	Longquan	53780	18.49	58163	20.00	122050	41.97	56843	19.54

注：本表资料为公安年报数。
Data in this table refers to the data from the annual reports fo the Bureau of Public Security.

2-6 计划生育情况
Family Planning

单位:%(%)

地区	Region	计划生育率 Brith Rate Control				
		2014	2015	2016	2017	2018
合 计	**Zhejiang**	**92.01**	**91.87**	**97.46**	**97.75**	**97.22**
杭州市	Hangzhou	97.22	97.00	98.63	98.81	98.63
宁波市	Ningbo	95.95	96.25	97.86	98.54	98.50
温州市	Wenzhou	85.06	86.25	96.70	97.06	95.23
嘉兴市	Jiaxing	98.89	98.43	99.11	98.99	98.79
湖州市	Huzhou	97.63	97.25	98.93	98.88	98.78
绍兴市	Shaoxing	96.13	95.66	98.00	98.21	97.64
金华市	Jinhua	90.17	89.68	97.19	98.25	97.52
衢州市	Quzhou	84.43	88.96	96.22	97.08	96.65
舟山市	Zhoushan	98.54	98.63	99.19	99.29	99.25
台州市	Taizhou	89.27	88.67	95.91	95.85	96.11
丽水市	Lishui	88.99	88.37	96.32	96.21	95.41

续表 Continued

单位:%(%)

地区	Region	已婚育龄妇女独生子女领证率 Proportion of Only Child Certificate				
		2014	2015	2016	2017	2018
合 计	**Zhejiang**	**28.14**	**27.58**	**26.43**	**24.87**	**11.17**
杭州市	Hangzhou	37.58	36.14	33.49	31.25	3.70
宁波市	Ningbo	36.60	35.43	33.96	32.27	2.35
温州市	Wenzhou	14.62	14.76	14.21	13.66	1.91
嘉兴市	Jiaxing	52.75	50.59	48.12	49.34	22.30
湖州市	Huzhou	40.87	34.75	33.30	32.42	27.23
绍兴市	Shaoxing	28.91	28.13	27.02	29.44	21.65
金华市	Jinhua	19.66	19.97	19.56	8.00	5.27
衢州市	Quzhou	21.54	21.11	20.37	21.06	14.80
舟山市	Zhoushan	38.23	35.58	34.58	34.23	30.42
台州市	Taizhou	20.92	23.35	22.83	21.97	19.74
丽水市	Lishui	19.44	19.30	18.92	18.49	17.04

注：本表资料为人口和计划生育部门年报数。
Data in this table refer to the data from the annual reports of the Population and Family Planning Commission.

2-7 就业和失业人员情况(1978-2018年,年底数)
Employed and Unemployed Persons(1978-2018,Year-end)

单位:万人(10000 persons)

年份 Year	就业人员总数 Employed Persons	非私营单位在岗职工合计 Fully Employed Staff and Workers in Non Private Units	国有单位 State-owned Units	集体单位 Collective Owned Units	其他单位 Others	私营、个体和乡村从业人员 Private Enterprises and Rural and Individuals Employed Persons	城镇登记失业率(%) Unemployment Rate in Urban Areas
1978	1794.96	312.89	183.14	129.75		1482.07	7.2
1979	1829.90	339.91	196.78	143.13		1489.99	3.7
1980	1856.42	359.73	208.50	151.23		1496.69	2.7
1981	1954.53	397.35	223.62	155.73		1575.18	1.3
1982	2021.74	374.33	232.29	142.04		1647.41	2.4
1983	2141.16	382.75	237.68	145.07		1758.41	1.8
1984	2248.91	402.51	228.26	172.72	1.53	1846.40	1.1
1985	2318.56	426.57	240.71	183.81	2.05	1891.99	0.8
1986	2386.42	443.04	251.92	188.73	2.39	1943.38	1.2
1987	2444.73	459.65	263.46	192.97	3.22	1985.08	1.6
1988	2502.73	475.74	274.30	196.97	4.47	2026.99	1.5
1989	2522.86	470.12	274.95	189.34	5.83	2052.74	2.1
1990	2554.46	476.02	280.87	189.12	6.03	2078.44	2.2
1991	2579.36	492.81	293.41	191.09	8.31	2080.20	2
1992	2600.38	491.37	297.96	181.62	11.79	2103.33	2.4
1993	2615.89	502.36	300.59	176.12	25.65	2105.20	2.6
1994	2640.51	500.88	294.13	170.42	36.33	2106.78	2.6
1995	2621.47	498.61	294.59	161.89	42.13	2111.89	2.8
1996	2625.06	495.35	290.22	156.25	48.88	2119.20	2.6
1997	2619.66	482.26	285.05	144.53	52.68	2126.47	3
1998	2612.54	455.80	256.61	102.94	96.25	2144.42	3.3
1999	2625.17	427.45	233.15	80.21	114.09	2184.58	3.4
2000	2726.09	398.53	208.19	58.93	131.41	2314.70	3.4
2001	2796.65	372.39	185.36	41.28	145.75	2409.63	3.7
2002	2858.56	367.14	179.67	35.49	151.98	2466.84	4
2003	2918.74	373.21	170.40	30.53	172.28	2517.93	3.7
2004	2991.95	447.47	176.44	36.05	234.98	2527.39	4.1
2005	3100.76	522.93	177.93	31.17	313.83	2569.64	3.7
2006	3172.38	590.47	182.27	28.51	379.70	2561.54	3.51
2007	3405.01	641.17	185.94	27.68	427.56	2738.32	3.27
2008	3486.53	689.35	186.98	25.30	477.07	2695.33	3.49
2009	3591.98	749.57	191.00	28.10	530.44	2755.07	3.26
2010	3636.02	812.14	196.48	27.60	588.06	2724.12	3.20
2011	3674.11	882.51	195.55	26.54	660.43	2696.94	3.12
2012	3691.24	1022.32	211.20	24.26	786.85	2663.08	3.01
2013	3708.73	1020.58	200.23	20.91	799.44	2658.66	3.01
2014	3714.15	1051.02	202.00	19.20	829.83	2640.01	2.96
2015	3733.65	1027.53	206.17	14.81	806.55	2660.21	2.93
2016	3760.00	1003.06	205.40	14.45	783.21	2714.26	2.87
2017	3796.00	993.49	207.01	15.02	771.46	2738.69	2.73
2018	3836.00	960.08	201.35	14.32	744.41	2781.47	2.60

注:城镇登记失业人员、城镇登记失业率数据来自社会保障部门。
The data of unemployed persons in urban areas and unemployed rate in urban areas refer to the data from the social security department.

2-8 分行业就业人员总数(年末数)
Number of Employed Persons by Sector(Year-end)

单位:万人(10000 persons)

行业	Sector	2014	2015	2016	2017	2018
总 计	**Total**	**3714.15**	**3733.65**	**3760.00**	**3796.00**	**3836.00**
农、林、牧、渔业	Farming, Forestry, Animal Husbandry and Fishery	501.73	492.69	466.24	447.90	437.86
采矿业	Ming and Quarrying	3.08	2.61	2.23	1.77	0.84
制造业	Manufacturing	1443.27	1400.68	1373.71	1339.24	1350.46
电力、热力、燃气及水生产和供应业	Electricity, Gas and Water Production and Supply	15.80	13.49	14.58	14.99	14.95
建筑业	Construction	384.17	387.51	391.72	398.59	364.55
批发和零售业	Wholesale and Retail Trade	490.32	517.26	538.41	550.65	570.51
交通运输、仓储及邮政业	Transport, Storage and Post	145.69	151.35	157.92	166.07	173.35
住宿和餐饮业	Hotels and Catering Services	110.78	112.47	115.35	119.88	124.40
信息传输、软件和信息技术服务业	Information Transmission Software and Information Technology Services	45.29	58.47	73.57	90.67	97.80
金融业	Banking	39.36	44.19	48.61	50.50	48.97
房地产业	Real Estate	40.33	42.88	45.16	49.28	52.12
租赁与商务服务业	Leasing and Commercial Services	95.14	98.76	102.15	118.79	135.19
科学研究和技术服务业	Scientific Research and Technic Service	33.25	36.53	42.83	47.52	50.52
水利、环境和公共设施管理业	Water Conservancy, Environment and Public Utility	17.89	18.23	20.73	21.05	21.51
居民服务、修理和其他服务业	Resident Services, Repair and Other Services	123.82	127.78	131.56	136.03	140.85
教育	Education	71.21	72.53	73.77	77.18	79.76
卫生和社会工作	Health Care and Social Work	42.73	46.88	49.75	52.88	55.08
文化、体育与娱乐业	Culture, Sports and Entertainment	18.85	19.57	21.14	21.86	24.61
公共管理、社会保障和社会组织	Public Security, Social Security and Social Organization	91.43	89.77	90.57	91.15	92.67

2-9 按行业和经济类型分的非私营单位就业人员总数(年末数)
Number of Employed Persons in Non Private Units by Sector and Type of Ownership (Year - end)

单位:万人(10000 persons)

行业	Sector	合计 Total 2016	合计 Total 2017	合计 Total 2018	国有单位 State - owned Units 2016	国有单位 State - owned Units 2017	国有单位 State - owned Units 2018
总 计	**Total**	**1060.95**	**1054.50**	**1013.53**	**218.89**	**219.95**	**212.76**
农、林、牧、渔业	Farming, Forestry, Animal Husbandry and Fishery	0.43	0.46	0.43	0.30	0.30	0.25
采矿业	Ming and Quarrying	0.60	0.47	0.42	0.06	0.05	
制造业	Manufacturing	315.91	315.02	289.34	1.71	1.33	0.55
电力、热力、燃气及水生产和供应业	Electricity, Gas and Water Production and Supply	11.96	12.34	12.21	4.92	4.46	2.43
建筑业	Construction	310.12	288.34	279.92	2.17	2.05	1.73
批发和零售业	Wholesale and Retail Trade	37.63	38.26	36.82	1.40	1.29	1.12
交通运输、仓储及邮政业	Transport, Storage and Post	31.53	31.78	30.11	6.32	6.81	5.75
住宿和餐饮业	Hotels and Catering Services	13.45	14.02	13.80	1.03	0.95	0.78
信息传输、软件和信息技术服务业	Information Transmission Software and Information Technology Services	18.61	23.02	21.85	0.91	0.71	1.11
金融业	Banking	46.38	48.45	44.97	4.20	2.87	1.74
房地产业	Real Estate	20.88	21.62	22.42	0.93	0.95	0.73
租赁与商务服务业	Leasing and Commercial Services	28.95	30.15	29.08	8.14	7.36	5.65
科学研究和技术服务业	Scientific Research and Technic Service	18.61	18.96	16.64	6.43	6.62	5.60
水利、环境和公共设施管理业	Water Conservancy, Environment and Public Facilities Management	10.65	10.26	10.11	6.22	5.90	5.04
居民服务、修理和其他服务业	Resident Services, Repair and Other Services	2.25	2.58	2.40	0.62	0.52	0.49
教育	Education	71.40	74.33	75.25	61.64	63.29	63.70
卫生和社会工作	Health Care and Social Work	44.29	46.05	47.42	39.35	40.66	41.06
文化、体育与娱乐业	Culture, Sports and Entertainment	6.82	6.69	7.11	4.84	4.63	4.44
公共管理、社会保障和社会组织	Public Security, Social Security and Social Organization	70.47	71.70	73.23	67.71	69.21	70.57

续表 Continued 单位:万人(10000 persons)

行业	Sector	集体单位 Collective Owned Units			其它单位 Others		
		2016	2017	2018	2016	2017	2018
总　计	**Total**	**14.90**	**15.47**	**14.88**	**827.16**	**819.09**	**785.89**
农、林、牧、渔业	Farming, Forestry, Animal Husbandry and Fishery		0.01	0.01	0.12	0.16	0.18
采矿业	Ming and Quarrying	0.04		0.01	0.50	0.42	0.41
制造业	Manufacturing	0.48	0.33	0.27	313.73	313.36	288.51
电力、热力、燃气及水生产和供应业	Electricity, Gas and Water Production and Supply	0.19	0.19	0.18	6.85	7.69	9.60
建筑业	Construction	8.03	9.07	8.24	299.92	277.22	269.95
批发和零售业	Wholesale and Retail Trade	0.44	0.33	0.28	35.80	36.63	35.43
交通运输、仓储及邮政业	Transport, Storage and Post	0.32	0.58	0.22	24.89	24.39	24.14
住宿和餐饮业	Hotels and Catering Services	0.16	0.14	0.13	12.26	12.93	12.89
信息传输、软件和信息技术服务业	Information Transmission Software and Information Technology Services	0.08	0.07	0.06	17.62	22.24	20.67
金融业	Banking	0.38	0.27	0.21	41.80	45.32	43.02
房地产业	Real Estate	0.32	0.22	0.16	19.63	20.44	21.53
租赁与商务服务业	Leasing and Commercial Services	1.27	1.07	1.44	19.54	21.73	21.99
科学研究和技术服务业	Scientific Research and Technic Service	0.20	0.22	0.17	11.98	12.12	10.87
水利、环境和公共设施管理业	Water Conservancy, Environment and Public Facilities Management	0.20	0.17	0.20	4.23	4.20	4.87
居民服务、修理和其他服务业	Resident Services, Repair and Other Services	0.15	0.17	0.16	1.49	1.89	1.74
教育	Education	1.23	1.30	1.33	8.53	9.74	10.22
卫生和社会工作	Health Care and Social Work	1.30	1.25	1.74	3.63	4.14	4.62
文化、体育与娱乐业	Culture, Sports and Entertainment	0.06	0.03	0.02	1.92	2.03	2.64
公共管理、社会保障和社会组织	Public Security, Social Security and Social Organization	0.05	0.05	0.05	2.71	2.44	2.61

2-10 分行业非私营单位就业人员总数(2018 年底)
Number of Employed Persons in Non Private Units by Sector (End of 2018)

单位:万人(10000 persons)

行业	Sector	单位就业人员 Employed Per	#女性 Female	在岗职工合计 Fully employed staff and Workers	其他就业人员 Others
总计	Total	1013.53	344.61	960.07	53.46
农、林、牧、渔业	Farming, Forestry, Animal Husbandry and Fishery	0.43	0.12	0.32	0.12
采矿业	Ming and Quarrying	0.42	0.07	0.41	0.01
制造业	Manufacturing	289.34	115.80	285.64	3.70
电力、热力、燃气及水生产和供应业	Electricity, Gas and Water Production and Supply	12.21	2.84	11.78	0.42
建筑业	Construction	279.92	20.51	266.38	13.54
批发和零售业	Wholesale and Retail Trade	36.82	18.97	35.18	1.64
交通运输、仓储及邮政业	Transport, Storage and Post	30.11	7.86	29.13	0.98
住宿和餐饮业	Hotels and Catering Services	13.80	7.67	11.71	2.08
信息传输、软件和信息技术服务业	Information Transmission Software and Information Technology Services	21.85	8.23	21.66	0.19
金融业	Banking	44.97	26.83	30.70	14.27
房地产业	Real Estate	22.42	9.43	20.81	1.62
租赁与商务服务业	Renting and Business Services	29.08	7.99	26.87	2.21
科学研究和技术服务业	Scientific Research and Technic Service	16.64	5.05	15.96	0.68
水利、环境和公共设施管理业	Water Conservancy, Environment and Public Utility	10.11	3.86	9.31	0.80
居民服务、修理和其他服务业	Resident Services, Repair and Other Services	2.40	1.07	2.23	0.16
教育	Education	75.25	49.07	70.94	4.31
卫生和社会工作	Health Care and Social Work	47.42	32.60	45.19	2.23
文化、体育与娱乐业	Culture, Sports and Entertainment	7.11	3.62	6.40	0.71
公共管理、社会保障和社会组织	Public Security, Social Security and Social Organization	73.23	23.03	69.45	3.78

注: 在岗职工人数包含劳务派遣人数,以后各表同。
The number of employed staff workers include the labor dispatch staff, The same applies to the relevant tables following.

2-11 分行业国有单位就业人员总数(2018 年底)
Number of Employed Persons in State-owned Units by Sector(End of 2018)

单位:万人(10000 persons)

行业	Sector	单位就业人员 Employed Persons	#女性 Female	在岗职工合计 Fully employed Staff anf Workers	其他就业人员 Others
总计	**Total**	**212.76**	**103.48**	**201.36**	**11.40**
农、林、牧、渔业	Farming,Forestry,Animal Husbandry and Fishery	0.25	0.05	0.19	0.05
采矿业	Ming and Quarrying				
制造业	Manufacturing	0.55	0.13	0.54	0.02
电力、热力、燃气及水生产和供应业	Electricity,Gas and Water Production and Supply	2.43	0.55	2.31	0.12
建筑业	Construction	1.73	0.11	1.43	0.30
批发和零售业	Wholesale and Retail Trade	1.12	0.32	1.06	0.06
交通运输、仓储及邮政业	Transport,Storage and Post	5.75	1.90	5.59	0.16
住宿和餐饮业	Hotels and Catering Services	0.78	0.40	0.74	0.04
信息传输、软件和信息技术服务业	Information Transmission Software and Information Technology Services	1.11	0.49	1.11	0.01
金融业	Banking	1.74	0.93	1.49	0.25
房地产业	Real Estate	0.73	0.30	0.65	0.08
租赁与商务服务业	Leasing and Commercial Services	5.65	1.10	5.54	0.11
科学研究和技术服务业	Scientific Research and Technic Service	5.60	1.76	5.35	0.25
水利、环境和公共设施管理业	Water Conservancy,Environment and Public Facilities Management	5.04	2.05	4.71	0.33
居民服务、修理和其他服务业	Resident Services,Repair and Other Services	0.49	0.17	0.47	0.03
教育	Education	63.70	40.80	60.03	3.67
卫生和社会工作	Health Care and Social Work	41.06	28.28	39.21	1.85
文化、体育与娱乐业	Culture,Sports and Entertainment	4.44	2.20	3.89	0.55
公共管理、社会保障和社会组织	Public Security,Social Security and Social Organization	70.57	21.95	67.05	3.52

2-12 分行业集体单位就业人员总数(2018年底)
Number of Employed Persons in Collectively Owned Units by Sector(End of 2018)

单位:万人(10000 persons)

行业	Region	单位就业人员 Employed Pers	#女性 Female	在岗职工合计 Fully employed Staff anf Workers	其他就业人员 Others
总计	**Total**	**14.88**	**4.29**	**14.31**	**0.57**
农、林、牧、渔业	Farming,Forestry,Animal Husbandry and Fishery	0.01		0.01	
采矿业	Ming and Quarrying	0.01		0.01	
制造业	Manufacturing	0.27	0.11	0.26	0.01
电力、热力、燃气及水生产和供应业	Electricity,Gas and Water Production and Supply	0.18	0.05	0.18	0.01
建筑业	Construction	8.24	0.77	8.16	0.08
批发和零售业	Wholesale and Retail Trade	0.28	0.13	0.22	0.06
交通运输、仓储及邮政业	Transport,Storage and Post	0.22	0.05	0.21	0.01
住宿和餐饮业	Hotels and Catering Services	0.13	0.08	0.12	
信息传输、软件和信息技术服务业	Information Transmission Software and Information Technology Services	0.06	0.02	0.06	
金融业	Banking	0.21	0.09	0.20	0.01
房地产业	Real Estate	0.16	0.05	0.15	0.01
租赁与商务服务业	Leasing and Commercial Services	1.44	0.50	1.32	0.12
科学研究和技术服务业	Scientific Research and Technic Service	0.17	0.06	0.16	0.01
水利、环境和公共设施管理业	Water Conservancy,Environment and Public Facilities Management	0.20	0.08	0.12	0.08
居民服务、修理和其他服务业	Resident Services,Repair and Other Services	0.16	0.05	0.13	0.03
教育	Education	1.33	1.00	1.28	0.05
卫生和社会工作	Health Care and Social Work	1.74	1.21	1.65	0.09
文化、体育与娱乐业	Culture,Sports and Entertainment	0.02	0.01	0.02	
公共管理、社会保障和社会组织	Public Security,Social Security and Social Organization	0.05	0.01	0.05	

2-13 分行业其他单位就业人员总数(2018 年底)
Number of Employed Persons in Other Ownership Units in Urban Area by Sector(End of 2018)

单位:万人(10000 persons)

行业	Sector	单位就业人员 Employed Persons	#女性 Female	在岗职工合计 Fully employed Staff anf Workers	其他就业人员 Others
总计	**Total**	**785.89**	**236.84**	**744.40**	**41.49**
农、林、牧、渔业	Farming, Forestry, Animal Husbandry and Fishery	0.18	0.07	0.12	0.06
采矿业	Ming and Quarrying	0.41	0.07	0.40	0.01
制造业	Manufacturing	288.51	115.56	284.84	3.67
电力、热力、燃气及水生产和供应业	Electricity, Gas and Water Production and Supply	9.60	2.24	9.30	0.30
建筑业	Construction	269.95	19.63	256.79	13.16
批发和零售业	Wholesale and Retail Trade	35.43	18.52	33.91	1.52
交通运输、仓储及邮政业	Transport, Storage and Post	24.14	5.91	23.33	0.81
住宿和餐饮业	Hotels and Catering Services	12.89	7.19	10.85	2.04
信息传输、软件和信息技术服务业	Information Transmission Software and Information Technology Services	20.67	7.71	20.49	0.18
金融业	Banking	43.02	25.81	29.01	14.01
房地产业	Real Estate	21.53	9.08	20.00	1.52
租赁与商务服务业	Leasing and Commercial Services	21.99	6.39	20.01	1.98
科学研究和技术服务业	Scientific Research and Technic Service	10.87	3.23	10.45	0.42
水利、环境和公共设施管理业	Water Conservancy, Environment and Public Facilities Management	4.87	1.73	4.47	0.40
居民服务、修理和其他服务业	Resident Services, Repair and Other Services	1.74	0.85	1.63	0.11
教育	Education	10.22	7.27	9.63	0.59
卫生和社会工作	Health Care and Social Work	4.62	3.11	4.33	0.29
文化、体育与娱乐业	Culture, Sports and Entertainment	2.64	1.41	2.49	0.16
公共管理、社会保障和社会组织	Public Security, Social Security and Social Organization	2.61	1.06	2.35	0.26

2-14 按三次产业分的就业人员总数(年底数)
Number of Employed Persons by Type of Industry(Year-end)

年份 Year	就业人员总数(万人)Total(10000 persons)			构成(以合计为100)Composition(Total=100)		
	第一产业 Primary Industry	第二产业 Secondary Industry	第三产业 Tertiary Industry	第一产业 Primary Industry	第二产业 Secondary Industry	第三产业 Tertiary Industry
1985	1273.25	735.22	310.09	54.90	31.70	13.40
1986	1275.22	765.13	346.07	53.40	32.10	14.50
1987	1272.01	802.04	370.68	52.00	32.80	15.20
1988	1282.16	803.67	416.90	51.20	32.10	16.70
1989	1330.74	770.12	422.00	52.70	30.50	16.70
1990	1358.28	762.48	433.70	53.20	29.80	17.00
1991	1366.99	770.86	441.51	53.00	29.90	17.10
1992	1359.49	770.81	470.08	52.30	29.60	18.10
1993	1248.22	886.90	480.77	47.70	33.90	18.40
1994	1193.56	917.87	529.08	45.20	34.80	20.00
1995	1152.15	882.82	586.50	44.00	33.70	22.30
1996	1129.34	886.02	609.70	43.00	33.80	23.20
1997	1113.27	881.42	624.97	42.50	33.60	23.90
1998	1108.81	854.14	649.59	42.40	32.70	24.90
1999	1078.16	784.29	762.73	41.00	29.90	29.10
2000	969.97	966.30	789.82	35.58	35.45	28.97
2001	935.24	1009.55	851.86	33.44	36.10	30.46
2002	885.29	1070.13	903.14	30.97	37.44	31.59
2003	826.03	1201.30	891.41	28.30	41.20	30.50
2004	779.65	1304.94	907.36	26.06	43.61	30.33
2005	759.53	1397.69	943.54	24.50	45.07	30.43
2006	717.81	1452.29	1002.28	22.63	45.78	31.59
2007	683.32	1592.84	1128.85	20.07	46.78	33.15
2008	670.16	1660.04	1156.30	19.22	47.61	33.17
2009	657.95	1726.06	1207.97	18.32	48.05	33.63
2010	581.87	1810.36	1243.79	16.00	49.79	34.21
2011	535.27	1868.83	1270.01	14.57	50.86	34.57
2012	522.01	1880.92	1288.31	14.14	50.96	34.90
2013	506.95	1853.43	1348.35	13.67	49.97	36.36
2014	501.73	1846.32	1366.09	13.51	49.71	36.78
2015	492.69	1804.29	1436.67	13.20	48.32	38.48
2016	466.24	1782.24	1511.52	12.40	47.40	40.20
2017	447.90	1754.59	1593.51	11.80	46.22	41.98
2018	437.86	1730.80	1667.34	11.41	45.12	43.47

2-15 分行业非私营单位女性就业人员(年末数)
Number of Female Employed Persons in Non Private Units by Sector (year-end)

单位:万人(10000 persons)

行业	Sector	合计 Total			国有单位 State-owned Units		
		2016	2017	2018	2016	2017	2018
总计	**Total**	**353.96**	**360.89**	**344.61**	**101.11**	**104.02**	**103.48**
农、林、牧、渔业	Farming, Forestry, Animal Husbandry and Fishery	0.11	0.11	0.12	0.07	0.06	0.05
采矿业	Ming and Quarrying	0.10	0.08	0.07	0.01	0.01	
制造业	Manufacturing	131.94	128.88	115.80	0.45	0.39	0.13
电力、热力、燃气及水生产和供应业	Electricity, Gas and Water Production and Supply	2.93	2.94	2.84	1.09	0.96	0.55
建筑业	Construction	22.50	21.40	20.51	0.19	0.17	0.11
批发和零售业	Wholesale and Retail Trade	19.28	19.96	18.97	0.41	0.38	0.32
交通运输、仓储及邮政业	Transport, Storage and Post	8.22	8.17	7.86	1.86	1.96	1.90
住宿和餐饮业	Hotels and Catering Services	7.32	7.85	7.67	0.52	0.49	0.40
信息传输、软件和信息技术服务业	Information Transmission Software and Information Technology Services	7.17	8.68	8.23	0.33	0.26	0.49
金融业	Banking	27.14	29.01	26.83	2.24	1.52	0.93
房地产业	Real Estate	7.85	8.74	9.43	0.37	0.38	0.30
租赁与商务服务业	Leasing and Commercial Services	8.32	8.66	7.99	1.48	1.40	1.10
科学研究和技术服务业	Scientific Research and Technic Service	6.25	6.35	5.05	1.97	2.04	1.76
水利、环境和公共设施管理业	Water Conservancy, Environment and Public Facilities Management	4.27	4.14	3.86	2.55	2.50	2.05
居民服务、修理和其他服务业	Resident Services, Repair and Other Services	0.98	1.01	1.07	0.17	0.17	0.17
教育	Education	44.85	47.60	49.07	38.03	39.74	40.80
卫生和社会工作	Health Care and Social Work	30.04	31.48	32.60	26.73	27.85	28.28
文化、体育与娱乐业	Culture, Sports and Entertainment	3.33	3.28	3.62	2.40	2.26	2.20
公共管理、社会保障和社会组织	Public Security, Social Security and Social Organization	21.35	22.55	23.03	20.25	21.48	21.95

续表 Continued 单位:万人(10000 persons)

行业	Sector	集体单位 Collective Owned Units			其他单位 Others		
		2016	2017	2018	2016	2017	2018
总　计	**Total**	**4.27**	**4.09**	**4.29**	**248.58**	**252.78**	**236.84**
农、林、牧、渔业	Farming, Forestry, Animal Husbandry and Fishery				0.04	0.04	0.07
采矿业	Ming and Quarrying				0.09	0.07	0.07
制造业	Manufacturing	0.19	0.14	0.11	131.30	128.36	115.56
电力、热力、燃气及水生产和供应业	Electricity, Gas and Water Production and Supply	0.06	0.06	0.05	1.78	1.91	2.24
建筑业	Construction	0.80	0.81	0.77	21.51	20.43	19.63
批发和零售业	Wholesale and Retail Trade	0.20	0.15	0.13	18.67	19.44	18.52
交通运输、仓储及邮政业	Transport, Storage and Post	0.07	0.07	0.05	6.29	6.14	5.91
住宿和餐饮业	Hotels and Catering Services	0.09	0.08	0.08	6.71	7.28	7.19
信息传输、软件和信息技术服务业	Information Transmission Software and Information Technology Services	0.03	0.03	0.02	6.81	8.39	7.71
金融业	Banking	0.18	0.12	0.09	24.72	27.37	25.81
房地产业	Real Estate	0.12	0.07	0.05	7.36	8.29	9.08
租赁与商务服务业	Leasing and Commercial Services	0.49	0.50	0.50	6.35	6.76	6.39
科学研究和技术服务业	Scientific Research and Technic Service	0.07	0.07	0.06	4.21	4.24	3.23
水利、环境和公共设施管理业	Water Conservancy, Environment and Public Facilities Management	0.07	0.06	0.08	1.66	1.57	1.73
居民服务、修理和其他服务业	Resident Services, Repair and Other Services	0.04	0.05	0.05	0.77	0.79	0.85
教育	Education	0.90	0.98	1.00	5.92	6.87	7.27
卫生和社会工作	Health Care and Social Work	0.90	0.87	1.21	2.41	2.77	3.11
文化、体育与娱乐业	Culture, Sports and Entertainment	0.03	0.02	0.01	0.91	1.00	1.41
公共管理、社会保障和社会组织	Public Security, Social Security and Social Organization	0.01	0.01	0.01	1.08	1.06	1.06

2-16 按行业和经济类型分的非私营单位工业、建筑业企业就业人员人数(年底数)
Number of Currently Employed Persons Non privite in Industry and Construction Enterprises by Sector and Type of Ownership(Year-end)

单位:万人(10000 persons)

分类	Category	2015	2016	2017	2018
总 计	**Total**	**665.69**	**638.59**	**616.17**	
采矿业	**Ming and Quarrying**	**0.70**	**0.60**	**0.47**	**0.43**
按经济类型分组	**By Ownership**				
国有经济单位	State-owned Units	0.09	0.06	0.05	
城镇集体经济单位	Collective Owned Units	0.06	0.04		0.01
其他各种经济类型	Units of Other Types of Ownership	0.55	0.50	0.42	0.41
按行业分组	**By Sector**				
煤炭开采和洗选业	Coal Mining and Dressing				
石油和天然气开采业	Petroleum and Natural Gas Extraction				
黑色金属矿采选业	Ferrous Metals Mining and Dressing	0.12	0.10	0.09	0.08
有色金属矿采选业	Nonferrous Metals Mining and Dressing	0.11	0.10	0.10	0.10
非金属矿采选业	Nonmetal Minerals Mining and Dressing	0.47	0.40	0.28	0.24
开采辅助活动	Supplementary Activies for Mining				
其他采矿业	Other Minerals Mining and Dressing				
制造业	**Manufacturing**	**330.60**	**315.91**	**315.02**	**289.34**
按经济类型分组	**By Ownership**				
国有经济单位	State-owned Units	1.56	1.71	1.33	0.55
城镇集体经济单位	Collective Owned Units	0.57	0.48	0.33	0.27
其他各种经济类型单位	Units of Other Types of Ownership	328.47	313.73	313.36	288.51
按行业分组	**By Sector**				
食品加工业	Non-staple Food Processing	3.96	3.53	3.53	3.27
食品制造业	Food Manufacturing	5.24	5.32	4.99	4.28
酒、饮料和精制茶制造业	Wine,Soft Drinks and Refined Tea Manufacturing	3.28	2.98	2.61	2.30
烟草制品业	Tobacco Processing	0.42	0.41	0.40	0.39
纺织业	Textile Industry	28.17	26.25	23.31	19.62
纺织服装、服饰业	Garments and Apparel Industry	29.61	26.61	23.52	20.71
皮革、毛皮、羽毛及其制品和制鞋业	Leather,Fur,Down and Related Production,Shoes Manufactring	11.95	11.04	9.20	6.77
木材加工及木、竹、藤、棕、草制品业	Timber Processing,Bamboo,Cane Palm Fiber and Straw Products	1.76	1.64	1.67	1.42
家具制造业	Furniture Manufacturing	9.48	9.30	10.18	8.30
造纸及纸制品业	Papermaking and Paper Products	5.43	5.26	4.99	4.46
印刷和记录媒介复制业	Printing and Record Medium Reproduction	3.00	2.66	2.87	2.80
文教、工美、体育和娱乐用品制造业	Cultural and Educational,Arts and Crafts, Sports and Entertainment Goods	8.48	7.88	7.66	7.55
石油加工、炼焦及核燃料加工业	Petroleum Processing,Cooking and Nuclear Fuel Processing	0.93	0.99	1.15	1.38

续表 Continued 单位:万人(10000 persons)

分类	Category	2015	2016	2017	2018
化学原料及化学制品制造业	Raw Chemical Materials and Chemical Products	14.67	14.24	13.76	13.13
医药制造业	Medical and Pharmaceutical Products	10.18	10.33	10.34	10.44
化学纤维制造业	Chemical Fiber	6.92	6.16	5.62	5.19
橡胶和塑料制品业	Rubber and plastic products	14.14	13.97	14.58	13.24
非金属矿物制品业	Nonmetal Mineral Products	8.49	7.77	7.28	7.34
黑色金属冶炼及压延加工业	Smelting and Pressing of Ferrous Metals	5.88	5.45	5.21	2.41
有色金属冶炼及压延加工业	Smelting and Pressing of Nonferrous Metals	3.93	3.72	3.43	3.01
金属制品业	Metal Products	12.05	11.29	12.49	12.83
通用设备制造	Equipment in Common Use	29.10	28.05	29.57	27.72
专用设备制造业	Special Purpose Equipment	11.68	10.67	11.66	11.96
汽车制造业	Automotive Manufacturing	21.28	21.25	23.56	21.74
铁路、船舶、航空航天和其他运输设备制造业	Railway, Shipbuilding, Aerospace and other Transport Equipment	4.82	4.53	3.87	3.54
电气机械及器材制造业	Electric Equipment and Machinery	37.38	35.93	37.86	34.11
计算机、通信和其他电子设备制造业	Computers, Communications and Other Electronic Equipment Manufacturing	25.94	26.26	27.56	28.99
仪器仪表制造业	Instruments Manufacturing	8.00	7.68	7.92	7.43
其他制造业	Other Manufacturing	2.94	3.14	2.55	2.05
废弃资源综合利用业	Comprehensive Utilization of Waste Resources	0.85	1.06	0.99	0.53
金属制品、机械和设备修理业	Metal Products, Machinery and Equipment Repair Industry	0.64	0.57	0.69	0.43
电力、热力、燃气及水生产和供应业	**Electricity, Heating Power, Gas and Water Production and Supply**	**10.98**	**11.96**	**12.34**	**12.21**
按经济类型分组	**By Ownership**				
国有经济单位	State - owned Units	4.09	4.92	4.46	2.43
集体经济单位	Collective Owned Units	0.21	0.19	0.19	0.18
其他各种经济类型单位	Units of Other Types of Ownership	6.68	6.85	7.69	9.60
按行业分组	**By Sector**				
电力、热力生产和供应业	Production and Supply of Electricity and Heating Power	7.20	8.19	8.52	8.40
煤气生产和供应业	Production and Supply of Gas	0.78	0.80	0.84	0.93
水的生产和供应业	Production and Supply of Water	3.00	2.97	2.98	2.88
建筑业	**Construction**	**323.41**	**310.12**	**288.34**	**279.92**
按经济类型分组	**By Ownership**				
国有经济单位	State - owned Units	2.11	2.17	2.05	1.73
城镇集体经济单位	Urban Collective Owned Units	7.70	8.03	9.07	8.24
其他各种经济类型单位	Units of Other Types of Ownership	313.60	299.92	277.22	269.95

2－17 分行业私营单位就业人员人数(年底数)
Employed Persons in Private Owned Units by Sector(Year－end)

单位:万人(10000 persons)

行业	Sector	合计 Total			规上私营 Private Owned Units Above Designated Size			规下私营 Private Owned Units Under Designated Size		
		2016	2017	2018	2016	2017	2018	2016	2017	2018
总　计	**Total**	**1678.16**	**1740.27**	**1799.57**	**990.94**	**1031.94**	**1018.05**	**687.22**	**708.33**	**781.52**
农、林、牧、渔业	Farming, Forestry, Animal Husbandry and Fishery	12.16	13.77	14.12	0.03	0.05	0.10	12.14	13.72	14.03
采矿业	Ming and Quarrying	2.06	1.44	0.60	0.81	0.66	0.60	1.25	0.78	
制造业	Manufacturing	730.44	714.87	730.26	373.19	365.94	372.83	357.25	348.93	357.43
电力、热力、燃气及水生产和供应业	Electricity, Heat, Gas and Water Production and Supply	2.29	2.41	2.36	0.79	0.78	0.76	1.50	1.63	1.60
建筑业	Construction	507.68	541.26	503.28	483.46	512.35	468.09	24.22	28.91	35.19
批发和零售业	Wholesale and Retail Trade	170.02	175.20	192.06	39.67	42.27	45.35	130.35	132.93	146.70
交通运输、仓储及邮政业	Transport, Storage and Post	27.32	30.57	38.19	14.93	16.07	17.41	12.39	14.50	20.78
住宿和餐饮	Hotels and Catering Services	25.69	28.19	34.25	13.03	13.44	14.20	12.66	14.75	20.05
信息传输、软件和信息技术服务业	Information Transmission Software and Information Technology Services	25.95	33.04	39.35	6.89	8.86	8.85	19.05	24.18	30.50
金融业	Banking	1.68	2.29	2.50	0.38	0.70	1.03	1.30	1.59	1.48
房地产业	Real Estate	28.26	31.55	33.41	14.81	16.85	18.55	13.44	14.70	14.86
租赁与商务服务业	Leasing and Commercial Services	72.57	86.23	110.87	22.99	33.02	46.43	49.58	53.21	64.44
科学研究和技术服务业	Scientific Research and Technic Service	27.58	32.30	38.45	6.12	6.80	7.95	21.46	25.50	30.50
水利、环境和公共设施管理业	Water Conservancy, Environment and Public Facilities Management	7.10	6.28	6.56	4.62	3.48	3.63	2.48	2.80	2.92
居民服务、修理和其他服务业	Resident Services, Repair and Other Services	15.21	16.64	22.43	3.60	4.12	4.56	11.62	12.52	17.88
教育	Education	7.35	7.68	10.30	1.79	1.71	2.13	5.56	5.97	8.17
卫生和社会工作	Health Care and Social Work	4.42	5.65	7.01	2.16	2.81	3.60	2.26	2.84	3.40
文化、体育与娱乐业	Culture, Sports and Recreation	10.38	10.91	13.56	1.67	2.02	1.98	8.71	8.88	11.58
公共管理、社会保障和社会组织	Public Security, Social Security and Social Organization									

2－18 各市非私营企业年末单位就业人员
Employed Persons in Non Private Enterprises by City(Year－end)

单位:万人(10000 persons)

城市	City	年末单位就业人员 Number of Employed Persons at the Year－end			#在岗职工 Fully Employed Staff anf Workers			#其他就业人员 Others		
		2016	2017	2018	2016	2017	2018	2016	2017	2018
全省	**Total**	**857.84**	**847.24**	**802.87**	**812.57**	**798.10**	**762.48**	**45.27**	**49.14**	**40.39**
杭州市	Hangzhou	243.60	239.35	231.24	229.07	225.35	218.59	14.53	14.01	12.65
宁波市	Ningbo	124.33	133.94	119.70	116.41	125.10	114.12	7.92	8.84	5.59
温州市	Wenzhou	78.12	90.77	79.79	73.90	84.86	74.31	4.22	5.90	5.48
嘉兴市	Jiaxing	65.98	64.16	59.73	63.33	61.10	57.61	2.65	3.07	2.12
湖州市	Huzhou	40.70	40.72	37.59	36.44	35.89	34.04	4.26	4.83	3.55
绍兴市	Shaoxing	121.30	104.07	98.72	118.83	101.85	96.47	2.47	2.22	2.25
金华市	Jinhua	72.91	56.67	67.81	70.32	53.63	65.80	2.59	3.04	2.01
衢州市	Quzhou	12.67	12.19	11.04	11.09	10.58	9.47	1.58	1.61	1.57
舟山市	Zhoushan	12.37	12.12	11.90	11.29	11.02	10.91	1.08	1.09	0.99
台州市	Taizhou	75.53	82.61	76.41	72.58	79.36	73.44	2.96	3.25	2.97
丽水市	Lishui	7.98	8.55	8.71	6.95	7.27	7.49	1.03	1.28	1.22

2－19 各市国有控股企业年末单位就业人员
Employed Persons in Enterprises State－owned and State－Holding by City(Year－end)

单位:万人(10000 persons)

城市	City	年末单位就业人员 Number of Employed Persons at the Year－end			#在岗职工 Fully employed Staff anf Workers			#其他就业人员 Others		
		2016	2017	2018	2016	2017	2018	2016	2017	2018
全　省	**Total**	**141.56**	**147.85**	**140.35**	**125.02**	**129.83**	**124.91**	**16.55**	**18.02**	**15.44**
杭州市	Hangzhou	49.72	53.49	52.32	45.03	48.69	47.97	4.68	4.80	4.35
宁波市	Ningbo	22.34	22.96	20.73	19.84	20.27	19.32	2.50	2.69	1.41
温州市	Wenzhou	13.34	15.98	15.82	10.70	12.58	12.90	2.63	3.40	2.93
嘉兴市	Jiaxing	10.23	9.87	9.03	9.65	9.26	8.49	0.58	0.61	0.53
湖州市	Huzhou	5.29	5.52	5.42	4.62	4.73	4.64	0.67	0.79	0.79
绍兴市	Shaoxing	7.64	7.25	6.94	7.04	6.71	6.33	0.60	0.55	0.61
金华市	Jinhua	8.17	8.57	7.63	7.08	7.49	6.92	1.08	1.08	0.71
衢州市	Quzhou	5.09	4.64	4.92	4.06	3.69	3.61	1.02	0.95	1.32
舟山市	Zhoushan	5.23	5.48	5.35	4.79	4.93	4.87	0.44	0.55	0.48
台州市	Taizhou	8.57	8.10	8.25	7.10	6.59	6.93	1.47	1.51	1.33
丽水市	Lishui	3.61	3.91	3.79	2.74	2.83	2.80	0.87	1.09	0.99

2－20 各市事业年末单位就业人员
Employed Persons in Institations by City(Year － end)

单位：万人(10000 persons)

城市	City	年末单位就业人员 Number of Employed Persons at the Year－end			#在岗职工 Fully employed Staff anf Workers			#其他就业人员 Others		
		2016	2017	2018	2016	2017	2018	2016	2017	2018
全　省	Total	131.70	133.51	129.61	123.44	125.54	122.47	8.26	7.97	7.14
杭州市	Hangzhou	31.83	32.15	32.31	29.36	30.04	30.31	2.46	2.10	2.00
宁波市	Ningbo	18.53	18.30	18.08	17.56	17.26	17.20	0.98	1.03	0.88
温州市	Wenzhou	16.09	16.98	16.17	15.43	16.27	15.58	0.66	0.71	0.59
嘉兴市	Jiaxing	9.95	10.29	10.33	9.47	9.74	9.85	0.48	0.54	0.48
湖州市	Huzhou	6.26	6.34	6.32	5.78	5.85	5.75	0.48	0.49	0.58
绍兴市	Shaoxing	10.61	10.98	11.13	9.87	10.21	10.45	0.74	0.77	0.67
金华市	Jinhua	11.82	11.99	9.25	11.20	11.42	8.87	0.62	0.57	0.37
衢州市	Quzhou	4.72	4.85	4.78	4.31	4.47	4.45	0.41	0.38	0.33
舟山市	Zhoushan	3.45	3.40	3.51	3.31	3.28	3.38	0.14	0.12	0.13
台州市	Taizhou	12.30	12.09	11.65	11.14	10.96	10.67	1.16	1.13	0.98
丽水市	Lishui	6.13	6.15	6.09	6.00	6.03	5.95	0.13	0.12	0.13

2－21 各市机关年末单位就业人员
Employed Persons in Government Agencies by City(Year－end)

单位：万人(10000 persons)

城市	City	年末单位就业人员 Number of Employed Persons at the Year－end			#在岗职工 Fully employed Staff anf Workers			#其他就业人员 Others		
		2016	2017	2018	2016	2017	2018	2016	2017	2018
全 省	**Total**	**58.59**	**59.44**	**62.59**	**55.10**	**56.42**	**59.59**	**3.49**	**3.01**	**3.00**
杭州市	Hangzhou	10.68	10.65	11.11	10.05	10.11	10.56	0.63	0.54	0.55
宁波市	Ningbo	8.04	7.90	8.36	7.47	7.34	7.95	0.57	0.55	0.42
温州市	Wenzhou	8.98	9.60	9.63	8.43	9.12	9.22	0.55	0.48	0.41
嘉兴市	Jiaxing	3.34	3.27	3.44	3.26	3.16	3.37	0.08	0.10	0.07
湖州市	Huzhou	2.85	2.91	3.05	2.74	2.81	2.90	0.11	0.10	0.15
绍兴市	Shaoxing	4.14	4.31	4.35	3.80	4.03	4.06	0.34	0.29	0.30
金华市	Jinhua	5.98	5.95	7.45	5.72	5.79	7.08	0.26	0.17	0.38
衢州市	Quzhou	3.07	3.16	3.24	2.77	2.97	3.03	0.30	0.18	0.21
舟山市	Zhoushan	2.08	2.14	2.06	2.02	2.08	2.02	0.06	0.06	0.04
台州市	Taizhou	5.69	5.79	6.09	5.17	5.31	5.67	0.52	0.48	0.41
丽水市	Lishui	3.73	3.76	3.81	3.67	3.70	3.74	0.06	0.06	0.08

2－22 分行业年末非私营单位专业技术人员
Specialized Technical Personnel in in Non Private Units by Sector(Year－End)

单位:万人(10000 persons)

行业	Item	合计			#国有单位			#集体单位		
		2016	2017	2018	2016	2017	2018	2016	2017	2018
总　计	**Total**	**246.12**	**248.11**	**247.59**	**101.83**	**103.02**	**101.97**	**3.68**	**3.51**	**3.66**
农、林、牧、渔业	Farming, Forestry, Animal Husbandry and Fishery	0.08	0.09	0.08	0.07	0.07	0.06			
采矿业	Ming and Quarrying	0.11	0.08	0.08				0.01		
制造业	Manufacturing	42.40	41.85	38.85	0.28	0.22	0.11	0.08	0.05	0.03
电力、热力、燃气及水生产和供应业	Electricity, Gas and Water Production and Supply	2.68	2.94	2.79	1.17	1.10	0.58	0.03	0.04	0.03
建筑业	Construction	44.66	42.31	42.10	0.46	0.42	0.28	1.06	1.02	0.95
批发和零售业	Wholesale and Retail Trade	4.55	5.13	4.55	0.16	0.25	0.17	0.04	0.03	0.02
交通运输、仓储及邮政业	Transport, Storage and Post	3.53	3.57	3.62	0.69	0.71	0.72	0.08	0.10	0.04
住宿和餐饮业	Hotels and Catering Services	0.84	1.10	0.79	0.07	0.07	0.05	0.02	0.01	0.01
信息传输、软件和信息技术服务业	Information Transmission, Computer Services and Software	9.53	10.69	10.66	0.46	0.34	0.61	0.01	0.02	0.01
金融业	Banking	19.25	17.03	19.30	2.24	0.90	0.50	0.25	0.15	0.09
房地产业	Real Estate	3.24	3.65	3.04	0.22	0.24	0.12	0.04	0.04	0.02
租赁和商务服务业	Renting and Business Services	3.92	3.97	4.06	0.78	0.86	0.87	0.10	0.07	0.08
科学研究和技术服务业	Scientific Research, Technic Service and Geological Prospecting	10.00	10.55	10.71	4.35	4.38	3.62	0.12	0.12	0.09
水利、环境和公共设施管理业	Water Conservancy, Environment and Public Utility	1.51	1.44	1.31	0.75	0.77	0.66	0.01	0.01	0.01
居民服务、修理和其他服务业	Service for the Residents and Others Services	0.23	0.25	0.27	0.10	0.09	0.06	0.01	0.04	0.01
教育	Education	53.13	54.54	55.04	47.54	48.06	48.17	0.77	0.81	0.87
卫生和社会工作	Health Care, Sports and Social Welfare	34.99	35.94	37.49	31.74	32.38	33.32	1.04	0.98	1.37
文化、体育和娱乐业	Culture, Sports and Entertainment	3.24	3.32	3.10	2.78	2.75	2.59	0.01	0.01	0.01
公共管理、社会保障和社会组织	Public Administration and Social Organization	8.22	9.66	9.73	7.98	9.41	9.47	0.01	0.01	0.01

2-23 分行业非私营单位职工素质情况(2017 年底)
The Education Level of the Staff and Workers in Non Privite Units by Sector (2017, Year-end)

单位:万人(10000 persons)

行业	Sector	单位就业人员文化程度 The Education Level of the Employed Persons in Units				单位就业人员中专业技术人员 Professional and Technical Personnel	单位就业人员中技术工人 Skilled Workers
		大学本科及以上 Bachelor's Degerr or Above	大专 College Degree	中专及高中 Technical Secondary School and High School	初中及以下 Junior High School and Below		
总　计	**Total**	**252.51**	**165.44**	**255.57**	**380.98**	**248.11**	**341.40**
农、林、牧、渔业	Farming, Forestry, Animal Husbandry and Fishery	0.06	0.08	0.12	0.20	0.09	0.12
采矿业	Ming and Quarrying	0.03	0.05	0.11	0.28	0.08	0.19
制造业	Manufacturing	34.14	42.52	91.74	146.62	41.85	145.03
电力、热力、燃气及水生产和供应业	Electricity, Heat, Gas and Water Production and Supply	4.87	3.29	2.74	1.44	2.94	5.80
建筑业	Construction	14.37	26.22	80.20	167.56	42.31	152.22
批发和零售业	Wholesale and Retail Sale Trade	8.48	9.81	11.75	8.21	5.13	4.15
交通运输、仓储及邮政业	Transport, Storage and Post	5.31	7.84	9.96	8.67	3.57	13.28
住宿和餐饮业	Hotels and Catering Services	0.97	2.42	4.80	5.82	1.10	1.33
信息传输、软件和信息技术服务业	Information Transmission Software and Information Technology Services	15.03	5.46	2.06	0.47	10.69	1.58
金融业	Banking	25.50	11.14	11.00	0.82	17.03	1.75
房地产业	Real Estate	4.30	4.67	5.74	6.90	3.65	0.93
租赁和商务服务业	Leasing and Commercial Services	5.93	5.49	8.76	9.98	3.97	4.13
科学研究和技术服务业	Scientific Research and Technic Service	10.26	3.64	1.95	3.11	10.55	1.21
水利、环境和公共设施管理业	Water Conservancy, Environment and Public Facilities Management	1.51	1.43	1.73	5.60	1.44	2.06
居民服务、修理和其他服务业	Resident Services, Repair and Other Services	0.29	0.37	0.59	1.32	0.25	0.36
教育	Education	51.98	10.49	5.64	6.21	54.54	2.32
卫生和社会工作	Health Care and Social Work	25.45	11.48	5.69	3.43	35.94	1.80
文化、体育和娱乐业	Culture, Sports and Recreation	3.36	1.66	1.09	0.58	3.32	0.37
公共管理、社会保障和社会组织	Public Security, Social Security and Social Organization	40.67	17.38	9.88	3.78	9.66	2.77

2-24 社会保险参保人员基本情况(2013-2018)
Basic Statistics of Persons Participating in Social Insurance(2013-2018)

单位:万人(10000 persons)

项目	Item	2013	2014	2015	2016	2017	2018
参加基本养老保险人数	The Number of Persons Participating in Endowment Insurance	3731.23	3890.14	3790.17	3740.06	3913.07	4081.25
参加基本医疗保险人数	The Number of Persons Participating in Insurance for Medical Care	4121.11	4847.59	4964.14	5178.11	5251.64	5368.70
参加工伤保险人数	The Number of Persons Participating in Work-Related Injury Insurance	1826.06	1899.41	1930.12	1880.72	1977.17	2087.84
参加生育保险人数	The Number of Persons Participating in Childbirth Insurance	1173.09	1248.94	1285.18	1294.36	1392.97	1477.34
参加失业保险人数	The Number of Persons Participating in Unemployment Insurance	1144.53	1210.13	1260.25	1317.00	1382.85	1478.36

2-25 六次人口普查基本情况
Basic Statistics on National Population Census

项目	Item	第一次 The First Time	第二次 The Second Time	第三次 The Third Time	第四次 The Fourth Time	第五次 The Fifth Time	第六次 The Sixth Time
总户数(万户)	**Total Family Households(10000 Households)**	**579.16**	**656.63**	**960.36**	**1176.77**	**1478.97**	**1885.37**
平均每户人数(人)	Average Size of Family Households	3.87	4.31	3.96	3.46	3.00	2.62
总人口(万人)	**Total Population(10000 persons)**	**2241.57**	**2831.86**	**3888.46**	**4144.59**	**4593.06**	**5442.69**
按性别分	**By Gender**						
男	Male	1178.00	1479.06	2016.70	2136.48	2358.15	2796.57
女	Female	1063.00	1352.80	1871.76	2008.11	2234.91	2646.12
按城乡分	**By Residence**						
市镇人口	Urban	289.27	306.86	999.69	1516.57	2235.66	3354.06
乡村人口	Rural	1925.30	2525.00	2888.77	2628.02	2357.40	2088.63
按民族分	**By Nationality**						
汉族	The Han Nationality	2233.22	2821.19	3872.30	4123.45	4553.52	5321.22
少数民族	Minority Nationality	8.35	10.67	16.16	21.14	39.54	121.47
畲族	The She Nationality	5.27	10.06	14.83	17.27	17.10	16.63
苗族	The Miao Nationality	2.84	0.04	0.05	0.32	5.34	30.91
回族	The Hui Nationality	0.19	0.38	0.94	1.72	1.96	3.82
满族	The Man Nationality	0.04	0.09	0.12	0.27	0.51	1.13
蒙古族	The MengGu Nationality		0.02	0.02	0.06	0.36	0.69
壮族	The Zhuang Nationality		0.03	0.11	0.77	1.90	7.28
按文化程度分	**By Eductional Level**						
大学	University		8.05	18.21	48.50	146.79	507.78
高中	Senior Secondary School		31.86	202.19	290.37	495.36	738.12
初中	Junior Secondary School		120.27	691.55	983.98	1531.94	1996.41
小学	Primary School		809.63	1531.44	1643.92	1683.34	1568.54
文盲、半文盲(15岁及15岁以上)	Illiterate and Semiliterate(15 years old and over)			930.67	723.64	321.85	306.10

浙/江/统/计/年/鉴

主要统计指标解释

■ 人口数

指一定时点、一定地区范围内的有生命的个人的总和。

年度统计的年末人口数是指每年12月31日24时的人口数。

■ 出生率(又称粗出生率)

指一定时期内(通常为一年)平均每千人所出生的人数的比率,一般用千分率表示。计算公式:

$$出生率=\frac{年出生人数}{年平均人数}\times 1000‰$$

出生人数是指活产婴儿,即胎儿脱离母体时(不管怀孕月数),有过呼吸或其他生命现象。

年平均人数是年初、年底人口数的平均数,也可用年中人口数代替。

■ 死亡率(又称粗死亡率)

指一定时期内(通常为一年)一定地区的死亡人数与同期平均人数(或期中人数)之比,一般用千分率表示。计算公式:

$$死亡率=\frac{年死亡人数}{年平均人数}\times 1000‰$$

■ 人口自然增长率

指一定时期内(通常为一年)人口自然增加数(出生人数减死亡人数)与该时期内平均人数(或期中人数)之比,一般用千分率表示。计算公式:

$$人口自然增长率=\frac{本年出生人数-本年死亡人数}{年平均人数}\times 1000‰$$

$$人口自然增长率=人口出生率-人口死亡率$$

■ 从业人员

指从事一定社会劳动并取得劳动报酬或经营收入的人员。包括:

(1)在岗职工

(2)再就业的离退休人员

(3)私营业主

(4)个体户主

(5)私营和个体从业人员

(6)乡镇企业从业人员

(7)农村从业人员

(8)其他从业人员(包括民办教师、宗教职业者等)。

这一指标反映了一定时期内全部劳动力资源的实际利用情况,是研究我省基本省情省力的重要指标。

■ 各单位从业人员

指在各级国家机关、政党机关、社会团体及企业、事业单位中工作,并取得工资或其他劳动报酬的全部人员。包括:在岗职工、再就业的离退休人员、民办教师以及在各单位中工作的外方人员和港澳台方人员、兼职人员、借用的外单位人员和第二职业者。不包括离开本单位仍保留劳动关系的职工。各单位的从业人员反映了各单位实际参加生产或工作的全部劳动力。

■ 城镇私营和个体从业人员

城镇私营从业人员指在工商行政管理部门注册登记,其经营地址设在县城关镇(含城关镇)以上的私营企业从业人员;包括私营企业投资者和雇工。城镇个体从业的人员指在工商管理部门注册登记,并持有城镇户口或在城镇长期居住,经批准从事个体工商经营的从业人员;包括个体经营者和在个体工商户劳动的家庭帮工和雇工。

■ 城镇登记失业人员

指有非农业户口,在一定的劳动年龄内,有劳动能力,无业而要求就业,并在当地就业服务机构进行求职登记的人员。

■ 城镇登记失业率

指城镇登记失业人数同城镇单位从业人数、城镇私营企业及个体从业人数和城镇登记失业人数之和的比。计算公式为:

The producer price index of agricultural products, which was called the purchasing price index of agricultural by-products before 2000, has different caliber.

主要统计指标解释

$$城镇登记失业率 = \frac{城镇登记失业人数}{城镇单位从业人数+城镇私营企业及个体从业人员+城镇登记失业人数} \times 100\%$$

■ 职　工

指在国有经济、城镇集体经济、联营经济、股份制经济、外商和港、澳、台投资经济、其他经济单位及其附属机构工作，并由其支付工资的各类人员，不包括返聘的离退休人员、民办教师、在国有经济单位工作的外方人员和港、澳、台人员（1998 年以后的数据均为在岗职工数据，其他相关指标如职工工资总额，职工平均工资等指标也从 1998 年按此口径进行了相应的调整）。

■ 国有单位职工

指在国有经济单位及其附属机构工作，并由其支付工资的各类人员。

■ 城镇集体单位职工

指在城镇集体经济单位及其管理部门工作，并由其支付工资的各类人员。

■ 其他单位职工

指在联营经济、股份制经济、外商投资经济、港、澳、台投资经济单位工作，并由其支付工资的各类人员。

■ 在岗职工

指在本单位工作并由单位支付工资的人员，以及有工作岗位，但由于学习、病伤、产假等原因暂未工作，仍由单位支付工资的人员。

ZHEJIANG STATISTICAL YEARBOOK

Explanatory Notes on Main Statistical Indicators

□ Total Population

refers to the total number of people alive at a certain point of time within a given area.

The annual statistics on total population is taken at midnight, the 31st of December.

□ Birth Rate (or Crude Birth Rate)

refers to the ratio of the number of births to the average population during a certain period of time (usually a year), which is often expressed in ‰. The following formula is used:

$$\text{Birth Rate} = \frac{\text{Number of Births}}{\text{Average Number of Population}} \times 1000‰$$

Number of Births refers to live births, i. e. the births when babies had showed any vital phenomena regardless of the length of pregnancy.

Annual Average Number of Population is the average of the number of population at the beginning of the year and that at the end of the year. Sometimes it is substituted for with the mid-year population.

□ Death Rate (or Crude Death Rate)

refers to the ratio of the number of deaths to the average population (or mid-year population) during a certain period of time (usually a year), which is often expressed in ‰. The following formula is uesd:

$$\text{Death Rate} = \frac{\text{Number of Deaths}}{\text{Annual Average Number of Population}} \times 1000‰$$

□ Natural Growth Rate of Population

refers to the ratio of natural increase in population (number of births minus number of deaths) in a certain period of time (usually a year) to the average population (or mid-year population) of the same period, which is often expressed in ‰. The following formulas are applied:

$$\text{Natural Growth of Population} = \frac{\text{Number of Births} - \text{Number of Deaths}}{\text{Average Number of Population}} \times 1000‰$$

$$\text{Natural Growth of Population} = \text{Birth Rate} - \text{Death Rate}$$

□ Employed Persons

refers to the persons who are engaged in social labour and receive remuneration payment or earn business income, including:

(1) total staff and workers,

(2) re-employed retirees,

(3) employers of private enterprises,

(4) self-employed workers,

(5) employees in private enterprises and individual economy,

(6) employees in town enterprises,

(7) employed persons in the rural areas,

(8) other employed persons (including teachers in the schools run by the local people, people engaged in religious profession, etc.).

This indicator reflacts the actual utilization of total labour force during a certain period of time and is often used for the research on provincial economic situation and power.

□ Persons Employed in Various Units

refer to all the persons working in government agencies of various levels, political and party organizations, social organizations, enteprises and institutions, and receiving wages or other forms of payment. they include fully-employed staff and workers, reemployed retirees, teachers in schools run by local people, foreigners and Chinese compatriots from Hong Kong, Macao, Taiwan working in various units, parttime employees, employees of other units working temporarily at current posts, and employees holding the second job, but exclude staff and workers who have left their working units while keeping their labour contract(employment relation) unchanged. This indicator reflacts the total number of laborers actually engaged in production or other operations in various units.

EXPLANATORY NOTES ON MAIN STATISTICAL INDICATORS

□ Persons Employed in private Enterprrises and Selfemployed Individuals in Urban Areas

Persons employed in private enterprises refer to the persons employed in the private enterprises which have been registered at the departments of industrial and commercial administration and are situated at a country town(i. e. a town where the country government is located) for business operationor at urban areas with the level higher than a country town. The selfemployed individuals in urban areas refer to persons who hold the certificates of resience in urban areas or have resided in the urban areas for a long time and have been registered at the department of industrial and commercial administration and approved to be engaged in individual industrial or commercial business including selfemployed persons as well as helpers and hire labourers who work in the indvidual households engaged in industrial or commercial business.

□ Registered Urban Unemployed Persons

The registered unemployed persons in urban areas refer to persons who are registered as permanent residents in urban areas engaged in nonagricultural activities, aged within the range of working age, capable to labour, unemployed but desirous to be employed and have been registered at the local government service agencies to apply for a job.

□ Registered Urban Unemployment Rate

Registered unemployment rate in urban areas refers to the ratio of the number of the registered unemployed persons to the sum of the number of the person employed in various units and in private enterprises in urban areas, urban selfemployed individuals and the registered urban unemployed persons. The formula is as follows:

Registered urban unemployment rate = 100% × (number of registered urban unemployed persons)/(number of persons employed in urban units + number of persons employed in urban private enterprises + and selfemployed individual in urban Areas + number of registered urban unemployed persons)

□ Staff and Workers

refer to the persons who work in (and receive payment therefrom) enterprises and institutions of state ownership, collective ownership, joint ownership, share holding, foreign ownership, and ownership by entrepreneurs from Hong Kong, Macao, and Taiwan, and other types of ownership and their affiliated units, excluding the retired persons invited to work in the units again, teachers in the schools run by the local people and foreigners and persons coming from Hong Kong, Macao and Taiwan and working in the state – owned economic units. (Number of staff and workers in this yearbook include only fully employed staff and worker, excluding those who have left their working units while keeping their labour contract employment relation unchanged).

□ Staff and Workers in State – owned Economic Units

refer to the person who work in the state – owned economic units or their attached units and are listed in their payrolls.

□ Staff and Workers in Collective Owned Units

refer to the persons who work in collective owned units in urban areas and their administration departments and recieve payment therefrom.

□ Staff and Workers in Units of Other types of Ownership

refer to those who work in (and receive payment therefrom) enterprises and institutions of joint ownership, share holding, foreign ownership, and ownership by enterpreneurs from Hong Kong, Macao and Taiwan.

□ Fully Employed Staff and Workers

refers to persons who work in, and receive wages from their working units, as well.

2019
浙江统计年鉴
ZHEJIANG STATISTICAL YEARBOOK

CHAPTER 3

固定资产投资
Investment in Fixed Assets

3-1 固定资产投资(1978-2018年)
Investment in Fixed Assets(1978-2018)

单位:亿元、%(100 million yuan、%)

年份 Year	全社会投资 Total Investment	固定资产投资 Investment in Fixed Assets	投资项目投资 Investment In projects	房地产开发投资 Real Estate Development
1978	23.23			
1979	26.11			
1980	33.25			
1981	34.16			
1982	41.72			
1983	44.04			
1984	64.89			
1985	102.20			
1986	127.39			
1987	156.20			
1988	188.95			
1989	179.49			
1990	186.96			9.54
1991	239.75			11.73
1992	361.18			24.23
1993	683.83			93.15
1994	1006.39			155.82
1995	1357.90			246.38
1996	1617.53			243.54
1997	1694.57			215.44
1998	1847.93			226.69
1999	1886.04			271.99
2000	2267.22			362.18
2001	2776.69			544.91
2002	3596.31			728.80
2003	4993.57	4180.38	3200.33	980.05
2004	6059.78	5384.38	4031.31	1353.07
2005	6696.25	6138.39	4681.90	1456.49
2006	7593.66	6964.28	5390.01	1574.28
2007	8420.43	7704.90	5883.23	1821.67
2008	9323.00	8550.71	6527.59	2023.12
2009	10742.32	9906.46	7652.19	2254.27
2010	12376.04	11451.98	8426.55	3025.43
2011		14077.25	9602.90	4474.35
2012		17095.96	11869.69	5226.27
2013		20194.07	13977.82	6216.25
2014		23554.76	16292.38	7262.38
2015		26664.72	19552.79	7111.93
2016		29571.00	22101.63	7469.37
2017		31125.99	22899.21	8226.78
2018 比上年增长 Increased over the Previous Year in 2018		7.1	-1.7	20.9

注:固定资产投资口径范围为计划总投资500万元及以上的投资项目和全部房地产开发投资;2018年比上年增长按可比口径计算,以后各表同。
Investment in Fixed Assets are those with planned investment from investment in projects over 5 million yuan and total real estate development investment. Increased over the previous year in 2018 is calculated at comparable price . The same applies to the relevant tables following.

3-2 固定资产投资按产业划分及重点领域投资(2013-2018年)
Investment in Fixed Assets by Industrial Division and Investment in Key Areas(2013-2018)

单位:亿元(100 million yuan)

指标	Item	2013	2014	2015	2016	2017	2018比上年增长(%) Increased over the Previous Year in 2018 (%)
固定资产投资	Investment in Fixed Assets	20194.07	23554.76	26664.72	29571.00	31125.99	7.1
按投资主体划分	**By Ownership**						
国有投资	State-owned	6365.90	7250.86	9002.37	11425.04	11540.06	-7.7
非国有投资	Non-state-owned	13828.17	16303.90	17662.35	18145.96	19585.93	15.9
民间投资	Nongovernmental	12307.72	14757.84	16109.06	16441.16	18152.12	17.8
按项目划分	**By Project**						
项目投资	Project	13977.82	16292.38	19552.79	22101.63	22899.21	-1.7
基础设施投资	Infrastucture	4718.09	5741.56	7417.75	9365.48	10173.25	7.7
房地产开发投资	Real Estate Development	6216.25	7262.38	7111.93	7469.37	8226.78	20.9
住宅投资	Residential Building	4089.22	4594.17	4450.73	4806.64	5645.98	26.8
按产业划分	**By Industrial Division**						
农业投资	Primary Industry Investment	200.98	263.51	339.18	386.25	353.90	-60.4
工业投资	Industry Investment	7024.89	7878.85	8747.33	9097.10	9301.94	-0.9
工业企业技术改造投资	Industrial Investment, Technical	4663.99	5419.68	6701.21	7126.14	7021.19	-16.0
制造业投资	Manufacturing Investment	6133.89	6821.48	7579.14	7822.10	7988.80	4.9
高技术产业投资	High Technology Industry Investment	558.32	616.14	735.35	850.87	904.11	
装备制造业投资	Investment in the Equipment Manufacturing Industry	3004.81	3189.78	3657.74	3857.61	3926.90	9.6
战略性新兴产业投资	Strategic Emerging Industry Investment	1887.23	2197.92	2545.28	2745.28	2850.15	
服务业投资	Investment in Service Industry	13009.54	15458.38	17651.74	20075.62	21553.17	10.1
信息传输、软件和信息技术服务业	Investment in Information Transmission, Software and Information Technology Services	136.00	210.35	275.18	318.79	336.91	2.8
重点领域投资	**Investment in Key Areas**						
重大基础设施投资	Major Infrastructure Investment	1922.85	2199.41	2954.65	3998.02	4472.89	24.4
重大产业项目投资	Investment in Major Industrial Projects	5490.45	6407.13	8158.88	9592.66	10650.39	10.5
水利、环境和公共设施管理业	Water, Environmental and Public Facilities Management	1759.15	2229.35	3092.03	4361.45	4702.54	4.7
生态保护和环境治理业	Ecological Protection and Environmental Governance	61.54	114.72	217.14	329.74	390.28	19.3
高新技术产业投资	Investment in High and New Technology Industry	1938.46	2261.08	2760.73	3156.79	3325.23	22.6
高新技术产业(制造业)投资	Investment in High and New Technology Industry (Manufacturing Industry	1645.54	1828.83	2162.41	2365.07	2464.26	25.0
高技术服务业投资	High Technology Service Industry Investment	292.92	432.25	598.33	791.72	860.97	14.7
商品房销售面积(万平方米)	Sales Area of Commercial Housing(10000sq.m)	4886.99	4676.83	5985.30	8636.79	9599.67	1.6
商品房销售额	Sales of Commercial Housing	4513.88	4172.58	5519.27	8280.85	12339.99	14.2

注:1、2018年起基础设施投资口径有调整,教育、卫生等公共服务领域投资不包含在内。
Infrastructure investment has been adjusted, and investment in public services such as education and health is not included since 2018.
2、2018年起工业企业技术改造投资口径变化。以后各表同。
The caliber of investment indicators for technological transformation of industrial enterprises has changed since 2018. The same applies applies to the relevant tables following.

3-3 固定资产投资完成情况(2013-2018年) Investment In Fixed Assets (2013-2018)

单位:亿元(100 million yuan)

指标	Item	2014	2015	2016
投资额	Total Investment	23554.76	26664.72	29571.00
投资项目	Projects	16292.38	19552.79	22101.63
房地产开发	Real Estate Development	7262.38	7111.93	7469.37
按登记注册类型分	by Registered Type			
内资	Domestic Funds	21557.78	24619.71	27358.92
港澳台商投资	Investment from HongKong, Macao and Taiwan	1200.62	1186.05	1350.56
外商投资	Investment from Foreign	741.43	800.72	783.09
个体经营	Individual	54.80	58.24	78.44
按国有及非国有情况分	by State and Non-state Owned			
国有及国有控股企业投资	State-owned and State-holding	7250.86	9002.37	11425.04
非国有投资	Non-state-owned	16303.90	17662.35	18145.96
#民间投资	Nongovernmental	14757.84	16109.06	16441.16
按构成分	by Structure			
建筑安装工程	Construction and Installation	13709.28	16105.59	17849.82
设备工器具购置	Purchase of Equipment and Tools	4038.88	4576.78	4939.44
购置旧设备	Purchase of Old Equipment	8.70	10.62	13.27
其他费用	Others	5806.61	5982.34	6781.75
旧建筑物购置费	Purchase of Old Equipment	21.34	25.91	38.42
建筑用地费	Construction land fee	4021.57	3944.58	4623.51
房屋施工面积(万平方米)	Floor Space under Construction(10000sq. m)	89275.10	87972.89	73344.30
房屋竣工面积(万平方米)	Floor Space Completed(10000sq. m)	19376.74	19046.51	17675.08
资金来源合计	Source of Funds			
上年末结余资金	Surplus Funds Last Year	4504.83	4686.36	4294.91
本年资金来源小计	Funds This Year	25975.49	28099.19	31406.97
#国家预算内资金	State Budgetary Appropriations	1407.59	1660.40	1702.34
国内贷款	Domestic Loans	3615.22	3038.89	3527.22
债券	Debenture	9.05	9.84	59.13
利用外资	Foreign Investment	214.59	160.39	172.05
自筹资金	Fundraising	16231.41	17877.62	18406.25
其他资金	Others	4497.64	5352.04	7539.98

续表 Continued 单位:亿元(100 million yuan)

指标	Item	2017	2018 年比上年增长(%) Increased over the Previous Year in 2018(%)
投资额	Total Investment	31125.99	7.1
投资项目	Projects	22899.21	-1.7
房地产开发	Real Estate Development	8226.78	20.9
按登记注册类型分	by Registered Type		
内资	Domestic Funds	29275.49	7.6
港澳台商投资	Investment from HongKong, Macao and Taiwan	1159.16	-3.7
外商投资	Investment from Foreign	621.74	12.5
个体经营	Individual	69.60	-68.9
按国有及非国有情况分	by State and Non - state Owned		
国有及国有控股企业投资	State - owned and State - holding	11540.06	-7.7
非国有投资	Non - state - owned	19585.93	15.9
#民间投资	Nongovernmental	18152.12	17.8
按构成分	by Structure		
建筑安装工程	Construction and Installation	18085.05	-5.9
设备工器具购置	Purchase of Equipment and Tools	5172.47	-9.2
购置旧设备	Purchase of Old Equipment	15.39	10.4
其他费用	Others	7868.48	37.1
旧建筑物购置费	Purchase of Old Equipment	42.72	30.4
建筑用地费	Construction land fee	5995.47	49.0
房屋施工面积(万平方米)	Floor Space under Construction(10000sq. m)	76593.13	-2.9
房屋竣工面积(万平方米)	Floor Space Completed(10000sq. m)	21035.31	-40.0
资金来源合计	Source of Funds		
上年末结余资金	Surplus Funds Last Year	4825.45	33.4
本年资金来源小计	Funds This Year	34167.49	1.6
#国家预算内资金	State Budgetary Appropriations	2736.25	-4.1
国内贷款	Domestic Loans	4172.44	22.0
债券	Debenture	36.86	128.0
利用外资	Foreign Investment	73.81	42.2
自筹资金	Fundraising	18657.81	-3.8
其他资金	Others	8490.33	0.5

注：2018 年资金来源指标口径为 5000 万以上项目投资和房地产开发投资。
The source of funds is more than 50 million project investment and real estate development investment in 2018.

3-4 分行业项目建成情况
Construction of Projects by Sector

指标	Item	项目建成投产率(%) Rate of Projects Completed and Put Into Use(%)		
		2016	2017	2018
总计	**Total**	**67.8**	**63.4**	**27.0**
第一产业	Primary Industry	70.5	73.2	39.2
第二产业	Secondary Industry	77.5	71.1	30.9
第三产业	Tertiary Industry	57.5	55.1	22.9
按国民经济行业分组	**By Sector**			
农林牧渔业	**Farming, Forestry, Animal Husbandry and Fishery**	**70.5**	**73.2**	**36.9**
农业	Farming	65.9	71.6	34.5
林业	Forestry	77.4	67.2	31.3
畜牧业	Animal Husbandry	69.3	62.0	32.7
渔业	Fishery	87.7	103.6	97.1
农林牧渔专业及辅助性活动	Agriculture, Forestry, Animal Husbandry and Fisheries Professional and Supplementary Activities	72.6	72.3	25.8
采矿业	**Mining and Quarrying**	**75.8**	**81.4**	**44.4**
煤炭开采和洗选业	Coal Mining and Dressing	50.0	100.0	
石油和天然气开采业	Petroleum and Natural Gas Extraction	100.0		
黑色金属矿采选业	Ferrous Metals Mining and Dressing			
有色金属矿采选业	Nonferrous Metals Mining and Dressing	71.4	75.0	
非金属矿采选业	Nonmetal Minerals Mining and Dressing	76.6	83.3	47.1
开采专业及辅助活动	Mining Professional and Auxiliary Activities	200.0		
其他采矿业	Other Minerals Mining and Dressing	50.0	33.3	
制造业	**Manufacturing**	**79.5**	**71.8**	**30.6**
农副食品加工业	Non-staple Food Processing	77.2	67.2	23.3
食品制造业	Food Manufacturing	70.6	66.0	19.4
酒、饮料和精制茶制造业	Wine, Soft Drinks and Refined Tea Manufactur	61.4	60.3	26.6
烟草制品业	Tobacco Processing	33.3	66.7	
纺织业	Textile Industry	94.4	83.0	43.0
纺织服装、服饰业	Garments, Shoes and Hats Manufacturing	96.2	78.9	32.4

续表 1 Continued

指标	Item	项目建成投产率(%) Rate of Projects Completed and Put Into Use(%)		
		2016	2017	2018
皮革、毛皮、羽毛及其制品和制鞋业	Leather,Furs,Down and Related Products	94.5	82.7	26.3
木材加工及木、竹、藤、棕、草制品业	Timber Processing,Bamboo,Cane Palm Fiber and Straw Products	76.0	65.1	27.8
家具制造业	Furniture Manufacturing	77.3	82.3	26.6
造纸及纸制品业	Papermaking and Paper Products	85.5	84.0	41.7
印刷和记录媒介复制业	Printing and Record Medium Reproduction	113.8	130.1	50.0
文教、工美、体育和娱乐用品制造业	Cultural and Educational,Arts and Crafts, Sports and Entertainment Goods	76.8	73.1	27.1
石油、煤炭及其他燃料加工业	Petroleum, Coal and Other Fuel Processing Industry	55.1	51.9	41.4
化学原料及化学制品制造业	Raw Chemical Materials and Chemical Products	71.3	68.1	27.3
医药制造业	Medical and Pharmaceutical Products	59.3	54.6	18.2
化学纤维制造业	Chemical Fiber	83.5	75.4	32.8
橡胶和塑料制品业	Rubber and plastic products	82.0	74.6	32.2
非金属矿物制品业	Nonmetal Mineral Products	81.0	75.0	34.8
黑色金属冶炼及压延加工业	Smelting and Pressing of Ferrous Metals	82.2	81.5	30.2
有色金属冶炼及压延加工业	Smelting and Pressing of Nonferrous Metals	78.9	57.2	28.5
金属制品业	Metal Products	83.1	78.6	32.3
通用设备制造业	Ordinary Machinery	78.3	71.8	29.0
专用设备制造业	For Special Purpose Equipment Manufacturing	73.6	72.7	26.4
汽车制造业	Automobile manufacturing industry	69.0	60.9	30.8
铁路、船舶、航空航天和其他运输设备制造业	Railway, shipbuilding, aerospace, and other transportation equipment manufacturing industry	69.4	64.9	24.0
电气机械及器材制造业	Electric Equipment and Machinery	79.8	62.8	30.3
计算机、通信和其他电子设备制造业	Telecommunications Equipment,Computer and Other Electronic Equipment Manufacturing	68.6	62.4	24.4

续表 2 Continued

指标	Item	项目建成投产率(%) Rate of Projects Completed and Put Into Use(%)		
		2016	2017	2018
仪器仪表制造业	Instruments Manfactyring	74.4	62.5	23.4
其他制造业	Other Manufacturing	76.2	70.5	33.8
废弃资源综合利用业	Comprehensive Utilization of Waste Resources	64.6	55.9	28.1
金属制品、机械和设备修理业	Metal products, machinery and equipment repair	68.4	53.6	23.1
电力、热力、燃气及水生产和供应业	**Electricity, Gas and Water Production and Supply**	**58.1**	**64.5**	**33.9**
电力、热力生产和供应业	Production and Supply of Electricity and Heating Power	62.2	68.8	42.9
燃气生产和供应业	Production and Supply of Gas	37.5	52.4	9.1
水的生产和供应业	Production and Supply of Water	55.8	60.1	25.1
建筑业	**Construction**	**46.6**	**61.5**	**27.0**
房屋建筑业	Housing industry	40.0	72.7	25.0
土木工程建筑业	Civil engineering construction	57.1	62.5	26.0
建筑安装业	Installation	33.3	40.0	66.7
建筑装饰、装修和其他建筑业	Architectural Decoration, Decoration and Other Construction Industries	20.0	50.0	20.0
批发和零售业	**Wholesale and Retail Trade**	**60.0**	**60.0**	**31.1**
批发业	Wholesale	51.7	59.9	27.0
零售业	Retail Sale	65.1	60.0	33.5
交通运输、仓储和邮政业	**Transport, Storage and Post**	**54.4**	**53.0**	**21.1**
铁路运输业	Railway Transport	17.9	20.5	12.5
道路运输业	Highway Transport	51.1	51.5	19.6
水上运输业	Waterway Transport	115.8	87.2	41.6
航空运输业	Air Transport	65.5	73.1	25.0
管道运输业	Pipeline Transport	66.7	54.5	
多式联运和运输代理业	Multimodal Transport and Transport Agent Industry	75.8	58.6	23.1
装卸搬运和仓储业	Handling and Warehousing Industry	43.9	41.5	22.3
邮政业	Postal Services	74.1	100.0	41.2

续表 3 Continued

指标	Item	项目建成投产率(%) Rate of Projects Completed and Put Into Use(%)		
		2016	2017	2018
住宿和餐饮业	**Hotels and Catering Services**	**55.5**	**57.8**	**21.1**
住宿业	Hotels	52.6	57.2	20.1
餐饮业	Catering Services	67.2	60.5	32.3
信息传输、软件和信息技术服务业	**Information Transmission Software and Information Technology Services**	**63.8**	**65.1**	**32.9**
电信、广播电视和卫星传输服务	Telcommunication, Radio and Television, Satellite Transmission Services	68.0	76.5	29.1
互联网和相关服务	The Internet and related services	69.7	71.4	13.3
软件和信息技术服务业	Software and Information Technology Services	56.4	54.3	43.8
金融业	**Banking**	**96.8**	**56.8**	**5.4**
货币金融服务	Monetary and financial services	105.7	57.1	4.2
资本市场服务	Capital market services	50.0	50.0	16.7
保险业	Insurance	40.0	66.7	
其他金融业	Other financial sector	60.0	50.0	
房地产业	**Real Estate**	**57.6**	**51.1**	**19.9**
房地产业	Real Estate	57.6	51.1	19.9
租赁和商务服务业	**Renting and Business Services**	**59.3**	**54.0**	**22.3**
租赁业	Leasing	200.0	143.5	130.8
商务服务业	Commercial Services	57.3	51.6	19.3
科学研究和技术服务业	**Scientific Research and Technic Service**	**65.5**	**55.2**	**20.0**
研究与试验发展	Research and Experiment Development	58.3	50.0	36.2
专业技术服务业	Technical Services	73.9	62.8	17.8
科技推广和应用服务业	Promotion and Application of Science and Technology Services	54.3	49.5	10.1
水利、环境和公共设施管理业	**Water Conservancy, Environment and Public Facilities Management**	**58.5**	**57.4**	**24.8**
水利管理业	Water Conservancy	55.8	59.8	19.5
生态保护和环境治理业	Ecological protection and environmental governance industry	58.1	58.4	22.6

续表 4 Continued

指标	Item	项目建成投产率(%) Rate of Projects Completed and Put Into Use(%)		
		2016	2017	2018
公共设施管理业	Public Facilities	59.0	57.0	25.6
居民服务、修理和其他服务业	**Service for the Residents and Others**	**66.0**	**64.6**	**22.1**
居民服务业	Resident Services	66.5	65.9	22.9
机动车、电子产品和日用产品修理业	Motor Vehicle, Electronic and Household Goods Repair Industry	93.2	46.2	28.6
其他服务业	Other Services	49.4	63.6	17.4
教育	**Education**	**45.6**	**41.8**	**22.3**
教育	Education	45.6	41.8	22.3
卫生和社会工作	**Culture, Sports and Recreation**	**52.2**	**49.9**	**17.0**
卫生	Health Care	50.0	50.2	18.2
社会工作	Social work	56.8	49.1	14.1
文化、体育和娱乐业	**Culture, Sports and Entertainment**	**56.6**	**56.9**	**18.1**
新闻和出版业	News and Publishing		40.0	
广播、电视、电影和影视录音制作业	Television, Radion, Film and Television Sound Recording Production	54.5	75.5	28.9
文化艺术业	Culture and Arts	58.7	55.6	18.4
体育	Sports	48.6	52.9	14.0
娱乐业	Recreation	58.6	60.8	16.9
公共管理、社会保障和社会组织	**Public Administration, Social Security and Social Organization**	**59.6**	**55.6**	**18.0**
中国共产党机关	Communist Party Agencies	100.0		
国家机构	Government Agencies	50.4	51.4	17.5
人民政协、民主党派	The CPPSS, democratic Parties		100.0	
社会保障	Social security	100.0		
群众团体、社会团体和其他成员组织	Mass Origanizations, Social Groups and Other Members of the Organization	65.1	62.7	28.6
基层群众自治组织	Mass Grassroot Organizations	79.3	70.5	12.5

注：2018 年起采用新的行业分类标准,以后各表同。
New industry classification standards have been adopted since 2018. The same applies to the relevant tables following.

3-5 分行业固定资产投资
Investment and Fixed Assets by Sector

指标	Item	固定资产投资 Investment and Fixed Assets		固定资产交付使用率(%) Rate of Fixed Put into Use(%)	
		2017比上年增长(%) Increased over the Previous Year in 2017 (%)	2018比上年增长(%) Increased over the Previous Year in 2018 (%)	2017	2018
总计	**Total**	**8.6**	**7.1**	**58.7**	**30.8**
第一产业	Primary Industry	0.1	-52.0	114.0	9.7
第二产业	Secondary Industry	6.2	-1.9	69.1	27.7
#工业企业技术改造投资	Investment in Technological Renovation of Industrial Enterprises	1.7	-16.0	73.9	31.7
#装备制造业投资	Investment in the equipment manufacturing industry	5.9	9.6	65.6	27.0
高新技术产业投资	High-tech industry investment	9.3	25.0	66.1	24.3
第三产业	Tertiary Industry	9.8	10.1	53.5	31.6
#高技术服务业投资	High technology service industry investment	15.1	14.7	60.6	37.9
按国民经济行业分组	**By Sector**				
农林牧渔业	**Farming, Forestry, Animal Husbandry and Fishery**	**-7.9**	**-60.4**	**85.3**	**13.6**
农业	Farming	8.7	-61.3	77.3	7.8
林业	Forestry	-44.2	-80.6	75.0	40.0
畜牧业	Animal Husbandry	26.4	-50.1	73.7	20.2
渔业	Fishery	-26.4	30.9	87.6	7.2
农林牧渔专业及辅助性活动	Agriculture, Forestry, Animal Husbandry and Fisheries Professional and Supplementary Activities	-25.6	-80.2	106.4	36.2
采矿业	**Ming and Quarrying**	**-42.1**	**18.8**	**108.2**	**77.1**
煤炭开采和洗选业	Coal Mining and Dressing	44.5		83.8	
石油和天然气开采业	Petroleum and Natural Gas Extraction	-100.0			
黑色金属矿采选业	Ferrous Metals Mining and Dressing				
有色金属矿采选业	Nonferrous Metals Mining and Dressing	-54.2	-24.0	43.5	
非金属矿采选业	Nonmetal Minerals Mining and Dressing	-39.1	23.0	112.3	78.1
开采专业及辅助活动	Mining Professional and Auxiliary Activities	-100.0			
其他采矿业	Other Minerals Mining and Dressing	-75.6	-80.7		
制造业	**Manufacturing**	**5.9**	**4.9**	**69.6**	**25.1**
农副食品加工业	Non-staple Food Processing	2.0	-14.4	71.1	28.0
食品制造业	Food Manufacturing	1.0	-28.2	53.8	12.0
酒、饮料和精制茶制造业	Wine, Soft Drinks and Refined Tea Manufacturing	2.8	-16.6	61.6	44.3
烟草制品业	Tobacco Processing	-48.9	-81.0	306.1	145.1
纺织业	Textile Industry	2.1	-3.2	71.2	20.4

续表 1 Continued

指标	Item	固定资产投资 Investment and Fixed Assets 2017 比上年增长(%) Increased over the Previous Year in 2017 (%)	2018 比上年增长(%) Increased over the Previous Year in 2018 (%)	固定资产交付使用率(%) Rate of Fixed Put into Use(%) 2017	2018
纺织服装、服饰业	Garments, Shoes and Hats Manufacturing	18.4	7.5	75.7	28.6
皮革、毛皮、羽毛及其制品和制鞋业	Leather, Furs, Down and Related Products	13.4	-8.4	75.9	20.4
木材加工及木、竹、藤、棕、草制品业	Timber Processing, Bamboo, Cane Palm Fiber and Straw Products	2.1	-34.1	61.7	49.2
家具制造业	Furniture Manufacturing	26.5	4.5	82.9	21.1
造纸及纸制品业	Papermaking and Paper Products	-0.7	-21.1	74.6	38.9
印刷和记录媒介复制业	Printing and Record Medium Reproduction	2.5	26.4	89.3	9.3
文教、工美、体育和娱乐用品制造业	Cultural and Educational, Arts and Crafts, Sports and Entertainment Goods	4.7	-25.5	76.4	16.6
石油、煤炭及其他燃料加工业	Petroleum, Coal and Other Fuel Processing Industry	-2.3	-19.1	118.8	18.3
化学原料及化学制品制造业	Raw Chemical Materials and Chemical Products	2.6	41.0	71.1	12.7
医药制造业	Medical and Pharmaceutical Products	-9.6	-4.8	71.1	26.8
化学纤维制造业	Chemical Fiber	8.4	-10.4	58.0	47.2
橡胶和塑料制品业	Rubber and plastic products	9.9	-20.2	77.7	27.5
非金属矿物制品业	Nonmetal Mineral Products	23.4	17.1	71.7	25.2
黑色金属冶炼及压延加工业	Smelting and Pressing of Ferrous Metals	-2.5	-35.9	72.8	54.4
有色金属冶炼及压延加工业	Smelting and Pressing of Nonferrous Metals	-7.4	12.5	70.0	27.1
金属制品业	Metal Products	-4.7	-13.8	79.9	25.9
通用设备制造业	Ordinary Machinery	-0.8	9.4	69.6	28.0
专用设备制造业	For Special Purpose Equipment Manufacturing	5.7	21.1	76.9	26.3
汽车制造业	Automobile manufacturing industry	14.0	0.1	60.7	24.2
铁路、船舶、航空航天和其他运输设备制造业	Railway, shipbuilding, aerospace, and other transportation equipment manufacturing industry	-24.1	-15.0	62.8	38.1

续表 2 Continued

指标	Item	固定资产投资 Investment and Fixed Assets		固定资产交付使用率(%) Rate of Fixed Put into Use(%)	
		2017 比上年增长(%) Increased over the Previous Year in 2017 (%)	2018 比上年增长(%) Increased over the Previous Year in 2018 (%)	2017	2018
电气机械及器材制造业	Electric Equipment and Machinery	9.3	8.8	59.0	24.7
计算机、通信和其他电子设备制造业	Telecommunications Equipment, Computer and Other Electronic Equipment Manufacturing	12.9	41.0	56.2	32.2
仪器仪表制造业	Instruments Manfactyring	43.7	48.2	74.2	26.4
其他制造业	Other Manufacturing	7.5	-1.7	68.5	14.7
废弃资源综合利用业	Comprehensive Utilization of Waste Resources	28.2	-37.7	57.1	58.0
金属制品、机械和设备修理业	Metal products, machinery and equipment repair	-1.3	12.4	31.6	51.2
电力、热力、燃气及水生产和供应业	**Electricity, Gas and Water Production and Supply**	**9.7**	**-24.5**	**64.7**	**40.8**
电力、热力生产和供应业	Production and Supply of Electricity and Heating Power	13.4	-21.6	63.9	44.3
燃气生产和供应业	Production and Supply of Gas	-31.5	-16.4	86.8	10.4
水的生产和供应业	Production and Supply of Water	11.0	-34.7	63.2	35.0
建筑业	**Construction**	**43.2**	**-81.1**	**59.2**	**15.5**
房屋建筑业	Housing industry	45.1	-31.8	62.5	64.9
土木工程建筑业	Civil engineering construction	43.4	-83.1	63.0	
建筑安装业	Installation	299.9	-94.8	81.7	
建筑装饰、装修和其他建筑业	Architectural Decoration, Decoration and Other Construction Industries	15.9	-66.8	22.9	
批发和零售业	**Wholesale and Retail Trade**	**-23.0**	**-31.8**	**78.2**	**79.1**
批发业	Wholesale	-17.3	-40.4	66.3	69.0
零售业	Retail Sale	-27.8	-24.4	89.7	86.0
交通运输、仓储和邮政业	**Transport, Storage and Post**	**19.4**	**21.8**	**41.0**	**18.7**
铁路运输业	Railway Transport	9.7	14.4	11.8	3.3
道路运输业	Highway Transport	25.0	24.9	36.4	18.6
水上运输业	Waterway Transport	-0.5	56.3	96.6	21.5
航空运输业	Air Transport	11.8	22.9	57.3	6.9
管道运输业	Pipeline Transport	-48.3	101.3	38.0	8.3

续表 3 Continued

指标	Item	固定资产投资 Investment and Fixed Assets		固定资产交付使用率(%) Rate of Fixed Put into Use(%)	
		2017 比上年增长(%) Increased over the Previous Year in 2017 (%)	2018 比上年增长(%) Increased over the Previous Year in 2018 (%)	2017	2018
多式联运和运输代理业	Multimodal Transport and Transport Agent Industry	21.7	119.0	42.8	3.8
装卸搬运和仓储业	Handling and Warehousing Industry	5.8	-27.9	49.5	51.4
邮政业	Postal Services	24.8	-31.3	100.6	67.1
住宿和餐饮业	**Hotels and Catering Services**	**20.2**	**-16.6**	**55.3**	**30.3**
住宿业	Hotels	18.4	-13.9	55.3	31.4
餐饮业	Catering Services	35.6	-36.5	55.7	18.9
信息传输、软件和信息技术服务业	**Information Transmission Software and Information Technology Services**	**7.2**	**2.8**	**54.2**	**52.2**
电信、广播电视和卫星传输服务	Telcommunication, Radio and Television, Satellite Transmission Services	-18.3	-7.8	27.8	9.5
互联网和相关服务	The Internet and related services	82.9	29.6	90.6	88.2
软件和信息技术服务业	Software and Information Technology Services	5.3	-19.3	51.2	53.6
金融业	**Banking**	**-33.4**	**-40.8**	**110.3**	**2.9**
货币金融服务	Monetary and financial services	-43.7	-50.6	121.4	4.5
资本市场服务	Capital market services	88.1	-8.5	75.4	
保险业	Insurance	-41.7	-14.5	8.7	
其他金融业	Other financial sector	61.4	68.9	156.5	
房地产业	**Real Estate**	**9.5**	**14.3**	**52.5**	**32.4**
房地产业	Real Estate	9.5	14.3	52.5	32.4
租赁和商务服务业	**Renting and Business Services**	**12.3**	**-19.2**	**60.4**	**33.1**
租赁业	Leasing	30.7	-25.9	79.7	48.0
商务服务业	Commercial Services	11.6	-18.8	59.6	32.4
科学研究和技术服务业	**Scientific Research and Technic Service**	**0.7**	**40.7**	**71.1**	**23.4**
研究与试验发展	Research and Experiment Development	67.3	48.1	46.3	27.1
专业技术服务业	Technical Services	-34.6	3.6	80.9	44.1
科技推广和应用服务业	Promotion and Application of Science and Technology Services	-0.8	68.5	90.7	6.8

续表 4 Continued

指标	Item	固定资产投资 Investment and Fixed Assets		固定资产交付使用率(%) Rate of Fixed Put into Use(%)	
		2017 比上年增长(%) Increased over the Previous Year in 2017 (%)	2018 比上年增长(%) Increased over the Previous Year in 2018 (%)	2017	2018
水利、环境和公共设施管理业	**Water Conservancy, Environment and Public Facilities Management**	**13.1**	**4.7**	**59.1**	**33.9**
水利管理业	Water Conservancy	3.2	-4.6	49.9	18.7
生态保护和环境治理业	Ecological protection and environmental governance industry	31.7	19.3	62.0	17.5
公共设施管理业	Public Facilities	13.3	5.9	60.4	38.3
居民服务、修理和其他服务业	**Service for the Residents and Others**	**-26.5**	**-64.4**	**66.5**	**28.4**
居民服务业	Resident Services	-31.6	-32.7	81.8	28.9
机动车、电子产品和日用产品修理业	Motor Vehicle, Electronic and Household Goods Repair Industry	-55.6	-65.8	20.0	69.8
其他服务业	Other Services	-7.5	-84.8	44.6	21.2
教育	**Education**	**4.5**	**12.4**	**58.4**	**45.1**
教育	Education	4.5	12.4	58.4	45.1
卫生和社会工作	**Culture, Sports and Recreation**	**4.8**	**-5.0**	**71.0**	**39.7**
卫生	Health Care	1.1	-7.6	71.5	47.0
社会工作	Social work	16.9	5.7	69.4	13.7
文化、体育和娱乐业	**Culture, Sports and Entertainment**	**28.0**	**-17.7**	**45.7**	**35.1**
新闻和出版业	News and Publishing	-23.5	-86.8	67.0	
广播、电视、电影和影视录音制作业	Television, Radion, Film and Television Sound Recording Production	-23.7	-38.1	82.1	7.6
文化艺术业	Culture and Arts	33.3	-35.0	50.5	62.6
体育	Sports	-8.2	-22.8	48.7	46.3
娱乐业	Recreation	110.1	36.8	24.7	6.9
公共管理、社会保障和社会组织	**Public Administration, Social Security and Social Organization**	**-47.4**	**-48.3**	**88.8**	**45.8**
中国共产党机关	Communist Party Agencies	-100.0			
国家机构	Government Agencies	-41.7	-46.2	79.9	47.8
人民政协、民主党派	The CPPSS, democratic Parties	429.7		100.0	
社会保障	Social security	-94.6	9.4		
群众团体、社会团体和其他成员组织	Mass Origanizations, Social Groups and Other Members of the Organization	-34.1	-52.3	97.6	35.5
基层群众自治组织	Mass Grassroot Organizations	-68.1	-79.5	124.5	77.9

3-6 分行业施工和竣工面积(2018年)
Floor Space of Buildings Under Construction and Completed by Sector(2018)

指标	Item	房屋施工面积比上年增长(%) Floor Space of Building Under Construction Increased Over the Previous Year(%)	住宅 Residential Buildings	房屋竣工面积比上年增长(%) Floor Space of Building Completed Increased over the Previous Year(%)	住宅 Residential Buildings	房屋建筑面积竣工率(%) Rate of Floor Space of Buildings Completed(%)	住宅 Residential Buildings
总计	**Total**	**-2.9**	**7.1**	**-40.0**	**-29.3**	**14.1**	**12.6**
第一产业	Primary Industry	-45.8	-45.8	-81.7	-69.9	19.3	30.8
第二产业	Secondary Industry	-12.5	45.3	-57.3	25.1	17.9	19.7
第三产业	Tertiary Industry	-1.3	7.0	-35.0	-29.4	13.6	12.6
按国民经济行业分组	**By Sector**						
农林牧渔业	**Farming, Forestry, Animal Husbandry and Fishery**	**-52.1**	**-43.1**	**-83.4**	**-67.4**	**18.6**	**32.1**
农业	Farming	-40.1	-45.0	-86.2	-56.4	11.9	34.4
林业	Forestry	1.2		-29.0		67.8	
牧业	Animal Husbandry	-54.5	-30.3	-79.1	-88.1	29.1	17.1
渔业	Fishery	-55.1	-96.6	-72.6	-96.9	32.0	75.8
农林牧渔专业及辅助性活动	Agriculture, Forestry, Animal Husbandry and Fisheries Professional and Supplementary Activities	-87.9	165.0	-99.2	40.0	2.3	52.8
采矿业	**Ming and Quarrying**	**-14.8**		**-26.2**		**77.7**	
煤炭开采和洗选业	Coal Mining and Dressing						
石油和天然气开采业	Petroleum and Natural Gas Extraction						
黑色金属矿采选业	Ferrous Metals Mining and Dressing						
有色金属矿采选业	Nonferrous Metals Mining and Dressing						
非金属矿采选业	Nonmetal Minerals Mining and Dressing	-14.8		-26.2		77.7	
开采专业及辅助活动	Mining Professional and Auxiliary Activities						
其他采矿业	Other Minerals Mining and Dressing						
制造业	**Manufacturing**	**-11.3**	**50.7**	**-56.9**	**45.4**	**17.7**	**19.6**
农副食品加工业	Non-staple Food Processing	-46.5	-100.0	-47.2	-100.0	14.7	
食品制造业	Food Manufacturing	-1.8	-91.6	-47.1	-90.0	14.0	100.0
酒、饮料和精制茶制造业	Beverage Manufacturing	-51.0	92.1	-50.6	-100.0	25.5	
烟草制品业	Tobacco Processing	-99.2		-100.0			
纺织业	Textile Industry	-1.8	324.9	-55.8	-100.0	20.6	
纺织服装、服饰业	Textile and garment, apparel industry	-16.0	188.3	-72.9		18.8	

续表 1 Continued

指标	Item	房屋施工面积比上年增长(%) Floor Space of Building Under Construction Increased Over the Previous Year(%)	住宅 Residential Buildings	房屋竣工面积比上年增长(%) Floor Space of Building Completed Increased over the Previous Year(%)	住宅 Residential Buildings	房屋建筑面积竣工率(%) Rate of Floor Space of Buildings Completed (%)	住宅 Residential Buildings
皮革、毛皮、羽毛及其制品和制鞋业	Leather, fur, feather and its products and footwear	-34.3	-97.6	-70.9		19.8	100.0
木材加工及木、竹、藤、棕、草制品业	Timber Processing, Bamboo, Cane Palm Fiber and Straw Products	9.1	1512.9	73.4	-100.0	38.6	
家具制造业	Furniture Manufacturing	-9.7	816.7	-63.6	816.7	22.0	100.0
造纸及纸制品业	Papermaking and Paper Products	5.7	-100.0	-28.8		33.4	
印刷和记录媒介复制业	Printing and Record Medium Reproduction	152.4		-69.8		8.4	
文教、工美、体育和娱乐用品制造业	Cultural, Educational and Sports Goods	-35.7	217.4	-61.7		21.5	
石油、煤炭及其他燃料加工业	Petroleum, Coal and Other Fuel Processing Industry	24.4		75.3		61.1	
化学原料及化学制品制造业	Raw Chemical Materials and Chemical Products	29.8		-66.3		10.4	5.3
医药制造业	Medical and Pharmaceutical Products	4.0		-73.1		9.9	
化学纤维制造业	Chemical Fiber	76.2		217.3		36.9	
橡胶和塑料制品业	Rubber Products	-35.8	224.0	-66.8	1538.3	26.6	73.0
非金属矿物制品业	Nonmetal Mineral Products	-7.5	221.2	-64.4	-91.9	17.4	2.5
黑色金属冶炼及压延加工业	Smelting and Pressing of Ferrous Metals	70.5		-63.8		10.7	100.0
有色金属冶炼及压延加工业	Smelting and Pressing of Nonferrous Metals	107.6	156.9	-43.9	156.9	17.4	100.0
金属制品业	Metal Products	2.5	-22.7	-63.0	-60.3	17.8	51.4
通用设备制造业	Ordinary Machinery	-11.5	17.7	-44.8	-22.5	17.7	45.1
专用设备制造业	For Special Purpose Equipment Manufacturing	-22.3	1170.6	-73.0		12.1	
汽车制造业	Railway, Shipbuilding, Aerospace and other Transport Equipment	-14.6	-71.7	-50.7	328.7	19.8	43.1
铁路、船舶、航空航天和其他运输设备制造业	Railway, Shipbuilding, Aerospace and other Transport Equipment	-45.6	-69.5	-65.4	-69.5	26.9	100.0
电气机械及器材制造业	Electric Equipment and Machinery	-17.4	18.4	-58.6		14.4	2.8
计算机、通信和其他电子设备制造业	Telecommunications Equipment, Computer and Other Electronic Equipment Manufacturing	9.0	-84.9	19.9	-100.0	17.3	

续表 2 Continued

指标	Item	房屋施工面积比上年增长(%) Floor Space of Building Under Construction Increased Over the Previous Year(%)	住宅 Residential Buildings	房屋竣工面积比上年增长(%) Floor Space of Building Completed Increased over the Previous Year(%)	住宅 Residential Buildings	房屋建筑面积竣工率(%) Rate of Floor Space of Buildings Completed (%)	住宅 Residential Buildings
仪器仪表制造业	Instruments, Meters, Cultural and Office Machinery	-32.1		-65.3		18.9	
其他制造业	Handicraft Article and Other Manufacturing Indust	-33.9		-82.3		10.8	23.4
废弃资源综合利用业	Recovery of Resource Discarded and Useless Material	-39.5		-83.0		17.6	
金属制品、机械和设备修理业	Metal Products, Machinery and Equipment Repair Industry	590.9		1032.2		20.1	
电力、热力、燃气及水生产和供应业	**Electricity, Gas and Water Production and Supply**	**-65.5**	**-90.6**	**-70.8**	**-82.0**	**38.5**	**100.0**
电力、热力生产和供应业	Production and Supply of Electricity and Heating Power	-76.7	-90.6	-75.3	-82.0	50.2	100.0
燃气生产和供应业	Production and Supply of Gas	93.0		-100.0			
水的生产和供应业	Production and Supply of Water	-45.0		-58.4		31.3	
建筑业	**Construction**	**-31.4**	**-100.0**	**-67.4**	**-100.0**	**13.0**	
房屋建筑业	Housing industry	91.0		3.1		26.6	
土木工程建筑业	Civil engineering construction	-61.9		-100.0			
建筑安装业	Installation	-66.4		-100.0			
建筑装饰、装修和其他建筑业	Architectural Decoration, Decoration and Other Construction Industries	-53.6	-100.0	-100.0	-100.0		
批发和零售业	**Wholesale and Retail Trade**	**-81.5**	**35.9**	**-53.1**	**-100.0**	**35.5**	
批发业	Wholesale	-91.9		-65.9		36.3	
零售业	Retail Sale	-23.1	35.9	-39.2	-100.0	35.1	
交通运输、仓储和邮政业	**Transport, Storage and Post**	**-36.0**	**165.4**	**-71.1**	**416.1**	**15.7**	**83.4**
铁路运输业	Railway Transport	-75.7		-59.8		100.0	
道路运输业	Highway Transport	-4.7	-57.1	-48.1	-98.5	13.0	1.5
水上运输业	Waterway Transport	-97.7		-100.0			
航空运输业	Air Transport	-0.5		-100.0			
管道运输业	Pipeline Transport						
多式联运和运输代理业	Multimodal Transport and Transport Agent Industry	-88.7					
装卸搬运和仓储业	Handling and Warehousing Industry	-44.5		-74.7		18.6	100.0
邮政业	Postal Services	-55.1		-81.3		21.9	

续表 3 Continued

指标	Item	房屋施工面积比上年增长(%) Floor Space of Building Under Construction Increased Over the Previous Year(%)	住宅 Residential Buildings	房屋竣工面积比上年增长(%) Floor Space of Building Completed Increased over the Previous Year(%)	住宅 Residential Buildings	房屋建筑面积竣工率(%) Rate of Floor Space of Buildings Completed (%)	住宅 Residential Buildings
住宿和餐饮业	**Hotels and Catering Services**	**-44.1**	**-51.3**	**-59.3**	**1.9**	**17.0**	**15.1**
住宿业	Hotels	-38.9	-49.8	-53.9	1.9	17.3	15.1
餐饮业	Catering Services	-82.2	-100.0	-93.1		10.3	
信息传输、软件和信息技术服务业	**Information Transmission, Computer Services and Software**	**35.0**	**-100.0**	**68.3**		**22.2**	
电信、广播电视和卫星传输服务	Tele communication and Other Information Transmission Services	-39.6		-57.5		10.8	
互联网和相关服务	The Internet and related services	212.5		-72.8		4.6	
软件和信息技术服务业	Software	6.3	-100.0	174.5		31.1	
金融业	**Banking**	**-50.3**	**-100.0**	**-96.8**		**1.7**	
货币金融服务	Monetary and financial services	-54.6	-100.0	-95.1		2.7	
资本市场服务	Capital market services	-78.2		-100.0			
保险业	Insurance	-1.7		-100.0			
其他金融业	Other Financial Activities	-75.4		-100.0			
房地产业	**Real Estate**	**3.8**	**7.1**	**-31.6**	**-29.3**	**13.0**	**12.6**
房地产业	Real Estate	3.8	7.1	-31.6	-29.3	13.0	12.6
租赁和商务服务业	**Renting and Business Services**	**-16.4**	**13.6**	**-56.3**	**-93.7**	**12.6**	**0.2**
租赁业	Leasing	-100.0		-100.0			
商务服务业	Commercial Services	-16.3	13.6	-56.2	-93.7	12.6	0.2
科学研究和技术服务业	**Scientific Research, Technic Service and Geological Prospecting**	**61.3**	**31.5**	**-48.7**		**10.6**	**15.8**
研究与试验发展	Research and Experiment Development	15.9	-79.2	4.5		14.8	100.0
专业技术服务业	Technical Services	-3.5		-34.6		23.8	
科技推广和应用服务业	Scientific and Technical Interchange and Popularization	233.3		-84.7		3.1	
水利、环境和公共设施管理业	**Water Conservancy, Environment and Public Utility**	**-28.5**	**244.0**	**-45.2**	**1.2**	**21.4**	**11.5**
水利管理业	Water Conservancy	538.8	1554925.0	-100.0	-100.0		
生态保护和环境治理业	Ecological protection and environmental governance industry	34.5		-84.0		9.4	

续表 4 Continued

指标	Item	房屋施工面积比上年增长(%) Floor Space of Building Under Construction Increased Over the Previous Year(%)	住宅 Residential Buildings	房屋竣工面积比上年增长(%) Floor Space of Building Completed Increased over the Previous Year(%)	住宅 Residential Buildings	房屋建筑面积竣工率(%) Rate of Floor Space of Buildings Completed (%)	住宅 Residential Buildings
公共设施管理业	Public Facilities	-36.5	121.3	-41.1	1.2	24.5	17.9
居民服务、修理和其他服务业	**Service for the Residents and Other**	**-60.7**	**-98.6**	**-90.8**	**-100.0**	**15.1**	
居民服务业	Resident Services	-65.7	-100.0	-91.3		18.7	
机动车、电子产品和日用产品修理业	Motor Vehicles, Electronics and Household Goods Repair Industry	-5.2				31.0	
其他服务业	Other Services	-65.9	-98.5	-98.3	-100.0	3.3	
教育	**Education**	**-8.4**	**-64.4**	**-34.0**	**401.8**	**22.9**	**53.4**
教育	Education	-8.4	-64.4	-34.0	401.8	22.9	53.4
卫生和社会工作	**Health Care, Sports and Social Welfare**	**-1.4**	**-25.5**	**-44.9**	**-100.0**	**12.2**	
卫生	Health Care	5.4	-9.0	-36.1	-100.0	11.4	
社会工作	Social security	-42.1	-69.4	-69.2	-100.0	21.4	
文化、体育和娱乐业	**Culture, Sports and Entertainment**	**22.8**	**-26.4**	**-20.2**	**-98.7**	**14.4**	**0.3**
新闻和出版业	Press Publishing	-17.1					
广播、电视、电影和影视录音制作业	Radio, Film, Television and Audio-video	-27.0		-97.6		1.3	
文化艺术业	Culture and Arts	-29.0	-97.8	-3.4		27.9	
体育	Sports	154.9	110.0	102.8		12.0	
娱乐业	Recreation	41.8	265.9	-91.2	-98.7	2.3	0.4
公共管理、社会保障和社会组织	**Public Administration and Social Organization**	**-37.0**	**-28.9**	**-65.1**	**-82.6**	**23.9**	**22.1**
中国共产党机关	Communist Party Agencies						
国家机构	Government Agencies	-26.8	1.3	-54.7	-75.2	23.2	23.4
人民政协、民主党派	The Chinese People's Political Consultative Conference and Democratic Parties						
社会保障	Social Security	-100.0		-100.0			
群众团体、社会团体和其他成员组织	Mass Organizations, Social Organizations and Religion Organizations	-76.4	-75.6	-76.1	-70.5	67.0	100.0
基层群众自治组织	Mass Grassroot Organizations	-77.0	-58.2	-94.0	-100.0	16.7	

3-7 国有及国有控股经济分行业投资和资金来源
Investment and Sources of Funds in State-owned and State-holding Units by Sector

单位:亿元(100 million yuan)

指标	Item	2015	2016	2017	2018年比上年增长(%) Increased over the Previous Year in 2018(%)
投资总计	**Total Investment**	**9002.37**	**11425.04**	**11540.06**	**-7.7**
第一产业	Primary Industry	119.74	139.66	118.47	-65.8
第二产业	Secondary Industry	1330.41	1455.87	1329.60	-22.4
第三产业	Tertiary Industry	7552.22	9829.51	10091.99	-5.3
按国民经济行业分组	**By Sector**				
农林牧渔业	**Farming, Forestry, Animal Husbandry and Fishery**	**119.74**	**139.66**	**118.47**	**-75.2**
农业	Farming	31.86	36.41	43.76	-65.1
林业	Forestry	6.51	8.42	4.48	-86.4
牧业	Animal Husbandry	2.79	1.59	2.39	-68.4
渔业	Fishery	1.17	14.48	2.39	-41.2
农林牧渔专业及辅助性活动	Agriculture, Forestry, Animal Husbandry and Fisheries Professional and Supplementary Activities	77.41	78.75	65.45	-83.8
采矿业	**Ming and Quarrying**	**10.23**	**13.97**	**1.60**	**-100.0**
煤炭开采和洗选业	Coal Mining and Dressing				
石油和天然气开采业	Petroleum and Natural Gas Extraction				
黑色金属矿采选业	Ferrous Metals Mining and Dressing				
有色金属矿采选业	Nonferrous Metals Mining and Dressing				
非金属矿采选业	Nonmetal Minerals Mining and Dressing	10.23	12.06	1.60	-100.0
开采专业及辅助活动	Mining Professional and Auxiliary Activities				
其他采矿业	Other Minerals Mining and Dressing		1.91		
制造业	**Manufacturing**	**524.29**	**593.62**	**483.91**	**-17.0**
农副食品加工业	Non-staple Food Processing	23.40	29.54	21.04	-60.0
食品制造业	Food Manufacturing	1.67	2.03	5.28	-84.3
酒、饮料和精制茶制造业	Wine, Soft Drinks and Refined Tea Manufacturing	2.15	2.96	1.93	-99.1
烟草制品业	Tobacco Processing	22.93	13.13	6.71	-81.0
纺织业	Textile Industry	9.37	6.09	7.72	-9.6
纺织服装、服饰业	Garments, Shoes and Hats Manufacturing	0.25	1.78	8.87	-57.1
皮革、毛皮、羽毛(绒)及其制品业	Leather, Furs, Down and Related Products	2.64	3.21	5.61	-36.7
木材加工及木、竹、藤、棕、草制品业	Timber Processing, Bamboo, Cane Palm Fiber and Straw Products	0.52	0.92	0.47	109.3
家具制造业	Furniture Manufacturing			0.30	
造纸及纸制品业	Papermaking and Paper Products	0.30	4.69	0.58	60.4
印刷业和记录媒介的复制	Printing and Record Medium Reproduction	0.17	0.20	1.43	33.7
文教、工美、体育和娱乐用品制造业	Cultural, Educational and Sports Goods	7.56	14.98	13.20	-83.8

续表 1 Continued 单位:亿元(100 million yuan)

指标	Item	2015	2016	2017	2018年比上年增长(%) Increased over the Previous Year in 2018(%)
石油、煤炭及其他燃料加工业	Petroleum, Coal and Other Fuel Processing Industry	63.66	67.22	26.73	89.2
化学原料及化学制品制造业	Raw Chemical Materials and Chemical Products	32.85	28.10	17.05	20.4
医药制造业	Medical and Pharmaceutical Products	28.28	29.06	28.35	-37.6
化学纤维制造业	Chemical Fiber	8.06	2.46	1.53	-88.6
橡胶和塑料制品业	Rubber and plastic products	4.81	3.57	11.27	-41.8
非金属矿物制品业	Nonmetal Mineral Products	21.98	30.36	21.56	15.9
黑色金属冶炼及压延加工业	Smelting and Pressing of Ferrous Metals	15.05	7.54	9.21	-29.4
有色金属冶炼及压延加工业	Smelting and Pressing of Nonferrous Metals	1.00	8.03	6.43	
金属制品业	Metal Products	11.28	27.81	11.23	-57.7
通用设备制造业	Ordinary Machinery	20.65	25.36	20.35	-25.5
专用设备制造业	For Special Purpose Equipment Manufacturing	58.38	31.53	46.94	41.0
汽车制造业	Automobile manufacturing industry	17.95	43.29	34.77	-33.2
铁路、船舶、航空航天和其他运输设备制造业	Railway, shipbuilding, aerospace, and other transportation equipment manufacturing industry	58.65	42.72	34.17	-44.9
电气机械及器材制造业	Electric Equipment and Machinery	26.59	34.58	31.71	41.6
计算机、通信和其他电子设备制造业	Telecommunications Equipment, Computer and Other Electronic Equipment Manufacturing	35.28	72.06	59.14	-30.8
仪器仪表制造业	Instruments, Meters, Cultural and Office Machinery	5.93	5.78	7.13	314.2
其他制造业	Handicraft Article and Other Manufacturing Indust	33.37	40.30	34.47	-46.8
废弃资源综合利用业	Comprehensive Utilization of Waste Resources	3.46	7.64	3.68	-63.6
金属制品、机械和设备修理业	Metal products, machinery and equipment repair	6.12	6.69	5.05	32.7
电力、燃气及水的生产和供应业	**Electricity, Gas and Water Production and Supply**	**762.95**	**842.30**	**834.56**	**-19.0**
电力、热力的生产和供应业	Production and Supply of Electricity and Heating Power	524.81	532.04	529.33	-13.0
燃气生产和供应业	Production and Supply of Gas	32.60	49.78	23.93	5.7
水的生产和供应业	Production and Supply of Water	205.54	260.49	281.30	-35.6
建筑业	**Construction**	**32.94**	**5.97**	**9.53**	**-86.5**
房屋建筑业	Housing industry	1.49	0.02	0.46	-56.6
土木工程建筑业	Civil engineering construction	28.16	5.36	8.63	-86.0
建筑安装业	Installation	0.86		0.16	-95.8
建筑装饰、装修和其他建筑业	Architectural Decoration, Decoration and Other Construction Industries	2.43	0.58	0.28	-91.4
批发和零售业	**Wholesale and Retail Trade**	**78.04**	**92.03**	**67.82**	**-42.3**
批发业	Wholesale	39.25	49.73	37.88	-51.7
零售业	Retail Sale	38.79	42.31	29.93	-29.1
交通运输、仓储和邮政业	**Transport, Storage and Post**	**1862.26**	**2187.38**	**2539.72**	**17.1**

续表 2 Continued　　单位:亿元(100 million yuan)

指标	Item	2015	2016	2017	2018年比上年增长(%) Increased over the Previous Year in 2018(%)
铁路运输业	Railway Transport	201.69	175.62	189.24	-16.5
道路运输业	Highway Transport	1382.14	1692.03	2053.99	21.0
水上运输业	Waterway Transport	125.91	154.28	161.10	46.4
航空运输业	Air Transport	35.47	41.74	45.16	40.1
管道运输业	Pipeline Transport	14.70	17.03	3.39	207.0
多式联运和运输代理业	Multimodal Transport and Transport Agent Industry	7.04	12.44	5.02	337.0
装卸搬运和仓储业	Handling and Warehousing Industry	91.64	92.25	81.33	-55.0
邮政业	Postal Services	3.67	1.99	0.49	-5.7
住宿和餐饮业	**Hotels and Catering Services**	**40.22**	**50.76**	**25.51**	**-30.8**
住宿业	Hotels	29.78	46.40	22.85	-57.2
餐饮业	Catering Services	10.44	4.36	2.66	208.2
信息传输、软件和信息技术服务业	**Information Transmission Software and Information Technology Services**	**154.72**	**97.63**	**85.46**	**-33.7**
电信、广播电视和卫星传输服务	Telcommunication,Radio and Television, Satellite Transmission Services	80.81	68.89	45.29	-33.8
互联网和相关服务	The Internet and related services	60.63	2.53	6.53	-65.6
软件和信息技术服务业	Software and Information Technology Services	13.27	26.22	33.65	-9.4
金融业	**Banking**	**59.46**	**40.15**	**24.16**	**-48.7**
货币金融服务	Monetary and financial services	44.02	32.51	17.42	-72.6
资本市场服务	Capital market services	10.69	2.06	3.32	43.4
保险业	Insurance	2.72	5.20	3.41	-14.5
其他金融业	Other financial sector	2.03	0.39		
房地产业	**Real Estate**	**1798.04**	**2222.53**	**2163.87**	**-23.9**
房地产业	Real Estate	1798.04	2222.53	2163.87	-23.9
租赁和商务服务业	**Renting and Business Services**	**212.46**	**311.64**	**278.29**	**-37.7**
租赁业	Leasing	5.28	8.27	0.81	107.4
商务服务业	Commercial Services	207.18	303.37	277.48	-38.2
科学研究和技术服务业	**Scientific Research and Technic Service**	**49.03**	**86.27**	**64.56**	**-10.2**
研究与试验发展	Research and Experiment Development	9.41	18.15	28.25	-5.6
专业技术服务业	Technical Services	29.93	40.51	20.97	-29.5
科技推广和应用服务业	Promotion and Application of Science and Technology Services	9.69	27.61	15.34	10.6
水利、环境和公共设施管理业	**Water Conservancy,Environment and Public Utility**	**2519.47**	**3680.18**	**3868.32**	**-1.8**
水利管理业	Water Conservancy	474.85	598.43	589.04	-15.9
生态保护和环境治理业	Ecological protection and environmental governance industry	183.24	274.40	331.58	-0.3
公共设施管理业	Public Facilities	1861.37	2807.35	2947.71	1.7

续表 3 Continued 单位:亿元(100 million yuan)

指标	Item	2015	2016	2017	2018 年比上年增长(%) Increased over the Previous Year in 2018(%)
居民服务、修理和其他服务业	**Service for the Residents and Others**	**28.53**	**67.81**	**36.81**	**-77.2**
居民服务业	Resident Services	19.61	41.70	26.11	-52.5
机动车、电子产品和日用产品修理业	Motor vehicle repair industry, electronic products and daily products	1.73	2.09	0.43	-81.4
其他服务业	Other Services	7.19	24.02	10.27	-90.4
教育	**Education**	**326.97**	**433.36**	**440.26**	**12.1**
教育	Education	326.97	433.36	440.26	12.1
卫生和社会工作	**Culture,Sports and Recreation**	**133.49**	**175.89**	**163.35**	**-3.4**
卫生	Health Care	114.63	144.46	141.16	-2.2
社会工作	Social work	18.86	31.43	22.19	-11.8
文化、体育和娱乐业	**Culture,Sports and Entertainment**	**140.78**	**189.51**	**220.62**	**-31.1**
新闻和出版业	News and Publishing	3.39	3.53	2.70	-86.8
广播、电视、电影和影视录音制作业	Television,Radion,Film and Television Sound Recording Production	12.52	8.28	5.37	7.2
文化艺术业	Culture and Arts	88.27	106.81	133.59	-38.7
体育	Sports	33.26	61.52	63.03	-23.4
娱乐业	Recreation	3.34	9.37	15.93	-28.4
公共管理、社会保障和社会组织	**Public Administration,Social Security and Social Organization**	**148.75**	**194.36**	**113.25**	**-48.9**
中国共产党机关	Communist Party Agencies		0.81		
国家机构	Government Agencies	129.06	177.64	102.78	-46.9
人民政协、民主党派	The CPPSS,democratic Parties			0.29	
社会保障	Social security	0.91	0.18	0.04	9.4
群众团体、社会团体和其他成员组织	Mass Origanizations,Social Groups and Other Members of the Organization	9.50	5.58	6.89	-78.5
基层群众自治组织	Mass Grassroot Organizations	9.28	10.15	3.25	-87.9
自年初累计资金来源合计	**Source of Funds**				
上年末结余资金	Surplus Funds Last Year	823.81	1058.63	1020.04	18.6
本年资金来源小计	Funds This Year	8956.09	10720.69	10837.72	-11.9
#国家预算内资金	State Budgetary Appropriations	1518.31	1619.72	2611.23	-5.7
国内贷款	Domestic Loans	1354.56	1731.19	1830.69	9.5
债券	Debenture	8.14	59.12	34.50	127.9
利用外资	Foreign Investment	5.05	1.64	4.76	469.6
自筹资金	Fundraising	5406.58	6077.26	5238.85	-22.5
其他资金	Others	663.45	1231.76	1117.70	-23.7

3-8 非国有经济分行业投资和资金来源
Investment and Sources of Funds in Non-state-owned Units by Sector

单位:亿元(100 millionyuna)

指标	Item	2015	2016	2017	2018年比上年增长(%) Increased over the Previous Year in 2018(%)
投资总计	**Total Investment**	**17662.35**	**18145.96**	**19585.93**	**15.9**
第一产业	Primary Industry	219.44	246.59	235.43	-45.4
第二产业	Secondary Industry	7472.21	7653.27	7991.03	3.4
第三产业	Tertiary Industry	9970.70	10246.11	11359.47	21.3
按国民经济行业分组	**By Sector**				
农林牧渔业	**Farming, Forestry, Animal Husbandry and Fishery**	**219.44**	**246.59**	**235.43**	**-46.9**
农业	Farming	124.43	141.56	150.37	-59.3
林业	Forestry	11.11	9.44	5.49	-71.6
牧业	Animal Husbandry	20.43	18.43	22.92	-47.1
渔业	Fishery	26.06	33.26	33.11	48.8
农林牧渔专业及辅助性活动	Agriculture, Forestry, Animal Husbandry and Fisheries Professional and Supplementary Activities	37.41	43.89	23.54	-61.8
采矿业	**Ming and Quarrying**	**49.08**	**44.65**	**30.86**	**27.0**
煤炭开采和洗选业	Coal Mining and Dressing	0.05	0.07	0.10	
石油和天然气开采业	Petroleum and Natural Gas Extraction		0.16		
黑色金属矿采选业	Ferrous Metals Mining and Dressing				
有色金属矿采选业	Nonferrous Metals Mining and Dressing	0.49	1.12	0.51	-24.0
非金属矿采选业	Nonmetal Minerals Mining and Dressing	47.49	41.43	29.41	32.1
开采专业及辅助活动	Mining Professional and Auxiliary Activities	0.75	0.32		
其他采矿业	Other Minerals Mining and Dressing	0.30	1.55	0.85	-80.7
制造业	**Manufacturing**	**7054.85**	**7228.48**	**7504.89**	**6.7**
农副食品加工业	Non-staple Food Processing	118.97	100.43	108.31	0.8
食品制造业	Food Manufacturing	64.96	79.57	73.46	-27.1
酒、饮料和精制茶制造业	Wine, Soft Drinks and Refined Tea Manufacturing	63.13	54.25	52.00	-15.0
烟草制品业	Tobacco Processing	0.25			
纺织业	Textile Industry	602.00	635.63	637.54	-3.2
纺织服装、服饰业	Garments, Shoes and Hats Manufacturing	181.61	195.20	222.21	11.3
皮革、毛皮、羽毛(绒)及其制品业	Leather, Furs, Down and Related Products	117.64	121.96	130.73	-8.0
木材加工及木、竹、藤、棕、草制品业	Timber Processing, Bamboo, Cane Palm Fiber and Straw Products	78.79	82.84	83.79	-34.9
家具制造业	Furniture Manufacturing	126.23	120.75	146.19	4.5
造纸及纸制品业	Papermaking and Paper Products	184.25	159.20	149.18	-21.7
印刷业和记录媒介的复制	Printing and Record Medium Reproduction	67.49	86.98	86.44	26.1
文教、工美、体育和娱乐用品制造业	Cultural and Educational, Arts and Crafts, Sports and Entertainment Goods	171.63	176.21	183.87	-15.6

续表 1 Continued 单位:亿元(100 millionyuna)

指标	Item	2015	2016	2017	2018 年比上年增长(%) Increased over the Previous Year in 2018(%)
石油、煤炭及其他燃料加工业	Petroleum, Coal and Other Fuel Processing Industry	26.66	20.86	55.98	-68.1
化学原料及化学制品制造业	Raw Chemical Materials and Chemical Products	471.76	502.26	508.99	41.7
医药制造业	Medical and Pharmaceutical Products	200.22	204.55	168.63	5.1
化学纤维制造业	Chemical Fiber	184.68	148.59	157.00	-9.2
橡胶和塑料制品业	Rubber and plastic products	346.73	396.17	406.97	-19.9
非金属矿物制品业	Nonmetal Mineral Products	305.57	282.75	357.70	17.2
黑色金属冶炼及压延加工业	Smelting and Pressing of Ferrous Metals	94.56	96.25	90.32	-37.4
有色金属冶炼及压延加工业	Smelting and Pressing of Nonferrous Metals	117.71	101.21	90.86	12.5
金属制品业	Metal Products	435.32	394.06	380.23	-13.0
通用设备制造业	Ordinary Machinery	721.88	730.08	700.33	11.1
专用设备制造业	For Special Purpose Equipment Manufacturing	426.63	397.55	389.11	19.4
汽车制造业	Automobile manufacturing industry	733.34	773.45	855.38	1.8
铁路、船舶、航空航天和其他运输设备制造业	Railway, shipbuilding, aerospace, and other transportation equipment manufacturing industry	91.95	131.33	95.44	-6.1
电气机械及器材制造业	Electric Equipment and Machinery	649.21	769.11	813.95	8.0
计算机、通信和其他电子设备制造业	Telecommunications Equipment, Computer and Other Electronic Equipment Manufacturing	271.02	284.11	323.39	59.5
仪器仪表制造业	Instruments, Meters, Cultural and Office Machinery	80.43	79.45	110.91	36.6
其他制造业	Handicraft Article and Other Manufacturing Indust	79.07	65.56	78.64	23.6
废弃资源综合利用业	Comprehensive Utilization of Waste Resources	34.01	29.45	39.64	-33.4
金属制品、机械和设备修理业	Metal products, machinery and equipment repair	7.14	8.67	7.67	-9.5
电力、燃气及水的生产和供应业	**Electricity, Gas and Water Production and Supply**	**345.93**	**374.07**	**446.12**	**-37.3**
电力、热力的生产和供应业	Production and Supply of Electricity and Heating Power	250.91	295.02	363.79	-38.5
燃气生产和供应业	Production and Supply of Gas	20.12	33.15	30.26	-35.2
水的生产和供应业	Production and Supply of Water	74.90	45.90	52.07	-29.6
建筑业	**Construction**	**22.35**	**6.07**	**9.17**	**-38.8**
房屋建筑业	Housing industry	2.07	2.13	2.66	6.7
土木工程建筑业	Civil engineering construction	10.90	2.61	4.27	-49.6
建筑安装业	Installation	0.39	0.16	0.49	-64.4
建筑装饰、装修和其他建筑业	Architectural Decoration, Decoration and Other Construction Industries	8.98	1.17	1.75	-56.9
批发和零售业	**Wholesale and Retail Trade**	**332.66**	**278.24**	**208.26**	**-27.4**
批发业	Wholesale	144.02	118.17	97.64	-33.7
零售业	Retail Sale	188.65	160.07	110.62	-23.0
交通运输、仓储和邮政业	**Transport, Storage and Post**	**449.14**	**390.05**	**426.28**	**64.1**

续表 2 Continued 单位:亿元(100 millionyuna)

指标	Item	2015	2016	2017	2018 年比上年增长(%) Increased over the Previous Year in 2018(%)
铁路运输业	Railway Transport	13.09	3.40	1.30	4563.7
道路运输业	Highway Transport	170.17	151.98	179.50	106.2
水上运输业	Waterway Transport	99.07	63.95	44.03	85.5
航空运输业	Air Transport	15.35	21.51	20.72	-60.2
管道运输业	Pipeline Transport	0.75	0.92	5.89	-98.6
多式联运和运输代理业	Multimodal Transport and Transport Agent Industry	14.10	9.42	21.58	10.6
装卸搬运和仓储业	Handling and Warehousing Industry	127.32	121.78	129.91	-8.3
邮政业	Postal Services	9.29	17.10	23.35	-32.0
住宿和餐饮业	**Hotels and Catering Services**	**192.05**	**244.35**	**305.84**	**-14.6**
住宿业	Hotels	162.64	217.74	270.20	-7.6
餐饮业	Catering Services	29.41	26.61	35.64	-64.8
信息传输、软件和信息技术服务业	**Information Transmission Software and Information Technology Services**	**120.47**	**221.16**	**251.45**	**13.8**
电信、广播电视和卫星传输服务	Telcommunication,Radio and Television, Satellite Transmission Services	12.39	95.39	86.03	4.4
互联网和相关服务	The Internet and related services	31.07	54.06	96.97	42.3
软件和信息技术服务业	Software and Information Technology Services	77.01	71.71	68.45	-22.4
金融业	**Banking**	**42.70**	**48.79**	**33.50**	**-32.6**
货币金融服务	Monetary and financial services	30.23	43.36	23.94	-31.3
资本市场服务	Capital market services	10.50	2.57	5.38	-68.6
保险业	Insurance	0.33	0.66		
其他金融业	Other financial sector	1.64	2.21	4.18	68.9
房地产业	**Real Estate**	**7309.50**	**7461.28**	**8304.73**	**22.4**
房地产业	Real Estate	7309.50	7461.28	8304.73	22.4
租赁和商务服务业	**Renting and Business Services**	**359.24**	**334.29**	**389.99**	**-5.0**
租赁业	Leasing	29.50	11.42	24.92	-29.8
商务服务业	Commercial Services	329.74	322.88	365.07	-2.4
科学研究和技术服务业	**Scientific Research and Technic Service**	**50.87**	**55.02**	**67.29**	**117.4**
研究与试验发展	Research and Experiment Development	17.00	11.90	22.01	144.0
专业技术服务业	Technical Services	13.60	17.16	14.65	77.4
科技推广和应用服务业	Promotion and Application of Science and Technology Services	20.27	25.96	30.63	118.9
水利、环境和公共设施管理业	**Water Conservancy,Environment and Public Utility**	**572.56**	**681.27**	**834.22**	**52.0**
水利管理业	Water Conservancy	63.32	54.46	44.13	321.3
生态保护和环境治理业	Ecological protection and environmental governance industry	33.90	55.34	58.71	121.0
公共设施管理业	Public Facilities	475.34	571.47	731.38	31.8

续表 3 Continued 单位:亿元(100 millionyuna)

指标	Item	2015	2016	2017	2018 年比上年增长(%) Increased over the Previous Year in 2018(%)
居民服务、修理和其他服务业	**Service for the Residents and Others**	**39.08**	**51.99**	**48.70**	**-28.5**
居民服务业	Resident Services	25.03	35.56	26.40	8.7
机动车、电子产品和日用产品修理业	Motor vehicle repair industry, electronic products and daily products	5.32	5.27	2.84	-64.0
其他服务业	Other Services	8.74	11.16	19.46	-59.5
教育	**Education**	**73.94**	**73.43**	**77.20**	**14.4**
教育	Education	73.94	73.43	77.20	14.4
卫生和社会工作	**Culture,Sports and Recreation**	**85.96**	**97.20**	**112.46**	**-8.1**
卫生	Health Care	52.37	62.79	63.50	-21.3
社会工作	Social work	33.59	34.41	48.96	18.2
文化、体育和娱乐业	**Culture,Sports and Entertainment**	**170.67**	**200.51**	**263.97**	**-3.2**
新闻和出版业	News and Publishing				
广播、电视、电影和影视录音制作业	Television,Radion,Film and Television Sound Recording Production	21.24	22.91	16.80	-56.0
文化艺术业	Culture and Arts	65.96	92.67	121.90	-30.3
体育	Sports	23.08	39.73	29.91	-20.4
娱乐业	Recreation	60.39	45.19	95.36	52.9
公共管理、社会保障和社会组织	**Public Administration,Social Security and Social Organization**	**171.86**	**108.53**	**35.58**	**-45.3**
中国共产党机关	Communist Party Agencies		0.04		
国家机构	Government Agencies	8.68	10.92	3.76	-4.5
人民政协、民主党派	The CPPSS,democratic Parties		0.05		
社会保障	Social security	1.17	0.66		
群众团体、社会团体和其他成员组织	Mass Origanizations,Social Groups and Other Members of the Organization	25.26	27.22	13.52	-39.3
基层群众自治组织	Mass Grassroot Organizations	136.75	69.65	18.30	-75.8
自年初累计资金来源合计	**Source of Funds**				
上年末结余资金	Surplus Funds Last Year	3862.56	3236.28	3807.21	36.9
本年资金来源小计	Funds This Year	19143.11	20686.28	23339.79	7.4
#国家预算内资金	State Budgetary Appropriations	142.09	82.62	125.48	42.6
国内贷款	Domestic Loans	1684.34	1796.02	2341.99	30.7
债券	Debenture	1.70	0.01	2.36	129.7
利用外资	Foreign Investment	155.35	170.42	69.05	29.1
自筹资金	Fundraising	12471.04	12328.99	13425.64	4.3
其他资金	Others	4688.59	6308.22	7375.27	3.6

3-9 港澳台经济分行业投资和资金来源
Investment and Sources of Funds in HongKong, Macao and Taiwan Units by Sector

单位:亿元(100 million yuan)

指标	Item	2015	2016	2017	2018年比上年增长(%) Increased over the Previous Year in 2018(%)
投资总计	**Total Investment**	**1186.05**	**1350.56**	**1159.16**	**-3.7**
第一产业	Primary Industry	2.23	1.64	2.68	-40.9
第二产业	Secondary Industry	498.78	457.85	520.42	-3.5
第三产业	Tertiary Industry	685.03	891.07	636.06	-3.6
按国民经济行业分组	**By Sector**				
农林牧渔业	**Farming, Forestry, Animal Husbandry and Fishery**	**2.23**	**1.64**	**2.68**	**-42.1**
农业	Farming	1.75	0.73	2.20	-39.2
林业	Forestry	0.44	0.73		
牧业	Animal Husbandry	0.05			
渔业	Fishery		0.06	0.33	-66.5
农林牧渔专业及辅助性活动	Agriculture, Forestry, Animal Husbandry and Fisheries Professional and Supplementary Activities		0.12	0.15	-100.0
采矿业	**Ming and Quarrying**				
煤炭开采和洗选业	Coal Mining and Dressing				
石油和天然气开采业	Petroleum and Natural Gas Extraction				
黑色金属矿采选业	Ferrous Metals Mining and Dressing				
有色金属矿采选业	Nonferrous Metals Mining and Dressing				
非金属矿采选业	Nonmetal Minerals Mining and Dressing				
开采专业及辅助活动	Mining Professional and Auxiliary Activities				
其他采矿业	Other Minerals Mining and Dressing				
制造业	**Manufacturing**	**482.95**	**436.56**	**491.71**	**1.3**
农副食品加工业	Non-staple Food Processing	1.95	0.57	0.72	219.3
食品制造业	Food Manufacturing	2.86	4.70	5.38	-47.8
酒、饮料和精制茶制造业	Wine, Soft Drinks and Refined Tea Manufacturing	5.29	5.44	2.03	-76.9
烟草制品业	Tobacco Processing	0.25			
纺织业	Textile Industry	30.30	29.76	46.29	-3.8
纺织服装、服饰业	Garments, Shoes and Hats Manufacturing	18.60	19.99	34.62	56.2
皮革、毛皮、羽毛(绒)及其制品业	Leather, Furs, Down and Related Products	3.45	5.25	2.58	-8.6
木材加工及木、竹、藤、棕、草制品业	Timber Processing, Bamboo, Cane Palm Fiber and Straw Products	1.79	1.45	0.46	245.6
家具制造业	Furniture Manufacturing	5.60	5.37	8.51	-44.2
造纸及纸制品业	Papermaking and Paper Products	14.06	10.27	14.11	-43.5
印刷业和记录媒介的复制	Printing and Record Medium Reproduction	2.38	2.42	1.18	114.5
文教、工美、体育和娱乐用品制造业	Cultural, Educational and Sports Goods	8.89	5.05	7.09	37.7

续表 1 Continued

单位:亿元(100 million yuan)

指标	Item	2015	2016	2017	2018 年比上年增长(%) Increased over the Previous Year in 2018(%)
石油、煤炭及其他燃料加工业	Petroleum, Coal and Other Fuel Processing Industry	52.80	30.66	2.94	253.4
化学原料及化学制品制造业	Raw Chemical Materials and Chemical Products	45.39	50.15	63.01	-6.2
医药制造业	Medical and Pharmaceutical Products	6.37	7.07	7.21	-45.1
化学纤维制造业	Chemical Fiber	21.42	10.22	11.44	109.0
橡胶和塑料制品业	Rubber and plastic products	19.60	18.81	16.96	9.1
非金属矿物制品业	Nonmetal Mineral Products	7.94	10.06	14.68	-71.5
黑色金属冶炼及压延加工业	Smelting and Pressing of Ferrous Metals	0.17	4.42	15.85	-73.8
有色金属冶炼及压延加工业	Smelting and Pressing of Nonferrous Metals	10.79	3.59	5.04	86.6
金属制品业	Metal Products	16.70	19.39	17.17	7.3
通用设备制造业	Ordinary Machinery	32.01	39.15	35.45	6.2
专用设备制造业	For Special Purpose Equipment Manufacturing	42.78	30.42	32.83	-14.4
汽车制造业	Automobile manufacturing industry	57.91	48.98	62.07	-14.3
铁路、船舶、航空航天和其他运输设备制造业	Railway, shipbuilding, aerospace, and other transportation equipment manufacturing industry	1.63	2.45	0.38	-24.8
电气机械及器材制造业	Electric Equipment and Machinery	39.86	44.70	48.36	52.9
计算机、通信和其他电子设备制造业	Telecommunications Equipment, Computer and Other Electronic Equipment Manufacturing	17.94	16.88	26.90	62.7
仪器仪表制造业	Instruments, Meters, Cultural and Office Machinery	4.32	4.10	4.20	-68.5
其他制造业	Handicraft Article and Other Manufacturing Indust	1.24	3.43	3.15	20.1
废弃资源综合利用业	Comprehensive Utilization of Waste Resources	7.98	0.46	0.32	377.1
金属制品、机械和设备修理业	Metal products, machinery and equipment repair	0.68	1.32	0.80	-76.6
电力、燃气及水的生产和供应业	**Electricity, Gas and Water Production and Supply**	**15.83**	**21.29**	**28.52**	**-68.0**
电力、热力的生产和供应业	Production and Supply of Electricity and Heating Power	14.33	17.66	24.30	-79.5
燃气生产和供应业	Production and Supply of Gas	1.50	1.71	1.21	-13.6
水的生产和供应业	Production and Supply of Water		1.91	3.01	-5.6
建筑业	**Construction**			**0.19**	
房屋建筑业	Housing industry				
土木工程建筑业	Civil engineering construction				
建筑安装业	Installation			0.19	
建筑装饰、装修和其他建筑业	Architectural Decoration, Decoration and Other Construction Industries				
批发和零售业	**Wholesale and Retail Trade**	**14.24**	**4.92**	**6.89**	**-30.9**
批发业	Wholesale	1.62	2.31	1.87	-49.7
零售业	Retail Sale	12.61	2.62	5.02	-24.2
交通运输、仓储和邮政业	**Transport, Storage and Post**	**11.16**	**86.10**	**52.60**	**23.9**

续表 2 Continued 单位:亿元(100 million yuan)

指标	Item	2015	2016	2017	2018 年比上年增长(%) Increased over the Previous Year in 2018(%)
铁路运输业	Railway Transport				
道路运输业	Highway Transport	0.20	12.16	7.10	88.8
水上运输业	Waterway Transport	6.87	14.07	4.10	-87.7
航空运输业	Air Transport	0.94	10.27	1.58	745.0
管道运输业	Pipeline Transport		1.70	0.43	-100.0
多式联运和运输代理业	Multimodal Transport and Transport Agent Industry		2.52		
装卸搬运和仓储业	Handling and Warehousing Industry	3.15	45.38	39.40	-19.1
邮政业	Postal Services				
住宿和餐饮业	**Hotels and Catering Services**	**9.88**	**4.05**	**5.63**	**-29.8**
住宿业	Hotels	7.08	4.05	5.42	-24.7
餐饮业	Catering Services	2.79		0.21	-100.0
信息传输、软件和信息技术服务业	**Information Transmission Software and Information Technology Services**	**76.86**	**147.86**	**192.02**	**21.6**
电信、广播电视和卫星传输服务	Telcommunication, Radio and Television, Satellite Transmission Services	4.13	92.72	84.34	4.0
互联网和相关服务	The Internet and related services	62.26	47.61	87.56	47.1
软件和信息技术服务业	Software and Information Technology Services	10.47	7.53	20.11	-32.1
金融业	**Banking**	**1.53**	**14.61**	**0.76**	**-100.0**
货币金融服务	Monetary and financial services	0.12	12.68		
资本市场服务	Capital market services		0.45		
保险业	Insurance				
其他金融业	Other financial sector	1.41	1.47	0.76	-100.0
房地产业	**Real Estate**	**544.53**	**591.40**	**345.96**	**-21.1**
房地产业	Real Estate	544.53	591.40	345.96	-21.1
租赁和商务服务业	**Renting and Business Services**	**17.18**	**16.56**	**10.43**	**-61.4**
租赁业	Leasing	9.06	3.85	0.58	-100.0
商务服务业	Commercial Services	8.12	12.71	9.85	-60.2
科学研究和技术服务业	**Scientific Research and Technic Service**	**1.18**	**6.42**	**0.41**	**1215.6**
研究与试验发展	Research and Experiment Development	0.02		0.17	2141.7
专业技术服务业	Technical Services	0.30			
科技推广和应用服务业	Promotion and Application of Science and Technology Services	0.86	6.42	0.24	651.0
水利、环境和公共设施管理业	**Water Conservancy, Environment and Public Utility**	**1.65**	**14.74**	**16.85**	**85.8**
水利管理业	Water Conservancy	0.19			
生态保护和环境治理业	Ecological protection and environmental governance industry		1.65	0.24	9.7
公共设施管理业	Public Facilities	1.46	13.09	16.61	87.5

续表 3 Continued 单位:亿元(100 million yuan)

指标	Item	2015	2016	2017	2018 年比上年增长(%) Increased over the Previous Year in 2018(%)
居民服务、修理和其他服务业	**Service for the Residents and Others**	**0.42**	**2.35**	**2.31**	**250.8**
居民服务业	Resident Services		2.08	2.30	250.8
机动车、电子产品和日用产品修理业	Motor vehicle repair industry, electronic products and daily products				
其他服务业	Other Services	0.42	0.26		
教育	**Education**	**1.68**	**0.04**	**0.37**	**57.0**
教育	Education	1.68	0.04	0.37	57.0
卫生和社会工作	**Culture, Sports and Recreation**	**0.59**	**0.81**	**0.34**	**269.8**
卫生	Health Care	0.59	0.81	0.34	269.8
社会工作	Social work				
文化、体育和娱乐业	**Culture, Sports and Entertainment**	**4.08**	**1.21**	**1.49**	**27.9**
新闻和出版业	News and Publishing				
广播、电视、电影和影视录音制作业	Television, Radion, Film and Television Sound Recording Production				
文化艺术业	Culture and Arts	0.31	0.66	0.64	-1.4
体育	Sports	0.11	0.37	0.07	
娱乐业	Recreation	3.66	0.19	0.78	-19.6
公共管理、社会保障和社会组织	**Public Administration, Social Security and Social Organization**	**0.06**			
中国共产党机关	Communist Party Agencies				
国家机构	Government Agencies	0.06			
人民政协、民主党派	The CPPSS, democratic Parties				
社会保障	Social security				
群众团体、社会团体和其他成员组织	Mass Origanizations, Social Groups and Other Members of the Organization				
基层群众自治组织	Mass Grassroot Organizations				
自年初累计资金来源合计	**Source of Funds**	**1896.38**	**1982.27**		
上年末结余资金	Surplus Funds Last Year	604.32	470.32	502.18	-18.3
本年资金来源小计	Funds This Year	1292.06	1511.95	1406.98	-24.2
#国家预算内资金	State Budgetary Appropriations	0.05	2.23	3.03	48.9
国内贷款	Domestic Loans	184.65	118.82	93.27	-43.9
债券	Debenture				
利用外资	Foreign Investment	57.27	76.14	13.77	93.7
自筹资金	Fundraising	665.15	762.55	763.78	-14.2
其他资金	Others	384.94	552.21	533.14	-33.6

3-10 外商经济分行业投资和资金来源
Investment and Sources of Funds in Foreign-owned Units by Sector

单位:亿元(100 million yuan)

指标	Item	2015	2016	2017	2018年比上年增长(%) Increased over the Previous Year in 2018(%)
投资总计	**Total Investment**	**800.72**	**783.09**	**621.74**	**12.5**
第一产业	Primary Industry	3.44	0.95	0.44	-77.7
第二产业	Secondary Industry	545.04	537.64	457.11	10.1
第三产业	Tertiary Industry	252.24	244.50	164.19	17.8
按国民经济行业分组	**By Sector**				
农林牧渔业	**Farming, Forestry, Animal Husbandry and Fishery**	**3.44**	**0.95**	**0.44**	**-77.7**
农业	Farming	0.46	0.32	0.25	-72.9
林业	Forestry	0.34			
畜牧业	Animal Husbandry	2.22		0.19	-100.0
渔业	Fishery				
农林牧渔专业及辅助性活动	Agriculture, Forestry, Animal Husbandry and Fisheries Professional and Supplementary Activities	0.43	0.63		
采矿业	**Ming and Quarrying**	**0.53**	**1.07**		
煤炭开采和选洗业	Mining and coal washing industry				
石油和天然气开采业	Petroleum and Natural Gas Extraction				
黑色金属矿采选业	Ferrous Metals Mining and Dressing				
有色金属矿采选业	Nonferrous Metals Mining and Dressing				
非金属矿采选业	Nonmetal Minerals Mining and Dressing	0.53	1.07		
开采专业及辅助活动	Mining Professional and Auxiliary Activities				
其他采矿业	Other Minerals Mining and Dressing				
制造业	**Manufacturing**	**529.58**	**510.76**	**435.37**	**13.9**
农副食品加工业	Non-staple Food Processing	11.12	10.99	5.59	-26.5
食品制造业	Food Manufacturing	17.20	9.41	8.74	-11.9
酒、饮料和精制茶制造业	Wine, Soft Drinks and Refined Tea Manufacturing	16.34	11.01	5.59	15.1
烟草制品业	Tobacco Processing				
纺织业	Textile Industry	16.48	21.85	16.93	72.9
纺织服装、服饰业	Textile and garment, apparel industry	8.07	8.10	7.97	10.4
皮革、毛皮、羽毛及其制品和制鞋业	Leather, fur, feather and its products and footwear	2.42	4.28	0.95	20.2
木材加工及木、竹、藤、棕、草制品业	Timber Processing, Bamboo, Cane Palm Fiber and Straw Products	2.28	3.21	3.17	-40.9
家具制造业	Furniture Manufacturing	2.69	7.56	6.47	-6.6
造纸及纸制品业	Papermaking and Paper Products	10.76	10.79	7.83	89.5
印刷和记录媒介复制业	Printing and Record Medium Reproduction	1.16	1.17	0.55	-2.7
文教、工美、体育和娱乐用品制造业	Cultural and Educational, Arts and Crafts, Sports and Entertainment Goods	13.93	18.23	4.13	14.7

续表 1 Continued

单位:亿元(100 million yuan)

指标	Item	2015	2016	2017	2018年比上年增长(%) Increased over the Previous Year in 2018(%)
石油、煤炭及其他燃料加工业	Petroleum, Coal and Other Fuel Processing Industry				
化学原料及化学制品制造业	Raw Chemical Materials and Chemical Products	32.63	49.11	24.04	22.1
医药制造业	Medical and Pharmaceutical Products	12.41	15.17	30.49	-25.8
化学纤维制造业	Chemical Fiber	2.94	9.81	26.36	-8.7
橡胶和塑料制品业	Rubber and plastic products	17.75	23.87	16.36	8.8
非金属矿物制品业	Nonmetal Mineral Products	6.48	5.38	6.87	-17.5
黑色金属冶炼及压延加工业	Smelting and Pressing of Ferrous Metals	1.91	2.09	1.79	-97.4
有色金属冶炼及压延加工业	Smelting and Pressing of Nonferrous Metals	2.91	14.92	7.71	-44.4
金属制品业	Metal Products	11.90	12.56	12.76	-19.8
通用设备制造业	Ordinary Machinery	25.17	30.15	27.74	3.3
专用设备制造业	For Special Purpose Equipment Manufacturing	16.50	16.07	10.54	139.2
汽车制造业	Automobile manufacturing industry	214.28	97.05	82.11	11.3
铁路、船舶、航空航天和其他运输设备制造业	Railway, shipbuilding, aerospace, and other transportation equipment manufacturing industry	4.47	29.31	3.25	-60.1
电气机械及器材制造业	Electric Equipment and Machinery	34.45	33.96	60.80	5.6
计算机、通信和其他电子设备制造业	Telecommunications Equipment, Computer and Other Electronic Equipment Manufacturing	33.73	53.86	46.27	83.6
仪器仪表制造业	Instruments Manfactyring	8.96	5.81	6.27	-36.1
其他制造业	Other Manufacturing	0.28	3.74	3.90	-85.2
废弃资源综合利用业	Comprehensive Utilization of Waste Resources	0.10	1.24	0.17	-66.0
金属制品、机械和设备修理业	Metal products, machinery and equipment repair	0.25	0.04	0.02	991.7
电力、热力、燃气及水生产和供应业	**Electricity, Gas and Water Production and Supply**	**14.93**	**25.81**	**21.73**	**-48.6**
电力、热力生产和供应业	Production and Supply of Electricity and Heating Power	11.01	21.41	18.49	-50.1
燃气生产和供应业	Production and Supply of Gas	3.25	2.57	2.68	-61.0
水的生产和供应业	Production and Supply of Water	0.66	1.84	0.56	115.6
建筑业	**Construction**				
房屋建筑业	Housing industry				
土木工程建筑业	Civil engineering construction				
建筑安装业	Installation				
建筑装饰、装修和其他建筑业	Architectural Decoration, Decoration and Other Construction Industries				
批发和零售业	**Wholesale and Retail Trade**	**14.61**	**13.00**	**6.20**	**-10.4**
批发业	Wholesale	2.58	6.45	1.79	-100.0
零售业	Retail Sale	12.03	6.55	4.42	25.9
交通运输、仓储和邮政业	**Transport, Storage and Post**	**31.24**	**5.60**	**12.53**	**-6.1**

续表 2 Continued 单位:亿元(100 million yuan)

指标	Item	2015	2016	2017	2018 年比上年增长(%) Increased over the Previous Year in 2018(%)
铁路运输业	Railway Transport				
道路运输业	Highway Transport	1.48		0.50	
水上运输业	Waterway Transport	2.43	0.93	1.52	-71.0
航空运输业	Air Transport	2.98			
管道运输业	Pipeline Transport	0.48	0.22	0.13	
多式联运和运输代理业	Multimodal Transport and Transport Agent Industry				
装卸搬运和仓储业	Handling and Warehousing Industry	23.87	4.46	10.39	5.3
邮政业	Postal Services				
住宿和餐饮业	**Hotels and Catering Services**	**9.80**	**6.29**	**6.83**	**49.2**
住宿业	Hotels	9.80	6.29	6.83	49.2
餐饮业	Catering Services				
信息传输、软件和信息技术服务业	**Information Transmission Software and Information Technology Services**	**5.19**	**3.49**	**2.96**	**-47.8**
电信、广播电视和卫星传输服务	Telcommunication, Radio and Television, Satellite Transmission Services	0.35		0.39	
互联网和相关服务	The Internet and related services			0.43	
软件和信息技术服务业	Software and Information Technology Services	4.84	3.49	2.14	-69.2
金融业	**Banking**	**0.74**	**0.26**		
货币金融服务	Monetary and financial services	0.74	0.26		
资本市场服务	Capital market services				
保险业	Insurance				
其他金融业	Other financial sector				
房地产业	**Real Estate**	**163.80**	**206.26**	**121.00**	**8.5**
房地产业	Real Estate	163.80	206.26	121.00	8.5
租赁和商务服务业	**Renting and Business Services**	**8.47**	**1.95**	**4.64**	**-51.3**
租赁业	Leasing	0.22		0.65	-100.0
商务服务业	Commercial Services	8.25	1.95	3.99	41.7
科学研究和技术服务业	**Scientific Research and Technic Service**	**9.67**	**2.57**	**1.22**	**67.6**
研究与试验发展	Research and Experiment Development	3.37	1.78	0.24	
专业技术服务业	Technical Services	0.41	0.45	0.14	92.2
科技推广和应用服务业	Promotion and Application of Science and Technology Services	5.90	0.35	0.85	-100.0
水利、环境和公共设施管理业	**Water Conservancy, Environment and Public Utility**	**4.19**	**2.20**	**5.49**	**138.0**
水利管理业	Water Conservancy	0.14			
生态保护和环境治理业	Ecological protection and environmental governance industry		0.74	2.09	36.9
公共设施管理业	Public Facilities	4.05	1.46	3.41	163.5

续表 3 Continued 单位:亿元(100 million yuan)

指标	Item	2015	2016	2017	2018年比上年增长(%) Increased over the Previous Year in 2018(%)
居民服务、修理和其他服务业	**Service for the Residents and Others**				
居民服务业	Resident Services				
机动车、电子产品和日用产品修理业	Motor vehicle repair industry, electronic products and daily products				
其他服务业	Other Services				
教育	**Education**	**1.94**	**0.05**		
教育	Education	1.94	0.05		
卫生和社会工作	**Culture, Sports and Recreation**			**0.92**	**57.8**
卫生	Health Care			0.92	36.6
社会工作	Social work				
文化、体育和娱乐业	**Culture, Sports and Entertainment**	**2.43**	**2.84**	**2.39**	**513.8**
新闻和出版业	News and Publishing				
广播、电视、电影和影视录音制作业	Television, Radion, Film and Television Sound Recording Production				
文化艺术业	Culture and Arts		0.39		
体育	Sports		1.72	2.39	876.4
娱乐业	Recreation	2.43	0.73		-100.0
公共管理、社会保障和社会组织	**Public Administration, Social Security and Social Organization**	**0.17**			
中国共产党机关	Communist Party Agencies				
国家机构	Government Agencies				
人民政协、民主党派	The CPPSS, democratic Parties				
社会保障	The social security				
群众团体、社会团体和其他成员组织	Mass Origanizations, Social Groups and Other Members of the Organization				
基层群众自治组织	Mass Grassroot Organizations	0.17			
自年初累计资金来源合计	**Source of Funds**	**1016.36**	**1027.19**		
上年末结余资金	Surplus Funds Last Year	172.06	228.27	142.74	3.7
本年资金来源小计	Funds This Year	844.30	798.93	672.79	1.3
#国家预算内资金	State Budgetary Appropriations	0.11	0.04	1.38	14.9
国内贷款	Domestic Loans	35.91	73.99	58.76	-1.9
债券	Debenture				
利用外资	Foreign Investment	80.70	87.61	35.43	33.6
自筹资金	Fundraising	591.23	475.64	454.77	2.8
其他资金	Others	136.35	161.65	122.45	-10.5

3-11 私营个体经济分行业投资和资金来源
Investment and Sources of Funds in Private-owned Units by Sector

单位:亿元(100 million yuan)

指标	Item	2015	2016	2017	2018年比上年增长(%) Increased over the Previous Year in 2018(%)
投资总计	**Total Investment**	**7772.71**	**9279.72**	**11391.22**	**30.5**
第一产业	Primary Industry	108.19	136.52	142.60	-47.5
第二产业	Secondary Industry	4154.63	4861.41	5171.51	2.6
第三产业	Tertiary Industry	3509.88	4281.78	6077.11	42.6
按国民经济行业分组	**By Sector**				
农林牧渔业	**Farming, Forestry, Animal Husbandry and Fishery**	**108.19**	**136.52**	**142.60**	**-46.5**
农业	Farming	66.10	83.50	95.17	-59.5
林业	Forestry	3.73	4.49	3.37	-63.3
牧业	Animal Husbandry	9.48	11.46	14.91	-34.8
渔业	Fishery	12.55	17.32	18.71	10.9
农林牧渔专业及辅助性活动	Agriculture, Forestry, Animal Husbandry and Fisheries Professional and Supplementary Activities	16.33	19.74	10.43	-29.7
采矿业	**Ming and Quarrying**	**29.96**	**32.20**	**22.89**	**22.8**
煤炭开采和洗选业	Coal Mining and Dressing	0.05	0.07	0.10	
石油和天然气开采业	Petroleum and Natural Gas Extraction				
黑色金属矿采选业	Ferrous Metals Mining and Dressing				
有色金属矿采选业	Nonferrous Metals Mining and Dressing	0.35	0.76	0.19	-100.0
非金属矿采选业	Nonmetal Minerals Mining and Dressing	28.51	30.51	22.05	28.6
开采专业及辅助活动	Mining Professional and Auxiliary Activities	0.75	0.32		
其他采矿业	Other Minerals Mining and Dressing	0.30	0.54	0.55	-80.7
制造业	**Manufacturing**	**3962.50**	**4631.25**	**4903.35**	**5.0**
农副食品加工业	Non-staple Food Processing	68.97	62.58	75.95	8.6
食品制造业	Food Manufacturing	32.15	50.24	51.08	-41.4
酒、饮料和精制茶制造业	Wine, Soft Drinks and Refined Tea Manufacturing	22.22	26.17	28.31	-35.3
烟草制品业	Tobacco Processing				
纺织业	Textile Industry	363.90	460.91	481.53	-1.0
纺织服装、服饰业	Garments, Shoes and Hats Manufacturing	110.42	141.03	158.46	3.5
皮革、毛皮、羽毛(绒)及其制品业	Leather, Furs, Down and Related Products	83.96	85.68	108.47	-0.9
木材加工及木、竹、藤、棕、草制品业	Timber Processing, Bamboo, Cane Palm Fiber and Straw Products	51.44	68.28	69.02	-33.0
家具制造业	Furniture Manufacturing	75.37	88.77	114.03	8.3
造纸及纸制品业	Papermaking and Paper Products	101.33	105.22	99.10	-7.2
印刷业和记录媒介的复制	Printing and Record Medium Reproduction	48.50	61.26	67.57	34.2
文教、工美、体育和娱乐用品制造业	Cultural, Educational and Sports Goods	120.66	129.35	154.38	-18.1

续表 1 Continued 单位:亿元(100 million yuan)

指标	Item	2015	2016	2017	2018 年比上年增长(%) Increased over the Previous Year in 2018(%)
石油、煤炭及其他燃料加工业	Petroleum, Coal and Other Fuel Processing Industry	11.96	7.70	6.37	175.8
化学原料及化学制品制造业	Raw Chemical Materials and Chemical Products	207.76	279.62	221.80	-24.7
医药制造业	Medical and Pharmaceutical Products	67.66	119.63	81.14	19.2
化学纤维制造业	Chemical Fiber	74.57	74.29	75.98	9.6
橡胶和塑料制品业	Rubber and plastic products	209.67	298.67	319.11	-23.8
非金属矿物制品业	Nonmetal Mineral Products	194.36	225.31	272.75	-0.8
黑色金属冶炼及压延加工业	Smelting and Pressing of Ferrous Metals	62.43	71.26	59.02	-27.2
有色金属冶炼及压延加工业	Smelting and Pressing of Nonferrous Metals	77.33	59.35	61.07	1.9
金属制品业	Metal Products	303.14	293.69	307.18	-9.9
通用设备制造业	Ordinary Machinery	450.89	493.99	497.87	17.6
专用设备制造业	For Special Purpose Equipment Manufacturing	247.76	268.44	283.80	21.8
汽车制造业	Automobile manufacturing industry	290.41	357.94	481.34	12.8
铁路、船舶、航空航天和其他运输设备制造业	Railway, shipbuilding, aerospace, and other transportation equipment manufacturing industry	47.24	67.82	70.74	32.1
电气机械及器材制造业	Electric Equipment and Machinery	400.22	489.42	456.47	14.6
计算机、通信和其他电子设备制造业	Telecommunications Equipment,Computer and Other Electronic Equipment Manufacturing	130.67	132.46	135.14	98.5
仪器仪表制造业	Instruments,Meters,Cultural and Office Machinery	42.49	44.51	77.90	54.2
其他制造业	Handicraft Article and Other Manufacturing Indust	43.93	39.49	50.94	-7.4
废弃资源综合利用业	Comprehensive Utilization of Waste Resources	18.53	23.03	30.37	-46.5
金属制品、机械和设备修理业	Metal products, machinery and equipment repair	2.56	5.13	6.44	34.6
电力、燃气及水的生产和供应业	**Electricity,Gas and Water Production and Supply**	**156.51**	**194.14**	**240.78**	**-30.1**
电力、热力的生产和供应业	Production and Supply of Electricity and Heating Power	131.40	167.53	213.85	-30.9
燃气生产和供应业	Production and Supply of Gas	5.46	4.13	3.44	75.1
水的生产和供应业	Production and Supply of Water	19.65	22.48	23.50	-33.6
建筑业	**Construction**	**5.67**	**3.83**	**4.49**	**-22.1**
房屋建筑业	Housing industry	1.05	1.30	1.68	-10.3
土木工程建筑业	Civil engineering construction	2.54	1.74	1.05	-50.4
建筑安装业	Installation	0.39	0.11	0.01	1065.2
建筑装饰、装修和其他建筑业	Architectural Decoration, Decoration and Other Construction Industries	1.68	0.68	1.75	-35.9
批发和零售业	**Wholesale and Retail Trade**	**172.19**	**165.23**	**131.48**	**-37.9**
批发业	Wholesale	91.31	75.51	66.57	-34.5
零售业	Retail Sale	80.88	89.72	64.91	-40.8
交通运输、仓储和邮政业	**Transport,Storage and Post**	**159.83**	**185.77**	**203.03**	**44.4**

续表 2 Continued 单位:亿元(100 million yuan)

指标	Item	2015	2016	2017	2018年比上年增长(%) Increased over the Previous Year in 2018(%)
铁路运输业	Railway Transport		3.40	0.25	-100.0
道路运输业	Highway Transport	33.51	56.76	65.44	225.5
水上运输业	Waterway Transport	49.42	35.62	26.90	-4.8
航空运输业	Air Transport	11.31	18.67	19.24	-51.8
管道运输业	Pipeline Transport			0.87	-100.0
多式联运和运输代理业	Multimodal Transport and Transport Agent Industry	9.91	5.79	17.90	-60.6
装卸搬运和仓储业	Handling and Warehousing Industry	48.16	50.24	56.60	5.1
邮政业	Postal Services	7.52	15.28	15.83	-39.5
住宿和餐饮业	**Hotels and Catering Services**	**105.51**	**183.35**	**230.65**	**-7.5**
住宿业	Hotels	85.27	167.46	207.25	-5.3
餐饮业	Catering Services	20.24	15.89	23.41	-35.0
信息传输、软件和信息技术服务业	**Information Transmission Software and Information Technology Services**	**37.63**	**41.52**	**37.64**	**-16.5**
电信、广播电视和卫星传输服务	Telcommunication, Radio and Television, Satellite Transmission Services	1.23	0.89	0.55	-58.2
互联网和相关服务	The Internet and related services	5.77	4.44	3.74	7.3
软件和信息技术服务业	Software and Information Technology Services	30.62	36.19	33.35	-19.3
金融业	**Banking**	**4.34**	**2.82**	**5.34**	**-11.0**
货币金融服务	Monetary and financial services	2.53	2.33	2.08	-41.4
资本市场服务	Capital market services	1.58		3.26	13.7
保险业	Insurance		0.49		
其他金融业	Other financial sector	0.23			
房地产业	**Real Estate**	**2570.69**	**3075.69**	**4677.64**	**47.0**
房地产业	Real Estate	2570.69	3075.69	4677.64	47.0
租赁和商务服务业	**Renting and Business Services**	**163.72**	**177.66**	**204.49**	**-10.7**
租赁业	Leasing	0.55	8.54	21.25	-45.7
商务服务业	Commercial Services	163.18	169.12	183.24	-5.2
科学研究和技术服务业	**Scientific Research and Technic Service**	**23.04**	**32.65**	**49.28**	**32.4**
研究与试验发展	Research and Experiment Development	9.22	9.53	18.25	31.3
专业技术服务业	Technical Services	6.53	7.73	9.73	83.4
科技推广和应用服务业	Promotion and Application of Science and Technology Services	7.28	15.39	21.30	8.6
水利、环境和公共设施管理业	**Water Conservancy, Environment and Public Utility**	**131.72**	**220.04**	**311.21**	**78.9**
水利管理业	Water Conservancy	15.01	10.74	5.28	999.8
生态保护和环境治理业	Ecological protection and environmental governance industry	14.54	17.56	18.80	148.6
公共设施管理业	Public Facilities	102.18	191.73	287.14	45.4

续表 3 Continued 单位:亿元(100 million yuan)

指标	Item	2015	2016	2017	2018年比上年增长(%) Increased over the Previous Year in 2018(%)
居民服务、修理和其他服务业	**Service for the Residents and Others**	**10.44**	**20.37**	**29.58**	**-25.1**
居民服务业	Resident Services	3.23	10.57	10.73	-4.8
机动车、电子产品和日用产品修理业	Motor vehicle repair industry, electronic products and daily products	5.20	4.29	2.70	-63.8
其他服务业	Other Services	2.01	5.51	16.14	-19.4
教育	**Education**	**26.25**	**23.57**	**27.13**	**53.3**
教育	Education	26.25	23.57	27.13	53.3
卫生和社会工作	**Culture, Sports and Recreation**	**34.17**	**56.76**	**69.93**	**8.4**
卫生	Health Care	21.92	39.52	36.55	0.1
社会工作	Social work	12.25	17.25	33.38	21.2
文化、体育和娱乐业	**Culture, Sports and Entertainment**	**67.96**	**95.35**	**98.20**	**16.7**
新闻和出版业	News and Publishing				
广播、电视、电影和影视录音制作业	Television, Radion, Film and Television Sound Recording Production	7.44	11.13	9.10	-26.6
文化艺术业	Culture and Arts	19.04	26.77	41.34	-22.9
体育	Sports	12.06	30.34	21.00	-17.8
娱乐业	Recreation	29.41	27.11	26.77	91.1
公共管理、社会保障和社会组织	**Public Administration, Social Security and Social Organization**	**2.41**	**1.01**	**1.50**	**11.8**
中国共产党机关	Communist Party Agencies				
国家机构	Government Agencies	0.33	0.32		
人民政协、民主党派	The CPPSS, democratic Parties				
社会保障	Social security				
群众团体、社会团体和其他成员组织	Mass Origanizations, Social Groups and Other Members of the Organization	1.85	0.69	1.22	39.2
基层群众自治组织	Mass Grassroot Organizations	0.23		0.29	-96.2
自年初累计资金来源合计	**Source of Funds**				
上年末结余资金	Surplus Funds Last Year	1277.27	1212.84	1590.36	89.2
本年资金来源小计	Funds This Year	8210.27	10210.29	13325.42	25.4
#国家预算内资金	State Budgetary Appropriations	23.86	12.00	29.49	108.5
国内贷款	Domestic Loans	588.37	809.57	1612.09	16.9
债券	Debenture	0.44	0.01	1.42	-90.0
利用外资	Foreign Investment	6.02	4.25	8.51	28.9
自筹资金	Fundraising	5911.66	6929.34	8029.44	18.0
其他资金	Others	1679.92	2455.11	3644.46	37.3

3-12 房地产开发投资主要指标(2013-2018年)
Main Indicators of Investment in Real Estate Development(2013-2018)

单位:亿元(100 million yuan)

指标	Item	2013	2014	2015	2016	2017	2018
开发投资额	**Development**	**6216.25**	**7262.38**	**7111.93**	**7469.37**	**8226.78**	**9944.93**
按登记注册类型分	**By Registered**						
内资	Domestic Funded Enterprises	5572.01	6494.68	6416.91	6677.85	7766.84	9553.22
国有	State-owned Enterprises	65.16	41.61	32.50	37.75	15.70	27.47
集体	Collective Owned Enterprises	11.26	3.01	2.90	4.37	0.19	0.02
股份合作	Cooperative Enterprises	2.53	1.76	15.34	6.24	2.27	
国有联营	State Joint Ownership Enterprises	4.70	2.86	4.77	2.92	0.65	0.07
集体联营	Collective Joint Ownership Enterprises						
国有与集体联营	State-collective Joint Enterprises	0.03	0.31	0.07			
其他联营	Other Joint Ownership Enterprises						
国有独资公司	State Sole Funded Corporations	222.65	323.86	207.55	245.30	226.43	200.55
其他有限责任公司	Other Limited Liability Corporations	3007.79	3554.18	3590.13	3369.51	2907.46	2568.77
股份有限公司	Share-holding Corporations Ltd.	92.83	76.50	52.37	68.40	123.35	124.73
私营	Private Enterprises	2163.35	2488.48	2504.58	2936.63	4479.42	6631.61
其他	others	1.74	2.12	6.69	6.73	11.37	
港澳台商投资	Funded by Enterpreneurs From Hong Kong Macao and Taiwan	496.20	583.07	538.41	589.40	344.45	265.76
外商投资企业	Foreign Funded Enterprises	148.04	184.49	156.61	202.13	115.49	125.96
按构成分	**By Structure**						
建筑工程	Construction	3036.79	3499.23	3449.34	3572.40	3679.05	3327.23
安装工程	Installation	352.91	435.84	473.19	593.41	506.75	314.91
设备工器具购置	Purchase of Equipment and Instruments	64.71	67.99	62.38	86.69	82.45	73.68
其他费用	Others	2761.84	3259.31	3127.01	3216.87	3958.53	6229.12
旧建筑物购置费	Purchase of Old Buildings	6.93	0.80	1.34	1.98	6.43	9.15
土地购置费	Purchase of Land	2121.73	2680.59	2510.48	2634.37	3353.67	5597.85

续表 Continued

单位:亿元(100 million yuan)

指标	Item	2013	2014	2015	2016	2017	2018
按用途分	**By Purpose**						
住宅	Residential Buildings	4089.22	4594.17	4450.73	4806.64	5645.98	7156.45
#别墅、高档公寓	Villas and High-grade	362.51	384.16	352.44	273.58	386.80	566.50
办公楼	Office Buildings	377.43	487.62	513.31	480.98	439.65	382.66
商业营业用房	Commercial Buildings	717.54	949.34	1021.09	984.91	942.08	788.19
其他	Others	1032.07	1231.25	1126.79	1196.84	1199.07	1617.63
新增固定资产	Newly Increased Fixed Assets	2047.76	3101.61	3162.39	4039.16	3891.39	2937.19
购置的土地面积(万平方米)	Land Space Purchased(sq. m)	1760.73	1887.92	1012.58	1302.96	2248.87	3026.02
施工面积(万平方米)	Floor Space Under Construction (sq. m)	37647.24	42144.35	41687.33	41609.78	41236.24	44537.06
#住宅	Residential Building	23828.31	25874.49	25117.15	24709.37	24760.01	27437.16
竣工面积(万平方米)	Floor Space Completed(sq. m)	4692.34	6390.17	5892.86	7925.40	6884.18	5189.67
#住宅	Residential Building	3187.62	4158.30	3938.03	5091.95	4338.91	3047.84
销售面积(万平方米)	Floor Space of Selling House(sq. m)	4886.99	4676.83	5985.30	8636.79	9599.67	9755.49
#住宅	Residential Building	4097.63	3941.49	5131.88	7234.19	7669.70	7936.17
资金来源情况	Source of Funds	11772.63	12632.01	12452.35	14068.63		
上年末结余资金	Surplus Funds Last Year	2914.38	3675.70	3776.77	3209.06	3979.72	5261.79
本年实际到位资金	Actual Funds in Place This Year	8858.25	8956.31	8675.58	10859.57	13034.21	14248.78
#国内贷款	Domestic Loans	1590.65	1817.77	1274.79	1541.37	2052.03	2279.24
利用外资	Foreign Investment	47.03	71.68	15.65	32.33	13.15	3.64
自筹资金	Fundraising	2765.07	3202.31	2659.44	2672.05	3485.93	4503.43
定金及预收款	Deposit and Advance					5124.46	5064.16
个人按揭贷款	Personal Mortgage Loan					2071.00	1904.43
其他到位资金	Other Funds in Place					287.64	493.87

3-13 按资质等级分的房地产开发投资(2018年)
Investment in Real Estate Development by Classification(2018)

单位:亿元(100 million yuan)

指标	Item	投资额 Investment	一级 The First Grade	二级 The Second Grade	三级 The Third Grade
开发投资额	**Development**	**9944.93**	**190.37**	**284.99**	**1040.40**
按登记注册类型分	**By Registered**				
内资	Domestic Funded Enterprises	9553.22	190.37	267.36	994.56
国有	State - owned Enterprises	27.47		2.97	2.11
集体	Collective Owned Enterprises	0.02		0.02	
股份合作	Cooperative Enterprises				
国有联营	State Joint Ownership Enterprises	0.07	0.07		
集体联营	Collective Joint Ownership Enterprises				
国有与集体联营	State - collective Joint Enterprises				
其他联营	Other Joint Ownership Enterprises				
国有独资公司	State Sole Funded Corporations	200.55	1.08	24.82	35.16
其他有限责任公司	Other Limited Liability Corporations	2568.77	81.29	98.25	437.83
股份有限公司	Share - holding Corporations Ltd.	124.73	26.45	1.68	13.65
私营	Private Enterprises	6631.61	81.49	139.62	505.81
其他	others				
港澳台商投资	Funded by Entrepreneurs From Hong Kong Macao and Taiwan	265.76		0.98	37.38
外商投资	Foreign Funded Enterprises	125.96		16.65	8.46
按构成分	**By Structure**				
建筑工程	Construction	3327.23	67.35	140.75	476.05
安装工程	Installation	314.91	3.20	17.00	42.25
设备工器具购置	Purchase of Equipment and Instruments	73.68	1.31	5.03	10.50
其他费用	Others	6229.12	118.51	122.21	511.59
旧建筑物购置费	Purchase of Old Buildings	9.15			1.13
土地购置费	Purchase of Land	5597.85	110.27	104.60	439.79

续表 Continued 单位:亿元(100 million yuan)

指标	Item	投资额 Investment	一级 The First Grade	二级 The Second Grade	三级 The Third Grade
按用途分	**By Purpose**				
住宅	Residential Buildings	7156.45	125.65	195.13	737.29
别墅、高档公寓	Villas and High - grade	566.50	3.54	8.01	91.77
办公楼	Office Buildings	382.66	1.37	10.84	27.81
商业营业用房	Commercial Buildings	788.19	6.22	21.55	79.68
其他	Others	1617.63	57.13	57.47	195.62
新增固定资产	Newly Increased Fixed Assets	2937.19	94.90	267.92	450.01
购置的土地面积(万平方米)	Land Space Purchased(sq. m)	3026.02	37.48	24.34	311.98
施工面积(万平方米)	Floor Space Under Construction (sq. m)	44537.06	1000.38	2591.80	7090.69
#住宅	Residential Buildings	27437.16	668.37	1745.32	4532.40
竣工面积(万平方米)	Floor Space Completed(sq. m)	5189.67	161.42	448.76	851.63
#住宅	Residential Buildings	3047.84	118.00	278.05	543.03
销售面积(万平方米)	Floor Space of Selling House(sq. m)	9755.49	208.21	471.36	1391.22
#住宅	Residential Buildings	7936.17	174.74	392.24	1119.87
资金来源情况	**Source of Funds**				
上年末结余资金	Surplus Funds Last Year	5261.79	157.61	209.51	721.68
本年实际到位资金	Actual Funds in Place This Year	14248.78	268.26	395.19	1792.51
#国内贷款	Domestic Loans	2279.24	8.79	37.28	286.34
利用外资	Foreign Investment	3.64			
自筹资金	Fundraising	4503.43	55.85	60.93	410.44
其他到位资金	Other Funds in Place	493.87	2.23	8.25	41.42

3－14 各市固定资产投资完成情况(2018年)
Investment In Fixed Assets by City(2018)

城市	City	投资额比上年增长(%) The Amount of Investment Increased over the Previous Year(%)	#投资项目比上年增长(%) The Amount of Projects Increased over the Previous Year(%)	#房地产开发比上年增长(%) Real Estate Development Increased over the Previous Year(%)	房屋施工面积比上年增长(%) Building Construction Area Increased over the Previous Year (%)	房屋竣工面积比上年增长(%) The Area of Completed Houses Increased over the Previous Year(%)
合计	**Total**	**7.1**	**-1.7**	**20.9**	**-2.9**	**-40.0**
杭州市	Hangzhou	10.8	9.3	12.2	3.7	-32.0
宁波市	Ningbo	3.6	-4.9	15.5	-13.9	-40.0
温州市	Wenzhou	8.1	3.4	14.9	-10.4	-54.9
嘉兴市	Jiaxing	7.7	-5.0	31.6	-0.7	-42.7
湖州市	Huzhou	6.2	-16.6	73.8	2.8	-58.4
绍兴市	Shaoxing	1.9	-7.4	17.7	-3.5	-28.7
金华市	Jinhua	4.5	-11.1	44.0	1.7	-48.8
衢州市	Quzhou	4.3	-14.2	59.9	2.7	-15.1
舟山市	Zhoushan	7.5	14.2	-10.5	-9.5	-59.1
台州市	Taizhou	8.1	-5.8	43.1	0.4	-49.2
丽水市	Lishui	3.0	1.4	6.2	6.0	1.7

3-15 各市按资质等级分的房地产开发企业个数
Number of Enterprises for Real Estate Development by Classification and by City

单位:个(unit)

城市	City	合计 Total		一级企业 The First Enterprises		二级企业 The Second Enterprises		三级企业 The Third Enterprises		四级企业 The Fourth Enterprises		暂定 Undefined Enterprises		其他 Others	
		2017	2018	2017	2018	2017	2018	2017	2018	2017	2018	2017	2018	2017	2018
合　计	**Total**	**6336**	**6818**	**118**	**111**	**451**	**396**	**1268**	**1249**	**621**	**603**	**2679**	**2975**	**1197**	**1484**
杭州市	Hangzhou	1656	1726	47	42	112	100	179	164	57	52	792	842	469	526
宁波市	Ningbo	785	857	15	16	40	33	345	383	41	41	231	244	113	140
温州市	Wenzhou	717	784	4	4	97	86	135	123	25	24	336	384	120	163
嘉兴市	Jiaxing	603	661	7	7	17	17	67	54	79	78	233	261	198	244
湖州市	Huzhou	401	471	2	3	16	16	36	36	165	155	134	172	48	89
绍兴市	Shaoxing	739	762	16	13	43	34	114	109	51	63	398	402	117	141
金华市	Jinhua	420	454	9	7	33	28	85	82	68	70	179	189	46	78
衢州市	Quzhou	231	234	7	7	27	23	44	44	76	66	71	89	6	5
舟山市	Zhoushan	198	185	1	1	15	15	128	108	24	14	18	30	12	17
台州市	Taizhou	425	502	5	6	34	30	106	116	28	30	220	282	32	38
丽水市	Lishui	161	182	5	5	17	14	29	30	7	10	67	80	36	43

3-16 各市按登记注册类型分的房地产开发企业个数
Number of Enterprises for Real Estate Development by Registered Type and by City

单位:个(unit)

城市	City	合计 Total		国有 State - owned		集体 Collective Owned		股份合作 Share - holding Corporations		国有独资公司 State Sole Funds	
		2017	2018	2017	2018	2017	2018	2017	2018	2017	2018
合 计		**6336**	**6818**	**37**	**34**	**9**	**8**	**4**	**4**	**145**	**145**
杭州市	Hangzhou	1656	1726	6	7					38	33
宁波市	Ningbo	785	857	2	2					31	31
温州市	Wenzhou	717	784	6	5	5	5	3	4	20	18
嘉兴市	Jiaxing	603	661	1	1	1		1		12	13
湖州市	Huzhou	401	471	7	6	1	1			4	5
绍兴市	Shaoxing	739	762	3	4	2	2			10	9
金华市	Jinhua	420	454	4	4					10	13
衢州市	Quzhou	231	234	2	2					3	5
舟山市	Zhoushan	198	185	3	1					5	4
台州市	Taizhou	425	502	3	2					12	14
丽水市	Lishui	161	182								

续表 Continued

单位:个(unit)

城市	City	其他有限责公司 Other Limited Liability Corporations Ltd.		股份有限公司 Share - holding Corporations Ltd.		私营 Private		港澳台商投资 Investment from Hong Kong, Macao and Taiwan		外商投资 Investment from Foreign	
		2017	2018	2017	2018	2017	2018	2017	2018	2017	2018
合 计		**2399**	**2365**	**79**	**97**	**3336**	**3845**	**220**	**218**	**103**	**100**
杭州市	Hangzhou	859	837	22	25	586	685	110	103	34	35
宁波市	Ningbo	256	285	13	15	403	446	49	52	31	26
温州市	Wenzhou	300	304	14	12	354	420	6	7	9	9
嘉兴市	Jiaxing	149	151	4	8	398	450	27	30	10	8
湖州市	Huzhou	159	161	11	12	199	268	13	12	4	5
绍兴市	Shaoxing	254	196	8	12	456	530	1	3	5	6
金华市	Jinhua	89	96	2	3	307	330	6	4	2	4
衢州市	Quzhou	29	26	2	2	195	199				
舟山市	Zhoushan	105	92		2	81	83	1	1	3	2
台州市	Taizhou	192	205	1	4	208	267	5	5	4	5
丽水市	Lishui	7	12	2	2	149	167	2	1	1	

3－17 各市按资质等级分的房地产开发就业人员数
Number of Employed Persons In Real Estate Development by Classification Type and by City

单位:人(person)

城市	City	合计 Total 2017	合计 Total 2018	一级企业 The First Enterprises 2017	一级企业 The First Enterprises 2018	二级企业 The Second Enterprises 2017	二级企业 The Second Enterprises 2018	三级企业 The Third Enterprises 2017	三级企业 The Third Enterprises 2018	四级企业 The Fourth Enterprises 2017	四级企业 The Fourth Enterprises 2018	暂定 Undefined Enterprises 2017	暂定 Undefined Enterprises 2018	其他 Others 2017	其他 Others 2018
合　计	**Total**	**108621**	**113137**	**5789**	**5749**	**12475**	**10881**	**22825**	**22646**	**8270**	**8075**	**45645**	**47046**	**13578**	**18740**
杭州市	Hangzhou	31249	30906	2780	2697	2996	2594	3441	3144	604	453	15003	14093	6425	7925
宁波市	Ningbo	14113	14587	878	984	1090	826	6352	7124	391	369	4192	3802	1210	1482
温州市	Wenzhou	12677	13772	68	65	2476	2234	2416	2058	477	256	6175	7268	1065	1891
嘉兴市	Jiaxing	9350	10316	244	291	548	618	1551	1167	1492	1540	3951	4017	1525	2683
湖州市	Huzhou	5902	6646	330	419	1102	933	639	644	2055	2039	1384	1725	392	886
绍兴市	Shaoxing	10593	10201	518	357	943	619	1591	1335	682	909	5558	5397	1301	1584
金华市	Jinhua	7096	7049	289	328	777	745	1737	1683	875	871	3021	2708	397	714
衢州市	Quzhou	2934	3390	215	164	418	350	522	563	934	730	792	1533	53	50
舟山市	Zhoushan	3305	2983	11	7	494	447	1993	1937	187	201	498	270	122	121
台州市	Taizhou	8364	9860	270	273	1204	1170	1961	2399	428	498	3885	4767	616	753
丽水市	Lishui	3038	3427	186	164	427	345	622	592	145	209	1186	1466	472	651

3－18 各市按登记注册类型分的房地产开发就业人员数
Number of Employed Persons In Real Estate Development by Registered Type and by City

单位：人(person)

城市	City	合计 Total		国有 State－owned		集体 Collective Owned		股份合作 Share－cooperations		国有独资公司 State Sole Funds	
		2017	2018	2017	2018	2017	2018	2017	2018	2017	2018
合　计	**Total**	**108621**	**113137**	**1423**	**1240**	**97**	**92**	**56**	**82**	**3744**	**3613**
杭州市	Hangzhou	31249	30906	113	152					1065	857
宁波市	Ningbo	14113	14587	50	28					701	618
温州市	Wenzhou	12677	13772	149	126	83	79	56	82	909	795
嘉兴市	Jiaxing	9350	10316	18	18					319	363
湖州市	Huzhou	5902	6646	795	709	4	3			80	114
绍兴市	Shaoxing	10593	10201	52	55	10	10			106	154
金华市	Jinhua	7096	7049	60	61					186	250
衢州市	Quzhou	2934	3390	41	40					18	15
舟山市	Zhoushan	3305	2983	95	25					172	207
台州市	Taizhou	8364	9860	50	26					188	240
丽水市	Lishui	3038	3427								

续表 Continued

单位：人(person)

城市	City	其他有限责任公司 Other Limited Liability Corporations		股份有限公司 Share－holding Corporations Ltd.		私营 Private		港澳台商投资 Investment from Hong Kong,Macao and Taiwan		外商投资 Investment from Foreign	
		2017	2018	2017	2018	2017	2018	2017	2018	2017	2018
合　计	**Total**	**45343**	**41249**	**2027**	**2329**	**47863**	**56924**	**5561**	**5366**	**2149**	**1804**
杭州市	Hangzhou	17264	15829	733	781	8530	9852	2641	2571	875	837
宁波市	Ningbo	4989	4605	350	351	5774	6904	1438	1456	811	625
温州市	Wenzhou	5490	5395	349	317	5468	6833	124	104	49	41
嘉兴市	Jiaxing	2531	2067	92	133	5505	6970	709	645	176	120
湖州市	Huzhou	2289	2147	216	323	1891	2635	264	255	33	49
绍兴市	Shaoxing	4200	2812	97	172	6000	6830	93	118	35	50
金华市	Jinhua	1666	1679	61	77	5046	4924	47	29	30	29
衢州市	Quzhou	395	364	34	38	2446	2933				
舟山市	Zhoushan	1946	1819		15	1047	900	22	0	23	17
台州市	Taizhou	4412	4381	4	48	3425	4959	182	170	103	36
丽水市	Lishui	161	151	91	74	2731	3184	41	18	14	

3-19 各市按资质等级分的房地产开发投资额
Investment In Real Estate Development by Classification and by City

单位:亿元(100 million yuan)

城市	City	合计 Total		一级企业 The First Enterprises		二级企业 The Second Enterprises	
		2017	2018	2017	2018	2017	2018
合 计	**Total**	**8226.78**	**9944.93**	**117.39**	**190.37**	**347.40**	**284.99**
杭州市	Hangzhou	2734.00	3068.90	12.78	10.88	65.04	70.09
宁波市	Ningbo	1374.47	1587.47	36.12	78.48	28.82	24.15
温州市	Wenzhou	1024.16	1176.57	2.27	0	63.63	42.65
嘉兴市	Jiaxing	723.81	952.47	12.30	14.33	47.76	39.45
湖州市	Huzhou	301.17	523.30	0.65	1.53	14.41	10.30
绍兴市	Shaoxing	678.07	798.06	7.58	8.43	6.71	3.31
金华市	Jinhua	371.63	535.31	17.37	48.19	13.44	14.83
衢州市	Quzhou	158.54	253.43	8.82	2.29	13.42	7.24
舟山市	Zhoushan	209.43	187.54			28.12	10.16
台州市	Taizhou	461.03	659.55	15.25	24.95	50.71	56.74
丽水市	Lishui	190.46	202.33	4.25	1.30	15.36	6.07

续表 Continued 单位:亿元(100 million yuan)

城市	City	三级企业 The Third Enterprises		四级企业 The Fourth Enterprises		暂定 Undeifined Enterprises		其他 Others	
		2017	2018	2017	2018	2017	2018	2017	2018
合　计	**Total**	**1065.30**	**1040.40**	**240.70**	**197.69**	**3665.39**	**4159.68**	**2790.43**	**4071.80**
杭州市	Hangzhou	69.11	49.93	2.20	2.97	1131.28	1204.07	1453.59	1730.96
宁波市	Ningbo	640.60	716.50	11.61	3.79	380.82	402.72	276.50	361.82
温州市	Wenzhou	29.69	19.91	4.13	0.48	653.76	603.19	270.68	510.35
嘉兴市	Jiaxing	30.42	33.52	49.41	34.07	266.35	269.24	317.38	561.86
湖州市	Huzhou	21.30	14.38	87.61	66.14	98.87	255.37	78.33	175.58
绍兴市	Shaoxing	34.95	27.66	13.45	16.56	421.62	361.06	193.75	381.04
金华市	Jinhua	31.48	56.90	16.17	38.98	213.95	199.70	79.24	176.71
衢州市	Quzhou	11.91	12.33	27.71	7.63	96.69	223.94		
舟山市	Zhoushan	138.90	37.69	22.48	17.15	6.76	90.53	13.18	32.00
台州市	Taizhou	45.19	51.74	2.99	7.06	301.21	452.93	45.67	66.14
丽水市	Lishui	11.74	19.83	2.93	2.87	94.08	96.92	62.11	75.35

3－20 各市按登记注册类型分的房地产开发投资额
Investment In Real Estate Development by Registered Type and by City

单位:亿元(100 million yuan)

城市	City	合计 Toal		国有 State－owned		集体 Collective Owned		股份合作 Share－cooperations		国有独资公司 State Sole Funds	
		2017	2018	2017	2018	2017	2018	2017	2018	2017	2018
合　计	**Total**	**8226.8**	**9944.9**	**15.7**	**27.5**	**0.2**		**2.3**		**226.4**	**200.5**
杭州市	Hangzhou	2734.0	3068.9	3.1	22.4					54.8	42.5
宁波市	Ningbo	1374.5	1587.5		1.6					52.8	48.4
温州市	Wenzhou	1024.2	1176.6			0.2		0.1		18.4	16.7
嘉兴市	Jiaxing	723.8	952.5	1.0				2.1		4.6	11.6
湖州市	Huzhou	301.2	523.3	5.7	1.4					16.1	12.7
绍兴市	Shaoxing	678.1	798.1		0.1					22.4	5.5
金华市	Jinhua	371.6	535.3	1.5	1.4					14.2	39.9
衢州市	Quzhou	158.5	253.4							0.9	2.4
舟山市	Zhoushan	209.4	187.5	3.4	0.5					36.0	7.7
台州市	Taizhou	461.0	659.6	1.1	0.1					6.3	13.2
丽水市	Lishui	190.5	202.3								

续表　Continued

单位:亿元(100 million yuan)

城市	City	其他有限责任公司 Other Limited Liability Corporations		股份有限公司 Share－holding Corporations Ltd.		私营 Private		港澳台商投资 Investment from Hong Kong,Macac and Taiwan		外商投资 Investment from Foreign	
		2017	2018	2017	2018	2017	2018	2017	2018	2017	2018
合　计	**Total**	**2907.5**	**2568.8**	**123.4**	**124.7**	**4479.4**	**6631.6**	**344.4**	**265.8**	**115.5**	**126.0**
杭州市	Hangzhou	1195.3	908.2	30.5	28.0	1233.3	1844.1	180.3	147.9	36.8	75.8
宁波市	Ningbo	457.5	500.3	31.5	40.6	671.7	901.9	95.0	50.2	65.9	44.4
温州市	Wenzhou	361.8	362.1	17.5	15.1	621.1	773.2	5.1	9.3		0.2
嘉兴市	Jiaxing	142.5	171.7	13.6	5.8	524.3	749.4	32.1	13.9	3.5	0.1
湖州市	Huzhou	99.2	100.1	14.8	15.2	142.6	382.5	10.1	9.6	0.6	1.8
绍兴市	Shaoxing	242.7	141.7	5.3	4.5	390.2	634.1	17.4	10.7		1.6
金华市	Jinhua	119.5	105.6	2.5	8.8	232.9	379.1	0.2		0.8	0.6
衢州市	Quzhou	12.3	14.7	3.2	1.9	142.2	234.5				
舟山市	Zhoushan	87.6	64.5		1.5	82.4	90.8		22.5		
台州市	Taizhou	172.4	179.0		1.9	269.8	462.3	3.6	1.6	7.9	1.5
丽水市	Lishui	16.7	21.0	4.3	1.5	168.9	179.8	0.7			

3－21 各市房地产开发企业建造的商品房屋面积和价格
Floor Space and Price of Building for Real Estate Development by City

城市	City	施工面积（万平方米）Floor Space of Buildings Under Construction (10000 sq. m)		竣工面积（万平方米）Floor Space of Buildings Completed (10000 sq. m)		房屋面积竣工率（%）Rate of Floor Space of Buildings Completed(%)		竣工房屋价值（万元）Value of Buildings Completed (10000 yuan)		竣工房屋造价（元/平方米）Cost of Buildings Completed (yuan/sq. m)	
		2017	2018	2017	2018	2017	2018	2017	2018	2017	2018
合　计	**Total**	**41236.2**	**44537.1**	**6884.2**	**5189.7**	**16.7**	**11.7**	**28097354**	**22190178**	**4081**	**4276**
杭州市	Hangzhou	11522.5	11750.3	2085.6	1636.9	18.1	13.9	8841612	7785380	4239	4756
宁波市	Ningbo	6833.1	7472.5	1032.6	688.9	15.1	9.2	4392200	3511227	4253	5097
温州市	Wenzhou	4720.6	4866.8	680.8	478.1	14.4	9.8	3070235	1946066	4509	4071
嘉兴市	Jiaxing	4337.2	4706.0	712.6	414.0	16.4	8.8	2393889	1605286	3359	3878
湖州市	Huzhou	2193.6	2741.6	342.1	139.7	15.6	5.1	1390238	567787	4063	4064
绍兴市	Shaoxing	3200.2	3500.4	588.7	529.5	18.4	15.1	2139288	1891792	3634	3573
金华市	Jinhua	2341.6	2805.5	337.2	322.6	14.4	11.5	1798427	1043177	5333	3234
衢州市	Quzhou	870.4	923.7	243.4	242.6	28.0	26.3	576134	653461	2367	2694
舟山市	Zhoushan	752.8	684.7	190.2	82.6	25.3	12.1	956692	335547	5030	4061
台州市	Taizhou	3323.1	3791.9	448.8	383.0	13.5	10.1	1787357	2021670	3983	5279
丽水市	Lishui	1141.1	1293.6	222.1	271.8	19.5	21.0	751282	828785	3382	3049

3－22 各市房地产开发企业建造的住宅面积和价格
Floor Space and Price of Residential Buildings for Real Estate Development by City

城市	City	施工面积（万平方米）Floor Space of Buildings Under Construction (10000 sq. m)		竣工面积（万平方米）Floor Space of Buildings Completed		房屋面积竣工率（%）Rate of Floor Space of Buildings Completed(%)		竣工房屋价值（万元）Value of Buildings Completed (10000 yuan)		竣工房屋造价（元/平方米）Cost of Buildings Completed (yuan/sq. m)	
		2017	2018	2017	2018	2017	2018	2017	2018	2017	2018
合　计	**Total**	**24760.0**	**27437.2**	**4338.9**	**3047.8**	**17.5**	**11.1**	**18348230**	**13960589**	**4229**	**4580**
杭州市	Hangzhou	5939.3	6155.7	1170.8	842.0	19.7	13.7	5119365	4286844	4373	5091
宁波市	Ningbo	3758.1	4264.1	622.1	364.4	16.6	8.5	2864724	2152035	4605	5905
温州市	Wenzhou	3085.5	3305.8	457.1	336.2	14.8	10.2	2081888	1393364	4555	4145
嘉兴市	Jiaxing	2859.4	3171.9	451.1	246.1	15.8	7.8	1556303	1078223	3450	4382
湖州市	Huzhou	1579.4	2008.5	246.2	100.3	15.6	5.0	1002718	409451	4073	4081
绍兴市	Shaoxing	2164.3	2371.2	414.0	377.1	19.1	15.9	1523913	1451131	3681	3849
金华市	Jinhua	1459.4	1804.9	231.7	181.1	15.9	10.0	1224461	598620	5285	3305
衢州市	Quzhou	584.4	646.5	154.3	150.9	26.4	23.3	351910	449043	2281	2976
舟山市	Zhoushan	529.1	507.2	143.7	45.9	27.2	9.0	778360	187899	5418	4096
台州市	Taizhou	2052.1	2360.7	289.1	236.0	14.1	10.0	1266961	1456962	4382	6173
丽水市	Lishui	749.1	840.8	159.0	167.9	21.2	20.0	577627	497017	3633	2961

3-23 各市房地产开发企业商品房屋销售面积和销售额
Floor Space and Total Sales of Commercial for Real Estate Development Entterprises by City

城市	City	销售面积（万平方米）Floor Space Sold of Commercial House (10000 sq. m)				销售额（万元）Total Sales of Commerical Houses (10000 yuan)			
		2015	2016	2017	2018	2015	2016	2017	2018
合　计	**Total**	**5985.3**	**8636.8**	**9599.7**	**9755.5**	**62994582**	**96050986**	**123399916**	**140898480**
杭州市	Hangzhou	1481.4	2326.7	2053.7	1675.5	21367755	36654771	41801134	40077471
宁波市	Ningbo	1007.2	1336.9	1543.6	1624.4	10785467	15011392	20567739	24596399
温州市	Wenzhou	525.6	773.8	1070.3	1165.8	6614032	10117930	13172903	15609959
嘉兴市	Jiaxing	640.6	1144.6	1058.8	1158.5	4602295	8729286	11390954	14914701
湖州市	Huzhou	399.3	557.0	743.9	809.0	2748149	3868690	6213955	8513888
绍兴市	Shaoxing	677.8	772.6	1038.7	1067.8	5487042	6141937	9345384	12100862
金华市	Jinhua	352.4	425.7	489.7	532.3	3712567	4064216	5512741	6761465
衢州市	Quzhou	172.7	244.1	287.5	271.1	1112445	1847824	2760648	2997205
舟山市	Zhoushan	103.9	152.5	218.3	201.1	963745	1480084	2671510	2858913
台州市	Taizhou	442.0	662.1	829.4	933.4	3969866	6057732	7521414	9537741
丽水市	Lishui	182.4	240.6	265.7	316.8	1631219	2077124	2441534	2929876

3-24 各市房地产开发企业住宅销售面积和销售额
Floor Space and Total Sales of Residential Buildings for Real Estate Development Enterprises by City

城市	City	销售面积（万平方米）Floor Space Sold of Commercial House (10000 sq. m)				销售额（万元）Total Sales of Commerical Houses (10000 yuan)			
		2015	2016	2017	2018	2015	2016	2017	2018
合　计	**Total**	**5131.9**	**7234.2**	**7669.7**	**7936.2**	**55192684**	**82808481**	**103003358**	**120963133**
杭州市	Hangzhou	1291.6	1887.1	1519.7	1328.9	19051380	30596076	32257549	32377071
宁波市	Ningbo	846.9	1126.1	1283.7	1299.2	9334646	13218029	18157835	21048633
温州市	Wenzhou	456.9	642.8	802.7	976.2	5771593	9095124	11224935	14051280
嘉兴市	Jiaxing	550.8	987.6	890.9	1028.4	3956522	7714651	9962583	13659041
湖州市	Huzhou	346.1	489.8	639.2	723.0	2370634	3320820	5405946	7694250
绍兴市	Shaoxing	594.6	667.7	849.4	843.6	4872568	5419456	8008395	10607351
金华市	Jinhua	325.3	377.4	428.4	465.1	3375639	3540094	4726309	6059851
衢州市	Quzhou	131.4	196.2	220.4	235.5	895574	1521590	2322201	2755231
舟山市	Zhoushan	90.5	136.5	203.5	180.3	851195	1333175	2494459	2554911
台州市	Taizhou	352.1	531.3	622.8	612.3	3424699	5289852	6393626	7766052
丽水市	Lishui	145.6	191.8	209.0	243.6	1288234	1759614	2049520	2389462

3-25 主要年份基础设施和公共服务领域投资
Investment in Infrastructure and Public Services

单位:亿元、%(100 million yuan、%)

年份 Year	主要基础设施和公共服务领域投资合计 Investment in Infrastructure and Public Services	#水利、环境和公共设施 Water, Environment and Public Facilities	#电力、燃气及水的生产供应业 Production and Supply of Electricity Gas and Water	#交通运输 Transportation	#邮电通信 Post & Telecommunications	#教育设施 Education Facilities	#卫生设施 Sanitary Facilities
1990	37.58		15.67	10.18	2.96		
1995	230.39		72.03	68.40	23.75		
2000	876.33		214.22	221.65	127.53		
2001	999.28		191.84	223.18	155.60		
2002	1066.80		188.28	227.28	95.49		
2003	1360.40	558.85	239.25	295.54	88.09	114.66	26.76
2004	1724.69	521.36	429.63	476.16	102.98	122.98	30.34
2005	1981.97	518.81	544.79	641.36	94.18	102.21	31.63
2006	2226.57	608.49	533.97	777.44	97.64	95.82	50.03
2007	2215.00	643.73	568.29	673.05	119.25	93.29	42.56
2008	2373.06	816.69	501.74	740.80	125.91	101.54	49.38
2009	2894.97	952.06	579.61	979.63	139.63	120.72	63.17
2010	3038.58	1020.94	585.25	1040.68	144.58	123.00	72.48
2011	3359.09	1193.45	620.38	1102.93	123.31	150.06	79.19
2012	3963.35	1383.57	727.92	1330.30	58.22	199.83	102.52
2013	4718.09	1759.15	845.89	1450.34	62.35	253.33	118.52
2014	5741.56	2229.35	1012.27	1729.24	83.52	340.63	125.42
2015	7417.75	3092.03	1108.87	2311.40	93.20	400.91	167.00
2016	9365.48	4361.45	1216.37	2577.43	164.27	506.79	207.25
2017	10173.25	4702.54	1280.68	2966.00	131.32	517.47	204.65
2018年比上年增长 Increased over the Previous Year in 2018	6.2	4.8	-24.5	25.8	9.2	12.4	-7.6

注：2003年以前为城镇以上范围,2003年(含)以后为限额以上(2011年起更名为固定资产投资)范围,2018年起采用新的行业标准。
The figures in this table refer to the investment at town level and above before 2003, while above designated size since 2003(as those refer to investment in fixed assets since 2011). New industry standards have been adopted since 2018.

浙/江/统/计/年/鉴

主要统计指标解释

■ 全社会固定资产投资额

固定资产投资额是以货币表现的建造和购置固定资产活动的工作量,它是反映固定资产投资规模、速度、比例关系和使用方向的综合性指标。全社会固定资产投资包括国有经济单位投资、城乡集体经济单位投资、其他各种经济类型的单位投资和城乡居民个人投资。按照我国现行计划管理体制,全社会固定资产投资总额分为基本建设、更新改造、房地产开发投资和其他固定资产投资四个部分;城乡集体经济单位投资包括城镇集体所有制单位投资和农村集体所有制单位投资;其他各种经济类型单位投资包括联营经济、股份制经济、中外合资经营、中外合作经营、外资、与大陆合资经营、与大陆合作经营、港澳台独资及其他经济的单位投资。城乡居民个人投资包括城市、县城、镇、工矿区所辖范围内的个人建房和农村个人建房及购买生产性固定资产的投资。

■ 房地产开发投资

包括各种经济类型的房地产开发公司、商品房建设公司及其他房地产开发单位统一开发的包括统代建、拆迁还建的住宅、厂房、仓库、饭店、宾馆、度假村、写字楼、办公楼等房屋建筑物和配套的服务设施、土地开发工程,如道路、给水、排水、供电、供热、通讯、平整场地等基础设施工程的投资。包括非房地产企业实际从事房地产开发或经营活动,不包括单纯的土地交易活动。

■ 施工项目

指报告期内曾进行建筑或安装工程施工活动的建设项目。包括报告期内新开工项目、报告期以前开工跨入报告期继续施工的项目以及报告期施工过并在报告期内全部建设投产或停缓建的项目。

■ 全部建成投产项目

工业项目是指设计文件规定形成生产能力的主体工程及其相应配套的辅助设施全部建成,经负荷试运转,证明具备生产设计规定合格产品的条件,并经过验收鉴定合格或达到竣工验收标准,与生产性工程配套的生产福利设施可以满足近期正常生产的需要,正式移交生产的建设项目。非工业项目是指设计文件规定的主体工程和相应的配套工程全部建成,能够发挥设计规定的全部效益,经验收鉴定合格或达到竣工验收标准,正式移交使用的建设项目。

■ 施工和竣工房屋建筑面积

房屋建筑面积是从房屋外墙线算起的各层平面面积的总和,包括房屋结构(如柱、墙)占用的面积和地下室面积。多层建筑按各自然层面积总和计算,包括房屋内的楼隔层,突出墙面的眺望间、门斗、有柱雨罩的面积。不包括突出墙面结构的构件、艺术装饰等所占的面积,如台阶等。凹阳台、挑阳台按其水平投影面积一半计算建筑面积。

■ 新增固定资产

指通过投资活动所形成的新的固定资产价值。包括已经建成投入生产或交付使用的工程价值和达到固定资产标准的设备、工具、器具的价值及有关应摊入的费用。它是以价值形式表示的固定资产投资成果的综合性指标,可以综合反映不同时期、不同部门、不同地区的固定资产投资成果。

ZHEJIANG STATISTICAL YEARBOOK

Explanatory Notes on Main Statistical Indicators

□ Total Investmentin in Fixed Assets

Amount of investment in fixed assets refers to the volume of activities in construction and purchases of fixed assets in monetary terms. It is a comprehensive indicator which shows the size, pace, proportional relations and use orientation of the investment in fixed assets. Total investment in fixed assets in the whole country includes the investment by the state-owned units, the investment by the urban and rural collective units, the investment by the units of other types of ownership and the investment by the individuals in the urban and rural areas. According to China's current planning management system, the investment in fixed assets in the whole country is classified into the following four parts: investment in capital construction, investment in innovation, investment in real estates development and other investment in fixed assets. The investment by the urban and rural collective units includes the investment by the urban collective units and the investment by the rural collective units. The investment by the units of other types of ownership includes the investment by the units of joint – owned economy, share – holding economy, Sino – foreign joint economy, Sino – foreign cooperative economy, economy exclusively with foreign investment, Mainland – Hong kong or Mainland – Macao or Mainland – Taiwan joint economy, Mainland – Hong kong or Mainland – Macao or Mainland – Taiwan coope rative economy, and economy exclusively with investment of Hong Kong or Macao or Taiwan. The investment by the individuals in the urban and rural areas includes the investment in personal house building in the areas under the jurisdiction of city, county, town and special industrial and mining areas as well as the investment in personal house building and purchase of productive fixed assets in the rural areas.

□ Investment in Real Estate Development

It includes the investment by the real estate development companies, commercial buildings construction companies and other real estate development units of various types of ownership in the construction of house buildings, such as residential buildings, factory buildings, warehouses, hotels, guesthouses, holiday villages, office buildings, and the complementary service facilities and land development projects, such as roads, watersupply, water drainage, power supply, heating, telecommunications, land levelling and other projects of infrastructure. It covers the activities of the non – real estate companies in real estate development or management, but excludes the activities in simple land transactions.

□ Projects Under Construction

refer to projects having construction and installation activities undertaken in the reference period, including projects started in the reference period, or continued from the previous period, or completed and put into production or suspended in the reference period.

□ Projects Completed and Put into Use

Industrial projects refer to the major projects and accessory facilities completed which result in forming production capacity and have been checked and accepted while the living and welfare facilities have been completed and can ensure normal production and formally put into production. Non – industrial projects refer to the major projects and accessory facilities completed which possess the disigned capacity and have been checked, accepted and formally put into production.

□ Floor Space of Buildings Under Construction and Completed

refers to total floor space in each story of buildings calculated from the outside line of building walls, including the space occupied by constructions like pillars or walls and basements. The floor space of multi – story building includes the total floor space of each story, including area

EXPLANATORY NOTES ON MAIN STATISTICAL INDICATORS

occupied by separating walls, watching rooms, doorways, and pillars, but excluding protruding wall structures, artistic decoration, etc. (for example, flight of steps). The space of recessed verand and tantilevered balcony is counted by half of the projection area.

□ Newly Increased Fixed Assets

refer to the newly increased value of fixed assets through investment, including the value of projects completed and put into production, the value of equipment, tools, and vessels considered as fixed assets, as well as the relevant expenses as investment in fixed assets. This is a comprehensive indicator of investment in fixed assets, reflecting the achievements of investment in fixed assets in different periods, different sectors, and different regions.

2019
浙江统计年鉴
ZHEJIANG STATISTICAL YEARBOOK

CHAPTER 4

价 格
Prices

4－1 各种价格总指数(1978－2018)
General Price Indinces(1978－2018)

(上年＝100)(preceding year＝100)

年份 Year	居民消费价格指数 General Consumer Price Index	商品零售价格指数 Genera Retail Price Index of Commodities	农业生产资料价格指数 Price Indices of Agricultural Means of Production	农产品生产者价格指数 Producer Price Indices for Agriculture Products	工业生产者出厂价格指数 Producer Price Indices for Manufactured Goods	工业生产者购进价格指数 Producer Purchasing Price Indinces	固定资产投资价钱指数 Price Indinces
1978		100.1		103.6			
1979		102.1		126.7			
1980		108.0		106.9			
1981		101.5		99.8			
1982		100.9		103.9			
1983		102.0	103.2	103.9			
1984	103.0	103.4	108.5	108.1			
1985	114.8	114.0	108.7	110.8			
1986	106.2	106.0	105.3	100.6			
1987	108.8	109.5	111.1	119.1			
1988	121.5	122.1	121.0	133.1			
1989	118.2	117.8	117.4	113.6			
1990	102.1	101.6	104.0	98.7	100.4	104.7	
1991	103.5	103.0	103.1	101.0	101.8	102.7	
1992	107.5	106.6	103.7	106.4	104.8	106.3	
1993	119.8	116.7	113.3	117.8	117.3	126.3	136.0
1994	124.8	121.7	126.5	136.8	117.5	124.8	112.5
1995	116.6	113.5	129.8	112.4	112.3	119.2	107.2
1996	107.9	105.8	106.7	104.2	99.5	98.2	101.3
1997	102.8	100.3	99.7	96.2	99.2	96.5	99.5
1998	99.7	98.4	92.4	94.0	95.6	92.6	97.6
1999	98.8	97.7	95.8	88.2	96.8	96.2	98.2
2000	101.0	99.0	100.4	100.8	101.1	107.2	100.3
2001	99.8	98.1	99.7		98.3	99.6	100.4
2002	99.1	98.7	99.5	101.7	96.9	97.5	100.4
2003	101.9	99.6	102.9	101.5	100.6	105.8	103.5
2004	103.9	102.7	113.2	119.0	105.0	113.4	105.9
2005	101.3	100.9	105.8	105.9	102.3	105.4	100.3
2006	101.1	100.8	99.6	102.7	103.8	105.6	101.5
2007	104.2	103.8	107.3	108.6	102.4	105.3	104.3
2008	105.0	106.3	118.9	112.9	104.3	110.6	109.3
2009	98.5	98.8	95.9	100.3	94.9	92.6	96.7
2010	103.8	103.9	102.9	114.8	106.2	112.0	104.7
2011	105.4	105.5	110.8	113.6	105.0	108.3	107.5
2012	102.2	101.9	104.2	104.3	97.3	96.7	99.2
2013	102.3	101.0	102.8	103.0	98.2	97.7	100.0
2014	102.1	100.9	99.8	99.5	98.8	98.2	100.6
2015	101.4	99.9	100.9	102.0	96.4	94.5	97.4
2016	101.9	101.0	99.5	104.5	98.3	97.8	99.5
2017	102.1	101.4	101.8	99.1	104.8	109.6	105.8
2018	102.3	102.1	101.8	100.8	103.4	105.1	105.7

注：农产品生产者价格指数2000年前称农副产品收购价格指数，口径有所不同。
The producer price index of agricultural products, which was called the purchasing price index of agricultural by－products before 2000, has different caliber.

4-2 居民消费和商品零售价格指数(1986-2018年) General Consumer Price Index and General Retail(1986-2018)

(1985年=100)(1985=100)

年份 Year	居民消费价格指数 General Consumer Price Index			商品零售价格指数 General Retail Price Index of Commodities
	全省 Total	城市 Urban Areas	农村 Rural Areas	
1986	106.2	106.3	106.1	106.0
1987	115.5	117.9	112.9	116.1
1988	140.4	145.5	135.2	141.7
1989	165.9	169.9	161.8	166.9
1990	169.4	173.5	165.0	169.6
1991	175.4	183.2	167.5	174.7
1992	188.5	200.0	175.5	186.2
1993	225.8	242.9	206.0	217.3
1994	281.8	302.8	257.3	264.5
1995	328.6	354.3	299.5	300.2
1996	354.6	389.1	320.5	317.6
1997	364.5	405.0	327.2	318.6
1998	363.4	407.0	324.9	313.5
1999	359.1	405.0	320.1	306.3
2000	362.6	408.6	323.6	303.2
2001	361.9	407.0	323.6	297.4
2002	358.6	402.1	321.3	293.5
2003	365.4	404.1	330.6	292.3
2004	379.7	415.4	345.8	300.2
2005	384.6	421.6	349.9	302.9
2006	388.8	426.2	353.4	305.3
2007	405.1	442.8	368.9	316.9
2008	425.4	464.1	388.5	336.9
2009	419.0	458.1	381.5	332.9
2010	434.9	476.4	395.6	345.9
2011	458.4	501.6	417.8	364.9
2012	468.4	512.4	427.2	371.7
2013	479.2	524.0	437.4	375.4
2014	489.0	534.6	447.0	378.8
2015	495.9	542.1	453.4	378.5
2016	505.6	552.9	461.6	382.3
2017	516.3	564.7	471.1	387.7
2018	528.0	577.7	481.3	395.9

4-3 居民消费和商品零售定基价格指数(2018年)
Fixed Base Price Index for Consumer Price and Retail Price of Commodities(2018)

年份	居民消费价格指数 General Consumer Price Index			商品零售价格指数 General Retail Price Index of Commodities
	全省 Total	城市 Urban Areas	农村 Rural Areas	
1978=100		820.8		537.6
1980=100		735.1		487.6
1985=100	528.0	577.7	481.3	395.9
1990=100	311.7	333.5	291.6	233.4
1991=100	301.0	315.8	287.4	226.6
1992=100	280.0	289.2	274.2	212.6
1993=100	233.8	238.3	233.6	182.1
1994=100	187.3	191.1	187.0	149.7
1995=100	160.6	163.3	160.7	131.9
1996=100	148.9	148.5	150.2	124.7
1997=100	145.2	142.7	147.1	124.3
1998=100	145.5	142.0	148.4	126.4
1999=100	147.1	142.7	150.4	129.2
2000=100	145.8	141.4	148.9	130.6
2001=100	146.1	142.0	148.9	133.3
2002=100	147.3	143.8	149.7	134.8
2003=100	144.6	142.9	145.8	135.3
2004=100	139.1	139.2	139.1	131.9
2005=100	137.3	137.1	137.5	130.7
2006=100	135.8	135.6	136.3	129.6
2007=100	130.3	130.4	130.5	124.8
2008=100	124.1	124.4	123.8	117.5
2009=100	126.0	126.2	126.2	118.9
2010=100	121.4	121.3	121.7	114.5
2011=100	115.2	115.3	115.3	108.5
2012=100	112.7	112.7	112.6	106.5
2013=100	110.1	110.3	110.0	105.5
2014=100	107.9	108.1	107.7	104.5
2015=100	106.4	106.5	106.1	104.6
2016=100	104.4	104.5	104.3	103.6
2017=100	102.3	102.3	102.2	102.1

4－4 城乡居民消费价格分类指数(2018)
Consumer Price Indinces by Urben and Rural Areas(2018)

(上年＝100)(preceding year＝100)

项目	Item	全省 Total	城市 Urban Areas	农村 Rural Areas
居民消费价格总指数	**General Consumer Price Index**	**102.3**	**102.3**	**102.2**
服务价格指数	**Price Index of Services**	**102.3**	**102.3**	**102.4**
消费品价格指数	**Price Index of Consumer Goods**	**102.2**	**102.3**	**102.0**
扣除食品和能源价格指数	**Price Index Excluding Food and Energy**	**101.9**	**101.9**	**101.9**
食品烟酒	**Food,Tobacco and Liquor**	**102.6**	**102.8**	**101.9**
1.食品	Food	102.6	102.8	102.0
(1)粮食	Grain	100.5	100.4	100.8
(2)薯类	Tubers	105.5	105.2	106.3
(3)豆类	Beans	101.7	101.5	102.1
(4)食用油	Edible Oil	99.3	99.4	99.1
(5)菜	Vegetables	107.2	107.2	107.3
#鲜菜	Fresh Vegetables	107.9	107.8	108.2
(6)畜肉类	Livestock Meat	98.3	98.5	98.0
#猪肉	Pork	96.3	96.3	96.4
(7)禽肉类	Poultry	106.7	106.8	106.5
(8)水产品	Aquatic Production	103.8	103.8	103.6
(9)蛋类	Eggs	109.6	109.6	109.5
(10)奶类	Dairy	102.3	102.7	100.9
(11)干鲜瓜果类	Dried and Fresh,Melons and Fruits	103.8	104.3	101.8
#鲜瓜果	Fresh Melons and Fruits	105.1	105.8	102.5
(12)糖果糕点类	Candy and Pastry	101.2	101.1	101.4
(13)调味品	Condiment	102.0	101.7	102.6
(14)其他食品类	Other Foods and Foods Processing Services	100.5	100.3	101.4
2.茶及饮料	Tea and Beverage	101.4	101.6	100.9
3.烟酒	Tobacco and Liquor	101.2	101.3	101.0
(1)烟草	Tobacco	100.0	100.0	100.0
(2)酒类	Liquor	103.7	104.0	103.1
4.在外餐饮	Outside Catering	103.5	103.6	102.8

续表 Continued (上年=100)(preceding year=100)

项目	Item	全省 Total	城市 Urban Areas	农村 Rural Areas
衣着	**Clothing**	**101.1**	**101.1**	**101.3**
1.服装	Garments	101.9	102.0	101.9
2.服装材料	Clothing Materials	103.2	103.5	102.6
3.其他衣着及配件	Other Clothing and Accessories	100.0	99.5	101.9
4.衣着加工服务费	Clothing Processing Service Fee	103.4	103.5	103.4
5.鞋类	Shoes	98.0	97.7	99.1
居住	**Residence**	**103.4**	**103.3**	**103.8**
1.租赁房房租	Rent	103.9	103.9	104.1
2.住房保养维修及管理	Housing Maintenance and Management	103.4	102.9	105.1
3.水电燃料	Water,Electricity and Fuels	102.2	102.1	102.7
4.自有住房	Personal Housing	103.6	103.6	103.8
生活用品及服务	**Articles for Daily Use and Services**	**101.4**	**101.4**	**101.2**
1.家具及室内装饰品	Furniture and Interior Decorations	101.7	101.5	102.2
2.家用器具	Home Appliances	99.5	99.4	99.7
3.家用纺织品	Home Textiles	100.0	100.0	99.9
4.家庭日用杂品	Daily Groceries	102.0	102.2	101.7
5.个人护理用品	Personal Care Pr	100.1	100.0	101.0
6.家庭服务	Home Service	107.6	107.7	106.9
交通和通信	**Transportation and Communication**	**101.0**	**100.9**	**101.4**
1.交通	Transportation	103.3	103.2	103.7
2.通信	Communication	96.3	96.1	97.1
教育文化和娱乐	**Education,Culture and Recreational Articles**	**102.2**	**102.2**	**102.3**
1.教育	Education	103.0	103.0	102.8
2.文化娱乐	Culture and Recreational Articles	101.1	101.1	100.6
医疗保健	**Health Care**	**102.6**	**103.0**	**101.6**
1.药品及医疗器具	Drugs and Medical Devices	105.3	105.9	102.8
2.医疗服务	Medical Service	101.0	101.0	101.0
其他用品和服务	**Other Supplies and Services**	**100.2**	**100.0**	**101.2**
1.其他用品类	Other Supplies	99.2	98.9	100.5
2.其他服务类	Other Services	100.9	100.7	101.7

4－5 城乡商品零售价格分类指数(2018 年)
General Retail Price Index of Commodities by Urban and Rural Areas(2018)

(上年＝100)(prceding year＝100)

项目	Item	全省 Total	城市 Urban Areas	农村 Rural Areas
商品零售价格指数	**General Retail Price Indices**	**102.1**	**102.1**	**102.3**
食品	**Food**	**102.9**	**103.0**	**102.5**
粮食	Grain	100.6	100.5	100.9
食用油	Edible Oil	99.4	99.6	99.0
菜	Vegetable	107.1	107.1	106.8
畜肉类	Livestock Meat	98.3	98.3	98.1
禽肉类	Poultry	106.5	106.5	106.4
水产品	Aquatic Production	103.7	103.8	103.6
蛋类	Eggs	109.4	109.4	109.4
饮料、烟酒	**Beverages, Tobacco and Liquor**	**101.3**	**101.3**	**101.2**
茶及饮料	Beverages	101.6	101.6	101.5
烟草	Tobacco	100.0	100.0	100.0
酒类	Liquor	103.5	103.5	103.3
服装、鞋帽	**Garments, Shoes and Hats**	**101.1**	**101.1**	**101.3**
服装	Garments	102.0	102.0	102.1
鞋袜帽	Shoes, Stockings and Hats	98.2	98.2	98.5
其他衣着配件	Other	98.8	97.9	102.8
纺织品	**Textiles**	**99.9**	**99.6**	**101.5**
服装材料	Clothing Materials	103.5	103.5	103.4
床上用品	Bed Articles	98.7	98.3	100.8
家用电器及音像器材	**Household Appliances and Audiovisual Equipment**	**98.2**	**98.2**	**98.3**
家庭设备	Household Facilities	99.7	99.6	99.9
文娱用耐用消费品	Durable Consumer Goods for Recreation Use	95.2	95.3	95.0
专业音像器材	Audiovisual Equipment	98.4	98.4	97.9
文化办公用品	**Culture and Official Articles**	**100.5**	**100.5**	**101.0**
日用品	**Articles for Daily Use**	**101.5**	**101.2**	**102.6**
日用百货	General Merchandise	101.9	101.8	102.6
厨具餐具茶具	Kitchenware, Tableware, Tea Set	102.4	102.3	103.0
清洗用品	Cleaning Supplies	101.7	101.2	104.1
其它日用品	Others for Daily Use	99.8	99.5	101.0

续表 Continued (上年=100)(prceding year=100)

项目	Item	全省 Total	城市 Urban Areas	农村 Rural Areas
体育娱乐用品	**Sports and Recreation**	**100.7**	**100.7**	**100.8**
体育户外用品	Sports Outdoor Products	100.7	100.6	101.4
娱乐用品	Recreation Goods	100.7	100.7	100.6
交通、通信用品	**Transportation and Communication Articles**	**98.4**	**98.3**	**99.3**
交通运输机械	Transportation Mechanism	99.3	99.1	100.3
通信器材	Communication Appliance	94.6	94.2	96.4
家具	**Furniture**	**101.8**	**101.8**	**102.0**
化妆品	**Cosmetics**	**99.8**	**99.7**	**100.8**
金银饰品	**Jewelry**	**98.3**	**98.0**	**100.0**
中西药品及医疗保健用品	**Traditional Chinese – Westen Medicines and Medical Health Articles**	**105.3**	**105.8**	**102.8**
医疗卫生器具	Medical Appliance	101.1	101.1	101.1
中药	Traditional Chinese Medicine	105.1	105.4	103.5
西药	Western Medicine	107.1	108.1	102.7
保健器具及用品	Health Care Appliances and Articles	102.9	103.0	102.4
书报杂志及电子出版物	**Newspaper, Magazines and Electronic Publication**	**104.3**	**104.2**	**104.9**
教材及参考书	Teaching Materials and Reference Books	101.1	101.0	101.5
书报杂志	Newspaper and Magazines	109.9	109.9	109.9
计算机办公软件	Office Software	97.9	97.9	97.9
燃料	**Fuels**	**110.0**	**109.9**	**110.4**
煤炭及制品	Coal and Its Products	102.0	101.9	102.7
石油及制品	Petroleum and Its Products	111.0	110.8	111.7
建筑材料及五金电料	**Building Materials and Hardware and Electric Materials**	**103.6**	**103.4**	**104.3**
建筑装璜材料	Building Decoration Materials	104.0	103.8	104.7
五金水暖	Hardware and Plumbing Materials	102.6	102.4	103.5

4-6 农业生产资料价格分类指数(2009-2018年)
Price Index of Agricultural Means of Production by Category(2009-2018)

(上年=100)(prceding year=100)

项目		2009	2010	2011	2012	2013	2014	2015	2016	2017	2018
农业生产资料价格指数	**Price Indices of Agricultural Means of Production**	**95.9**	**102.9**	**110.8**	**104.2**	**102.8**	**99.8**	**100.9**	**99.5**	**101.8**	**101.8**
农用手工工具	Small Farm Tools	104.5	101.9	106.3	103.1	104.1	101.3	100.6	100.6	105.7	105.8
饲料	Forage	97.8	108.7	107.5	107.6	105.2	100.6	97.6	94.1	100.3	101.1
仔畜幼禽及产品畜	Livestock Products	79.1	93.0	160.4	89.5	101.8	93.3	118.6	116.8	97.0	87.1
半机械化农具	Semi-mechanized Farm Tools	100.4	101.5	104.6	104.1	101.1	100.5	99.9	99.8	101.2	102.2
机械化农具	Mechanized Farm Tools	98.8	100.9	104.1	101.3	100.3	100.1	99.9	100.1	100.6	102.9
化学肥料	Chemical Fertilizer	93.2	101.3	113.4	103.5	98.3	94.6	99.7	98.1	103.9	105.2
农药及农药器械	Pesticide and Its Appliances	98.4	98.9	100.8	100.4	100.7	101.1	100.9	100.8	101.7	102.9
化学农药	Chemical Pesticide	98.4	98.9	100.9	100.3	100.6	101.1	100.9	100.8	101.8	103.1
农药器械	Pesticide Appliances	99.1	99.3	100.3	101.5	101.5	100.3	100.7	100.3	99.6	100.2
农用机油	Oil for Farm Machinery	92.0	108.1	109.4	103.2	99.8	98.3	89.4	99.2	107.9	113.0
其它农业生产资料	Others	99.8	103.5	106.1	101.5	102.8	102.0	100.8	102.2	103.3	101.8
农业生产服务	Agricultural Production Service	102.1	101.0	105.1	111.0	106.7	106.4	104.1	102.3	102.4	102.1

注：该表中"仔畜幼禽及产品畜"类在2015年及以前年份称"产品畜"，与2016年(含)后不可比。
The defintion of livestock production has been changed since 2016.

4-7 各市、县居民消费价格指数(2018年)
Residents Consumer Price Indices by City and County(2018)

(上年=100)(prceding year=100)

市(县)名称	City(County)	居民消费价格指数 Consumer Price Index	食品烟酒 Food Or Smoke Wine	食品 Food	粮食 Grain	菜 Vegetables	畜肉类 Livestock Meat
杭州市	Hangzhou District	102.3	102.7	102.6	100.7	107.8	97.7
宁波市	Ningbo District	102.2	102.6	102.7	100.4	108.2	98.9
温州市	Wenzhou District	102.3	104.0	104.2	101.0	105.6	101.0
嘉兴市	Jiaxing District	102.3	102.7	102.6	100.6	106.4	98.0
湖州市	Huzhou District	102.2	101.8	101.9	102.3	106.7	97.1
绍兴市	Shaoxing District	102.4	103.3	102.9	98.9	106.6	99.2
金华市	Jinhua District	102.3	103.1	103.3	100.3	108.3	97.9
衢州市	Quzhou District	102.2	101.9	102.0	100.1	103.6	97.8
舟山市	Zhoushan District	102.8	102.6	103.2	99.8	107.6	98.4
台州市	Taizhou District	102.4	101.5	101.1	100.1	107.1	96.6
丽水市	Lishui District	102.5	102.7	101.5	96.8	104.0	98.5
萧山区	Xiaoshan	102.7	102.4	102.2	101.1	110.0	97.6
建德市	Jiande	102.1	102.4	102.4	100.1	108.6	97.3
宁海县	Ninghai	102.0	101.8	101.9	99.1	105.4	101.1
瑞安市	Ruian	101.6	101.7	102.4	101.1	106.3	101.2
海宁市	Haining	101.6	102.3	102.8	101.5	110.4	97.8
桐乡市	Tongxiang	102.6	103.4	103.4	102.4	105.6	100.7
安吉县	Anji	102.7	102.5	102.3	98.4	110.2	96.4
新昌县	Xinchang	101.9	101.6	101.3	99.7	105.9	95.8
兰溪市	Lanxi	101.6	100.3	99.6	100.6	106.3	91.3
义乌市	Yiwu	102.9	102.2	101.4	101.1	102.8	98.5
江山市	Jiangshan	101.9	102.6	102.8	101.7	105.5	96.3
临海市	Linhai	102.8	101.3	101.1	101.0	105.4	96.1
龙泉市	Longquan	102.1	101.6	101.7	100.2	106.8	98.3

续表 1 Continued (上年 = 100)(prceding year = 100)

市(县)名称	City(County)	禽肉类 Poultry	水产品 Aquatic Production	蛋类 Eggs	奶类 Dairy	衣着 Clothing	居住 Residence
杭州市	Hangzhou District	106.6	103.5	110.1	102.7	101.4	103.7
宁波市	Ningbo District	106.2	101.5	109.1	104.7	100.0	102.4
温州市	Wenzhou District	107.9	107.7	111.2	101.9	100.8	102.2
嘉兴市	Jiaxing District	108.8	103.7	107.8	102.8	101.7	102.2
湖州市	Huzhou District	104.2	101.8	107.6	102.9	101.6	104.0
绍兴市	Shaoxing District	105.5	105.4	107.8	101.8	100.1	104.3
金华市	Jinhua District	108.9	105.2	109.7	102.1	103.0	102.8
衢州市	Quzhou District	109.2	106.6	108.5	101.9	100.3	102.5
舟山市	Zhoushan District	104.6	103.3	110.1	103.7	100.4	106.7
台州市	Taizhou District	105.7	101.0	108.5	100.0	102.3	105.8
丽水市	Lishui District	111.1	101.2	111.9	104.0	103.6	102.1
萧山区	Xiaoshan	106.8	102.4	110.8	99.6	101.8	106.0
建德市	Jiande	105.3	109.3	107.4	99.7	99.8	102.1
宁海县	Ninghai	107.0	100.2	105.4	101.9	101.6	103.4
瑞安市	Ruian	110.9	102.1	108.3	101.1	101.1	100.3
海宁市	Haining	104.3	104.4	109.0	101.4	97.0	101.2
桐乡市	Tongxiang	108.2	106.5	109.4	101.6	102.6	102.7
安吉县	Anji	105.5	106.7	107.7	101.4	99.1	107.0
新昌县	Xinchang	102.7	105.4	107.4	100.9	99.2	106.2
兰溪市	Lanxi	104.2	103.6	109.7	100.6	106.6	104.5
义乌市	Yiwu	107.2	102.1	109.0	102.5	103.1	104.8
江山市	Jiangshan	105.9	108.8	115.7	101.3	100.4	103.5
临海市	Linhai	105.1	103.8	112.8	101.1	101.7	107.6
龙泉市	Longquan	108.6	104.4	109.6	101.4	105.4	102.1

续表 2 Continued (上年=100)(prceding year=100)

市(县)名称	City(County)	生活用品及服务 Articles for Daily Use and Services	交通和通信 Transportation and Communication	教育文化和娱乐 Education, Culture and Recreational Articles	医疗保健 Health Care Articles	其他用品和服务 Other Supplies and Services
杭州市	Hangzhou District	100.6	101.3	101.5	102.0	100.0
宁波市	Ningbo District	102.3	101.2	102.3	105.0	100.1
温州市	Wenzhou District	101.3	100.7	102.1	103.1	99.6
嘉兴市	Jiaxing District	103.0	100.8	103.5	102.2	100.3
湖州市	Huzhou District	101.3	101.9	101.9	101.5	99.3
绍兴市	Shaoxing District	101.3	99.7	102.5	102.7	100.0
金华市	Jinhua District	100.8	99.8	102.4	102.2	100.8
衢州市	Quzhou District	101.9	101.3	105.4	102.0	99.2
舟山市	Zhoushan District	100.9	100.1	102.0	103.1	101.3
台州市	Taizhou District	101.5	100.3	102.2	101.4	99.7
丽水市	Lishui District	101.8	100.4	105.1	103.2	99.9
萧山区	Xiaoshan	101.6	101.5	101.4	100.3	102.4
建德市	Jiande	101.5	101.4	103.7	102.3	103.1
宁海县	Ninghai	100.7	102.2	100.4	102.5	101.1
瑞安市	Ruian	102.6	102.8	102.4	101.5	100.7
海宁市	Haining	101.2	101.3	103.2	103.2	100.3
桐乡市	Tongxiang	102.8	100.6	103.8	101.5	100.5
安吉县	Anji	101.9	100.9	101.4	101.1	102.0
新昌县	Xinchang	99.6	99.5	100.7	101.0	100.7
兰溪市	Lanxi	97.6	99.0	102.0	101.0	100.3
义乌市	Yiwu	101.8	103.8	101.8	102.1	99.9
江山市	Jiangshan	98.9	98.9	103.3	101.7	101.0
临海市	Linhai	100.2	100.5	102.4	102.9	101.1
龙泉市	Longquan	100.6	102.9	102.0	101.5	101.6

4－8 各市、县商品零售价格指数和农业生产资料价格指数(2018年)
General Price Index of Commodities and Agricultural Means of Production by City and County (2018)

(上年=100)(prceding year=100)

市(县)名称	City(County)	商品零售价格指数 General Retail Price Index of Commodities	食品 Food	饮料、烟酒 Beverages, Tobacco and Liquor	服装、鞋帽 Garments, Shoes and Hats	纺织品 Textiles	家用电器及音响器材 Household Appliances and Audio Eqiupment
杭州市	Hangzhou District	102.0	103.0	100.7	101.3	94.5	98.9
宁波市	Ningbo District	102.1	102.7	102.1	100.0	105.6	97.1
温州市	Wenzhou District	102.5	104.4	101.9	100.8	101.4	97.1
嘉兴市	Jiaxing District	102.2	102.8	102.1	101.3	101.5	98.9
湖州市	Huzhou District	102.3	101.9	100.8	101.5	101.7	100.8
绍兴市	Shaoxing District	101.8	103.4	100.8	100.1	102.9	96.3
金华市	Jinhua District	102.2	103.6	100.7	103.1	95.4	99.7
衢州市	Quzhou District	101.9	102.4	102.5	100.2	101.4	98.8
舟山市	Zhoushan District	102.2	102.9	101.2	100.3	98.5	98.9
台州市	Taizhou District	101.6	101.4	100.4	102.3	99.0	97.0
丽水市	Lishui District	102.5	102.4	102.5	103.5	99.5	101.7
萧山区	Xiaoshan	102.4	102.7	100.9	101.7	101.4	98.9
建德市	Jiande	102.9	103.1	101.2	99.3	109.4	96.5
宁海县	Ninghai	102.5	101.8	102.3	101.5	94.8	96.6
瑞安市	Ruian	101.9	102.3	98.2	101.1	101.0	98.8
海宁市	Haining	101.6	102.9	101.7	96.7	99.5	96.2
桐乡市	Tongxiang	102.7	103.8	102.1	102.7	104.0	100.5
安吉县	Anji	102.3	103.2	103.8	99.2	100.0	99.0
新昌县	Xinchang	101.3	102.1	101.1	99.1	98.4	99.2
兰溪市	Lanxi	101.0	100.7	100.9	106.5	89.2	99.1
义乌市	Yiwu	103.0	102.4	101.3	103.3	107.4	99.0
江山市	Jiangshan	101.2	103.3	102.5	100.4	96.5	92.6
临海市	Linhai	102.3	101.6	101.4	101.4	104.8	99.2
龙泉市	Longquan	103.0	102.0	100.8	105.2	103.7	98.0

续表 1 Continued (上年 = 100)(prceding year = 100)

市(县)名称	City(County)	文化办公用品 Culture and Official Articles	日用品 Articles for Daily Use	体育娱乐用品 Sports and Recreation	交通、通信用品 Transportation and Communication Articles	家具 Furniture	化妆品 Cosmetics
杭州市	Hangzhou District	101.0	102.6	101.4	98.7	100.7	96.4
宁波市	Ningbo District	98.3	99.8	99.5	98.6	104.9	100.2
温州市	Wenzhou District	99.6	101.1	99.7	98.3	101.1	101.8
嘉兴市	Jiaxing District	99.3	101.3	101.2	97.9	100.0	104.8
湖州市	Huzhou District	101.7	101.6	100.4	99.8	100.5	97.9
绍兴市	Shaoxing District	101.0	99.6	101.3	96.6	104.4	103.8
金华市	Jinhua District	101.5	99.3	106.2	97.0	100.8	97.4
衢州市	Quzhou District	99.8	100.6	101.3	98.7	100.2	100.7
舟山市	Zhoushan District	100.9	102.0	99.3	96.9	94.2	102.7
台州市	Taizhou District	102.4	101.7	99.9	97.9	103.3	101.2
丽水市	Lishui District	100.6	101.8	99.7	96.4	99.4	102.1
萧山区	Xiaoshan	101.8	102.8	101.6	99.0	102.2	99.9
建德市	Jiande	100.2	103.6	98.7	99.9	100.9	99.0
宁海县	Ninghai	100.9	102.8	100.3	101.3	104.7	101.5
瑞安市	Ruian	97.7	103.6	99.9	100.6	102.0	102.1
海宁市	Haining	102.9	104.9	99.4	96.9	100.9	101.2
桐乡市	Tongxiang	99.5	102.2	104.2	98.4	100.6	100.9
安吉县	Anji	100.6	103.9	102.1	97.4	106.2	100.2
新昌县	Xinchang	101.1	98.6	100.9	94.9	102.4	98.6
兰溪市	Lanxi	99.4	98.7	99.1	95.4	103.1	101.3
义乌市	Yiwu	101.9	102.8	100.8	104.2	100.2	102.2
江山市	Jiangshan	100.7	102.2	102.1	93.1	99.2	103.1
临海市	Linhai	102.1	101.3	99.0	97.8	104.4	97.4
龙泉市	Longquan	102.2	100.9	102.5	103.3	100.4	101.2

续表 2 Continued (上年 = 100)(prceding year = 100)

市(县)名称	City(County)	金银饰品 Jewelry	中西药品及医疗保健用品 Traditional Chinese Westen Medicines and Medical and Health Care	书报杂志及电子出版物 Newspaper, Magazines and Electronic Publication	燃料 Fuels	建筑材料及五金电料 Building Materials and Hardware and Electric Materials	农业生产资料价格指数 Retail Price Index of Agricultural Means of Production
杭州市	Hangzhou District	98.5	105.3	104.0	109.8	102.7	
宁波市	Ningbo District	97.8	107.8	104.2	108.4	103.7	
温州市	Wenzhou District	97.8	106.8	103.8	110.6	102.7	
嘉兴市	Jiaxing District	97.9	105.8	103.8	110.1	103.1	
湖州市	Huzhou District	97.9	103.2	103.9	109.3	106.4	
绍兴市	Shaoxing District	98.2	105.7	105.3	110.4	101.8	
金华市	Jinhua District	98.0	105.2	105.2	109.0	106.1	
衢州市	Quzhou District	98.2	104.4	104.1	109.1	103.0	
舟山市	Zhoushan District	98.1	106.7	104.1	112.2	102.1	
台州市	Taizhou District	98.1	102.9	104.0	110.7	102.0	
丽水市	Lishui District	98.1	106.9	105.0	109.8	106.1	
萧山区	Xiaoshan	100.2	102.0	104.7	111.5	104.3	102.6
建德市	Jiande	100.1	108.1	104.7	110.8	105.2	101.2
宁海县	Ninghai	100.1	100.2	104.5	109.8	111.9	101.8
瑞安市	Ruian	100.0	101.1	105.0	109.5	102.8	103.4
海宁市	Haining	100.1	103.0	105.4	109.1	106.1	103.8
桐乡市	Tongxiang	100.1	102.1	104.4	109.7	106.7	103.5
安吉县	Anji	100.2	103.5	104.4	109.8	104.9	100.4
新昌县	Xinchang	100.1	103.7	104.2	112.6	103.4	99.7
兰溪市	Lanxi	101.4	103.3	105.9	108.2	101.2	98.8
义乌市	Yiwu	99.7	101.2	104.6	110.1	102.1	103.8
江山市	Jiangshan	100.1	106.0	104.6	109.7	102.7	100.8
临海市	Linhai	100.1	108.9	106.0	111.5	101.8	104.1
龙泉市	Longquan	100.1	104.8	104.4	108.8	102.5	102.3

4-9 分月消费和零售价格指数(2018年)
Consumer Price Index and Retail Price Index of Commodities by Month(2018)

(上年同期=100)(preceding period=100)

项目	Item	1月	2月	3月	4月	5月	6月
居民消费价格指数	**Consumer Price Index**	**101.7**	**103.3**	**102.3**	**102.2**	**101.8**	**102.0**
城市	Urban Areas	101.6	103.4	102.3	102.2	101.9	102.0
农村	Rural Areas	101.9	103.1	102.2	102.0	101.6	101.7
#服务项目价格指数	**Services Price Index**	**102.7**	**104.7**	**103.0**	**102.8**	**102.6**	**102.2**
城市	Urban Areas	102.7	105.0	103.1	102.9	102.7	102.2
农村	Rural Areas	102.8	103.7	102.5	102.6	102.4	102.2
商品零售价格指数	**Retail Price Index of Commodities**	**101.3**	**102.0**	**101.6**	**101.6**	**101.5**	**102.0**
城市	Urban Areas	101.2	101.8	101.4	101.5	101.5	102.1
农村	Rural Areas	102.2	103.0	102.4	102.3	101.9	101.9
农业生产资料价格指数	**Price Index of Agricultural Means of Production**	**101.8**	**101.5**	**101.2**	**101.2**	**101.1**	**101.6**

续表 Continued

(上年同期=100)(preceding period=100)

项目	Item	7月	8月	9月	10月	11月	12月
居民消费价格指数	**Consumer Price Index**	**102.0**	**102.2**	**102.9**	**102.8**	**102.2**	**102.0**
城市	Urban Areas	102.0	102.3	102.9	102.7	102.2	101.9
农村	Rural Areas	101.7	101.8	102.7	102.8	102.4	102.1
#服务项目价格指数	**Services Price Index**	**101.8**	**101.8**	**102.0**	**101.4**	**101.4**	**101.6**
城市	Urban Areas	101.8	101.7	101.9	101.2	101.3	101.5
农村	Rural Areas	102.1	102.2	102.5	102.1	102.0	101.8
商品零售价格指数	**Retail Price Index of Commodities**	**102.4**	**102.6**	**103.1**	**103.2**	**102.5**	**101.7**
城市	Urban Areas	102.5	102.8	103.2	103.3	102.6	101.7
农村	Rural Areas	102.1	101.9	102.5	102.8	102.3	101.7
农业生产资料价格指数	**Price Index of Agricultural Means of Production**	**101.6**	**101.8**	**102.3**	**103.3**	**102.5**	**101.7**

4-10 固定资产投资价格指数(2009-2018年)
Price Indinces of Investment in Fixed Assets(2009-2018)

(上年=100)(prceding year=100)

项目	Item	2009	2010	2011	2012	2013	2014	2015	2016	2017	2018
固定资产投资价格指数	**Price Index of Investment in Fixed Assets**	**96.7**	**104.7**	**107.5**	**99.2**	**100.0**	**100.6**	**97.4**	**99.5**	**105.8**	**105.7**
建筑安装工程	**Construction and Installation**	**94.6**	**106.7**	**111.4**	**98.6**	**99.5**	**100.3**	**95.4**	**99.3**	**109.3**	**108.8**
#人工费	Manpower	107.7	109.2	115.5	110.9	109.6	106.2	104.4	103.6	103.2	104.2
机械使用费	Using Expenses of Machanism	101.9	102.7	105.3	103.2	102.0	101.7	100.8	100.6	101.4	102.2
材料费	Materials	90.8	106.7	111.3	95.0	96.4	98.5	91.9	97.7	112.6	111.3
钢材	Steel Products	82.6	107.1	111.1	90.7	92.8	93.5	84.6	97.1	125.4	110.8
木材	Timber	100.9	103.8	107.9	103.2	101.2	101.0	100.1	100.3	102.7	103.6
水泥	Cement	96.1	109.6	115.2	91.9	96.6	102.2	93.8	96.7	107.2	115.4
地方材料	Local Materials	101.3	106.3	111.5	101.2	100.0	103.2	98.1	98.4	104.8	112.9
化工材料	Chemical Materials	99.0	105.3	107.6	102.6	100.7	100.0	94.3	96.4	104.1	106.5
电料	Electrical Material	96.1	106.5	108.1	100.2	99.8	100.4	97.9	99.4	104.5	102.7
其他材料	Others	100.3	103.0	105.2	101.5	100.5	100.7	99.7	99.8	102.3	102.4
设备、工器具购置	**Purchase of Equipment,Tools and Instruments**	**96.2**	**101.3**	**101.6**	**98.5**	**98.7**	**99.5**	**99.2**	**98.9**	**100.7**	**100.7**
其他费用投资	**Others**	**102.5**	**102.6**	**103.1**	**101.5**	**102.3**	**102.0**	**100.9**	**100.5**	**101.2**	**101.9**

4-11 工业生产者出厂价格指数(2009-2018年)
Producer Price Indices for Manufactured Goods(2009-2018)

(上年=100)(prceding year=100)

项目	Item	2009	2010	2011	2012	2013	2014	2015	2016	2017	2018
全　省	**Zhejiang**	**94.9**	**106.2**	**105.0**	**97.3**	**98.2**	**98.8**	**96.4**	**98.30**	**104.80**	**103.40**
轻工业	**Light Industry**	**96.4**	**104.8**	**105.1**	**98.1**	**99.2**	**99.4**	**98.2**	**99.1**	**103.5**	**102.3**
以农产品为原料	Using Farm Products as Raw Materials	97.9	104.8	105.5	99.5	99.9	99.7	99.2	99.6	102.8	102.0
以非农产品为原料	Using Non-farm Products as Raw Materials	95.1	104.9	104.6	96.0	98.1	98.8	96.7	98.4	104.4	102.7
重工业	**Heavy Industry**	**92.6**	**108.2**	**104.9**	**96.7**	**97.5**	**98.5**	**95.1**	**97.8**	**105.6**	**104.2**
采掘	Mining and Quarrying Industry	94.6	116.5	115.3	99.5	100.0	102.8	94.2	97.0	106.5	110.5
原料	Raw Material Industry	93.5	110.2	106.9	97.8	97.6	98.2	92.5	96.3	107.4	106.4
加工	Manufacturing Industry	92.1	106.9	104.0	96.3	97.4	98.6	96.2	98.4	104.9	103.1
生产资料	**Means of Production**	**93.4**	**107.9**	**105.5**	**96.3**	**97.6**	**98.5**	**95.2**	**97.6**	**106.2**	**104.2**
采掘	Mining and Quarrying Industry	94.6	116.5	115.3	99.5	100.0	102.8	94.2	97.0	106.5	110.5
原料	Raw Material Industry	92.6	112.2	108.3	95.8	97.3	97.5	91.9	95.9	109.1	106.2
加工	Manufacturing Industry	93.7	106.3	104.5	96.4	97.8	98.8	96.5	98.3	105.1	103.4
生活资料	**Means of Subsistence**	**98.6**	**101.7**	**103.5**	**100.0**	**99.6**	**99.8**	**99.6**	**100.2**	**100.7**	**101.2**
食品	Food	99.6	103.4	105.6	100.9	100.1	100.3	99.4	100.7	100.6	100.4
衣着	Clothing	99.2	101.6	104.6	101.1	100.5	99.8	100.5	100.6	100.8	101.3

续表 Continued (上年＝100)(prceding year＝100)

项目	Item	2009	2010	2011	2012	2013	2014	2015	2016	2017	2018
一般日用品	Articles for Daily Use	97.3	101.8	102.6	98.9	98.6	99.5	98.8	100.2	100.7	101.5
耐用消费品	Durable Consumer Goods	98.9	100.2	101.2	99.6	99.4	99.8	99.6	99.3	100.7	100.9
分部门	**Subsector**										
冶金工业	Metallurgical Industry	85.9	115.0	107.2	92.5	94.6	96.1	91.4	99.0	117.4	105.4
电力工业	Power Industry	101.5	102.0	102.9	103.3	100.8	100.6	98.5	97.8	99.5	98.9
煤炭及炼焦工业	Coal Industry	99.3	107.2	108.2	102.0	90.6	85.9	82.5			
石油工业	Petroleum Industry	88.8	119.7	115.0	102.1	97.4	96.5	77.1	90.6	109.3	112.3
化学工业	Chemical Industry	89.9	110.2	107.5	93.6	96.5	97.8	93.7	96.4	108.4	106.9
机械工业	Machinery Industry	95.6	102.5	101.8	97.6	98.1	99.0	98.3	98.6	100.6	100.2
建筑材料工业	Building Materials Industry	97.2	108.6	111.7	94.0	98.8	102.6	93.6	98.3	109.6	122.3
森林工业	Timber Industry	99.3	102.8	102.7	101.1	100.3	101.7	99.9	99.8	101.3	101.6
食品工业	Food Industry	99.3	104.0	106.0	101.3	100.4	100.3	99.2	100.4	100.5	100.5
纺织工业	Textile Industry	97.0	108.5	106.9	97.6	99.8	99.7	98.5	98.2	102.9	102.5
缝纫工业	Tailoring Industry	99.3	101.7	105.0	100.8	100.3	99.6	100.6	100.6	100.8	101.9
皮革工业	Leather Industry	98.2	101.4	103.8	102.7	101.8	100.5	100.0	100.2	100.8	99.3
造纸工业	Paper Industry	93.3	105.4	102.4	96.6	96.4	98.2	97.3	99.9	115.5	105.4
文教艺术品工业	Cultural, Educational & Handicrafts Articles Industry	98.4	100.4	102.2	100.0	99.4	100.2	100.4	99.8	101.8	101.1
其他工业	Others	97.9	102.7	103.3	100.2	100.2	98.8	98.8	102.3	102.0	101.9

4-12 按行业分的工业生产者出厂价格指数(2015-2018年)
Producer Price Indices for Manufactured Goods by Sector(2015-2018)

(上年=100)(prceding year=100)

项目	Item	2015	2016	2017	2018
总指数	**Zhejiang**	**96.4**	**98.3**	**104.80**	**103.4**
黑色金属矿采选业	Ferrous Metals Mining and Dressing	72.0	98.3	114.90	104.9
有色金属矿采选业	Nonferrous Metals Mining and Dressing	91.6	95.7	113.60	105.8
非金属矿采选业	Nonmetal Minerals Mining and Dressing	99.2	97.1	104.50	111.9
农副食品加工业	Non-staple Food Processing	98.3	100.7	100.70	101.4
食品制造业	Food Manufacturing	99.7	98.7	101.40	100.6
酒、饮料和精制茶制造业	Beverage Manufacturing	99.4	100.0	100.20	98.9
烟草制品业	Tobacco Processing	100.0	100.2	100.00	100.4
纺织业	Textile Industry	98.8	98.5	102.80	102.9
纺织服装、鞋帽制造业	Garments,Shoes and Hats Manufacturing	101.2	101.5	99.90	100.5
皮革、毛皮、羽毛及其制品和制鞋业	Leather,Furs,Down and Related Products	99.8	100.0	101.20	100.5
木材加工和木、竹、藤、棕、草制品业	Timber Processing,Bamboo,Cane Palm Fiber and Straw Products	99.7	98.9	101.10	102.1
家具制造业	Furniture Manufacturing	100.3	101.5	101.70	100.7
造纸和纸制品业	Papermaking and Paper Products	97.2	99.9	115.50	105.4
印刷和记录媒介复制业	Printing and Record Medium Reproduction	100.3	98.7	101.60	100.3
文教、工美、体育和娱乐用品制造业	Cultural,Educational and Sports Goods	99.0	103.0	102.00	101.4

续表 Continued （上年 = 100）(prceding year = 100)

项目	Item	2015	2016	2017	2018
石油加工、炼焦和核燃料加工业	Petroleum Processing, Cooking and Nuclear Fuel Processing	75.6	91.2	112.60	114.4
化学原料和化学制品制造业	Raw Chemical Materials and Chemical Products	93.1	96.1	111.60	109.8
医药制造业	Medical and Pharmaceutical Products	98.1	99.0	98.60	106.8
化学纤维制造业	Chemical Fiber	89.6	95.1	114.70	107.2
橡胶和塑料制品业	Rubber Products	96.0	97.3	102.70	102.0
非金属矿物制品业	Nonmetal Mineral Products	93.8	98.3	109.20	121.5
黑色金属冶炼和压延加工业	Smelting and Pressing of Ferrous Metals	87.0	101.2	123.50	108.4
有色金属冶炼和压延加工业	Smelting and Pressing of Nonferrous Metals	91.6	96.5	123.30	103.8
金属制品业	Metal Products	97.1	98.6	105.80	103.6
通用设备制造业	Ordinary Machinery	98.3	98.2	101.50	102.0
专用设备制造业	For Special Purpose Equipment Manufacturing	99.0	98.9	100.00	100.6
汽车制造业	Automotive Manufacturing	98.6	98.6	99.50	99.5
铁路、船舶、航空航天和其他运输设备制造业	Railway, Shipbuilding, Aerospace and other Transport Equipment	99.5	100.0	101.30	100.9
电气机械和器材制造业	Electric Equipment and Machinery	97.5	97.8	101.60	99.8
计算机、通信和其他电子设备制造业	Computers, Communications and Other Electronic Equipment Manufacturing	98.2	99.4	98.50	98.2
仪器仪表制造业	Instruments Manufacturing	99.1	98.7	98.10	99.4
其他制造业	Other Manufacturing	99.2	100.4	101.90	100.8
废弃资源综合利用业	Recovery of Resource Discarded and Useless Material	84.5	99.2	116.00	103.8
金属制品、机械和设备修理业	Metal Products, Machinery and Equipment Repair Industry	99.7	101.6	99.50	99.7
电力、热力生产和供应业	Production and Supply of Electricity and Heating Power	98.6	97.9	99.30	98.9
燃气生产和供应业	Production and Supply of Gas	89.3	88.2	96.60	100.9
水的生产和供应业	Production and Supply of Water	101.6	101.1	102.80	100.6

4－13 工业生产者购进价格分类指数(2009－2018年)
Producer Purchasing Price Indinces by Category(2009－2018)

(上年＝100)(prceding year＝100)

项目		2009	2010	2011	2012	2013	2014	2015	2016	2017	2018
总指数	General Purchasing Price Index	92.6	112.0	108.3	96.7	97.7	98.2	94.5	97.8	109.6	105.1
燃料动力类	Fuels and Motive Power	91.7	113.9	107.6	99.5	97.4	98.4	91.6	96.4	114.9	108.0
黑色金属材料类	Ferrous Metal Material	84.7	108.7	107.1	94.1	95.5	95.3	89.5	98.6	117.8	106.4
有色金属材料和电线类	Nofferrous Metal Materials and Electric Wire	83.4	125.2	111.7	92.6	94.3	96.4	92.1	97.0	117.5	104.0
化工原料类	Chemical Raw Materials	88.2	113.2	111.1	95.4	97.4	97.7	91.8	96.5	111.9	107.3
木材及纸浆类	Logging and Paper Pulp	96.4	106.7	103.8	96.9	98.1	98.8	99.4	99.8	109.0	105.4
建筑材料类及非金属矿类	Building Materials and Nonmetal Minerals	94.8	103.9	109.2	98.2	98.6	100.9	96.3	95.7	117.0	122.1
其他工业原材料及半成品类	Other Industrial Raw Materials	96.6	110.1	106.5	97.2	98.0	98.0	96.4	98.6	104.0	101.6
农副产品类	Farm Products	95.8	110.5	110.1	98.5	99.5	101.1	99.5	98.6	102.6	101.0
纺织原料类	Textile Raw Materials	97.8	110.5	109.7	97.1	100.3	99.9	98.3	98.9	102.6	101.6

浙/江/统/计/年/鉴

主要统计指标解释

■ 居民消费价格

是指城乡居民购买并用于日常生活消费的商品和服务项目的价格。按用途划分为食品烟酒、衣着、居住、生活用品及服务、交通和通信、教育文化和娱乐、医疗保健、其他用品和服务等8个大类的居民消费价格。居民消费价格调查的任务是调查、搜集和整理这些商品和服务项目的价格，并编制居民消费价格指数（英文名称：-Consumer Price Index 缩写：CPI），旨在反映一定时期内居民所消费商品及服务项目的价格水平变动趋势和变动程度。居民消费价格水平的变动率在一定程度上反映了通货膨胀（或紧缩）的程度。编制居民消费价格指数的目的，是了解各地价格变动的基本情况，分析研究价格变动对社会经济和居民生活的影响，满足各级政府制定政策和计划、进行宏观调控的需要，以及为国民经济核算提供参考依据。

■ 商品零售价格

是商品在流通过程中最后一个环节的价格，是工业、商业、餐饮业和其他零售企业向城乡居民、机关团体出售生活消费品和办公用品的价格。包括食品、饮料烟酒、服装鞋帽、纺织品、家用电器及音像器材、文化办公用品、日用品、体育娱乐用品、交通通信用品、家具、化妆品、金银饰品、中西药品及医疗保健用品、书报杂志及电子出版物、燃料、建筑材料及五金电料等16个大类，197个基本分类的商品零售价格。商品零售价格调查的任务是系统地调查、搜集和整理市场商品零售价格资料，编制商品零售价格指数（RPI），以此反映市场商品零售价格的变动趋势和变动程度。其目的在于掌握商品价格的变动趋势，为国家宏观调控和国民经济核算提供参考依据。

■ 农业生产资料价格

是农业生产资料在流通领域最后一个环节的价格，是工业、商业及其他单位和个人向农民出售农业生产资料（包括主要生产性服务，下同）的价格。包括农用手工工具、饲料、仔畜幼禽及产品畜、半机械化农具、机械化农具、化学肥料、农药及农药器械、农机用油、其他农用生产资料、农业生产服务等10个大类。农业生产资料价格调查的任务是系统地调查、搜集和整理市场上农业生产资料的价格，编制农业生产资料价格指数（AMPI），据此测定全国市场农业生产资料价格变动趋势和变动程度。其目的在于掌握农业生产资料的平均价格水平，为国家制定经济政策提供依据；同时，为研究城乡市场流通状况和国民经济核算提供参考依据。

■ 工业生产者价格

包括工业企业产品第一次出售时的出厂价格和企业作为中间投入的原材料、燃料、动力购进价格。工业生产者出厂价格调查37个工业行业大类，涵盖656个基本分类的3300多种工业产品的价格；工业生产者购进价格统计调查涵盖547个基本分类的2600多种工业产品的价格。工业生产者价格调查的任务是系统地调查、搜集各工业行业产品出厂价格和原材料购进价格，编制工业生产者出厂价格指数（PPI）和工业生产者购进价格指数(IPI),反映工业生产者价格变动趋势和变动程度。其目的在于及时、准确、科学地为国民经济核算、计算工业发展速度、宏观经济分析和调控、理顺价格体系等提供科学、准确的依据。

■ 固定资产投资价格

固定资产投资价格是构成固定资产投资额实体的实际购进价格或结算价格。包括构成当年建筑工程实体的钢材、木材、水泥、地方建筑材料、电料、化工材料等主要建筑材料价格；作为活劳动投入的劳动力价格(单位工资)和各种施工机械使用价格；设备工器具购置和其他费用投资价格。固定资产投资价格调查的任务是搜集全社会及各类工程固定资产投资经济活动中涉及的各种价格资料和费用资料，并掌握各种平均价格水平和费用标准。编制固定资产投资价格指数，其目的在于及时、准确地反映全社会及各类工程固定资产投资中涉及的各类投资品和取费项目价格的变动趋势和变动幅度，消除按现价计算的固定资产投资指标中的价格变动因素，真实地反映全社会及各类工程固定资产投资的规模、速度、结构和效益，为国家及各部门科学地制定、检查固定资产投资计划和进行国民经济核算提供科学的、可靠的依据。

主 要 统 计 指 标 解 释

主要统计指标解释

■ 住宅销售价格指数

分为新建商品住宅销售价格指数和二手住宅销售价格指数。编制住宅销售价格指数其目的在于全面了解和掌握相关城市新建住宅和二手住宅销售价格及其变动情况，为做好国民经济核算和房地产市场调控工作、满足社会公众需要提供基础统计信息。

■ 农产品生产者价格

是指农产品生产者第一手（直接）出售其产品时实际获得的单位产品价格。全面收集农产品生产者价格资料，编制农产品生产者价格指数，其目的是客观反映农产品生产者价格水平和结构变动情况，满足农业与国民经济核算需要，为各级政府制定农业保护与农产品流通政策提供决策依据，向社会各界提供优质的农产品价格信息服务。

ZHEJIANG STATISTICAL YEARBOOK

Explanatory Notes on Main Statistical Indicators

□ Consumer Price

It refers to the price of goods and services purchased by urban and rural residents and used for daily consumption. Consumer prices are classified into eight categories by use: food, tobacco, wine, clothing, housing, household goods and services, transportation and communication, education, culture and entertainment, medical care, other goods and services. The task of the consumer price survey is to investigate, collect and sort out the prices of these goods and services, and to compile a consumer price index (CPI) to reflect the trend and degree of price changes of the goods and services consumed by the residents over a certain period of time. The rate of change in consumer prices reflects to a certain extent the extent of inflation (or contraction). The purpose of compiling the consumer price index is to understand the basic situation of price changes in various parts of the country, to analyze the impact of price changes on social economy and residents' lives, to meet the needs of governments at all levels in formulating policies and plans, and to carry out macro-control, and to provide a reference for national economic accounting

□ Retail Price of Commodities

It is the price of the last link in the circulation of commodities. it is the price of consumer goods and office supplies sold to urban and rural residents and government organizations by industry, commerce, catering and other retail enterprises. including food, beverage, tobacco and alcohol, clothing, shoes and hats, textiles, household appliances and audio-visual equipment, cultural office supplies, daily necessities, sports and entertainment products, traffic and communications supplies, furniture, cosmetics, gold and silver jewelry, Chinese and Western medicines and medical and health care supplies, books, newspapers, magazines and electronic publications, fuel, building materials and hardware electricity and so on 16 broad categories, 197 basic classification commodity retail price. the task of commodity retail price survey is to systematically investigate, collect and collate the data of commodity retail price in the market, and compile the commodity retail price index (RPI), so as to reflect the changing trend and degree of commodity retail price in the market. its purpose is to grasp the changing trend of commodity prices, and to provide a reference for national macro-control and national economic accounting.

□ Price of Agricultural Means of Production

It is the price of the last link in the circulation of agricultural means of production, and the price of the means of agricultural production (including the main productive services, the same below) sold to farmers by industrial, commercial and other units and individuals. it includes 10 categories, such as agricultural hand tools, feed, young poultry and livestock products, semi-mechanized farm tools, mechanized farm tools, chemical fertilizers, pesticides and pesticide appliances, agricultural machinery oil, other means of agricultural production, agricultural production services and so on. the task of the price survey of agricultural means of production is to systematically investigate, collect and sort out the prices of agricultural means of production in the market, compile the price index of agricultural means of production (AMPI), and then measure the trend and degree of change of the prices of agricultural means of production in the national market. the purpose is to grasp the average price level of agricultural means of production, to provide a basis for the state to formulate economic policies; at the same time, to provide a reference for the study of urban and rural market circulation and national economic accounting.

□ Industrial Producer Price

The price of industrial producers including industrial products for the first time at the time of the sale price and the enterprise as raw materials, fuel and power purchase price of intermediate inputs.industrial producer price survey of 37 industry categories, covering 656 basic classification of more

EXPLANATORY NOTES ON MAIN STATISTICAL INDICATORS

than 3300 kinds of industrial product prices; producer price survey covers 547 basic classification of more than 2600 kinds of industrial products price. industrial producer price survey is the task of systematically investigating and collecting the industrial product prices and raw material purchase price, factory price index of industrial producer (PPI) and industrial producer price index (IPI), reflecting the industrial producer prices trend and degree of changes. its purpose is to timely, accurately and scientifically for the national economic accounting, the calculation speed of industrial development, economic analysis and regulation, rationalize the price system so as to provide scientific and accurate basis.

□ Fixed Asset Investment Price

It constitutes the actual purchase price or settlement price of the entity of fixed assets investment. It includes the prices of the main building materials, such as steel, timber, cement, local building materials, electrical and chemical materials, which constitute the entity of the construction project in that year; the labor price (unit wage) as input of living labor and the use price of various construction machinery; the purchase price of equipment and appliances and the investment price of other expenses. the task of the fixed assets investment price survey is to collect all kinds of price data and expense data involved in the whole society and all kinds of Engineering fixed assets investment economic activities, and to grasp all kinds of average price level and expense standard. the purpose of compiling the fixed assets investment price index is to reflect the changing trend and range of the prices of all kinds of investment products and fee-collecting items involved in the fixed assets investment of the whole society and all kinds of projects in a timely and accurate manner, to eliminate the price variation factors in the fixed assets investment index calculated according to the present price, and to truly reflect the whole society. the scale, speed, structure and benefits of investment in fixed assets of various projects will provide a scientific and reliable basis for the state and various departments to formulate and examine investment plans for fixed assets and conduct national economic accounting.

□ Residential Sales Price Index

It is divided into newly built commercial housing sales price index and second-hand housing sales price index. the purpose of compiling housing sales price index is to fully understand and grasp the sales prices and their changes of new and second-hand housing in relevant cities, and to provide basic statistical information for national economic accounting, real estate market regulation and control, and meeting the needs of the public.

□ Producer Price of Agricultural Products

It refers to the actual unit price of a farm product producer who sells the product first hand (directly). The purpose of collecting price data of producers of agricultural products and compiling price index of producers of agricultural products is to objectively reflect the price level and structural changes of producers of agricultural products, to meet the needs of agricultural and national economic accounting, to provide decision-making basis for governments at all levels to formulate policies on agricultural protection and circulation of agricultural products, and to provide decision-making basis for all sectors of society. To provide quality information service for agricultural products

2019
浙江统计年鉴
ZHEJIANG STATISTICAL YEARBOOK

CHAPTER 5

人民生活
People’s Livelihood

5－1 人民物质文化生活
People's Material and Cultural Life

项目	Item	2011	2012	2013	2014	2015	2016	2017	2018
城乡居民收入与支出（元）	**Income and Expenditure of Urban and Rual Residents (yuan)**								
农村居民人均可支配收入	Annual Per Capita Disposable Income of Rural Residents	13071	14552	17494	19373	21125	22866	24956	27302
农村居民人均消费支出	Annual Per Capita Living Expenditure of Rural Residents	9644	10208	12803	14498	16108	17359	18093	19707
城镇居民人均可支配收入	Annual Per Capita Disposable Income of Urban Residents	30971	34550	37080	40393	43714	47237	51261	55574
城镇居民人均消费支出	Annual Per Capita Expenditure of Urban Residents	20437	21545	25254	27242	28661	30068	31924	34598
居民消费水平（元）	**Per Capita Consumption (yuan)**	**21346**	**22845**	**24771**	**26885**	**28712**	**30743**	**33851**	
农村居民	Rural Residents	12371	13724	15458	17281	19953	22028	23717	
城镇居民	Urban Residents	26856	28259	30101	32186	33359	35152	38730	
居民生活质量	**Quality of Living**								
居民人均住房面积（平方米）	Per Capita Floor Space of Residents Buildings (sq. m)								
农村居民	Rural Areas	60.80	61.50	60.82	61.53	61.28	60.27	60.43	65.44
城镇居民	Urban Areas	36.90	37.10	38.82	40.89	40.53	40.87	41.51	45.35
交通	**Traffic**								
农村每百户拥有家用汽车（辆）	Number of Household Cars Per 100 Households in Rural Areas (Suit)	13.40	15.20	18.86	19.18	25.41	30.17	33.35	28.78
城镇每百户拥有家用汽车（辆）	Number of Household Cars Per 100 Households in Urban Areas (Suit)	33.73	36.50	38.87	43.45	47.90	53.29	55.54	52.43
储蓄	**Savings**								
城乡居民储蓄存款年末余额（亿元）	Balance of Savings Deposit of Rural and Urban Residents (100 million yuan)	23470	26407	28923	30666	34219	38077	40192	45812
平均每人储蓄存款余额（元）	Per Capita Balance of Savings Deposits (yuan)	42962	48214	52606	55676	61778	68116	71049	79854

续表 Continued

项目		Item		2011	2012	2013	2014	2015	2016	2017	2018
文化、教育及卫生		**Culture, Education and Public Health**									
农村每百户拥有彩色电视机	(台)	Number of Color Tv Sets Per 100 Households in Rural Areas	(Set)	168	172	151	157	161	170	176	176
城镇每百户拥有彩色电视机	(台)	Number of Color Tv Sets Per 100 Households in Urban Areas	(Set)	185	187	165	173	174	174	179	172
农村每百户拥有家用电脑	(台)	Number of Computer Per 100 Households in Rural Areas	(Set)	43.28	47.77	35.65	39.68	45.47	49.31	52.24	45.54
城镇每百户拥有家用电脑	(台)	Number of Computer Per 100 Households in Urban Areas	(Set)	103.57	106.38	89.56	96.01	95.68	93.01	95.60	86.43
每百人每天有报纸杂志	(台)	Daily Newspapers and Magazines Per 100 persons	(Set)	18.4	17.8	17.7	17.2	14.5	13.3	11.6	10.5
学龄儿童入学率	(%)	Enrollment Percentage of School age Children	(%)	99.99	99.99	99.99	99.99	99.99	99.99	99.99	99.99
每千人口拥有在校大学生数	(人)	Students Enrollment in University Per 1000 Persons	(person)	17.56	18.02	18.51	18.86	19.04	19.02	19.03	19.21
每千人口拥有医疗床位数	(张)	Number of Hospital Beds Per 1000 Persons	(Piece)	3.57	3.89	4.18	4.47	4.92	5.22	5.58	5.83
每千人口拥有医生数	(人)	Number of Doctors Per 1000 Persons	(person)	2.28	2.37	2.52	2.65	2.85	3.01	3.17	3.35
就业		**Employment**									
城镇登记失业率	(%)	Registered Unemployment Rate in Urban Areas	(%)	3.12	3.01	3.01	2.96	2.93	2.87	2.73	2.60
农村居民家庭每一劳动力负担人数	(人)	Number of Dependents Per Rural Laborer in Rural Households	(person)	1.37	1.37	1.54	1.56	1.58	1.57	1.58	1.59
城镇每一就业者负担人数	(人)	Number of Dependents Per Urban Employee	(person)	1.95	1.94	1.72	1.74	1.77	1.79	1.80	1.85
邮电通信		**Post and Telecommumication**									
电话普及率	(部/百人)	Telephone Popularization Rate	(pars/hundred person)	140.8	151.4	161.1	164.6	162.8	153.6	157.5	169.2
固定电话	(部/百人)	Fixed Telephones	(pars/hundred person)	35.6	34.2	32.4	30.0	27.2	23.2	21.7	20.6
移动电话	(部/百人)	Mobile Telephones	(pars/hundred person)	105.2	117.2	128.7	134.6	135.6	130.4	135.8	148.6

注：1、从2013年起，国家统计局开展了城乡一体化住户收支与生活状况调查，与2013年前的分城镇和农村住户调查的调查范围、调查方法、指标口径有所不同（以后各表同）。农村居民人均可支配收入2013年前为农村居民人均纯收入。
National Bureau of Statistics of China strted an integrated households income and expenditure survey, including both urban and rural households since 2013. The coverage, the methodology and definitions used in the survey has been changed compared with before. The same applies to the relevant tables following. The data of per capita disposable income of rural households refer to the per capita net income of rural households before 2013.
2、每百人每天拥有报纸、每千人口拥有医疗床位和拥有医生数均按常住人口计算。
Daily Newspapers and Magazines Per 100 Persons, Number of Hospital Beds and Number of Doctors Per 1000 Persons are calculated at permanent residence.

5－2 分行业全社会单位就业人员年平均工资
Average Wage of Employed Persons in the units By Sector

单位:元

行业		全部单位		非私营单位		私营单位	
		2017	2018	2017	2018	2017	2018
总计	**Total**	**60665**	**65898**	**80750**	**88883**	**48289**	**52564**
农、林、牧、渔业	Farming, Forestry, Animal Husbandry and Fishery	45247	47160	65914	69217	44453	46465
采矿业	Ming and Quarrying	51010	62848	57590	72427	48843	56095
制造业	Manufacturing	51998	57274	65173	73055	46046	50886
电力、热力、燃气及水生产和供应业	Electricity, Gas and Water Production and Supply	116147	123422	127722	135779	53260	58523
建筑业	Construction	50042	53846	51879	56265	49065	52474
批发和零售业	Wholesale and Retail Trade	52711	56363	77636	87315	47020	50237
交通运输、仓储及邮政业	Transport, Storage and Post	71654	75854	87811	94562	54573	60016
住宿和餐饮业	Hotels and Catering Services	42693	46115	47339	51433	40302	43738
信息传输、软件和信息技术服务业	Information Transmission, Computer Services and Software	104697	114814	165532	190839	63410	70882
金融业	Banking	129774	140409	132411	142951	74933	95588
房地产业	Real Estate	61059	66400	74546	77868	51698	58776
租赁和商务服务业	Renting and Business Services	58115	61072	69885	73894	54142	57591
科学研究和技术服务业	Scientific Research, Technic Service and Geological Prospecting	83061	88833	120521	142811	60952	63972
水利、环境和公共设施管理业	Water Conservancy, Environment and Public Utility	58589	63232	66032	73390	45500	47088
居民服务、修理和其他服务业	Service for the Residents and Other	43408	46675	63285	68146	40210	43759
教育	Education	107478	116432	114415	123681	43525	49605
卫生和社会工作	Health Care, Sports and Social Welfare	123983	134370	131742	143804	60280	65701
文化、体育和娱乐业	Culture, Sports and Entertainment	70629	75202	109932	114343	44535	49722
公共管理、社会保障和社会组织	Public Administration and Social Organization	124495	136641	124495	136641		

5-3 非私营单位就业人员工资总额(1985-2018年)
Total Wages of Employed Persons in Non Privite Units(1985-2018)

单位:亿元(100 million yuan)

年份 Year	工资总额 Total Wages of Staff and Workers	国有单位 State-owned Units	集体单位 Collective Owned Units	其他经济单位 Units of Other Types of Ownership
1985	47.85	28.69	18.91	0.25
1986	58.01	35.45	22.23	0.33
1987	66.62	40.68	25.44	0.50
1988	85.04	52.71	31.50	0.83
1989	94.46	59.08	34.17	1.21
1990	102.76	66.10	35.33	1.33
1991	115.98	74.42	39.39	2.17
1992	138.04	90.82	43.44	3.78
1993	192.98	123.08	58.80	11.10
1994	274.27	175.09	76.99	22.19
1995	324.25	201.67	90.46	32.12
1996	361.84	222.18	98.06	41.60
1997	402.01	251.85	100.13	50.03
1998	422.51	257.01	74.83	90.67
1999	456.04	273.77	66.23	116.04
2000	501.07	293.83	56.99	150.25
2001	589.48	351.40	47.61	190.47
2002	664.01	397.69	47.24	219.08
2003	797.54	469.63	49.68	278.23
2004	1016.42	573.10	60.76	382.56
2005	1311.93	676.28	59.54	576.11
2006	1591.84	762.03	61.34	768.47
2007	1937.41	886.50	67.71	983.20
2008	2359.05	990.08	72.33	1296.64
2009	2752.31	1128.21	82.18	1541.92
2010	3305.34	1269.78	97.32	1938.24
2011	4039.88	1398.77	110.22	2530.88
2012	5138.49	1590.88	114.86	3432.75
2013	5985.13	1715.04	116.95	4153.14
2014	6666.84	1874.46	113.39	4679.00
2015	7110.25	2116.96	85.49	4907.80
2016	7673.11	2371.38	83.90	5217.83
2017	8319.08	2670.84	84.54	5563.70
2018	8938.52	2826.47	93.98	6018.06

注：本表1985-2012年为单位在岗职工工资总额。
The data of this table refers to wages of currently employed staff and workers in units between 1985 and 2012.

5－4 非私营单位就业人员平均工资(1985－2018 年)
Average Wage of Employed Persons in Non Privite Units(1985－2018)

单位:元(yuan)

年份 Year	平均工资 Average Wage	国有单位 State－owned Units	集体单位 Collective Owned Units	其他单位 Units of Other Types of Ownership
1985	1159	1226	1071	1247
1986	1346	1442	1271	1455
1987	1493	1584	1365	1635
1988	1841	1961	1667	2014
1989	2031	2158	1838	2209
1990	2220	2383	1964	2412
1991	2422	2583	2152	2831
1992	2884	3088	2507	3368
1993	3932	4168	3439	4544
1994	5597	6034	4671	6334
1995	6619	6952	5702	7813
1996	7413	7734	6414	8672
1997	8386	8847	7026	9584
1998	9259	10012	7230	9432
1999	10632	11684	8229	10167
2000	12414	13775	9479	11539
2001	15770	18926	11281	13508
2002	18227	22195	13281	14650
2003	20853	26651	15174	16036
2004	23101	32736	17265	16653
2005	25572	38313	19659	18813
2006	27567	42258	21856	20823
2007	30854	48130	25005	23597
2008	34146	53476	29137	26963
2009	37395	59550	31653	29618
2010	41505	65440	36038	33689
2011	46660	72383	41817	39165
2012	50813	76150	47562	44112
2013	56571	81157	52070	50390
2014	61572	87609	56684	55124
2015	66668	96633	55333	58989
2016	73326	109064	57061	64078
2017	80750	122415	59295	69739
2018	88883	134000	69033	77046

注：本表 1985－2012 年为单位在岗职工平均工资。
The data of this table refers to the average wage of currently employed staff and workers between 1985 and 2012.

5-5 分行业非私营单位就业人员工资总额
Total Wages of Employed Persons in Non Privite Units by Sector

单位:亿元(100 million yuan)

行业	Sector	工资总额 Total Wages of staff and Works		国有单位 State-owned Units		集体单位 Collective Owned Units		其他单位 Units of Other Types of Ownership	
		2017	2018	2017	2018	2017	2018	2017	2018
总计	**Total**	**8319.08**	**8938.52**	**2670.84**	**2826.47**	**84.54**	**93.98**	**5563.70**	**6018.06**
农、林、牧、渔业	Farming, Forestry, Animal Husbandry and Fishery	3.10	3.03	2.41	2.31	0.02	0.03	0.67	0.70
采矿业	Ming and Quarrying	2.78	3.05	0.22			0.04	2.55	3.01
制造业	Manufacturing	2028.20	2130.82	16.71	4.95	1.86	1.34	2009.63	2124.54
电力、热力、燃气及水生产和供应业	Electricity, Gas and Water Production and Supply	157.76	166.42	72.38	42.75	1.56	1.61	83.83	122.05
建筑业	Construction	1416.74	1543.81	12.08	9.91	34.96	35.35	1369.70	1498.55
批发和零售业	Wholesale and Retail Trade	297.08	321.25	18.56	18.61	1.65	1.42	276.88	301.22
交通运输、仓储及邮政业	Transport, Storage and Post	272.68	284.85	72.56	63.78	2.18	1.33	197.94	219.73
住宿和餐饮业	Hotels and Catering Services	66.41	71.01	5.99	5.34	0.60	0.62	59.81	65.06
信息传输、软件和信息技术服务业	Information Transmission Software and Information Technology Services	366.81	408.48	8.01	18.38	0.51	0.47	358.30	389.63
金融业	Banking	631.13	634.78	43.54	25.74	2.76	2.26	584.83	606.78
房地产业	Real Estate	160.29	172.01	7.97	6.32	1.45	1.46	150.87	164.23
租赁和商务服务业	Renting and Business Services	206.94	206.32	45.92	37.69	6.43	8.10	154.59	160.53
科学研究和技术服务业	Scientific Research and Technic Service	225.36	234.12	83.26	82.27	2.51	2.09	139.59	149.76
水利、环境和公共设施管理业	Water Conservancy, Environment and Public Facilities Management	67.96	74.45	40.89	40.11	0.77	0.85	26.31	33.49
居民服务、修理和其他服务业	Resident Services, Repair and Other Services	15.26	15.66	5.28	5.18	1.03	0.93	8.95	9.55
教育	Education	843.88	923.21	761.34	824.41	11.60	13.75	70.94	85.04
卫生和社会工作	Health Care and Social Work	594.86	668.27	545.36	602.06	13.92	21.68	35.58	44.53
文化、体育和娱乐业	Culture, Sports and Recreation	73.79	81.48	54.73	57.05	0.26	0.13	18.81	24.30
公共管理、社会保障和社会组织	Public Security, Social Security and Social Organization	888.04	995.50	873.64	979.61	0.48	0.53	13.92	15.36

5-6 分行业非私营单位就业人员平均工资
Average Wages of Employed Persons in Non Privite Units by Sector

单位:元(yuan)

行业	Sector	平均工资 Average Wages of Employed Persons in Urban Units		国有单位 State-owned Units		集体单位 Collective Owned Units		其他单位 Units of Other Types of Ownership	
		2017	2018	2017	2018	2017	2018	2017	2018
总计	**Total**	**80750**	**88883**	**122415**	**134000**	**59295**	**69033**	**69739**	**77046**
农、林、牧、渔业	Farming, Forestry, Animal Husbandry and Fishery	65914	69217	79274	92280	42500	46273	41459	38383
采矿业	Ming and Quarrying	57590	72427	37949		38875	46220	60336	72947
制造业	Manufacturing	65173	73055	123985	88091	55653	48683	64927	73049
电力、热力、燃气及水生产和供应业	Electricity, Heat, Gas and Water Production and Supply	127722	135779	161519	176385	81794	87968	109142	126486
建筑业	Construction	51879	56265	60467	57260	44131	50037	52047	56424
批发和零售业	Wholesale and Retail Trade	77636	87315	142701	163303	48286	50845	75599	85153
交通运输、仓储及邮政业	Transport, Storage and Post	87811	94562	107708	111269	39289	59471	83305	90924
住宿和餐饮业	Hotels and Catering Services	47339	51433	62452	68619	43667	49592	46257	50415
信息传输、软件和信息技术服务业	Information Transmission Software and Information Technology Services	165532	190839	111632	164175	73431	80060	167638	192636
金融业	Banking	132411	142951	153349	144979	101868	105833	131262	143053
房地产业	Real Estate	74546	77868	82711	85530	61275	87865	74313	77522
租赁和商务服务业	Renting and Business Services	69885	73894	63365	70498	62068	58863	72480	75727
科学研究和技术服务业	Scientific Research and Technic Service	120521	142811	126672	147391	116343	120330	117202	140776
水利、环境和公共设施管理业	Water Conservancy, Environment and Public Facilities Management	66032	73390	69970	79148	45598	42555	61457	68664
居民服务、修理和其他服务业	Resident Services, Repair and Other Services	63285	68146	102545	104143	61550	57914	51758	58235
教育	Education	114415	123681	120899	130207	89827	104180	74740	84969
卫生和社会工作	Health Care and Social Work	131742	143804	136798	149635	112863	126801	87770	98395
文化、体育和娱乐业	Culture, Sports and Recreation	109932	114343	117972	127923	81952	52232	92098	91983
公共管理、社会保障和社会组织	Public Security, Social Security and Social Organization	124495	136641	126952	139589	92029	110946	56514	58411

5－7 分行业非私营单位就业人员工资总额
Total Wages of Employed Persons in Non Privite Units by Sector

单位：亿元(100 million yuan)

行业	Sector	单位就业人员工资总额 The Total Wages		在岗职工工资总额 Wages of Staff and Workers at Work		其他就业人员工资总额 Wages of Other Employed Persons	
		2017	2018	2017	2018	2017	2018
总计	**Total**	**8319.08**	**8938.52**	**8018.51**	**8653.84**	**300.57**	**284.68**
农、林、牧、渔业	Farming, Forestry, Animal Husbandry and Fishery	3.10	3.03	2.86	2.72	0.23	0.32
采掘业	Ming and Quarrying	2.78	3.05	2.68	3.01	0.10	0.04
制造业	Manufacturing	2028.20	2130.82	1999.55	2101.35	28.65	29.47
电力、燃气及水的生产和供应业	Electricity, Heat, Gas and Water Production and Supply	157.76	166.42	155.22	163.58	2.54	2.84
建筑业	Construction	1416.74	1543.81	1336.41	1480.64	80.33	63.16
批发和零售业	Wholesale and Retail Trade	297.08	321.25	290.13	312.91	6.95	8.34
交通运输、仓储和邮政业	Transport, Storage and Post	272.68	284.85	268.11	279.30	4.57	5.54
住宿和餐饮业	Hotels and Catering Services	66.41	71.01	61.82	65.83	4.59	5.18
信息传输、软件和信息技术服务业	Information Transmission Software and Information Technology Services	366.81	408.48	365.63	407.33	1.18	1.14
金融业	Banking	631.13	634.78	542.62	555.14	88.51	79.64
房地产业	Real Estate	160.29	172.01	152.33	165.16	7.96	6.85
租赁和商务服务业	Renting and Business Services	206.94	206.32	201.00	198.62	5.94	7.69
科学研究和技术服务业	Scientific Research and Technic Service	225.36	234.12	220.00	229.07	5.36	5.06
水利、环境和公共设施管理业	Water Conservancy, Environment and Public Utility	67.96	74.45	63.56	71.34	4.40	3.11
居民服务、修理和其他服务业	Resident Services, Repair and Other Services	15.26	15.66	14.68	15.03	0.58	0.63
教育	Education	843.88	923.21	825.30	902.72	18.59	20.49
卫生和社会工作	Health Care and Social Work	594.86	668.27	576.99	649.63	17.87	18.64
文化、体育和娱乐业	Culture, Sports and Recreation	73.79	81.48	68.07	73.62	5.72	7.86
公共管理、社会保障和社会组织	Public Security, Social Security and Social Organization	888.04	995.50	871.54	976.83	16.50	18.66

注：在岗职工工资总额包含劳务派遣人员工资总额。Wages of Staff and workers at work include wages of dispatched workers.

5-8 分行业国有单位就业人员工资总额
Total Wages of Employed Persons in State-owned Units by Sector

单位:亿元(100 million yuan)

行业	Sector	单位就业人员工资总额 The Total Wages		在岗职工工资总额 Wages of Staff and Workers at Work		其他就业人员工资总额 Wages of Other Employed Persons	
		2017	2018	2017	2018	2017	2018
总计	**Total**	**2670.84**	**2826.47**	**2605.58**	**2763.17**	**65.26**	**63.30**
农、林、牧、渔业	Farming, Forestry, Animal Husbandry and Fishery	2.41	2.31	2.23	2.15	0.17	0.16
采掘业	Ming and Quarrying	0.22		0.18		0.05	
制造业	Manufacturing	16.71	4.95	16.53	4.81	0.19	0.14
电力、燃气及水的生产和供应业	Electricity, Heat, Gas and Water Production and Supply	72.38	42.75	70.67	41.95	1.71	0.80
建筑业	Construction	12.08	9.91	9.17	8.67	2.92	1.23
批发和零售业	Wholesale and Retail Trade	18.56	18.61	18.45	18.16	0.11	0.45
交通运输、仓储和邮政业	Transport, Storage and Post	72.56	63.78	71.46	63.04	1.09	0.74
住宿和餐饮业	Hotels and Catering Services	5.99	5.34	5.76	5.17	0.23	0.17
信息传输、软件和信息技术服务业	Information Transmission Software and Information Technology Services	8.01	18.38	7.92	18.33	0.08	0.05
金融业	Banking	43.54	25.74	42.19	25.09	1.34	0.65
房地产业	Real Estate	7.97	6.32	7.63	6.08	0.34	0.24
租赁和商务服务业	Renting and Business Services	45.92	37.69	45.17	37.21	0.76	0.48
科学研究和技术服务业	Scientific Research and Technic Service	83.26	82.27	81.47	80.66	1.78	1.61
水利、环境和公共设施管理业	Water Conservancy, Environment and Public Facilities Management	40.89	40.11	38.13	38.80	2.76	1.31
居民服务、修理和其他服务业	Resident Services, Repair and Other Services	5.28	5.18	5.05	4.99	0.23	0.19
教育	Education	761.34	824.41	746.10	807.93	15.25	16.48
卫生和社会工作	Health Care and Social Work	545.36	602.06	530.07	586.39	15.29	15.67
文化、体育和娱乐业	Culture, Sports and Recreation	54.73	57.05	49.63	52.00	5.10	5.04
公共管理、社会保障和社会组织	Public Security, Social Security and Social Organization	873.64	979.61	857.76	961.74	15.88	17.87

注：在岗职工工资总额包含劳务派遣人员工资总额。Wages of Staff and Workers at work include wages of dispatched workers.

5-9 分行业集体单位就业人员工资总额
Total Wages of Employed Persons in Collectively Owned Units by Sector

单位:亿元(100 million yuan)

行业	Sector	单位就业人员工资总额 The Total Wages		在岗职工工资总额 Wages of Staff and Workers at Work		其他就业人员工资总额 Wages of Other Employed Persons	
		2017	2018	2017	2018	2017	2018
总计	**Total**	**84.54**	**93.98**	**82.54**	**91.66**	**2.00**	**2.32**
农、林、牧、渔业	Farming, Forestry, Animal Husbandry and Fishery	0.02	0.03	0.02	0.02		0.01
采矿业	Ming and Quarrying		0.04		0.04		
制造业	Manufacturing	1.86	1.34	1.72	1.29	0.14	0.05
电力、热力、燃气及水生产和供应业	Electricity, Heat, Gas and Water Production and Supply	1.56	1.61	1.52	1.56	0.03	0.05
建筑业	Construction	34.96	35.35	34.72	35.00	0.24	0.35
批发和零售业	Wholesale and Retail Trade	1.65	1.42	1.48	1.25	0.16	0.16
交通运输、仓储及邮政业	Transport, Storage and Post	2.18	1.33	2.14	1.31	0.04	0.03
住宿和餐饮业	Hotels and Catering Services	0.60	0.62	0.58	0.60	0.02	0.02
信息传输、软件和信息技术服务业	Information Transmission Software and Information Technology Services	0.51	0.47	0.50	0.47		
金融业	Banking	2.76	2.26	2.76	2.20		0.06
房地产业	Real Estate	1.45	1.46	1.32	1.42	0.12	0.04
租赁和商务服务业	Renting and Business Services	6.43	8.10	6.29	7.78	0.14	0.32
科学研究和技术服务业	Scientific Research and Technic Service	2.51	2.09	2.44	2.05	0.07	0.04
水利、环境和公共设施管理业	Water Conservancy, Environment and Public Facilities Management	0.77	0.85	0.76	0.60	0.01	0.24
居民服务、修理和其他服务业	Service for the Residents and Other Services	1.03	0.93	1.00	0.86	0.03	0.07
教育	Education	11.60	13.75	11.17	13.58	0.43	0.17
卫生和社会工作	Health Care and Social Work	13.92	21.68	13.38	20.99	0.54	0.69
文化、体育和娱乐业	Culture, Sports and Entertainment	0.26	0.13	0.25	0.12	0.01	0.01
公共管理、社会保障和社会组织	Public Security, Social Security and Social Organization	0.48	0.53	0.48	0.52	0.01	0.01

注：在岗职工工资总额包含劳务派遣人员工资总额。Wages of Staff and Workers at work include wages of dispatched workers.

5－10 分行业其他单位就业人员工资总额
Total Wages of Employed Persons in Other Ownership Units by Sector

单位:亿元(100 million yuan)

行业	Sector	单位就业人员工资总额 The Total Wages		在岗职工工资总额 Wages of Staff and Workers at Work		其他就业人员工资总额 Wages of Other Employed Persons	
		2017	2018	2017	2018	2017	2018
总计	**Total**	**5563.70**	**6018.06**	**5330.39**	**5798.98**	**233.31**	**219.06**
农、林、牧、渔业	Farming, Forestry, Animal Husbandry and Fishery	0.67	0.70	0.61	0.54	0.06	0.16
采矿业	Ming and Quarrying	2.55	3.01	2.50	2.97	0.05	0.04
制造业	Manufacturing	2009.63	2124.54	1981.30	2095.25	28.32	29.29
电力、燃气及水的生产和供应业	Electricity, Heat, Gas and Water Production and Supply	83.83	122.05	83.03	120.06	0.80	1.99
建筑业	Construction	1369.70	1498.55	1292.52	1436.96	77.18	61.59
批发和零售业	Wholesale and Retail Trade	276.88	301.22	270.20	293.49	6.68	7.72
交通运输、仓储和邮政业	Transport, Storage and Post	197.94	219.73	194.50	214.96	3.44	4.77
住宿和餐饮业	Hotels and Catering Services	59.81	65.06	55.47	60.07	4.34	4.99
信息传输、软件和信息技术服务业	Information Transmission Software and Information Technology Services	358.30	389.63	357.20	388.54	1.09	1.09
金融业	Banking	584.83	606.78	497.67	527.85	87.17	78.93
房地产业	Real Estate	150.87	164.23	143.38	157.66	7.50	6.57
租赁和商务服务业	Renting and Business Services	154.59	160.53	149.55	153.64	5.04	6.89
科学研究和技术服务业	Scientific Research and Technic Service	139.59	149.76	136.08	146.34	3.51	3.41
水利、环境和公共设施管理业	Water Conservancy, Environment and Public Facilities Management	26.31	33.49	24.67	31.94	1.64	1.55
居民服务、修理和其他服务业	Resident Services, Repair and Other Services	8.95	9.55	8.63	9.18	0.32	0.37
教育	Education	70.94	85.04	68.03	81.20	2.91	3.85
卫生和社会工作	Health Care and Social Work	35.58	44.53	33.53	42.26	2.04	2.27
文化、体育和娱乐业	Culture, Sports and Recreation	18.81	24.30	18.20	21.49	0.61	2.80
公共管理、社会保障和社会组织	Public Security, Social Security and Social Organization	13.92	15.36	13.30	14.58	0.62	0.78

注：在岗职工工资总额包含劳务派遣人员工资总额。Wages of Staff and Workers at work include wages of dispatched workers.

5-11 各市非私营单位就业人员工资总额和平均工资(2014-2018年)
Total Wages and Average Wage of Employed Persons in Non Privite Units by City (2014-2018)

地区	Region	2014	2015	2016	2017	2018
工资总额(万元)	**Total Wages**	**66668444**	**71102468**	**71102468**	**83190835**	**89385195**
浙东北	**Eastern&Northern Region**	**47176109**	**50663444**	**54715732**	**59431527**	**64035659**
杭州市	Hangzhou	19822713	21523984	24176045	26467155	28646933
宁波市	Ningbo	11355837	11815059	11911980	13639931	14751902
嘉兴市	Jiaxing	4689598	5242770	5695926	6310640	6757411
湖州市	Huzhou	2712621	2927712	3182692	3388758	3639519
绍兴市	Shaoxing	7375487	7829320	8319735	7996955	8547526
舟山市	Zhoushan	1219854	1324597	1429354	1628088	1692368
浙西南	**Western&Southern Region**	**19145048**	**20320549**	**21687126**	**23487866**	**25282019**
温州市	Wenzhou	5980966	6390947	6884737	7926666	7999181
金华市	Jinhua	5211341	5623872	5847270	5441588	6518889
衢州市	Quzhou	1260715	1434840	1620174	1782380	1821465
台州市	Taizhou	5533806	5483918	5842063	6657745	7064896
丽水市	Lishui	1158219	1386972	1492882	1679487	1877588
平均工资(元)	**Average Wage**	**61572**	**66668**	**73326**	**80750**	**88883**
浙东北	**Eastern&Northern Region**	**63776**	**69282**	**76212**	**84209**	**93602**
杭州市	Hangzhou	69209	76073	85022	93891	103798
宁波市	Ningbo	67759	72220	79963	86540	96250
嘉兴市	Jiaxing	58659	65799	71880	79823	89346
湖州市	Huzhou	54749	59013	62887	68135	77507
绍兴市	Shaoxing	53442	57058	61003	67033	74715
舟山市	Zhoushan	67016	72687	77723	89671	94647
浙西南	**Western&Southern Region**	**56350**	**60709**	**66509**	**72841**	**78684**
温州市	Wenzhou	58492	62472	67951	72403	78528
金华市	Jinhua	55268	58921	62631	71006	74491
衢州市	Quzhou	61010	69583	78350	87732	94711
台州市	Taizhou	52794	56007	63139	68496	75416
丽水市	Lishui	65349	75222	82057	89224	98701

注：2012年为单位在岗职工工资总额和平均工资。
The data of this table refers to the data of total wages and average wage of currently employed staff and works in 2012.

5-12 各市非私营企业单位就业人员工资总额和平均工资
Total Wages and Average Wage of Employed Persons in Non Privite Enterprises by City

单位:亿元(100 million yuan)

城市	City	单位就业人员工资总额 Total Wages of Employed Persons			#在岗职工工资总额 Wages of Staff and Workers at Work			单位就业人员平均工资(元) Average Wage of Employed Persons(yuan)		
		2016	2017	2018	2016	2017	2018	2016	2017	2018
全　省	**Total**	**5518.50**	**5829.27**	**6171.17**	**5290.08**	**5586.27**	**5958.93**	**65329**	**70686**	**77453**
杭州市	Hangzhou	1865.05	2020.13	2175.24	1785.50	1945.82	2104.84	78323	86169	95319
宁波市	Ningbo	877.19	1009.65	1036.66	833.43	956.97	1001.06	72145	77210	84663
温州市	Wenzhou	417.25	472.38	467.83	396.38	446.87	443.64	55612	57979	62728
嘉兴市	Jiaxing	416.77	440.73	458.39	401.37	423.06	444.21	64061	68373	75923
湖州市	Huzhou	222.62	230.64	241.61	203.08	212.69	225.32	54125	57441	64819
绍兴市	Shaoxing	661.49	605.52	626.76	649.63	594.00	614.78	54662	58609	63798
金华市	Jinhua	408.71	336.77	431.80	398.94	324.88	424.23	55434	59051	63024
衢州市	Quzhou	80.90	84.12	81.45	75.09	77.94	75.71	63519	69314	73798
舟山市	Zhoushan	81.02	89.39	94.69	76.86	84.86	89.84	67497	74962	80836
台州市	Taizhou	401.55	453.00	484.92	387.19	436.83	468.61	54222	57657	64281
丽水市	Lishui	53.14	59.80	65.07	49.84	55.21	59.95	67683	71262	74579

5-13 各市国有控股企业单位就业人员工资总额和平均工资
Total Wages and Average Wage of Employed Persons in Enterprises State-holding by city

单位:亿元(100 million yuan)

城市		单位就业人员工资总额 Total Wages of Employed Persons			#在岗职工工资总额 Wages of Staff and Workers at Work			单位就业人员平均工资(元) Average Wage of Employed Persons(yuan)		
		2016	2017	2018	2016	2017	2018	2016	2017	2018
全　省	**Total**	**1310.62**	**1453.87**	**1497.32**	**1221.32**	**1353.20**	**1411.51**	**93824**	**100283**	**107816**
杭州市	Hangzhou	508.27	583.54	634.43	477.78	554.28	607.45	103800	111758	122229
宁波市	Ningbo	232.35	259.69	245.81	218.04	239.33	235.55	106328	113901	120178
温州市	Wenzhou	111.12	126.03	134.00	96.59	108.69	117.73	83814	82217	88429
嘉兴市	Jiaxing	87.23	91.65	89.78	83.91	87.94	86.47	86501	93006	100226
湖州市	Huzhou	44.09	49.40	55.43	40.23	44.61	50.80	83895	90146	101826
绍兴市	Shaoxing	62.12	64.34	68.97	59.44	61.62	66.07	82007	90729	97544
金华市	Jinhua	65.75	71.55	66.35	61.49	66.28	63.68	81882	85681	87009
衢州市	Quzhou	37.11	36.99	42.38	33.48	33.49	37.78	72678	79298	87178
舟山市	Zhoushan	40.08	46.16	47.94	37.96	43.78	45.57	78414	85812	91151
台州市	Taizhou	63.21	68.08	76.73	55.77	60.38	68.93	74055	84432	93065
丽水市	Lishui	26.46	29.83	31.65	23.85	26.21	27.66	75441	79532	83860

5－14 城乡居民家庭收入情况(1978－2018 年)
Income of Urban and Rural Households (1978－2018)

年份 Year	全体居民家庭 Urban and Rural House		城镇居民家庭 Urban Households		农村居民家庭 Rural Households	
	人均可支配收入(元) Per Capita Disposable Income (yuan)	人均可支配收入指数(上年=100) Growth Rate of Per Capita Disposable Income (Preceding year = 100)	人均可支配收入(元) Per Capita Disposable Income (yuan)	人均可支配收入指数(上年=100) Growth Rate of Per Capita Disposable Income (Preceding year = 100)	人均可支配收入(元) Per Capita Disposable Income (yuan)	人均可支配收入指数(上年=100) Growth Rate of Per Capita Disposable Income (Preceding year = 100)
1978			332		165	
1980			488		219	103.3
1981			523	105.4	286	129.0
1982			530	99.4	346	120.4
1983			551	101.2	359	102.3
1984			669	117.1	446	123.5
1985			904	117.4	549	112.5
1986			1104	114.9	609	105.0
1987			1228	100.3	725	113.6
1988			1589	104.9	902	108.1
1989			1797	96.8	1011	97.4
1990			1932	105.3	1099	102.7
1991			2143	105.0	1211	108.9
1992			2619	111.9	1359	108.8
1993			3626	114.0	1746	110.2
1994			5066	112.0	2225	104.1
1995			6221	105.0	2966	105.3
1996			6956	101.8	3463	106.1
1997			7359	101.6	3684	103.8
1998			7837	105.3	3815	104.7
1999			8428	108.0	3948	105.6
2000			9279	109.1	4254	107.8
2001			10465	113.3	4582	106.9
2002			11716	113.4	4940	108.4
2003			13180	111.9	5431	107.8
2004			14546	107.4	6096	107.4
2005			16294	110.4	6660	106.4
2006			18265	110.9	7335	109.3
2007			20574	108.4	8265	108.2
2008			22727	105.4	9258	106.2
2009			24611	109.7	10007	109.5
2010			27359	106.9	11303	108.6
2011			30971	107.5	13071	109.5
2012			34550	109.2	14552	108.8
2013	29775	107.7	37080	107.1	17494	108.1
2014	32658	107.4	40393	106.8	19373	108.3
2015	35537	107.3	43714	106.7	21125	107.5
2016	38529	106.4	47237	106.0	22866	106.3
2017	42046	106.9	51261	106.3	24956	107.0
2018	45840	106.5	55574	106.0	27302	107.0

注：1、从 2013 年起，国家统计局开展了城乡一体化住户收支与生活状况调查，与 2013 年前的分城镇和农村住户调查的调查范围、调查方法、指标口径有所不同(以后各表同)。
National Bureau of Statustics of China strted an integrated households income and expenditure survey, including both urban and rural households since 2013. The coverage, the methodology and definitions used in the survey has been changed compared with before. The same applies to the relevant tables following.
2、人均可支配收入指数扣除价格变动因素。
Growth rate of per capita disposable income was excluded price changes.
3、2012 年及以前农村居民人均可支配收入为人均纯收入。
The data of per capita disposable income of rural households refer to the per capita net income of rural households before 2013.

5－15 城乡居民家庭人均生活消费支出(1978－2018年)
Per Capita Annual Consumption Expenditures and Floor Space of Urban(1978－2018)

年份 Year	全体居民 Urban and Rural House		城镇居民家庭 Urban Households		农村居民家庭 Rural Households	
	人均消费性支出(元) Per Capital Annual Expenditure (yuan)	比上年增长(%) Increase over the Previous Year(%)	人均消费性支出(元) Per Capital Annual Expenditure (yuan)	比上年增长(%) Increase over the Previous Year(%)	人均消费性支出(元) Per Capital Annual Expenditure (yuan)	比上年增长(%) Increase over the Previous Year(%)
1978			301		157	
1980			428		192	9.7
1981			476	11.2	267	39.1
1982			471	-1.1	302	13.1
1983			484	2.8	326	7.9
1984			562	16.1	369	13.2
1985			795	41.5	474	28.5
1986			969	21.9	561	18.4
1987			1100	13.5	659	17.5
1988			1453	32.1	839	27.3
1989			1556	7.1	927	10.5
1990			1604	3.1	946	2.0
1991			1806	12.6	1027	8.6
1992			2154	19.3	1112	8.3
1993			2856	32.6	1263	13.6
1994			4079	42.8	1680	33.0
1995			5263	29.0	2378	41.5
1996			5764	9.5	2702	13.6
1997			6170	7.0	2839	5.1
1998			6218	0.8	2891	1.8
1999			6522	4.9	2806	-2.9
2000			7020	7.6	3231	15.1
2001			7952	13.3	3479	7.7
2002			8713	9.6	3693	6.2
2003			9713	11.5	4287	16.1
2004			10636	9.5	4659	8.7
2005			12254	15.2	5215	11.9
2006			13349	8.9	5762	10.5
2007			14091	5.6	6442	11.8
2008			15158	7.6	7072	9.8
2009			16683	10.1	7375	4.3
2010			17858	7.0	8390	13.8
2011			20437	14.4	9644	14.9
2012			21545	5.4	10208	5.8
2013	20610		25254	7.9	12803	10.4
2014	22552	9.4	27242	7.9	14498	13.2
2015	24117	6.9	28661	5.2	16108	11.1
2016	25527	5.8	30068	4.9	17359	7.8
2017	27079	6.1	31924	6.2	18093	4.2
2018	29471	8.8	34598	8.4	19707	8.9

5-16 城乡居民家庭基本情况(2016-2018年)
Basic Statistics in Urban and Rural Households(2016-2018)

单位:%

项目		全体居民			城镇常住居民			农村常住居民		
		2016	2017	2018	2016	2017	2018	2016	2017	2018
基本情况	**Basic Statistics**									
常住人口(人/户)	Average Number of Permanent Residents(person/household)	2.92	2.96	2.89	2.88	2.93	2.87	3.00	3.03	2.93
#在校学生人数(人)	The number of students in school	0.46	0.47	0.41	0.45	0.46	0.40	0.48	0.49	0.42
常住就业人口(人/户)	Average Employed Persons (person/household)	1.71	1.73	1.65	1.61	1.63	1.55	1.91	1.92	1.84
常住人口就业面(%)	Percentage of Employed Persons (%)	58.50	58.29	57.07	55.72	55.60	54.01	63.51	63.27	62.90
就业者负担人数(包括就业者本人)(人/户)	Number of Persons Supported by Each Employed Person(person/household)	1.71	1.72	1.75	1.79	1.80	1.85	1.57	1.58	1.59
性别	**Sex**									
男性	Male	49.50	49.44	49.84	49.40	49.24	49.30	49.68	49.81	50.87
女性	Female	50.50	50.56	50.16	50.60	50.76	50.70	50.32	50.19	49.13
15岁及以上常住成员受教育程度	**Members at the age of 15 and above**									
未上过学	Has not been to school	4.27	4.47	5.12	2.99	3.29	3.61	6.56	6.65	7.94
小学	Primary School	27.69	27.53	28.01	22.79	22.90	23.13	36.47	36.10	37.15
初中	Junior Secondary School	33.99	33.62	31.86	32.02	31.58	30.28	37.50	37.40	34.80
高中	Senior Secondary School	16.49	16.44	16.47	18.38	18.32	18.48	13.10	12.96	12.70
大学专科	University	8.91	9.16	9.33	11.46	11.55	11.69	4.35	4.75	4.91
大学本科	University and College Students	8.15	8.25	8.57	11.63	11.62	11.81	1.91	2.00	2.50
研究生	Postgraduates	0.51	0.54	0.65	0.73	0.75	1.00	0.11	0.13	0.00
常住从业人员就业类型	**Households Employed Persons by Type of Employment**									
雇主	employer	1.81	1.35	1.72	2.27	1.82	2.13	1.09	0.58	1.04
公职人员	public employee	1.91	1.75	1.89	2.96	2.67	2.88	0.24	0.26	0.27
事业单位人员	Public Institution	6.04	5.79	4.73	9.40	9.07	7.13	0.74	0.44	0.80
国有企业雇员	abc	2.90	2.85	2.61	4.47	4.35	4.04	0.41	0.42	0.27
其他雇员	Others	63.54	64.70	67.27	65.26	66.85	68.55	60.83	61.21	65.17
农业自营	Agricultural proprietary	10.20	10.43	9.30	1.70	1.66	2.08	23.62	24.72	21.10
非农自营	Non-agricultural proprietary	13.60	13.13	12.49	13.93	13.59	13.20	13.07	12.38	11.34
常住从业人员从事主要行业	**Households Employed Persons by Sector**									
第一产业	Primary Industry	11.47	11.54	11.05	2.40	2.45	2.84	25.79	26.35	24.47
第二产业	Secondary Industry	40.60	39.76	39.62	38.14	37.85	35.10	44.48	42.87	47.00
第三产业	Tertiary Industry	47.93	48.70	49.33	59.46	59.70	62.05	29.73	30.78	28.53

5-17 城乡居民人均可支配收入情况(2016-2018年)
Per Capita Disposable Income of Urban Households and Rural Households(2016-2018)

单位:元(yuan)

项目	Item	全体居民 Urban and Rural House			城镇常住居民 Urban Households			农村常住居民 Rural Households		
		2016	2017	2018	2016	2017	2018	2016	2017	2018
可支配收入	**Disposable Income**	**38529**	**42046**	**45840**	**47237**	**51261**	**55574**	**22866**	**24956**	**27302**
工资性收入	Wages Income	22207	24137	26242	26656	28818	31148	14204	15457	16898
工资	Wage	21065	22877	24918	25159	27160	29460	13700	14934	16267
实物福利	Benefit in Kind	181	211	132	243	286	167	70	72	67
其他	others	961	1049	1192	1254	1371	1521	434	452	564
经营净收入	**Net Business Income**	**6589**	**7123**	**7752**	**7126**	**7669**	**8316**	**5622**	**6112**	**6677**
第一产业净收入	The First Industry Net Income	777	851	1054	207	262	440	1802	1944	2222
第二产业净收入	The Second Industry Net Income	1631	1766	2074	1751	2001	2273	1416	1330	1693
第三产业净收入	The Third Industry Net Income	4181	4506	4624	5168	5405	5602	2405	2839	2762
财产净收入	**Net Property Income**	**4337**	**4742**	**5244**	**6381**	**6911**	**7586**	**662**	**718**	**784**
利息净收入	Net Interest Income	132	274	-21	166	376	-55	70	84	44
红利收入	Dividend Income	711	663	839	936	877	1188	305	266	174
储蓄性保险净收益	Deposit Sex Net Income Insurance	2	5	5	3	5	8	1	3	1
转让承包土地经营权租金净收入	The Transfer of Contracted land Management Rights Rent Net Income	36	38	81	21	15	57	63	81	126
出租房屋净收入	Rental Housing Net Income	1180	1329	1531	1719	1910	2115	209	251	419
出租其它资产净收入	Net Income from Other Assets	9	17	31	8	13	36	10	24	20
自有住房折算净租金	Home Ownership Convert Net Rents	2256	2379	2684	3511	3661	4093			
其他财产净收入	Net Income from Other Property	12	38	94	17	54	144	3	9	-1

续表 Continued 单位:元(yuan)

项目	Item	全体居民 Urban and Rural House			城镇常住居民 Urban Households			农村常住居民 Rural Households		
		2016	2017	2018	2016	2017	2018	2016	2017	2018
转移净收入	**Transfer of Net Income**	**5396**	**6043**	**6602**	**7074**	**7863**	**8524**	**2378**	**2669**	**2943**
转移性收入	**Transfer Income**	**8062**	**8702**	**9456**	**10186**	**10963**	**11828**	**4242**	**4509**	**4939**
养老金或离退休金	Pensions and Retirement Pay	6390	6949	7283	8503	9206	9648	2590	2765	2779
社会救济和补助	Social Relief and Aid	53	66	91	46	54	64	66	90	143
惠农补贴	Corresponding Subsidy	15	13	22	6	5	6	33	27	51
政策性生活补贴	Policy Allowance	55	57	70	66	69	71	37	34	70
报销医疗费	Reimbursement	366	427	11	445	500	16	226	293	3
外出从业人员寄回带回收入	Send Out Practitioners to Income	544	556	34	540	618	27	549	441	47
赡养收入	Maintenance Income	558	535	481	487	405	597	685	777	262
其他经常转移收入	Other Often Transfer Income	80	97	467	93	105	469	55	83	462
转移性支出	**Transfer Expenditure**	**2666**	**2659**	**2854**	**3111**	**3100**	**3304**	**1864**	**1841**	**1996**
个人所得税	Income Tax	125	147	233	188	221	338	11	9	32
社会保障支出	Social Security Expenditure	2293	2223	2340	2585	2504	2610	1769	1703	1826
外来从业人员寄给家人的支出	Foreign Employees Sent to Family Spending	25	39	17	33	29	19	11	56	14
赡养支出	Support Spending	115	140	172	158	200	224	37	29	74
其他经常转移支出	Other Often Transfer Spending	107	110	92	146	145	113	35	44	50

5－18 城乡居民人均生活消费支出情况(2016－2018 年)
Per Capita Consumption Expenditure of Urban Households and Rural Households(2016－2018)

单位:元

项目		全体居民			城镇常住居民			农村常住居民		
		2016	2017	2018	2016	2017	2018	2016	2017	2018
居民生活消费支出	**Residents living Consumption Expenditure**	**25527**	**27079**	**29471**	**30068**	**31924**	**34598**	**17359**	**18093**	**19707**
食品烟酒	**Food or Smoke Wine**	**7414**	**7751**	**8198**	**8467**	**8906**	**9371**	**5520**	**5608**	**5966**
食品	Food	5167	5235	5309	5752	5841	5896	4116	4112	4190
烟酒	Liquor & Tobacco	750	806	863	743	819	861	762	783	869
饮料	Beverage	117	123	150	124	133	173	104	104	106
饮食服务	Catering Services	1380	1586	1876	1849	2113	2441	538	609	801
衣着	**Clothing**	**1564**	**1586**	**1814**	**1904**	**1926**	**2232**	**953**	**956**	**1018**
衣类	Clothes	1246	1276	1481	1528	1563	1833	739	743	812
鞋类	Shoes	318	310	332	376	362	399	214	213	206
居住	**Residence**	**6133**	**6993**	**7721**	**7385**	**8413**	**9154**	**3882**	**4358**	**4993**
租赁房房租	Rental Housing Rent	348	434	589	487	609	837	98	110	117
住房维修及管理	Housing Maintenance and Management	626	1121	740	672	1347	817	543	703	593
水电燃料及其他	Water,Electricity and Fuels	815	886	977	918	963	1063	630	743	814
自有住房折算租金	Home Ownership Reduced Rents	4344	4552	5415	5308	5495	6437	2611	2803	3470
生活用品及服务	**Supplies and Services**	**1224**	**1346**	**1652**	**1421**	**1617**	**1967**	**870**	**842**	**1053**
家具及室内装饰品	Furniture and Interior Decoration	190	247	262	214	317	302	147	118	186
家用器具	Household Utensils	286	348	420	325	397	468	216	257	330
家用纺织品	Home Textiles	124	116	137	155	148	168	69	55	77
家庭日用杂品	Articles for Daily Use	337	336	364	366	379	409	284	257	280
个人用品	Personal Items	213	229	363	261	282	475	125	132	151
家庭服务	Domestic Service	73	70	105	98	95	145	29	24	29
交通通信	**Transportation Communication**	**4377**	**4307**	**4302**	**5101**	**4956**	**5010**	**3076**	**3102**	**2953**
交通	Transportation	3413	3356	3284	4002	3869	3847	2354	2405	2212
通信	Communication	964	951	1018	1099	1087	1164	721	698	741
教育文化娱乐	**Education Culture And Entertainment**	**2794**	**2845**	**3031**	**3452**	**3521**	**3684**	**1611**	**1591**	**1788**
教育	Education	1585	1654	1772	1816	1912	2032	1170	1176	1278
文化娱乐	Entertainment	1209	1190	1259	1636	1609	1652	441	415	510
医疗保健	**Medicine and Medical Services**	**1507**	**1696**	**2059**	**1692**	**1872**	**2287**	**1173**	**1370**	**1627**
医疗器具及药品	Medical Equipment and Drugs	530	595	669	615	694	743	377	411	527
医疗服务	Medical Service	977	1101	1391	1077	1178	1543	797	959	1100
其他用品及服务	**Other Goods and Services**	**513**	**556**	**693**	**645**	**713**	**893**	**274**	**265**	**310**
其他用品	Other Items	283	304	353	350	386	454	161	154	160
其他服务	Other Services	230	252	340	295	327	439	113	112	150

5-19 城乡居民家庭耐用消费品拥有量(2016-2018年)
Number of Duable Consumer Goods Owned Urban Households and Rural Households (2016-2018)

项目		Item		全体居民 Urban and Rural House 2016	2017	2018	城镇常住居民 Urban Households 2016	2017	2018	农村常住居民 Rural Households 2016	2017	2018
每百户耐用消费品拥有量		**Every Hundred Households Durable Consumer Goods Ownership**										
家用汽车	(辆)	Family Car	(unit)	45.2	47.9	44.4	53.3	55.5	52.4	30.2	33.3	28.8
摩托车	(辆)	Motorcycle	(unit)	17.9	17.7	12.7	11.1	11.8	7.8	30.7	29.0	22.2
电冰箱(柜)	(台)	Refrigerator (Ark)	(unit)	98.9	101.1	104.0	97.9	100.3	103.2	100.7	102.7	105.6
洗衣机	(台)	Wash Machine	(unit)	86.4	88.9	90.6	90.2	92.5	93.9	79.3	82.0	84.2
热水器	(个)	Water Heater	(unit)	92.0	95.3	101.9	94.7	98.4	105.3	86.9	89.3	95.4
#太阳能热水器	(个)	#The Solar Water Heater	(unit)	35.7	37.6	33.7	28.7	30.7	27.8	48.8	51.0	45.2
空调	(台)	Air Conditioner	(unit)	169.3	176.1	193.1	199.0	206.0	220.5	113.6	118.8	139.6
彩色电视机	(台)	Colour Tv Set	(unit)	172.6	178.2	173.2	173.8	179.1	171.9	170.4	176.4	175.7
摄像机	(架)	Vidicon	(unit)	4.1			5.7			1.0		
照相机	(架)	Camera	(unit)	23.9	23.7	17.3	32.9	32.4	23.2	7.0	6.9	5.8
计算机	(台)	Computer	(unit)	77.8	80.7	72.6	93.0	95.6	86.4	49.3	52.2	45.5
#接入互联网的计算机	(台)	omputer Access To The Internet	(unit)	69.4	71.7	64.7	83.2	85.8	78.3	43.6	44.8	38.3
中高档乐器	(架)	High-grade Instruments	(unit)	3.9	4.9	7.6	5.5	6.9	10.6	0.9	1.0	1.9
固定电话	(部)	Fixed Telephone	(unit)	47.6	44.2	27.8	50.7	47.3	28.2	41.9	38.2	27.2
移动电话	(部)	Moble Telephone	(unit)	233.1	239.9	243.6	234.8	242.3	243.1	230.0	235.2	244.5
#接入互联网的移动电话	(部)	#Mobile Phone Access To The Internet	(unit)	138.6	153.6	178.8	155.8	170.5	193.1	106.5	121.2	151.2

5－20 城乡居民住房情况(2016－2018 年)
Housing Conditions of Urban and Rural Residents(2016－2018)

项目		全体居民			城镇常住居民			农村常住居民		
		2016	2017	2018	2016	2017	2018	2016	2017	2018
住房情况	**Housing Conditions**									
人均住房建筑面积(平方米)	**Per Capita Housing Area (m2)**	**47.80**	**48.14**	**52.27**	**40.87**	**41.51**	**45.35**	**60.27**	**60.43**	**65.44**
按居住空间样式分的户数比重(%)	**According To The Style Of Living Space Points and The Number Of Proportion (%)**	**100.0**	**100.0**	**100.0**	**100.0**	**100.0**	**100.0**	**100.0**	**100.0**	**100.0**
单栋楼房	The Pavilions Buildings	50.0	49.9	51.6	31.7	32.1	33.2	84.3	84.3	87.5
单栋平房	Pavilions Bungalow	5.0	4.9	4.7	3.0	2.8	2.2	8.7	8.8	9.5
单元房	Apartment	42.6	42.9	42.3	63.2	62.9	62.9	4.2	4.4	2.2
筒子楼或连片平房	Tube－Shaped Apartment Or Shall Bungalow	2.1	2.1	1.2	2.0	2.1	1.6	2.4	2.2	0.4
其他	Else	0.3	0.2	0.2	0.2	0.2	0.1	0.4	0.3	0.5
按主要建筑材料分的户数比重(%)	**According To The Main Points And The Proportion Of The Number Of Building Materials (%)**	**100.0**	**100.0**	**100.0**	**100.0**	**100.0**	**100.0**	**100.0**	**100.0**	**100.0**
钢筋混凝土	Reinforced Concrete	44.1	44.3	55.4	54.9	55.1	68.1	23.9	23.8	30.6
砖混材料	Brick Material	44.9	45.2	36.0	40.8	40.9	28.4	52.6	53.4	50.6
砖瓦砖木	Brick And Tile Brick	10.3	9.9	8.1	4.1	3.8	3.0	21.8	21.4	17.9
竹草土坯	Bamboo Grass Adobe	0.3	0.2	0.1	...	...	...	0.8	0.6	0.1
其他	Else	0.4	0.4	0.5	0.2	0.2	0.3	0.8	0.8	0.7
按房屋来源分的户数比重(%)	**By Building The Proportion Of The Number Of Source Points (%)**	**100.0**	**100.0**	**100.0**	**100.0**	**100.0**	**100.0**	**100.0**	**100.0**	**100.0**
租赁住房	Rental Housing	11.5	11.1	10.3	15.1	14.7	14.7	4.8	4.3	1.7
自建住房	Aided Private Housing	50.5	51.1	52.6	29.6	30.8	31.2	89.5	90.0	94.4
购买商品房	Buy Commercial Housing	23.1	23.1	24.9	35.0	34.5	37.4	0.8	1.2	0.5
购买房改住房	Purchase Of Housing Reform Housing	5.9	5.8	3.9	8.8	8.6	5.9	0.5	0.4	0.1
购买保障性住房	Purchase Of Affordable Housing	0.6	0.5	0.4	0.8	0.8	0.6	0.2	0.1	...
拆迁安置房	Dismantling And Settling Building	4.0	4.2	4.8	5.8	6.1	7.1	0.6	0.5	0.3
继承或获赠住房	Inheritance Or Gift Of Housing	1.5	1.5	1.2	0.8	0.8	0.8	2.9	2.9	2.0
其他	Else	2.9	2.7	1.9	4.1	3.8	2.4	0.7	0.5	0.9

续表 Continued

项目		全体居民			城镇常住居民			农村常住居民		
		2016	2017	2018	2016	2017	2018	2016	2017	2018
生活设施状况	**Living Facilities Condition**									
主要饮用水来源(%)	**The Main Source Of Drinking Water (%)**	**100.0**	**100.0**	**100.0**	**100.0**	**100.0**	**100.0**	**100.0**	**100.0**	**100.0**
经过净化处理的自来水	After purification treatment of tap water	92.4	91.8	93.3	98.5	98.7	98.8	81.1	78.5	82.6
受保护的井水和泉水	Protected well water and spring water	3.9	5.1	3.7	0.7	0.6	0.3	10.0	13.7	10.4
不受保护的井水和泉水	Unprotected Wells and springs	1.6	1.3	0.7	0.2	0.2	0.1	4.4	3.4	1.9
江河湖泊水	Rivers And Lakes Water	0.9	1.0	0.9	0.3	0.3	0.3	2.1	2.4	1.9
其他饮用水来源	Other Drinking Water Sources	1.1	0.8	1.4	0.4	0.3	0.5	2.4	2.0	3.3
住宅内厕所状况(%)	**The Toilet Inside The Residence Status (%)**	**100.0**	**100.0**	**100.0**	**100.0**	**100.0**	**100.0**	**100.0**	**100.0**	**100.0**
水冲式卫生厕所	Health Toilet Flush	93.4	93.7	96.7	97.1	97.4	98.6	86.5	86.7	93.0
水冲式非卫生厕所	Flush The Sanitary Toilets	0.9	0.7	0.7	0.6	0.5	0.4	1.5	1.2	1.2
卫生旱厕	Health Dry	1.1	1.1	0.5	0.2	0.3		2.9	2.7	1.5
普通旱厕	Ordinary Dry	2.5	2.5	0.8	0.2	0.2	0.2	6.8	7.1	2.0
无厕所	No Lavatory	2.0	1.9	1.3	1.9	1.6	0.8	2.4	2.4	2.2
主要炊用能源(%)	**The Main Cook In Energy (%)**	**100.0**	**100.0**	**100.0**	**100.0**	**100.0**	**100.0**	**100.0**	**100.0**	**100.0**
天然气、煤气、液化石油气	Natgas、Gas、Liquefied Petroleum Gas	92.0	94.1	87.8	94.3	95.0	91.7	87.6	92.2	80.4
煤炭	Coal	...	...	0.1	...	0.0	0.1	0.0	...	0.1
电	Electrism	2.5	2.5	7.2	2.7	2.6	6.3	2.0	2.4	8.8
沼气	Marsh Gas	...	...	...	0.0	0.0	0.0	0.1	...	0.1
其他	Else	5.5	3.4	4.9	2.9	2.4	2.0	10.4	5.3	10.6

5-21 城乡居民人均收支情况(2016-2018年)
Per Capita Income and Consumption Expenditure of Urban and Rural Households(2016-2018)

项目		全体居民			城镇常住居民			农村常住居民		
		2016	2017	2018	2016	2017	2018	2016	2017	2018
可支配收入(元)	**Disposable Income (Yuan)**	**38529**	**42046**	**45840**	**47237**	**51261**	**55574**	**22866**	**24956**	**27302**
工资性收入	Income From Wage And Salary	22207	24137	26242	26656	28818	31148	14204	15457	16898
经营净收入	Net Income From Operations	6589	7123	7752	7126	7669	8316	5622	6112	6677
财产净收入	Net Property Income	4337	4742	5244	6381	6911	7586	662	718	784
转移净收入	Transfer Of net Income	5396	6043	6602	7074	7863	8524	2378	2669	2943
生活消费支出(元)	**Life In Consumer Spending (Yuan)**	**25527**	**27079**	**29471**	**30068**	**31924**	**34598**	**17359**	**18093**	**19707**
食品烟酒	Food Or Smoke Wine	7414	7751	8198	8467	8906	9371	5520	5608	5966
衣着	Clothing	1564	1586	1814	1904	1926	2232	953	956	1018
居住	Dwell	6133	6993	7721	7385	8413	9154	3882	4358	4993
生活用品及服务	Supplies And Services	1224	1346	1652	1421	1617	1967	870	842	1053
交通通信	Transportation Communication	4377	4307	4302	5101	4956	5010	3076	3102	2953
教育文化娱乐	Education Entertainment	2794	2845	3031	3452	3521	3684	1611	1591	1788
医疗保健	Medical Care	1507	1696	2059	1692	1872	2287	1173	1370	1627
其他用品和服务	Other Goods And Services	513	556	693	645	713	893	274	265	310

5－22 各市城乡居民人均可支配收入情况(2016－2018年)
Per Capita Disposable Income of Urban and Rural Households by City(2016－2018)

单位:元(yuan)

城市	City	全体居民 Urban and Rural House			城镇常住居民 Urban Households			农村常住居民 Rural Households		
		2016	2017	2018	2016	2017	2018	2016	2017	2018
杭州市	Hangzhou	46116	49832	54348	52185	56276	61172	27908	30397	33193
宁波市	Ningbo	44641	48233	52402	51560	55656	60134	28572	30871	33633
温州市	Wenzhou	39601	43185	46920	47785	51866	56097	22985	25154	27478
嘉兴市	Jiaxing	40118	43507	47380	48926	53057	57437	28997	31436	34279
湖州市	Huzhou	37193	40702	44487	45794	49934	54393	26508	28999	31767
绍兴市	Shaoxing	41506	45306	49389	50305	54445	59049	27744	30331	33097
金华市	Jinhua	37159	40629	44326	46554	50653	54883	21896	23922	26218
衢州市	Quzhou	26745	29378	32269	36188	39577	43126	18421	20225	22255
舟山市	Zhoushan	41564	45195	49217	48423	52516	56622	28308	30791	33812
台州市	Taizhou	36915	40439	43973	47162	51374	55705	23164	25369	27631
丽水市	Lishui	26757	29329	32245	35968	38996	42557	16459	18072	19922

5－23 各市城乡居民人均生活消费支出情况(2016－2018年)
Per Capita Annual Consumption Expenditures of Urban and Rural Households by City(2016－2018)

单位:元(yuan)

城市	City	全体居民 Urban and Rural House			城镇常住居民 Urban Households			农村常住居民 Rural Households		
		2016	2017	2018	2016	2017	2018	2016	2017	2018
杭州市	Hangzhou	31905	34146	37369	35686	38179	41615	20563	21983	24203
宁波市	Ningbo	27891	29316	32200	31584	33197	36712	19313	20239	21248
温州市	Wenzhou	26234	28627	31213	30965	33663	36709	16627	18169	19568
嘉兴市	Jiaxing	24137	25619	27738	28313	29875	32366	18864	20240	21708
湖州市	Huzhou	23217	24421	26964	27731	28962	31829	17609	18665	20718
绍兴市	Shaoxing	24541	26459	28691	28858	30879	33319	17787	19216	20888
金华市	Jinhua	24961	26661	28628	30311	32368	34503	16269	17149	18550
衢州市	Quzhou	15869	16794	18736	20877	21934	24273	11454	12181	13629
舟山市	Zhoushan	26911	28259	29989	30762	32218	33826	19468	20472	22007
台州市	Taizhou	25143	27129	29421	30021	32514	35100	18598	19709	21510
丽水市	Lishui	19933	21568	23508	25296	27017	29271	13936	15222	16623

浙/江/统/计/年/鉴

主要统计指标解释

■ 常住人口

指住户成员中，经常在家居住、或者调查期内居住时间超过一半的人员，以及本住户供养的学生。

■ 可支配收入

指调查户在调查期内获得的、可用于最终消费支出和储蓄的总和，即调查户可以用来自由支配的收入。可支配收入既包括现金，也包括实物收入。按照收入的来源，可支配收入包含四项，分别为：工资性收入、经营净收入、财产净收入和转移净收入。

■ 工资性收入

指就业人员通过各种途径得到的全部劳动报酬和各种福利，包括受雇于单位或个人、从事各种自由职业、兼职和零星劳动得到的全部劳动报酬和福利。

■ 经营净收入

指住户或住户成员从事生产经营活动所获得的净收入，是全部经营收入中扣除经营费用、生产性固定资产折旧和生产税之后得到的净收入。

■ 财产净收入

指住户或住户成员将其所拥有的金融资产、住房等非金融资产和自然资源交由其他机构单位、住户或个人支配而获得的回报并扣除相关的费用之后得到的净收入。财产净收入包括利息净收入、红利收入、储蓄性保险净收益、转让承包土地经营权租金净收入、出租房屋净收入、出租其他资产净收入和自有住房折算净租金等。财产净收入不包括转让资产所有权的溢价所得。

■ 转移净收入

转移净收入=转移性收入–转移性支出

■ 转移性收入

指国家、单位、社会团体对住户的各种经常性转移支付和住户之间的经常性收入转移。包括养老金或退休金、社会救济和补助、政策性生产补贴、政策性生活补贴、经常性捐赠和赔偿、报销医疗费、住户之间的赡养收入，以及本住户非常住成员寄回带回的收入等。转移性收入不包括住户之间的实物馈赠。

■ 转移性支出

指调查户对国家、单位、住户或个人的经常性或义务性转移支付。包括缴纳的税款、各项社会保障支出、赡养支出、经常性捐赠和赔偿支出以及其他经常转移支出等。

■ 消费支出

指住户用于满足家庭日常生活消费需要的全部支出，包括用于消费品的支出和用于服务性消费的支出。根据用途不同，消费支出可划分为食品烟酒、衣着、居住、生活用品及服务、交通通信、教育文化娱乐、医疗保健、其他用品及服务八大类。根据来源不同，消费支出可划分为现金消费支出、实物消费支出（含自产自用、来自单位、来自政府和其他社会组织）。

■ 城乡一体化住户调查

从2013年度起，国家统计局实施了城乡一体化住户调查改革，统一了原分别组织的城镇住户调查和农村住户调查，规范了统计名称、统计分类和统计标准，并据此获得居民有关数据。实行城乡一体化住户调查，是全面、准确、及时了解全国和各地区城乡居民收入和消费及其他生活状况，监测居民收入分配格局和不同收入层次居民的生活质量，更好地满足研究制定城乡统筹政策和民生政策的客观需要，是调整国家收入分配格局，制定收入分配政策，构建和谐社会的必然要求，是提高住户调查数据质量的基本保障。是为国民经济核算和居民消费价格指数权重制定提供基础数据。

ZHEJIANG STATISTICAL YEARBOOK

Explanatory Notes on Main Statistical Indicators

□ Permanent Resident Population

It refers to members of household , those who often live at home, or more than half of the time spent in the survey period, as well as the students supported by the household.

□ Disposable Income

It refers to the sum of the final consumption expenditures and savings obtained by the households during the survey period, i.e. the households' discretionary income. disposable income includes both cash and physical income. according to the source of income, disposable income includes four items: wage income, net operating income, net property income and net transfer income.

□ Wage Income

It refers to the full remuneration and various benefits obtained by the employee through various means, including all the remuneration and benefits obtained by employing the unit or individual, engaging in various freelance occupations, part-time and sporadic work.

□ Net Operating Income

It refers to the net income of households or household members engaged in production and operation activities. It is the net income of all operating income after deducting operating expenses, depreciation of productive fixed assets and production tax.

□ Net Income of Property

It refers to the net income obtained by a household or a household member after the financial assets, housing and other non-financial assets and natural resources are transferred to the disposal of other institutional units, households or individuals and the relevant fees are deducted. Net property income includes net interest income, dividends income, net savings insurance income, net rental income from the transfer of contracted land management rights, net income from rental housing, net income from rental other assets and net rental of converted private housing. Net income does not include the premium of transferring assets ownership.

□ Net Income from Transfer

net income from transfer = transfer income − transfer expenditure

□ Transfer Income

It refers to various kinds of recurrent transfer payments and income transfers between households by the state, units and social organizations. These include pensions or pensions, social relief and subsidies, policy-based production subsidies, policy-based subsistence allowances, recurrent donations and compensation, reimbursement of medical expenses, maintenance income between households, and income returned by non-resident members of the household. Transfer income does not include physical gifts among households.

□ Transfer Expenditure

It refers to the regular or obligatory transfer payments made by the investigating households to the state, units, households or individuals. Including tax payment, social security expenditure, maintenance expenditure, recurrent donations and compensation expenditure and other recurrent transfer expenditure.

□ Consumption Expenditure

It refers to the total expenditure of households to meet their daily consumption needs, including expenditure on consumer goods and expenditure on service consumption. according to different uses, consumer spending can be divided into food, tobacco and alcohol, clothing, living goods and services, transportation and communications, education, culture and entertainment, health care, other goods and services. according to different sources, consumption expend-

EXPLANATORY NOTES ON MAIN STATISTICAL INDICATORS

iture can be divided into cash consumption expenditure, physical consumption expenditure (including self-produced, from the unit, from the government and other social organizations).

□ Integrated Household Survey

since 2013, the National Bureau of Statistics has implemented the reform of urban-rural integrated household survey, unified the urban household survey and rural household survey, standardized the statistical name, statistical classification and statistical standards, and obtained the relevant data of residents. implementing the urban-rural integrated household survey is to comprehensively, accurately and timely understand the income, consumption and other living conditions of urban and rural residents throughout the country and regions, to monitor the pattern of income distribution and the quality of life of residents at different income levels, and to better meet the objective needs of formulating urban-rural integrated policies and livelihood policies. the basic guarantee for improving the quality of household survey data is to rectify the national income distribution pattern, formulate income distribution policies and build a harmonious society. it provides basic data for national economic accounting and the establishment of consumer price index weights.

2019
浙江统计年鉴
ZHEJIANG STATISTICAL YEARBOOK

CHAPTER 6

农 业
Agriculture

6-1 农村基本情况(2013-2018 年)
Basic Statistics on Rural Areas(2013-2018)

指标		Item		2013	2014	2015	2016	2017	2018
农村基层组织		Rural Grass Roots Units							
乡镇政府	(个)	Number of Township and Town Governments	(unit)	910	887	906	929	915	908
#镇政府	(个)	Number of Town Governments	(unit)	643	629	641	655	641	639
村民委员会	(个)	Number of Villages' Committees	(unit)	28342	27997	27901	27568	27458	24711
农村住户数、人口、劳动力		Number of Rural Households, Population and Labour Force							
农村住户数	(万户)	Rural Households	(10000 households)	1277.94	1275.31	1278.78	1266.04	1259.25	1251.32
#农业生产户数	(万人)	Agricultural Producing	(10000 persons)	733.88					
农村人口	(万人)	Rural Population	(10000 persons)	3993.86	3989.72	3996.02	3948.78	3938.29	3893.45
农村劳动力资源	(万人)	Rural Labour Resource	(10000 persons)	2662.73	2671.84	2652.38	2613.34	2598.44	2554.39
农村劳动力	(万人)	Rural Labour Force	(10000 persons)	2459.55	2444.71	2415.58	2360.20	2332.67	2287.47
按性别分		By Sex							
男	(万人)	Male	(10000 persons)	1295.88	1296.01	1284.90	1254.04	1239.37	1215.73
女	(万人)	Female	(10000 persons)	1163.67	1148.70	1130.70	1106.16	1093.30	1071.74
农、林、牧、渔业增加值	(亿元)	The added value of agriculture, forestry, animal husbandry and fishery	(100 million yuan)	1787.25	1806.60	1865.31	1925.48	1972.84	2017.90
农业	(亿元)	Farming	(100 million yuan)	965.43	1000.66	1032.56	1047.08	1072.60	1088.37
林业	(亿元)	Forestry	(100 million yuan)	103.32	107.31	109.25	114.15	122.82	127.77
牧业	(亿元)	Animal Husbandry	(100 million yuan)	247.42	212.50	190.42	203.24	165.63	148.02
渔业	(亿元)	Fishery	(100 million yuan)	444.17	456.71	500.68	525.95	572.88	610.31
服务业	(亿元)	Services	(100 million yuan)	26.90	29.42	32.40	35.05	38.91	43.43

注：1.农村基层组织 2014 年起按照民政部门口径。
The rural grassroots organizations have been in accordance with the caliber of the civil affairs departments since 2014.
2.2016 年、2017 年数据已与三农普数据衔接,后面各表同。
The data in 2016 and 2017 have been linked to the three agricultural census data. The same applies to the tabelesfollowing.

6-2 农、林、牧、渔业总产值(1978-2018年)
Gross Output Value of Farming,Forestry,Animal Husbandry and Fishery(1978-2018)

单位:亿元(100 million yuan)

年份 Year	农林牧渔业总产值 Total	农业产值 Farming	#种植业产值 Planting	林业产值 Forestry	牧业产值 Animal Husbandry	渔业产值 Fishery	农林牧渔服务产值 Services for Agriculture
1978	65.71	50.82	48.86	1.99	9.42	3.48	
1979	91.84	69.47	67.29	2.75	15.55	4.07	
1980	92.67	64.23	60.52	3.61	19.39	5.44	
1981	95.56	69.21	64.48	3.79	16.45	6.11	
1982	118.04	84.61	77.91	4.42	22.88	6.13	
1983	118.68	83.65	74.87	4.77	23.41	6.85	
1984	147.49	102.80	89.93	6.67	27.01	11.01	
1985	174.05	111.20	92.85	8.87	37.84	16.14	
1986	192.04	122.97	101.00	9.26	40.09	19.72	
1987	227.18	141.09	113.91	11.61	48.57	25.91	
1988	280.94	162.80	129.89	14.40	70.33	33.41	
1989	304.50	181.26	145.97	13.60	75.68	33.96	
1990	331.56	199.48	163.92	16.00	75.18	40.90	
1991	363.22	217.21	180.00	17.42	76.78	51.81	
1992	396.93	226.46	179.94	21.01	85.23	64.23	
1993	490.13	274.85	218.01	29.80	92.11	93.37	
1994	690.20	372.97	305.58	41.92	134.78	140.53	
1995	868.76	481.90	407.24	50.02	142.03	194.81	
1996	932.85	517.29	431.90	54.77	155.88	204.92	
1997	1004.88	516.21	426.56	59.26	190.03	239.38	
1998	1003.66	522.98	434.22	59.46	165.85	255.37	
1999	1005.22	519.00	431.57	62.31	157.00	266.91	
2000	1057.07	521.31	446.15	54.48	183.94	297.36	
2001	1053.57	488.59	471.52	60.20	195.94	308.84	
2002	1101.86	511.42	495.72	60.84	205.09	324.51	
2003	1184.04	529.44	515.24	65.67	233.01	337.11	18.81
2004	1332.27	592.59	578.22	78.36	277.89	361.99	21.44
2005	1428.28	654.81	640.20	83.51	285.95	380.81	23.20
2006	1422.60	684.00	669.44	86.04	279.01	347.53	26.03
2007	1597.15	735.92	721.63	95.47	367.60	369.90	28.27
2008	1780.01	813.10	796.12	106.95	418.86	407.82	33.28
2009	1873.40	879.05	864.47	117.64	404.88	435.48	36.35
2010	2172.86	1041.30	1041.30	119.35	448.42	522.18	41.61
2011	2534.90	1152.04	1152.04	134.07	546.33	655.75	46.71
2012	2658.66	1229.36	1229.36	142.14	549.04	687.05	51.08
2013	2837.39	1336.79	1336.79	141.54	546.18	757.97	54.91
2014	2844.59	1385.96	1385.96	147.00	472.23	779.36	60.04
2015	2933.44	1434.71	1434.71	151.63	426.18	855.86	65.06
2016	3038.49	1455.29	1455.29	158.15	455.60	899.07	70.39
2017	3093.36	1494.49	1494.49	170.16	371.29	979.28	78.14
2018	3157.25	1517.96	1517.96	177.01	331.80	1043.27	87.21

注:1.本表按当年价格计算。The data in this table are calculated at current price.
2.2003年起农林牧渔业总产值中包括服务业产值。Gross output value includes services for agriculture since2003.

6-3 农、林、牧、渔业总产值指数(1979-2018年)
Indices of Gross Output Value of Farming, Forestry, Animal Husbandry and Fishery (1979-2018)

(1978年=100)(1978=100)

年份 Year	农林牧渔业总产值 Total	农业产值 Farming	#种植业产值 Planting	林业产值 Forestry	牧业产值 Animal Husbandry	渔业产值 Fishery	农林牧渔服务业 Services for Agriculture
1979	112.26	109.58	110.04	109.95	131.12	93.69	
1980	109.85	105.62	103.41	115.71	133.27	94.59	
1981	110.78	107.65	104.36	115.71	128.88	96.69	
1982	128.98	127.88	123.64	113.26	148.37	102.71	
1983	124.88	122.05	114.82	116.93	149.42	99.70	
1984	145.51	145.51	132.39	149.29	156.79	116.48	
1985	151.17	146.44	125.92	155.09	176.43	136.74	
1986	159.30	152.77	126.90	149.90	185.83	162.85	
1987	164.65	158.47	125.65	161.50	181.27	184.84	
1988	168.39	162.26	122.63	157.53	189.10	182.79	
1989	170.76	166.71	124.53	152.65	185.44	182.16	
1990	175.37	170.34	128.84	166.08	187.23	198.14	
1991	186.67	181.51	137.66	185.57	192.05	217.84	
1992	193.70	179.20	129.00	198.03	209.41	251.91	
1993	202.65	184.90	127.48	240.93	203.50	286.54	
1994	221.50	191.86	127.47	283.27	204.03	383.96	
1995	242.72	205.46	135.15	302.47	202.14	482.07	
1996	258.08	221.62	142.54	319.98	203.38	516.58	
1997	270.66	223.18	142.51	340.13	222.24	570.26	
1998	280.94	223.98	143.15	328.23	230.46	640.51	
1999	294.15	233.77	153.57	351.75	242.33	669.03	
2000	307.67	230.70	150.09	391.15	265.45	741.95	
2001	322.75	240.16	160.75	414.23	288.28	769.40	
2002	336.31	155.05	171.36	417.96	300.39	787.87	
2003	348.29	267.73	180.78	429.21	306.42	811.56	
2004	363.75	171.10	190.00	458.00	310.38	848.84	109.84
2005	372.48	175.72	195.13	463.04	326.52	847.99	117.53
2006	385.52	183.80	202.34	488.51	311.42	870.04	125.87
2007	394.39	188.58	207.60	509.03	314.53	884.83	135.69
2008	412.57	198.08	217.73	554.03	323.49	918.72	152.16
2009	422.43	203.15	224.26	555.03	333.19	932.87	164.56
2010	434.76	204.96	226.26	527.72	344.92	1007.97	179.37
2011	448.24	208.75	230.45	542.39	350.06	1076.41	191.03
2012	456.49	211.11	233.05	538.97	356.64	1110.86	204.40
2013	458.36	212.71	234.82	545.22	344.48	1136.85	214.17
2014	462.76	220.37	243.27	553.67	314.92	1166.98	229.16
2015	468.13	227.84	251.52	577.15	273.16	1223.35	247.22
2016	479.79	235.56	260.05	584.25	255.92	1286.96	266.08
2017	490.77	245.78	271.33	622.57	228.83	1334.23	289.28
2018	499.11	252.91	279.20	659.30	210.52	1362.25	315.60

注：注:本表按可比价格计算。
The data in this table are calculated at comparable price.

6-4 农、林、牧、渔业分项产值(2012-2018年)
Gross Output Value of Farming, Forestry, Animal Husbandry and Fishery by Branch(2012-2018)

单位:亿元(100 million yuan)

指标	Item	2012	2013	2014	2015	2016	2017	2018
农林牧渔业总产值	**Total**	**2658.66**	**2837.39**	**2844.59**	**2933.44**	**3038.49**	**3093.36**	**3157.25**
农业产值	Farming	1229.36	1336.79	1385.96	1434.71	1455.29	1494.49	1517.96
农作物种植业产值	Planting	1229.36	1336.79	1385.96	1434.71	1455.29	1494.49	1517.96
#粮食	Grain	229.51	231.66	242.04	241.66	185.10	188.43	194.20
谷物	Gereal	194.24	197.13	204.90	202.83	156.75	160.11	167.41
豆类	Beans	16.77	19.55	20.16	20.70	15.98	16.15	16.43
薯类	Tubers	18.50	14.98	16.98	18.13	12.37	12.17	10.36
油料	Oil bearing Grops	19.49	24.17	21.34	21.95	21.08	21.35	23.45
棉花	Cotten	3.84	2.92	3.01	2.44	2.02	1.68	1.02
麻类	Fiber Crops	0.01	0.01	0.01	0.01	0.01	0.01	
糖料	Suger Corps	7.79	7.92	9.03	9.20	6.07	5.59	6.45
蔬菜	Vegetables	341.22	427.75	436.27	461.69	527.67	517.37	521.18
茶、桑、果	Tea, Mullberrry, Fruit	366.12	388.50	400.78	412.13	416.57	456.07	456.16
其他农业产值	Other Farming	13.17	13.03	12.96	12.16	9.63	9.29	9.93
林业产值	**Forestry**	**142.14**	**141.54**	**147.00**	**151.63**	**158.15**	**170.16**	**177.01**
人造林木生长	Man made Forestry Growing	11.64	10.19	8.08	8.71	7.78	6.69	6.37
林产品	Forestry Production	54.93	56.95	70.65	74.11	86.07	106.43	111.88
竹木采运	Lumbering	58.70	57.28	52.49	53.04	47.38	40.40	41.74
牧业产值	**Animal Husbandry**	**549.04**	**546.18**	**472.23**	**426.18**	**455.60**	**371.29**	**331.80**
牲畜繁殖、增长增重	Breeding and Growthing of Domestic Animals	393.98	396.38	337.97	295.67	308.89	237.81	195.72
家禽饲养	Poultry Raising	57.96	53.66	44.42	44.30	54.01	45.14	49.20
活的畜禽产品	Live Livestock Production	47.25	47.76	44.44	41.50	43.12	38.22	40.10
其他动物饲养	Other Animals Rasing	48.16	46.39	43.54	42.72	47.14	47.64	44.21
渔业产值	**Fishery**	**687.05**	**757.97**	**779.36**	**855.86**	**899.07**	**979.28**	**1043.27**
海水产品	Seawater Aquatic Prouductiona	484.53	543.05	566.38	633.42	664.14	734.56	788.90
淡水产品	Freshwater Aquatic Prouductiona	202.52	214.92	212.98	222.44	234.93	244.72	254.37
服务业产值	**Services for Agriculture**	**51.08**	**54.91**	**60.04**	**65.06**	**70.39**	**78.14**	**87.21**

注：1. 本表按当年价格计算。The data in this table are calculated at current price.
2. 总产值中包括服务业产值。Total gross output value includes services for agriculture.

6-5 农、林、牧、渔业增加值(2012-2018年)
The Added Value of Farming, Forestry, Animal Husbandry and Fishery(2012-2018)

单位:亿元(100 million yuan)

指标	Item	2012	2013	2014	2015	2016	2017	2018
总产值	**Gross Output Value**	**2658.67**	**2837.39**	**2844.59**	**2933.44**	**3038.49**	**3093.36**	**3157.25**
中间消耗	**Intermediate Consumption**	**990.78**	**1050.14**	**1037.99**	**1068.13**	**1113.01**	**1120.52**	**1139.35**
中间物质消耗	Intermediate Meterial Consumption	755.68	792.67	769.79	786.99	806.93	823.69	797.04
对非物质生产部门的劳务支出	Labour Service Expenditure of Non-materrial Productive Sectors	235.10	257.47	268.20	281.14	306.08	296.83	342.31
增加值	**Added Value**	**1667.88**	**1787.25**	**1806.60**	**1865.31**	**1925.48**	**1972.84**	**2017.90**
农业	Farming	887.77	965.43	1000.66	1032.56	1047.08	1072.60	1088.37
林业	Forestry	103.76	103.32	107.31	109.25	114.15	122.82	127.77
牧业	Animal Husbandry	248.72	247.42	212.50	190.42	203.24	165.63	148.02
渔业	Fishery	402.61	444.17	456.71	500.68	525.95	572.88	610.31
服务业	Services	25.03	26.90	29.42	32.40	35.05	38.91	43.43

注: 1. 农林牧渔业增加值中包括服务业增加值。Gross Output Value includes Services for agricultuer .
2. 农林牧渔业增加值已与农普数衔接。The gross output value are adjusted according to agricultural census result.

6-6 各市农、林、牧、渔业增加值(2018年)
The Added Value of Farming, Forestry, Animal Husbandry and Fishery by City (2018)

单位:亿元(100 million yuan)

地区	Region	农、林、牧、渔业增加值 Total	#农业增加值 Framing	#固定资产折旧 Depreciation of Fixed Assets	劳动者报酬 Compensation of Labourers	中间消耗 Intermediate Consumption
全省合计	**Total**	**2017.90**	**1088.37**	**198.20**	**1832.67**	**1139.35**
杭州市	Hangzhou	311.88	200.97	14.44	311.39	154.21
宁波市	Ningbo	313.46	169.83	16.19	307.19	160.35
温州市	Wenzhou	144.79	78.52	15.59	133.07	78.94
嘉兴市	Jiaxing	123.81	84.43	22.56	106.26	71.68
湖州市	Huzhou	136.20	64.51	14.78	121.42	80.22
绍兴市	Shaoxing	198.39	137.39	14.84	185.76	96.71
金华市	Jinhua	139.99	102.08	14.66	129.30	76.13
其中:义乌市	Yiwu	21.73	18.17	2.17	19.69	9.41
衢州市	Quzhou	82.64	50.26	8.34	78.10	45.87
舟山市	Zhoushan	140.36	6.91	36.14	118.65	120.97
台州市	Taizhou	271.56	108.75	37.51	247.00	205.40
丽水市	Lishui	94.75	68.31	3.15	94.52	48.82

注: 全省数为省级计算数,与分市相加不等。
The total is calculated by Provincial Bureau, it is not equal to the sum of regional figures by city.

6-7 农业机械年末拥有量(2012-2018年)
Possession of Major Agricultural Machinery(2012-2018年)

指标		Item		2012	2013	2014	2015	2016	2017	2018
农业机械总动力	**(万千瓦)**	**The Power of Agricultural Machinery**	**(10000 kw)**	**2587.92**	**2470.95**	**2436.95**	**2392.61**	**2327.00**	**2095.00**	**2039.02**
耕作机械动力	**(万千瓦)**	**Mechanical Power of Cultivation**	**(10000 kw)**	**211.74**	**211.04**	**215.98**	**221.82**	**230.97**	**233.38**	**234.61**
大中型拖拉机	(台)	Large and Medium Sized Tractors	(unit)	10742	11711	11967	12650	13974	14434	15166
	(万千瓦)		(10000 kw)	43.26	48.15	51.21	56.15	63.88	67.13	71.62
农用小型拖拉机	(万台)	Mini tractors for Agricultural	(10000 units)	16.27	13.93	12.97	11.86	11.72	10.86	10.05
	(万千瓦)		(10000 kw)	144.46	125.93	118.22	110.05	106.89	98.74	90.62
收获机械动力	**(万千瓦)**	**Mechanical Power of Harvesting**	**(10000 kw)**	**237.40**	**222.53**	**171.34**	**179.33**	**157.79**	**141.44**	**126.56**
联合收割机	(台)	Combine Harvesters	(unit)	18797	18374	18116	17829	18075	18069	17883
	(万千瓦)		(10000 kw)	66.45	67.45	67.60	69.60	72.71	74.72	76.30
机动收割机(割晒机)	(台)	Motorized Harvesters	(unit)	102	406	399	375	360	360	430
机动脱粒机	(万台)	Motorized Thresher	(10000 units)	85.86	77.10	61.88	50.47	36.33	25.37	17.47
植保机械动力	**(万千瓦)**	**Mechanical Power of Plant Protection**	**(10000 kw)**	**49.65**	**50.54**	**51.32**	**51.10**	**51.60**	**52.56**	**52.44**
机动喷雾(粉)器	(万架)	Motorized Sprayer	(10000 units)	21.84	21.30	21.46	20.70	20.53	21.19	21.19
排灌机械动力	**(万千瓦)**	**Mechanical Power of Drainage and Irrigation**	**(10000 kw)**	**286.56**	**292.18**	**288.63**	**286.82**	**284.79**	**281.36**	**273.69**
柴油机	(万台)	Diesel Engines	(10000 units)	8.61	8.98	8.71	8.47	8.37	8.16	8.08
	(万千瓦)		(10000 kw)	40.73	41.46	41.11	41.61	40.95	40.27	39.10
电动机	(万台)	Electric Engines	(10000 units)	87.45	86.33	84.00	83.07	82.14	80.55	76.34
	(万千瓦)		(10000 kw)	236.89	239.66	236.41	234.55	233.14	230.27	223.72
农副产品加工机械动力	**(万千瓦)**	**Mechanical Power of Farm Sideline Production Manufacturing**	**(10000 kw)**	**135.79**	**135.18**	**132.85**	**131.45**	**130.34**	**126.70**	**123.17**
粮食加工机械	(万台)	Mechanical Power for Grain	(10000 units)	12.82	12.64	12.48	12.21	12.01	11.65	11.32
棉花加工机械	(万台)	Mechanical Power for Cotton	(10000 units)	0.50	0.43	0.39	0.44	0.42	0.40	0.39
油料加工机械	(万台)	Mechanical Power for Oil bearing	(10000 units)	0.93	0.92	0.88	0.87	0.87	0.86	0.85
运输机械动力	**(万千瓦)**	**Mechanical Power of Transportstion**	**(10000 kw)**	**548.70**	**515.35**	**482.05**	**438.17**	**394.80**	**204.53**	**176.59**
渔业机械动力	**(万千瓦)**	**Mechanical Power of Fishery**	**(10000 kw)**	**455.86**	**458.42**	**469.73**	**467.37**	**466.84**	**450.80**	**450.15**
机动船	(万艘)	Motorized Boats	(10000 units)	4.96	4.67	4.40	4.11	3.97	3.40	3.18
	(万吨)		(10000 tons)	268.68	279.57	291.12	296.40	303.41	300.20	300.69
	(万千瓦)		(10000 kw)	455.86	458.42	469.73	467.37	466.84	450.80	450.15
其他农业机械动力	**(万千瓦)**	**Others Mechanical Power**	**(10000 kw)**	**662.22**	**585.71**	**625.05**	**616.55**	**609.87**	**604.23**	**601.81**

6－8 各市主要农业机械拥有量(2018 年末)
Possession of Major Agricultural Machinery by City (End of 2018)

地区	Region	农业机械总动力(万千瓦) Total Power of Agricultural Machinery (10000 kw)	耕作机械动力(万千瓦) Mechanical Power of Cultivation (10000 kw)	大中型拖拉机(台) Large and Medium Sized Tractors (unit)	农用小型拖拉机 Mini Tractors		收获机械动力(万千瓦) Mechanical Power of Harvesting (10000 kw)
					万台 (10000 units)	万千瓦 (10000 kw)	
全省合计	**Total**	**2009.33**	**234.61**	**15166**	**10.05**	**90.62**	**94.65**
杭州市	Hangzhou	236.16	21.88	1418	1.03	9.06	4.85
宁波市	Ningbo	255.58	27.28	2883	0.51	5.28	11.99
温州市	Wenzhou	186.69	25.12	681	0.80	7.48	11.44
嘉兴市	Jiaxing	118.08	21.08	1913	0.97	8.65	5.64
湖州市	Huzhou	151.18	22.49	853	1.70	15.78	8.45
绍兴市	Shaoxing	204.17	21.83	2278	1.10	9.47	12.01
金华市	Jinhua	231.82	37.80	2306	1.97	16.87	15.95
其中:义乌市	Yiwu	21.97	3.55	354	0.09	0.92	0.67
衢州市	Quzhou	135.46	18.25	891	0.45	3.89	8.53
舟山市	Zhoushan	138.59	1.68	145	0.02	0.22	0.76
台州市	Taizhou	256.32	23.47	1694	1.01	9.78	13.63
丽水市	Lishui	95.28	13.74	104	0.47	4.13	1.41

续表 1　Continued

地区	Region	机动脱粒(打稻)机 Motorized Thresher (10000 kw)		植保机械动力(万千瓦) Mechanical Power of Plant Protection (10000 kw)	机动喷雾(粉)器 Moterized Sprayer		排灌机械动力(万千瓦) Mechanical Power of Drainage and Irrigation (10000 kw)
		(万台) (10000 units)	(万千瓦) (10000 kw)		(架) (unit)	(千瓦) (1000 kw)	
全省合计	**Total**	**17.47**	**31.90**	**52.44**	**211869**	**389492**	**273.69**
杭州市	Hangzhou	3.22	4.95	5.23	32678	50111	36.89
宁波市	Ningbo	0.01	0.04	5.83	26910	45201	30.62
温州市	Wenzhou	0.99	2.11	2.26	7168	16194	14.16
嘉兴市	Jiaxing	7.03	10.09	2.38	12051	21855	31.86
湖州市	Huzhou	0.32	0.43	2.64	9595	23019	40.93
绍兴市	Shaoxing	0.51	0.63	3.10	14906	25473	22.42
金华市	Jinhua	2.99	8.34	5.49	25994	44134	30.26
其中:义乌市	Yiwu	0.13	0.27	0.54	2410	5300	2.29
衢州市	Quzhou	0.66	1.34	13.16	38011	76498	28.24
舟山市	Zhoushan	0.02	0.04	0.19	1049	1319	2.57
台州市	Taizhou	0.71	1.35	8.60	35220	67516	26.41
丽水市	Lishui	1.03	2.58	3.55	8287	18169	9.34

续表 2 Continued

地区	Region	农副产品加工机械动力（万千瓦）Mechanical Power of Farm Sideline Production Manufacturing（10000 kw）	运输机械动力（万千瓦）Mechanical Power of Transpor－tstion（10000 kw）	渔业机械动力（万千瓦）Mechanical Power of Fishery（10000 kw）	其他机械动力（万千瓦）Other Mechanical Power（10000 kw）
全省合计	**Total**	**123.17**	**176.59**	**420.47**	**156.69**
杭州市	Hangzhou	15.77	25.52	11.48	18.71
宁波市	Ningbo	11.95	22.74	72.55	31.06
温州市	Wenzhou	12.01	9.06	73.81	16.31
嘉兴市	Jiaxing	6.92	4.17	9.19	11.95
湖州市	Huzhou	6.50	5.83	21.31	14.72
绍兴市	Shaoxing	16.40	23.67	6.51	30.06
金华市	Jinhua	15.34	38.04	1.54	8.27
其中:义乌市	Yiwu	1.21	5.36	0.20	1.23
衢州市	Quzhou	11.92	15.02	1.12	3.53
舟山市	Zhoushan	0.94	2.14	121.78	1.78
台州市	Taizhou	11.16	25.04	100.69	14.95
丽水市	Lishui	14.26	5.35	0.49	5.37

6－9 农业机械化、电气化及化肥施用量(2012－2018 年)
Agricultural Mechanization, Electrification, Chemical Fertilizer Applied(2012－2018)

指标		Item		2012	2013	2014	2015	2016	2017	2018
农业机械化		**Agricultural Mechanization**								
当年机耕地面积	(千公顷)	Area Sown by Machine at Current Year	(1000 hectares)	1008.82	1003.15	979.45	960.22	930.36	933.45	919.97
当年机械收获面积	(千公顷)	Mechaincal Harvest Area at Current Year	(1000 hectares)	910.38	928.71	919.96	869.75	869.95	844.85	768.53
农村能源	**(万吨)**	**Energy in Rural Areas**								
农村用电量	(亿千瓦时)	Electricity Consumed	(100 Million kw. h)	869.87	904.91	905.34	905.56	926.09	976.65	1008.31
乡村办水电站	(个)	Hydropower Stations Run by Township and Village	(units)	3206	2943					
农业化肥施用量		**Agricultural Consumption of Chemical Fertilizers**								
按折纯量计算	(万吨)	Calculated by 100 % Effective Component	(10000 tons)	92.15	92.43	89.62	87.52	84.48	82.63	77.76
每公顷播种面积施用量	(公斤)	Fertilizer Used per Hectare Sown Aera	(kg)	376	378	370	359	401	386	364
农用塑料薄膜使用量	**(万吨)**	**Plastic Film Used for Agriculture**	**(10000 tons)**	**6.23**	**6.47**	**6.57**	**6.75**	**6.73**	**6.79**	**6.87**
农用柴油使用量	**(万吨)**	**Diesel Used for Agriculture**	**(10000 tons)**	**196.20**	**198.80**	**200.72**	**203.24**	**203.25**	**201.60**	**198.80**
农药使用量	**(万吨)**	**Pesticide Used**	**(10000 tons)**	**6.29**	**6.22**	**5.87**	**5.65**	**4.95**	**4.63**	**4.37**

6-10 各市农业机械化、农村能源及农业物资消耗情况(2018年)
Agricultural Mechanization, Energy and Material Consumption by City (2018)

地区	Region	农业机械化情况(千公顷) Conditions of Agricultural Mechanization(1000 ha)		农村用电量(亿千瓦小时) Electricity Consumed in Rural Areas (100 millon kw. h)	农用塑料薄膜使用量(吨) Plsatic Film Used for Agriculture (tons)	农用柴油使用量(吨) Disel Used for Agriculture (ton)	农药使用量(吨) Pesticide Used (ton)
		机耕面积 Area Cultivated by Machine	机械收获面积 Aera Harvested by Machine				
全省合计	**Total**	**1351.82**	**768.53**	**1008.31**	**68731**	**1987963**	**43725**
杭州市	Hangzhou	152.23	65.42	110.26	10567	25267	6316
宁波市	Ningbo	229.32	84.35	186.52	13217	320533	5430
温州市	Wenzhou	148.22	80.70	90.85	4070	272989	3632
嘉兴市	Jiaxing	149.96	137.27	144.43	6206	13507	5891
湖州市	Huzhou	90.37	81.73	37.68	5398	26410	3271
绍兴市	Shaoxing	148.09	98.21	225.37	5134	12921	5668
金华市	Jinhua	125.49	62.72	58.66	6592	25103	4481
其中:义乌市	Yiwu	11.87	6.57	11.61	339	1930	426
衢州市	Quzhou	107.72	79.77	11.73	2435	17020	3239
舟山市	Zhoushan	9.08	2.97	16.23	354	628057	444
台州市	Taizhou	127.19	62.58	120.04	10313	636557	2788
丽水市	Lishui	66.40	13.92	6.54	4445	9599	2565

6-11 各市农用化肥施用量
Chemical Fertilizer Applied by City

单位:万吨(10000 tons)

地区	Region	氮肥 Nitrogenous Fertilizer		磷肥 Phosphate Fertilizer		钾肥 Potash Fertilizer		复合肥 Compound Fertilizer	
		2017	2018	2017	2018	2017	2018	2017	2018
全省合计	**Total**	**42.90**	**40.15**	**9.34**	**8.59**	**6.56**	**6.10**	**23.83**	**22.93**
杭州市	Hangzhou	4.10	3.64	1.10	0.99	0.71	0.70	3.31	3.39
宁波市	Ningbo	4.09	3.72	1.11	0.99	0.75	0.63	4.05	3.67
温州市	Wenzhou	4.57	4.47	1.26	1.23	0.81	0.79	1.28	1.26
嘉兴市	Jiaxing	7.45	7.28	1.10	1.04	0.53	0.53	0.89	0.95
湖州市	Huzhou	2.52	2.39	0.39	0.37	0.22	0.21	0.96	0.91
绍兴市	Shaoxing	6.43	5.70	0.75	0.62	0.51	0.40	2.87	2.14
金华市	Jinhua	3.65	3.53	1.07	1.03	1.01	0.97	3.71	3.65
其中:义乌市	Yiwu	0.49	0.47	0.12	0.11	0.10	0.09	0.53	0.51
衢州市	Quzhou	3.23	2.95	0.75	0.68	0.73	0.66	1.55	1.40
舟山市	Zhoushan	0.22	0.22	0.03	0.03	0.01	0.01	0.16	0.16
台州市	Taizhou	4.35	4.06	0.91	0.76	0.67	0.58	3.08	3.48
丽水市	Lishui	2.30	2.20	0.87	0.84	0.62	0.62	1.97	1.91

注：农用化肥用量按折纯量计算。
Chemical Fertilizer Applied are Calculated by 100% Effective Component.

6-12 农田水利建设(2012-2018年) Water Conservancy Facilities of Farmland(2012-2018)

指标	Item	2012	2013	2014	2015	2016	2017	2018
水库年末累计 (座)	**Total Number of Reservoirs (set)**	**4250**	**4331**	**4336**	**4334**	**4339**	**4326**	**4308**
#大、中型水库(1000万立方米以上)(座) (座)	Large and Medium-sized Reservoirs(above 10 million cu. m level) (set)	187	189	189	191	193	194	192
总库容量 (亿立方米)	Capacity (100 million m)	400.07	445.00	444.00	444.17	444.59	446.90	445.63
塘坝 (处)	**Small Reservoirs (place)**	**204034**	**88339**	**88474**	**88883**	**88596**	**88540**	**88474**
机电井 (眼)	**Motor-electric-pumped Well (unit)**	**1991**	**2991**	**2958**	**2926**	**2926**	**2633**	**2634**
水闸 (座)	**Sluice (place(set))**	**5355**	**12873**	**13115**	**13226**	**13272**	**13333**	**13385**

注：本表指标自2013年起统计口径进行了调整。The data of this table is adjusted since 2013.

6-13 农田水利、除涝和治理水土流失情况(2012-2018年) Water Conservation, Waterlogging and Soil Erosion Prevention and Limitation(2012-2018)

指标	Item	2012	2013	2014	2015	2016	2017	2018
有效灌溉面积 (千公顷)	Effective Irrigated Areas(1000 ha)	1471.02	1409.39	1425.37	1432.15	1446.31	1444.70	1440.80
除涝面积 (千公顷)	Flooded or Water Logged Areas under Control (1000 ha)	501.44	507.30	523.52	537.65	548.33	554.56	556.40
治理水土流失面积 (千公顷)	Aera of Soil Erosion under Control (1000 ha)	2515.46	3645.69	3644.48	3655.40	3669.86	3721.06	3692.54
堤塘长度 (公里)	Total Length of Dikes (km)	14572	17633	18012	18686	19179	19427	19745

注：本表指标自2013年起统计口径进行了调整。The data of this table is adjusted since 2013.

6-14 各市水利设施和除涝及农田灌溉面积
Water Conservancy Facilities, Waterlogging Area under Control and Farmland Irrigated Areas by City

地区	Region	年末水库数(座) Number of Reservoirs (year end) (set)		水库总库容(亿立方米) Capacity of Reservoirs (100 milliom cu. m)		除涝面积(千公顷) Waterlogging Area under Control (1000 ha)		有效灌溉面积(千公顷) Effective Irrigated Areas(1000 ha)	
		2017	2018	2017	2018	2017	2018	2017	2018
全省合计	**Total**	**4326**	**4308**	**446.95**	**445.63**	**554.56**	**556.40**	**1444.70**	**1440.80**
杭州市	Hangzhou	637	636	236.70	236.70	59.66	59.67	157.06	157.01
宁波市	Ningbo	416	406	18.75	18.66	79.22	79.22	179.37	177.32
温州市	Wenzhou	329	329	26.80	26.77	71.40	72.51	115.51	115.86
嘉兴市	Jiaxing	1		0.03		133.32	133.62	183.91	177.60
湖州市	Huzhou	157	157	8.92	8.94	98.02	98.32	133.58	134.46
绍兴市	Shaoxing	555	555	15.30	15.53	42.06	42.06	167.09	167.28
金华市	Jinhua	817	815	19.00	18.75	12.36	12.36	169.58	170.75
其中:义乌市	Yiwu	105	105	2.31	2.31	0.37	0.37	18.08	18.08
衢州市	Quzhou	467	468	34.84	34.86	3.84	3.95	104.60	105.18
舟山市	Zhoushan	209	209	1.41	1.41	6.22	6.23	15.31	15.36
台州市	Taizhou	346	347	18.66	18.98	39.07	39.07	125.05	125.13
丽水市	Lishui	392	386	66.54	65.03	9.39	9.39	93.64	94.85

6－15 主要农作物播种面积(2012－2018 年)
Total Sown Area of Major Farm Crops(2012－2018)

单位:千公顷(1000 hectares)

指标	Item	2012	2013	2014	2015	2016	2017	2018
农作物播种面积	**Sown Area of Farm Crops**	**2234.90**	**2198.99**	**2145.46**	**2141.51**	**2106.21**	**2142.12**	**2137.14**
粮食作物	Grain Crops	1043.07	1016.85	1005.59	989.70	951.36	977.19	975.73
#春粮	Spring Grain	147.36	147.14	156.09	161.13	145.32	162.28	129.75
秋粮	Autumn Grain	802.64	775.66	757.13	738.65	719.50	728.48	748.88
谷物	Cereal	854.53	832.08	815.99	800.90	757.99	784.86	789.90
稻谷	Rice	700.14	677.05	654.20	634.24	613.09	620.68	651.07
早稻及早中稻	Early Rice & Early Mid－rice	93.07	94.04	92.37	89.91	86.53	86.43	97.10
晚稻及迟中稻	Late Rice & Late Mid－rice	607.07	583.01	561.83	544.32	526.56	534.25	553.97
#单季晚稻	Single Season Rice	504.72	484.47	466.48	450.47	433.94	439.58	454.94
小麦	Wheat	79.47	81.45	89.53	98.96	85.32	103.67	85.36
大(元)麦	Barley	17.61	16.68	14.71	10.81	5.76	5.12	0.38
玉米	Corn	50.83	50.31	51.07	51.63	49.94	51.88	49.34
其他谷物	Other Cereal	6.48	6.59	6.48	5.26	3.88	3.50	3.75
豆类	Beans	111.11	108.88	114.78	114.92	114.38	108.25	113.14
大豆	Soybeans	85.24	84.55	85.10	86.27	83.82	80.41	85.21
其他小豆类	Other Beans	25.87	24.33	29.68	28.65	30.55	27.84	27.93
薯类	Yam	77.43	75.90	74.81	73.88	78.99	84.08	72.68
其中:马铃薯	Potato	40.47	40.31	39.99	39.38	41.87	44.99	34.29
油料	**Oil bearing Crops**	**189.38**	**183.42**	**145.00**	**146.09**	**126.00**	**122.29**	**128.45**
油菜籽	Repeseeds	165.56	159.62	126.37	122.33	99.33	96.15	104.87
花生	Peanuts	18.53	18.39	14.21	18.24	17.33	17.14	15.84
棉花(皮棉)	**Cotton**	**13.80**	**12.09**	**9.92**	**7.38**	**5.62**	**4.53**	**5.71**
麻类	**Fiber Crops**	**0.11**	**0.09**	**0.09**	**0.07**	**0.06**	**0.04**	**0.04**
糖类	**Suger Crops**	**11.01**	**10.31**	**10.10**	**9.96**	**6.27**	**5.71**	**6.15**
烟叶	**Tobacco**	**1.08**	**1.05**	**0.73**	**0.67**	**0.63**	**0.61**	**0.54**
药材类	**Medicinal Material**	**31.19**	**31.89**	**36.57**	**38.61**	**43.01**	**48.60**	**50.32**
蔬菜	**Vegetables**	**623.27**	**619.13**	**606.00**	**618.07**	**633.21**	**644.09**	**638.98**
果用瓜	**Melon as Fruit**	**101.41**	**101.04**	**95.74**	**100.20**	**101.85**	**102.13**	**99.76**
#西瓜	Watermelon	77.30	76.36	70.78	72.36	70.47	69.73	66.34
花卉苗木	**Flowers and Plants Nursery Stock**	**126.32**	**131.50**	**140.02**	**145.50**	**159.74**	**161.00**	**158.45**
其他农作物	**Other Farm Crops**	**94.26**	**91.62**	**95.70**	**85.26**	**78.46**	**75.90**	**73.00**
#绿肥	Green Manure	49.31	48.49	45.48	43.35	40.38	39.10	38.13

注：粮食、棉花、油料、糖类数据已与三农普数据衔接。后面各表同。
The data of rain, cotton, oil and suger have been linked to three agricultural census data. The same applies to the tables following.

6-16 历年主要农作物播种面积(1978-2018年)
Total Sown Area of Major Farm Crops over the years(1978-2018)

单位:千公顷(1000 hectares)

年份	农作物播种面积 Total Sown Aera	#粮食作物 Grain Crops	油料 Oil-bearing Crops	棉花 Cotton	蔬菜 Vegetables
1978	4760.13	3472.20	207.20	85.13	126.80
1979	4731.60	3456.19	221.20	90.07	122.73
1980	4685.71	3424.40	245.60	107.27	129.33
1981	4644.13	3375.07	298.87	107.93	116.47
1982	4626.00	3437.47	253.73	106.73	124.67
1983	4578.07	3480.00	237.93	105.47	132.00
1984	4526.87	3482.53	223.93	104.80	148.40
1985	4451.70	3271.23	286.00	93.07	180.25
1986	4361.80	3166.25	294.20	80.53	199.26
1987	4374.27	3235.37	276.93	70.73	214.97
1988	4300.50	3209.85	273.40	69.00	226.61
1989	4312.87	3222.65	280.93	60.40	236.27
1990	4384.69	3266.00	302.05	68.67	248.39
1991	4379.53	3267.21	306.61	68.19	249.07
1992	4275.05	3164.20	304.08	71.09	250.02
1993	3926.16	2844.46	235.95	60.94	283.41
1994	3802.42	2741.04	235.42	61.66	298.85
1995	3923.04	2814.39	309.32	64.53	297.81
1996	3963.82	2877.17	295.71	66.71	313.12
1997	3944.16	2873.00	275.75	61.97	329.05
1998	3919.60	2799.51	281.88	62.84	368.04
1999	3899.49	2751.91	289.44	37.85	412.49
2000	3554.33	2300.26	315.58	26.58	568.86
2001	3245.93	1939.08	306.62	27.66	627.97
2002	3064.54	1718.39	289.07	18.73	696.99
2003	2834.39	1482.97	250.90	17.63	700.77
2004	2778.41	1505.37	237.25	18.77	661.02
2005	2837.94	1562.56	249.25	17.91	666.73
2006	2516.21	1304.52	175.28	18.05	647.70
2007	2444.23	1223.37	151.34	17.55	660.62
2008	2398.95	1189.26	190.78	17.71	617.36
2009	2385.26	1170.56	210.14	16.33	618.86
2010	2324.22	1115.40	208.75	15.76	618.59
2011	2458.88	1070.31	195.99	15.36	624.46
2012	2234.90	1043.07	189.38	13.80	623.27
2013	2198.99	1016.85	183.42	12.09	619.13
2014	2145.46	1005.59	145.00	9.92	606.00
2015	2141.51	989.70	146.09	7.38	618.07
2016	2106.21	951.36	126.00	5.62	633.21
2017	2142.12	977.19	122.29	4.53	644.09
2018	2137.14	975.73	128.45	5.71	638.98

6-17 主要农作物产量(1978-2018年)
Output of Major Farm Crops(1978-2018)

单位:万吨(10000 tons)

年份	粮食 Grain	棉花 Cereal	油料 Oil-bearing Crops	蔬菜 Vegetables	茶叶 Tea	水果 Fruit	#柑桔 Orange
1978	1467.20	7.26	22.06		5.87	14.61	6.78
1979	1611.30	6.69	27.03		6.55	22.45	11.24
1980	1435.50	8.29	28.86		7.54	22.50	9.14
1981	1419.20	6.81	39.99		8.93	22.79	12.06
1982	1712.10	9.76	38.62		10.71	25.80	12.85
1983	1583.70	9.37	29.76		10.20	28.30	17.18
1984	1817.15	13.29	33.89		9.56	30.66	17.85
1985	1621.29	8.13	44.19	100.26	9.31	135.38	28.54
1986	1605.09	7.56	42.94	753.99	10.43	52.05	36.15
1987	1588.99	6.54	39.66	756.29	11.59	70.95	54.91
1988	1553.64	4.37	43.06	761.63	12.82	51.60	28.60
1989	1554.28	4.19	38.28	776.85	11.78	98.75	72.47
1990	1586.10	6.42	48.35	736.63	11.70	180.91	79.73
1991	1640.00	7.53	45.56	740.15	11.41	134.49	106.42
1992	1553.50	5.96	50.08	689.38	11.94	102.37	73.85
1993	1436.18	5.79	38.57	771.46	12.23	273.55	113.52
1994	1404.00	5.54	34.59	819.60	10.69	295.40	139.27
1995	1430.90	6.25	50.00	823.51	10.21	335.39	170.03
1996	1516.77	6.84	52.11	888.17	9.90	342.18	180.41
1997	1493.53	4.76	48.88	895.04	10.17	388.95	210.51
1998	1435.20	6.49	35.55	1009.52	11.32	359.93	149.69
1999	1392.96	4.04	54.06	1127.45	11.77	428.55	212.01
2000	1217.00	2.92	57.88	1470.04	11.64	380.67	97.19
2001	1075.61	3.16	58.22	1634.13	12.06	516.64	163.81
2002	959.41	2.24	46.97	1765.28	13.85	500.90	164.28
2003	809.23	2.10	43.77	1780.19	13.27	568.38	176.66
2004	850.17	2.28	48.77	1749.76	13.87	632.07	200.99
2005	830.42	2.16	50.14	1741.82	14.44	577.96	148.11
2006	785.50	2.38	35.61	1716.61	15.24	644.00	180.35
2007	723.48	2.37	32.95	1718.06	16.02	690.28	198.56
2008	731.54	2.45	41.27	1755.87	16.23	747.92	238.36
2009	723.09	2.28	43.24	1764.76	16.74	712.41	197.54
2010	686.24	2.23	39.47	1788.81	16.27	701.31	190.78
2011	676.41	2.29	39.85	1815.61	16.97	712.36	194.44
2012	648.22	1.97	38.30	1819.81	17.48	703.84	193.56
2013	601.17	1.72	37.78	1764.29	16.86	715.65	193.03
2014	603.61	1.43	30.66	1762.79	16.54	714.84	200.93
2015	583.97	1.07	31.35	1806.94	17.25	740.86	207.79
2016	564.84	0.83	25.98	1865.09	17.22	724.32	178.69
2017	580.14	0.60	26.90	1910.45	17.83	751.29	186.79
2018	599.14	0.81	29.43	1888.37	17.52	743.62	183.72

6-18 主要农作物单位面积产量(1978-2018年)
Output of Major Farm Crops Per Hectare(1978-2018)

单位:公斤/公顷(kg/hectare)

年份	粮食 Grain	谷物 Cereal	油料 Oil-bearing Crops	#油菜籽 Rapeseed	棉花 Cotton	糖类 Suger Crops
1978	4226	4268	1065	1050		
1979	4662	4758	1222	1213		
1980	4192	4239	1175	1179		
1981	4205	4283	1338	1346		
1982	4981	5105	1522	1540		
1983	4551	4618	1251	1260		
1984	5218	5338	1513	1529		
1985	4956	5065	1545	1556		
1986	5069	5221	1460	1468		
1987	4911	5032	1432	1430		
1988	4840	4965	1575	1588		
1989	4823	4952	1363	1363		
1990	4856	5000	1601	1608	935	53796
1991	5020	5176	1486	1485	1104	55164
1992	4910	5062	1647	1647	838	52404
1993	5049	5253	1635	1623	950	54498
1994	5122	5369	1469	1440	898	52896
1995	5084	5299	1617	1599	968	55848
1996	5272	5517	1762	1748	1025	56349
1997	5199	5453	1772	1754	768	54564
1998	5127	5407	1261	1205	1033	57824
1999	5062	5330	1869	1844	1068	59073
2000	5294	5735	1834	1808	1100	60289
2001	5547	6082	1899	1869	1143	60956
2002	5583	6223	1625	1565	1195	61644
2003	5475	6166	1744	1682	1193	64529
2004	5648	6313	2056	2016	1213	58703
2005	5314	5920	2012	1967	1204	57278
2006	6021	6582	2032	1958	1300	60455
2007	5914	6406	2177	2111	1351	60352
2008	6151	6721	2163	2110	1385	61283
2009	6177	6736	2058	1993	1397	62013
2010	6152	6630	1890	1803	1412	61690
2011	6320	6798	2033	1958	1489	62759
2012	6215	6721	2022	1938	1429	63737
2013	5912	6424	2060	1984	1423	61955
2014	6003	6544	2115	2049	1438	62049
2015	5901	6428	2146	2053	1446	62432
2016	5937	6582	2062	1950	1470	65394
2017	5937	6542	2200	2101	1324	65636
2018	6140	6782	2291	2225	1422	65994

6-19 主要农作物产量
Output of Major Farm Crops

指标	Item	2015		2016	
		公顷产量(公斤) Output pe Hectare (kg)	总产量(万吨) Total Output (10000 tons)	公顷产量(公斤) Output pe Hectare (kg)	总产量(万吨) Total Output (10000 tons)
粮食作物	Grain Crops	5901	583.97	5937	564.84
#春粮	Spring Grain	3883	62.57	3347	48.64
秋粮	Autumn Grain	6352	469.20	6406	460.91
谷物	Cereal	6428	514.83	6582	498.92
稻谷	Rice	7029	445.80	7256	444.83
早稻	Early Rice	5806	52.21	6390	55.29
晚稻及单季稻	Late Rice & Single Season Rice	7231	393.59	7398	389.54
#单季晚稻	Single Season Rice	7462	336.14	7620	330.66
小麦	Wheat	3909	38.68	3315	28.28
大(元)麦	Barley	4575	4.94	3818	2.20
玉米	Corn	4474	23.10	4382	21.88
其他谷物	Other Cerael	4392	2.31	4427	1.72
豆类	Beans	2619	30.10	2373	27.14
大豆	Soybeans	2566	22.14	2428	20.36
其他小豆类	Other Beans	2779	7.96	2221	6.79
薯类	Yams	5285	39.04	4910	38.79
其中:马铃薯	Potato	4158	16.37	3935	16.47
油料	Oil bearing Crops	2146	31.35	2062	25.98
油菜籽	Rapeseeds	2053	25.12	1950	19.37
花生	Peanuts	2906	5.30	2890	5.01
棉花(皮棉)	Cotton	1446	1.07	1470	0.83
麻类	Fiber Crops	3863	0.03	3419	0.02
糖类	Suger Crops	62432	62.16	65394	40.98
烟叶	Tobacco	2295	0.15	2267	0.14
蔬菜	Vegetables	29235	1806.94	29455	1865.09
果用瓜	Melon as Fruit	28029	280.85	28185	287.06
#西瓜	Watermelon	29855	216.02	30567	215.41

续表 Continued

指标	Item	2017		2018	
		公顷产量（公斤）Output per Hectare (kg)	总产量（万吨）Total Output (10000 tons)	公顷产量（公斤）Output pe Hectare (kg)	总产量（万吨）Total Output (10000 tons)
粮食作物	Grain Crops	5937	580.14	6140	599.14
#春粮	Spring Grain	3975	64.50	3937	51.08
秋粮	Autumn Grain	6354	462.87	6489	485.92
谷物	Cereal	6542	513.43	6782	535.74
稻谷	Rice	7168	444.91	7333	477.40
早稻	Early Rice	6105	52.77	6399	62.13
晚稻及单季稻	Late Rice & Single Season Rice	7340	392.15	7496	415.27
#单季晚稻	Single Season Rice	7590	333.64	7756	352.85
小麦	Wheat	4043	41.92	4193	35.79
大(元)麦	Barley	3853	1.97	4365	0.17
玉米	Corn	4440	23.04	4183	20.64
其他谷物	Other Cerael	4536	1.59	4639	1.74
豆类	Beans	2529	27.38	2495	28.22
大豆	Soybeans	2535	20.38	2518	21.46
其他小豆类	Other Beans	2513	7.00	2424	6.77
薯类	Yams	4677	39.32	4838	35.17
其中:马铃薯	Potato	4148	18.66	3848	13.20
油料	Oil bearing Crops	2200	26.90	2291	29.43
油菜籽	Rapeseeds	2101	20.20	2225	23.34
花生	Peanuts	2975	5.10	2992	4.74
棉花(皮棉)	Cotton	1324	0.60	1422	0.81
麻类	Fiber Crops	3512	0.02	3243	0.01
糖类	Suger Crops	65636	37.50	65994	40.59
烟叶	Tobacco	2217	0.14	2172	0.12
蔬菜	Vegetables	29661	1910.45	29553	1888.37
果用瓜	Melon as Fruit	28718	293.30	28638	285.70
#西瓜	Watermelon	31066	216.62	31296	207.63

6－20 各市粮食播种面积和产量
Sown Area and Output of Grain by City

地区	Region	2016			2017			2018		
		播种面积（千公顷）Sown Aera (1000 ha)	公顷产（公斤）Output per Hectare (kg)	总产量（万吨）Total Output (1000 tons)	播种面积（千公顷）Sown Aera (1000 ha)	公顷产（公斤）Output per Hectare (kg)	总产量（万吨）Total Output (1000 tons)	播种面积（千公顷）Sown Aera (1000 ha)	公顷产（公斤）Output per Hectare (kg)	总产量（万吨）Total Output (1000 tons)
全省合计	**Total**	**6140.00**	**5937**	**564.84**	**977.19**	**5937**	**580.14**	**975.73**	**6140**	**599.14**
杭州市	Hangzhou	84.97	5404	45.91	86.48	5465	47.26	88.50	5604	49.60
宁波市	Ningbo	106.11	5796	61.50	109.74	5805	63.70	109.40	6087	66.59
温州市	Wenzhou	104.92	5813	60.99	107.41	5948	63.88	107.09	6065	64.95
嘉兴市	Jiaxing	141.29	6244	88.22	148.37	6252	92.76	150.74	6197	93.42
湖州市	Huzhou	73.88	6517	48.15	75.08	6459	48.50	78.55	6597	51.82
绍兴市	Shaoxing	119.29	6159	73.47	122.60	6127	75.12	119.71	6481	77.58
金华市	Jinhua	80.67	5709	46.05	81.86	5671	46.42	77.71	5853	45.49
其中：义乌市	Yiwu	7.23	5750	4.16	7.87	5710	4.49	7.15	5786	4.14
衢州市	Quzhou	88.10	6296	55.47	90.11	6221	56.06	87.95	6513	57.28
舟山市	Zhoushan	5.08	5001	2.54	5.13	4974	2.55	4.88	5090	2.48
台州市	Taizhou	79.78	6111	48.76	82.49	6042	49.84	82.03	6227	51.08
丽水市	Lishui	67.25	5023	33.78	67.92	5010	34.03	69.18	5182	35.85

6-21 商品粮基地粮食播种面积和产量
Sown Area and Output of Grain in Commodity Grain Bases

地区	Region	2016			2017			2018		
		播种面积（千公顷）Sown Aera (1000 ha)	公顷产（公斤）Output per Hectare (kg)	总产量（万吨）Total Output (1000 tons)	播种面积（千公顷）Sown Aera (1000 ha)	公顷产（公斤）Output per Hectare (kg)	总产量（万吨）Total Output (1000 tons)	播种面积（千公顷）Sown Aera (1000 ha)	公顷产（公斤）Output per Hectare (kg)	总产量（万吨）Total Output (1000 tons)
全省合计	**Zhejiang**	**951.36**	**5937**	**564.84**	**977.19**	**5937**	**580.14**	**975.73**	**6140**	**599.14**
国家级小计	**Country Level**	**312.73**	**6199**	**193.87**	**319.96**	**6191**	**198.08**	**329.32**	**6335**	**208.62**
萧山区	Xiaoshan	19.34	4872	9.42	18.49	5078	9.39	17.63	5194	9.15
富阳区	Fuyang	14.26	6227	8.88	15.11	6186	9.35	15.61	6377	9.95
余杭区	Yuhang	12.98	6562	8.52	14.15	6547	9.26	16.21	6587	10.68
余姚市	Yuyao	23.84	6303	15.03	24.43	6361	15.54	24.91	6509	16.22
奉化区	Fenhua	9.77	5992	5.85	10.19	5967	6.08	10.17	6424	6.53
宁海县	Ninghai	14.93	5425	8.10	16.67	5241	8.74	15.80	5520	8.72
鄞州区	Yinzhou	13.14	6443	8.46	12.43	6345	7.88	12.91	6710	8.66
秀洲区	Xuizhou	21.69	6816	14.79	21.28	6663	14.18	21.32	6462	13.78
嘉善县	Jiashan	17.30	6404	11.08	20.07	6204	12.45	21.11	6233	13.16
海盐县	Haiyan	21.40	5961	12.76	22.31	6152	13.72	22.43	6107	13.70
桐乡市	Tongxiang	20.28	6099	12.37	19.78	6300	12.46	20.33	6286	12.78
德清县	Deqing	7.47	6449	4.82	7.08	6287	4.45	7.39	6315	4.67
长兴县	ChangXing	30.11	5994	18.05	29.06	6095	17.71	30.41	6417	19.51
诸暨市	Zhuji	34.89	6521	22.75	35.84	6466	23.17	35.09	6700	23.51
柯桥区	keqiao	13.60	6493	8.83	13.85	6500	9.00	13.74	6751	9.27
金东区	JIndong	2.37	5144	1.22	2.14	5156	1.10	2.26	5698	1.29
衢江区	Qujiang	20.40	6242	12.73	20.75	6285	13.04	20.26	6621	13.41
龙游县	Longyou	21.52	6086	13.10	22.08	5984	13.21	21.76	6263	13.63
省级小计	**Province Level**	**132.80**	**5976**	**79.36**	**134.82**	**6028**	**81.27**	**135.64**	**6187**	**83.92**
桐庐县	Tonglu	7.11	5495	3.91	7.63	5679	4.33	7.82	6036	4.72
瑞安市	Ruian	14.34	6078	8.72	14.46	6129	8.86	14.83	6171	9.15
海宁市	Haining	16.99	6251	10.62	18.65	6302	11.75	19.11	6220	11.88
安吉县	Anji	13.87	5630	7.81	12.61	5851	7.37	13.89	5786	8.03
嵊州市	Shengzhou	20.85	5736	11.96	21.09	5822	12.28	20.66	6390	13.20
武义县	Wuyi	10.31	5605	5.78	10.59	5617	5.95	9.62	5794	5.57
江山市	Jiangshan	24.18	6523	15.77	24.70	6523	16.11	23.95	6829	16.35
温岭市	Wenling	17.92	6265	11.23	17.88	6166	11.02	18.61	6093	11.34
松阳县	Songyang	7.25	4947	3.59	7.23	4960	3.59	7.16	5110	3.66

6－22 各市油菜籽播种面积和产量
Sown Area and Output of Repeseeds by City

地区	Region	2016			2017			2018		
		播种面积（千公顷）Sown Aera (1000 ha)	公顷产（公斤）Output per Hectare (kg)	总产量（万吨）Total Output (1000 tons)	播种面积（千公顷）Sown Aera (1000 ha)	公顷产（公斤）Output per Hectare (kg)	总产量（万吨）Total Output (1000 tons)	播种面积（千公顷）Sown Aera (1000 ha)	公顷产（公斤）Output per Hectare (kg)	总产量（万吨）Total Output (1000 tons)
全省合计	**Total**	**99.58**	**1945**	**19.37**	**95.54**	**2114**	**20.20**	**104.87**	**2225**	**23.34**
杭州市	Hangzhou	20.15	2160	4.35	19.68	2400	4.72	20.04	2774	5.56
宁波市	Ningbo	5.48	2159	1.18	5.49	2389	1.31	8.16	2360	1.93
温州市	Wenzhou	5.29	1719	0.91	5.30	1827	0.97	5.40	1849	1.00
嘉兴市	Jiaxing	6.83	2451	1.67	5.17	2532	1.31	6.11	2657	1.62
湖州市	Huzhou	7.65	2129	1.63	7.42	2379	1.77	8.23	2460	2.02
绍兴市	Shaoxing	7.22	2084	1.51	6.89	2174	1.50	6.69	2220	1.49
金华市	Jinhua	14.03	1806	2.53	13.67	1944	2.66	17.47	1995	3.49
其中:义乌市	Yiwu	1.71	2411	0.41	1.74	2406	0.42	0.82	2551	0.21
衢州市	Quzhou	25.29	1680	4.25	24.55	1863	4.57	24.62	1906	4.69
舟山市	Zhoushan	0.64	2053	0.13	0.63	2292	0.14	0.77	2302	0.18
台州市	Taizhou	4.94	1756	0.87	4.70	1859	0.87	5.16	1838	0.95
丽水市	Lishui	2.07	1630	0.34	2.04	1852	0.38	2.23	1873	0.42

注：油菜籽已与三农普数据衔接。
The data of rapeseed has been linked to the three agricultural census data.

6－23 主要茶叶产区茶园面积和茶叶产量
Area of Tea Plantation and Output of Tea in Major Producing Regions

地区	Region	2016		2017		2018	
		茶园面积（公顷）Area of Tea Plantations (ha)	茶叶总产量（吨）Output of Tea (ton)	茶园面积（公顷）Area of Tea Plantations (ha)	茶叶总产量（吨）Output of Tea (ton)	茶园面积（公顷）Area of Tea Plantations (ha)	茶叶总产量（吨）Output of Tea (ton)
全省合计	**Total**	**196982**	**172185**	**198524**	**178308**	**200504**	**175170**
25 个主产区小区	**25 Producing Regions**	**133316**	**140768**	**137051**	**148345**	**137487**	**144685**
杭州市区	Hangzhou District	10619	15662	14030	19273	14010	18855
建德市	Jiande	4140	2617	4136	2852	4136	3095
桐庐县	Tonglu	3927	3096	4083	3387	3918	3466
富阳区	Fujiang	4027	6469	4025	7018	3892	6777
临安区	Linan	3441	2409	3499	2546	3605	2531
淳安县	Tunan	12668	4366	12387	4591	12447	4675
宁波市区	Ningbo District	3328	3914	3243	3871	3118	3838
余姚市	Yuyao	3741	4796	3463	4300	3659	4014
奉化区	Fenghua	826	1202	825	1177	732	1062
安吉县	Anji	13476	4305	13567	3977	13634	3916
诸暨市	Zhuji	6730	12730	6735	12957	6173	8043
上虞区	Shangyu	1799	2557	1790	2795	1805	2446
嵊州市	Shengzhou	11750	18154	11721	18377	11523	17394
柯桥区	Keqiao	4584	7183	4534	7295	4528	7523
新昌县	Xinchang	6310	5886	6314	5720	6689	5277
金华市区	Jinhua District	1823	1849	1811	1716	1749	2170
东阳市	Dongyang	3227	1399	3219	1447	3421	2049
武义县	Wuyi	6739	12205	6895	12788	6947	13255
浦江县	Pujiang	2065	1137	2057	1057	2056	1055
衢州市区	Quzhou District	1545	1276	1509	1379	1656	1412
开化县	Kaihua	6790	2003	6861	2134	6685	2128
龙游县	Longyou	1393	2593	1564	3084	1781	3663
临海市	Linhai	2373	1096	2651	1203	2590	1228
松阳县	Songyang	7955	11913	8009	12438	8526	13020
遂昌县	Suichang	8040	9951	8123	10963	8207	11793

6-24 主要蚕茧产区桑园面积和蚕茧产量
Area of Mulberry Field and Output of Silk worm Cocoons in Major Producing Regions

地区	Region	2016		2017		2018	
		桑园面积（公顷）Area of Mulberry Field (ha)	蚕茧总产量（吨）Output of Silk-worm Cocoons (tons)	桑园面积（公顷）Area of Mulberry Field (ha)	蚕茧总产量（吨）Output of Silk-worm Cocoons (tons)	桑园面积（公顷）Area of Mulberry Field (ha)	蚕茧总产量（吨）Output of Silk-worm Cocoons (tons)
全省合计	**Total**	**49805**	**18556**	**46673**	**16300**	**42158**	**21677**
22个主产区小计	**22 Producing Regions**	**48062**	**19624**	**46299**	**17597**	**41519**	**22817**
杭州市区	Hangzhou District	1731	716	2583	971	1786	1479
建德市	Jiande	1367	381	1371	368	1371	400
桐庐县	Tonglu	1080	745	802	714	596	695
富阳区	Fuyang	910	657	784	494	201	548
临安市	Linan	1011	508	997	449	964	883
淳安县	Chunan	6164	1132	5924	960	5678	1990
嘉兴市区	Jiaxing District	2008	690	1599	439	1426	466
海宁市	Haining	4224	2687	3947	2463	3585	2846
海盐县	Haiyan	1704	871	1491	670	1455	700
桐乡市	Tongxiang	6906	6128	6639	6018	6449	6805
湖州市区	Huzhou District	10271	2607	10195	2025	9343	2857
德清县	Deqing	3704	1096	3447	921	3361	1396
长兴县	Changxing	1131	610	1137	413	1124	712
安吉县	Anji	774	167	773	180	704	290
诸暨市	Zhuji	487	27	474	19	474	17
上虞区	Shangyu	526	185	497	111	313	86
嵊州市	Shengzhou	1011	180	1005	197	500	177
新昌县	Xinchang	704	146	593	103	449	72
兰溪市	Lanxi	658	1	658	1	587	1
浦江县	Pujiang	32		29		23	17
临海市	Linhai	86	5	86	4	84	4
缙云县	Jinyun	1573	85	1268	77	1046	376

注：2016年和2017年蚕茧已与三农普数据衔接。
Cocoon Output in 2016 and 2017 has been linked to three agricultural census data.

6-25 林业生产(2012-2018年)
Basic Indicators on Forestry(2012-2018)

指标	Item	2012	2013	2014	2015	2016	2017	2018
造林面积 (千公顷)	Afforestation Area (1000 ha)	43.92	42.36	39.40	32.02	15.80	9.60	8.09
用材林	Timber Forest	5.33	3.27	4.93	3.87	2.17	1.99	1.43
经济林	Economic Forest	11.21	9.69	9.04	6.94	4.02	3.30	2.39
防护林	Shelter Forest	25.78	28.86	25.33	20.97	8.79	4.03	4.16
薪炭林	Fuel Forest	0.44	0.22					
特种用途林	Forest for Special Use	1.17	0.33	0.10	0.23	0.68	0.27	0.12
零星(四旁)植树 (万株)	Planting Trees Piecemeal (10000 trees)	2945.95	2975.32	2602.90	2254.40	2423.08	1567.47	1680.10
育苗面积 (千公顷)	Area of Growing Seedings (1000 ha)	123.03	124.78	119.27	125.54	114.82	124.13	126.11
迹地更新面积 (千公顷)	Area of Forest Updating (1000 ha)	13.85	13.69	14.34	11.94	10.63	8.45	7.42
主要林产品产量 (吨)	Output of Major Forest Production (tons)							
油茶籽	Tea oil seeds	61683	45681	58444	64353	51421	61039	68523
竹笋干	Tallow-seeds	141110	140040	159644	160779	159305	186580	197434
山核桃	Walnuts	16424	16333	18602	17968	20635	21141	23950
板　栗	Chestnut	83712	86587	91219	86827	69574	69720	66673

6-26 水果生产
Basic Indicators on Fruits

指标	Item	2016		2017		2018	
		果园面积(千公顷) Area of Orchards (1000 Hectares)	产量(万吨) Total Output (10000 tons)	果园面积(千公顷) Area of Orchards (1000 Hectares)	产量(万吨) Total Output (10000 tons)	果园面积(千公顷) Area of Orchards (1000 Hectares)	产量(万吨) Total Output (10000 tons)
合计	**Total**	**327.66**	**724.32**	**325.71**	**751.29**	**323.48**	**743.62**
柑桔	Orange	93.49	178.69	91.45	186.79	88.23	183.72
梨	Pear	22.57	38.74	22.18	38.86	21.44	38.27
桃子	Peach	30.73	41.69	30.93	44.96	31.24	46.67
杨梅	Red Bayberry	89.20	58.12	88.96	58.44	88.99	60.73
枇杷	Loquat	12.91	5.13	13.33	7.86	13.87	8.72
柿子	Persimmon	6.93	5.29	6.93	5.67	6.76	5.65
果用瓜	Melon as Fruit		287.06		293.30		285.70
其他	Others	71.84	109.60	71.94	115.42	72.95	114.16

6-27 农产品人均产量(1978-2018年)
Per Capital Output of Agricultural Products(1978-2018)

单位:公斤(kg)

年份	粮食 Grain	棉花 Cotton	油料 Oil-bearing Crops	糖料 Suger Crops	茶叶 Tea	水果 Fruit	猪牛羊肉 Pork,Beef and Mutton	水产品 Aquatic Production
1978	393.44	1.95	5.92	17.20	1.57	3.92	11.33	23.47
1980	376.81	2.18	7.58	15.43	1.98	5.91	18.52	21.46
1985	404.18	2.03	11.02	27.43	2.32	11.12	19.10	26.13
1986	396.34	1.87	10.60	32.63	2.58	12.85	20.03	28.94
1987	387.97	1.60	9.68	26.56	2.83	17.32	18.60	30.52
1988	374.78	1.05	10.39	20.01	3.09	12.45	19.56	30.92
1989	371.01	1.00	9.14	16.74	2.81	23.57	19.67	30.84
1990	375.68	1.52	11.45	14.87	2.77	25.35	20.28	32.92
1991	386.05	1.77	10.72	16.19	2.69	31.66	20.13	35.57
1992	363.51	1.39	11.72	17.55	2.79	23.95	22.73	39.72
1993	334.03	1.35	8.97	18.43	2.84	34.63	22.74	44.02
1994	324.46	1.28	7.99	16.21	2.47	40.64	22.68	59.62
1995	328.53	1.43	11.48	15.11	2.34	49.28	23.61	73.03
1996	345.91	1.56	11.88	14.57	2.26	51.91	16.85	78.03
1997	338.58	1.08	11.08	13.61	2.31	61.07	18.44	90.61
1998	323.64	1.46	8.02	13.97	2.55	46.55	19.05	95.33
1999	312.52	0.91	12.14	15.94	2.64	62.64	19.27	99.33
2000	266.91	0.65	12.91	21.97	2.60	84.89	22.65	104.70
2001	228.64	0.67	12.38	22.53	2.56	109.82	23.65	100.51
2002	201.87	0.47	9.88	23.87	2.91	105.39	25.12	101.14
2003	168.01	0.44	9.09	25.73	2.76	118.00	25.37	100.24
2004	173.82	0.47	9.97	21.73	2.84	129.23	26.93	100.91
2005	167.49	0.44	10.11	18.15	2.91	116.57	26.31	97.57
2006	156.12	0.47	7.08	17.39	3.03	128.00	21.65	83.08
2007	140.35	0.46	6.44	17.01	3.13	135.00	22.39	81.19
2008	140.35	0.47	7.96	16.48	3.13	144.28	25.02	76.89
2009	137.06	0.43	8.25	15.52	3.19	135.85	24.97	81.92
2010	126.00	0.41	7.36	13.86	3.04	130.82	25.17	89.15
2011	123.82	0.42	7.31	13.04	3.11	130.59	25.45	94.56
2012	118.35	0.36	6.99	12.81	3.19	128.45	26.02	98.52
2013	109.34	0.31	6.87	11.62	3.07	130.17	27.63	100.19
2014	109.59	0.26	5.57	11.38	3.00	129.78	25.36	104.40
2015	105.43	0.19	5.66	11.22	3.11	133.75	20.12	108.68
2016	101.05	0.15	4.65	7.33	3.08	129.57	17.11	104.53
2017	102.55	0.11	4.76	6.63	3.15	132.81	15.38	105.08
2018	104.43	0.14	5.13	7.07	3.05	129.62	13.50	103.84

6－28 牲畜饲养和畜产品产量(1978－2018 年)
Number of Livestock and Output of Livestock Products(1978－2018)

年份	大牲畜年底头数(万头) Large Animals (Year end) (10000 heads)	#牛(万头) Cattle and Buffaloes (10000 heads)	生猪年末存栏头数(万头) Numbers of Hogs (10000 heads)	羊年末存栏头数(万只) Numbers of Sheep and Goats (10000 heats)	猪、牛、羊肉产量(万吨) Output of Pork, beef and Mutton (10000 tons)	#猪肉产量(万吨) Pork (10000 tons)
1978	82.60	82.60	1334.70	294.90	42.27	41.59
1979	84.80	84.80	1550.00	345.60	56.87	55.95
1980	83.00	83.00	1403.80	324.00	70.55	69.48
1981	82.70	82.70	1344.60	288.60	62.78	62.00
1982	82.70	82.70	1383.20	262.60	67.11	66.24
1983	80.60	80.60	1387.30	229.30	68.53	67.59
1984	78.40	78.40	1326.20	197.90	68.88	67.80
1985	76.10	76.10	1368.80	176.20	76.60	75.57
1986	75.81	75.81	1403.31	172.21	81.11	80.00
1987	74.73	74.73	1278.69	175.98	76.19	75.01
1988	71.11	71.11	1228.05	180.02	78.47	77.12
1989	69.29	69.29	1213.19	187.47	77.24	75.87
1990	68.01	68.01	1170.00	185.07	77.88	76.33
1991	65.05	65.05	1135.49	181.36	78.05	76.41
1992	60.50	60.50	1188.97	183.26	83.08	80.97
1993	54.07	54.07	1061.04	191.38	80.64	78.94
1994	50.72	50.72	989.84	205.98	78.95	76.46
1995	50.32	50.32	964.30	218.63	80.17	77.38
1996	49.48	49.48	892.68	221.31	76.31	73.47
1997	46.36	46.36	1010.06	214.55	81.33	78.40
1998	43.52	43.52	1040.56	207.58	84.48	81.38
1999	40.64	40.64	1024.36	218.95	85.87	82.55
2000	38.95	38.95	1146.88	233.51	101.57	98.03
2001	39.25	39.25	1175.10	245.02	111.28	107.39
2002	39.63	39.63	1139.17	258.61	119.40	115.09
2003	38.90	38.90	1132.38	262.90	122.22	117.24
2004	39.25	39.25	1125.27	256.72	131.72	126.43
2005	35.54	35.54	1213.15	222.35	130.44	125.14
2006	22.97	22.97	1003.00	123.90	108.94	105.61
2007	20.74	20.74	1039.10	111.90	114.50	111.40
2008	20.66	20.66	1161.85	111.35	129.67	126.85
2009	20.37	20.37	1225.80	111.55	130.95	128.17
2010	19.89	19.89	1248.40	111.67	134.90	131.90
2011	19.13	19.13	1281.93	109.45	138.82	135.83
2012	17.70	17.70	1338.30	107.18	142.53	139.71
2013	18.77	18.77	1287.53	129.12	151.89	148.71
2014	17.08	17.08	964.64	133.86	139.67	136.39
2015	16.42	16.42	730.19	139.37	111.46	107.96
2016	16.05	16.05	568.14	142.24	95.64	91.84
2017	14.90	14.90	542.55	133.80	86.99	83.31
2018	13.71	13.71	516.79	125.88	77.48	73.95

注：2013 年及以后年份数据已与三农普数衔接。
The data of this tablle has been linked to the three agricultural census data since 2013.

6-29 畜牧业生产(2012-2018年)
Basic Indicators on Animal Husbandry(2012-2018)

指标	Item	2012	2013	2014	2015	2016	2017	2018
生猪年末存栏头数(含未断奶小猪) (万头)	Pigs(year-end) (10000 heads)	1338.30	1287.53	964.64	730.19	568.14	542.55	516.79
#能繁殖的母猪 (万头)	Reproducable (10000 heads)	130.12	115.60	78.52	61.07	49.60	47.55	43.31
年内肥猪出栏头数 (万头)	Slaughtered Fattened Hogs (10000 heads)	1934.41	1895.10	1724.53	1315.63	1157.64	1022.42	911.62
生猪出栏率 (%)	Rate of Slaughtered Fattened Hogs (%)	150.90	141.61	133.94	136.39	158.54	179.96	168.03
全年饲养量 (万头)	Number of Hogs Raised (10000 heads)	3272.71	3182.63	2689.17	2045.82	1725.78	1564.97	1428.41
牛年末存栏头数 (万头)	Cattles(year-end) (10000 heads)	17.70	18.77	17.08	16.42	16.05	14.90	13.71
良种及改良种乳牛 (万头)	Milch Cows of Fine Breed and Improved Varieties (10000 heads)	5.67	4.95	4.37	4.12	3.68	3.27	3.19
牛年内出栏头数 (万只)	Slaughtered Cattles (10000 heads)	8.48	8.80	8.71	8.95	9.52	8.79	8.15
牛奶产量 (万吨)	Milk (10000 tons)	19.27	17.63	15.39	15.97	14.81	14.31	15.73
羊年末存栏只数 (万只)	Sheep and Goats (year-end) (10000 heads)	107.18	129.12	133.86	139.37	142.24	133.80	125.88
羊年内出栏只数 (万只)	Slaughtered Sheep (10000 heads)	103.35	123.05	124.84	137.35	150.23	141.95	135.06
猪、牛、羊肉产量 (万吨)	Output of Pork, Beef and Mutton (10000 tons)	142.53	151.89	139.67	111.46	95.64	86.99	77.48
猪肉产量 (万吨)	Pork (10000 tons)	139.71	148.71	136.39	107.96	91.84	83.31	73.95
兔年末存栏只数 (万只)	Rabbits(year-end) (10000 heads)	373.50	293.00	266.84	237.50	181.95	157.40	173.02
兔年内出栏只数 (万只)	Slaughtered Rabbits (10000 heads)	550.08	457.81	427.23	399.81	342.40	285.98	271.56
家禽年末存栏只数 (万只)	Poultry(year-end) (10000 heads)	11446.07	11923.89	9888.70	9020.68	8071.80	7820.03	8320.64
家禽年内出栏只数 (万只)	Slaughtered Poultry (10000 heads)	25151.23	24166.75	20434.20	18240.37	18294.39	17319.88	17195.93
全年饲养量 (万只)	Poultry Raised (10000 heads)	36597.30	36090.64	30322.90	27261.05	26366.19	25139.91	25516.57
禽蛋产量 (万只)	Poultry Eggs (10000 heads)	48.14	49.65	45.89	39.95	37.77	35.85	31.49
养蜂年末箱数 (万箱)	Number of Beehives (10000 boxs)	86.07	84.56	88.39	93.29	94.46	102.04	100.02
蜂蜜产量 (万吨)	Honey (10000 tons)	8.76	8.00	8.77	8.79	9.17	9.13	6.63
蜂皇浆产量 (吨)	Royal Jelly (tons)	1946	1928	2264	2187	2148	2202	2189
蚕茧产量 (万吨)	Output of Silkworm Cocoon (10000 tons)	6.11	3.68	2.96	2.38	1.86	1.63	2.17
全年饲养蚕种张数 (万张)	Number of SilkwormCocoon (10000 Pieces)	129.89	78.65	63.77	48.05	37.64	31.87	42.94

注：2013年及以后年份数据已与三农普数衔接。
The data of this tablle has been linked to the three agricultural census data since 2013.

6-30 水产品产量(1978-2018年)
Output of Aquatic Products(1978-2018)

单位:万吨(10000 tons)

年份 Year	水产品产量 Total Aquatic Production	海水产品产量 Seawater Aquatic Production	#养殖 Artificially Cultured	淡水产品产量 Fishwater Aquatic Production	#养殖 Artificially Cultured	远洋渔业产量 Deepsea Fishing Products
1978	87.52	81.69	3.56	5.83	4.90	
1979	81.13	74.77	3.90	6.36	5.19	
1980	81.79	75.03	6.60	6.76	6.67	
1981	84.28	76.85	4.13	7.43	6.17	
1982	87.69	78.91	4.82	8.78	7.43	
1983	83.25	73.46	6.21	9.79	8.32	
1984	95.28	83.26	7.86	12.02	10.29	
1985	104.82	89.04	9.60	15.78	13.73	
1986	117.21	97.36	10.57	19.85	17.74	
1987	124.98	102.84	11.86	22.14	19.65	
1988	128.20	104.31	12.33	23.89	21.28	
1989	129.20	104.50	13.13	24.70	22.08	
1990	138.98	113.17	13.81	25.80	23.00	
1991	151.09	123.53	15.20	27.56	24.75	
1992	169.75	140.20	17.34	29.54	26.68	
1993	189.29	156.06	19.05	33.23	29.92	
1994	258.02	222.30	24.68	35.72	32.07	
1995	318.07	278.70	31.69	39.37	34.43	
1996	342.14	299.23	39.51	42.91	37.00	
1997	377.68	331.97	38.90	45.71	38.66	
1998	422.73	372.80	46.49	49.93	42.62	
1999	442.73	389.41	58.17	53.32	45.61	
2000	469.51	410.46	70.88	59.05	51.42	
2001	472.85	406.96	77.66	65.89	58.17	
2002	480.68	409.33	85.15	71.35	63.21	
2003	482.82	406.00	91.85	76.82	68.26	
2004	493.53	414.98	92.94	78.55	69.45	
2005	483.77	402.37	88.11	81.40	72.07	
2006	433.85	360.80	76.32	73.05	65.03	15.84
2007	433.87	356.36	86.13	77.51	68.90	18.74
2008	418.79	337.60	83.08	81.19	73.09	20.20
2009	440.31	353.81	76.46	86.51	77.47	10.71
2010	477.95	381.23	82.57	96.72	87.50	16.56
2011	515.81	410.98	84.49	104.83	94.98	23.47
2012	539.58	431.24	86.14	108.34	98.38	29.09
2013	550.82	443.19	87.17	107.63	98.05	36.80
2014	575.06	468.22	89.79	106.84	97.74	54.15
2015	602.00	491.20	93.34	110.80	101.95	61.17
2016	584.35	470.08	97.19	114.27	105.13	41.44
2017	594.45	472.37	116.26	122.08	110.73	46.79
2018	595.71	469.34	120.90	126.37	113.30	61.05

注：2016年及以后年份水产品产量已与三农普数据衔接。
The data of this tablle has been linked to the three agricultural census data since 2016.

6－31 渔业生产(2013－2018年)
Basic Indicators on Fishery(2013－2018)

单位:万吨(10000 tons)

指标		2013	2014	2015	2016	2017	2018
水产品总产量	**Total Aquaic Production**	**550.82**	**575.06**	**602.00**	**584.35**	**594.45**	**595.71**
其中:远洋渔业产量	Among them:the pelagic fishery yield	36.80	54.15	61.17	41.44	46.79	61.05
海水产品产量	**Seawater Aquatic Production**	**443.19**	**468.22**	**491.20**	**470.08**	**472.37**	**469.34**
按生产性质分	By Production Character						
海洋捕捞(含远洋)	Catching in Ocean	356.02	378.42	397.85	372.89	356.13	348.45
海水养殖	Seawater Aquiculture	87.17	89.79	93.34	97.19	116.25	120.90
按类别分	By Category						
鱼类	Fishes	225.24	221.57	233.76	235.14	221.91	209.57
虾蟹类	Shrimps,Prawns and Crabs	98.03	103.36	103.94	99.32	92.24	86.39
贝类	Shell－fish	71.59	73.78	77.00	79.50	94.13	98.01
藻类	Algae	4.80	4.83	5.15	5.34	7.69	8.93
头足类	Shrimps,Prawns and crabs	42.33	55.68	63.36	40.51	46.07	50.20
其他海水产品	others	6.17	9.00	7.99	10.27	10.33	16.24
淡水产品产量	**Freshwater Aquatic Production**	**107.63**	**106.84**	**110.80**	**114.26**	**122.08**	**126.37**
按生产性质分	By Production Character						
天然生产	Naturally Grown	9.58	9.10	8.84	9.13	11.35	13.06
淡水养殖	Freshwater Aquiculture	98.05	97.74	101.95	105.13	110.73	113.30
按类别分	By Category						
鱼类	Fishes	70.43	73.43	78.02	83.26	91.64	95.91
虾蟹类	Shrimps,Prawns and Crabs	14.69	13.14	13.34	13.20	13.87	14.57
贝类	Shell－fish	3.94	3.15	3.03	3.10	3.36	3.38
其它类	Others	18.58	17.12	16.40	14.70	13.21	12.51
在海水捕捞产品中	**Among Marine Fishing Production**						
大黄鱼	Big Yellow Croaker	0.04	0.04	0.04	0.05	0.04	0.06
小黄鱼	Small Yellow Croaker	8.82	9.47	10.40	10.19	10.17	10.34
带鱼	Hairtail	44.05	41.50	43.88	42.23	40.45	38.80
墨鱼	Cuttle Fish	2.42	2.65	2.87	3.10	3.82	3.38
海水养殖面积（千公顷）	**Seawater Aquiculture Area (1000 ha)**	**89.36**	**88.18**	**85.88**	**78.72**	**75.95**	**80.92**
淡水养殖面积（千公顷）	**Freshwater Aquiculture Area (1000 ha)**	**213.02**	**209.89**	**213.07**	**202.14**	**198.04**	**179.76**

注：2016年及以后年份水产品产量已与三农普数据衔接。
The data of this tablle has been linked to the three agricultural census data since 2016.

6-32 各市水产品产量(2018年)
Output of Aquatic Products by City (2018)

单位:万吨(10000 tons)

地区	Region	水产品总产量 Total Output of Aquatic Production		海水产品产量 Seawater Aquatic Production		#鱼类 Fishes		淡水产品产量 Freshwater Aquatic Production		#鱼类 Fishes		远洋渔业产量 Deepsea Fishing Production	
		2017	2018	2017	2018	2017	2018	2017	2018	2017	2018	2017	2018
全省合计	Total	594.45	595.71	472.37	469.34	221.91	209.57	122.08	126.37	91.64	95.91	46.79	61.05
杭州市	Hangzhou	20.73	20.56	3.44	3.87	2.74	3.31	17.29	16.69	11.12	10.53	3.44	3.87
宁波市	Ningbo	100.03	96.79	91.97	88.58	49.76	43.66	8.06	8.22	5.72	5.82	3.19	4.84
温州市	Wenzhou	62.08	60.44	59.62	57.93	33.85	32.58	2.46	2.51	2.07	2.10		
嘉兴市	Jiaxing	15.67	15.76	0.16	0.15	0.04	0.03	15.51	15.61	7.85	7.95		
湖州市	Huzhou	42.31	46.48					42.31	46.48	35.14	39.42		
绍兴市	Shaoxing	11.25	11.58	0.32	0.33	0.19	0.19	10.93	11.25	7.50	7.80	0.25	0.26
金华市	Jinhua	8.24	8.42					8.24	8.42	7.22	7.46		
其中:义乌市	Yiwu	0.36	0.37					0.36	0.37	0.29	0.29		
衢州市	Quzhou	6.84	7.06					6.84	7.06	6.27	6.38		
舟山市	Zhuoshan	167.25	173.63	166.05	172.69	69.75	68.79	1.20	0.94	0.92	0.59	38.23	49.13
台州市	Taizhou	157.87	152.52	150.81	145.80	65.58	60.99	7.06	6.71	5.78	5.53	1.68	2.95
丽水市	Lishui	2.18	2.47					2.18	2.47	2.05	2.32		

注:全省水产品总产量为国家核定数;各市水产品总产量为省海洋与渔业局统计年报数(包括远洋)。
Data of total output of aquitic production is verified by national bureau of statistics of china;
Regional figures in this table are taken from the annual report of the bureau of seas and oceans and fishery(including deepsen fishing production).

6-33 平均每个农业劳动力提供的主要农产品产量(2012-2018年)
Output of Major Farm Products Provided by Per Rural Labour(2012-2018)

指标		Item		2012	2013	2014	2015	2016	2017	2018
粮食	(公斤)	Grain	(kg)	1074.7	1019.1	1041.5	1009.0	978.9	1022.9	1078.6
棉花	(公斤)	Cotton	(kg)	3.3	2.9	2.5	1.8	1.4	1.1	1.5
油料	(公斤)	Rapaseeds	(kg)	63.5	64.0	52.9	54.2	45.0	47.4	53.0
蔬菜	(公斤)	Vegetables	(kg)	3017.2	2935.7	3041.4	3122.1	3232.2	3368.4	3399.5
茶叶	(公斤)	Teas	(kg)	29.0	28.6	28.5	29.8	29.8	31.4	31.5
柑桔	(公斤)	Oranges	(kg)	320.9	327.2	346.7	359.0	309.7	329.3	330.7
生猪	(头)	Hogs	(head)	3.2	3.2	3.0	2.3	2.0	1.8	1.6
猪牛羊肉	(公斤)	Prok,Beef and Mutton	(kg)	236.3	257.5	241.0	192.6	165.7	153.4	139.5
禽蛋	(公斤)	Poultry	(kg)	79.8	84.2	79.2	69.0	65.5	63.2	56.7
水产品	(公斤)	Aquatic Production	(kg)	894.6	933.8	992.2	1040.2	1012.7	1048.1	1072.4

6-34 农业事业机构和服务组织(2012-2018年)
Institutions Rendering Agricultural Services(2012-2018)

指标		Item		2012	2013	2014	2015	2016	2017	2018
农业事业机构	**(个)**	**Institutions Engaged in Agricultural Undertaking**	**(unit)**							
乡镇农技服务站		Agricultural Technical service Stations		1273	1238	1231	1339	1278	1290	1421
乡镇畜牧兽医站		Veterinary Stations		725	683	605	594	541	530	498
农业服务组织		**Agricultural Service**								
县(市)农技推广中心	(个)	Centres for Spreading Agricultural Technical	(unit)	90	80	87	83	86	85	85
乡镇农技站农业技术人员	(人)	Agricultural Technical Persons	(person)	9661	10060	10090	10313	10487	9512	9576
配有农技员的村数	(万个)	Villages with Agricultural Technical persons	(10000 units)	2.34	2.18	2.08	2.13	2.14	2.10	1.99
村不脱产农民技术人员	(万人)	Technical Peasants Unreleased from Agricultural Production in Village	(10000 persons)	8.13	7.52	7.23	6.87	4.97	4.75	4.66
科技户	(万户)	Scientific and Teachnological Households	(10000 households)	7.82	7.11	7.12	6.78	6.09	4.75	4.81

浙/江/统/计/年/鉴

主要统计指标解释

■ 农林牧渔业总产值

是以货币表现的农、林、牧、渔业全部产品的总量，它反映一定时期内农业生产总规模和总成果。

农、林、牧、渔业的统计范围包括国有经济的各种专业农（农、林、牧、渔）场以及国家各级机关团体学校、部队；集体所有制的乡、镇、村各级办农场；工矿企业经营的农、林、牧、渔业，农村各种经济组织和农户经营的农林牧渔业和农民家庭兼营的商品性工业等。

■ 粮食产量

指全社会的产量。包括国有经济经营的、集体统一经营的和农民家庭经营的粮食产量，还包括工矿企业办的农场和其他生产单位的产量。粮食除包括稻、小麦、玉米、高粱、谷子及其他杂粮外，还包括薯类和豆类。其产量计算方法，豆类按去豆荚后的干豆计算；薯类（包括马铃薯）1963 年以前按每 4 公斤鲜薯折 1 公斤粮食计算，从 1964 年开始及以后改为按 5 公斤鲜薯折 1 公斤粮食计算。其他粮食一律按脱粒后的原粮计算。

■ 油料产量

指全部油料作物的生产量。包括花生、油菜籽、芝麻、向日葵籽、胡麻籽（亚麻籽）和其他油料。不包括大豆，也不包括木本油料和野生油料。花生以带壳干花生计算。

■ 水产品产量

指人工养殖的水产品和天然生长的水产品的捕捞量。包括海水的鱼类、虾蟹类、贝类和藻类以及内陆水域的鱼类、虾蟹类和贝类，不包括淡水生植物。

■ 猪、牛、羊肉产量

指当年出栏并已屠宰后除去头蹄下水后带骨肉（即胴体重）的重量。

■ 谷物

指籽实主要供作粮食的作物。这类作物包括稻谷、小麦、玉米、谷子、高粱和其他谷物，不包括豆类和薯类作物。

ZHEJIANG STATISTICAL YEARBOOK

Explanatory Notes on Main Statistical Indicators

□ Gross Output Value of Farming, Forestry, Animal Husbandry and Fishery

refers to the total volume of products of farming, forestry, animal husbandry and fishery in value terms, which reflects the total scale and total result of agricultural production during a given period of time.

The statistical coverage of farming, forestry, animal husbandry and fishery are as follows: In terms of ownership, China's agriculture includes specialized state farms (farming, forestry, animal husbandry, fishery), farms managed by various government agencies, organazations, schools, research institutions, and army; farms managed by rural collective organizations at levels of township, town, and village; farming, forestry, animal husbandry, fishery run by mining and industrial enterprises; farming, forestry, animal husbandry and fishery and some commodity industries run by various rural collective organizations and individual farmers.

□ Grain Yield

refers to the yield in the whole country including grains produced by state farms, collective units, industrial enterprises and mines. Grain includes rice, wheat, corn, sorghum, millet and other miscellaneous grains as well as tubers and beans. Output of beans refers to dry beans without pods. The output of tubers was converted into that of grain at the ratio 4: 1, I. e. Four kilograms of fresh tubers was equivalent to one kilogram of grain up to 1963. Since 1964 the ratio for conversion has been 5: 1. Output of all other grains refers to husked grain.

□ Yield of Oil - bearing Crops

refers to the total yield of oil-bearing crops of various kinds, including peanuts, (dry, in shell) rapeseeds, sesame, sunflower seeds, flax seeds, and other oil-bearing crops. Soybeans, oil-bearing woody plants, and wild oil - bearing crops are not included.

□ Output of Aquatic Products

refers to catches of both artificially cultured and naturally grown aquatic products, including fish, shrimps, crabs and shellfish in sea and inland water as well as seaweed. Freshwater plants are not included.

□ Output of Pork, Beef, and Mutton

refers to the meat of slaughtered hogs, cattle, sheep and goats with head, feet, and offal taken away.

□ Cereals

refer to seeds of various kinds of crops which are used mainly for grain. Cereals include paddy, wheat, maize, millet, Chinese sorghum, etc., except beans and tubers.

2019
浙江统计年鉴
ZHEJIANG STATISTICAL YEARBOOK

CHAPTER 7

工业和能源
Industry and Energy

7-1 规模以上工业企业数(2013-2018年)
Number of Industrial Enterprises Above Designated Size(2013-2018)

单位:个(unit)

指标	Item	2013	2014	2015	2016	2017	2018
工业企业单位数	**Number of Industrial Enterprises**	**39561**	**40841**	**41167**	**40128**	**39933**	**41541**
按轻重工业分	**By Light and Heavy Industry**						
轻工业	Light Industry	19497	20019	20244	19736	20407	20697
重工业	Heavy Industry	20064	20822	20923	20392	19526	20844
按登记注册类型分	**By Registered**						
国有企业	State-owned Enterprises	122	107	105	91	74	43
集体企业	Collective Owned Enterprises	75	69	55	43	32	29
股份合作企业	Cooperative Enterprises	336	335	354	326	283	289
外商及港澳台商投资企业	Funded by Enterpreneurs From Hong Kong Macao and Taiwan	6541	6237	5803	5322	4851	4484
私营企业	Private	26219	27557	28050	27502	27995	30113
其他企业	Others	6266	6535	6800	6844	6698	6583
在总计中:国有及国有控股	**Enterprises with Sole Hong Kong,Macao and Taiwan**	**706**	**723**	**750**	**763**	**806**	**815**
按规模分	**By size**						
大型企业	Large-sized Industrial Enterprises	601	598	593	596	569	570
中型企业	Medium-sized Industrial Enterprises	4612	4421	4199	4149	4171	3905
小型企业	Small-sized Enterprises	32685	34020	34449	33571	33432	34541
微型企业	Micro enterprises	1663	1802	1926	1812	1761	2525

注:规模以上工业为主营业务收入为2000万及以上工业企业,后面各表同。
Industrial enterprises above designated size refer to those with annual revenue from principal business over 20 millon yuan. The same applies to the tables following

7－2 规模以上工业企业总产值(2013－2018 年)
Gross Output Value of Industrial Enterprises Above Dsignated Size(2013－2018)

单位:亿元(100 millon yuan)

指标	Item	2013	2014	2015	2016	2017	2018
工业总产值	**Gross Industrial Output Value**	**62980.3**	**67039.8**	**66819.0**	**68953.4**	**66328.0**	**69775.4**
按轻重工业分	**By Light and Heavy Industry**						
轻工业	Light Industry	24720.3	26039.8	26442.1	26915.7	25062.4	24747.9
重工业	Heavy Industry	38260.0	41000.0	40376.8	42037.7	41265.6	45027.5
按注册登记注册类型分	**By Registered Type**						
国有企业	State－owned Enterprises	3189.7	3243.6	3180.3	3254.3	2865.8	505.7
集体企业	Collective Owned Enterprises	52.3	55.8	35.8	33.7	26.6	24.8
股份合作企业	Cooperative Enterprises	173.7	180.1	187.9	181.7	167.5	166.1
外商及港澳台商投资企业	Foreign Funded Enterprises and Enterprises Funded by Entrepreneurs from Hong Kong,Macao & Taiwan	15612.8	15993.6	14978.4	15032.2	14898.4	14257.1
私营企业	Private Enterprises	25792.1	27270.9	27789.1	28399.1	26430.1	28277.9
其他企业	Others	18159.0	20295.2	20647.5	22052.3	21939.6	26543.7
在总计中:国有及国有控股	**State－owend and State－holding Enterprises**	**9016.7**	**9498.9**	**9158.8**	**9431.5**	**10100.6**	**11048.1**
按规模分	**By Size**						
大型企业	Large－sized Industrial Enterprises	16734.0	16021.6	15815.6	16544.2	15868.0	18097.1
中型企业	Medium－sized Industrial Enterprises	18941.3	21135.7	20956.9	21781.3	20957.8	21588.3
小型企业	Small－sized Enterprises	25863.6	28049.8	28344.1	28812.1	27891.3	28737.9
微型企业	Micro enterprises	1441.5	1832.8	1702.4	1815.8	1611.0	1352.0

7-3 按行业分的规模以上工业企业总产值
Gross Output Value of Industrial Enterprises by Sector Above Designated Size

单位:亿元(100 millon yuan)

行业	Sector	工业总产值(亿元) Gross Industrial Output Value		
		2016	2017	2018
总计	**Total**	**68953.4**	**66328.0**	**69775.4**
按工业行业分	**By Sector**			
煤炭开采和洗选业	Coal mining and washing industry	0.4	0.7	0.2
黑色金属矿采选业	Ferrous Metals Mining and Dressing	7.6	5.8	2.8
有色金属矿采选业	Nonferrous Metals Mining and Dressing	17.6	10.3	7.8
非金属矿采选业	Nonmetal Minerals Mining and Dressing	158.5	125.3	128.3
农副食品加工业	Non-staple Food Processing	1105.5	947.7	830.0
食品制造业	Food Manufacturing	553.5	506.5	493.1
酒、饮料和精制茶制造业	Wine, Soft Drinks and Refined Tea Manufacturing	480.2	430.7	420.8
烟草制品业	Tobacco Processing	498.6	512.0	524.1
纺织业	Textile Industry	6030.7	4875.0	4319.7
纺织服装、服饰业	Textile and garment, apparel industry	2495.6	2248.2	2064.6
皮革、毛皮、羽毛及其制品和制鞋业	Leather, fur, feather and its products and footwear	1484.6	1082.3	1103.8
木材加工及木、竹、藤、棕、草制品业	Timber Processing, Bamboo, Cane Palm Fiber and Straw Products	498.1	431.8	439.1
家具制造业	Furniture Manufacturing	1031.9	1001.5	972.7
造纸和纸制品业	Papermaking and Paper Products	1352.3	1497.9	1607.8
印刷和记录媒介复制业	Printing and Record Medium Reproduction	458.6	441.2	447.9
文教、工美、体育和娱乐用品制造业	Cultural and Educational, Arts and Crafts, Sports and Entertainment Goods	1529.0	1242.6	1228.4
石油、煤炭及其他燃料加工业	Petroleum Processing, Cooking and Nuclear Fuel Processing	1553.2	1475.6	1676.1
化学原料和化学制品制造业	Raw Chemical Materials and Chemical Products	5381.7	5524.0	6154.8
医药制造业	Medical and Pharmaceutical Products	1395.1	1343.1	1505.5
化学纤维制造业	Chemical Fiber	2466.9	2231.5	2558.2

续表 Continued 单位:亿元(100 millon yuan)

行业	Sector	工业总产值(亿元) Gross Industrial Output Value 2016	2017	2018
橡胶和塑料制品业	Rubber and plastic products	2794.5	2545.7	2534.5
非金属矿物制品业	Nonmetal Mineral Products	1908.2	2008.9	2654.4
黑色金属冶炼和压延加工业	Smelting and Pressing of Ferrous Metals	2202.2	1750.5	1944.6
有色金属冶炼和压延加工业	Smelting and Pressing of Nonferrous Metals	2406.0	2289.6	2398.8
金属制品业	Metal Products	2483.9	2648.3	2772.8
通用设备制造业	Ordinary Machinery	4379.9	4496.5	4685.4
专用设备制造业	For Special Purpose Equipment Manufacturing	1701.8	1688.8	1897.3
汽车制造业	Automobile manufacturing industry	4588.3	5006.2	5230.8
铁路、船舶、航空航天和其他运输设备制造业	Railway, shipbuilding, aerospace, and other transportation equipment manufacturing industry	1463.9	815.9	679.5
电气机械和器材制造业	Electric Equipment and Machinery	6725.9	6526.2	6710.6
计算机、通信和其他电子设备制造业	Computers,Communications and Other Electronic Equipment Manufacturing	3291.9	3695.3	4387.7
仪器仪表制造业	Instruments Manufacturing	813.7	825.6	901.5
其他制造业	Other Manufacturing	307.9	262.9	217.4
废弃资源综合利用业	Comprehensive Utilization of Waste Resources	260.3	267.6	234.6
金属制品、机械和设备修理业	Metal products, machinery and equipment repair	91.8	83.2	53.3
电力、热力生产和供应业	Production and Supply of Electricity and Heating Power	4446.2	4882.9	5191.0
燃气生产和供应业	Production and Supply of Gas	408.6	402.5	593.1
水的生产和供应业	Production and Supply of Water	178.7	197.5	202.1

注：2017 年起行业分类采用 2017 年国民经济行业分类。后面各表同。
The industry classification is based on the 2017 national economic classification since 2017. The same applies to the tables following.

7-4 主要工业产品产量(2012-2018年)
Output of Major Industrial Products(2012-2018)

产品名称		Item		2012	2013	2014	2015	2016	2017	2018
原煤	(万吨)	Coal	(10000 tons)	15.01						
配混合饲料	(万吨)	Forage	(10000 tons)	453.67	476.03	464.75	396.93	399.23	360.74	262.58
食用植物油	(万吨)	Edible Vegetables Oil	(10000 tons)	37.33	37.44	46.48	58.73	52.18	46.32	90.49
罐头	(万吨)	Canned Food	(10000 tons)	62.00	66.67	61.44	57.93	53.59	49.49	54.71
啤酒	(万千升)	Beer	(10000 kilotiter)	268.21	289.44	267.46	251.02	246.58	254.41	237.31
黄酒	(万千升)	Millet Wine	(10000 kilotiter)	58.64	65.22	71.01	64.73	61.33	55.64	57.51
软饮料	(万吨)	Soft Drink	(10000 tons)	904.37	863.69	859.97	769.46	842.63	793.92	865.59
卷烟	(万箱)	Cigarettes	(10000 cases)	901.10	923.47	931.02	948.33	915.80	957.02	1878.94
纱	(万吨)	Yarn	(10000 tons)	231.23	239.10	229.98	220.04	215.80	190.42	173.17
布	(亿米)	Cloth	(100 million m)	143.22	153.47	156.25	152.76	149.20	137.44	83.21
毛线(绒线)	(吨)	Kniting Wool	(ton)	35314	40858	42888	36206	34842	36428	37491
呢绒	(万米)	Woolen Goods	(10000 m)	6010	4188	8536	8463	7107	3909	5149
丝	(吨)	Silk	(ton)	14467	14293	15505	16060	14000	10570	6644
丝织品	(亿米)	Silk-knit Goods	(100 million m)	2.08	2.20	2.16	2.15	2.05	1.87	2.02
机制纸	(万吨)	Machine-made Paper and Paperboard	(10000 tons)	1627.95	1660.52	1693.70	1739.59	1889.76	1911.21	1915.79
汽油	(万吨)	Gasoline	(10000 tons)	284.24	285.10	308.46	333.27	307.69	352.08	338.83
煤油	(万吨)	Kerosene	(10000 tons)	156.23	208.97	218.77	226.26	213.31	246.55	273.34
柴油	(万吨)	Diesel Oil	(10000 tons)	801.76	769.07	713.93	685.23	630.50	671.51	633.35
燃料油	(万吨)	Fuel Oil	(10000 tons)	115.55	104.12	98.85	110.50	108.74	139.63	139.83
焦炭	(万吨)	Coke	(10000 tons)	294.80	296.18	297.21	293.88	227.51	228.55	203.02
硫酸	(万吨)	Sulphuric Acid	(10000 tons)	98.98	109.55	176.55	165.24	168.36	267.31	306.19

续表 1 Continued

产品名称	Item	2012	2013	2014	2015	2016	2017	2018
烧碱 （万吨）	Caustic Soda （10000 tons）	140.24	144.05	151.23	153.19	159.92	188.83	189.96
纯碱 （万吨）	Soda Ash （10000 tons）	22.24	25.86	26.97	29.35	30.71	32.28	33.61
电石(碳化钙) （万吨）	Calcium Carbide （10000 tons）	4.94	9.44	0.40				
合成氨 （万吨）	Synthetic Ammonia （10000 tons）	57.68	57.87	64.52	75.07	68.89	62.11	60.24
纯苯 （吨）	Pure Benzene （ton）	380190	399025	346035	384443	376562	460620	344515
合成洗涤剂 （吨）	Synthetic Detergents （ton）	706976	736356	812524	695274	774037	941467	899409
化学原料药 （吨）	Chemical Raw Medicine （ton）	277187	278856	308113	279809	270201	241628	232851
中成药 （吨）	Traditional Chinese Medicine （ton）	19894	21167	25950	33217	36352	25323	26729
化学纤维 （万吨）	Chemical Fiber （10000 tons）	1677.27	1839.31	1987.97	2186.42	2106.42	2055.70	2514.89
#粘胶纤维 （万吨）	Glutinous Fiber （10000 tons）	17.49	15.53	13.80	14.59	12.20	15.59	13.51
合成纤维 （万吨）	Synthetic Fiber （10000 tons）	1655.96	1822.83	1972.93	2170.83	2093.22	2038.40	2499.98
轮胎外胎 （万条）	Outer Cover of Type（10000 units）	10207.54	10979.06	8925.94	6684.14	7577.77	7967.32	8703.53
塑料制品 （万吨）	Plastic Products （10000 tons）	948.54	940.38	1054.85	1041.17	1072.97	1035.52	1098.74
水泥 （万吨）	Cement （10000 tons）	11539.61	12462.87	12367.51	11286.51	10796.54	11231.18	12306.65
平板玻璃 （万重量箱）	Plate Glass （10000 wt. case）	2984.31	3591.22	3978.01	5317.89	5034.09	4480.29	4626.11
生铁 （万吨）	Pig Iron （10000 tons）	1006.13	1059.79	1140.28	1072.49	847.98	855.54	873.75
钢 （万吨）	Steel （10000 tons）	1305.23	1733.15	1748.30	1594.92	1299.59	1090.68	1266.59
成品钢材 （万吨）	Steel Products （10000 tons）	3361.33	3823.44	4170.99	4047.72	3760.90	3148.24	3367.14
十种有色金属 （万吨）	Ten Nonferrous Metal（10000 tons）	48.23	38.52	35.61	42.08	42.62	40.75	61.03
#铜 （吨）	Copper （tons）	293661	262167	298790	364041	374843	375704	587979
锌 （吨）	Zinc （tons）	32596	44057	51112	55327	49466	28959	19956
铝 （吨）	Alumminium （tons）	153394	77212	4240				

续表 2 Continued

产品名称		Item		2012	2013	2014	2015	2016	2017	2018
内燃机	（万千瓦）	Internal Combustion Engines(Commodity)	(10000 kw)	2807.03	4877.14	4712.31	5125.82	7024.83	12040.39	11222.00
数控机床	（台）	Numerically Controlled Machine Tools	(unit)	45707	44976	50976	42555	46288	57173	55167
大中型拖拉机	（台）	Large and Medium – sized Tractor	(unit)	33153	40284	34320	36084	26639	12905	20626
小型拖拉机	（台）	Small – size Tractor	(unit)	71674	75722	77978	67707	58105	49428	43518
汽车	（辆）	Motor Vehicle	(unit)	329819	373210	327238	428703	586495	845387	1220246
#轿车	（辆）	Car	(unit)	264504	274461	221312	326899	527748	618837	915428
微型计算机设备	（万台）	Microcomputer equipment	(10000 Set)	162	164	191	151	183	186	205
集成电路	（亿块）	Integrated circuit	(Billion block)	44	50	61	63	74	80	43
摩托车	（万辆）	Motorcycles	(10000 units)	226.06	205.61	192.06	156.90	137.47	108.41	116.37
自行车	（万辆）	Bicycles	(10000 units)	1499.23	1405.93	1502.24	1028.82	958.24	720.13	482.77
发电设备	（万千瓦）	Generating Equipment	(10000 kw)	460.82	513.51	486.36	525.62	514.21	516.00	532.54
交流电动机	（万千瓦）	Alternating Current Motor	(10000 kw)	4204.93	4883.18	5622.90	5914.93	6124.00	5607.00	6154.66
变压器	（万千伏安）	Transformer	(10000 kev)	8397.44	8977.53	11371.45	12796.09	11515.84	10307.00	10737.62
家用洗衣机	（万台）	Household Washing Machines	(10000 units)	1906.43	1881.38	1592.39	1526.56	1396.80	1227.00	1154.91
家用电冰箱	（万台）	Household Refrigerators	(10000 units)	887.16	939.61	757.78	713.66	797.74	677.00	636.23
电风扇	（万台）	Electric Fan	(10000 units)	893.58	815.07	639.09	649.56	785.09	959.00	972.87
房间空气调节器	（万台）	House Air Conditioner	(10000 units)	509.49	565.03	679.62	634.82	953.76	1485.00	1666.71
灯泡	（亿只）	Bulb	(100000 millionm units)	30.58	37.38	32.52	28.35	42.88	21.58	3.34
彩色电视机	（万台）	Color TV Set	(10000 units)	573.28	628.62	456.89	641.36	658.22	610.00	722.00
表	（万只）	Watch	(10000 units)	91.18	99.81	106.01	101.86	80.94	65.00	63.00
发电量	（亿千瓦小时）	Electricity	(100 Million kw. h)	2717.32	2883.60	2822.39	2905.26	3089.11	3259.00	3353.64

注：本表统计范围为规模以上工业企业。
The data in this table refer to industrial enterprises above designated size.

7-5 规模以上工业企业主要指标(2015-2018年)
Principal Indicators of Industrial Enterprises Above Designated Sized(2015-2018)

单位:亿元(100 million yuan)

指标	Item
企业单位数 (个)	Number of Enterprises (Number)
#亏损企业单位数	Loss Enterprises
工业总产值(当年价)	Gross Industrial Output Value(Current Price)
出口交货值	Export delivery value
平均用工人数 (万人)	Average Number of Staff and Workers (10000 persons)
资产总计	Total Assets
流动资产合计	Circulating Funds
固定资产净额	Net fixed assets
固定资产原值	Original Value of Fixed Assets
固定资产净值	Net Value of fixed assets
负债合计	Total Liabilities
流动负债合计	Circulating Liabilities
非流动负债合计	non-circulating liabilities
所有者权益	Creditors' Equity
实收资本	Total Capital Hold
营业收入	Operating income
营业成本	Opreating costs
营业税金及附加	Business tariff and annex
利润总额	Total Profits
本年应交增值税	Value Added Taxes Payable
利税总额	Total Profits and Taxes

合计 Total				#国有及国有控股 State－owned and State－holding				#私营 Private Units			
2015	2016	2017	2018	2015	2016	2017	2018	2015	2016	2017	2018
41167	40128	39933	41541	750	763	806	815	28050	27502	27995	30113
5360	4456	4559	5560	162	137	141	139	3133	2640	2815	3716
66818.95	68953.40	66328.04	69775.41	9158.84	9431.53	10100.55	11048.09	27789.07	28399.15	26430.14	28277.94
11440.24	11540.13	10934.64	11834.95	290.72	295.26	323.03	442.21	4899.51	4952.72	4724.42	5249.44
705.17	690.30	670.51	669.45	31.43	30.86	30.01	29.70	362.50	353.86	354.35	366.55
66626.71	69468.91	71263.09	77623.44	10617.83	11383.46	11672.33	13101.93	23666.27	23753.64	23253.84	25882.90
36808.14	38196.89	39320.70	42685.40	3425.32	3881.10	4186.34	4831.92	14545.88	14500.63	14394.09	16239.02
18480.92	18993.74	18337.58	18653.92	5522.35	5882.29	5597.26	5937.60	5494.02	5567.81	5359.60	5601.37
29154.42	30886.89	31522.26	34118.42	9224.58	9986.90	10557.47	11615.95	8415.41	8664.83	8698.42	9723.98
17041.79	17670.88	17643.89	18895.93	5172.51	5470.36	5464.54	5986.09	5109.81	5158.84	5172.96	5677.08
38086.78	38304.18	39123.28	43093.24	6024.17	6338.62	6416.93	7355.22	14832.02	14509.10	14635.69	16292.39
32484.81	32847.10	33707.22	36813.75	3714.29	3987.13	4121.78	4618.77	13611.69	13433.50	13626.39	15200.11
4555.31	4797.57	4848.15	5992.95	2173.52	2298.42	2231.42	2718.76	688.51	735.68	701.25	939.70
28430.76	30863.45	32080.14	34530.11	4594.82	5049.99	5263.01	5746.70	8768.22	9117.94	8595.61	9590.42
13569.82	16395.05	15624.27	16424.16	2696.43	3631.57	2904.61	3022.02	3898.49	4349.19	4530.69	5014.94
63214.41	65453.88	65760.08	72342.96	9327.69	9770.98	10916.12	11736.86	26363.46	26883.68	25814.26	28588.06
53346.93	54833.47	54851.25	60548.84	7680.11	7922.40	8944.30	9713.47	22671.38	23112.98	22149.63	24495.45
819.44	856.44	922.24	934.37	542.01	540.87	568.76	567.35	141.58	153.69	151.46	157.28
3839.99	4469.42	4605.41	4649.59	597.90	773.36	844.19	817.89	1366.49	1458.24	1307.97	1318.33
1893.70	2007.19	2097.42	2111.07	380.38	418.17	445.53	411.34	720.73	740.44	755.72	814.28
6575.72	7343.63	7637.42	7695.04	1520.29	1732.41	1858.48	1796.58	2235.29	2355.58	2219.18	2289.89

7-6 按行业分的规模以上工业企业主要经济指标(2018年)
Main Indicators of Industrial Enterprises Above Designated Size by Sector((2018)

单位:亿元(100 million yuan)

行业	Sector	企业单位数(个) Number of Enterprises (unit)	#亏损企业(个) Loss (unit)	工业总产值 Gross Industrial Output Value	出口交货值 Export Delivery value
总计	Total	41541	5560	69775.41	11834.95
按登记注册类型分	By Registered Type				
#国有	State-owned Enterprises	43	8	505.70	1.4
集体	Collective Owned Enterprises	29	8	24.85	
私营	Private Enterprises	30113	3716	28277.94	5249.44
港澳台商投资	Funded by Enterpreneurs From Hong Kong Macao and Taiwan	2177	457	7158.05	1500.52
外商投资	Foreign Funded Enterprises	2307	459	7099.03	2073.82
在总计中:轻工业	Light Industry	20697	2976	24747.92	6148.62
重工业	Heavy Industry	20844	2584	45027.49	5686.34
按工业行业分	By Sector				
煤炭开采和洗选业	Coal Mining and Dressing	1		0.23	
黑色金属矿采选业	Ferrous Metals Mining and Dressing	4	2	2.81	
有色金属矿采选业	Nonferrous Metals Mining and Dressing	11	4	7.78	
非金属矿采选业	Nonmetal Minerals Mining and Dressing	111	11	128.34	
农副食品加工业	Non-staple Food Processing	670	122	829.98	141.91
食品制造业	Food Manufacturing	322	78	493.12	75.09
酒、饮料和精制茶制造业	Beverage Manufacturing	212	37	420.78	30.68
烟草制品业	Tobacco Processing	1		524.06	4.33
纺织业	Textile Industry	4609	541	4319.74	810.83
纺织服装、服饰业	Garments,Shoes and Hats Manufacturing	2427	463	2064.62	804.15
皮革、毛皮、羽毛及其制品和制鞋业	Leather,Furs,Down and Related Products	1611	187	1103.80	432.45
木材加工和木、竹、藤、棕、草制品业	Timber Processing,Bamboo,Cane Palm Fiber and Straw Products	673	75	439.14	124.96
家具制造业	Furniture Manufacturing	898	151	972.74	541.16
造纸和纸制品业	Papermaking and Paper Products	933	177	1607.83	106.58
印刷和记录媒介复制业	Printing and Record Medium Reproduction	603	80	447.94	56.74
文教、工美、体育和娱乐用品制造业	Cultural,Educational and Sports Goods	1205	161	1228.44	499.72

续表 1 Continued 单位:亿元(100 million yuan)

行业	Sector	企业单位数(个) Number of Enterprises (unit)	#亏损企业(个) Loss (unit)	工业总产值 Gross Industrial Output Value	出口交货值 Export Delivery value
石油加工、炼焦和核燃料加工业	Petroleum Processing, Cooking and Nuclear Fuel Processing	63	10	1676.06	72.99
化学原料和化学制品制造业	Raw Chemical Materials and Chemical Products	1557	189	6154.76	552.02
医药制造业	Medical and Pharmaceutical Products	430	53	1505.48	301.33
化学纤维制造业	Chemical Fiber	590	77	2558.21	187.25
橡胶和塑料制品业	Rubber and plastic products	2509	302	2534.53	534.58
非金属矿物制品业	Nonmetal Mineral Products	1734	177	2654.40	116.02
黑色金属冶炼和压延加工业	Smelting and Pressing of Ferrous Metals	564	94	1944.63	62.32
有色金属冶炼和压延加工业	Smelting and Pressing of Nonferrous Metals	744	119	2398.80	141.26
金属制品业	Metal Products	2787	361	2772.79	805.98
通用设备制造业	Ordinary Machinery	4455	445	4685.37	1073.45
专用设备制造业	For Special Purpose Equipment Manufacturing	1865	196	1897.28	417.74
汽车制造业	Automotive Manufacturing	2129	273	5230.78	510.80
铁路、船舶、航空航天和其他运输设备制造业	Railway, Shipbuilding, Aerospace and other Transport Equipment	534	95	679.54	263.47
电气机械和器材制造业	Electric Equipment and Machinery	4076	605	6710.64	1661.82
计算机、通信和其他电子设备制造业	Telecommunications Equipment, Computer and Other Electronic Equipment Manufacturing	1441	229	4387.75	1195.84
仪器仪表制造业	Instruments, Meters, Cultural and Office Machinery	582	60	901.53	199.29
其他制造业	Handicraft Article and Other Manufacturing Indust	343	36	217.43	79.61
废弃资源综合利用业	Comprehensive Utilization of Waste Resources	135	30	234.57	1.47
金属制品、机械和设备修理业	Metal Products, Machinery and Equipment Repair Industry	39	15	53.34	28.32
电力、热力的生产和供应业	Electricity, Gas and Water Production and Supply	412	48	5191.01	0.81
燃气生产和供应业	Production and Supply of Gas	101	9	593.08	
水的生产和供应业	Production and Supply of Water	160	48	202.10	0.01

续表 2 Continued 单位:亿元(100 million yuan)

行业	Sector	资产总计 Total Assets	年末负债合计 Total Liabilities	所有者权益合计 Creditors´ Equity	实收资本 Total Capital Hold
总计	Total	77623.44	43093.24	34530.11	16424.16
按登记注册类型分	By Registered Type				
#国有	State - owned Enterprises	318.17	115.98	202.19	118.13
集体	Collective Owned Enterprises	26.26	9.15	17.11	3.36
私营	Private Enterprises	25882.90	16292.39	9590.42	5014.94
港澳台商投资	Funded by Enterpreneurs From Hong Kong Macao and Taiwan	8268.61	4044.45	4224.15	2045.01
外商投资	Foreign Funded Enterprises	7571.99	3755.52	3816.46	2089.32
在总计中:轻工业	Light Industry	26094.29	14471.15	11623.06	5379.13
重工业	Heavy Industry	51529.15	28622.09	22907.05	11045.03
按工业行业分	By Sector				
煤炭开采和洗选业	Coal Mining and Dressing	0.24	0.19	0.05	0.01
黑色金属矿采选业	Ferrous Metals Mining and Dressing	8.76	1.30	7.45	2.55
有色金属矿采选业	Nonferrous Metals Mining and Dressing	27.72	18.68	9.05	6.57
非金属矿采选业	Nonmetal Minerals Mining and Dressing	245.85	161.36	84.49	39.89
农副食品加工业	Non - staple Food Processing	827.45	501.04	326.34	186.13
食品制造业	Food Manufacturing	581.90	312.39	269.51	152.11
酒、饮料和精制茶制造业	Beverage Manufacturing	559.09	256.37	302.72	150.19
烟草制品业	Tobacco Processing	568.55	181.67	386.88	9.76
纺织业	Textile Industry	4346.49	2771.92	1574.57	880.22
纺织服装、服饰业	Garments,Shoes and Hats Manufacturing	2154.29	1198.38	955.91	478.14
皮革、毛皮、羽毛及其制品和制鞋业	Leather,Furs,Down and Related Products	918.19	575.27	342.91	183.92
木材加工和木、竹、藤、棕、草制品业	Timber Processing,Bamboo,Cane Palm Fiber and Straw Products	392.13	249.17	142.96	81.61
家具制造业	Furniture Manufacturing	952.38	571.01	381.37	209.21
造纸和纸制品业	Papermaking and Paper Products	1635.51	984.08	651.43	325.73
印刷和记录媒介复制业	Printing and Record Medium Reproduction	505.81	281.63	224.18	125.10
文教、工美、体育和娱乐用品制造业	Cultural,Educational and Sports Goods	1044.88	618.98	425.89	209.30

续表 3 Continued 单位:亿元(100 million yuan)

行业	Sector	资产总计 Total Assets	年末负债合计 Total Liabilities	所有者权益合计 Creditors´ Equity	实收资本 Total Capital Hold
石油加工、炼焦和核燃料加工业	Petroleum Processing, Cooking and Nuclear Fuel Processing	1635.13	923.25	711.88	550.99
化学原料和化学制品制造业	Raw Chemical Materials and Chemical Products	6372.92	2940.94	3431.98	1459.62
医药制造业	Medical and Pharmaceutical Products	2442.99	909.95	1533.03	469.23
化学纤维制造业	Chemical Fiber	2695.35	1518.20	1177.15	638.30
橡胶和塑料制品业	Rubber and plastic products	2470.41	1365.35	1105.06	536.08
非金属矿物制品业	Nonmetal Mineral Products	2730.93	1652.88	1078.06	598.62
黑色金属冶炼和压延加工业	Smelting and Pressing of Ferrous Metals	1263.79	683.47	580.32	378.56
有色金属冶炼和压延加工业	Smelting and Pressing of Nonferrous Metals	1301.09	803.66	497.43	265.22
金属制品业	Metal Products	2537.71	1518.18	1019.53	532.16
通用设备制造业	Ordinary Machinery	5625.04	2907.50	2717.54	1161.55
专用设备制造业	For Special Purpose Equipment Manufacturing	2447.79	1295.52	1152.26	508.81
汽车制造业	Automotive Manufacturing	7148.08	4442.25	2705.83	1156.13
铁路、船舶、航空航天和其他运输设备制造业	Railway, Shipbuilding, Aerospace and other Transport Equipment	1200.83	857.93	342.90	264.59
电气机械和器材制造业	Electric Equipment and Machinery	7556.92	4086.58	3470.34	1468.76
计算机、通信和其他电子设备制造业	Telecommunications Equipment, Computer and Other Electronic Equipment Manufacturing	5185.88	2592.07	2593.81	1008.30
仪器仪表制造业	Instruments, Meters, Cultural and Office Machinery	1342.55	570.60	771.95	238.40
其他制造业	Handicraft Article and Other Manufacturing Indust	204.73	119.88	84.85	43.76
废弃资源综合利用业	Comprehensive Utilization of Waste Resources	187.04	128.88	58.15	40.42
金属制品、机械和设备修理业	Metal Products, Machinery and Equipment Repair Industry	138.39	97.08	41.31	36.10
电力、热力的生产和供应业	Electricity, Gas and Water Production and Supply	6695.07	3915.69	2779.38	1696.82
燃气生产和供应业	Production and Supply of Gas	513.33	341.52	171.80	130.11
水的生产和供应业	Production and Supply of Water	1158.24	738.41	419.83	201.18

续表 4 Continued 单位:亿元(100 million yuan)

行业	Sector	营业收入 Operating income	营业成本 Opreating costs	营业税金及附加 Business tariff and annex	销售费用 Selling Expens
总计	Total	72342.96	60548.84	934.37	2193.70
按登记注册类型分	By Registered Type				
#国有	State－owned Enterprises	507.81	481.26	1.77	2.27
集体	Collective Owned Enterprises	25.65	21.37	0.11	1.85
私营	Private Enterprises	28588.06	24495.45	157.28	779.97
港澳台商投资	Funded by Enterpreneurs From Hong Kong Macao and Taiwan	7290.41	5989.04	53.97	230.25
外商投资	Foreign Funded Enterprises	7432.73	6091.77	46.78	322.00
在总计中:轻工业	Light Industry	25876.79	21363.91	478.24	1099.80
重工业	Heavy Industry	46466.17	39184.93	456.14	1093.89
按工业行业分	By Sector				
煤炭开采和洗选业	Coal Mining and Dressing	0.20	0.17		
黑色金属矿采选业	Ferrous Metals Mining and Dressing	2.76	2.61	0.03	0.25
有色金属矿采选业	Nonferrous Metals Mining and Dressing	8.10	4.70	0.34	0.10
非金属矿采选业	Nonmetal Minerals Mining and Dressing	127.77	83.65	3.83	2.87
农副食品加工业	Non－staple Food Processing	882.33	794.27	2.85	22.34
食品制造业	Food Manufacturing	506.36	396.04	3.04	34.28
酒、饮料和精制茶制造业	Beverage Manufacturing	478.53	347.00	11.39	58.77
烟草制品业	Tobacco Processing	873.39	470.75	327.44	13.39
纺织业	Textile Industry	4258.86	3710.50	21.97	67.15
纺织服装、服饰业	Garments,Shoes and Hats Manufacturing	2060.40	1728.08	12.56	81.09
皮革、毛皮、羽毛及其制品和制鞋业	Leather,Furs,Down and Related Products	1073.54	931.77	5.90	32.49
木材加工和木、竹、藤、棕、草制品业	Timber Processing,Bamboo,Cane Palm Fiber and Straw Products	443.67	367.60	3.23	17.47
家具制造业	Furniture Manufacturing	977.06	810.11	6.06	53.18
造纸和纸制品业	Papermaking and Paper Products	1606.57	1413.02	11.04	37.94
印刷和记录媒介复制业	Printing and Record Medium Reproduction	450.21	378.45	2.50	12.31
文教、工美、体育和娱乐用品制造业	Cultural,Educational and Sports Goods	1188.24	1003.61	6.84	42.49

续表 5 Continued 单位:亿元(100 million yuan)

行业	Sector	营业收入 Operating income	营业成本 Opreating costs	营业税金及附加 Business tariff and annex	销售费用 Selling Expens
石油加工、炼焦和核燃料加工业	Petroleum Processing,Cooking and Nuclear Fuel Processing	1734.16	1358.00	182.48	5.56
化学原料和化学制品制造业	Raw Chemical Materials and Chemical Products	6635.08	5580.63	27.13	178.50
医药制造业	Medical and Pharmaceutical Products	1433.20	774.86	14.59	283.39
化学纤维制造业	Chemical Fiber	2791.24	2565.93	6.04	17.35
橡胶和塑料制品业	Rubber and plastic products	2541.59	2149.29	13.92	82.99
非金属矿物制品业	Nonmetal Mineral Products	2689.31	2209.41	16.52	107.65
黑色金属冶炼和压延加工业	Smelting and Pressing of Ferrous Metals	2112.81	1919.16	6.61	15.91
有色金属冶炼和压延加工业	Smelting and Pressing of Nonferrous Metals	2817.06	2675.33	5.69	14.87
金属制品业	Metal Products	2805.93	2422.80	14.57	72.37
通用设备制造业	Ordinary Machinery	4747.70	3835.92	27.70	167.87
专用设备制造业	For Special Purpose Equipment Manufacturing	1899.39	1478.17	13.11	73.54
汽车制造业	Automotive Manufacturing	5360.91	4379.80	79.67	96.23
铁路、船舶、航空航天和其他运输设备制造业	Railway, Shipbuilding, Aerospace and other Transport Equipment	635.18	556.47	5.96	15.04
电气机械和器材制造业	Electric Equipment and Machinery	7263.69	6088.84	39.46	287.65
计算机、通信和其他电子设备制造业	Telecommunications Equipment, Computer and Other Electronic Equipment Manufacturing	4449.88	3532.08	21.19	205.36
仪器仪表制造业	Instruments,Meters,Cultural and Office Machinery	920.47	657.18	6.55	55.27
其他制造业	Handicraft Article and Other Manufacturing Indust	225.24	191.25	1.55	6.33
废弃资源综合利用业	Comprehensive Utilization of Waste Resources	246.31	220.28	1.66	2.92
金属制品、机械和设备修理业	Metal Products,Machinery and Equipment Repair Industry	50.85	40.81	0.66	1.17
电力、热力的生产和供应业	Electricity,Gas and Water Production and Supply	5218.73	4724.28	26.61	8.74
燃气生产和供应业	Production and Supply of Gas	614.47	572.97	1.20	8.42
水的生产和供应业	Production and Supply of Water	211.75	173.04	2.48	10.45

续表 6 Continued 单位:亿元(100 million yuan)

行业	Sector	管理费用 Administrative Expens	财务费用 Financial Expenses	利润总额 Total Profits
总计	Total	4049.93	739.17	4649.59
按登记注册类型分	By Registered Type			
#国有	State - owned Enterprises	17.70	0.85	4.71
集体	Collective Owned Enterprises	1.48	0.12	0.76
私营	Private Enterprises	1731.24	333.71	1318.33
港澳台商投资	Funded by Entrepreneurs From Hong Kong Macao and Taiwan	444.60	70.62	594.07
外商投资	Foreign Funded Enterprises	454.34	49.86	536.56
在总计中:轻工业	Light Industry	1554.30	269.50	1479.63
重工业	Heavy Industry	2495.62	469.67	3169.96
按工业行业分	By Sector			
煤炭开采和洗选业	Coal Mining and Dressing	0.03		0.01
黑色金属矿采选业	Ferrous Metals Mining and Dressing	0.75	0.02	-0.83
有色金属矿采选业	Nonferrous Metals Mining and Dressing	1.44	0.46	1.14
非金属矿采选业	Nonmetal Minerals Mining and Dressing	10.82	6.42	19.58
农副食品加工业	Non - staple Food Processing	30.26	11.11	31.63
食品制造业	Food Manufacturing	33.56	4.73	44.40
酒、饮料和精制茶制造业	Beverage Manufacturing	21.45	2.90	48.34
烟草制品业	Tobacco Processing	19.64	-0.13	43.52
纺织业	Textile Industry	235.23	56.68	203.76
纺织服装、服饰业	Garments, Shoes and Hats Manufacturing	139.62	15.78	127.82
皮革、毛皮、羽毛及其制品和制鞋业	Leather, Furs, Down and Related Products	67.59	10.69	35.50
木材加工和木、竹、藤、棕、草制品业	Timber Processing, Bamboo, Cane Palm Fiber and Straw Products	26.39	5.09	26.90
家具制造业	Furniture Manufacturing	68.66	9.62	35.78
造纸和纸制品业	Papermaking and Paper Products	76.54	28.37	78.71
印刷和记录媒介复制业	Printing and Record Medium Reproduction	32.61	5.23	24.94
文教、工美、体育和娱乐用品制造业	Cultural, Educational and Sports Goods	79.17	12.75	57.72

续表 7 Continued 单位:亿元(100 million yuan)

行业	Sector	管理费用 Administrative Expens	财务费用 Financial Expenses	利润总额 Total Profits
石油加工、炼焦和核燃料加工业	Petroleum Processing,Cooking and Nuclear Fuel Processing	36.88	3.74	135.44
化学原料和化学制品制造业	Raw Chemical Materials and Chemical Products	295.25	67.32	540.10
医药制造业	Medical and Pharmaceutical Products	170.04	12.94	225.82
化学纤维制造业	Chemical Fiber	72.32	39.36	136.95
橡胶和塑料制品业	Rubber and plastic products	164.34	30.26	117.53
非金属矿物制品业	Nonmetal Mineral Products	118.58	29.40	235.93
黑色金属冶炼和压延加工业	Smelting and Pressing of Ferrous Metals	58.78	15.46	106.71
有色金属冶炼和压延加工业	Smelting and Pressing of Nonferrous Metals	52.11	27.70	48.82
金属制品业	Metal Products	172.65	29.20	115.55
通用设备制造业	Ordinary Machinery	388.79	40.31	341.61
专用设备制造业	For Special Purpose Equipment Manufacturing	185.42	18.12	157.32
汽车制造业	Automotive Manufacturing	343.73	36.25	509.68
铁路、船舶、航空航天和其他运输设备制造业	Railway, Shipbuilding, Aerospace and other Transport Equipment	52.03	14.83	-4.59
电气机械和器材制造业	Electric Equipment and Machinery	482.17	56.49	378.98
计算机、通信和其他电子设备制造业	Telecommunications Equipment,Computer and Other Electronic Equipment Manufacturing	359.23	17.26	372.75
仪器仪表制造业	Instruments,Meters,Cultural and Office Machinery	104.82	4.18	110.54
其他制造业	Handicraft Article and Other Manufacturing Indust	15.49	2.26	9.10
废弃资源综合利用业	Comprehensive Utilization of Waste Resources	7.64	3.03	14.71
金属制品、机械和设备修理业	Metal Products,Machinery and Equipment Repair Industry	6.20	1.88	0.30
电力、热力的生产和供应业	Electricity,Gas and Water Production and Supply	90.07	103.54	284.85
燃气生产和供应业	Production and Supply of Gas	10.76	4.68	19.73
水的生产和供应业	Production and Supply of Water	18.88	11.23	12.87

续表 8 Continued 单位:亿元(100 million yuan)

行业	Sector	利税总额 Total Profits and Taxes	本年应交增值税 Value Added Taxes Payable	平均用工人数(万人) Average Number of Employed Persons
总计	Total	7695.04	2111.07	669.45
按登记注册类型分	By Registered Type			
#国有	State - owned Enterprises	20.32	13.83	1.46
集体	Collective Owned Enterprises	1.52	0.65	0.25
私营	Private Enterprises	2289.89	814.28	366.55
港澳台商投资	Funded by Enterpreneurs From Hong Kong Macao and Taiwan	861.42	213.37	64.19
外商投资	Foreign Funded Enterprises	765.69	182.34	64.14
在总计中:轻工业	Light Industry	2807.57	849.70	328.98
重工业	Heavy Industry	4887.47	1261.38	340.47
按工业行业分	By Sector			
煤炭开采和洗选业	Coal Mining and Dressing	0.02	0.01	
黑色金属矿采选业	Ferrous Metals Mining and Dressing	-0.71	0.09	0.09
有色金属矿采选业	Nonferrous Metals Mining and Dressing	2.51	1.04	0.17
非金属矿采选业	Nonmetal Minerals Mining and Dressing	28.33	4.91	0.74
农副食品加工业	Non - staple Food Processing	48.06	13.57	7.03
食品制造业	Food Manufacturing	66.73	19.29	6.30
酒、饮料和精制茶制造业	Beverage Manufacturing	79.24	19.52	3.78
烟草制品业	Tobacco Processing	436.16	65.19	0.37
纺织业	Textile Industry	362.21	136.48	59.24
纺织服装、服饰业	Garments, Shoes and Hats Manufacturing	208.93	68.55	43.62
皮革、毛皮、羽毛及其制品和制鞋业	Leather, Furs, Down and Related Products	78.17	36.77	26.35
木材加工和木、竹、藤、棕、草制品业	Timber Processing, Bamboo, Cane Palm Fiber and Straw Products	43.57	13.43	6.53
家具制造业	Furniture Manufacturing	77.70	35.86	18.36
造纸和纸制品业	Papermaking and Paper Products	166.63	76.88	11.94
印刷和记录媒介复制业	Printing and Record Medium Reproduction	42.82	15.38	6.89
文教、工美、体育和娱乐用品制造业	Cultural, Educational and Sports Goods	100.51	35.96	20.44

续表 9 Continued 单位:亿元(100 million yuan)

行业	Sector	利税总额 Total Profits and Taxes	本年应交增值税 Value Added Taxes Payable	平均用工人数(万人) Average Number of Employed Persons
石油加工、炼焦和核燃料加工业	Petroleum Processing, Cooking and Nuclear Fuel Processing	367.84	49.92	1.46
化学原料和化学制品制造业	Raw Chemical Materials and Chemical Products	726.74	159.52	22.13
医药制造业	Medical and Pharmaceutical Products	329.83	89.42	13.72
化学纤维制造业	Chemical Fiber	184.84	41.86	11.08
橡胶和塑料制品业	Rubber and plastic products	200.97	69.52	32.37
非金属矿物制品业	Nonmetal Mineral Products	356.21	103.76	17.82
黑色金属冶炼和压延加工业	Smelting and Pressing of Ferrous Metals	152.37	39.05	7.01
有色金属冶炼和压延加工业	Smelting and Pressing of Nonferrous Metals	104.01	49.50	8.31
金属制品业	Metal Products	204.56	74.44	39.79
通用设备制造业	Ordinary Machinery	516.02	146.72	64.61
专用设备制造业	For Special Purpose Equipment Manufacturing	234.14	63.72	27.71
汽车制造业	Automotive Manufacturing	736.75	147.39	46.83
铁路、船舶、航空航天和其他运输设备制造业	Railway, Shipbuilding, Aerospace and other Transport Equipment	18.67	17.31	8.76
电气机械和器材制造业	Electric Equipment and Machinery	587.42	168.99	78.09
计算机、通信和其他电子设备制造业	Telecommunications Equipment, Computer and Other Electronic Equipment Manufacturing	506.53	112.59	45.53
仪器仪表制造业	Instruments, Meters, Cultural and Office Machinery	151.38	34.29	12.38
其他制造业	Handicraft Article and Other Manufacturing Indust	17.98	7.33	5.05
废弃资源综合利用业	Comprehensive Utilization of Waste Resources	27.57	11.20	1.18
金属制品、机械和设备修理业	Metal Products, Machinery and Equipment Repair Industry	2.35	1.39	0.97
电力、热力的生产和供应业	Electricity, Gas and Water Production and Supply	479.74	168.28	9.33
燃气生产和供应业	Production and Supply of Gas	25.23	4.31	0.98
水的生产和供应业	Production and Supply of Water	23.00	7.65	2.48

7-7 按行业分的规模以上工业企业主要经济效益指标(2018年)
Main Economic Beneficial Indicators of Industrial Enterprises Above Designated Size by Sector (2018)

行业	Sector
总计	**Total**
按登记注册类型分	**By Registered Type**
#国有	State - owned Enterprises
集体	Collective Owned Enterprises
私营	Private Enterprises
港澳台商投资	Funded by Enterpreneurs From Hong Kong Macao and Taiwan
外商投资	Foreign Funded Enterprises
在总计中:轻工业	Light Industry
重工业	Heavy Industry
按工业行业分	**By Sector**
煤炭开采和洗选业	Coal Mining and Dressing
黑色金属矿采选业	Ferrous Metals Mining and Dressing
有色金属矿采选业	Nonferrous Metals Mining and Dressing
非金属矿采选业	Nonmetal Minerals Mining and Dressing
农副食品加工业	Non - staple Food Processing
食品制造业	Food Manufacturing
酒、饮料和精制茶制造业	Beverage Manufacturing
烟草制品业	Tobacco Processing
纺织业	Textile Industry
纺织服装、服饰业	Garments, Shoes and Hats Manufacturing
皮革、毛皮、羽毛及其制品和制鞋业	Leather, Furs, Down and Related Products
木材加工和木、竹、藤、棕、草制品业	Timber Processing, Bamboo, Cane Palm Fiber and Straw Products
家具制造业	Furniture Manufacturing
造纸和纸制品业	Papermaking and Paper Products
印刷和记录媒介复制业	Printing and Record Medium Reproduction

资产负债率(%) Asset Liability Ratio (%)	成本费用利润率(%) Profit Margin of the Cost and Expense (%)	每百元固定资产原值实现利税(元) Pre tax Profits per 100 Yuan Original Value of Fixed Assets (yuan)	每百元营业收入实现利税(元) Pre tax Profits per 100 Yuan Revenues in Main Business (yuan)	产品销售率(%) Rate of Products Sold (%)	出口交货值占工业销售(%) Export delivery value of the proportion of total sales value (%)	新产品产值率(%) New product ratio (%)
55.52	**6.89**	**22.55**	**10.64**	**94.99**	**17.86**	**34.75**
36.45	0.94	4.33	4.00	100.13	0.28	2.73
34.85	3.06	9.09	5.94	99.28		0.93
62.95	4.82	23.55	8.01	97.44	19.05	32.55
48.91	8.82	26.39	11.82	97.54	21.49	39.54
49.60	7.76	21.23	10.30	97.83	29.86	33.22
55.46	6.09	27.81	10.85	97.79	25.41	33.62
55.55	7.33	20.34	10.52	93.44	13.51	35.37
79.35	3.25	13.25	9.27	90.34		
14.88	-22.83	-10.41	-25.74	96.28		
67.37	16.99	19.41	30.98	98.61		3.13
65.63	18.87	52.04	22.17	97.54		9.49
60.55	3.69	17.46	5.45	97.41	17.55	13.50
53.68	9.47	23.05	13.18	97.80	15.57	21.70
45.85	11.24	23.77	16.56	96.58	7.55	18.66
31.95	8.64	303.96	49.94	128.52	0.64	1.81
63.77	5.01	16.76	8.50	97.37	19.28	31.48
55.63	6.51	30.57	10.14	96.65	40.30	30.58
62.65	3.40	28.56	7.28	96.82	40.46	31.32
63.54	6.46	36.35	9.82	97.38	29.22	32.24
59.96	3.80	27.93	7.95	97.16	57.26	39.34
60.17	5.06	21.08	10.37	98.63	6.72	32.70
55.68	5.82	17.20	9.51	97.39	13.01	25.49

续表 Continued

行业	Sector
文教、工美、体育和娱乐用品制造业	Cultural,Educational and Sports Goods
石油、煤炭及其他燃料加工业	Petroleum Processing,Cooking and Nuclear Fuel Processing
化学原料和化学制品制造业	Raw Chemical Materials and Chemical Products
医药制造业	Medical and Pharmaceutical Products
化学纤维制造业	Chemical Fiber
橡胶和塑料制品业	Rubber and plastic products
非金属矿物制品业	Nonmetal Mineral Products
黑色金属冶炼和压延加工业	Smelting and Pressing of Ferrous Metals
有色金属冶炼和压延加工业	Smelting and Pressing of Nonferrous Metals
金属制品业	Metal Products
通用设备制造业	Ordinary Machinery
专用设备制造业	For Special Purpose Equipment Manufacturing
汽车制造业	Automotive Manufacturing
铁路、船舶、航空航天和其他运输设备制造业	Railway,Shipbuilding,Aerospace and other Transport Equipment
电气机械和器材制造业	Electric Equipment and Machinery
计算机、通信和其他电子设备制造业	Telecommunications Equipment,Computer and Other Electronic Equipment Manufacturing
仪器仪表制造业	Instruments,Meters,Cultural and Office Machinery
其他制造业	Handicraft Article and Other Manufacturing Indust
废弃资源综合利用业	Recovery of Resource Discarded and Useless Material
金属制品、机械和设备修理业	Metal Products,Machinery and Equipment Repair Industry
电力、热力生产和供应业	Production and Supply of Electricity and Heating Power
燃气生产和供应业	Production and Supply of Gas
水的生产和供应业	Production and Supply of Water

资产负债率(%) Asset Liability Ratio (%)	成本费用利润率(%) Profit Margin of the Cost and Expense (%)	每百元固定资产原值实现利税(元) Pre tax Profits per 100 Yuan Original Value of Fixed Assets (yuan)	每百元营业收入实现利税(元) Pre tax Profits per 100 Yuan Revenues in Main Business (yuan)	产品销售率(%) Rate of Products Sold (%)	出口交货值占工业销售(%) Export delivery value of the proportion of total sales value (%)	新产品产值率(%) New product ratio (%)
59.24	5.07	25.91	8.46	95.94	42.40	34.43
56.46	9.65	59.37	21.21	99.36	4.38	11.35
46.15	8.82	26.89	10.95	98.33	9.12	33.42
37.25	18.19	43.08	23.01	92.51	21.64	43.11
56.33	5.08	16.76	6.62	97.21	7.53	41.94
55.27	4.84	17.50	7.91	97.44	21.65	28.02
60.52	9.57	32.23	13.25	98.72	4.43	19.87
54.08	5.31	21.58	7.21	98.16	3.26	26.79
61.77	1.76	28.09	3.69	98.43	5.98	25.13
59.82	4.28	22.21	7.29	98.19	29.60	27.97
51.69	7.71	28.31	10.87	97.62	23.47	41.75
52.93	8.96	28.94	12.33	96.72	22.76	46.83
62.15	10.50	39.95	13.74	98.34	9.93	58.44
71.44	-0.72	3.81	2.94	96.07	40.36	42.50
54.08	5.48	30.80	8.09	97.99	25.27	50.39
49.98	9.06	41.07	11.38	96.97	28.11	61.37
42.50	13.46	51.68	16.45	97.17	22.75	50.25
58.56	4.23	22.80	7.98	96.88	37.79	24.23
68.91	6.29	49.35	11.19	98.71	0.63	13.49
70.15	0.59	2.93	4.62	99.23	53.50	10.16
58.49	5.78	5.45	9.19	58.65	0.03	1.64
66.53	3.31	7.41	4.11	100.14		0.13
63.75	6.02	2.70	10.86	98.97		1.80

7－8 按行业分的国有及国有控股工业企业主要指标(2018 年)
Main Indicators of State－owned and State Holding Industrial Enterprises by Sector(2018)

单位:亿元(100 million yuan)

行业	Sector	企业单位数(个) Number of Enterprises (unit)	#亏损企业(个) Loss (unit)	工业总产值 Gross Industrial Output Value	出口交货值 Export Delivery value
总计	**Total**	**815**	**139**	**11048.09**	**442.21**
按登记注册类型分	**By Registered Type**				
#国有	State－owned Enterprises	43	8	505.70	1.41
集体	Collective Owned Enterprises				
私营	Private Enterprises				
港澳台商投资	Funded by Entrepreneurs From Hong Kong Macao and Taiwan	25	3	895.99	72.32
外商投资	Foreign Funded Enterprises	39	5	372.19	21.22
在总计中:轻工业	Light Industry	132	29	903.14	52.68
重工业	Heavy Industry	683	110	10144.95	389.53
按工业行业分	**By Sector**				
煤炭开采和洗选业	Coal Mining and Dressing				
黑色金属矿采选业	Ferrous Metals Mining and Dressing	1	1	2.25	
有色金属矿采选业	Nonferrous Metals Mining and Dressing	2		1.28	
非金属矿采选业	Nonmetal Minerals Mining and Dressing	12	3	14.83	
农副食品加工业	Non－staple Food Processing	20	4	44.51	7.42
食品制造业	Food Manufacturing	14	7	30.20	3.00
酒、饮料和精制茶制造业	Beverage Manufacturing	7	1	19.51	0.47
烟草制品业	Tobacco Processing	1		524.06	4.33
纺织业	Textile Industry	5		11.78	1.85
纺织服装、服饰业	Garments,Shoes and Hats Manufacturing	15	2	18.41	5.12
皮革、毛皮、羽毛及其制品和制鞋业	Leather,Furs,Down and Related Products	2		0.85	0.50
木材加工和木、竹、藤、棕、草制品业	Timber Processing,Bamboo,Cane Palm Fiber and Straw Products				
家具制造业	Furniture Manufacturing				
造纸和纸制品业	Papermaking and Paper Products	4	2	14.82	0.32
印刷和记录媒介复制业	Printing and Record Medium Reproduction	14	3	14.05	0.07
文教、工美、体育和娱乐用品制造业	Cultural,Educational and Sports Goods	5		3.58	

续表 1　Continued　单位:亿元(100 million yuan)

行业	Sector	企业单位数(个) Number of Enterprises (unit)	#亏损企业(个) Loss (unit)	工业总产值 Gross Industrial Output Value	出口交货值 Export Delivery value
石油、煤炭及其他燃料加工业	Petroleum Processing, Cooking and Nuclear Fuel Processing	4	1	1378.03	72.65
化学原料和化学制品制造业	Raw Chemical Materials and Chemical Products	53	7	678.37	30.84
医药制造业	Medical and Pharmaceutical Products	21	4	143.73	26.35
化学纤维制造业	Chemical Fiber	3	1	9.07	
橡胶和塑料制品业	Rubber and plastic products	9	1	263.50	69.53
非金属矿物制品业	Nonmetal Mineral Products	91	3	418.22	0.03
黑色金属冶炼和压延加工业	Smelting and Pressing of Ferrous Metals	7		290.27	6.59
有色金属冶炼和压延加工业	Smelting and Pressing of Nonferrous Metals	6	1	48.08	1.00
金属制品业	Metal Products	16	7	41.35	1.54
通用设备制造业	Ordinary Machinery	33	1	183.11	34.29
专用设备制造业	For Special Purpose Equipment Manufacturing	19	6	39.61	6.95
汽车制造业	Automotive Manufacturing	13	2	345.54	0.78
铁路、船舶、航空航天和其他运输设备制造业	Railway, Shipbuilding, Aerospace and other Transport Equipment	9	1	52.42	18.14
电气机械和器材制造业	Electric Equipment and Machinery	31	6	194.47	4.53
计算机、通信和其他电子设备制造业	Telecommunications Equipment, Computer and Other Electronic Equipment Manufacturing	29	5	768.42	142.55
仪器仪表制造业	Instruments, Meters, Cultural and Office Machinery	5		12.56	0.01
其他制造业	Handicraft Article and Other Manufacturing Indust				
废弃资源综合利用业	Comprehensive Utilization of Waste Resources	3		7.94	
金属制品、机械和设备修理业	Metal Products, Machinery and Equipment Repair Industry	4	1	10.04	3.37
电力、热力的生产和供应业	Electricity, Gas and Water Production and Supply	205	25	4846.61	
燃气生产和供应业	Production and Supply of Gas	45	6	443.03	
水的生产和供应业	Production and Supply of Water	107	38	173.59	

续表 2 Continued 单位:亿元(100 million yuan)

行业	Sector	资产总计 Total Assets	年末负债合计 Total Liabilities	所有者权益合计 Creditors' Equity	实收资本 Total Capital Hold
总计	**Total**	**13101.93**	**7355.22**	**5746.70**	**3022.02**
按登记注册类型分	**By Registered Type**				
#国有	State－owned Enterprises	318.17	115.98	202.19	118.13
集体	Collective Owned Enterprises				
私营	Private Enterprises				
港澳台商投资	Funded by Enterpreneurs From Hong Kong Macao and Taiwan	1043.83	446.79	597.04	231.86
外商投资	Foreign Funded Enterprises	376.59	170.89	205.70	162.90
在总计中:轻工业	Light Industry	1335.07	508.94	826.13	149.53
重工业	Heavy Industry	11766.86	6846.29	4920.57	2872.48
按工业行业分	**By Sector**				
煤炭开采和洗选业	Coal Mining and Dressing				
黑色金属矿采选业	Ferrous Metals Mining and Dressing	6.23	0.10	6.12	1.89
有色金属矿采选业	Nonferrous Metals Mining and Dressing	5.35	1.60	3.76	3.29
非金属矿采选业	Nonmetal Minerals Mining and Dressing	51.03	21.65	29.38	5.37
农副食品加工业	Non－staple Food Processing	60.40	35.97	24.42	12.39
食品制造业	Food Manufacturing	24.74	13.62	11.12	5.02
酒、饮料和精制茶制造业	Beverage Manufacturing	52.67	10.38	42.29	13.97
烟草制品业	Tobacco Processing	568.55	181.67	386.88	9.76
纺织业	Textile Industry	24.66	15.35	9.32	4.36
纺织服装、服饰业	Garments, Shoes and Hats Manufacturing	56.86	9.54	47.32	3.92
皮革、毛皮、羽毛及其制品和制鞋业	Leather, Furs, Down and Related Products	0.48	0.22	0.26	0.07
木材加工和木、竹、藤、棕、草制品业	Timber Processing, Bamboo, Cane Palm Fiber and Straw Products				
家具制造业	Furniture Manufacturing				
造纸和纸制品业	Papermaking and Paper Products	36.96	19.04	17.92	9.19
印刷和记录媒介复制业	Printing and Record Medium Reproduction	20.79	8.44	12.35	6.97
文教、工美、体育和娱乐用品制造业	Cultural, Educational and Sports Goods	2.52	1.47	1.05	0.40

续表 3 Continued 单位:亿元(100 million yuan)

行业	Sector	资产总计 Total Assets	年末负债合计 Total Liabilities	所有者权益合计 Creditors' Equity	实收资本 Total Capital Hold
石油、煤炭及其他燃料加工业	Petroleum Processing,Cooking and Nuclear Fuel Processing	598.08	244.85	353.23	235.72
化学原料和化学制品制造业	Raw Chemical Materials and Chemical Products	685.25	199.63	485.62	174.70
医药制造业	Medical and Pharmaceutical Products	405.26	173.33	231.93	55.95
化学纤维制造业	Chemical Fiber	14.12	3.99	10.13	5.97
橡胶和塑料制品业	Rubber and plastic products	221.75	143.62	78.13	14.13
非金属矿物制品业	Nonmetal Mineral Products	383.34	213.92	169.43	87.60
黑色金属冶炼和压延加工业	Smelting and Pressing of Ferrous Metals	202.63	69.03	133.60	139.93
有色金属冶炼和压延加工业	Smelting and Pressing of Nonferrous Metals	42.97	30.76	12.22	6.70
金属制品业	Metal Products	55.93	38.23	17.71	10.84
通用设备制造业	Ordinary Machinery	352.87	184.20	168.66	43.40
专用设备制造业	For Special Purpose Equipment Manufacturing	111.63	80.62	31.02	14.58
汽车制造业	Automotive Manufacturing	612.65	562.92	49.73	182.70
铁路、船舶、航空航天和其他运输设备制造业	Railway,Shipbuilding,Aerospace and other Transport Equipment	103.84	90.54	13.30	19.71
电气机械和器材制造业	Electric Equipment and Machinery	217.23	148.33	68.90	33.36
计算机、通信和其他电子设备制造业	Telecommunications Equipment, Computer and Other Electronic Equipment Manufacturing	942.93	455.64	487.30	153.97
仪器仪表制造业	Instruments,Meters,Cultural and Office Machinery	17.11	4.73	12.39	2.11
其他制造业	Handicraft Article and Other Manufacturing Indust				
废弃资源综合利用业	Comprehensive Utilization of Waste Resources	7.83	5.04	2.79	1.70
金属制品、机械和设备修理业	Metal Products,Machinery and Equipment Repair Industry	25.97	17.26	8.70	12.01
电力、热力的生产和供应业	Electricity,Gas and Water Production and Supply	5778.47	3448.62	2329.86	1476.66
燃气生产和供应业	Production and Supply of Gas	354.13	246.24	107.89	92.91
水的生产和供应业	Production and Supply of Water	1056.66	674.70	381.96	180.76

续表 4 Continued 单位:亿元(100 million yuan)

行业	Sector	营业收入 Revenues in Main Business	营业成本 Costs in Main Business	营业税金及附加 Sales Taxes and Extra Charges in Main Busuness	销售费用 Selling Expenses
总计	**Total**	**11736.86**	**9713.47**	**567.35**	**216.22**
按登记注册类型分	**By Registered Type**				
#国有	State - owned Enterprises	507.81	481.26	1.77	2.27
集体	Collective Owned Enterprises				
私营	Private Enterprises				
港澳台商投资	Funded by Enterpreneurs From Hong Kong Macao and Taiwan	908.73	638.86	18.69	40.14
外商投资	Foreign Funded Enterprises	395.20	340.76	2.19	10.15
在总计中:轻工业	Light Industry	1288.93	766.58	332.14	72.21
重工业	Heavy Industry	10447.93	8946.89	235.21	144.01
按工业行业分	**By Sector**				
煤炭开采和洗选业	Coal Mining and Dressing				
黑色金属矿采选业	Ferrous Metals Mining and Dressing	2.21	2.15	0.02	0.25
有色金属矿采选业	Nonferrous Metals Mining and Dressing	1.24	0.74	0.03	0.03
非金属矿采选业	Nonmetal Minerals Mining and Dressing	15.09	8.34	0.86	0.17
农副食品加工业	Non - staple Food Processing	54.40	49.53	0.20	0.93
食品制造业	Food Manufacturing	26.57	22.02	0.20	1.39
酒、饮料和精制茶制造业	Beverage Manufacturing	17.86	10.48	1.27	2.76
烟草制品业	Tobacco Processing	873.39	470.75	327.44	13.39
纺织业	Textile Industry	14.55	12.73	0.16	0.24
纺织服装、服饰业	Garments, Shoes and Hats Manufacturing	18.88	10.22	0.27	0.16
皮革、毛皮、羽毛及其制品和制鞋业	Leather, Furs, Down and Related Products	0.80	0.55	0.01	0.01
木材加工和木、竹、藤、棕、草制品业	Timber Processing, Bamboo, Cane Palm Fiber and Straw Products				
家具制造业	Furniture Manufacturing				
造纸和纸制品业	Papermaking and Paper Products	16.11	13.25	0.15	0.80
印刷和记录媒介复制业	Printing and Record Medium Reproduction	17.23	15.55	0.10	0.43
文教、工美、体育和娱乐用品制造业	Cultural, Educational and Sports Goods	4.26	3.68	0.02	0.10

续表 5 Continued 单位:亿元(100 million yuan)

行业	Sector	营业收入 Revenues in Main Business	营业成本 Costs in Main Business	营业税金及附加 Sales Taxes and Extra Charges in Main Busuness	销售费用 Selling Expenses
石油、煤炭及其他燃料加工业	Petroleum Processing, Cooking and Nuclear Fuel Processing	1406.74	1070.16	176.67	2.94
化学原料和化学制品制造业	Raw Chemical Materials and Chemical Products	708.13	546.39	4.72	10.33
医药制造业	Medical and Pharmaceutical Products	158.02	82.66	1.69	46.84
化学纤维制造业	Chemical Fiber	9.19	6.82	0.11	0.27
橡胶和塑料制品业	Rubber and plastic products	260.74	225.11	0.87	15.18
非金属矿物制品业	Nonmetal Mineral Products	430.07	318.80	3.80	14.96
黑色金属冶炼和压延加工业	Smelting and Pressing of Ferrous Metals	306.10	270.44	1.74	0.52
有色金属冶炼和压延加工业	Smelting and Pressing of Nonferrous Metals	115.30	111.83	0.13	0.22
金属制品业	Metal Products	50.19	45.09	0.28	0.86
通用设备制造业	Ordinary Machinery	202.23	165.27	1.08	4.53
专用设备制造业	For Special Purpose Equipment Manufacturing	48.80	43.25	0.34	1.48
汽车制造业	Automotive Manufacturing	358.31	299.29	11.59	2.61
铁路、船舶、航空航天和其他运输设备制造业	Railway, Shipbuilding, Aerospace and other Transport Equipment	50.22	46.70	0.42	0.48
电气机械和器材制造业	Electric Equipment and Machinery	213.37	185.37	1.04	10.45
计算机、通信和其他电子设备制造业	Telecommunications Equipment, Computer and Other Electronic Equipment Manufacturing	815.67	581.97	4.24	62.06
仪器仪表制造业	Instruments, Meters, Cultural and Office Machinery	13.08	8.85	0.07	0.69
其他制造业	Handicraft Article and Other Manufacturing Indust				
废弃资源综合利用业	Comprehensive Utilization of Waste Resources	8.03	6.90	0.06	0.01
金属制品、机械和设备修理业	Metal Products, Machinery and Equipment Repair Industry	11.52	10.42	0.10	0.12
电力、热力的生产和供应业	Electricity, Gas and Water Production and Supply	4870.35	4475.15	24.65	6.58
燃气生产和供应业	Production and Supply of Gas	455.72	441.11	0.87	4.74
水的生产和供应业	Production and Supply of Water	182.48	151.93	2.13	9.66

续表 6 Continued 单位:亿元(100 million yuan)

行业	Sector	管理费用 Administrative Expenses	财务费用 Financial Expenses	利润总额 Total Profits
总计	**Total**	**375.76**	**122.67**	**817.89**
按登记注册类型分	**By Registered Type**			
#国有	State - owned Enterprises	17.70	0.85	4.71
集体	Collective Owned Enterprises			
私营	Private Enterprises			
港澳台商投资	Funded by Enterpreneurs From Hong Kong Macao and Taiwan	59.53	7.27	164.58
外商投资	Foreign Funded Enterprises	12.43	4.86	28.67
在总计中:轻工业	Light Industry	62.88	5.26	70.19
重工业	Heavy Industry	312.88	117.42	747.70
按工业行业分	**By Sector**			
煤炭开采和洗选业	Coal Mining and Dressing			
黑色金属矿采选业	Ferrous Metals Mining and Dressing	0.71	0.01	-0.84
有色金属矿采选业	Nonferrous Metals Mining and Dressing	0.25	0.04	0.15
非金属矿采选业	Nonmetal Minerals Mining and Dressing	2.79	0.40	2.50
农副食品加工业	Non - staple Food Processing	2.52	0.58	4.43
食品制造业	Food Manufacturing	1.86	0.20	1.31
酒、饮料和精制茶制造业	Beverage Manufacturing	1.57	-0.07	2.22
烟草制品业	Tobacco Processing	19.64	-0.13	43.52
纺织业	Textile Industry	1.12	0.24	1.16
纺织服装、服饰业	Garments, Shoes and Hats Manufacturing	7.91	-0.30	6.29
皮革、毛皮、羽毛及其制品和制鞋业	Leather, Furs, Down and Related Products	0.07		0.16
木材加工和木、竹、藤、棕、草制品业	Timber Processing, Bamboo, Cane Palm Fiber and Straw Products			
家具制造业	Furniture Manufacturing			
造纸和纸制品业	Papermaking and Paper Products	1.67	0.59	-0.17
印刷和记录媒介复制业	Printing and Record Medium Reproduction	1.26	0.11	-0.14
文教、工美、体育和娱乐用品制造业	Cultural, Educational and Sports Goods	0.15	0.05	0.28

续表 7 Continued

单位:亿元(100 million yuan)

行业	Sector	管理费用 Administrative Expenses	财务费用 Financial Expenses	利润总额 Total Profits
石油、煤炭及其他燃料加工业	Petroleum Processing, Cooking and Nuclear Fuel Processing	25.55	-0.74	118.43
化学原料和化学制品制造业	Raw Chemical Materials and Chemical Products	33.05	2.40	126.65
医药制造业	Medical and Pharmaceutical Products	20.24	3.46	9.31
化学纤维制造业	Chemical Fiber	0.95	0.12	0.93
橡胶和塑料制品业	Rubber and plastic products	14.41	3.74	2.46
非金属矿物制品业	Nonmetal Mineral Products	10.58	4.87	79.68
黑色金属冶炼和压延加工业	Smelting and Pressing of Ferrous Metals	7.95	-0.78	26.65
有色金属冶炼和压延加工业	Smelting and Pressing of Nonferrous Metals	1.24	0.81	0.88
金属制品业	Metal Products	2.66	0.97	-0.84
通用设备制造业	Ordinary Machinery	18.33	1.35	18.14
专用设备制造业	For Special Purpose Equipment Manufacturing	5.47	1.37	-2.55
汽车制造业	Automotive Manufacturing	20.31	2.04	23.29
铁路、船舶、航空航天和其他运输设备制造业	Railway, Shipbuilding, Aerospace and other Transport Equipment	3.85	1.03	-2.65
电气机械和器材制造业	Electric Equipment and Machinery	11.39	1.35	7.06
计算机、通信和其他电子设备制造业	Telecommunications Equipment, Computer and Other Electronic Equipment Manufacturing	62.71	-3.71	122.87
仪器仪表制造业	Instruments, Meters, Cultural and Office Machinery	1.70	-0.01	1.85
其他制造业	Handicraft Article and Other Manufacturing Indust			
废弃资源综合利用业	Comprehensive Utilization of Waste Resources	0.16	0.25	0.71
金属制品、机械和设备修理业	Metal Products, Machinery and Equipment Repair Industry	0.77	0.30	-0.52
电力、热力的生产和供应业	Electricity, Gas and Water Production and Supply	71.24	88.09	214.06
燃气生产和供应业	Production and Supply of Gas	5.30	4.15	2.24
水的生产和供应业	Production and Supply of Water	16.36	9.90	8.36

续表 8 Continued 单位:亿元(100 million yuan)

行业	Sector	利税总额 Total Profits and Taxes	本年应交增值税 Value Added Taxes Payable	平均用工人数(万人) Average Number of Employed Persons (10000 presons)
总计	**Total**	**1796.58**	**411.34**	**29.70**
按登记注册类型分	**By Registered Type**			
#国有	State - owned Enterprises	20.32	13.83	1.46
集体	Collective Owned Enterprises			
私营	Private Enterprises			
港澳台商投资	Funded by Enterpreneurs From Hong Kong Macao and Taiwan	223.35	40.08	3.19
外商投资	Foreign Funded Enterprises	40.86	10.00	1.30
在总计中:轻工业	Light Industry	486.82	84.50	5.18
重工业	Heavy Industry	1309.76	326.85	24.52
按工业行业分	**By Sector**			
煤炭开采和洗选业	Coal Mining and Dressing			
黑色金属矿采选业	Ferrous Metals Mining and Dressing	-0.76	0.05	0.08
有色金属矿采选业	Nonferrous Metals Mining and Dressing	0.32	0.14	0.05
非金属矿采选业	Nonmetal Minerals Mining and Dressing	4.16	0.80	0.10
农副食品加工业	Non - staple Food Processing	4.96	0.33	0.54
食品制造业	Food Manufacturing	2.48	0.97	0.39
酒、饮料和精制茶制造业	Beverage Manufacturing	4.79	1.29	0.34
烟草制品业	Tobacco Processing	436.16	65.19	0.37
纺织业	Textile Industry	1.66	0.34	0.22
纺织服装、服饰业	Garments, Shoes and Hats Manufacturing	8.65	2.09	0.70
皮革、毛皮、羽毛及其制品和制鞋业	Leather, Furs, Down and Related Products	0.27	0.09	0.02
木材加工和木、竹、藤、棕、草制品业	Timber Processing, Bamboo, Cane Palm Fiber and Straw Products			
家具制造业	Furniture Manufacturing			
造纸和纸制品业	Papermaking and Paper Products	0.47	0.50	0.19
印刷和记录媒介复制业	Printing and Record Medium Reproduction	0.20	0.24	0.24
文教、工美、体育和娱乐用品制造业	Cultural, Educational and Sports Goods	0.40	0.10	0.02

续表 9 Continued

单位:亿元(100 million yuan)

行业	Sector	利税总额 Total Profits and Taxes	本年应交增值税 Value Added Taxes Payable	平均用工人数(万人) Average Number of Employed Persons (10000 presons)
石油、煤炭及其他燃料加工业	Petroleum Processing, Cooking and Nuclear Fuel Processing	337.69	42.59	0.77
化学原料和化学制品制造业	Raw Chemical Materials and Chemical Products	160.97	29.61	1.88
医药制造业	Medical and Pharmaceutical Products	22.37	11.36	1.58
化学纤维制造业	Chemical Fiber	1.57	0.53	0.04
橡胶和塑料制品业	Rubber and plastic products	7.60	4.27	1.27
非金属矿物制品业	Nonmetal Mineral Products	105.08	21.60	1.37
黑色金属冶炼和压延加工业	Smelting and Pressing of Ferrous Metals	36.98	8.59	0.45
有色金属冶炼和压延加工业	Smelting and Pressing of Nonferrous Metals	1.21	0.21	0.13
金属制品业	Metal Products	0.31	0.87	0.27
通用设备制造业	Ordinary Machinery	24.24	5.02	1.64
专用设备制造业	For Special Purpose Equipment Manufacturing	-0.73	1.48	0.50
汽车制造业	Automotive Manufacturing	46.91	12.03	1.07
铁路、船舶、航空航天和其他运输设备制造业	Railway, Shipbuilding, Aerospace and other Transport Equipment	-1.90	0.33	0.38
电气机械和器材制造业	Electric Equipment and Machinery	11.95	3.86	1.02
计算机、通信和其他电子设备制造业	Telecommunications Equipment, Computer and Other Electronic Equipment Manufacturing	154.03	26.92	3.48
仪器仪表制造业	Instruments, Meters, Cultural and Office Machinery	2.54	0.62	0.12
其他制造业	Handicraft Article and Other Manufacturing Indust			
废弃资源综合利用业	Comprehensive Utilization of Waste Resources	0.92	0.16	0.04
金属制品、机械和设备修理业	Metal Products, Machinery and Equipment Repair Industry	-0.35	0.07	0.16
电力、热力的生产和供应业	Electricity, Gas and Water Production and Supply	399.19	160.47	7.53
燃气生产和供应业	Production and Supply of Gas	5.49	2.38	0.58
水的生产和供应业	Production and Supply of Water	16.75	6.26	2.17

7-9 按行业分的国有及国有控股工业企业主要经济效益指标(2018年)
Main Economic Beneficial Indicators of State-owned and State Holding Industrial Enterprises by Sector(2018)

行业	Sector
总计	**Total**
按登记注册类型分	**By Registered Type**
#国有	State-owned Enterprises
集体	Collective Owned Enterprises
私营	Private Enterprises
港澳台商投资	Funded by Enterpreneurs From Hong Kong Macao and Taiwan
外商投资	Foreign Funded Enterprises
在总计中:轻工业	Light Industry
重工业	Heavy Industry
按工业行业分	**By Sector**
煤炭开采和洗选业	Coal Mining and Dressing
黑色金属矿采选业	Ferrous Metals Mining and Dressing
有色金属矿采选业	Nonferrous Metals Mining and Dressing
非金属矿采选业	Nonmetal Minerals Mining and Dressing
农副食品加工业	Non-staple Food Processing
食品制造业	Food Manufacturing
酒、饮料和精制茶制造业	Beverage Manufacturing
烟草制品业	Tobacco Processing
纺织业	Textile Industry
纺织服装、服饰业	Garments,Shoes and Hats Manufacturing
皮革、毛皮、羽毛及其制品和制鞋业	Leather,Furs,Down and Related Products
木材加工和木、竹、藤、棕、草制品业	Timber Processing,Bamboo,Cane Palm Fiber and Straw Products
家具制造业	Furniture Manufacturing
造纸和纸制品业	Papermaking and Paper Products
印刷和记录媒介复制业	Printing and Record Medium Reproduction
文教、工美、体育和娱乐用品制造业	Cultural,Educational and Sports Goods

资产负债率(%) Asset Liability Ratio (%)	成本费用利润率(%) Profit Margin of the Cost and Expense (%)	每百元固定资产原值实现利税(元) Pre tax Profits per 100 Yuan Original Value of Fixed Assets (yuan)	每百元营业收入实现利税(元) Pre tax Profits per 100 Yuan Revenues in Main Business (yuan)	产品销售率(%) Rate of Products Sold (%)	出口交货值占工业销售(%) Export delivery value of the proportion of total sales value(%)	新产品产值率(%) New product ratio
56.14	**7.84**	**15.47**	**15.31**	**81.26**	**4.93**	**16.29**
36.45	0.94	4.33	4.00	100.13	0.28	2.73
42.80	22.07	54.89	24.58	98.76	8.17	27.07
45.38	7.79	8.79	10.34	97.63	5.84	12.38
38.12	7.74	100.87	37.77	115.80	5.04	15.72
58.18	7.85	11.76	12.54	78.19	4.91	16.35
1.67	-26.88	-13.38	-34.49	95.58		
29.84	14.18	6.53	26.15	100.32		
42.42	21.37	53.43	27.59	100.93		26.56
59.56	8.28	16.95	9.12	98.57	16.90	8.51
55.06	5.15	19.24	9.34	82.17	12.10	15.56
19.71	15.08	19.30	26.80	95.44	2.51	7.37
31.95	8.64	303.96	49.94	128.52	0.64	1.81
62.22	8.10	13.02	11.38	99.32	15.80	37.79
16.78	34.97	32.58	45.79	98.54	28.20	9.85
45.68	25.98	56.18	33.48	96.11	60.85	
51.51	-1.07	1.37	2.90	99.51	2.18	48.03
40.60	-0.80	1.23	1.19	99.35	0.47	1.61
58.40	6.99	82.89	9.32	103.25		

续表 Continued

行业	Sector
石油、煤炭及其他燃料加工业	Petroleum Processing,Cooking and Nuclear Fuel Processing
化学原料和化学制品制造业	Raw Chemical Materials and Chemical Products
医药制造业	Medical and Pharmaceutical Products
化学纤维制造业	Chemical Fiber
橡胶和塑料制品业	Rubber and plastic products
非金属矿物制品业	Nonmetal Mineral Products
黑色金属冶炼和压延加工业	Smelting and Pressing of Ferrous Metals
有色金属冶炼和压延加工业	Smelting and Pressing of Nonferrous Metals
金属制品业	Metal Products
通用设备制造业	Ordinary Machinery
专用设备制造业	For Special Purpose Equipment Manufacturing
汽车制造业	Automotive Manufacturing Automotive Manufacturing Automotive Manufacturing
铁路、船舶、航空航天和其他运输设备制造业	Railway,Shipbuilding,Aerospace and other Transport Equipment
电气机械和器材制造业	Electric Equipment and Machinery
计算机、通信和其他电子设备制造业	Telecommunications Equipment,Computer and Other Electronic Equipment Manufacturing
仪器仪表制造业	Instruments,Meters,Cultural and Office Machinery
其他制造业	Handicraft Article and Other Manufacturing Indust
废弃资源综合利用业	Recovery of Resource Discarded and Useless Material
金属制品、机械和设备修理业	Metal Products,Machinery and Equipment Repair Industry
电力、热力生产和供应业	Production and Supply of Electricity and Heating Power
燃气生产和供应业	Production and Supply of Gas
水的生产和供应业	Production and Supply of Water

资产负债率(%) Asset Liability Ratio (%)	成本费用利润率(%) Profit Margin of the Cost and Expense (%)	每百元固定资产原值实现利税(元) Pre tax Profits per 100 Yuan Original Value of Fixed Assets (yuan)	每百元营业收入实现利税(元) Pre tax Profits per 100 Yuan Revenues in Main Business (yuan)	产品销售率(%) Rate of Products Sold (%)	出口交货值占工业销售(%) Export delivery value of the proportion of total sales value(%)	新产品产值率(%) New product ratio
40.94	10.79	70.37	24.00	99.34	5.31	2.51
29.13	21.39	39.44	22.73	96.00	4.74	25.21
42.77	6.08	15.11	14.16	100.37	18.26	64.24
28.25	11.42	18.02	17.09	101.20		6.20
64.77	0.95	6.91	2.91	97.39	27.09	33.17
55.80	22.82	49.11	24.43	98.85	0.01	9.67
34.07	9.58	15.27	12.08	97.84	2.32	11.04
71.57	0.77	14.61	1.05	99.80	2.09	6.43
68.34	-1.69	2.27	0.63	103.72	3.59	15.60
52.20	9.57	29.87	11.99	96.68	19.37	62.72
72.21	-4.95	-4.29	-1.49	99.89	17.57	43.31
91.88	7.18	27.75	13.09	99.32	0.23	75.84
87.19	-5.10	-3.45	-3.77	92.80	37.29	68.17
68.28	3.39	25.73	5.60	99.06	2.35	56.56
48.32	17.48	162.45	18.88	99.39	18.66	96.10
27.61	16.53	83.92	19.46	104.35	0.07	5.96
64.32	9.62	16.46	11.47	100.00		
66.48	-4.49	-1.91	-3.02	100.00	33.53	5.58
59.68	4.61	4.91	8.20	55.83		0.31
69.53	0.49	2.06	1.20	100.11		
63.85	4.45	2.14	9.18	98.82		0.57

7-10 按行业分的规模以上私营工业企业主要指标(2018年)

Main Indicators of Private Industrial Enterprises Above Designated Size by Sector(2018)

单位:亿元(100 million yuan)

行业	Sector	企业单位数(个) Number of Enterprises (unit)	#亏损企业(个) Loss (unit)	工业总产值 Gross Industrial Output Value	出口交货值 Export Delivery value
总计	**Total**	**30113**	**3716**	**28277.94**	**5249.44**
按登记注册类型分	**By Registered Type**				
#国有	State-owned Enterprises				
集体	Collective Owned Enterprises				
私营	Private Enterprises	30113	3716	28277.94	5249.44
港澳台商投资	Funded by Enterpreneurs From Hong Kong Macao and Taiwan				
外商投资	Foreign Funded Enterprises				
在总计中:轻工业	Light Industry	15783	2073	12978.57	3273.87
重工业	Heavy Industry	14330	1643	15299.37	1975.57
按工业行业分	**By Sector**				
煤炭开采和洗选业	Coal Mining and Dressing	1		0.23	
黑色金属矿采选业	Ferrous Metals Mining and Dressing	3	1	0.56	
有色金属矿采选业	Nonferrous Metals Mining and Dressing	6	3	3.72	
非金属矿采选业	Nonmetal Minerals Mining and Dressing	83	7	81.97	
农副食品加工业	Non-staple Food Processing	486	85	428.09	85.97
食品制造业	Food Manufacturing	175	47	150.42	16.29
酒、饮料和精制茶制造业	Beverage Manufacturing	128	24	167.24	19.92
烟草制品业	Tobacco Processing				
纺织业	Textile Industry	3783	390	2995.63	485.09
纺织服装、服饰业	Garments,Shoes and Hats Manufacturing	1799	289	976.87	393.99
皮革、毛皮、羽毛及其制品和制鞋业	Leather,Furs,Down and Related Products	1320	137	769.48	310.30
木材加工和木、竹、藤、棕、草制品业	Timber Processing,Bamboo,Cane Palm Fiber and Straw Products	588	57	331.13	93.36
家具制造业	Furniture Manufacturing	675	105	508.91	270.22
造纸和纸制品业	Papermaking and Paper Products	705	141	803.07	30.40
印刷和记录媒介复制业	Printing and Record Medium Reproduction	436	67	259.07	17.96
文教、工美、体育和娱乐用品制造业	Cultural,Educational and Sports Goods	909	110	736.12	273.47

续表 1　Continued　　单位:亿元(100 million yuan)

行业	Sector	企业单位数(个) Number of Enterprises (unit)	#亏损企业(个) Loss (unit)	工业总产值 Gross Industrial Output Value	出口交货值 Export Delivery value
石油、煤炭及其他燃料加工业	Petroleum Processing,Cooking and Nuclear Fuel Processing	40	5	53.80	0.11
化学原料和化学制品制造业	Raw Chemical Materials and Chemical Products	938	105	1534.77	165.38
医药制造业	Medical and Pharmaceutical Products	188	23	253.17	43.73
化学纤维制造业	Chemical Fiber	471	52	1253.69	46.85
橡胶和塑料制品业	Rubber and plastic products	1876	215	1361.07	266.24
非金属矿物制品业	Nonmetal Mineral Products	1244	126	1432.47	51.58
黑色金属冶炼和压延加工业	Smelting and Pressing of Ferrous Metals	447	73	1168.02	28.31
有色金属冶炼和压延加工业	Smelting and Pressing of Nonferrous Metals	580	91	1296.02	56.01
金属制品业	Metal Products	2187	263	1701.33	475.31
通用设备制造业	Ordinary Machinery	3211	297	2363.91	512.62
专用设备制造业	For Special Purpose Equipment Manufacturing	1318	112	985.39	192.53
汽车制造业	Automotive Manufacturing	1487	175	1875.21	199.37
铁路、船舶、航空航天和其他运输设备制造业	Railway,Shipbuilding,Aerospace and other Transport Equipment	387	62	336.83	114.46
电气机械和器材制造业	Electric Equipment and Machinery	2878	404	2802.54	780.50
计算机、通信和其他电子设备制造业	Telecommunications Equipment, Computer and Other Electronic Equipment Manufacturing	919	138	965.51	199.88
仪器仪表制造业	Instruments,Meters,Cultural and Office Machinery	338	31	289.31	49.50
其他制造业	Handicraft Article and Other Manufacturing Indust	275	30	132.33	53.36
废弃资源综合利用业	Comprehensive Utilization of Waste Resources	87	24	102.43	
金属制品、机械和设备修理业	Metal Products,Machinery and Equipment Repair Industry	26	11	29.86	16.72
电力、热力的生产和供应业	Electricity,Gas and Water Production and Supply	88	9	103.45	
燃气生产和供应业	Production and Supply of Gas	13	2	15.19	
水的生产和供应业	Production and Supply of Water	18	5	9.12	0.01

续表 2 Continued 单位:亿元(100 million yuan)

行业	Sector	资产总计 Total Assets	年末负债合计 Total Liabilities	所有者权益合计 Creditors' Equity	实收资本 Total Capital Hold
总计	**Total**	**25882.90**	**16292.39**	**9590.42**	**5014.94**
按登记注册类型分	**By Registered Type**				
#国有	State – owned Enterprises				
集体	Collective Owned Enterprises				
私营	Private Enterprises	25882.90	16292.39	9590.42	5014.94
港澳台商投资	Funded by Enterpreneurs From Hong Kong Macao and Taiwan				
外商投资	Foreign Funded Enterprises				
在总计中:轻工业	Light Industry	11116.86	7304.07	3812.71	2150.11
重工业	Heavy Industry	14766.04	8988.32	5777.71	2864.83
按工业行业分	**By Sector**				
煤炭开采和洗选业	Coal Mining and Dressing	0.24	0.19	0.05	0.01
黑色金属矿采选业	Ferrous Metals Mining and Dressing	2.53	1.20	1.33	0.66
有色金属矿采选业	Nonferrous Metals Mining and Dressing	13.99	9.45	4.55	2.56
非金属矿采选业	Nonmetal Minerals Mining and Dressing	116.43	76.61	39.81	24.18
农副食品加工业	Non – staple Food Processing	359.94	228.46	131.41	74.52
食品制造业	Food Manufacturing	181.59	108.38	73.21	39.73
酒、饮料和精制茶制造业	Beverage Manufacturing	165.21	89.35	75.85	36.77
烟草制品业	Tobacco Processing				
纺织业	Textile Industry	2679.71	1889.49	790.22	454.55
纺织服装、服饰业	Garments, Shoes and Hats Manufacturing	826.97	593.43	233.55	154.96
皮革、毛皮、羽毛及其制品和制鞋业	Leather, Furs, Down and Related Products	545.91	384.68	161.22	100.13
木材加工和木、竹、藤、棕、草制品业	Timber Processing, Bamboo, Cane Palm Fiber and Straw Products	255.82	171.20	84.63	45.88
家具制造业	Furniture Manufacturing	405.08	258.53	146.56	79.81
造纸和纸制品业	Papermaking and Paper Products	647.05	453.54	193.51	108.32
印刷和记录媒介复制业	Printing and Record Medium Reproduction	259.44	178.35	81.09	45.24
文教、工美、体育和娱乐用品制造业	Cultural, Educational and Sports Goods	578.12	385.81	192.31	90.34

续表 3 Continued　　　　单位:亿元(100 million yuan)

行业	Sector	资产总计 Total Assets	年末负债合计 Total Liabilities	所有者权益合计 Creditors' Equity	实收资本 Total Capital Hold
石油、煤炭及其他燃料加工业	Petroleum Processing, Cooking and Nuclear Fuel Processing	30.19	19.99	10.20	6.55
化学原料和化学制品制造业	Raw Chemical Materials and Chemical Products	1414.23	664.57	749.66	260.17
医药制造业	Medical and Pharmaceutical Products	376.27	177.44	198.83	99.74
化学纤维制造业	Chemical Fiber	858.02	542.28	315.74	304.85
橡胶和塑料制品业	Rubber and plastic products	1166.25	763.14	403.11	230.65
非金属矿物制品业	Nonmetal Mineral Products	1212.10	795.32	416.78	253.06
黑色金属冶炼和压延加工业	Smelting and Pressing of Ferrous Metals	669.05	403.85	265.20	136.28
有色金属冶炼和压延加工业	Smelting and Pressing of Nonferrous Metals	610.73	406.33	204.40	99.53
金属制品业	Metal Products	1391.19	936.46	454.73	260.13
通用设备制造业	Ordinary Machinery	2459.28	1432.71	1026.57	494.41
专用设备制造业	For Special Purpose Equipment Manufacturing	1150.72	682.58	468.14	207.64
汽车制造业	Automotive Manufacturing	2335.81	1515.24	820.57	356.57
铁路、船舶、航空航天和其他运输设备制造业	Railway, Shipbuilding, Aerospace and other Transport Equipment	465.07	342.52	122.55	105.53
电气机械和器材制造业	Electric Equipment and Machinery	2627.00	1598.47	1028.53	510.22
计算机、通信和其他电子设备制造业	Telecommunications Equipment, Computer and Other Electronic Equipment Manufacturing	1078.61	565.81	512.80	233.52
仪器仪表制造业	Instruments, Meters, Cultural and Office Machinery	347.68	187.07	160.61	69.46
其他制造业	Handicraft Article and Other Manufacturing Indust	106.67	76.50	30.17	21.19
废弃资源综合利用业	Comprehensive Utilization of Waste Resources	99.49	69.27	30.23	16.41
金属制品、机械和设备修理业	Metal Products, Machinery and Equipment Repair Industry	61.42	41.74	19.68	7.62
电力、热力的生产和供应业	Electricity, Gas and Water Production and Supply	350.50	218.30	132.20	77.07
燃气生产和供应业	Production and Supply of Gas	10.21	5.86	4.34	3.14
水的生产和供应业	Production and Supply of Water	24.37	18.30	6.07	3.57

续表 4 Continued 单位:亿元(100 million yuan)

行业	Sector	营业收入 Revenues in Main Business	营业成本 Costs in Main Business	营业税金及附加 Sales Taxes and Extra Charges in Main Busuness	销售费用 Selling Expenses
总计	**Total**	**28588.06**	**24495.45**	**157.28**	**779.97**
按登记注册类型分	**By Registered Type**				
#国有	State - owned Enterprises				
集体	Collective Owned Enterprises				
私营	Private Enterprises	28588.06	24495.45	157.28	779.97
港澳台商投资	Funded by Enterpreneurs From Hong Kong Macao and Taiwan				
外商投资	Foreign Funded Enterprises				
在总计中:轻工业	Light Industry	13015.30	11228.71	68.70	385.66
重工业	Heavy Industry	15572.77	13266.74	88.59	394.31
按工业行业分	**By Sector**				
煤炭开采和洗选业	Coal Mining and Dressing	0.20	0.17		
黑色金属矿采选业	Ferrous Metals Mining and Dressing	0.54	0.47	0.01	0.01
有色金属矿采选业	Nonferrous Metals Mining and Dressing	4.12	2.22	0.25	0.03
非金属矿采选业	Nonmetal Minerals Mining and Dressing	80.84	57.71	2.28	1.80
农副食品加工业	Non - staple Food Processing	424.20	380.19	1.53	10.19
食品制造业	Food Manufacturing	148.88	116.69	0.94	9.97
酒、饮料和精制茶制造业	Beverage Manufacturing	180.81	135.72	1.73	20.13
烟草制品业	Tobacco Processing				
纺织业	Textile Industry	2942.64	2599.73	13.58	42.78
纺织服装、服饰业	Garments, Shoes and Hats Manufacturing	967.72	844.70	5.41	24.48
皮革、毛皮、羽毛及其制品和制鞋业	Leather, Furs, Down and Related Products	752.34	660.19	3.99	20.60
木材加工和木、竹、藤、棕、草制品业	Timber Processing, Bamboo, Cane Palm Fiber and Straw Products	333.56	280.66	2.14	12.43
家具制造业	Furniture Manufacturing	502.28	421.92	2.98	22.56
造纸和纸制品业	Papermaking and Paper Products	807.31	728.32	5.63	17.67
印刷和记录媒介复制业	Printing and Record Medium Reproduction	256.07	218.34	1.38	6.77
文教、工美、体育和娱乐用品制造业	Cultural, Educational and Sports Goods	716.98	604.81	4.18	27.00

续表 5 Continued 单位:亿元(100 million yuan)

行业	Sector	营业收入 Revenues in Main Business	营业成本 Costs in Main Business	营业税金及附加 Sales Taxes and Extra Charges in Main Busuness	销售费用 Selling Expenses
石油、煤炭及其他燃料加工业	Petroleum Processing,Cooking and Nuclear Fuel Processing	75.65	69.87	0.53	1.13
化学原料和化学制品制造业	Raw Chemical Materials and Chemical Products	1739.14	1483.44	6.76	62.21
医药制造业	Medical and Pharmaceutical Products	244.98	145.73	2.31	33.40
化学纤维制造业	Chemical Fiber	1264.47	1161.61	2.90	6.17
橡胶和塑料制品业	Rubber and plastic products	1347.19	1149.94	7.36	37.39
非金属矿物制品业	Nonmetal Mineral Products	1421.89	1210.11	7.72	58.41
黑色金属冶炼和压延加工业	Smelting and Pressing of Ferrous Metals	1229.36	1122.01	3.32	9.48
有色金属冶炼和压延加工业	Smelting and Pressing of Nonferrous Metals	1537.18	1464.92	2.82	8.23
金属制品业	Metal Products	1705.13	1469.92	9.15	44.04
通用设备制造业	Ordinary Machinery	2323.53	1898.01	13.78	77.53
专用设备制造业	For Special Purpose Equipment Manufacturing	959.44	756.80	6.56	34.23
汽车制造业	Automotive Manufacturing	1860.56	1572.26	19.95	43.78
铁路、船舶、航空航天和其他运输设备制造业	Railway,Shipbuilding,Aerospace and other Transport Equipment	322.55	276.85	3.02	7.38
电气机械和器材制造业	Electric Equipment and Machinery	2810.59	2364.12	15.56	88.84
计算机、通信和其他电子设备制造业	Telecommunications Equipment, Computer and Other Electronic Equipment Manufacturing	949.95	770.38	5.00	30.92
仪器仪表制造业	Instruments,Meters,Cultural and Office Machinery	286.18	211.47	2.03	12.95
其他制造业	Handicraft Article and Other Manufacturing Indust	128.63	111.27	0.73	4.21
废弃资源综合利用业	Comprehensive Utilization of Waste Resources	107.21	92.86	0.71	1.27
金属制品、机械和设备修理业	Metal Products,Machinery and Equipment Repair Industry	26.35	21.18	0.33	0.91
电力、热力的生产和供应业	Electricity,Gas and Water Production and Supply	104.21	69.79	0.54	0.02
燃气生产和供应业	Production and Supply of Gas	15.89	13.35	0.03	1.04
水的生产和供应业	Production and Supply of Water	9.48	7.71	0.16	0.03

续表 6 Continued 单位:亿元(100 million yuan)

行业	Sector	管理费用 Administrative Expenses	财务费用 Financial Expenses	利润总额 Total Profits
总计	**Total**	**1731.24**	**333.71**	**1318.33**
按登记注册类型分	**By Registered Type**			
#国有	State - owned Enterprises			
集体	Collective Owned Enterprises			
私营	Private Enterprises	1731.24	333.71	1318.33
港澳台商投资	Funded by Enterpreneurs From Hong Kong Macao and Taiwan			
外商投资	Foreign Funded Enterprises			
在总计中:轻工业	Light Industry	759.49	158.66	504.51
重工业	Heavy Industry	971.75	175.05	813.81
按工业行业分	**By Sector**			
煤炭开采和洗选业	Coal Mining and Dressing	0.03		0.01
黑色金属矿采选业	Ferrous Metals Mining and Dressing	0.04	0.02	
有色金属矿采选业	Nonferrous Metals Mining and Dressing	0.70	0.27	0.74
非金属矿采选业	Nonmetal Minerals Mining and Dressing	5.34	2.95	10.39
农副食品加工业	Non - staple Food Processing	15.03	6.45	13.68
食品制造业	Food Manufacturing	12.02	2.21	9.00
酒、饮料和精制茶制造业	Beverage Manufacturing	7.04	1.37	18.28
烟草制品业	Tobacco Processing			
纺织业	Textile Industry	147.46	42.97	108.07
纺织服装、服饰业	Garments, Shoes and Hats Manufacturing	61.82	11.85	24.33
皮革、毛皮、羽毛及其制品和制鞋业	Leather, Furs, Down and Related Products	44.36	7.29	18.62
木材加工和木、竹、藤、棕、草制品业	Timber Processing, Bamboo, Cane Palm Fiber and Straw Products	17.95	3.28	19.07
家具制造业	Furniture Manufacturing	36.20	4.99	16.57
造纸和纸制品业	Papermaking and Paper Products	36.41	11.45	26.79
印刷和记录媒介复制业	Printing and Record Medium Reproduction	18.51	3.84	9.33
文教、工美、体育和娱乐用品制造业	Cultural, Educational and Sports Goods	46.53	7.81	36.73

续表 7 Continued

单位:亿元(100 million yuan)

行业	Sector	管理费用 Administrative Expenses	财务费用 Financial Expenses	利润总额 Total Profits
石油、煤炭及其他燃料加工业	Petroleum Processing,Cooking and Nuclear Fuel Processing	2.26	0.40	1.63
化学原料和化学制品制造业	Raw Chemical Materials and Chemical Products	81.16	13.25	117.01
医药制造业	Medical and Pharmaceutical Products	34.26	3.56	29.24
化学纤维制造业	Chemical Fiber	35.48	14.32	46.14
橡胶和塑料制品业	Rubber and plastic products	87.51	17.95	52.11
非金属矿物制品业	Nonmetal Mineral Products	65.90	14.70	78.68
黑色金属冶炼和压延加工业	Smelting and Pressing of Ferrous Metals	33.64	8.86	56.26
有色金属冶炼和压延加工业	Smelting and Pressing of Nonferrous Metals	28.72	12.62	26.96
金属制品业	Metal Products	108.44	21.90	57.26
通用设备制造业	Ordinary Machinery	193.17	27.27	132.60
专用设备制造业	For Special Purpose Equipment Manufacturing	94.40	11.98	66.95
汽车制造业	Automotive Manufacturing	142.54	21.63	84.66
铁路、船舶、航空航天和其他运输设备制造业	Railway,Shipbuilding,Aerospace and other Transport Equipment	23.55	6.92	6.76
电气机械和器材制造业	Electric Equipment and Machinery	208.71	26.75	123.33
计算机、通信和其他电子设备制造业	Telecommunications Equipment,Computer and Other Electronic Equipment Manufacturing	87.28	9.38	61.20
仪器仪表制造业	Instruments,Meters,Cultural and Office Machinery	33.17	2.46	28.34
其他制造业	Handicraft Article and Other Manufacturing Indust	7.85	1.75	3.47
废弃资源综合利用业	Comprehensive Utilization of Waste Resources	4.34	1.65	9.02
金属制品、机械和设备修理业	Metal Products,Machinery and Equipment Repair Industry	3.18	0.60	0.57
电力、热力的生产和供应业	Electricity,Gas and Water Production and Supply	4.82	8.29	23.32
燃气生产和供应业	Production and Supply of Gas	0.71	0.17	0.59
水的生产和供应业	Production and Supply of Water	0.72	0.54	0.59

续表 8 Continued 单位:亿元(100 million yuan)

行业	Sector	利税总额 Total Profits and Taxes	本年应交增值税 Value Added Taxes Payable	平均用工人数(万人) Average Number of Employed Persons (10000 persons)
总计	**Total**	**2289.89**	**814.28**	**366.55**
按登记注册类型分	**By Registered Type**			
#国有	State - owned Enterprises			
集体	Collective Owned Enterprises			
私营	Private Enterprises	2289.89	814.28	366.55
港澳台商投资	Funded by Enterpreneurs From Hong Kong Macao and Taiwan			
外商投资	Foreign Funded Enterprises			
在总计中:轻工业	Light Industry	966.24	393.03	197.05
重工业	Heavy Industry	1323.65	421.25	169.50
按工业行业分	**By Sector**			
煤炭开采和洗选业	Coal Mining and Dressing	0.02	0.01	
黑色金属矿采选业	Ferrous Metals Mining and Dressing	0.05	0.04	0.01
有色金属矿采选业	Nonferrous Metals Mining and Dressing	1.51	0.53	0.08
非金属矿采选业	Nonmetal Minerals Mining and Dressing	15.59	2.92	0.52
农副食品加工业	Non - staple Food Processing	22.54	7.33	3.81
食品制造业	Food Manufacturing	15.43	5.49	2.45
酒、饮料和精制茶制造业	Beverage Manufacturing	27.20	7.19	1.36
烟草制品业	Tobacco Processing			
纺织业	Textile Industry	208.67	87.02	39.83
纺织服装、服饰业	Garments, Shoes and Hats Manufacturing	61.60	31.86	23.05
皮革、毛皮、羽毛及其制品和制鞋业	Leather, Furs, Down and Related Products	47.08	24.46	19.09
木材加工和木、竹、藤、棕、草制品业	Timber Processing, Bamboo, Cane Palm Fiber and Straw Products	31.52	10.31	5.04
家具制造业	Furniture Manufacturing	37.89	18.34	10.21
造纸和纸制品业	Papermaking and Paper Products	72.47	40.05	7.43
印刷和记录媒介复制业	Printing and Record Medium Reproduction	18.85	8.14	4.30
文教、工美、体育和娱乐用品制造业	Cultural, Educational and Sports Goods	64.78	23.88	13.00

续表 9 Continued 单位:亿元(100 million yuan)

行业	Sector	利税总额 Total Profits and Taxes	本年应交增值税 Value Added Taxes Payable	平均用工人数(万人) Average Number of Employed Persons (10000 persons)
石油、煤炭及其他燃料加工业	Petroleum Processing,Cooking and Nuclear Fuel Processing	2.96	0.80	0.14
化学原料和化学制品制造业	Raw Chemical Materials and Chemical Products	163.53	39.76	8.99
医药制造业	Medical and Pharmaceutical Products	43.88	12.32	3.40
化学纤维制造业	Chemical Fiber	67.47	18.43	5.59
橡胶和塑料制品业	Rubber and plastic products	96.11	36.63	19.32
非金属矿物制品业	Nonmetal Mineral Products	139.75	53.35	10.58
黑色金属冶炼和压延加工业	Smelting and Pressing of Ferrous Metals	82.02	22.43	4.52
有色金属冶炼和压延加工业	Smelting and Pressing of Nonferrous Metals	48.38	18.60	5.08
金属制品业	Metal Products	118.66	52.25	27.27
通用设备制造业	Ordinary Machinery	223.56	77.19	37.26
专用设备制造业	For Special Purpose Equipment Manufacturing	107.50	33.99	16.00
汽车制造业	Automotive Manufacturing	149.39	44.78	24.30
铁路、船舶、航空航天和其他运输设备制造业	Railway,Shipbuilding,Aerospace and other Transport Equipment	18.83	9.05	5.18
电气机械和器材制造业	Electric Equipment and Machinery	214.03	75.14	42.49
计算机、通信和其他电子设备制造业	Telecommunications Equipment,Computer and Other Electronic Equipment Manufacturing	93.51	27.30	16.42
仪器仪表制造业	Instruments,Meters,Cultural and Office Machinery	41.75	11.38	4.91
其他制造业	Handicraft Article and Other Manufacturing Indust	8.28	4.08	2.97
废弃资源综合利用业	Comprehensive Utilization of Waste Resources	14.87	5.14	0.66
金属制品、机械和设备修理业	Metal Products,Machinery and Equipment Repair Industry	2.14	1.24	0.59
电力、热力的生产和供应业	Electricity,Gas and Water Production and Supply	26.26	2.40	0.54
燃气生产和供应业	Production and Supply of Gas	0.75	0.14	0.05
水的生产和供应业	Production and Supply of Water	1.07	0.33	0.09

7-11 按行业分的规模以上私营工业企业主要经济效益指标(2018年)
Main Economic Beneficial Indicators of Private Industrial Enterprises Above Designated Size by Sector(2018)

行业	Sector
总计	**Total**
按登记注册类型分	**By Registered Type**
#国有	State-owned Enterprises
集体	Collective Owned Enterprises
私营	Private Enterprises
港澳台商投资	Funded by Enterpreneurs From Hong Kong Macao and Taiwan
外商投资	Foreign Funded Enterprises
在总计中:轻工业	Light Industry
重工业	Heavy Industry
按工业行业分	**By Sector**
煤炭开采和洗选业	Coal Mining and Dressing
黑色金属矿采选业	Ferrous Metals Mining and Dressing
有色金属矿采选业	Nonferrous Metals Mining and Dressing
非金属矿采选业	Nonmetal Minerals Mining and Dressing
农副食品加工业	Non-staple Food Processing
食品制造业	Food Manufacturing
酒、饮料和精制茶制造业	Beverage Manufacturing
烟草制品业	Tobacco Processing
纺织业	Textile Industry
纺织服装、服饰业	Garments,Shoes and Hats Manufacturing
皮革、毛皮、羽毛及其制品和制鞋业	Leather,Furs,Down and Related Products
木材加工和木、竹、藤、棕、草制品业	Timber Processing,Bamboo,Cane Palm Fiber and Straw Products
家具制造业	Furniture Manufacturing
造纸和纸制品业	Papermaking and Paper Products
印刷和记录媒介复制业	Printing and Record Medium Reproduction
文教、工美、体育和娱乐用品制造业	Cultural,Educational and Sports Goods

资产负债率(%) Asset Liability Ratio (%)	成本费用利润率(%) Profit Margin of the Cost and Expense (%)	每百元固定资产原值实现利税(元) Pre tax Profits per 100 Yuan Original Value of Fixed Assets (yuan)	每百元营业收入实现利率(元) Pre tax Profits per 100 Yuan Revenues in Main Business (yuan)	产品销售率(%) Rate of Products Sold (%)	出口交货值占工业销售(%) Export delivery value of the proportion of total sales value(%)	新产品产值率(%) New product ratio
62.95	**4.82**	**23.55**	**8.01**	**97.44**	**19.05**	**32.55**
62.95	4.82	23.55	8.01	97.44	19.05	32.55
65.70	4.03	20.71	7.42	97.37	25.91	29.24
60.87	5.50	26.16	8.50	97.50	13.24	35.36
79.35	3.25	13.25	9.27	90.34		
47.37	0.75	4.80	9.81	99.13		
67.51	22.97	51.97	36.59	98.67		6.53
65.80	15.33	49.57	19.28	96.45		2.84
63.47	3.32	17.47	5.31	96.47	20.82	13.94
59.68	6.38	21.86	10.37	96.46	11.22	29.50
54.09	11.13	33.13	15.04	97.39	12.23	21.65
70.51	3.81	15.40	7.09	97.48	16.61	27.16
71.76	2.58	19.93	6.37	98.01	41.15	25.09
70.47	2.54	27.18	6.26	97.25	41.47	26.23
66.92	6.07	38.00	9.45	97.40	28.95	29.82
63.82	3.41	28.90	7.54	96.93	54.78	27.99
70.09	3.37	29.20	8.98	98.35	3.85	19.87
68.74	3.77	13.74	7.36	97.79	7.09	20.32
66.73	5.35	30.04	9.04	97.17	38.23	30.11

续表 Continued

行业	Sector
石油、煤炭及其他燃料加工业	Petroleum Processing, Cooking and Nuclear Fuel Processing
化学原料和化学制品制造业	Raw Chemical Materials and Chemical Products
医药制造业	Medical and Pharmaceutical Products
化学纤维制造业	Chemical Fiber
橡胶和塑料制品业	Rubber and plastic products
非金属矿物制品业	Nonmetal Mineral Products
黑色金属冶炼和压延加工业	Smelting and Pressing of Ferrous Metals
有色金属冶炼和压延加工业	Smelting and Pressing of Nonferrous Metals
金属制品业	Metal Products
通用设备制造业	Ordinary Machinery
专用设备制造业	For Special Purpose Equipment Manufacturing
汽车制造业	Automotive Manufacturing
铁路、船舶、航空航天和其他运输设备制造业	Railway, Shipbuilding, Aerospace and other Transport Equipment
电气机械和器材制造业	Electric Equipment and Machinery
计算机、通信和其他电子设备制造业	Telecommunications Equipment, Computer and Other Electronic Equipment Manufacturing
仪器仪表制造业	Instruments, Meters, Cultural and Office Machinery
其他制造业	Handicraft Article and Other Manufacturing Indust
废弃资源综合利用业	Recovery of Resource Discarded and Useless Material
金属制品、机械和设备修理业	Metal Products, Machinery and Equipment Repair Industry
电力、热力生产和供应业	Production and Supply of Electricity and Heating Power
燃气生产和供应业	Production and Supply of Gas
水的生产和供应业	Production and Supply of Water

资 产 负债率 (%) Asset Liability Ratio (%)	成本费用 利 润 率 (%) Profit Margin of the Cost and Expense (%)	每百元固定 资产原值实 现利税(元) Pre tax Profits per 100 Yuan Original Value of Fixed Assets (yuan)	每百元营业 收 入 实 现 利率(元) Pre tax Profits per 100 Yuan Revenues in Main Business (yuan)	产品销售率(%) Rate of Products Sold (%)	出口交货 值占工业 销售(%) Export delivery value of the proportion of total sales value(%)	新产品 产值率 (%) New product ratio
66.22	2.22	32.37	3.91	100.03	0.20	16.23
46.99	7.13	35.80	9.40	98.13	10.98	33.72
47.16	13.48	28.64	17.91	93.50	18.47	40.79
63.20	3.79	15.16	5.34	97.86	3.82	41.25
65.44	4.03	18.93	7.13	96.93	20.18	25.17
65.62	5.83	30.63	9.83	98.54	3.65	16.20
60.36	4.79	26.13	6.67	97.86	2.48	26.65
66.53	1.78	27.58	3.15	98.73	4.38	27.04
67.31	3.48	22.28	6.96	97.85	28.55	26.93
58.26	6.04	24.90	9.62	96.97	22.36	37.88
59.32	7.46	27.05	11.20	95.79	20.40	47.46
64.87	4.76	24.20	8.03	98.06	10.84	49.83
73.65	2.15	10.59	5.84	94.67	35.89	33.72
60.85	4.59	26.99	7.62	97.68	28.51	42.42
52.46	6.82	28.68	9.84	94.15	21.99	49.24
53.81	10.90	43.48	14.59	97.16	17.61	49.96
71.71	2.77	20.85	6.44	97.15	41.51	16.81
69.62	9.01	57.14	13.87	99.71		16.51
67.96	2.22	6.05	8.11	99.56	56.25	15.88
62.28	28.12	9.56	25.20	98.50		18.06
57.45	3.85	9.72	4.73	99.84		5.02
75.08	6.51	7.07	11.33	100.02	0.07	23.80

7-12 按行业分的外商投资和港澳台商投资工业企业主要指标(2018年)
Main Indicators of Foreign Funded Enterprises and Enterprises Funded by Entrepreneurs from Hong Kong,Macao and Taiwai by Sector(2018)

单位:亿元(100 million yuna)

行业	Sector	企业单位数(个) Number of Enterprises (unit)	#亏损企业(个) Loss (unit)	工业总产值 Gross Industrial Output Value	出口交货值 Export Delivery value
总计	**Total**	**4484**	**916**	**14257.86**	**3574.09**
按登记注册类型分	**By Registered Type**				
#国有	State-owned Enterprises				
集体	Collective Owned Enterprises				
私营	Private Enterprises				
港澳台商投资	Funded by Entrepreneurs From Hong Kong Macao and Taiwan	2177	457	7158.05	1500.52
外商投资	Foreign Funded Enterprises	2307	459	7099.81	2073.57
在总计中:轻工业	Light Industry	2277	520	5014.37	1615.12
重工业	Heavy Industry	2207	396	9243.49	1958.97
按工业行业分	**By Sector**				
煤炭开采和洗选业	Coal Mining and Dressing				
黑色金属矿采选业	Ferrous Metals Mining and Dressing				
有色金属矿采选业	Nonferrous Metals Mining and Dressing				
非金属矿采选业	Nonmetal Minerals Mining and Dressing	2		8.23	
农副食品加工业	Non-staple Food Processing	52	13	147.15	27.68
食品制造业	Food Manufacturing	75	17	213.83	28.64
酒、饮料和精制茶制造业	Beverage Manufacturing	47	7	164.69	5.16
烟草制品业	Tobacco Processing				
纺织业	Textile Industry	441	95	803.74	230.38
纺织服装、服饰业	Garments,Shoes and Hats Manufacturing	453	137	687.90	324.54
皮革、毛皮、羽毛及其制品和制鞋业	Leather,Furs,Down and Related Products	111	27	127.65	56.76
木材加工和木、竹、藤、棕、草制品业	Timber Processing,Bamboo,Cane Palm Fiber and Straw Products	35	10	51.01	22.00
家具制造业	Furniture Manufacturing	97	23	242.63	162.33
造纸和纸制品业	Papermaking and Paper Products	69	12	342.05	57.55
印刷和记录媒介复制业	Printing and Record Medium Reproduction	34	3	67.93	18.57
文教、工美、体育和娱乐用品制造业	Cultural,Educational and Sports Goods	166	35	286.38	168.88

续表 1 Continued 单位:亿元(100 million yuna)

行业	Sector	企业单位数(个) Number of Enterprises (unit)	#亏损企业(个) Loss (unit)	工业总产值 Gross Industrial Output Value	出口交货值 Export Delivery value
石油、煤炭及其他燃料加工业	Petroleum Processing, Cooking and Nuclear Fuel Processing	9	1	338.34	0.24
化学原料和化学制品制造业	Raw Chemical Materials and Chemical Products	254	39	1841.39	165.04
医药制造业	Medical and Pharmaceutical Products	63	5	341.51	58.42
化学纤维制造业	Chemical Fiber	52	15	420.08	39.57
橡胶和塑料制品业	Rubber and plastic products	225	43	629.87	182.15
非金属矿物制品业	Nonmetal Mineral Products	106	23	189.84	27.83
黑色金属冶炼和压延加工业	Smelting and Pressing of Ferrous Metals	39	7	230.13	8.50
有色金属冶炼和压延加工业	Smelting and Pressing of Nonferrous Metals	35	8	428.52	45.40
金属制品业	Metal Products	241	47	453.07	226.31
通用设备制造业	Ordinary Machinery	507	87	955.92	266.14
专用设备制造业	For Special Purpose Equipment Manufacturing	241	44	521.20	152.08
汽车制造业	Automotive Manufacturing	285	62	1315.78	170.19
铁路、船舶、航空航天和其他运输设备制造业	Railway, Shipbuilding, Aerospace and other Transport Equipment	29	13	82.95	57.64
电气机械和器材制造业	Electric Equipment and Machinery	385	80	1192.15	425.81
计算机、通信和其他电子设备制造业	Telecommunications Equipment, Computer and Other Electronic Equipment Manufacturing	231	40	1490.65	540.36
仪器仪表制造业	Instruments, Meters, Cultural and Office Machinery	68	10	228.43	78.01
其他制造业	Handicraft Article and Other Manufacturing Indust	26	1	38.88	17.41
废弃资源综合利用业	Comprehensive Utilization of Waste Resources	7	2	10.97	1.40
金属制品、机械和设备修理业	Metal Products, Machinery and Equipment Repair Industry	5	3	12.82	9.11
电力、热力的生产和供应业	Electricity, Gas and Water Production and Supply	46	3	240.73	
燃气生产和供应业	Production and Supply of Gas	36	2	145.85	
水的生产和供应业	Production and Supply of Water	12	2	5.58	

续表 2 Continued 单位:亿元(100 million yuna)

行业	Sector	资产总计 Total Assets	年末负债合计 Total Liabilities	所有者权益合计 Creditors' Equity	实收资本 Total Capital Hold
总计	**Total**	**15840.59**	**7799.98**	**8040.61**	**4134.33**
按登记注册类型分	**By Registered Type**				
#国有	State - owned Enterprises				
集体	Collective Owned Enterprises				
私营	Private Enterprises				
港澳台商投资	Funded by Entrepreneurs From Hong Kong Macao and Taiwan	8268.61	4044.45	4224.15	2045.01
外商投资	Foreign Funded Enterprises	7571.99	3755.52	3816.46	2089.32
在总计中:轻工业	Light Industry	5731.29	2918.72	2812.57	1563.59
重工业	Heavy Industry	10109.31	4881.26	5228.05	2570.74
按工业行业分	**By Sector**				
煤炭开采和洗选业	Coal Mining and Dressing				
黑色金属矿采选业	Ferrous Metals Mining and Dressing				
有色金属矿采选业	Nonferrous Metals Mining and Dressing				
非金属矿采选业	Nonmetal Minerals Mining and Dressing	11.19	4.23	6.96	5.68
农副食品加工业	Non - staple Food Processing	128.82	63.41	65.42	46.01
食品制造业	Food Manufacturing	232.65	115.29	117.36	83.50
酒、饮料和精制茶制造业	Beverage Manufacturing	210.79	101.68	109.11	67.69
烟草制品业	Tobacco Processing				
纺织业	Textile Industry	1042.55	503.00	539.55	293.00
纺织服装、服饰业	Garments, Shoes and Hats Manufacturing	721.96	381.49	340.46	174.55
皮革、毛皮、羽毛及其制品和制鞋业	Leather, Furs, Down and Related Products	141.35	83.25	58.10	41.80
木材加工和木、竹、藤、棕、草制品业	Timber Processing, Bamboo, Cane Palm Fiber and Straw Products	52.37	35.09	17.28	14.25
家具制造业	Furniture Manufacturing	276.51	159.93	116.58	64.82
造纸和纸制品业	Papermaking and Paper Products	479.14	271.78	207.36	134.17
印刷和记录媒介复制业	Printing and Record Medium Reproduction	100.32	34.21	66.11	42.68
文教、工美、体育和娱乐用品制造业	Cultural, Educational and Sports Goods	279.36	137.78	141.58	76.41

续表 3 Continued 单位:亿元(100 million yuna)

行业	Sector	资产总计 Total Assets	年末负债合计 Total Liabilities	所有者权益合计 Creditors' Equity	实收资本 Total Capital Hold
石油、煤炭及其他燃料加工业	Petroleum Processing,Cooking and Nuclear Fuel Processing	167.90	73.15	94.75	35.30
化学原料和化学制品制造业	Raw Chemical Materials and Chemical Products	1621.30	732.13	889.18	534.98
医药制造业	Medical and Pharmaceutical Products	346.30	128.94	217.36	74.77
化学纤维制造业	Chemical Fiber	471.82	248.55	223.27	127.23
橡胶和塑料制品业	Rubber and plastic products	638.63	330.81	307.81	140.94
非金属矿物制品业	Nonmetal Mineral Products	315.61	175.44	140.17	78.88
黑色金属冶炼和压延加工业	Smelting and Pressing of Ferrous Metals	148.17	58.73	89.44	71.02
有色金属冶炼和压延加工业	Smelting and Pressing of Nonferrous Metals	372.78	190.00	182.78	95.79
金属制品业	Metal Products	470.47	232.38	238.08	136.25
通用设备制造业	Ordinary Machinery	1090.42	507.71	582.71	289.81
专用设备制造业	For Special Purpose Equipment Manufacturing	634.81	266.77	368.03	167.77
汽车制造业	Automotive Manufacturing	1905.15	1010.81	894.34	355.18
铁路、船舶、航空航天和其他运输设备制造业	Railway,Shipbuilding,Aerospace and other Transport Equipment	123.10	61.40	61.70	28.63
电气机械和器材制造业	Electric Equipment and Machinery	1290.37	700.37	590.00	318.31
计算机、通信和其他电子设备制造业	Telecommunications Equipment, Computer and Other Electronic Equipment Manufacturing	1592.64	700.61	892.03	353.24
仪器仪表制造业	Instruments,Meters,Cultural and Office Machinery	276.91	120.68	156.23	51.12
其他制造业	Handicraft Article and Other Manufacturing Indust	31.69	13.98	17.71	10.33
废弃资源综合利用业	Comprehensive Utilization of Waste Resources	13.68	8.92	4.77	5.03
金属制品、机械和设备修理业	Metal Products,Machinery and Equipment Repair Industry	51.09	42.49	8.60	17.46
电力、热力的生产和供应业	Electricity,Gas and Water Production and Supply	449.58	214.81	234.77	158.90
燃气生产和供应业	Production and Supply of Gas	128.29	79.76	48.53	30.01
水的生产和供应业	Production and Supply of Water	22.9	10.38	12.51	8.82

续表 4 Continued 单位:亿元(100 million yuna)

行业	Sector	营业收入 Revenues in Main Business	营业成本 Costs in Main Business	营业税金及附加 Sales Taxes and Extra Charges in Main Busuness	销售费用 Selling Expenses
总计	**Total**	**14723.14**	**12080.81**	**100.75**	**552.25**
按登记注册类型分	**By Registered Type**				
#国有	State - owned Enterprises				
集体	Collective Owned Enterprises				
私营	Private Enterprises				
港澳台商投资	Funded by Enterpreneurs From Hong Kong Macao and Taiwan	7290.41	5989.04	53.97	230.25
外商投资	Foreign Funded Enterprises	7432.73	6091.77	46.78	322.00
在总计中:轻工业	Light Industry	5101.79	4133.14	39.38	289.70
重工业	Heavy Industry	9621.35	7947.66	61.38	262.55
按工业行业分	**By Sector**				
煤炭开采和洗选业	Coal Mining and Dressing				
黑色金属矿采选业	Ferrous Metals Mining and Dressing				
有色金属矿采选业	Nonferrous Metals Mining and Dressing				
非金属矿采选业	Nonmetal Minerals Mining and Dressing	8.23	4.27	0.27	0.25
农副食品加工业	Non - staple Food Processing	158.74	144.23	0.52	4.29
食品制造业	Food Manufacturing	213.95	169.25	1.21	14.18
酒、饮料和精制茶制造业	Beverage Manufacturing	216.03	153.64	6.84	30.61
烟草制品业	Tobacco Processing				
纺织业	Textile Industry	794.52	665.39	5.42	14.07
纺织服装、服饰业	Garments, Shoes and Hats Manufacturing	689.23	582.64	4.69	34.79
皮革、毛皮、羽毛及其制品和制鞋业	Leather, Furs, Down and Related Products	126.55	108.46	0.72	4.02
木材加工和木、竹、藤、棕、草制品业	Timber Processing, Bamboo, Cane Palm Fiber and Straw Products	48.27	39.59	0.59	1.95
家具制造业	Furniture Manufacturing	248.80	205.76	1.58	16.41
造纸和纸制品业	Papermaking and Paper Products	337.80	283.74	1.83	9.37
印刷和记录媒介复制业	Printing and Record Medium Reproduction	69.41	53.52	0.41	2.25
文教、工美、体育和娱乐用品制造业	Cultural, Educational and Sports Goods	271.55	227.25	1.62	9.99

续表 5 Continued 单位:亿元(100 million yuna)

行业	Sector	营业收入 Revenues in Main Business	营业成本 Costs in Main Business	营业税金及附加 Sales Taxes and Extra Charges in Main Busuness	销售费用 Selling Expenses
石油、煤炭及其他燃料加工业	Petroleum Processing, Cooking and Nuclear Fuel Processing	325.52	277.05	18.37	1.31
化学原料和化学制品制造业	Raw Chemical Materials and Chemical Products	1949.90	1649.42	7.56	66.89
医药制造业	Medical and Pharmaceutical Products	321.31	191.30	2.77	64.56
化学纤维制造业	Chemical Fiber	420.74	388.26	1.21	4.72
橡胶和塑料制品业	Rubber and plastic products	633.81	539.40	3.00	27.61
非金属矿物制品业	Nonmetal Mineral Products	200.55	157.15	1.42	13.03
黑色金属冶炼和压延加工业	Smelting and Pressing of Ferrous Metals	242.97	229.30	0.62	1.80
有色金属冶炼和压延加工业	Smelting and Pressing of Nonferrous Metals	532.93	497.02	0.89	2.94
金属制品业	Metal Products	457.40	393.48	2.19	10.67
通用设备制造业	Ordinary Machinery	1010.69	807.02	5.37	35.59
专用设备制造业	For Special Purpose Equipment Manufacturing	539.32	413.01	3.57	22.33
汽车制造业	Automotive Manufacturing	1392.47	1136.11	6.96	25.19
铁路、船舶、航空航天和其他运输设备制造业	Railway, Shipbuilding, Aerospace and other Transport Equipment	73.24	69.70	0.42	1.01
电气机械和器材制造业	Electric Equipment and Machinery	1252.61	1025.99	8.82	55.17
计算机、通信和其他电子设备制造业	Telecommunications Equipment, Computer and Other Electronic Equipment Manufacturing	1495.57	1127.48	8.00	60.59
仪器仪表制造业	Instruments, Meters, Cultural and Office Machinery	225.15	161.81	1.23	11.93
其他制造业	Handicraft Article and Other Manufacturing Indust	38.24	32.36	0.28	0.87
废弃资源综合利用业	Comprehensive Utilization of Waste Resources	11.01	9.38	0.06	0.13
金属制品、机械和设备修理业	Metal Products, Machinery and Equipment Repair Industry	12.89	9.62	0.28	0.15
电力、热力的生产和供应业	Electricity, Gas and Water Production and Supply	242.44	190.50	1.61	0.03
燃气生产和供应业	Production and Supply of Gas	155.70	133.81	0.30	3.56
水的生产和供应业	Production and Supply of Water	5.6	3.91	0.09	

续表 6 Continued 单位:亿元(100 million yuna)

行业	Sector	管理费用 Administrative Expenses	财务费用 Financial Expenses	利润总额 Total Profits
总计	**Total**	**898.95**	**120.47**	**1130.63**
按登记注册类型分	**By Registered Type**			
#国有	State - owned Enterprises			
集体	Collective Owned Enterprises			
私营	Private Enterprises			
港澳台商投资	Funded by Enterpreneurs From Hong Kong Macao and Taiwan	444.60	70.62	594.07
外商投资	Foreign Funded Enterprises	454.34	49.86	536.56
在总计中:轻工业	Light Industry	342.68	48.84	330.64
重工业	Heavy Industry	556.27	71.63	799.99
按工业行业分	**By Sector**			
煤炭开采和洗选业	Coal Mining and Dressing			
黑色金属矿采选业	Ferrous Metals Mining and Dressing			
有色金属矿采选业	Nonferrous Metals Mining and Dressing			
非金属矿采选业	Nonmetal Minerals Mining and Dressing	0.91	0.15	2.38
农副食品加工业	Non - staple Food Processing	5.38	1.05	4.03
食品制造业	Food Manufacturing	11.00	0.99	22.60
酒、饮料和精制茶制造业	Beverage Manufacturing	9.36	1.02	20.41
烟草制品业	Tobacco Processing			
纺织业	Textile Industry	53.09	7.29	65.58
纺织服装、服饰业	Garments,Shoes and Hats Manufacturing	44.09	2.05	29.09
皮革、毛皮、羽毛及其制品和制鞋业	Leather,Furs,Down and Related Products	8.65	2.06	3.05
木材加工和木、竹、藤、棕、草制品业	Timber Processing,Bamboo,Cane Palm Fiber and Straw Products	3.22	1.07	1.91
家具制造业	Furniture Manufacturing	15.81	1.93	9.29
造纸和纸制品业	Papermaking and Paper Products	15.99	8.41	23.40
印刷和记录媒介复制业	Printing and Record Medium Reproduction	5.26	0.30	8.65
文教、工美、体育和娱乐用品制造业	Cultural,Educational and Sports Goods	21.31	2.68	10.44

续表 7　Continued　　单位:亿元(100 million yuna)

行业	Sector	管理费用 Administrative Expenses	财务费用 Financial Expenses	利润总额 Total Profits
石油、煤炭及其他燃料加工业	Petroleum Processing, Cooking and Nuclear Fuel Processing	1.61	1.72	28.00
化学原料和化学制品制造业	Raw Chemical Materials and Chemical Products	75.82	20.79	127.91
医药制造业	Medical and Pharmaceutical Products	29.78	0.75	35.57
化学纤维制造业	Chemical Fiber	12.09	10.30	15.62
橡胶和塑料制品业	Rubber and plastic products	36.94	7.46	21.46
非金属矿物制品业	Nonmetal Mineral Products	13.05	2.83	14.59
黑色金属冶炼和压延加工业	Smelting and Pressing of Ferrous Metals	6.05	0.97	6.86
有色金属冶炼和压延加工业	Smelting and Pressing of Nonferrous Metals	10.06	8.98	13.63
金属制品业	Metal Products	27.37	1.60	31.91
通用设备制造业	Ordinary Machinery	80.53	4.11	85.15
专用设备制造业	For Special Purpose Equipment Manufacturing	49.00	1.82	60.28
汽车制造业	Automotive Manufacturing	92.48	5.18	149.51
铁路、船舶、航空航天和其他运输设备制造业	Railway, Shipbuilding, Aerospace and other Transport Equipment	4.41	1.59	-3.08
电气机械和器材制造业	Electric Equipment and Machinery	92.47	6.76	74.93
计算机、通信和其他电子设备制造业	Telecommunications Equipment, Computer and Other Electronic Equipment Manufacturing	131.77	5.16	185.43
仪器仪表制造业	Instruments, Meters, Cultural and Office Machinery	24.39	0.66	28.26
其他制造业	Handicraft Article and Other Manufacturing Indust	2.78	0.21	1.79
废弃资源综合利用业	Comprehensive Utilization of Waste Resources	0.56	0.18	1.07
金属制品、机械和设备修理业	Metal Products, Machinery and Equipment Repair Industry	1.91	1.30	-0.66
电力、热力的生产和供应业	Electricity, Gas and Water Production and Supply	6.62	7.98	36.51
燃气生产和供应业	Production and Supply of Gas	4.74	0.90	13.74
水的生产和供应业	Production and Supply of Water	0.43	0.25	1.31

续表 8 Continued 单位:亿元(100 million yuna)

行业	Sector	利税总额 Total Profits and Taxes	本年应交增值税 Value Added Taxes Payable	平均用工人数(万人) Average Number of Employed Persons (10000 persons)
总计	**Total**	**1627.10**	**395.72**	**128.33**
按登记注册类型分	**By Registered Type**			
#国有	State - owned Enterprises			
集体	Collective Owned Enterprises			
私营	Private Enterprises			
港澳台商投资	Funded by Enterpreneurs From Hong Kong Macao and Taiwan	861.42	213.37	64.19
外商投资	Foreign Funded Enterprises	765.69	182.34	64.14
在总计中:轻工业	Light Industry	534.16	164.14	63.49
重工业	Heavy Industry	1092.94	231.58	64.84
按工业行业分	**By Sector**			
煤炭开采和洗选业	Coal Mining and Dressing			
黑色金属矿采选业	Ferrous Metals Mining and Dressing			
有色金属矿采选业	Nonferrous Metals Mining and Dressing			
非金属矿采选业	Nonmetal Minerals Mining and Dressing	2.89	0.25	0.04
农副食品加工业	Non - staple Food Processing	8.35	3.80	1.11
食品制造业	Food Manufacturing	32.73	8.93	2.08
酒、饮料和精制茶制造业	Beverage Manufacturing	36.80	9.55	1.42
烟草制品业	Tobacco Processing			
纺织业	Textile Industry	101.13	30.13	11.73
纺织服装、服饰业	Garments, Shoes and Hats Manufacturing	54.19	20.41	15.15
皮革、毛皮、羽毛及其制品和制鞋业	Leather, Furs, Down and Related Products	8.26	4.50	2.53
木材加工和木、竹、藤、棕、草制品业	Timber Processing, Bamboo, Cane Palm Fiber and Straw Products	3.33	0.83	0.66
家具制造业	Furniture Manufacturing	19.26	8.40	4.02
造纸和纸制品业	Papermaking and Paper Products	34.29	9.06	1.55
印刷和记录媒介复制业	Printing and Record Medium Reproduction	11.84	2.78	0.72
文教、工美、体育和娱乐用品制造业	Cultural, Educational and Sports Goods	19.31	7.25	4.67

续表 9 Continued

单位:亿元(100 million yuna)

行业	Sector	利税总额 Total Profits and Taxes	本年应交增值税 Value Added Taxes Payable	平均用工人数(万人) Average Number of Employed Persons (10000 persons)
石油、煤炭及其他燃料加工业	Petroleum Processing, Cooking and Nuclear Fuel Processing	55.73	9.37	0.14
化学原料和化学制品制造业	Raw Chemical Materials and Chemical Products	181.92	46.44	4.24
医药制造业	Medical and Pharmaceutical Products	55.59	17.24	2.37
化学纤维制造业	Chemical Fiber	23.66	6.83	1.77
橡胶和塑料制品业	Rubber and plastic products	37.84	13.38	5.23
非金属矿物制品业	Nonmetal Mineral Products	22.94	6.92	1.87
黑色金属冶炼和压延加工业	Smelting and Pressing of Ferrous Metals	9.10	1.62	0.62
有色金属冶炼和压延加工业	Smelting and Pressing of Nonferrous Metals	21.35	6.82	1.32
金属制品业	Metal Products	41.75	7.65	5.23
通用设备制造业	Ordinary Machinery	118.14	27.62	11.20
专用设备制造业	For Special Purpose Equipment Manufacturing	78.95	15.10	6.04
汽车制造业	Automotive Manufacturing	189.57	33.10	10.37
铁路、船舶、航空航天和其他运输设备制造业	Railway, Shipbuilding, Aerospace and other Transport Equipment	-1.19	1.47	0.64
电气机械和器材制造业	Electric Equipment and Machinery	115.14	31.38	12.23
计算机、通信和其他电子设备制造业	Telecommunications Equipment, Computer and Other Electronic Equipment Manufacturing	242.24	48.81	14.58
仪器仪表制造业	Instruments, Meters, Cultural and Office Machinery	35.02	5.52	2.75
其他制造业	Handicraft Article and Other Manufacturing Indust	2.90	0.83	0.80
废弃资源综合利用业	Comprehensive Utilization of Waste Resources	1.66	0.52	0.10
金属制品、机械和设备修理业	Metal Products, Machinery and Equipment Repair Industry	-0.13	0.25	0.18
电力、热力的生产和供应业	Electricity, Gas and Water Production and Supply	44.94	6.82	0.53
燃气生产和供应业	Production and Supply of Gas	15.80	1.75	0.39
水的生产和供应业	Production and Supply of Water	1.81	0.41	0.06

7－13 按行业分的外商投资和港澳台商投资工业企业主要经济效益指标(2018 年)
Main Economic Beneficial Indicators of Foreign Funded Enterprises and Enterprises Funded by Entrepreneurs form Hong Kong,Macao and Taiwan by Sector(2018)

行业	Sector
总计	**Total**
按登记注册类型分	**By Registered Type**
#国有	State－owned Enterprises
集体	Collective Owned Enterprises
私营	Private Enterprises
港澳台商投资	Funded by Entrepreneurs From Hong Kong Macao and Taiwan
外商投资	Foreign Funded Enterprises
在总计中:轻工业	Light Industry
重工业	Heavy Industry
按工业行业分	**By Sector**
煤炭开采和洗选业	Coal Mining and Dressing
黑色金属矿采选业	Ferrous Metals Mining and Dressing
有色金属矿采选业	Nonferrous Metals Mining and Dressing
非金属矿采选业	Nonmetal Minerals Mining and Dressing
农副食品加工业	Non－staple Food Processing
食品制造业	Food Manufacturing
酒、饮料和精制茶制造业	Beverage Manufacturing
烟草制品业	Tobacco Processing
纺织业	Textile Industry
纺织服装、服饰业	Garments,Shoes and Hats Manufacturing
皮革、毛皮、羽毛及其制品和制鞋业	Leather,Furs,Down and Related Products
木材加工和木、竹、藤、棕、草制品业	Timber Processing,Bamboo,Cane Palm Fiber and Straw Products
家具制造业	Furniture Manufacturing
造纸和纸制品业	Papermaking and Paper Products
印刷和记录媒介复制业	Printing and Record Medium Reproduction
文教、工美、体育和娱乐用品制造业	Cultural,Educational and Sports Goods

资产负债率(%) Asset Liability Ratio (%)	成本费用利润率(%) Profit Margin of the Cost and Expense (%)	每百元固定资产原值实现利税(元) Pre tax Profits per 100 Yuan Original Value of Fixed Assets (yuan)	每百元营业收入实现利率(元) Pre tax Profits per 100 Yuan Revenues in Main Business (yuan)	产品销售率(%) Rate of Products Sold (%)	出口交货值占工业销售(%) Export delivery value of the proportion of total sales value(%)	新产品产值率(%) New product ratio
49.24	**8.28**	**23.68**	**11.05**	**97.68**	**25.67**	**36.39**
48.91	8.82	26.39	11.82	97.54	21.49	39.54
49.60	7.76	21.23	10.30	97.83	29.86	33.22
50.93	6.87	20.64	10.47	96.71	33.31	34.67
48.28	9.05	25.52	11.36	98.21	21.58	37.33
37.79	42.73	72.72	35.14	99.99		59.65
49.22	2.60	14.95	5.26	98.34	19.13	11.14
49.56	11.56	21.88	15.30	97.15	13.79	6.78
48.24	10.49	22.62	17.03	98.97	3.16	13.22
48.25	8.86	20.38	12.73	97.35	29.48	40.08
52.84	4.38	20.01	7.86	95.58	49.36	32.08
58.90	2.47	19.59	6.53	97.56	45.58	37.57
67.01	4.17	20.01	6.90	94.71	45.53	27.33
57.84	3.87	24.20	7.74	98.92	67.64	47.05
56.72	7.37	11.44	10.15	97.97	17.18	46.61
34.10	14.11	31.57	17.06	96.50	28.33	43.78
49.32	4.00	17.11	7.11	93.17	63.29	44.38

续表 Continued

行业	Sector
石油、煤炭及其他燃料加工业	Petroleum Processing, Cooking and Nuclear Fuel Processing
化学原料和化学制品制造业	Raw Chemical Materials and Chemical Products
医药制造业	Medical and Pharmaceutical Products
化学纤维制造业	Chemical Fiber
橡胶和塑料制品业	Rubber and plastic products
非金属矿物制品业	Nonmetal Mineral Products
黑色金属冶炼和压延加工业	Smelting and Pressing of Ferrous Metals
有色金属冶炼和压延加工业	Smelting and Pressing of Nonferrous Metals
金属制品业	Metal Products
通用设备制造业	Ordinary Machinery
专用设备制造业	For Special Purpose Equipment Manufacturing
汽车制造业	Automotive Manufacturing
铁路、船舶、航空航天和其他运输设备制造业	Railway, Shipbuilding, Aerospace and other Transport Equipment
电气机械和器材制造业	Electric Equipment and Machinery
计算机、通信和其他电子设备制造业	Telecommunications Equipment, Computer and Other Electronic Equipment Manufacturing
仪器仪表制造业	Instruments, Meters, Cultural and Office Machinery
其他制造业	Handicraft Article and Other Manufacturing Indust
废弃资源综合利用业	Recovery of Resource Discarded and Useless Material
金属制品、机械和设备修理业	Metal Products, Machinery and Equipment Repair Industry
电力、热力生产和供应业	Production and Supply of Electricity and Heating Power
燃气生产和供应业	Production and Supply of Gas
水的生产和供应业	Production and Supply of Water

资产负债率(%) Asset Liability Ratio (%)	成本费用利润率(%) Profit Margin of the Cost and Expense (%)	每百元固定资产原值实现利税(元) Pre tax Profits per 100 Yuan Original Value of Fixed Assets (yuan)	每百元营业收入实现利率(元) Pre tax Profits per 100 Yuan Revenues in Main Business (yuan)	产品销售率(%) Rate of Products Sold (%)	出口交货值占工业销售(%) Export delivery value of the proportion of total sales value(%)	新产品产值率(%) New product ratio
43.57	9.94	47.43	17.12	98.47	0.07	0.16
45.16	7.06	19.59	9.33	99.02	9.05	18.82
37.23	12.42	51.11	17.30	88.92	19.24	30.71
52.68	3.76	8.65	5.62	96.87	9.72	36.59
51.80	3.51	11.11	5.97	97.37	29.70	24.93
55.59	7.84	17.54	11.44	97.65	15.02	37.63
39.63	2.88	7.44	3.75	95.90	3.85	16.97
50.97	2.63	22.11	4.01	98.30	10.78	35.86
49.39	7.37	22.86	9.13	98.41	50.76	33.11
46.56	9.18	30.02	11.69	98.92	28.16	37.83
42.02	12.40	34.86	14.64	98.24	29.70	39.50
53.06	11.88	38.41	13.61	98.94	13.07	50.97
49.88	-4.02	-1.50	-1.62	96.27	72.18	25.53
54.28	6.35	27.05	9.19	97.59	36.60	52.52
43.99	13.99	54.76	16.20	97.50	37.18	58.56
43.58	14.22	36.91	15.55	97.50	35.03	47.78
44.12	4.94	19.19	7.59	97.31	46.02	40.35
65.17	10.48	22.13	15.10	98.26	13.02	37.69
83.17	-5.06	-0.39	-1.02	99.87	71.19	5.30
47.78	17.80	8.62	18.54	98.86		13.00
62.17	9.61	16.77	10.15	100.34		
45.35	28.49	12.78	32.32	99.88		

7－14 大中型工业企业主要指标(2018 年)
Main Indicators of Large and Medium－sized Industrial Enterprises(2018)

单位:亿元(100 million yuna)

行业	Sector	企业单位数(个) Number of Enterprises (unit)	#亏损企业(个) Loss (unit)	工业总产值 Gross Industrial Output Value	出口交货值 Export Delivery value
总计	**Total**	**4475**	**447**	**39685.47**	**7101.69**
按登记注册类型分	**By Registered Type**				
#国有	State－owned Enterprises	16	2	423.17	
集体	Collective Owned Enterprises	2	1	11.98	
私营	Private Enterprises	2115	195	9891.08	2176.11
港澳台商投资	Funded by Enterpreneurs From Hong Kong Macao and Taiwan	498	55	5268.86	1097.30
外商投资	Foreign Funded Enterprises	505	55	4858.05	1469.88
在总计中:轻工业	Light Industry	2269	263	12685.46	3309.85
重工业	Heavy Industry	2206	184	27000.00	3791.84
按工业行业分	**By Sector**				
煤炭开采和洗选业	Coal Mining and Dressing				
黑色金属矿采选业	Ferrous Metals Mining and Dressing	1	1	2.25	
有色金属矿采选业	Nonferrous Metals Mining and Dressing	1		1.09	
非金属矿采选业	Nonmetal Minerals Mining and Dressing	2		4.12	
农副食品加工业	Non－staple Food Processing	32	2	160.01	46.54
食品制造业	Food Manufacturing	67	10	292.24	46.79
酒、饮料和精制茶制造业	Beverage Manufacturing	25	4	224.73	1.46
烟草制品业	Tobacco Processing	1		524.06	4.33
纺织业	Textile Industry	447	45	1669.30	336.47
纺织服装、服饰业	Garments,Shoes and Hats Manufacturing	274	43	1038.26	388.40
皮革、毛皮、羽毛及其制品和制鞋业	Leather,Furs,Down and Related Products	162	27	416.06	201.42
木材加工和木、竹、藤、棕、草制品业	Timber Processing,Bamboo,Cane Palm Fiber and Straw Products	27	1	147.13	69.32
家具制造业	Furniture Manufacturing	147	21	594.59	364.40
造纸和纸制品业	Papermaking and Paper Products	62	9	693.41	70.65
印刷和记录媒介复制业	Printing and Record Medium Reproduction	44	4	134.53	35.72
文教、工美、体育和娱乐用品制造业	Cultural,Educational and Sports Goods	132	11	664.84	235.81

续表 1 Continued 单位:亿元(100 million yuna)

行业	Sector	企业单位数(个) Number of Enterprises (unit)	#亏损企业(个) Loss (unit)	工业总产值 Gross Industrial Output Value	出口交货值 Export Delivery value
石油、煤炭及其他燃料加工业	Petroleum Processing,Cooking and Nuclear Fuel Processing	4	1	1559.02	72.65
化学原料和化学制品制造业	Raw Chemical Materials and Chemical Products	159	11	3775.85	307.65
医药制造业	Medical and Pharmaceutical Products	123	5	1198.30	256.26
化学纤维制造业	Chemical Fiber	70	7	1832.58	157.03
橡胶和塑料制品业	Rubber and plastic products	170	12	982.17	249.98
非金属矿物制品业	Nonmetal Mineral Products	74	2	543.22	69.04
黑色金属冶炼和压延加工业	Smelting and Pressing of Ferrous Metals	39	1	1215.55	44.55
有色金属冶炼和压延加工业	Smelting and Pressing of Nonferrous Metals	42	3	1192.18	108.60
金属制品业	Metal Products	275	28	1149.61	438.80
通用设备制造业	Ordinary Machinery	426	20	2176.17	540.58
专用设备制造业	For Special Purpose Equipment Manufacturing	174	10	815.80	210.63
汽车制造业	Automotive Manufacturing	335	37	3900.79	326.80
铁路、船舶、航空航天和其他运输设备制造业	Railway,Shipbuilding,Aerospace and other Transport Equipment	58	14	332.73	166.96
电气机械和器材制造业	Electric Equipment and Machinery	554	57	4090.03	1147.80
计算机、通信和其他电子设备制造业	Telecommunications Equipment, Computer and Other Electronic Equipment Manufacturing	309	36	3498.95	1016.30
仪器仪表制造业	Instruments,Meters,Cultural and Office Machinery	96	3	538.32	130.40
其他制造业	Handicraft Article and Other Manufacturing Indust	35	5	92.24	33.94
废弃资源综合利用业	Comprehensive Utilization of Waste Resources	7	1	64.27	1.47
金属制品、机械和设备修理业	Metal Products,Machinery and Equipment Repair Industry	10	3	32.22	20.12
电力、热力的生产和供应业	Electricity,Gas and Water Production and Supply	67	6	3967.33	0.81
燃气生产和供应业	Production and Supply of Gas	5	2	79.00	
水的生产和供应业	Production and Supply of Water	19	5	82.53	

续表 2 Continued 单位:亿元(100 million yuna)

行业	Sector	资产总计 Total Assets	年末负债合计 Total Liabilities	所有者权益合计 Creditors' Equity	实收资本 Total Capital Hold
总计	**Total**	**46573.72**	**24144.23**	**22429.49**	**8926.18**
按登记注册类型分	**By Registered Type**				
#国有	State – owned Enterprises	246.79	82.03	164.76	98.21
集体	Collective Owned Enterprises	10.87	1.77	9.10	2.21
私营	Private Enterprises	9548.08	5536.09	4011.99	1536.78
港澳台商投资	Funded by Enterpreneurs From Hong Kong Macao and Taiwan	5788.00	2701.51	3086.50	1163.88
外商投资	Foreign Funded Enterprises	5142.35	2566.81	2575.55	1174.46
在总计中:轻工业	Light Industry	14678.26	7120.62	7557.64	2664.56
重工业	Heavy Industry	31895.46	17023.61	14871.85	6261.62
按工业行业分	**By Sector**				
煤炭开采和洗选业	Coal Mining and Dressing				
黑色金属矿采选业	Ferrous Metals Mining and Dressing	6.23	0.10	6.12	1.89
有色金属矿采选业	Nonferrous Metals Mining and Dressing	2.37	0.94	1.43	0.69
非金属矿采选业	Nonmetal Minerals Mining and Dressing	5.71	0.24	5.46	4.15
农副食品加工业	Non – staple Food Processing	172.76	88.88	83.88	30.58
食品制造业	Food Manufacturing	332.39	170.66	161.73	71.60
酒、饮料和精制茶制造业	Beverage Manufacturing	297.84	119.92	177.93	59.11
烟草制品业	Tobacco Processing	568.55	181.67	386.88	9.76
纺织业	Textile Industry	1902.03	1080.73	821.30	366.83
纺织服装、服饰业	Garments, Shoes and Hats Manufacturing	1212.84	542.10	670.74	279.81
皮革、毛皮、羽毛及其制品和制鞋业	Leather, Furs, Down and Related Products	391.76	210.59	181.16	70.83
木材加工和木、竹、藤、棕、草制品业	Timber Processing, Bamboo, Cane Palm Fiber and Straw Products	157.73	91.76	65.96	26.35
家具制造业	Furniture Manufacturing	632.07	352.15	279.93	122.57
造纸和纸制品业	Papermaking and Paper Products	896.17	453.08	443.08	185.05
印刷和记录媒介复制业	Printing and Record Medium Reproduction	183.40	78.12	105.28	56.29
文教、工美、体育和娱乐用品制造业	Cultural, Educational and Sports Goods	526.59	282.83	243.76	92.91

续表 3 Continued 单位:亿元(100 million yuna)

行业	Sector	资产总计 Total Assets	年末负债合计 Total Liabilities	所有者权益合计 Creditors' Equity	实收资本 Total Capital Hold
石油、煤炭及其他燃料加工业	Petroleum Processing, Cooking and Nuclear Fuel Processing	1552.94	869.34	683.61	535.45
化学原料和化学制品制造业	Raw Chemical Materials and Chemical Products	4209.92	1876.93	2332.99	888.17
医药制造业	Medical and Pharmaceutical Products	1992.99	693.11	1299.88	348.18
化学纤维制造业	Chemical Fiber	1912.28	1039.44	872.85	351.23
橡胶和塑料制品业	Rubber and plastic products	1033.77	490.35	543.42	180.60
非金属矿物制品业	Nonmetal Mineral Products	813.42	409.68	403.74	204.85
黑色金属冶炼和压延加工业	Smelting and Pressing of Ferrous Metals	833.06	404.95	428.11	269.95
有色金属冶炼和压延加工业	Smelting and Pressing of Nonferrous Metals	699.42	400.07	299.35	148.71
金属制品业	Metal Products	1210.66	665.45	545.21	207.04
通用设备制造业	Ordinary Machinery	2938.91	1406.82	1532.08	495.04
专用设备制造业	For Special Purpose Equipment Manufacturing	1107.26	523.36	583.90	196.31
汽车制造业	Automotive Manufacturing	5441.86	3386.13	2055.74	768.81
铁路、船舶、航空航天和其他运输设备制造业	Railway, Shipbuilding, Aerospace and other Transport Equipment	665.18	462.57	202.61	122.08
电气机械和器材制造业	Electric Equipment and Machinery	4772.32	2405.84	2366.48	785.90
计算机、通信和其他电子设备制造业	Telecommunications Equipment, Computer and Other Electronic Equipment Manufacturing	4150.21	2050.20	2100.01	735.51
仪器仪表制造业	Instruments, Meters, Cultural and Office Machinery	882.48	334.16	548.33	129.80
其他制造业	Handicraft Article and Other Manufacturing Indust	100.75	51.15	49.60	19.42
废弃资源综合利用业	Comprehensive Utilization of Waste Resources	64.26	48.46	15.79	11.59
金属制品、机械和设备修理业	Metal Products, Machinery and Equipment Repair Industry	73.90	41.79	32.11	21.32
电力、热力的生产和供应业	Electricity, Gas and Water Production and Supply	4243.48	2558.91	1684.57	1022.08
燃气生产和供应业	Production and Supply of Gas	94.98	65.51	29.47	31.32
水的生产和供应业	Production and Supply of Water	491.23	306.23	185.00	74.43

续表 4 Continued 单位:亿元(100 million yuna)

行业	Sector	营业收入 Revenues in Main Business	营业成本 Costs in Main Business	营业税金及附加 Sales Taxes and Extra Charges in Main Busuness	销售费用 Selling Expenses
总计	**Total**	**41852.72**	**34457.95**	**761.17**	**1390.49**
按登记注册类型分	**By Registered Type**				
#国有	State - owned Enterprises	425.58	406.59	1.31	1.76
集体	Collective Owned Enterprises	12.03	10.24	0.02	1.40
私营	Private Enterprises	10255.41	8662.51	60.46	316.17
港澳台商投资	Funded by Enterpreneurs From Hong Kong Macao and Taiwan	5329.18	4327.28	40.86	182.20
外商投资	Foreign Funded Enterprises	5105.05	4187.74	28.03	226.57
在总计中:轻工业	Light Industry	13835.76	10957.99	408.63	737.98
重工业	Heavy Industry	28016.96	23499.96	352.54	652.51
按工业行业分	**By Sector**				
煤炭开采和洗选业	Coal Mining and Dressing				
黑色金属矿采选业	Ferrous Metals Mining and Dressing	2.21	2.15	0.02	0.25
有色金属矿采选业	Nonferrous Metals Mining and Dressing	1.12	0.70	0.03	0.03
非金属矿采选业	Nonmetal Minerals Mining and Dressing	4.12	2.70	0.12	0.18
农副食品加工业	Non - staple Food Processing	165.99	144.35	0.75	5.99
食品制造业	Food Manufacturing	300.83	227.34	1.70	24.36
酒、饮料和精制茶制造业	Beverage Manufacturing	276.16	188.10	6.37	47.05
烟草制品业	Tobacco Processing	873.39	470.75	327.44	13.39
纺织业	Textile Industry	1641.90	1370.59	10.03	29.14
纺织服装、服饰业	Garments, Shoes and Hats Manufacturing	1043.86	841.05	6.86	59.41
皮革、毛皮、羽毛及其制品和制鞋业	Leather, Furs, Down and Related Products	402.98	340.09	2.33	16.58
木材加工和木、竹、藤、棕、草制品业	Timber Processing, Bamboo, Cane Palm Fiber and Straw Products	153.34	113.97	1.36	9.69
家具制造业	Furniture Manufacturing	602.72	492.54	3.70	36.69
造纸和纸制品业	Papermaking and Paper Products	684.37	578.77	4.71	18.04
印刷和记录媒介复制业	Printing and Record Medium Reproduction	137.80	109.59	0.83	4.68
文教、工美、体育和娱乐用品制造业	Cultural, Educational and Sports Goods	638.44	536.73	3.27	24.15

续表 5 Continued

单位:亿元(100 million yuna)

行业	Sector	营业收入 Revenues in Main Business	营业成本 Costs in Main Business	营业税金及附加 Sales Taxes and Extra Charges in Main Busuness	销售费用 Selling Expenses
石油、煤炭及其他燃料加工业	Petroleum Processing, Cooking and Nuclear Fuel Processing	1540.14	1180.38	176.75	3.45
化学原料和化学制品制造业	Raw Chemical Materials and Chemical Products	4151.19	3529.49	15.70	87.52
医药制造业	Medical and Pharmaceutical Products	1129.01	593.02	11.56	237.78
化学纤维制造业	Chemical Fiber	2069.16	1891.66	3.75	12.23
橡胶和塑料制品业	Rubber and plastic products	986.86	810.41	5.42	40.06
非金属矿物制品业	Nonmetal Mineral Products	567.50	423.82	4.36	25.45
黑色金属冶炼和压延加工业	Smelting and Pressing of Ferrous Metals	1364.60	1223.18	4.47	8.64
有色金属冶炼和压延加工业	Smelting and Pressing of Nonferrous Metals	1462.81	1386.67	2.84	7.76
金属制品业	Metal Products	1158.07	979.64	6.02	34.66
通用设备制造业	Ordinary Machinery	2251.08	1784.56	12.69	92.88
专用设备制造业	For Special Purpose Equipment Manufacturing	819.71	632.20	5.41	31.21
汽车制造业	Automotive Manufacturing	4016.47	3267.47	71.62	57.00
铁路、船舶、航空航天和其他运输设备制造业	Railway, Shipbuilding, Aerospace and other Transport Equipment	309.97	276.46	3.76	7.40
电气机械和器材制造业	Electric Equipment and Machinery	4615.70	3835.76	26.06	216.03
计算机、通信和其他电子设备制造业	Telecommunications Equipment, Computer and Other Electronic Equipment Manufacturing	3554.35	2789.35	16.56	180.53
仪器仪表制造业	Instruments, Meters, Cultural and Office Machinery	555.25	380.49	3.98	38.53
其他制造业	Handicraft Article and Other Manufacturing Indust	101.21	83.65	0.81	3.06
废弃资源综合利用业	Comprehensive Utilization of Waste Resources	71.58	64.00	0.35	0.23
金属制品、机械和设备修理业	Metal Products, Machinery and Equipment Repair Industry	32.16	25.59	0.43	0.93
电力、热力的生产和供应业	Electricity, Gas and Water Production and Supply	3988.48	3727.83	17.79	6.52
燃气生产和供应业	Production and Supply of Gas	88.69	79.93	0.24	1.87
水的生产和供应业	Production and Supply of Water	89.51	72.98	1.07	7.15

续表 6 Continued 单位:亿元(100 million yuna)

行业	Sector	管理费用 Administrative Expenses	财务费用 Financial Expenses	利润总额 Total Profits
总计	**Total**	**2200.34**	**323.78**	**3235.89**
按登记注册类型分	**By Registered Type**			
#国有	State - owned Enterprises	11.74	0.62	3.46
集体	Collective Owned Enterprises	0.53	-0.00	-0.13
私营	Private Enterprises	604.55	90.33	626.47
港澳台商投资	Funded by Enterpreneurs From Hong Kong Macao and Taiwan	318.38	39.07	497.39
外商投资	Foreign Funded Enterprises	283.42	29.68	400.82
在总计中:轻工业	Light Industry	823.70	106.31	1058.32
重工业	Heavy Industry	1376.64	217.46	2177.57
按工业行业分	**By Sector**			
煤炭开采和洗选业	Coal Mining and Dressing			
黑色金属矿采选业	Ferrous Metals Mining and Dressing	0.71	0.01	-0.84
有色金属矿采选业	Nonferrous Metals Mining and Dressing	0.23	0.04	0.09
非金属矿采选业	Nonmetal Minerals Mining and Dressing	0.11	0.16	0.85
农副食品加工业	Non - staple Food Processing	7.72	2.03	10.35
食品制造业	Food Manufacturing	17.97	2.06	34.91
酒、饮料和精制茶制造业	Beverage Manufacturing	11.04	0.66	32.49
烟草制品业	Tobacco Processing	19.64	-0.13	43.52
纺织业	Textile Industry	110.92	19.76	124.67
纺织服装、服饰业	Garments, Shoes and Hats Manufacturing	68.50	2.08	99.97
皮革、毛皮、羽毛及其制品和制鞋业	Leather, Furs, Down and Related Products	28.87	3.75	19.08
木材加工和木、竹、藤、棕、草制品业	Timber Processing, Bamboo, Cane Palm Fiber and Straw Products	12.10	1.68	15.97
家具制造业	Furniture Manufacturing	41.82	4.55	27.45
造纸和纸制品业	Papermaking and Paper Products	34.47	13.44	54.19
印刷和记录媒介复制业	Printing and Record Medium Reproduction	11.32	0.98	13.81
文教、工美、体育和娱乐用品制造业	Cultural, Educational and Sports Goods	39.28	5.01	39.87

续表 7 Continued 单位:亿元(100 million yuna)

行业	Sector	管理费用 Administrative Expenses	财务费用 Financial Expenses	利润总额 Total Profits
石油、煤炭及其他燃料加工业	Petroleum Processing, Cooking and Nuclear Fuel Processing	33.35	2.92	130.43
化学原料和化学制品制造业	Raw Chemical Materials and Chemical Products	152.55	43.59	357.67
医药制造业	Medical and Pharmaceutical Products	133.57	9.14	188.01
化学纤维制造业	Chemical Fiber	50.23	26.58	111.98
橡胶和塑料制品业	Rubber and plastic products	65.69	9.01	66.23
非金属矿物制品业	Nonmetal Mineral Products	30.76	6.05	90.81
黑色金属冶炼和压延加工业	Smelting and Pressing of Ferrous Metals	35.34	10.06	90.96
有色金属冶炼和压延加工业	Smelting and Pressing of Nonferrous Metals	25.55	16.12	29.23
金属制品业	Metal Products	73.68	7.58	72.00
通用设备制造业	Ordinary Machinery	178.10	11.21	210.09
专用设备制造业	For Special Purpose Equipment Manufacturing	72.24	4.74	91.07
汽车制造业	Automotive Manufacturing	226.71	17.47	444.65
铁路、船舶、航空航天和其他运输设备制造业	Railway, Shipbuilding, Aerospace and other Transport Equipment	26.33	7.36	-9.49
电气机械和器材制造业	Electric Equipment and Machinery	279.03	21.44	288.88
计算机、通信和其他电子设备制造业	Telecommunications Equipment, Computer and Other Electronic Equipment Manufacturing	274.24	8.13	332.00
仪器仪表制造业	Instruments, Meters, Cultural and Office Machinery	62.22	0.77	81.15
其他制造业	Handicraft Article and Other Manufacturing Indust	7.78	0.66	5.57
废弃资源综合利用业	Comprehensive Utilization of Waste Resources	1.51	1.14	6.08
金属制品、机械和设备修理业	Metal Products, Machinery and Equipment Repair Industry	3.54	0.63	1.21
电力、热力的生产和供应业	Electricity, Gas and Water Production and Supply	53.18	58.08	121.99
燃气生产和供应业	Production and Supply of Gas	2.88	1.11	3.76
水的生产和供应业	Production and Supply of Water	7.16	3.93	5.22

续表 8 Continued 单位:亿元(100 million yuna)

行业	Sector	利税总额 Total Profits and Taxes	本年应交增值税 Value Added Taxes Payable	平均用工人数(万人) Average Number of Employed Persons (10000 persons)
总计	**Total**	**5226.57**	**1229.51**	**320.72**
按登记注册类型分	**By Registered Type**			
#国有	State - owned Enterprises	15.76	10.98	1.04
集体	Collective Owned Enterprises	0.07	0.18	0.09
私营	Private Enterprises	969.60	282.67	123.00
港澳台商投资	Funded by Enterpreneurs From Hong Kong Macao and Taiwan	698.89	160.63	43.35
外商投资	Foreign Funded Enterprises	548.70	119.85	42.00
在总计中:轻工业	Light Industry	1963.39	496.43	154.84
重工业	Heavy Industry	3263.18	733.07	165.88
按工业行业分	**By Sector**			
煤炭开采和洗选业	Coal Mining and Dressing			
黑色金属矿采选业	Ferrous Metals Mining and Dressing	-0.76	0.05	0.08
有色金属矿采选业	Nonferrous Metals Mining and Dressing	0.25	0.12	0.04
非金属矿采选业	Nonmetal Minerals Mining and Dressing	1.07	0.10	0.07
农副食品加工业	Non - staple Food Processing	15.35	4.25	2.13
食品制造业	Food Manufacturing	49.24	12.62	3.72
酒、饮料和精制茶制造业	Beverage Manufacturing	50.86	12.00	2.04
烟草制品业	Tobacco Processing	436.16	65.19	0.37
纺织业	Textile Industry	205.61	70.91	27.16
纺织服装、服饰业	Garments, Shoes and Hats Manufacturing	142.53	35.70	20.62
皮革、毛皮、羽毛及其制品和制鞋业	Leather, Furs, Down and Related Products	36.49	15.08	10.58
木材加工和木、竹、藤、棕、草制品业	Timber Processing, Bamboo, Cane Palm Fiber and Straw Products	22.65	5.33	2.42
家具制造业	Furniture Manufacturing	55.05	23.91	10.90
造纸和纸制品业	Papermaking and Paper Products	91.51	32.61	3.84
印刷和记录媒介复制业	Printing and Record Medium Reproduction	20.39	5.76	1.87
文教、工美、体育和娱乐用品制造业	Cultural, Educational and Sports Goods	62.45	19.31	9.26

续表 9 Continued

单位:亿元(100 million yuna)

行业	Sector	利税总额 Total Profits and Taxes	本年应交增值税 Value Added Taxes Payable	平均用工人数(万人) Average Number of Employed Persons (10000 persons)
石油、煤炭及其他燃料加工业	Petroleum Processing,Cooking and Nuclear Fuel Processing	353.79	46.61	1.20
化学原料和化学制品制造业	Raw Chemical Materials and Chemical Products	466.28	92.91	10.73
医药制造业	Medical and Pharmaceutical Products	273.96	74.39	9.76
化学纤维制造业	Chemical Fiber	147.28	31.55	7.18
橡胶和塑料制品业	Rubber and plastic products	100.18	28.53	11.14
非金属矿物制品业	Nonmetal Mineral Products	119.27	24.11	4.31
黑色金属冶炼和压延加工业	Smelting and Pressing of Ferrous Metals	121.84	26.41	3.29
有色金属冶炼和压延加工业	Smelting and Pressing of Nonferrous Metals	63.93	31.86	3.27
金属制品业	Metal Products	107.62	29.59	16.00
通用设备制造业	Ordinary Machinery	289.18	66.40	25.87
专用设备制造业	For Special Purpose Equipment Manufacturing	120.79	24.32	10.45
汽车制造业	Automotive Manufacturing	622.89	106.61	26.33
铁路、船舶、航空航天和其他运输设备制造业	Railway,Shipbuilding,Aerospace and other Transport Equipment	2.38	8.11	3.92
电气机械和器材制造业	Electric Equipment and Machinery	418.33	103.40	42.44
计算机、通信和其他电子设备制造业	Telecommunications Equipment,Computer and Other Electronic Equipment Manufacturing	435.37	86.82	32.35
仪器仪表制造业	Instruments,Meters,Cultural and Office Machinery	105.01	19.88	6.91
其他制造业	Handicraft Article and Other Manufacturing Indust	9.99	3.62	2.26
废弃资源综合利用业	Comprehensive Utilization of Waste Resources	9.34	2.90	0.28
金属制品、机械和设备修理业	Metal Products,Machinery and Equipment Repair Industry	2.69	1.04	0.56
电力、热力的生产和供应业	Electricity,Gas and Water Production and Supply	253.83	114.04	6.07
燃气生产和供应业	Production and Supply of Gas	4.84	0.84	0.25
水的生产和供应业	Production and Supply of Water	8.93	2.64	1.07

7－15 按行业分的大中型工业企业主要经济效益指标(2018 年)
Main Economic Beneficial Indicators of Large and Medium－sized Industrial Enterprises by Sector(2018)

行业	Sector
总计	**Total**
按登记注册类型分	**By Registered Type**
#国有	State－owned Enterprises
集体	Collective Owned Enterprises
私营	Private Enterprises
港澳台商投资	Funded by Enterpreneurs From Hong Kong Macao and Taiwan
外商投资	Foreign Funded Enterprises
在总计中:轻工业	Light Industry
重工业	Heavy Industry
按工业行业分	**By Sector**
煤炭开采和洗选业	Coal Mining and Dressing
黑色金属矿采选业	Ferrous Metals Mining and Dressing
有色金属矿采选业	Nonferrous Metals Mining and Dressing
非金属矿采选业	Nonmetal Minerals Mining and Dressing
农副食品加工业	Non－staple Food Processing
食品制造业	Food Manufacturing
酒、饮料和精制茶制造业	Beverage Manufacturing
烟草制品业	Tobacco Processing
纺织业	Textile Industry
纺织服装、服饰业	Garments,Shoes and Hats Manufacturing
皮革、毛皮、羽毛及其制品和制鞋业	Leather,Furs,Down and Related Products
木材加工和木、竹、藤、棕、草制品业	Timber Processing,Bamboo,Cane Palm Fiber and Straw Products
家具制造业	Furniture Manufacturing
造纸和纸制品业	Papermaking and Paper Products
印刷和记录媒介复制业	Printing and Record Medium Reproduction
文教、工美、体育和娱乐用品制造业	Cultural,Educational and Sports Goods

资产负债率(%) Asset Liability Ratio (%)	成本费用利润率(%) Profit Margin of the Cost and Expense (%)	每百元固定资产原值实现利税(元) Pre tax Profits per 100 Yuan Original Value of Fixed Assets (yuan)	每百元营业收入实现利率(元) Pre tax Profits per 100 Yuan Revenues in Main Business (yuan)	产品销售率(%) Rate of Products Sold (%)	出口交货值占工业销售(%) Export delivery value of the proportion of total sales value(%)	新产品产值率(%) New product ratio
51.84	**8.43**	**25.97**	**12.49**	**92.91**	**19.26**	**43.24**
33.24	0.82	4.15	3.70	100.05		3.07
16.30	-1.10	1.03	0.60	100.00		
57.98	6.48	28.82	9.45	97.52	22.56	48.85
46.67	10.22	32.98	13.11	97.37	21.39	45.65
49.92	8.48	23.84	10.75	97.64	30.99	38.43
48.51	8.38	36.67	14.19	98.05	26.61	45.06
53.37	8.46	22.10	11.65	90.50	15.52	42.39
1.67	-26.88	-13.38	-34.49	95.58		
39.67	9.48	10.15	22.00	100.37		
4.23	27.00	38.16	25.97	100.00		
51.45	6.47	19.73	9.25	99.19	29.32	14.05
51.34	12.85	29.08	16.37	97.56	16.41	20.84
40.26	13.16	28.87	18.42	96.42	0.67	21.04
31.95	8.64	303.96	49.94	128.52	0.64	1.81
56.82	8.15	21.06	12.52	97.19	20.74	46.98
44.70	10.30	42.73	13.65	95.63	39.12	41.26
53.76	4.90	35.80	9.06	96.35	50.25	47.00
58.18	11.62	54.41	14.77	97.53	48.31	65.41
55.71	4.77	33.79	9.13	97.12	63.10	54.91
50.56	8.41	18.63	13.37	98.38	10.36	54.08
42.59	10.91	31.77	14.80	96.70	27.45	43.57
53.71	6.59	35.68	9.78	94.99	37.34	44.91

续表 Continued

行业	Sector
石油、煤炭及其他燃料加工业	Petroleum Processing, Cooking and Nuclear Fuel Processing
化学原料和化学制品制造业	Raw Chemical Materials and Chemical Products
医药制造业	Medical and Pharmaceutical Products
化学纤维制造业	Chemical Fiber
橡胶和塑料制品业	Rubber and plastic products
非金属矿物制品业	Nonmetal Mineral Products
黑色金属冶炼和压延加工业	Smelting and Pressing of Ferrous Metals
有色金属冶炼和压延加工业	Smelting and Pressing of Nonferrous Metals
金属制品业	Metal Products
通用设备制造业	Ordinary Machinery
专用设备制造业	For Special Purpose Equipment Manufacturing
汽车制造业	Automotive Manufacturing
铁路、船舶、航空航天和其他运输设备制造业	Railway, Shipbuilding, Aerospace and other Transport Equipment
电气机械和器材制造业	Electric Equipment and Machinery
计算机、通信和其他电子设备制造业	Telecommunications Equipment, Computer and Other Electronic Equipment Manufacturing
仪器仪表制造业	Instruments, Meters, Cultural and Office Machinery
其他制造业	Handicraft Article and Other Manufacturing Indust
废弃资源综合利用业	Recovery of Resource Discarded and Useless Material
金属制品、机械和设备修理业	Metal Products, Machinery and Equipment Repair Industry
电力、热力生产和供应业	Production and Supply of Electricity and Heating Power
燃气生产和供应业	Production and Supply of Gas
水的生产和供应业	Production and Supply of Water

资　产负债率(%) Asset Liability Ratio (%)	成本费用利润率(%) Profit Margin of the Cost and Expense (%)	每百元固定资产原值实现利税(元) Pre tax Profits per 100 Yuan Original Value of Fixed Assets (yuan)	每百元营业收入实现利率(元) Pre tax Profits per 100 Yuan Revenues in Main Business (yuan)	产品销售率(%) Rate of Products Sold (%)	出口交货值占工业销售(%) Export delivery value of the proportion of total sales value(%)	新产品产值率(%) New product ratio
55.98	10.69	59.95	22.97	99.49	4.68	11.40
44.58	9.38	25.52	11.23	98.41	8.28	35.29
34.78	19.31	47.50	24.27	91.31	23.42	46.28
54.36	5.65	18.04	7.12	97.17	8.82	48.37
47.43	7.16	19.86	10.15	97.38	26.14	36.58
50.37	18.68	31.88	21.02	98.01	12.97	42.95
48.61	7.12	22.69	8.93	98.73	3.71	27.88
57.20	2.04	31.03	4.37	98.54	9.24	34.13
54.97	6.57	29.02	9.29	98.01	38.94	39.46
47.87	10.17	35.15	12.85	97.91	25.37	55.28
47.27	12.30	37.39	14.74	96.00	26.89	55.55
62.22	12.46	50.15	15.51	98.64	8.49	68.17
69.54	-2.99	0.85	0.77	98.92	50.73	54.38
50.41	6.64	37.85	9.06	98.25	28.56	61.03
49.40	10.21	47.23	12.25	97.60	29.76	66.90
37.87	16.84	62.84	18.91	96.63	25.07	53.75
50.77	5.85	27.88	9.87	95.89	38.38	38.14
75.42	9.10	46.82	13.05	98.29	2.32	24.00
56.55	3.95	5.47	8.37	100.00	62.43	1.74
60.30	3.17	4.28	6.36	46.09	0.04	1.05
68.97	4.38	5.85	5.46	100.61		
62.34	5.72	2.15	9.98	98.82		

7-16 规模以上工业企业能源购进、消费及库存(2018 年)

Purchasing, Consuming and Stocking of Energy in Industrial Enterprises Above Designated Size(2018)

能源名称		Item		年初库存 Stock at the Beginning of the Year	购进量 实物量 Number of purchasing	消费量 Consumption	#工业生产消费 Industry	年末库存 Stock at the End of the Year
原煤	(吨)	Coal	(ton)	5394443	136826709	136292833	136152734	5502883
洗精煤	(吨)	Coal Washing	(ton)	186364	2099417	2137376	2137376	148226
其他洗煤	(吨)	Other Coal Washing	(ton)	20620	36989	52916	52908	4693
煤制品	(吨)	Coal Puoducts	(ton)	58784	2894620	2899404	2899396	53986
焦炭	(吨)	Coke	(ton)	77947	1145091	3231700	3231698	69083
其他焦化产品	(吨)	Other Coking Products	(ton)	774	11357	164164	164164	371
焦炉煤气	(万立方米)	Coking Coal	(10000 cu. m)			43441	43441	
高炉煤气	(万立方米)	Blast Furnace Gas	(10000 cu. m)		44714	1037436	1037436	
转炉煤气	(万立方米)	Converter Furnace Gas	(10000 cu. m)		894	103598	103598	
发生炉煤气	(万立方米)	Producer Furnace Gas	(10000 cu. m)		1456	1456	1456	
天然气	(万立方米)	Natural Gas	(10000 cu. m)	501	878989	878430	875492	948
原油	(吨)	Crude Oil	(ton)	1078556	27817321	27698798	27698798	1198401
汽油	(吨)	Gasoline	(ton)	2096	253449	253606	114859	2075
煤油	(吨)	Kerosene	(ton)	485	11270	11409	11291	309
柴油	(吨)	Diesel Oil	(ton)	26944	656840	659703	544448	28693
燃料油	(吨)	Fuel Oil	(ton)	147442	2138143	2473098	2472928	78171
液化石油气	(吨)	LPG	(ton)	36839	204545	536311	535442	30370
其他石油制品	(吨)	Other Petroleum Products	(ton)	36722	920445	3144658	3144396	43974
热力	(百万千焦)	Heat	(100 Million coke)		427739565	480531773	478258678	
电力	(万千瓦小时)	Electricity	(10000 kw. h)		19413066	22070500	21759051	
其他燃料	(吨标准煤)	Other Fuel	(Ton of SCE)	6498	120558	241129	240980	2006

7－17 能源生产弹性系数(1990－2018 年)
Elasticity Ratio of Energy Production(1990－2018)

年份 Year	全省能源生产量(万吨标准煤) Output of Energy Production (10000 tons of SCE)	全省电力生产量(亿千瓦小时) Output of Electricity Production (10000 million kw. h)	能源生产比上年增长(%) Growth Rate of Energy Production Over Preceding year (%)	电力生产比上年增长(%) Growth Rate of Electricity Production Over Preceding year (%)	生产总值比上年增长(%) Growth Rate of GDP Over Preceding year (%)	能源生产弹性系数 Elasticity Ratio of Energy Production	电力生产弹性系数 Elasticity Ratio of Electricity Production
1990	317.18	208.58			3.93		
1991	324.1	242.25	2.18	16.14	17.83	0.12	0.91
1992	355.57	284.13	9.71	17.29	19.02	0.51	0.91
1993	388.8	308.52	9.35	8.58	22.02	0.42	0.39
1994	402.53	340.90	3.53	10.5	19.97	0.18	0.53
1995	460.7	407.11	14.45	19.42	16.78	0.86	1.16
1996	379.17	448.36	-17.7	10.13	12.69	-1.39	0.8
1997	392.16	485.77	3.43	8.34	11.1	0.31	0.75
1998	494.04	539.16	25.98	10.99	10.17	2.55	1.08
1999	454.81	597.26	-7.94	10.78	10.03	-0.79	1.07
2000	439.24	696.59	-3.42	16.63	11.04	-0.31	1.51
2001	516.41	790.35	17.57	13.46	10.65	1.65	1.26
2002	745.64	887.82	44.39	12.33	12.64	3.51	0.98
2003	945.58	1090.86	26.81	22.87	14.7	1.82	1.56
2004	1091.63	1258.81	15.45	15.4	14.48	1.07	1.06
2005	1273.02	1456.42	16.62	15.7	12.76	1.3	1.23
2006	1216.21	1765.93	-4.46	21.25	13.88	-0.32	1.53
2007	1169.43	2080.41	-3.85	17.81	14.67	-0.26	1.21
2008	1228.75	2133.87	5.07	2.57	10.05	0.50	0.26
2009	1238.39	2250.71	0.78	5.48	8.94	0.1	0.61
2010	1489.94	2567.51	20.31	14.08	11.94	1.70	1.18
2011	1354.08	2790.24	-9.12	8.67	9.00	-1.01	0.96
2012	1709.98	2846.91	26.28	2.03	8.00	3.29	0.25
2013	1537.52	2922.88	-5.97	3.29	8.20	-0.73	0.40
2014	1554.58	2878.28	1.11	-1.53	7.60	0.15	-0.20
2015	2133.49	3010.84	37.24	4.61	8.00	4.65	0.58
2016	2337.52	3197.60	9.56	6.20	7.60	1.26	0.82
2017	2150.88	3312.33	-7.98	3.59	7.80	-1.02	0.46
2018	2407.37	3438.44	11.92	3.81	7.10	1.68	0.54

注：2013 年起数据根据经济普查进行了调整。
Data of the table are adjusted according to the economic census since 2013.

7-18 能源消费弹性系数(1990-2018年)
Elasticity Ratio of Energy Consumption(1990-2018)

年份 Year	全省能源消费量(万吨标准煤) Total Energy Consumption (10000 tons of SCE)	全省电力消费量(亿千瓦小时) Total Electricity Consumption (100 million kwh)	能源消费比上年增长(%) Growth Rate of Energy Consumption Over Preceding year (%)	电力消费比上年增长(%) Growth Rate of Electricity Consumption Over Preceding year (%)	生产总值比上年增长(%) Growth Rate of GDP Over Preceding year (%)	能源消费弹性系数 Elasticity Ratio of Energy Consumption	电力消费弹性系数 Elasticity Ratio of Electricity Consumption
1990	2732.86	230.29			3.93		
1991	3123.17	263.07	14.28	14.23	17.83	0.80	0.80
1992	3484.22	303.28	11.56	15.28	19.02	0.61	0.80
1993	4044.22	346.75	16.07	14.33	22.02	0.73	0.65
1994	4496.67	396.74	11.19	14.42	19.97	0.56	0.72
1995	4851.26	439.59	7.89	10.80	16.78	0.47	0.64
1996	5165.43	479.34	6.48	9.04	12.69	0.51	0.71
1997	5446.74	511.45	5.45	6.70	11.10	0.49	0.60
1998	5656.96	547.78	3.86	7.10	10.17	0.38	0.70
1999	5960.14	611.67	5.36	11.66	10.03	0.53	1.16
2000	6560.37	742.89	10.07	21.45	11.04	0.91	1.94
2001	7253.11	855.29	10.56	15.13	10.65	0.99	1.42
2002	8279.64	1015.84	14.15	18.77	12.64	1.12	1.49
2003	9522.56	1240.35	15.01	22.10	14.70	1.02	1.50
2004	10824.69	1419.53	13.67	14.45	14.48	0.94	1.00
2005	12031.67	1642.32	11.15	15.69	12.76	0.87	1.23
2006	13218.85	1909.23	9.87	16.25	13.88	0.71	1.17
2007	14524.13	2189.37	9.87	14.67	14.67	0.67	1.00
2008	15106.88	2322.87	4.01	6.10	10.05	0.40	0.61
2009	15566.89	2471.44	3.05	6.40	8.94	0.34	0.72
2010	16865.29	2820.93	8.34	14.14	11.94	0.70	1.18
2011	17827.27	3116.91	5.70	10.49	9.00	0.63	1.16
2012	18076.18	3210.55	1.40	3.00	8.00	0.18	0.38
2013	18640.00	3453.05	4.11	7.55	8.20	0.50	0.92
2014	18826.00	3506.39	1.00	1.54	7.60	0.13	0.20
2015	19610.00	3554.00	4.20	1.40	8.00	0.53	0.18
2016	20275.60	3873.19	3.39	8.98	7.60	0.45	1.18
2017	21030.01	4192.63	3.72	8.25	7.80	0.48	1.06
2018	21674.56	4532.82	3.06	8.11	7.10	0.43	1.14

7－19 全社会用电情况(2013－2018年)
The Total Electricit Consumption(2013－2018)

单位:亿千瓦时(100 million kw. h)

指标	Item	2013	2014	2015	2016	2017	2018
全社会用电总计	**Total**	**3453.05**	**3506.39**	**3553.90**	**3873.19**	**4192.63**	**4532.82**
全行业用电合计	**Total by sector**	**3013.00**	**3085.18**	**3110.02**	**3356.59**	**3645.41**	**3930.01**
第一产业	Primary Industry	24.09	23.44	23.81	26.07	28.00	21.17
第二产业	Secondary Industry	2598.20	2652.53	2638.11	2815.13	3044.83	3243.83
第三产业	Teriary Industry	390.71	409.22	448.10	515.39	572.58	665.01
全行业用电按行业分	**By Sector**						
农、林、牧、渔业	Farming, Forestry, Animal Husbandry and Fishery	24.09	23.44	23.81	26.07	28.00	29.03
工业	Industry	2545.36	2597.28	2584.30	2761.36	2985.79	3176.55
采矿业	Mining and Quarrying	19.63	17.82	15.78	14.51	15.25	16.47
制造业合计	Manufacturing	2134.67	2191.17	2177.54	2292.96	2483.45	2647.95
电力燃气及水的生产和供应业	Electicity, Gas and Water Production and Suppiy	391.06	388.29	390.99	453.89	487.09	512.13
建筑业	Construction	52.84	55.25	53.81	53.77	59.04	71.76
交通运输、仓储、邮政业	Transport, Storage and Post	40.52	44.88	51.24	60.96	66.63	74.17
信息传输计算机服务软件业	Information Transmission, Computer Services and Software	29.06	32.29	37.20	43.56	47.16	52.86
商业、住宿和餐饮业	Commerce, Hotels and Catering Services	134.67	138.84	146.98	163.37	179.41	205.15
金融房地产商务及居民服务业	Finace, Real Estate, Business and Service for the Residents	72.51	76.49	86.24	103.74	122.45	124.53
公共事业及管理组织	Public Administration	113.94	116.72	126.45	143.76	156.93	195.97
城乡居民生活用电合计	**Total Electricity Consumption by Urban and Rural Residents**	**440.05**	**421.20**	**443.88**	**516.60**	**547.22**	**602.82**
城镇居民	Urban Residents	233.25	224.12	237.55	277.59	292.79	328.86
乡村居民	Rural Residents	206.80	197.08	206.33	239.02	254.42	273.96

7-20 规模以下工业主要指标
Basic Indictators on Total Industry Below Designated Size

指标名称	Item		2015	2016	2017	2018
企业(单位)数（万家）	Number of Enterprises	(10000 unit)	80.21	82.34	77.76	77.34
年末从业人数（万人）	Number of Employed Persons at the Year-end	(10000 persons)	599.68	594.48	572.81	535.37
主营业务收入（亿元）	Revenues in Main Business	(100 million yuan)	16719.91	16932.37	18820.77	18678.03

注：(1)规模以下工业企业抽样调查范围2011年起为主营业务收入2000万元以下企业。
Under scale industrial enterprise sampling scope for enterprises in main business income is 20 million yuan.
(2)2014年起规模以下企业单位数含停产企业。Industrial enterprises below designated size include discontinued enterprises。

7-21 规模以下工业企业主要指标
Basic Indictators on Industry Enterprise Below Designated Size

单位:亿元(100 million yuan)

指标	Item		2015	2016	2017	2018
企业数（万家）	Number of Enterprises	(10000 unit)	24.10	24.66	25.17	25.63
年末从业人数（万人）	Number of Employed Persons at the Year-end	(10000 persons)	290.03	286.63	287.58	269.66
资产总计	Total Assets		8986.40	9787.47	10914.64	11532.32
负债合计	Total Liabilities		5200.16	5985.46	7112.03	7867.42
主营业务收入	Revenues in Main Business		8114.42	8217.28	9134.00	9386.39
主营业务成本	Costs in Main Business		6827.48	7005.40	7806.69	8046.09
税金总额	Total Taxes		370.00	365.46	396.25	400.70
利润总额	Sales Profits		248.47	199.03	220.91	226.58
应付职工薪酬	Expense of Payment,Benefits and Insurance		996.38	1043.78	1094.84	1089.12

7-22 个体工业主要指标
Basic Indictators on Individual Industry

单位:亿元(100 million yuna)

指标	Item		2015	2016	2017	2018
单位数（万家）	Number	(10000 unit)	56.11	57.68	52.59	51.71
年末从业人数（万人）	Number of Employed Persons at the Year-end	(10000 persons)	309.65	307.85	285.23	265.71
应付职工薪酬	Payment and Benefits		1305.74	1381.34	1237.42	1099.27

浙/江/统/计/年/鉴

主要统计指标解释

■ 工业增加值

是指工业行业在报告期内以货币表现的工业生产活动的最终成果。

■ 固定资产原价

固定资产原值指企业在建造、购置、安装、改建、扩建、技术改造某项固定资产时所支出的全部货币总额。它一般包括买价、包装费、运杂费和安装费等。

■ 固定资产净值

是指固定资产原价减去历年已提折旧额后的净额。

■ 流动资产

流动资产是指可以在一年或者超过一年的一个营业周期内变现或者耗用的资产,包括现金及各种存款、短期投资、应收及预付货款、存货等。

■ 利税总额

指企业利润总额、产品销售税金及附加和应交增值税之和。

■ 主营业务收入

指企业在销售商品(不一定是本企业生产)、提供劳务及让渡资产使用权等日常活动中所产生的收入。

■ 主营业务成本

指企业在销售商品、提供劳务及让渡资产使用权等日常活动而发生的实际成本。

■ 主营业务税金及附加

指企业日常活动应负担的税金及附加,包括营业税、消费税、城市维护建设税、资源税、土地增值税和教育费附加等。

■ 产品销售利润

指企业销售产品和提供工业性劳务等主要经营业务收入扣除其成本、费用、税金后的利润。

■ 利润总额

指企业实现的利润。

■ 应交增值税

指企业在报告期内应交纳的增值税额。

■ 资本金

指企业在工商行政管理部门登记的注册资金合计。企业资本金按投资主体可分为国家资本金、法人资本金、个人资本金和外商资本金等。资本金合计包括企业各种投资主体注册的全部资本金。

■ 总资产

指企业拥有或控制的全部资产。包括流动资产、长期投资、固定资产、无形及递延资产、其他长期资产、递延税项等,即为企业资产负债表的资产总计项。

(1) 流动资产　指企业可以在一年内或者超过一年的一个生产周期内变现或耗用的资产合计。包括现金及各种存款、短期投资、应收及预付款项、存货等。

(2) 固定资产　指企业固定资产净值、固定资产清理、在建工程、待处理固定资产损失所占用的资金合计。

(3) 无形资产　指企业长期使用而没有实物形态的资产。包括专利权、非专利技术、商标权、著作权、土地使用权、商誉等。

■ 总负债

指企业承担并需要偿还的全部债务。包括流动负债和长期负债、递延税项等,即为企业资产负债表的负债合计项。

(1) 流动负债　指企业在一年内或者超过一年的一个营业周期内需要偿还的债务合计,其中包括短期借款、应付及预收款项、应付工资、应交税金和应交利润等。

主要统计指标解释

（2）长期负债　指企业在一年以上或者超过一年的一个生产周期以上需要偿还的债务合计，其中包括长期借款、应付债务、长期应付款项等。

■ 所有者权益

指企业投资人对企业净资产的所有权。企业净资产等于企业全部资产减去全部负债后的余额，其中包括投资者对企业的最初投入，以及资本公积金、盈余公积金和未分配利润，对股份制企业即为股东权益。

■ 流动资产周转次数

指在一定时间内流动资产完成的周转次数，反映流动资产的周转速度。计算公式为：

流动资金周转次数＝产品销售收入/全部流动资产平均余额。

■ 全员劳动生产率

指根据产品的价值量指标计算的平均每一从业人员在单位时间内的产品生产量。计算公式为：

全员劳动生产率＝工业增加值÷全部从业人员数。

■ 能源生产总量

指一定时期内某地区一次能源生产量的总和。该指标是观察全国能源生产水平、规模、构成和发展速度的总量指标。一次能源生产量包括原煤、原油、天然气、水电、核能及其他动力能（如风能、地热能等）发电量，不包括低热值燃料生产值、生物能、太阳能等的利用和由一次能源加工转换而成的二次能源产量。

■ 能源消费总量

指一定时期内某地区物质生产部门、非物质生产部门和生活消费的各种能源的总和。该指标是观察能源消费水平、构成和增长速度的总量指标。能源消费总量包括原煤和原油及其制品、天然气、电力，不包括低热值燃料、生物质能和太阳能等的利用。能源消费总量分为终端能源消费量、能源加工转换损失量和能源损失量三部分。

（1）终端能源消费量：指一定时期内生产和生活消费的各种能源在扣除了用于加工转换二次能源消费量和损失量以后的数量。

（2）能源加工转换损失量：指一定时期内投入加工转换的各种能源数量之和与产出各种能源产品之和的差额。该指标是观察能源在加工转换过程中损失量变化的指标。

（3）能源损失量：指一定时期内能源在输送、分配、储存过程中发生的损失和由客观原因造成的各种损失量，不包括各种气体能源放空、放散量。

■ 能源生产弹性系数

研究能源生产增长速度与国民经济增长速度之间关系的指标。计算公式为：

$$\text{能源生产弹性系数}=\frac{\text{能源生产总量年平均增长速度}}{\text{生产总值年平均增长速度}}$$

■ 电力生产弹性系数

研究电力生产增长速度与国民经济增长速度之间关系的指标。一般来说，电力的发展应当快于国民经济的发展，也就是说电力应超前发展。计算公式为：

$$\text{电力生产弹性系数}=\frac{\text{电力生产量年平均增长速度}}{\text{生产总值年平均增长速度}}$$

■ 能源消费弹性系数

反映能源消费增长速度与国民经济增长速度之间比例关系的指标。计算公式为：

$$\text{能源消费弹性系数}=\frac{\text{能源消费量年平均增长速度}}{\text{生产总值年平均增长速度}}$$

■ 电力消费弹性系数

反映电力消费增长速度与国民经济增长速度之间比例关系的指标。计算公式为：

$$\text{电力消费弹性系数}=\frac{\text{电力消费量年平均增长速度}}{\text{生产总值年平均增长速度}}$$

ZHEJIANG STATISTICAL YEARBOOK

Explanatory Notes on Main Statistical Indicators

□ Value Added of Industry

refers to the final results of industrial production of the industrial trade in money terms during the reference period.

□ Original Value of Fixed Assets

refers to the original value of all fixed assets owned by industrial enterprises, calculated at the cost paid at the time of purchase, installation, reconstruction, expansion, and technical innovation and transformation of the said assets, which includes expenses on purchase, package, transportation, and installation, etc.

□ Net Value of Fixed Assets

is obtained by deducting depreciation over years from the original value of fixed assets.

□ Circulating Assets

refers to assets which can be cashed in or spent or consumed in an operating cycle of one year or over one year, which includes cash, various deposits, short term investment, and receivable payments, and advance payments, stock, etc.

□ Total Value of Profit and Tax (Pre – tax Profits)

refers to the sum of the total profits, products sales tax and surcharges and the value added tax payable of industrial enterprises. It is also called pre – tax profits.

□ Revenue on Main Business

refers to revenues from the sales of products, labor services provided, alienation of using asset right and etc.

□ Cost on Main Business

refers to real costs from the sales of products, labor services provided, alienation of using asset right and etc.

□ Tax and Extra Charges on Main Business

refer to the tax the business tax, consumption tax, city maintenance and construction, resources tax, land increasing value tax and extra charges for education and etc.

□ Sales Profit of Products

refers to the profit gained by the enterprises by deducting cost, charges and taxes from the business income of the enterprises obtained in selling products and providing industrial services.

□ Total Profits

refer to the profits gained by the enterprises.

□ Value Added Tax Payable

refers to the amount of the value added tax which should be paid by the enterprises in the reporting period.

□ Capital

refers to the corporation's capital registered in the departments of administration for industry and commerce. According to the different nature of investors, corporations' capital can be divided into state capital, legal person's capital, personal capital, foreign capital, etc. Total capital includes total registered capital of all investors in the corporation.

□ Total Assets

refer to all assets which are owned or controlled by enterprises, including circulating assets, long – term investment, fixed assets, intangible assets and deferred assets, other long – term assets, and deferred taxes, etc. The summation of above items is equal to total assets shown

EXPLANATORY NOTES ON MAIN STATISTICAL INDICATORS

in the balance sheets of the enterprises.

(1) Circulating assets (working capital) refer to assets which can be cashed in or spent or consumed in an operating cycle of one year or over one year, including cash, all kinds of deposits, short term investment, receivables, advance payment, stock, etc.

(2) Fixed assets refer to the net value of fixed assets, clearance of fixed assets, project under construction, fixed assets losses in suspense. These are corporations' fund holdings.

(3) Intangible assets refer to the assets without material form used by enterprises over a long time, such as patents, non – patent technologies, trade marks, copyright, land use right, business reputation, etc.

□ Total Liabilities

refer to the debts that enterprises are responsible for repayment, including liquid liabilities, long – term liabilities and deferred taxes, etc. Total liabilities correspond to the summation item of liabilities shown in the balance sheets of the enterprises.

(1) Liquid liabilities (also called quick liabilities or immediate liabilities) refer to enterprises total debt payable within an operating cycle of one year or over one year, including short term loans, payables and advance payments, wages payables, taxes payable and profit payable, etc.

(2) Long – term liabilities refers to total debt payable within an operating cycle of one year or over one year, including long – term loans, payable liabilities, long – term payables, etc.

□ Creditors' Equity

refers to investors' ownership of net assets of the enterprise. It is equal to the total assets of the enterprise minus its total liabilities, including the primary input from investors, capital accumulation fund, surplus accumulation fund and undistributed profit. It is the stock holders' equity in stock companies.

□ Turnover of Working Capital

refers to the number of times of turnover of working capital in a given period of time, which reflects the speed of the turnover of working capital and is calculated as follows:

Turnover of Working Capital (%) = 100% × (Sales Revenue of Products)/(Average Balance of Total Working Capital)

□ Overall Labour Productivity of Industrial Enterprises

refers to the average output per employed person in industrial enterprises in value terms. At present, the value added and the average number of staff and worders of an industrial enterprises in a given period are used to calculate the overall labour productivity. The formula used is:

Overall Labour Productivity = Value Added of Industry/Average Number of Staff and Worders

□ Total Energy Production

refers to the total production of primary energy by all energy producing enterprises in the region in a given period of time. It is a comprehensive indicator to show the capacity, scale, composition and development of energy production of the country. The production of primary energy includes that of coal, crude oil, natural gas, hydro – power and electricity generated by nuclear energy and other means such as wind power and geothermal power. However, it excludes the production of fuels of low calorific value, bio – energy, solar energy and the secondary energy converted from the primary energy.

□ Total Domestic Energy Consumption

refers to the total consumption of energy of various kinds by material production sectors, non material production sectors and households in the region in a given period of time. It is a comprehensive indicator to show the scale, composition and development of energy consumption. The total energy consumption includes that of coal, crude oil and their products, natural gas and electricity. However, it excludes the consumption of fuel of low calorific value, bioenergy and solar energy. Total domestic energy consumption can be divided into three parts: final energy consumption, loss during the process of energy conversion, and energy loss.

(1) Final Energy Consumption: It refers to the total energy consumption by material production sectors, non

EXPLANATORY NOTES ON MAIN STATISTICAL INDICATORS

material production sectors and households in the region in a given period of time, but excludes the consumption in conversion of the primary energy into the secondary energy and the loss in the process of energy conversion.

(2) Loss During the Process of Energy Conversion: It refers to the total input of various kinds of energy for conversion, minus the total output of various kinds of energy in the region in a given period of time. It is an indicator to show the loss that occurs during the process of energy conversion.

(3) Energy Loss: It refers to the total of the loss of energy during the course of energy transport, distribution and storage and the loss caused by any objective reason in a given period of time. The loss of various kinds of gas due to gas discharges and stocktaking is excluded.

□ Elasticity Ratio of Energy Production

is an indicator to show the relationship between the growth rate of energy production and the growth rate of the national economy. The formula is:

Elasticity Ratio of the Energy Production = Average Annual Growth Rate of Energy Production/Average Annual Growth Rate of GDP.

□ Elasticity Ratio of Electricity Production

is an indicator to show the relationship between the growth rate of electricity production and the growth rate of electricity production should be higher than that of the national economy.

Its formula is:

Elasticity Ratio of Electricity Production = Average Annual Growth Rate of Electricity Production/Average Annual Growth Rate of GDP.

□ Elasticity Ratio of Energy Consumption

is an indicator to show the relationship between the growth rate of energy consumption and the growth rate of the national economy. The formula is:

Elasticity Ratio of Energy Consumption = Average Annual Growth Rate of Energy Consumption/Average Annual Growth Rate of GDP.

□ Elasticity Ratio of Electricity Consumption

is an indicator to show the relationship between the growth rate of electricity consumption and the growth rate of the national economy. The formula is:

Elasticity Ratio of Electricity Consumption = Average Annual Growth Rate of Electricity Consumption/Average Annual Growth Rate of GDP.

CHAPTER 8

建筑业
Construction

8-1 建筑业企业主要指标(1990-2018年)
Key Indicators of Construction Enterprises(1990-2018)

年份 Year	建筑业企业单位数(个) Construction Enterprises (unit)	#其他经济类型 Other types of	建筑业企业平均就业人数(万人) The average number of construction enterprises employed (10000 person)	#其他经济类型 Other types of	建筑业总产值(亿元) Gross Output Value (100 million yuan)	#其他经济类型 Other types of
1990	2550		67.37		79.00	
1991	2503		70.46		92.80	
1992	2450	24	75.25	0.68	134.00	1.80
1993	2901	20	97.28	0.50	260.50	1.60
1994	3538	50	127.89	1.11	470.80	4.60
1995	3549	115	144.21	5.17	710.20	35.80
1996	3691	666	145.32	18.24	845.70	104.50
1997	3937	969	141.22	24.21	883.30	154.10
1998	3540	1627	142.51	45.17	942.50	306.60
1999	3657	1994	150.63	66.37	1128.30	499.60
2000	3592	3238	165.90	97.14	1383.80	841.50
2001	3370	2595	185.17	140.61	1768.50	1365.60
2002	3210	2801	201.10	171.49	2283.00	1959.70
2003	3514	3131	247.22	218.94	3127.30	2802.00
2004	4053	3756	276.87	256.39	3911.30	3623.30
2005	4226	3942	322.12	302.82	4743.30	4450.60
2006	4482	4234	370.92	353.75	5701.00	5445.70
2007	4688	4465	427.52	411.58	7036.80	6778.30
2008	5259	5042	465.48	451.42	8268.60	8004.50
2009	5392	5185	530.95	517.54	9746.20	9474.70
2010	5627	5419	615.65	602.72	12210.90	11956.20
2011	5969	5771	601.42	590.19	15171.80	14859.10
2012	6286	6087	677.21	663.48	17656.00	17290.00
2013	6634	6500	739.18	728.93	20658.80	20360.10
2014	6725	6611	804.96	795.29	23170.90	22907.30
2015	6810	6697	850.02	840.21	24541.40	24257.20
2016	6824	6721	844.21	833.75	25653.90	25365.30
2017	6878	8786	855.66	845.07	27999.17	27699.24
2018	7202	7115	874.87	863.24	29669.74	29302.43

注：8-1至8-16各表2018年数据均为快报数
In 2018, the data in this chapter are all fax reports.

8-2 国有建筑企业主要经济指标(2012-2018年)
Major Economic Indicators of State-Owned Consruction Enterprises(2012-2018)

指标		Item		2012	2013	2014	2015	2016	2017	2018
建筑业总产值	(亿元)	Cross Output Value of Construction	(100 million yuan)	181.9	125.6	92.0	81.3	72.2	67.4	81.8
增加值	(亿元)	Added Value	(100 million yuan)	38.0	35.5	19.7	19.7	17.9	14.4	13.0
实现利润总额	(亿元)	Total Profits	(100 million yuan)	4.2	7.4	2.6	2.3	2.6	2.4	2.4
上缴税金	(亿元)	Taxes Turned over to State	(100 million yuan)	5.2	3.8	2.7	2.6	2.8	2.2	2.3
房屋建筑施工面积	(万平方米)	Floor Space of Buildings under Construction	(10000 sq. m)	80.5	55.7	30.8	59.4	32.4	38.3	83.6
房屋建筑竣工面积	(万平方米)	Floor Space of Buildings Completed	(10000 sq. m)	38.7	22.1	13.4	34.0	21.1	15.5	32.2
计算劳动生产率的平均人数	(万人)	Average Staff and Workers to Calculate Labor Productivity	(10000 persons)	5.7	3.1	2.5	2.2	2.4	2.0	2.5
年末拥有固定资产净值	(亿元)	Net Value of Fixed Assets Owned(year end)	(100 million yuan)	17.8	17.3	8.7	9.1	8.6	6.3	
年末拥有机械设备总功率	(万千瓦)	Total Power of Machinery and Equipment Owned(year end)	(10000 kw)	39.7	26.9	13.9	11.9	13.9	8.1	7.6
年末拥有机械设备净值	(亿元)	Net Value of Machinery and Equipment Owned(year end)	(100 million yuan)	7.7	7.2	2.5	3.4	4.9	2.7	1.7
全员劳动生产率		Overall Labor Productivity								
按总产值计算	(元/人)	Calculated by Gross Output Value	(yuan/person)	319123	405161	368000	369545	300833	337000	323320
按增加值计算	(元/人)	Calculated by Added value	(yuan/person)	66667	114516	78800	89545	74583	72000	51253
技术装备率	(元/人)	Value of Machines per Labourer	(yuan/person)	13509	23226	10000	15455	20417	13500	6798
动力装备率	(千瓦/人)	Power of Machines per Labourer	(kw/person)	7.0	8.7	5.6	5.4	5.8	4.1	3.0
产值利润率	(%)	Ratio of Profit to Gross Output Value	(%)	2.3	5.9	2.8	2.8	3.6	3.6	3.0

注：1.8—2至8—16各表数据为资质以上总承包、专业承包建筑业企业、不包括劳务分包企业。
2.机械设备为年末施工机械设备。表8-3同。
The data in table 8-2 to 8-16 include enterprises of labor contracting which having qualificates.
The number of Machinery and Equipment Owned refer to the machinery and equipment under construction(year end).
The table 8-3 is the same.

8-3 私营建筑企业主要经济指标(2012-2018年)
Major Economic Indicators of Private Construction Enterprises(2012-2018)

指标		Item		2012	2013	2014	2015	2016	2017	2018
建筑业总产值	(亿元)	Gross Output Value of Construction	(100 million yuan)	9419.2	10837.5	11779.7	12677.4	13093.5	16026.8	16672.1
增加值	(亿元)	Added Value	(100 million yuan)	1976.1	2243.9	2416.3	2489.3	2563.2	2985.1	2484.5
实现利润总额	(亿元)	Total Profits	(100 million yuan)	263.1	303.6	312.9	295.7	305.3	380.0	256.4
上缴税金	(亿元)	Taxes Turned over to State	(100 million yuan)	274.3	318.5	341.0	348.5	384.6	414.6	313.5
房屋建筑施工面积	(万平方米)	Floor Space of Buildings under Construction	(10000 sq. m)	87610	94297	100205	100057	96885	120218	114336
房屋建筑竣工面积	(万平方米)	Floor Space of Buildings Completed	(10000 sq. m)	32781	34040	35940	37842	34655	40171	36509
计算劳动生产率的平均人数	(万人)	Average Staff and Workers to Calculate Labor Productivity	(10000 persons)	369.6	391.8	423.2	442.0	438.5	488.1	482.3
年末拥有固定资产净值	(亿元)	Net Value of Fixed Assets Owned(year end)	(100 million yuan)	557.3	600.6	583.0	590.8	577.9	619.8	
年末拥有机械设备总功率	(万千瓦)	Total Power of Machinery and Equipment Owned(year end)	(10000 kw)	1171.8	1330.4	1406.1	1337.3	1426.7	1524.7	1364.8
年末拥有机械设备净值	(亿元)	Net Value of Machinery and Equipment Owned(year end)	(100 million yuan)	278.2	293.5	289.4	308.6	298.7	332.2	300.6
全员劳动生产率		Overall Labor Productivity								
按总产值计算	(元#/人)	Calculated by Gross Output Value	(yuan/person)	254875	276628	278325	286819	298597	328370	345679
按增加值计算	(元#/人)	Calculated by Added value	(yuan/person)	53470	57276	57091	56316	58454	61161	51514
技术装备率	(元#/人)	Value of Machines per Labourer	(yuan/person)	7086	7093	6832	7187	6711	6659	6233
动力装备率	(元#/人)	Power of Machines per Labourer	(yuan/person)	3.0	3.1	3.3	3.1	3.2	3.1	2.8
产值利润率	(%)	Ratio of Profit to Gross Output Value	(%)	2.8	2.8	2.7	2.3	2.3	2.4	1.5

8－4 各地建筑业企业单位数(2012－2018 年)
Number of Construction Enterprises by Region(2012－2018)

单位:个(unit)

地区	Region	2012	2013	2014	2015	2016	2017	2018
合　计	**Total**	**5726**	**6066**	**6185**	**6290**	**6330**	**6416**	**6774**
杭州市	Hangzhou	1430	1515	1476	1480	1474	1410	1499
宁波市	Ningbo	922	976	986	999	973	941	989
温州市	Wenzhou	617	639	652	683	714	761	760
嘉兴市	Jiaxing	308	325	322	326	333	338	359
湖州市	Huzhou	205	216	230	240	251	279	328
绍兴市	Shaoxing	620	661	707	730	731	740	797
金华市	Jinhua	666	687	731	739	723	758	766
衢州市	Quzhou	212	226	235	236	267	307	341
舟山市	Zhoushan	122	133	142	148	153	157	167
台州市	Taizhou	411	438	454	461	462	475	500
丽水市	Lishui	213	250	250	248	249	250	268

8－5 各地建筑业企业年末就业人员(2012－2018 年)
Employed Persons in Construction Enterprises by Region(2012－2018)

单位:万人(10000 persons)

地区	Region	2012	2013	2014	2015	2016	2017	2018
合　计	**Total**	**640.91**	**682.34**	**723.86**	**722.83**	**777.50**	**793.12**	**795.87**
杭州市	Hangzhou	100.29	102.12	105.75	100.69	123.74	122.47	117.65
宁波市	Ningbo	95.59	107.14	112.42	113.93	129.55	130.76	137.51
温州市	Wenzhou	46.26	52.85	55.12	61.46	58.06	71.31	72.30
嘉兴市	Jiaxing	27.48	24.75	26.47	21.97	23.71	23.62	24.28
湖州市	Huzhou	16.33	17.54	18.23	19.25	18.94	19.70	19.10
绍兴市	Shaoxing	171.37	180.49	190.31	191.32	196.37	200.53	201.74
金华市	Jinhua	91.62	95.97	101.81	95.47	108.10	104.98	104.15
衢州市	Quzhou	14.49	16.44	17.11	17.07	16.90	17.12	16.53
舟山市	Zhoushan	6.41	7.36	8.17	8.34	8.17	8.63	9.52
台州市	Taizhou	63.28	68.65	78.17	83.09	82.34	82.60	81.26
丽水市	Lishui	7.80	9.04	10.31	10.25	11.64	11.39	11.84

8-6 各地建筑业企业总产值(2012-2018年)
Gross Output Value of Construction Enterprises By Region(2012-2018)

单位:亿元(100 million yuan)

地区	Region	2012	2013	2014	2015	2016	2017	2018
合　计	**Total**	**17333**	**20200**	**22668**	**23981**	**24989**	**27236**	**28756**
杭州市	Hangzhou	3308	3756	3971	4098	4105	4324	4416
宁波市	Ningbo	2509	3136	3714	4055	4231	4612	4915
温州市	Wenzhou	965	1149	1255	1395	1535	1839	2018
嘉兴市	Jiaxing	844	943	985	908	905	1056	1178
湖州市	Huzhou	465	527	591	622	672	782	823
绍兴市	Shaoxing	4848	5523	6178	6583	6936	7448	7991
金华市	Jinhua	2321	2712	3044	3163	3263	3472	3520
衢州市	Quzhou	300	372	406	427	427	461	470
舟山市	Zhoushan	164	180	210	227	268	311	361
台州市	Taizhou	1448	1696	2070	2227	2330	2570	2675
丽水市	Lishui	161	208	244	277	317	361	389

8-7 各地区按登记注册类型分的建筑业企业单位数(2018年)
Number of Construction Enterprises by Registration Status and Region (2018)

单位:个(unit)

地区	Region	建筑业企业单位数 Number of Construction Enterprises	内资企业 Domestic Funded Enterprises	#国有企业 State-owned Enterprises	#集体企业 Collective Owned Enterprises	#有限责任公司 Company with Limited Liability	#私营企业 Private Enterprises	港澳台商投资企业 Enterprises Funded by Enterpre-neurs From Hong Kong Macao and Taiwan	外商投资企业 Foreign Funded Enterprises
合　计	**Total**	**6774**	**6747**	**28**	**58**	**10**	**5494**	**22**	**5**
杭州市	Hangzhou	1499	1486	8	7	1	1176	10	3
宁波市	Ningbo	989	986	3	2	2	872	3	
温州市	Wenzhou	760	759	2	22	3	512	1	
嘉兴市	Jiaxing	359	358			1	316	1	
湖州市	Huzhou	328	328	5	4		220		
绍兴市	Shaoxing	797	792		2		699	3	2
金华市	Jinhua	766	765	4	9	1	644	1	
衢州市	Quzhou	341	341		1		309		
舟山市	Zhoushan	167	166	1	3		139	1	
台州市	Taizhou	500	498	5	5	2	372	2	
丽水市	Lishui	268	268		3		235		

8－8 各地区按登记注册类型分的建筑业企业年末就业人员(2018 年底)
Number of Employed Persons in Construction Enterprises by Registration Status and Region (End of 2018)

单位:人(person)

地区	Region	年末就业人员 Average Number of Employed Persons	内资企业 Domestic Funded Enterprises	#国有企业 State-owned Enterprises	#集体企业 Collective Owned Enterprises	#有限责任公司 Cooperative Enterprises	#私营企业 Private Enterprises	港澳台商投资企业 Funded by Entrepreneurs From Hong Kong Macao and Taiwan	外商投资企业 Foreign Funded Enterprises
合　计	**Total**	**7955531**	**7894614**	**24482**	**89911**	**8755**	**4899031**	**37326**	**23591**
杭州市	Hangzhou	1176267	1167383	9668	5118	182	497949	1933	6951
宁波市	Ningbo	1373925	1363091	3486	106	4542	1041731	10834	
温州市	Wenzhou	722814	722804	575	25937	951	406478	10	
嘉兴市	Jiaxing	242645	231110			498	177724	11535	
湖州市	Huzhou	191023	191023	2481	1356		84470		
绍兴市	Shaoxing	2017155	1989596		1171		1344053	10919	16640
金华市	Jinhua	1041387	1041167	4827	3141	1018	532652	220	
衢州市	Quzhou	164398	164398		54		145955		
舟山市	Zhoushan	95010	94995	178	1525		73676	15	
台州市	Taizhou	812560	810700	3267	51070	1564	480979	1860	
丽水市	Lishui	118347	118347		433		113364		

8－9 各地区建筑业总产值的构成
Total Construction Output Value by Structure and Region

单位:亿元(100 million yuan)

地区	Region	建筑业总产值 Cross Output Value of Construction		建筑工程产值 Output Value of Construction		安装工程产值 Output Value of Installation		其他产值 Others	
		2017	2018	2017	2018	2017	2018	2017	2018
合　计	Total	27236	28756	24524	25838	2011	2105	700	813
杭州市	Hangzhou	4324	4416	3758	3809	460	491	105	116
宁波市	Ningbo	4612	4915	4115	4345	377	419	120	151
温州市	Wenzhou	1839	2018	1715	1882	122	117	3	19
嘉兴市	Jiaxing	1056	1178	970	1077	65	69	21	32
湖州市	Huzhou	781	823	689	711	56	63	36	49
绍兴市	Shaoxing	7448	7991	6722	7211	525	562	200	218
金华市	Jinhua	3472	3520	3116	3226	238	209	118	85
衢州市	Quzhou	461	470	407	412	28	31	27	27
舟山市	Zhoushan	311	361	288	327	22	28	2	6
台州市	Taizhou	2570	2675	2439	2501	90	89	41	85
丽水市	Lishui	361	389	305	337	29	27	27	25

8－10 各地区按登记注册类型分的建筑业总产值(2018 年)
Total Construction Output Value by Registration Status and Region (2018)

单位:亿元(100 million yuan)

地区	Region	建筑业总产值 Gross Output Valueof Construction	内资企业 Domestic Funded Enterprises				港澳台商投资企业 Funded by Enterneurs From Hong Kong Macao and Taiwan	外商投资企业 Foreign Funded Enterprises
				#国有企业 State－owned Enterprises	#集体企业 Collective Owned Enterprises	#有限责任公司 Cooperative Enterprises	#私营企业 Private Enterprises		
合　计	**Total**	**28756**	**28389**	**82**	**285**	**38**	**16672**	**236**	**131**
杭州市	Hangzhou	4416	4374	30	35	1	1607	8	34
宁波市	Ningbo	4915	4874	10		23	3134	42	
温州市	Wenzhou	2018	2018	6	71	3	1156		
嘉兴市	Jiaxing	1178	1076			3	886	102	
湖州市	Huzhou	823	823	13	3		300		
绍兴市	Shaoxing	7991	7814		4		5144	79	97
金华市	Jinhua	3520	3519	14	8	3	1829	1	
衢州市	Quzhou	470	470				419		
舟山市	Zhoushan	361	361		24		241		
台州市	Taizhou	2675	2671	9	139	5	1592	4	
丽水市	Lishui	389	389		1		364		

8－11 各地区按所含专业分的建筑业总产值(2018 年)
Total Construction Output Value by Sector And Region (2018)

单位:亿元(100 million yuan)

地区	Region	建筑业总产值 Gross Output Value of Construction	房屋工程建筑 Housing	土木工程建筑 Civil Engineering	#铁路、道路、隧道和桥梁工程建筑 Railways, Tunnels, Roads and Bridges	建筑安装业 Installation	建筑装饰业和其他建筑业 Building Decoration and Others
合　计	**Total**	**28756**	**20712**	**5955**	**4179**	**883**	**1206**
杭州市	Hangzhou	4416	2553	1212	807	268	383
宁波市	Ningbo	4915	3312	1331	822	121	151
温州市	Wenzhou	2018	1214	697	329	29	78
嘉兴市	Jiaxing	1178	868	230	173	35	45
湖州市	Huzhou	823	578	189	162	33	23
绍兴市	Shaoxing	7991	6414	876	735	319	382
金华市	Jinhua	3520	3012	440	363	30	38
衢州市	Quzhou	470	259	195	157	6	10
舟山市	Zhoushan	361	249	86	37	6	20
台州市	Taizhou	2675	2014	569	511	33	59
丽水市	Lishui	389	239	130	83	3	17

8－12 各地区建筑业企业房屋建筑面积(2018 年)
Floor Space of Building Construction Enterprises by Region (2018)

单位:万平方米(10000 sq. m)

地区	Region	房屋建筑施工面积 Floor Space Under Construction				房屋建筑竣工面积 Floor Space under Construction			
		合计 Tital	#国有企业 State－owned Enterprises	#集体企业 Collective Owned Enterprises	#私营企业 Private Enterprises	合计 Total	#国有企业 State－owned Enterprises	#集体企业 Collective Owned Enterprises	#私营企业 Private Enterprises
合　计	**Total**	**214494**	**84**	**1950**	**11434**	**62246**	**32**	**833**	**3652**
杭州市	Hangzhou	26813	24		987	6705	5		273
宁波市	Ningbo	29541			1816	7942			584
温州市	Wenzhou	13652		811	821	2960		184	167
嘉兴市	Jiaxing	8201			602	3063			237
湖州市	Huzhou	4161	2	11	179	1630		3	67
绍兴市	Shaoxing	62534		10	3517	21056			1243
金华市	Jinhua	45142	1	51	1788	9863	1	29	451
衢州市	Quzhou	2267			213	1188			113
舟山市	Zhoushan	1380		1	111	348		1	27
台州市	Taizhou	18999	57	1056	1228	6708	26	614	415
丽水市	Lishui	1804		10	172	783		2	75

8－13 各地区建筑业企业劳动生产率(2018 年)
Labor Productivity of Construction Enterprises by Region (2018)

单位:元/人(yuan/person)

地区		按建筑业总产值计算的劳动生产率 Overall Labor Productivity Calculated by Gross Output Value of Construction	#国有企业 State－owned Enterprises	#集体企业 Collective owned Enterprises
合　计	Total	360665	323286	3136948
杭州市	Hangzhou	358780	315563	4700339
宁波市	Ningbo	350738	266875	361604
温州市	Wenzhou	296394	483783	2772508
嘉兴市	Jiaxing	477261		
湖州市	Huzhou	423139	460506	2951697
绍兴市	Shaoxing	406745		4081656
金华市	Jinhua	333975	292463	2753662
衢州市	Quzhou	281214		795932
舟山市	Zhoushan	386004	5890	18018992
台州市	Taizhou	328495	296094	2722989
丽水市	Lishui	310927		2912971

8－14 各地区建筑业企业技术装备情况(2018 年)
Technology and Equipment Owned by Construction Enterprises by Region (2018)

地区	Region	自有机械设备总台数(台) Number of Machinery and Equipment Owned (unit)	自有机械设备总功率(万千瓦) Total Power of Machinery and Equipment Owned (10000 kw)	自有机械设备净值(万元) Net Value of Machinery and Equipment Owned (10000 yuan)	技术装备率(元/人) Value of Machines per Labourer (yuan/person)	动力装备率(千瓦/人) Power of Machines per Labourer (kw/person)
合 计	**Total**	**1014492**	**1942.2**	**4505255**	**5650**	**2.44**
杭州市	Hangzhou	144416	289.5	715821	5815	2.35
宁波市	Ningbo	206627	274.5	678541	4842	1.96
温州市	Wenzhou	65726	162.6	461226	6774	2.39
嘉兴市	Jiaxing	47363	106.8	225549	9139	4.33
湖州市	Huzhou	29261	58.9	147877	7605	3.03
绍兴市	Shaoxing	248468	408.9	897663	4569	2.08
金华市	Jinhua	117399	253.5	590224	5600	2.41
衢州市	Quzhou	23523	96.3	151015	9036	5.76
舟山市	Zhoushan	12343	30.9	48487	5189	3.30
台州市	Taizhou	98379	222.9	480112	5895	2.74
丽水市	Lishui	20987	37.3	108741	8698	2.99

8－15 各地区按资质等级分总承包建筑业企业总产值（2018 年）
Total Output Value of Construction Enterprises of General Contractors by Qualification Criteria and by Region(2018)

单位:亿元(100 million yuan)

地区	Region	合计 Total	特级 Special Grade	一级 First Grade	二级 Second Grade	三级及以下 Third Grade and Below
合 计	Total	26649	7876	12878	3673	2222
杭州市	Hangzhou	3649	1178	1841	406	224
宁波市	Ningbo	4613	1345	2338	582	348
温州市	Wenzhou	1857	60	1001	506	290
嘉兴市	Jiaxing	1097	190	505	248	154
湖州市	Huzhou	762	126	434	94	108
绍兴市	Shaoxing	7573	2706	3802	738	327
金华市	Jinhua	3408	1741	1187	270	210
衢州市	Quzhou	454		142	200	112
舟山市	Zhoushan	334		176	94	64
台州市	Taizhou	2550	530	1391	408	221
丽水市	Lishui	352		61	127	164

8-16 各地区按资质等级分专业承包建筑业企业总产值
Total Output Value of Construction Enterprises of Professional Contractors by Qualification Criteria and by Region

单位:亿元(100 million yuan)

地区	Region	合计 Total		一级 First Grade		二级 Second Grade		三级及以下 Third Grade and Below	
		2017	2018	2017	2018	2017	2018	2017	2018
合计	**Total**	**1893**	**2107**	**1281**	**1386**	**297**	**374**	**315**	**347**
杭州市	Hangzhou	668	767	504	556	92	124	72	87
宁波市	Ningbo	285	302	183	163	65	96	37	43
温州市	Wenzhou	150	161	61	73	40	43	49	45
嘉兴市	Jiaxing	71	81	36	36	15	21	20	24
湖州市	Huzhou	50	61	17	22	10	10	23	29
绍兴市	Shaoxing	372	418	308	356	25	25	38	37
金华市	Jinhua	116	112	80	74	18	19	17	19
衢州市	Quzhou	15	16	3	3	5	6	7	7
舟山市	Zhoushan	19	27	6	9	3	4	10	14
台州市	Taizhou	114	125	72	81	12	15	30	29
丽水市	Lishui	35	37	11	13	13	11	11	13

浙/江/统/计/年/鉴

主要统计指标解释

■ 建筑业增加值

指建筑业企业在报告期内以货币表现的建筑业生产经营活动的最终成果。目前建筑业增加值采用分配法计算，即从收入的角度出发，根据生产要素在生产过程中应得的收入份额计算。具体计算公式为：

建筑业企业增加值＝本年提取的固定资产折旧＋应付工资＋应付福利费＋管理费用中的劳动待业保险金、税金＋工程结算税金及附加＋营业利润－转作奖金的利润。

■ 房屋建筑施工面积

指在报告期内施工的全部房屋建筑面积。包括本期内新开工的、上期施工跨入本期继续施工、上期停建本期复工的房屋建筑面积；不包括上期开工后又停工，本期未施工的房屋建筑面积。

■ 房屋建筑竣工面积

指在报告期内，按照设计所规定的工程内容全部完成，达到了设计规定的交工条件，经有关部门检查验收鉴定合格的房屋建筑面积。

■ 自有施工机械设备年末总台数

指年末本企业（或单位）自有的直接用于工程施工的各种机械设备的台数。但不包括附属辅助生产机械设备、运输机械设备、生产试验机械设备的台数。

■ 自有施工机械设备年末总功率

指年末本企业（或单位）自有的直接用于工程施工的各种机械备年末总功率，按设定能力或查定能力计算。包括施工机械本身的动力和为该机械服务的单独动力设备，如电动机等。但不包括附属辅助生产机械设备、运输机械设备、生产试验机械设备的功率。计量单位用千瓦，动力换算可按1马力＝0.735千瓦折合成千瓦数。电焊机、变压器、锅炉不计算动力。

■ 工程结算收入

指企业（或单位）按工程的分部分项自行完成的建筑产品价值并已与甲方在报告期内办理结算手续的工程价款收入，以及向甲方收取的除工程价款以外的按规定列作营业收入的各种款项，如临时设施费、劳动保险费、施工机械调迁费等以及向甲方收取的各种索赔款。

■ 工程结算利润

指已结算工程实现的利润。如为亏损以“－”号表示。其计算公式为：

工程结算利润＝工程结算收入－工程结算成本－工程结算税金及附加－经营费用

■ 企业总收入

指与企业生产经营直接有关的各项收入，包括工程结算收入和其他业务收入，即：

企业总收入＝工程结算收入＋其他业务收入

ZHEJIANG STATISTICAL YEARBOOK

Explanatory Notes on Main Statistical Indicators

□ Value Added of Construction

refers to the final result of the activities of production and management of construction in monetary terms in the reference period. At present, the value added of construction is calculated with the method of distribution. In other words, it is the sum of incomes of various production factors in the production process. The formula is as follows:

Value added of construction = depreciation of fixed assets in the year + wages payable + welfare expenses payable + insurance premium and tax for waiting for employment in the administrative expenses + taxes and surcharges on project settlement + profit gained from project settlement – profit used as bonus.

□ Floor Space of Buildings Under Construction

refers to floor space of buildings under construction during the reference period, including newly started buildings, buildings started earlier and continued during the reference period, and buildings suspended earlier but restarted during the reference period. Excluded are buildings started and then suspended earlier that have not been restarted during the reference time.

□ Floor Space of Buildings Completed

refers to the floor space of buildings that are completed in the reference period in accordance with the requirements of the design, up to the standard for putting them into use, and have been checked and accepted by concerned departments as qualified ones.

□ Total Number of Machinery and Equipment Owned by the Construction Enterprises(or Units)by the End of Year

refers to the number of machines and equipment which are used directly in constraction owned by the enterprises (or units) it does not include the number of ancilary machinery and equipment for construction, production and transportation.

□ Total Power of Machinery and Equipment Owned by the Construction Enterprises (or Units) by the End of Year

refer to the total power of machinery and equipment owned by the enterprises (or units), used directly in construction by the end of the year, including machinery and equipment for construction, production and transportation. The power of the machinery is calculated on basis of the designed or verified capacity, covering the power of the machinery/equipment and the separate power equipment serving the machinery/equipment (such as electric motors), but excluding welders, transformers and boilers. The unit use for the calculation of power is kilowatt, with horsepower converted to kilowatt by 1horsepower = 0.735 kilowatt.

□ Income from Settlement of Projects

refers to the income received by the construction enterprise/unit from the completed portion of the project through settlement procedures with the contractee during the reference period, and other charges to the contractee as operational costs, such as facility fee, labour insurance premium, moving cost of construction unit, as well as various types of claims to the contractee.

□ Profit from Settlement of Projects

refers to profit realized through settled projects. It is calculated with the following formula:

Profit from Settlement of Projects = Income from Settlement of projects – Settled Cost – Settled Taxes and Other Cost – Business Expense

□ Total Revenue of Enterprises

refers to the sum of income from production and operation of enterprises, including income from settlement of projects and other operational incomes, namely:

Total Revenue of Enterprises = Income from settlement of Projects + Other Operational Incomes

2019
浙江统计年鉴
ZHEJIANG STATISTICAL YEARBOOK

CHAPTER 9

交通运输和邮电通信业
Transportation,Posts and Telecommunications

9-1 运输线路长度(2011-2018年)
Length of Transportation Routes(2011-2018)

单位:公里(km)

指标	Item	2011	2012	2013	2014	2015	2016	2017	2018
铁路营业里程	**Length of Railways in Operation**	**1765**	**1765**	**2031**	**2310**	**2527**	**2540**	**2587**	**2777**
#复线里程	Double-tracking Length	1167	1185	1453	1744	1969	1983	2072	2256
公路通车里程	**Length of Highways**	**111776**	**113550**	**115426**	**116367**	**118015**	**119053**	**120101**	**120662**
#高速公路	Expresswayg	3500	3618	3787	3884	3917	4062	4154	4421
一级公路	First Class Highways	4565	4903	5310	5679	6018	6359	6765	7046
二级公路	Second Class Highways	9224	9447	9610	9819	10041	10162	10263	10374
内河通航里程	**Length of Navigable Inland Waterways**	**9750**	**9739**	**9747**	**9769**	**9769**	**9769**	**9766**	**9766**
民用航空航线(条)	**Number of Civil Aviation Routes(line)**	**239**	**264**	**334**	**389**	**392**	**481**	**586**	**572**
#国内航线	Domestic Routes	194	224	285	319	322	389	482	486

注:从2018年起民用航空线统计口径为定期航线数量,不包括临时性包机航线。
Since 2018, the statistical caliber of civil aviation routes is the number of regular routes, excluding temporary chartered row.

9-2 主要港口货物吞吐量(2012-2018年)
Cargo Handled at Principal Ports(2012-2018)

单位:万吨(10000 tons)

港口名称	Port	2012	2013	2014	2015	2016	2017	2018
沿海港口合计	**Total**	**92760**	**100591**	**108177**	**109930**	**114202**	**125744**	**133534**
宁波-舟山港	Ningbo-zhoushan	74401	80978	87346	88929	92209	100933	108439
温州港	Wenzhou	6997	7379	7901	8490	8406	8926	8239
台州港	Taizhou	5358	5628	6049	6237	6771	7057	7167
嘉兴港	Jiaxing	6004	6605	6880	6273	6817	8829	9689
内河港口合计	**Total**	**39171**	**37459**	**30894**	**28206**	**26664**	**33088**	**35676**
其中:	Include							
杭州港	Hangzhou	9097	9382	10084	9372	7279	10714	11812
湖州港	Huzhou	17840	15312	8487	8052	8664	10540	10486
嘉兴港	Jiaxing	10856	11107	10110	8586	8423	9432	10696

9-3 民用车辆拥有量
Number of Civil Vehicles Owned

单位:辆(unit)

指标	Item	合计 Total			#个人 Individuals		
		2016	2017	2018	2016	2017	2018
总计	**Total**	**15574032**	**17007649**	**17758902**	**13961745**	**15226872**	**15794241**
汽车	**Vehicles**	**12583458**	**13966490**	**15337276**	**11051678**	**12279084**	**13472127**
载客汽车	Passenger Vehicles	11403051	12668371	13913234	10329008	11498890	12621778
#大型	Large-Sized	66401	70257	73546	686	788	837
中型	Medium-Sized	38424	36304	34237	8952	7908	7103
小型	Small-Sized	11177844	12449052	13696371	10214790	11396679	12525536
微型	Mincar	120382	112758	109080	104580	93515	88302
#轿车	Cars	8103052	8873213	9637372	7500379	8226828	8918063
载货汽车	Trucks	1128714	1245274	1367849	704518	761905	831107
#重型	Heavy-Sized	172635	202677	232815	28055	30711	33600
中型	Medium-Sized	40419	41684	41370	12198	12730	12879
轻型	Light-Sized	904049	991791	1086609	654242	710513	778364
微型	Mincar	11611	9122	7055	10023	7951	6264
#普通载货	Ordinary	713237	758435	802356	531960	564531	600690
其它汽车	Others	51693	52845	56193	18152	18289	19242
摩托车	**Motorcycles**	**2688737**	**2759646**	**2154397**	**2662475**	**2730441**	**2128463**
普通	Ordinary	2598906	2673981	2095630	2573016	2645240	2070037
轻便	Ligthweigh	89831	85665	58767	89459	85201	58426
拖拉机	**Tractors**	**242996**	**212636**	**188647**	**242996**	**212636**	**188647**
挂车	**Trailers**	**58720**	**68804**	**78514**	**4592**	**4708**	**5001**
其它类型车	**Others**	**86**	**38**	**33**	**4**	**3**	**3**
机动车驾驶员(人)	**Motor Divers(person)**	**19398278**	**20777093**	**22017418**			
#汽车驾驶员	Automobile Drivers	18143538	19625862	20975217			

9－4 水路运输工具年末实有数
Number of Means Waterway of Transportation(Year－end)

指标	Item	合计 Total 2016	2017	2018	#私人 Individuals 2016	2017	2018
机动船 (艘)	**Motor Vessels (Strip)**	**15904**	**14497**	**14284**	**9586**	**8232**	**8003**
净载重量 (吨位)	Dead Weight Tonnage (tons)	25836993	25874061	30276211	3568117	3665500	3689703
载客量 (客位)	Passenger Capacity (Class)	85514	88679	87364	192	48	
货船 (艘)	**Cargo Ships (Strip)**	**14497**	**13082**	**12934**	**9550**	**8220**	**7999**
净载重量 (吨位)	Dead Weight Tonnage (tons)	25826643	25862756	30265656	3568117	3665500	3689703
客货船 (艘)	**Passenger cargo Vessels (Strip)**	**9**	**7**	**7**			
载客量 (客位)	Dead Weight Tonnage (Class)	1979	1441	1441			
客船 (艘)	**Passenger Ships (Strip)**	**1334**	**1349**	**1290**	**16**	**4**	
载客量 (客位)	Passenger Capacity (Class)	83535	87238	85923	192	48	
拖船 (艘)	**Tugboats (Strip)**	**64**	**59**	**53**	**20**	**8**	**4**
驳船 (艘)	**Barges (Strip)**	**67**	**26**	**3**	**17**	**5**	
净载重量 (吨位)	Dead Weight Tonnage (tons)	16250	7092	13370	854	134	

9－5 客运量和旅客周转量(1978－2018 年)
Passenger Traffic and Turnover Volume of Passenger Traffic(1978－2018)

年份 Year	客运量合计(万人) Passenger Traffic Total (10000 persons)	铁路 Railway	公路 Highway	水运 Waterways	民用航空 Civil Aviation	旅客周转量合计(亿人公里) Turnover Volume of Freight Traffic Total (100 million ton－km)	铁路 Railway	公路 Highway	水运 Waterways
1978	20535	1889	12815	5828	3	66.68	29.75	27.60	9.33
1979	23781	2068	15543	6166	4	68.22	24.77	33.26	10.19
1980	28454	2421	19326	6702	5	96.74	43.55	41.70	11.49
1981	32458	2677	22864	6909	8	111.40	49.05	50.25	12.10
1982	35988	2735	26150	7094	9	120.66	50.73	57.28	12.65
1983	37856	2919	28468	6461	8	134.73	57.46	64.54	12.73
1984	40827	3252	30882	6683	10	157.81	66.74	76.86	14.21
1985	52776	3225	39375	10163	13	201.35	75.26	107.23	18.86
1986	57973	3126	45759	9066	22	220.38	78.43	124.91	17.04
1987	61403	3258	49589	8526	30	246.98	83.94	145.85	17.19
1988	64571	3595	52560	8382	34	269.43	93.12	158.81	17.50
1989	59477	3453	48726	7275	23	257.28	87.63	153.87	15.78
1990	60347	3018	51083	6214	32	257.29	75.94	166.87	14.48
1991	64906	3040	56495	5286	85	285.85	80.91	190.95	13.99
1992	71017	3051	62767	5087	112	322.40	87.83	220.68	13.89
1993	91553	3249	83606	4560	138	398.87	98.05	288.10	12.72
1994	100068	3559	92090	4269	150	435.15	108.35	314.95	11.85
1995	109139	3566	101370	3968	235	483.06	109.80	360.09	13.17
1996	114098	3071	107317	3446	264	500.98	98.11	391.65	11.22
1997	115141	2990	108654	3231	266	529.79	101.20	417.77	10.82
1998	118329	3169	111847	3034	279	552.35	106.57	436.34	9.44
1999	118819	3750	111771	3034	264	582.71	140.01	433.50	9.20
2000	124133	3909	116996	2938	290	606.73	148.33	449.51	8.89
2001	132881	4193	126008	2371	309	651.79	164.48	479.53	7.78
2002	135995	4511	128980	2122	382	706.85	180.95	519.20	6.70
2003	140699	4338	133968	1983	410	718.39	181.03	531.63	5.73
2004	150254	5195	142177	2311	571	795.32	216.41	571.50	7.41
2005	160669	5274	152222	2510	663	848.49	222.95	617.87	7.67
2006	174626	5588	165441	2792	805	929.15	241.05	681.39	6.71
2007	189658	5931	179501	3164	1062	1026.50	258.52	761.07	6.91
2008	217209	6448	206111	3494	1156	1118.62	289.76	821.57	7.29
2009	222130	6508	210584	3680	1358	1152.38	291.30	853.63	7.45
2010	228017	7634	215708	3155	1520	1250.74	362.67	882.04	6.03
2011	231900	8439	218415	3466	1580	1296.25	381.66	908.15	6.44
2012	234366	8725	220517	3454	1670	1317.58	390.25	921.18	6.16
2013	136790	10579	121185	3111	1915	1025.10	437.02	582.99	5.09
2014	131486	12821	112915	3581	2169	1056.99	493.37	558.06	5.56
2015	113315	14806	92304	3841	2364	1092.53	541.93	544.76	5.84
2016	107377	17766	83033	3950	2628	1074.99	604.03	465.12	5.84
2017	107293	19870	80099	4284	3040	1096.04	658.17	431.56	6.31
2018	101516	21630	72013	4497	3375	1103.66	694.56	402.80	6.30

注：1、民用航空客运量指发送量。
Passenger traffic of civil aviation refers to volume of transmitting passenger.
2、2008 年始公路按新的调查方法进行统计;2013 年起公路、水路按新的口径统计。
The data of highway is adjusted since 2008, The data of highway and waterway are adjusted since 2013.

9-6 货运量和货物周转量(1978-2018年)
Freight Traffic and Turnover Volume of Freight Traffic(1978-2018)

年份	货运量合计(万吨) Freight Traffic Total (10000 ton)	铁路 Railway	公路 Highway	水运 Waterways	民用航空 Civil Aviation	货物周转量合计(亿吨公里) Turnover Volume of Freight Traffic Total (100 million ton-km)	铁路 Railway	公路 Highway	水运 Waterways
1978	8460	1415	2690	4355		164.19	112.77	6.69	44.73
1979	9202	1461	2998	4743		181.29	121.50	7.62	52.17
1980	9577	1523	3012	5042		190.76	126.23	8.25	56.28
1981	9608	1495	3042	5071		192.29	121.27	9.25	61.77
1982	10746	1609	3616	5521		201.83	120.49	11.49	69.85
1983	10877	1681	3728	5468		212.49	123.02	13.58	75.89
1984	11781	1736	3988	6057		232.67	127.59	16.67	88.41
1985	22385	1781	9397	11207		293.54	132.54	33.45	127.55
1986	31775	1893	17680	12202		341.20	135.18	68.14	137.88
1987	32346	1924	19426	10996		369.21	138.07	82.52	148.62
1988	37502	1877	24128	11497		403.96	136.50	96.25	171.21
1989	36358	1911	24354	10093		408.99	146.51	92.75	169.73
1990	33474	1691	22879	8904		400.65	144.43	100.75	155.47
1991	35198	1773	24162	9263		456.00	144.95	136.25	183.80
1992	41115	1915	28957	10243		546.81	167.52	158.83	220.46
1993	49867	1989	36439	11439		617.69	179.58	160.48	277.63
1994	54765	1841	40593	12331		685.41	181.55	171.63	332.23
1995	62287	1914	45052	15321		874.29	186.75	245.16	442.38
1996	63875	1928	47400	14547		900.80	178.92	266.22	455.66
1997	60956	1721	45224	14011		914.54	172.22	262.32	480.00
1998	60369	1726	45338	13305		897.88	173.28	257.11	467.49
1999	64004	1710	45754	16540		1004.10	171.80	256.90	575.40
2000	74884	1955	55008	17921		1199.74	187.16	280.02	732.56
2001	77832	2181	55706	19945		1371.60	206.48	282.53	882.59
2002	90507	2411	63532	24564		1616.61	230.41	293.60	1092.60
2003	103173	2658	70907	29598	10	2047.48	252.92	313.70	1480.86
2004	117312	2887	78540	35871	14	2701.48	288.22	353.62	2059.64
2005	126192	2960	81448	41768	16	3416.90	282.85	372.66	2761.39
2006	140110	3231	89342	47522	15	4363.71	300.74	431.07	3631.9
2007	153334	3447	98742	51129	16	4962.38	336.06	493.64	4132.68
2008	146654	3398	91625	51614	17	5476.25	339.74	1114.50	4022.01
2009	151258	3435	95802	52002	19	5659.78	323.30	1188.70	4147.78
2010	170563	3888	103394	63258	23	7117.04	342.08	1298.71	5476.24
2011	185717	4166	108654	72872	25	8634.82	312.24	1434.82	6887.75
2012	191084	3847	113393	73817	27	9183.30	291.26	1525.59	7366.45
2013	187915	4037	107186	76662	30	8949.57	270.44	1322.13	7357.00
2014	194918	3548	117070	74267	33	9548.09	223.02	1419.43	7905.64
2015	200711	3332	122547	74797	35	9868.98	212.42	1513.92	8142.64
2016	215018	3332	133999	77646	40	9788.76	211.39	1626.78	7950.58
2017	241993	3513	151920	86513	47	10105.81	215.39	1821.21	8069.22
2018	268530	3728	166533	98219	49	11537.91	221.30	1964.10	9352.50

注：2008年始公路按新的调查方法进行统计;2013年起公路、水路按新的口径统计。
The data of highway is adjusted since 2008, The data of highway and waterway are adjusted since 2013.

9-7 邮电业务基本情况(1978-2018年)
Post and Telecommunications Services(1978-2018)

年份 Year	邮电业务总量(亿元) Business Volume of Post and Telecommuni-cations (100 million yuan)	邮政业务总量 Business volume of post	电信业务总量 Business volume of telecommunications	函件(万件) Number of Letters (10000 cases)	订销报刊累计份数(万份) Total Number of Newapspers and Magazine Subscribed (10000 copies)	快递业务量(万件) Express Business (10000 pieces)	城市电话年末户数(万户) Number of Urban Telephone Subscribers at Year end (10000 Subscribers)	农村电话年末户数(万户) Number of Rural Telephone Subscribers at Year end (10000 Subscribers)
1978	0.69			11663	52264		4.20	3.29
1979	0.78			14236	52264		4.61	3.41
1980	0.90			16466	58538		5.12	3.68
1981	1.00			18039	64945		5.76	3.87
1982	1.08			19123	67993		6.59	4.15
1983	1.25			23155	7373		7.53	4.47
1984	1.49			28517	89384		8.98	5.05
1985	1.88			33742	101657		10.44	5.80
1986	2.06			34729	103759		12.12	6.29
1987	2.49			39847	116953		14.60	7.28
1988	3.13			42035	116694		18.85	8.87
1989	3.70			36577	64557		23.41	10.69
1990	4.54			34879	67183		28.02	12.58
1991	11.46			32219	68849		35.50	15.65
1992	16.58			33649	80349		48.64	22.21
1993	27.51			39190	77457		78.25	34.67
1994	42.92			38617	81515		118.82	58.56
1995	63.02			38678	85226		166.70	93.63
1996	86.53			37785	90955		199.78	121.99
1997	112.97			34186	98207		239.25	163.17
1998	157.72			33133	102761		280.95	221.39
1999	219.00			29439	107683		341.00	324.93
2000	324.08			30643	106807		419.78	464.50
2001	279.90			34839	116156		547.70	573.90
2002	363.43			37862	114707		715.36	666.42
2003	504.72			74901	116953		937.38	719.15
2004	677.17			73462	110417		1188.18	786.59
2005	830.39			69844	112417	5835	1421.53	810.12
2006	972.08			73349	117573	7274	1566.59	824.16
2007	1327.06			74475	124782	8441	1601.42	804.43
2008	1545.42			75528	131296	9860	1482.39	815.20
2009	1666.37			83625	137328	14765	1313.77	804.82
2010	1971.96			84869	147074	24898	1213.09	785.45
2011	897.97	150.89	747.08	84741	154043	49661	1168.22	779.66
2012	1024.02	215.20	808.81	77656	164608	81987	1127.44	755.05
2013	1178.60	327.94	850.66	65746	183014	141953	1051.89	729.46
2014	1684.46	538.75	1145.70	59209	175418	245745	1128.54	513.37
2015	2392.11	811.01	1581.10	45208	174641	383146	1124.41	375.35
2016	3715.39	1250.75	2464.64	33786	140344	598770	1036.11	251.12
2017	3518.01	1728.40	1789.61	30471	136453	793231	978.11	232.96
2018	6425.51	2326.20	4099.31	26194	112101	1011051	934.08	219.41

注：邮电业务总量1978—2000年按1990年不变价计算,2001-2010年按2000年不变价计算,2011年起按2010年不变价计算;邮政业务总量和电信业务总量2011年起按2010年不变价计算,电信业务总量2017年起按2015年不变价格计算。
Bussiness volume of post and telecommunications from 1978 to 2000 were caculated at constant price of 1990, at constant price of 2000 from 20001 to 2010, at constant price of since 20111. Bussiness volume of post and Business volume of telecommunications from 2011 were calculated at constant price of 2010. Bussiness volume of telecommunications from 2017 were calculated at constant price of 2015.

9-8 邮电企业主要指标(2014-2018年)
Principal Indicators of Post and Telecommunications Enterprises(2014-2018)

指标		Item		2014	2015	2016	2017	2018
邮电线路长度		**Length of Postal Routes**						
邮路总长度	(公里)	Length of Postal Routes	(km)	2570572	2258044	2535220	4094716	5390304
农村投递路线总长度	(公里)	Rural Delivery Routes	(km)	182704	181748	184694	188093	200106
长途电话电路总数	(2M)	Long-distance Telephone Service Circuits	(klick)	6686810				
邮运通信工具		**Telecommunications Facilities**						
火车邮厢	(辆)	Postal Railway Carriage	(unit)	6	7	7	21	20
邮政汽车	(辆)	Postal Cars	(unit)	24952	30366	35913	37893	41446
公用电话	(万部)	Public Telephone	(10000 units)	189				
固定长途电话交换机容量	(路端)	Long-distance Switchboard	(termical circuit)	851520	851520	851520	703410	703410
本地电话交换机容量	(万门)	Urban Switchboard	(10000 lines)	1769	1132	504	282	
移动电话交换机	(万户)	Mobile Switchboard	(10000 users)	11141	11423	11699	12269	12127
移动电话	(万户)	Mobile Telephone	(10000 users)	7371	7466	7225	7590	8309
移动互联网用户	(万户)	Mobile Internet Users	(10000 users)	5065	5430	6366	7456	8136
固定互联网宽带接入用户	(万户)	Fixed broadband Internet access	(10000 users)	1276	1316	2160	2464	2648
长途光缆线路长度	(公里)	Length of Long Distance Optical Fibre Cable	(km)	25744	26299	24040	27714	29002

注：2017年起邮路总长度计算方式变化。The data of Length of Postal Routes are adjusted since 2017.

9-9 邮电通信水平(2014-2018年)
Level of Post and Telecommunications Services(2014-2018)

指标		Item		2014	2015	2016	2017	2018
每百人平均函件量	(件/百人)	Average Number of Letters Mailed per 100 Persons	(Piece/hundred People)	1076	818	607	539	456
每百人平均累计订阅报刊量	(份/百人)	Average Number of Newspaper Subscribed per 100 Persons	(piece/hundred People)	3185	3162	2621	2478	1954
每百人平均包件	(件/百人)	Average Number of Parcels per 100 Persons	(Piece/hundred People)	7.8	5.1	2.5	2.5	2.6
每百人平均快递业务量	(件/百人)	Average amount per one hundred courier business	(Piece/hundred People)	4466	6937	10761	14022	17623
固定电话普及率	(部/百人)	Popularization Rate of Fixed Telephone	(pars/hundred person)	30.0	27.2	23.2	21.7	20.6
移动电话普及率	(部/百人)	Popularization Rate of Mobile Telephone	(pars/hundred person)	134.6	135.6	130.4	135.8	148.6
人均邮政、电信费用支出(按合计总量算)	(元/人)	Per Capital Expenditure of Telecommunications	(yuan/person)	1987	2168	2519	2745	3102
已通电话的乡镇	(个)	Number of Townships with Telephone Communication	(Number)	1321	1350	1378	1378	1375
已通邮的行政村比重	(%)	Number of Villages with Posal Communication	(Percentage)	100	100	100	100	100
设有局所的乡(镇)比重	(%)	Percentage of Townships with Postal Offices	(Percentage)	96.4	100.0	100.0	100.0	100.0

浙/江/统/计/年/鉴

主要统计指标解释

■ 铁路营业里程

又称营业长度,指办理客货运输业务的铁路正线总长度。凡是全线或部分建成双线及以上的线路,以第一线的实际长度计算;复线、站线、段管线、岔线和特殊用途线以及不计算运费的联络线都不计算营业里程。铁路营业里程是反映铁路运输业基础设施发展水平的重要指标,也是计算客货周转量、运输密度和机车车辆运用效率等指标的基础资料。

■ 公路里程

指在一定时期内实际达到《公路工程技术标准JTJ01-88》规定的等级公路,并经公路主管部门正式验收交付使用的公路里程数。其计算单位为:km。它包括大中城市的郊区公路以及通过小城镇街道部分的公路里程,也包括桥梁、渡口的长度,但不包括大中城市的街道、厂矿、林区生产用道和农业生产用道的里程。两条或多条公路共同经由同一路段,只计算一次,不得重复计算里程长度。公路里程是反映公路建设发展规模的重要指标,也是计算运输网密度等指标的基础资料。

■ 内河航道里程

也称"内河通航里程",是反映内河水运网规模、水平和发展情况的主要指标;是指在一定时期内,能通航运输船舶及排筏的天然河流、湖泊水库、运河及通航渠道的长度。包括全年季节性通航累计三个月以上的航道,但不包括仅供零散流放竹、木排的河道。

■ 货(客)运量

指在一定时期内,各种运输工具实际运送的货物(旅客)数量。是反映运输业为国民经济和人民生活服务的数量指标,也是制定和检查运输生产计划,研究运输发展规模和速度的重要指标。货运按吨计算,客运按人计算。货物不论运输距离长短,货物类别,均按实际重量统计;旅客不论行程远近或票价多少,均按一人一次作为客运量统计。半价票、小孩票也按一人统计。

■ 货物(旅客)周转量

指在一定时期内,由各种运输工具运送的货物(旅客)数量与其相应运输距离的乘积之总和,是反映运输业生产总成果的重要指标,也是编制和检查运输生产计划,计算运输效率、劳动生产率以及核算运输单位成本的主要基础资料。通常以吨公里和人公里为计算单位。计算货物周转量通常按发出站与到达站之间的最短距离,也就是计费距离计算。

■ 沿海主要港口货物吞吐量

指由水运进出沿海主要港区范围,并经过装卸的货物数量,包括邮件及办理托运手续的行李、包裹以及补给运输船舶的燃、物料和淡水。其计量单位为吨。货物吞吐量的货种分类及其主要流向流量,反映了港口在国内外物资交流和对外贸易运输中的地位和作用。吞吐量可以分为进口、出口,又可以分为国内贸易和对外贸易。

■ 邮电业务总量

指以货币表现的邮电部门用于传递信息和提供其他邮电服务的总数量。它综合反映了一定时期邮电工作的总成果,是研究邮电业务量构成和发展趋势的重要指标。它用各种邮电分类业务量,如函件件数、长途电话业务量、市内电话和农村电话的年均户数、订销报刊累计份数等,分别乘以相应的平均单价(不变价),加总后再加上出租电路和设备的收入、代用户维护电话交换机和线路等设备的收入、其他业务收入求得。

ZHEJIANG STATISTICAL YEARBOOK

Explanatory Notes on Main Statistical Indicators

□ Length of Railways in Operation

refers to the total length of the trunk line under passenger and freight transportation. The calculation is based on the actual length of the first line even if this line has a full or partial double track or more tracks, excluding double tracks, stationsidings, tracks under the charge of stations; branch lines, specialpurpose lines and the non-payable connecting lines. The length of railways in operation is an important indicator to show the development of the intra – structure for the railway transport, and also the essential data to calculate volume of passenger freight transport, traffic density and utilization efficiency of the locomotives and carriages.

□ Length of Highways

refers to the length of highways which are built in conformity with the grades specified by the highway engineering standard formulated by the Ministry of Communications, and have been formally checked and accepted by the departments of highways and put into use. The length of highways includes that of the suburb highways at large and medium – sized cities, highways passing through streets at small cities and towns, and also the length of bridges and ferries. It does not include the length of streets in big and medium – sized cities and highways built for the production purpose at factories, mines, forest areas and agricultural areas. If two or more highways go the same section of the way, the length of the section is only calculated for once and no duplication is allowed. The length of highways is an important indicator to show the development of the highway construction and to provide essential information to calculate the transport network density.

□ Length of Navigable Inland Waterways

refers to the length of the natural rivers, lakes, reservoirs, canals, and ditches open to navigation during a given period, which enables the transport by ships and rafts. It includes the channels open to navigation for over 3 months accumulatively in a year, yet this does not include the river courses which are only used to float odd logs and bamboo rafts.

□ Length of Civil Aviation Routes

refers to the length of all routes for regular civil aviation flights. There are usually two ways to calculate the distance between airports connected by the route length: One is to put the length of all air routes together, called duplicated calculation of the length of the routes; the other is not to allow the duplication in calculation when two or more routes passing the same section. The latter is usually used, as it can precisely show the size of the civil aviation network and indicate the extent of civil aviation serving the national economy and the people.

□ Freight (Passenger) Traffic

refers to the volume of freight (passenger) transported with various means. Freight transport is calculated in tons and passenger traffic is calculated in the number of persons. Despite the type of freight and travelling distance, the freight transport is calculated by the principle that one person can be counted only once in one travel. The passenger who travel with a half – price ticket or a child ticket is also calculated as one person. The freight (passenger) traffic provides a quantitative measure to show how the transport industry serves the national economy and people, and is also an important indicator for planning the transport industry and for studying the development scale and speed of the transport industry.

□ Freight Ton-kilometers (Passenger – kilometers)

refer to the sum of the products of the volume of

EXPLANATORY NOTES ON MAIN STATISTICAL INDICATORS

transported cargo(passengers) multiplying by the transport distance, usually using ton – kilometre and passenger – kilometre as units for measurement. Normally, the shortest distance between the departure station and the destination station (i. e. , the payable distance) is the basis to calculate the freight ton – kilometres. This is an important indicator to show the total results of the transport industry, to prepare and examine the transport plan and to measure the efficiency, the labour productivity and the unit cost of transport.

□ Volume of Freight Handled in Major Coastal Ports

refers to the volume of cargo passing in and out the harbor area of the major coastal ports and having been loaded and unloaded. The volume includes that of the postal matters, registered luggages and fuels, materials and fresh water as supplies of the ships. The volume of freight handled may be classfied as import, export, or as domestic trade and foreign trade. The volume of freight handled by type of cargo and by main flow direction reflects the position and function of the ports in the inflow of Chinese and foreign commodities and in the transportation for foreign trade.

□ Business Volume of Post and Telecommunications

refers to the total amount of the imformation delivered and other post and telecommunications services provided by the post and telecommunications departments for the customers. It is derived by first multiplying the business volume of different types, such as number of letters, telegrams, long distance calls, city and rural telephone subscribers and accumulated number of newspapers and journals subscribed and sold, etc. by their respective average unit price (fixed price) and then adding these products together: plus the income from maintenance of telephone exchanges and lines, and the income from other business operations. The business volume of post and telecommunications indicates the total achievements made by the post and telecommunications department during a given period of time in a comprehensive way, and is an important indicator to study the composition and development of the post and telecommunications business.

2019
浙江统计年鉴
ZHEJIANG STATISTICAL YEARBOOK

CHAPTER 10

批发、零售贸易和餐馆业

Wholesale and Retail Trade and Catering Trade

10－1 社会消费品零售总额(1978－2018 年)
Total Retail Sales of Consumer Goods by Region(1978－2018)

单位:亿元(100 million yuan)

年份	社会消费品零售总额 Total Retail Sales of Consumer Goods	按地区分 By Rergion			按行业分		
		市 City	县 County	县以下 County Level	批发和零售业 Wholesale and Retail Trade	餐饮业 Catering Services	其他 Others
1978	46.86	9.75	14.46	22.65	43.57	1.84	1.45
1979	58.97	11.56	17.68	29.73	55.06	2.28	1.63
1980	74.87	14.99	21.68	38.20	69.62	2.86	2.39
1981	85.99	23.76	17.59	44.64	79.98	3.21	2.80
1982	93.77	25.01	19.57	49.19	86.78	3.45	3.54
1983	104.24	28.06	23.10	53.08	96.93	3.87	3.44
1984	125.82	35.66	27.96	62.20	116.37	4.98	4.47
1985	172.27	55.99	40.74	75.54	157.44	6.56	8.27
1986	203.49	67.15	44.71	91.63	185.26	7.90	10.33
1987	242.58	87.80	45.29	109.49	220.40	9.73	12.45
1988	325.88	132.28	51.23	142.37	298.19	12.55	15.14
1989	346.01	141.80	51.91	152.30	316.71	14.06	15.24
1990	353.75	153.27	48.55	151.93	321.45	15.90	16.40
1991	404.00	184.56	55.79	163.65	366.65	19.07	18.28
1992	493.87	230.23	73.72	189.92	442.64	25.04	26.19
1993	772.11	371.59	112.72	287.80	722.81	40.09	9.21
1994	1133.18	615.40	115.15	402.63	1013.18	55.24	64.76
1995	1472.66	791.45	142.73	538.48	1360.01	85.92	26.73
1996	1776.67	950.80	181.68	644.19	1610.94	115.02	50.71
1997	1951.96	1054.90	193.40	703.66	1759.87	129.88	62.21
1998	2120.78	1150.81	203.92	766.05	1896.93	149.33	74.52
1999	2305.86	1257.49	223.54	824.83	2041.43	188.31	76.12
2000	2553.59	1394.29	250.36	908.94	2235.01	237.67	80.91
2001	2839.59	1594.35	275.10	970.14	2478.04	277.97	83.57
2002	3166.15	1816.22	315.53	1034.40	2736.10	340.34	89.72
2003	3511.26	2224.23	366.42	920.61	2998.92	399.14	113.20
2004	4055.50	2573.23	452.89	1029.38	3525.14	452.78	77.58
2005	4645.85	3056.03	462.00	1127.83	4033.32	534.85	77.69
2006	5357.97	3540.56	522.60	1294.80	4687.61	613.63	56.73
2007	6271.32	4155.19	610.31	1505.83	5488.43	724.04	58.85
2008	7533.30	5021.44	735.99	1775.86	6678.37	804.09	50.85
2009	8666.19	5800.07	843.39	2022.72	7708.05	905.75	52.39
2010	10387.02	9138.46		1248.55	9231.22	1072.46	83.34
2011	12532.80	10547.42		1985.38			
2012	14199.59	11965.63		2233.97			
2013	15970.84	13399.10		2571.73			
2014	17835.34	14933.13		2902.20			
2015	19784.74	16522.56		3262.18			
2016	21970.79	18280.62		3690.17			
2017	24308.48	20168.11		4140.37			
2018	25007.90	20684.28		4323.61			

注：2010 年起社会消费品零售总额由于口径变化,分为“城镇”和“乡村”两部分,分别列入原口径中的“市”和“县以下”中。
The data of total retail sales of consumer goods are adjusted since 2010.

10－2 按登记注册类型分限额以上批发零售贸易业基本情况
Basic Information of Enterprises Above Designated Size in Wholesale and Retail Trades by Types of Registration

指标		法人企业(个) Number of Corporation (unit)		从业人员(人) Persons Employed (person)	
		2017	2018	2017	2018
总计	**Total**	**18518**	**19601**	**783527**	**800946**
批发业合计	**Wholesale Trade**	**12682**	**13794**	**403563**	**419663**
#国有及国有控股企业	State－owend and State Holding Enterprises	467	479	48132	47065
内资企业	Domestic Funded Enterprises	12396	13476	382822	393757
国有企业	State－owned Enterprises	34	28	9490	8934
集体企业	Collective Owned Enterprises	12	10	514	441
股份合作企业	Cooperative Enterprises	13	17	270	410
有限责任公司	Limited Liability Corporations	2189	2067	102739	95707
国有独资公司	State Sole Funded Corporations	114	115	7833	7716
其他有限责任公司	Other Limited Liability Corporations	2075	1952	94906	87991
股份有限公司	Share－holding Corporations Ltd.	186	189	34907	33573
私营企业	Private Enterprises	9914	11133	234169	254364
私营独资企业	Private Funded Enterprises	34	35	446	392
私营合伙企业	Private Partnership Corporations	5	6	60	434
私营有限责任公司	Private Limited Liability Corporations	9772	10984	229771	249087
私营股份有限公司	Private Share－holding Corporations Ltd.	103	108	3892	4451
港、澳、台商投资企业	Enterprises With Funds From Hong Kong, Macao and Taiwan	140	147	11637	15154
合资经营企业	Joint－venture Enterprises	39	39	2407	2555
独资经营企业	Enterprises with Sole Hong Kong, Macao and Taiwan	90	102	9018	12350
外商投资企业	Foreign Funded Enterprises	146	171	9104	10752
中外合资经营企业	Joint－venture Enterprises	44	50	2821	4713
中外合作经营企业	Cooperation Enterprises				
外资企业	Enterprises With Sole Foreign Investment	88	107	3104	2959
外商投资股份有限公司	Foreign Invesment Share－holding Corporations Ltd.	6	6	244	247

续表 Continued

指标		法人企业(个) Number of Corporation (unit)		从业人员(人) Persons Employed (person)	
		2017	2018	2017	2018
零售业合计	**State - owend and State Holding Enterprises**	**5836**	**5807**	**379964**	**381283**
#国有及国有控股	Retail Sale	442	462	36432	38859
内资企业	Domestic Funded Enterprises	5644	5619	336145	335324
国有企业	State - owned Enterprises	29	22	1225	723
集体企业	Collective Owned Enterprises	33	29	1303	1172
股份合作企业	Cooperative Enterprises	40	46	982	1173
联营企业	Joint Ownership Enterprises	10	10	164	153
国有联营企业	State Joint Ownership Enterprises	2	2	48	45
国有与集体联营企业	Joint State - collective Enterprises	4	4	71	67
其他联营企业	Other Joint Ownership Enterprises	4	4	45	41
有限责任公司	Limited Liability Corporations	1466	1392	123058	118067
国有独资公司	State Sole Funded Corporations	91	95	6254	6635
其他有限责任公司	Other Limited Liability Corporations	1375	1297	116804	111432
股份有限公司	Share - holding Corporations Ltd.	123	104	27858	21834
私营企业	Private Enterprises	3871	3979	180581	191687
私营独资企业	Private Funded Enterprises	135	142	1990	2041
私营合伙企业	Private Partnership Corporations	40	34	2599	508
私营有限责任公司	Private Limited Liability Corporations	3630	3734	172842	185080
私营股份有限公司	Private Share - holding Corporations Ltd.	66	69	3150	4058
港、澳、台商投资企业	Funded by Entrepreneurs From Hong Kong Macao and Taiwan	113	100	25995	23441
合资经营企业	Joint - venture Enterprises From Hong Kong ,Macao and Taiwan	32	23	9326	5232
合作经营企业	Cooperation Enterprises From Hong Kong, Macao and Taiwan	1	1	299	278
港、澳、台商独资经营企业	Enterprises with Sole Hong Kong, Macao and Taiwan	70	68	14559	16268
港、澳、台商投资股份有限公司	Share - holding Corporations Ltd. with Funds From Hong Kong, Macao and Taiwan	4	6	427	914
外商投资企业	Foreign Funded Enterprises	79	88	17824	22518
中外合资经营企业	Joint - venture Enterprises	16	18	6720	10848
中外合作经营企业	Cooperation Enterprises	1	1	57	50
外资企业	Enterprises With Sole Foreign Investment	56	59	10608	10875

10－3 分行业限额以上批发零售贸易基本情况
Basic Information of Enterprises Above Designated Size in Wholesale and Retail Trade by Sector

指标		法人企业(个) Number of Corporation (unit)		从业人员(人) Persons Employed (person)	
		2017	2018	2017	2018
总计	**Total**	**18522**	**19601**	**783540**	**800946**
批发业	**Wholesale**	**12684**	**13794**	**403563**	**419663**
食品、饮料及烟草制品批发	Food, Beverages, Tobacoo and Its Products	697	762	61907	66256
#米、面制品及食用油批发	Rice, Flour and Its Production, Edible Oil	112	114	5573	5170
烟草制品批发	Tobacoo and Its Production	12	12	7775	8088
纺织、服装及日用品批发	Textile, Garments and Articles for Daily Use	3898	4102	132490	133915
#服装批发	Garments	721	712	36289	38978
文化、体育用品及器材批发	Culture, Sports Articles and Equipment	529	592	14980	16436
医药及医疗器材批发	Medicines and Medical Appliances	437	465	36104	36744
矿产品、建材及化工产品批发	Mineral Production, Building Materials and Chemical Production	4848	5404	90241	93709
#煤炭及制品批发	Coal and Related Production	333	324	4481	4437
石油及制品批发	Petroleurn and Related Production	527	580	24470	23022
金属及金属矿批发	Metal Materials and Mineral	1800	1983	25566	26993
建材批发	Building Materials	450	558	8021	9331
化肥批发	Fertilizer	69	61	1789	1656
机械设备、五金交电及电子产品批发	Machinery Equipment, Hardware and Electric Production	1808	1985	57201	60614
#汽车批发	Motor Vehicles	142	400	7610	14758
五金产品批发	Hardware products Wholesale	435	444	12496	11502
计算机、软件及辅助设备批发	Computers, Software and Auxiliary Equipment	65	87	1911	3155
贸易经纪与代理	Manage and Agencies in Trade	70	85	1086	1666
其他批发	Others	219	227	4735	5778

续表 Continued

指标		法人企业（个）Number of Corporation (unit)		从业人员（人）Persons Employed (person)	
		2017	2018	2017	2018
零售业	**Retail Sale**	**5838**	**5807**	**379977**	**381283**
综合零售	Synthesizs	475	472	102511	99931
#百货零售	Consumer Goods	195	168	28769	24945
超级市场零售	Supermarkets	238	258	67003	69516
食品、饮料及烟草制品专门零售	Food, Beverages, Tobacoos and Its Production	384	348	13614	12470
纺织、服装及日用品专门零售	Textile Garments and Articles for Daily Use	309	289	33184	39095
#服装零售	Garments Articles	153	155	25244	30707
文化、体育用品及器材专门零售	Culture, Sports Articles and Equipment	227	225	12185	11905
#体育用品零售	Sports Articles	8	9	518	313
#图书零售	Books, newspaper	86	86	5774	5882
医药及医疗器材专门零售	Medicines and Medical Appliances	309	301	28728	30367
#药品零售	Medicines	287	291	28598	30129
汽车、摩托车、燃料及零配件专门零售	Motor Vehicles Motorcycles Fuel	2501	2562	124125	121115
汽车零售	Motor Vehicles	1745	1862	1746	102287
机动车燃料零售	Fuel for Motor Vehicles Use	571	664	16890	18068
家用电器及电子产品专门零售	Household Appliance Electric Production	576	572	25713	26461
#日用家电设备零售	Household Appliance	236	252	8841	11525
计算机、软件及辅助设备零售	Computer, Software and Auxiliary Equipment	137	140	3244	3315
通信设备零售	Communication Equipment	88	84	9143	8954
五金、家具及室内装修材料专门零售	Hardware Furniture Decoration Indoors	215	200	5087	5446
货摊、无店铺及其他零售	Non－shop and Other Retail Sale	831	838	34091	34493
#邮购及电子销售	Mail, telephone and TV retail	4	4	760	673

10-4 按登记注册类型分限额以上批发零售贸易业商品销售总额
Total Sales of Enterprises Above Designated Size in Wholesale and Retail Trade by Types of Registration

单位:亿元(100 million yuan)

指标		合计 Total		批发 Wholesale		零售 Retail Sale	
		2017	2018	2017	2018	2017	2018
总计	**Total**	**56602.10**	**65551.53**	**48524.20**	**56930.88**	**8077.90**	**8620.65**
批发业合计	**Wholesale Trade**	**48203.19**	**56362.35**	**47531.54**	**55810.14**	**671.65**	**552.21**
#国有及国有控股企业投资	State-owend and State Holding Enterprises	11471.43	12387.64	11303.97	12209.50	167.46	178.14
内资企业	Domestic Funded Enterprises	45138.10	52490.63	44499.97	51959.70	638.14	530.93
国有企业	State-owned Enterprises	1036.49	1085.03	1024.83	1073.14	11.66	11.90
集体企业	Collective Owned Enterprises	8.56	7.21	8.29	7.13	0.27	0.08
股份合作企业	Cooperative Enterprises	9.08	13.69	8.73	13.38	0.35	0.31
联营企业	Joint Ownership Enterprises						
国有联营企业	State Joint Ownership Enterprises						
集体联营企业	Collective Joint Ownership Enterprises						
其他联营企业	Other Joint Ownership Enterprises						
有限责任公司	Limited Liability Corporations	17987.68	19768.13	17773.34	19622.78	214.34	145.34
国有独资公司	State Sole Funded Corporations	1476.37	1543.02	1456.09	1538.36	20.28	4.66
其他有限责任公司	Other Limited Liability Corporations	16511.31	18225.11	16317.26	18084.42	194.05	140.68
股份有限公司	Share-holding Corporations Ltd.	4002.06	3920.95	3924.21	3816.04	77.85	104.91
私营企业	Private Enterprises	22057.64	27667.35	21730.63	27401.08	327.01	266.27
私营独资企业	Private Funded Enterprises	14.57	26.09	13.83	24.87	0.74	1.21
私营合伙企业	Private Partnership Corporations	5.46	15.54	5.37	15.54	0.10	
私营有限责任公司	Private Limited Liability Corporations	21518.34	26965.64	21196.20	26710.97	322.14	254.68
私营股份有限公司	Private Share-holding Corporations Ltd.	519.26	660.08	515.23	649.71	4.03	10.38
港澳台商投资企业	Enterprises With Funds From Hong Kong Macao and Taiwan	850.85	667.71	824.07	651.21	26.78	16.49
合资经营企业	Joint-venture Enterprises	137.51	145.89	134.84	144.00	2.67	1.89
独资经营企业	Enterprises with Sole Hong Kong, Macao and Taiwan	657.40	466.99	633.37	452.39	24.03	14.60
外商投资企业	Foreign Funded Enterprises	2214.24	3204.01	2207.51	3199.22	6.73	4.79
中外合资经营企业	Joint-venture Enterprises	1834.37	2337.57	1833.48	2337.42	0.89	0.15
中外合作经营企业	Cooperation Enterprises						
外资企业	Enterprises With Sole Foreign Investment	283.39	363.49	277.56	361.67	5.84	1.82
外商投资股份有限公司	Foreign Invesment Share-holding Corporations Ltd.	17.24	28.46	17.24	28.46		

续表 Continued　　单位:亿元(100 million yuan)

指标		合计 Total		批发 Wholesale		零售 Retail Sale	
		2017	2018	2017	2018	2017	2018
零售业合计	**Retail Trade**	**8398.91**	**9189.18**	**992.66**	**1120.74**	**7406.25**	**8068.44**
#国有及国有控股企业投资	State – owend and State Holding Enterprises	1499.01	1849.29	265.22	315.96	1233.79	1533.33
内资企业	Domestic Funded Enterprises	7382.83	7999.62	937.33	1066.41	6445.50	6933.22
国有企业	State – owned Enterprises	15.73	10.36	2.81	0.48	12.92	9.88
集体企业	Collective Owned Enterprises	16.07	14.71	0.02	0.25	16.05	14.46
股份合作企业	Cooperative Enterprises	16.70	22.20	0.68	0.67	16.02	21.53
联营企业	Joint Ownership Enterprises	7.71	8.85	0.19	0.76	7.52	8.09
国有联营企业	State Joint Ownership Enterprises	2.88	3.43	0.05	0.05	2.83	3.38
国有与集体联营企业	State – collective Joint Enterprises	3.50	4.04		0.60	3.50	3.44
其他联营企业	Other Joint Ownership Enterprises	1.34	1.38	0.14	0.11	1.19	1.27
有限责任公司	Limited Liability Corporations	3064.02	3256.77	394.55	467.81	2669.47	2788.96
国有独资公司	State Sole Funded Corporations	183.97	210.57	40.31	47.63	143.66	162.95
其他有限责任公司	Other Limited Liability Corporations	2880.05	3046.20	354.24	420.19	2525.81	2626.01
股份有限公司	Share – holding Corporations Ltd.	908.80	943.79	183.05	209.76	725.75	734.03
私营企业	Private Enterprises	3346.43	3738.67	355.24	386.40	2991.19	3352.26
私营独资企业	Private Funded Enterprises	23.33	106.54	3.40	35.67	19.93	70.87
私营合伙企业	Private Partnership Corporations	18.78	9.86	1.49	0.89	17.29	8.97
私营有限责任公司	Private Limited Liability Corporations	3253.57	3556.11	346.69	344.84	2906.88	3211.27
私营股份有限公司	Private Share – holding Corporations Ltd.	50.76	66.16	3.66	5.00	47.09	61.16
港澳台商投资企业	Enterprises With Funds From Hong Kong Macao and Taiwan	591.69	621.04	39.22	43.60	552.47	577.44
合资经营企业	Joint – venture Enterprises	216.79	201.27	15.94	17.51	200.85	183.76
合作经营企业	Cooperation Enterprises From Hong Kong,Macao and Taiwan	3.46	2.93			3.46	2.93
独资经营企业	Enterprises with Sole Hong Kong, Macao and Taiwan	338.04	393.80	22.99	25.81	315.05	367.99
港、澳、台商投资股份有限公司	Share – holding Corporations Ltd. with Funds From Hong Kong, Macao and Taiwan	18.08	16.80			18.08	16.80
外商投资企业	Foreign Funded Enterprises	424.39	568.53	16.11	10.74	408.28	557.79
中外合资经营企业	Joint – venture Enterprises	154.23	244.99	14.67	8.33	139.56	236.66
中外合作经营企业	Cooperation Enterprises	0.68	0.55			0.68	0.55
外资企业	Enterprises With Sole Foreign Investment	259.31	307.83	1.44	1.76	257.87	306.08

10－5 分行业限额以上批发零售贸易业销售总额
Total Sales of Enterprises Above Designated Size in Wholesale and Retail Trade by Sector

单位:亿元(100 million yuan)

指标	Item	销售总额 Sales					
		合计 Total		批发 Wholesale		零售 Retail Sale	
		2017	2018	2017	2018	2017	2018
总计	**Total**	**56602.10**	**65551.53**	**48524.20**	**56930.88**	**8077.90**	**8620.65**
批发业	**Wholesale**	**48203.19**	**56362.35**	**47531.54**	**55810.14**	**671.65**	**552.21**
食品、饮料及烟草制品批发	Food, Beverages, Tobacoo and Its Products	2808.68	3200.00	2753.99	3159.02	54.68	40.98
#米、面制品及食用油批发	Rice, Flour and Its Products, Edible Oil	330.62	336.11	318.94	331.11	11.68	5.00
烟草制品批发	Tobacoo and Its Products	1054.21	1110.65	1053.33	1110.50	0.88	0.15
纺织、服装及日用品批发	Textile, Garments and Articles for Daily Use	6399.10	7569.19	6225.31	7425.51	173.79	143.68
#服装批发	Garments	1355.19	1453.04	1323.70	1429.84	31.49	23.20
文化、体育用品及器材批发	Culture, Sports Articles and Equipment	968.52	1155.98	946.07	1136.20	22.45	19.77
医药及医疗器材批发	Medicines and Medical Appliances	1745.97	1888.14	1686.71	1869.22	59.26	18.92
矿产品、建材及化工产品批发	Mineral Products, Building Materials and Chemical Products	29452.79	34470.38	29192.75	34235.07	260.04	235.32
#煤炭及制品批发	Coal and Related Products	2660.85	3155.38	2658.39	3154.23	2.46	1.15
石油及制品批发	Petroleurn and Related Products	5432.21	4689.97	5274.63	4541.17	157.58	148.81
金属及金属矿批发	Metal Materials and Mineral	12614.50	15671.69	12578.15	15644.42	36.35	27.27
建材批发	Building Materials	1040.15	1524.72	1034.11	1517.28	6.04	7.44
化肥批发	Fertilizer	120.91	138.91	120.47	138.85	0.44	0.06
机械设备、五金交电及电子产品批发	Machinery Equipment, Hardware and Electric Products	5475.22	6437.42	5385.24	6361.57	89.97	75.85
#汽车批发	Motor Vehicles, Motorcycles and Parts	2342.97	3045.04	2306.22	3010.33	36.74	34.71
五金产品批发	Household Appliances	666.17	584.79	656.65	575.46	9.53	9.33
计算机、软件及辅助设备批发	Computers, Software and Auxiliary Equipment	91.94	197.72	76.49	188.92	15.45	8.81
贸易经纪与代理	Manage and Agencies in Trade	96.64	135.14	96.24	134.56	0.40	0.58
其他批发	Others	1006.69	1236.32	1003.75	1222.69	2.94	13.63

续表 Continued

单位:亿元(100 million yuan)

指标	Item	销售总额 Sales					
		合计 Total		批发 Wholesale		零售 Retail Sale	
		2017	2018	2017	2018	2017	2018
零售业	**Retail Sale**	**8398.91**	**9189.18**	**992.66**	**1120.74**	**7406.25**	**8068.44**
综合零售	Synthesizs	1263.34	1289.79	101.88	103.34	1161.46	1186.45
#百货零售	Consumer Goods	523.37	531.46	12.99	9.75	510.38	521.71
超级市场零售	Supermarkets	704.68	729.22	88.08	91.73	616.61	637.48
食品、饮料及烟草制品专门零售	Food,Beverages,Tobacoos and Its Products	108.61	181.95	16.47	43.12	92.14	138.82
纺织、服装及日用品专门零售	Textile Garments and Articles for Daily Use	373.50	394.65	77.27	82.10	296.23	312.55
#服装零售	Garments Articles	246.42	290.42	32.33	56.69	214.09	233.73
文化、体育用品及器材专门零售	Culture,Sports Articles and Equipments	140.27	147.15	16.42	14.34	123.84	132.81
#体育用品及器材零售	Sports Articles	7.38	4.92	2.66	0.04	4.73	4.88
图书报刊零售	Books	59.03	62.91	0.47	0.33	58.55	62.58
医药及医疗器材专门零售	Medicines and Medical Appliances	290.47	264.49	90.19	47.96	200.27	216.54
#药品零售	Medicines	273.63	261.05	86.25	47.35	187.38	213.69
汽车、摩托车、燃料及零配件专门零售	Motor Vehicles Motorcycles Fuel	4917.77	5255.55	486.68	571.46	4431.09	4684.08
#汽车零售	Motor Vehicles	3604.55	3641.27	229.34	233.58	3375.21	3407.70
机动车燃料零售	Fuel for Motor Vehicles Use	1289.92	1594.09	253.27	332.28	1036.65	1261.82
家用电器及电子产品专门零售	Household Appliance Electric Products	419.25	404.85	83.15	73.13	336.10	331.72
#日用家电设备零售	Household Appliance	165.85	197.75	27.85	16.31	138.00	181.44
计算机、软件及辅助设备零售	Computer,Software and Auxiliary Equipment	50.15	52.72	6.16	7.72	43.99	44.99
通信设备零售	Communication Equipment	123.51	105.49	40.35	41.06	83.16	64.44
五金、家具及室内装修材料专门零售	Hardware Furniture Decoration Indoors	63.29	123.66	16.20	55.42	47.09	68.24
货摊、无店铺及其他零售	Non-shop and Other Retail Sale	822.42	1127.09	104.41	129.87	718.01	997.22
#邮购及电视电话零售	Mail Order and Electron Vendition	16.43	14.98	0.06		16.37	14.98

10－6 限额以上批发零售贸易业商品分类销售额(2013－2018 年)
Total Sales of Enterprises Above Designated Size(2013－2018)

单位:亿元(100 million yuan)

商品分类		合计 Total				
		2013	2014	2015	2016	2018
食品、饮料、烟酒类	Food,Beverage,Tobacco and Liquor	3148.22	3316.95	3536.63	3798.87	3562.96
肉禽蛋类	Meat,Poultry and Eggs	125.48	146.97	168.79	186.97	235.29
其他食品类	Other Food	1144.05	1266.45	1456.30	1609.81	
饮料类	Beverages	765.99	728.34	643.35	701.12	825.20
烟酒类	Tobacco and Liquor	1112.71	1175.19	1268.19	1300.97	1408.09
服装鞋帽、针、纺织品类	Garments,Shoes,Hats,Knit and Textile Goods	3192.77	3580.11	4102.66	4164.84	4803.64
服装类	Garments	1347.21	1506.94	1806.96	1668.23	1839.12
鞋帽类	Shoes and Hats	357.10	386.71	397.63	411.68	453.98
针、纺织品类	Knit and Textile Goods	1488.46	1686.46	1898.04	2084.93	2510.53
化妆品类	Cosmetics	127.23	134.31	149.01	189.42	267.45
金银珠宝类	Jewelry	301.30	375.42	486.44	288.27	299.86
日用品类	Articles For Daily Use	934.65	1034.95	1044.17	1146.20	1324.66
洗涤用品类	Washing	214.26	198.42			
儿童玩具类	Toy For Children	31.43	36.40	35.79	46.17	52.84
五金、电料类	Hardware & Electric Materials	367.62	435.26	426.45	495.44	566.68
体育、娱乐用品类	Sports and Recreation	42.70	41.42	49.02	56.52	55.14
书报杂志类	Newspapers and Magazines	77.57	82.48	98.21	110.99	126.16
电子出版物及音像制品类	Electronic Publication and Audiovisual Products	6.57	5.02	7.22	7.89	9.11
家用电器及音像器材类	Household Appliances and Audiovisual Equipment	946.64	994.54	1010.46	1304.85	1394.87
中西药品类	Traditional Chinese & Western Medicines	1228.57	1385.37	1513.34	1735.29	1776.16
西药	Western Medicines	908.42	1022.15	1115.51	1260.10	1300.93
中草药及中成药	Chinese Herbal Medicine and Other Traditional Chinese Medicine	217.95	254.56	272.76	291.14	281.77
文化办公用品类	Culture and Official Articles	464.39	479.05	522.95	630.59	692.29
家具类	Furniture	107.97	153.48	206.98	161.68	210.87
通讯器材类	Communication Appliances	276.88	283.36	405.85	766.15	945.41
煤炭及制品类	Coal and Related Products	1426.48	1374.73	1416.62	2027.82	2854.24
木材及制品类	Timber and Related Products	168.32	236.29	390.05	454.63	504.73
石油及制品类	Oil and Related Products	4554.47	4668.32	4389.75	6092.16	6707.94
化工材料及制品类	Chemical Materials and Related Products	3601.12	4238.95	4402.13	7001.30	9789.92
化肥类	Fertilizer	152.52	139.17	137.62	119.11	137.28
金属材料类	Metal Materials	8895.87	9761.29	9536.02	11892.68	14138.09
建筑及装潢材料类	Building and Decoration Materials	380.04	542.94	563.54	650.68	847.87
机电成品及设备类	Mechanical and Electrical Products and Appliances	779.68	872.78	936.21	1220.05	1556.09
农机类	Agricutural Mechanical Products	8.40	10.20	8.24	9.54	10.82
汽车类	Motor Vehicles	3378.35	3812.40	4217.61	6093.04	6485.02
种子饲料类	Seed and Forage	45.59	40.41	42.54	61.68	75.55
棉麻类	Cotton & Ambery	81.16	96.33	93.42	104.75	146.19
其他类	Others	1461.44	1924.63	2213.34	2414.02	2861.25

续表 1 Continued 单位:亿元(100 million yuan)

商品分类		批发额 Wholesale				
		2013	2014	2015	2016	2018
食品、饮料、烟酒类	Food, Beverage, Tobacco and Liquor	2498.55	2579.79	2674.87	2948.43	2835.70
肉禽蛋类	Meat, Poultry and Eggs	64.00	77.76	87.36	103.69	154.59
其他食品类	Other Food	713.47	706.02	879.47	1037.61	
饮料类	Beverages	702.89	653.31	556.23	611.30	732.74
烟酒类	Tobacco and Liquor	1018.19	1073.48	1151.81	1195.84	1310.50
服装鞋帽、针、纺织品类	Garments, Shoes, Hats, Knit and Textile Goods	2609.70	2892.12	3274.31	3316.90	3922.20
服装类	Garments	897.79	971.27	1163.41	990.07	1129.45
鞋帽类	Shoes and Hats	279.62	300.35	297.56	305.61	336.94
针、纺织品类	Knit and Textile Goods	1432.29	1620.49	1813.32	2021.23	2455.80
化妆品类	Cosmetics	48.54	44.55	48.18	77.41	121.10
金银珠宝类	Jewelry	121.01	187.77	276.43	145.31	155.34
日用品类	Articles For Daily Use	707.16	784.17	765.15	858.56	994.56
洗涤用品类	Washing	156.19	149.37			
儿童玩具类	Toy For Children	22.41	26.67	23.95	31.93	39.34
五金、电料类	Hardware & Electric Materials	351.24	407.33	391.07	467.43	541.00
体育、娱乐用品类	Sports and Recreation	26.73	24.17	30.32	32.98	35.93
书报杂志类	Newspapers and Magazines	32.75	35.74	41.52	45.17	53.04
电子出版物及音像制品类	Electronic Publication and Audiovisual Products	4.32	3.01	5.22	5.84	6.84
家用电器及音像器材类	Household Appliances and Audiovisual Equipment	645.26	660.16	631.76	871.81	981.83
中西药品类	Traditional Chinese & Western Medicines	679.49	741.61	801.40	937.81	1551.57
西药	Western Medicines	487.96	547.75	595.52	674.13	1148.92
中草药及中成药	Chinese Herbal Medicine and Other Traditional Chinese Medicine	121.23	130.00	142.19	152.09	235.23
文化办公用品类	Culture and Official Articles	392.15	395.17	421.07	491.71	560.95
家具类	Furniture	68.31	91.13	122.91	106.13	145.02
通讯器材类	Communication Appliances	197.61	199.93	262.98	565.48	718.24
煤炭及制品类	Coal and Related Products	1423.92	1370.98	1412.46	2026.65	2853.29
木材及制品类	Timber and Related Products	167.73	236.29	390.05	454.63	
石油及制品类	Oil and Related Products	3323.29	3331.68	3148.95	4761.08	5314.53
化工材料及制品类	Chemical Materials and Related Products	3601.12	4238.95	4402.13	7001.30	
化肥类	Fertilizer	152.52	139.17	137.62	119.11	
金属材料类	Metal Materials	8894.98	9761.29	9536.02	11892.68	
建筑及装潢材料类	Building and Decoration Materials	333.51	457.65	443.52	592.94	800.34
机电成品及设备类	Mechanical and Electrical Products and Appliances	773.57	860.94	923.08	1204.82	1543.08
农机类	Agricutural Mechanical Products	8.40	10.20	8.24	9.54	
汽车类	Motor Vehicles	664.90	838.89	1108.50	2619.34	3105.70
种子饲料类	Seed and Forage	45.59	40.41	42.54	61.68	
棉麻类	Cotton & Ambery	81.16	96.33	93.34	104.72	146.18
其他类	Others	1396.27	1844.30	2093.39	2246.05	2729.41

续表 2 Continued 单位:亿元(100 million yuan)

商品分类		零售额 Retail Sale				
		2013	2014	2015	2016	2018
食品、饮料、烟酒类	Food, Beverage, Tobacco and Liquor	649.67	737.16	861.76	850.44	727.26
肉禽蛋类	Meat, Poultry and Eggs	61.48	69.21	81.42	83.28	80.70
其他食品类	Other Food	430.58	560.42	576.83	572.21	
饮料类	Beverages	63.10	75.03	87.12	89.82	92.46
烟酒类	Tobacco and Liquor	94.52	101.71	116.38	105.14	97.59
服装鞋帽、针、纺织品类	Garments, Shoes, Hats, Knit and Textile Goods	583.07	687.99	828.34	847.94	881.44
服装类	Garments	449.42	535.67	643.55	678.16	709.66
鞋帽类	Shoes and Hats	77.48	86.36	100.07	106.08	117.04
针、纺织品类	Knit and Textile Goods	56.17	65.96	84.72	63.70	54.73
化妆品类	Cosmetics	78.69	89.77	100.83	112.01	146.36
金银珠宝类	Jewelry	180.29	187.65	210.01	142.96	144.52
日用品类	Articles For Daily Use	227.48	250.78	279.02	287.64	330.10
洗涤用品类	Washing	58.07	49.05			
儿童玩具类	Toy For Children	9.02	9.72	11.84	14.25	13.50
五金、电料类	Hardware & Electric Materials	16.38	27.94	35.39	28.01	25.68
体育、娱乐用品类	Sports and Recreation	15.97	17.26	18.70	23.54	19.22
书报杂志类	Newspapers and Magazines	44.82	46.73	56.68	65.82	73.12
电子出版物及音像制品类	Electronic Publication and Audiovisual Products	2.25	2.01	2.00	2.04	2.27
家用电器及音像器材类	Household Appliances and Audiovisual Equipment	301.38	334.38	378.70	433.04	413.04
中西药品类	Traditional Chinese & Western Medicines	549.07	643.75	711.94	797.48	224.59
西药	Western Medicines	420.46	474.40	519.99	585.97	152.02
中草药及中成药	Chinese Herbal Medicine and Other Traditional Chinese Medicine	96.72	124.56	130.57	139.04	46.54
文化办公用品类	Culture and Official Articles	72.24	83.89	101.88	138.88	131.34
家具类	Furniture	39.66	62.34	84.06	55.55	65.84
通讯器材类	Communication Appliances	79.27	83.43	142.87	200.67	227.17
煤炭及制品类	Coal and Related Products	2.56	3.74	4.16	1.17	0.94
木材及制品类	Timber and Related Products	0.59				
石油及制品类	Oil and Related Products	1231.18	1336.64	1240.79	1331.08	1393.41
化工材料及制品类	Chemical Materials and Related Products					
化肥类	Fertilizer					
金属材料类	Metal Materials	0.89				
建筑及装潢材料类	Building and Decoration Materials	46.53	85.28	120.03	57.74	47.53
机电成品及设备类	Mechanical and Electrical Products and Appliances	6.11	11.84	13.13	15.23	13.02
农机类	Agricutural Mechanical Products					
汽车类	Motor Vehicles	2713.44	2973.51	3109.12	3473.69	3379.32
种子饲料类	Seed and Forage					
棉麻类	Cotton & Ambery			0.07	0.04	0.01
其他类	Others	65.17	80.33	119.95	167.97	131.84

10－7 限额以上批发零售贸易企业财务状况(2009－2018 年)
Finanical Conditions of Wholesale and Retail Trade Above Designated Siae(2009－2018)

单位:亿元(100 million yuan)

指标	Item	2009	2010	2011	2012	2013	2014	2015	2016	2017	2018
法人企业数(个)	Corporation Units(unit)	8990	10053	11943	12917	14603	15852	16574	17317	18514	19596
从业人员(人)	Employed Persons(person)	447634	516727	601464	641490	691577	739077	757248	758326	772544	795228
流动资产合计	Total Circulating Assets	5926.70	7716.00	10011.10	11186.82	13177.24	14578.67	15011.26	15960.01	17535.72	19097.38
固定资产合计	Total Fixed Assets	555.61	620.00	676.23	755.73	947.51	983.27	1052.48	1018.95	1062.36	998.66
资产总计	Total Assets	7661.40	9678.10	12417.10	13925.58	16605.02	18648.98	19422.55	20827.30	22698.86	25138.99
负债合计	Total Liabilities	5728.60	7412.80	9650.10	10850.65	12893.32	14525.48	14853.51	15833.63	17098.69	18684.50
商品销售收入净额	Net Value of Sales Revenue	15171.80	20927.10	26913.80	29083.68	34510.37	39122.87	37632.81	39951.43	49271.85	57773.11
商品销售成本	Cost of Sales	14232.10	19729.80	25435.30	27524.14	32563.71	37049.63	35405.56	37552.61	46570.83	54745.24
经营费用	Business Expenses	424.92	546.72	654.62	738.07	831.60	925.63	984.65	1103.55	1306.20	1511.22
商品销售税金及附加费	Tax and Extra Charges on Goods Sales	41.64	63.66	74.33	83.06	98.66	107.14	155.71	177.45	184.73	199.98
主营业务利润	Profits of Major Management	897.11	1134.66	1404.17	1476.47	1739.19	1879.87	1963.40	2221.37	2516.30	2827.90
管理费用	Management Expenses	241.54	293.83	353.76	398.49	466.47	514.58	559.67	582.54	600.89	704.37
财务费用	Financial Expenses	65.87	114.34	183.29	206.29	196.52	224.45	189.82	201.34	248.80	246.78
利润总额	Total Profits	308.82	376.72	407.73	352.50	493.37	520.93	546.35	699.10	815.96	909.47
本年应付职工薪酬	Total Wages Payable In the Year			292.02	389.62	421.39	504.63	520.31	580.96	689.12	737.17

10－8 按登记注册类型分限额以上批发零售贸易企业资产及负债情况(2018 年)
Assets and Liabilities of Enterprises Above Designated Size in Wholesale and Retail Trade by Types of Registration(2018)

单位:亿元(100 million yuan)

指标		资产合计 Total Assets	固定资产 Fixed assets	流动资产 Circulating assets	负债合计 Total Liabilities	所有者权益合计 Total Creditor's Equity
总计	**Total**	**25138.99**	**998.66**	**19097.38**	**18684.50**	**6641.14**
批发企业合计	**Wholesale Trade**	**21346.61**	**565.46**	**16379.34**	**15694.23**	**5652.19**
#国有及国有控股企业	State－owend and State Holding Enterprises	4240.98	168.55	2967.61	2635.92	1605.06
内资企业	Domestic Funded Enterprises	20135.26	538.03	15408.37	14793.03	5342.05
国有企业	State－owned Enterprises	435.88	26.43	389.90	90.62	345.26
集体企业	Collective Owned Enterprises	4.51	0.29	4.02	3.32	1.19
股份合作企业	Cooperative Enterprises	7.66	0.40	7.19	5.57	2.09
联营企业	Joint Ownership Enterprises					
国有联营企业	State Joint Ownership Enterprises					
集体联营企业	Collective Joint Ownership Enterprises					
其他联营企业	State－collective Joint Enterprises					
有限责任公司	Limited Liability Corporations	6934.41	168.63	5202.08	5273.65	1660.76
国有独资公司	State Sole Funded Corporations	1076.08	49.10	548.92	605.65	470.44
其他有限责任公司	Other Limited Liability Corporations	5858.33	119.53	4653.16	4668.00	1190.32
股份有限公司	Share－holding Corporations Ltd.	2743.25	100.57	1564.93	1551.15	1192.10
私营企业	Private Enterprises	10005.34	241.29	8236.55	7865.76	2139.39
私营独资企业	Private Funded Enterprises	5.44	0.27	5.04	4.74	0.70
私营合伙企业	Private Partnership Corporations	1.69	0.06	1.63	1.46	0.23
私营有限责任公司	Private Limited Liability Corporations	9834.06	235.88	8107.04	7756.84	2077.03
私营股份有限公司	Enterprises With Funds From Hong Kong Macao and Taiwan	164.15	5.09	122.83	102.73	61.42
港澳台商投资企业	Enterprises With Funds From Hong Kong Macao and Taiwan	410.21	15.14	318.02	260.82	149.39
合资经营企业	Joint－venture Enterprises	72.72	4.04	57.81	50.04	22.68
独资经营企业	Enterprises with Sole Hong Kong, Macao and Taiwan	320.98	11.08	243.80	197.89	123.09
外商投资企业	Foreign Funded Enterprises	801.14	12.29	652.96	640.39	160.76
中外合资经营企业	Joint－venture Enterprises	480.29	5.77	363.76	386.70	93.59
中外合作经营企业	Cooperation Enterprises					
外资企业	Enterprises With Sole Foreign Investment	162.69	4.89	135.56	105.78	56.91
外商投资股份有限企业	Foreign Invesment Share－holding Corporations Ltd.	14.95	1.03	11.20	6.91	8.04

续表 Continued 单位:亿元(100 million yuan)

指标		资产合计 Total Assets	固定资产 Fixed assets	流动资产 Circulating assets	负债合计 Total Liabilities	所有者权益合计 Total Creditor's Equity
零售业合计	**Retail Sale**	**3792.37**	**433.20**	**2718.03**	**2990.27**	**988.94**
#国有及国有控股企业	State - owend and State Holding Enterprises	482.08	69.41	268.39	459.34	209.58
内资企业	Domestic Funded Enterprises	3207.55	346.63	2322.98	2639.58	754.81
国有企业	State - owned Enterprises	5.54	0.82	4.35	3.36	2.19
集体企业	Collective Owned Enterprises	7.59	1.17	5.42	4.50	3.09
股份合作企业	Cooperative Enterprises	8.23	0.79	5.42	4.86	3.36
联营企业	Joint Ownership Enterprises	1.20	0.14	0.96	0.50	0.70
国有联营企业	State Joint Ownership Enterprises	0.31	0.05	0.26	0.14	0.17
国有与集体联营企业	State - collective Joint Enterprises	0.56	0.06	0.48	0.30	0.27
其他联营企业	Other Joint Ownership Enterprises	0.32	0.03	0.21	0.06	0.27
有限责任公司	Limited Liability Corporations	1300.70	139.16	923.53	962.71	337.98
国有独资公司	State Sole Funded Corporations	113.77	17.40	62.55	57.74	56.03
其他有限责任公司	Other Limited Liability Corporations	1186.92	121.75	860.98	904.97	281.96
股份有限公司	Share - holding Corporations Ltd.	244.98	28.28	124.63	327.74	104.08
私营企业	Private Enterprises	1636.99	175.39	1257.48	1334.87	302.12
私营独资企业	Private Funded Enterprises	10.94	1.56	8.75	7.21	3.73
私营合伙企业	Private Partnership Corporations	2.85	0.54	2.07	2.14	0.71
私营有限责任公司	Private Limited Liability Corporations	1578.56	171.18	1215.27	1300.79	277.77
私营股份有限公司	Private Share - holding Corporations Ltd.	44.63	2.11	31.38	24.72	19.91
港澳台商投资企业	Funded by Enterpreneurs From Hong Kong Macao and Taiwan	284.27	46.30	183.56	166.80	117.47
合资经营企业	Joint - venture Enterprises	128.01	21.26	74.11	52.98	75.03
合作经营企业	Cooperation Enterprises From Hong Kong, Macao and Taiwan	2.91	0.49	1.78	0.23	2.68
港、澳、台商独资经营企业	Enterprises with Sole Hong Kong, Macao and Taiwan	132.89	20.16	94.95	97.79	35.10
港、澳、台商投资股份有限公司	Share - holding Corporations Ltd. with Funds From Hong Kong, Macao and Taiwan	6.76	1.67	3.85	5.15	1.61
外商投资企业	Foreign Funded Enterprises	300.55	40.28	211.50	183.89	116.66
中外合资经营企业	Joint - venture Enterprises	46.99	11.87	24.58	23.09	23.91
中外合作经营企业	Cooperation Enterprises	0.90	0.35	0.45	0.02	0.88
外资企业	Foreign Invesment Share - holding Corporations Ltd.	246.33	27.60	181.01	155.24	91.09

10－9 分行业限额以上批发零售贸易企业资产及负债情况(2018 年)
Assets and Liabilities of Enterprises Retail Trade by Types of Registration(2018)

单位:亿元(100 million yuan)

指标		资产合计 Total Assets	固定资产 Fixed	流动资产 Circulating	负债合计 Total Liabilities	所有者权益合计 Total Creditor's Equity
总计		**25138.99**	**998.66**	**19097.38**	**18684.50**	**6641.14**
批发业	**Wholesale**	**21346.61**	**565.46**	**16379.34**	**15694.23**	**5652.19**
农、林、牧产品批发	Agricultural and Animal Products					
食品、饮料及烟草制品批发	Food, Beverages, Tobacoo and Its Products	1729.76	91.03	1390.72	949.65	780.11
#米、面制品及食用油批发	Rice, Flour and Its Products, Edible Oil	256.49	19.42	169.43	200.75	55.74
烟草制品批发	Tobacoo and Its Products	459.42	27.04	406.36	87.86	371.57
纺织、服装及日用品批发	Textile, Garments and Articles for Daily Use	3062.34	91.63	2557.48	2377.55	684.79
#服装批发	Garments	836.84	23.98	595.06	608.72	228.12
文化、体育用品及器材批发	Culture, Sports Articles and Equipment	463.86	12.05	404.41	346.92	116.94
医药及医疗器材批发	Medicines and Medical Appliances	1015.01	32.26	782.93	675.76	339.25
矿产品、建材及化工产品批发	Mineral Products, Building Materials and Chemical Products	12132.23	256.27	8826.04	9080.19	3051.85
#煤炭及制品批发	Coal and Related Products	730.91	10.05	621.32	594.68	136.24
石油及制品批发	Petroleum and Related Products	1536.83	86.57	1132.70	1171.48	365.33
金属及金属矿批发	Metal Materials and Mineral	5943.57	82.13	4180.76	4432.38	1511.03
建材批发	Building Materials	864.43	22.97	644.19	641.61	222.82
化肥批发	Fertilizer	96.91	3.58	75.05	68.30	28.62
机械设备、五金交电及电子产品批发	Machinery Equipment, Hardware and Electric Products	2420.99	56.45	1997.97	1842.15	578.84
#汽车批发	Motor Vehicles, Motorcycles and Parts	737.34	10.41	640.09	624.47	112.87
五金产品批发	Household Appliances	272.46	12.79	206.88	164.43	108.03
计算机、软件及辅助设备批发	Computers, Software and Auxiliary Equipment	48.64	1.29	46.74	32.29	16.35
贸易经纪与代理	Manage and Agencies in Trade	48.91	0.86	46.39	43.18	5.73
其他批发	Others	267.72	7.28	233.04	223.70	44.03

续表 Continued

单位:亿元(100 million yuan)

指标		资产合计 Total Assets	固定资产 Fixed	流动资产 Circulating	负债合计 Total Liabilities	所有者权益合计 Total Creditor's Equity
零售业	**Retail Sale**	**3792.37**	**433.20**	**2718.03**	**2990.27**	**988.94**
综合零售	Synthesizs	964.99	173.64	575.91	679.04	285.94
#百货零售	Consumer Goods	581.45	116.95	320.95	364.73	216.73
超级市场零售	Supermarkets	365.79	52.87	243.61	295.85	69.93
食品、饮料及烟草制品专门零售	Food, Beverages, Tobacoos and Its Products	68.87	8.62	48.89	42.37	26.50
纺织、服装及日用品专门零售	Textile Garments and Articles for Daily Use	280.41	10.41	210.56	179.30	101.11
#服装零售	Garments Articles	215.72	6.11	157.78	136.79	78.93
文化、体育用品及器材专门零售	Culture, Sports Articles and Equipments	164.29	23.04	116.68	106.67	57.62
#体育用品及器材零售	Sports Articles	10.65	0.46	7.59	6.36	4.30
#图书报刊零售	Books	101.16	20.18	62.19	63.63	37.53
医药及医疗器材专门零售	Medicines and Medical Appliances	120.07	6.23	103.79	95.04	25.03
#药品零售	Medicines	117.71	5.99	101.71	93.53	24.18
汽车、摩托车、燃料及零配件专门零售	Motor Vehicles Motorcycles Fuel	1536.88	167.44	1131.15	1396.16	327.56
汽车零售	Motor Vehicles	1299.06	132.98	1015.02	1078.66	220.40
机动车燃料零售	Fuel for Motor Vehicles Use	224.97	33.15	105.94	308.49	103.33
家用电器及电子产品专门零售	Household Appliance Electric Products	185.63	12.17	149.98	138.49	47.14
#日用家电设备零售	Household Appliance	87.28	5.34	71.44	71.02	16.26
计算机、软件及辅助设备零售	Computer, Software and Auxiliary Equipment	27.73	0.71	22.84	12.95	14.78
通信设备零售	Communication Equipment	40.17	2.09	35.12	29.13	11.04
五金、家具及室内装修材料专门零售	Hardware Furniture Decoration Indoors	71.88	11.87	46.84	52.49	19.39
货摊、无店铺及其他零售	Non-shop and Other Retail Sale	399.36	19.79	334.23	300.71	98.64
#邮购及电视电话零售	Mail Order and Electron Vendition	7.17	0.05	6.75	2.46	4.71

10－10 按登记注册类型分限额以上批发零售贸易企业主要财务指标情况(2018 年)

Main Financial Indicators of Enterprises Above Designated Size in Wholesale and Retail Trade by Types of Regidtration(2018)

单位:亿元(100 million yuan)

指标	Item	主营业务收入 Revenue in Main Business	主营业务成本 Cost in Main Business	主营业务税金及附加 Tax and Extra Changes in Main Business	主营业务利润 Profits in Main Business	销售费用 Sales Expenses
批发和零售贸易业合计	**Total**	**57773.11**	**54745.24**	**199.98**	**2827.90**	**1511.22**
批发企业合计	**Wholesale Trade**	**50353.63**	**48164.27**	**176.14**	**2013.22**	**952.83**
#国有及国有控股	State－owned and State Holding Enterprises	11521.62	10958.49	141.75	421.39	121.40
内资企业	Domestic Funded Enterprises	47005.04	44967.31	173.38	1864.35	839.34
国有企业	State－owned Enterprises	906.60	627.87	119.49	159.24	14.43
集体企业	Collective Owned Enterprises	6.28	5.81	0.02	0.45	0.21
股份合作企业	Cooperative Enterprises	12.05	11.13	0.03	0.88	0.47
其他联营企业	Other Joint Ownership Enterprises	17334.82	16766.17	28.37	540.28	242.91
有限责任公司	Limited Liability Corporations	1352.22	1295.27	12.41	44.54	14.78
国有独资公司	State Sole Funded Corporations	15982.60	15470.90	15.97	495.74	228.13
其他有限责任公司	Other Limited Liability Corporations	4163.98	3978.78	3.63	181.56	99.54
股份有限公司	Share－holding Corporations Ltd.	24553.36	23550.01	21.84	981.51	481.69
私营企业	Private Enterprises	22.98	21.94	0.09	0.95	0.41
私营独资企业	Private Funded Enterprises	13.41	12.39	0.03	1.00	0.53
私营合伙企业	Private Partnership Corporations	23937.16	22957.24	21.40	958.53	469.50
私营有限责任公司	Private Limited Liability Corporations	579.81	558.45	0.33	21.04	11.26
私营股份有限公司	Private Share－holding Corporations Ltd.	600.00	544.52	1.00	54.47	30.68
港、澳、台商投资企业	Enterprises With Funds From Hong Kong, Macao and Taiwan	130.65	122.31	0.18	8.16	4.40
港澳台商合资经营企业	Joint－venture Enterprises	418.66	372.81	0.76	45.09	25.88
港澳台商独资经营企业	Enterprises with Sole Hong－Kong,Macao and Taiwan	2748.60	2652.44	1.75	94.40	82.81
外商投资企业	Foreign Funded Enterprises	1961.57	1893.56	1.28	66.73	57.53
中外合资经营企业	Joint－venture Enterprises					
中外合作经营企业	Cooperation Enterprises	324.57	307.85	0.30	16.42	6.87
外商企业	Enterprises With Sole Foreign Investment	24.07	22.31	0.04	1.72	0.47
外商投资股份有限公司	Foreign Invesment Share－holding Corporations Ltd. Enterprises With Sole Foreign Investment	7419.48	6580.97	23.84	814.67	558.39

续表 1 Continued 单位:亿元(100 million yuan)

指标	Item	主营业务收入 Revenue in Main Business	主营业务成本 Cost in Main Business	主营业务税金及附加 Tax and Extra Changes in Main Business	主营业务利润 Profits in Main Business	销售费用 Sales Expenses
零售企业总计	**Retail Sale**	**1050.80**	**952.04**	**3.04**	**95.72**	**63.87**
#国有及国有控股	State - owend and State - holding Enterprises	6370.31	5675.54	19.08	675.68	463.23
内资企业	Domestic Funded Enterprises	9.35	8.17	0.02	1.16	0.48
国有企业	State - owned Enterprises	13.09	11.16	0.07	1.86	0.71
集体企业	Collective Owned Enterprises	19.19	16.36	0.06	2.76	0.94
股份合作企业	Cooperative Enterprises	7.60	6.47	0.02	1.11	0.45
联营企业	Joint Ownership Enterprises	2.95	2.40	0.01	0.54	0.20
国有联营企业	State Joint Ownership Enterprises	3.46	3.04	0.01	0.41	0.21
集体联营企业	Collective Joint Ownership Enterprises	1.19	1.03		0.16	0.04
国有与集体联营企业	State - collective Joint Enterprises	2740.52	2447.17	8.23	285.11	201.34
其他联营企业	Other Joint Ownership Enterprises	79.69	67.04	0.34	12.30	7.62
有限责任公司	Limited Liability Corporations	2660.84	2380.13	7.89	272.82	193.73
国有独资公司	State Sole Funded Corporations	366.28	330.70	1.02	34.56	32.04
其他有限责任公司	Other Limited Liability Corporations	3210.32	2852.05	9.65	348.62	227.19
股份有限公司	Share - holding Corporations Ltd.	26.76	23.25	0.08	3.44	0.99
私营企业	Private Enterprises	8.52	7.26	0.03	1.22	0.36
私营独资企业	Private Funded Enterprises	3118.18	2776.00	9.32	332.86	218.91
私营合伙企业	Private Partnership Corporations	56.86	45.54	0.22	11.10	6.94
私营有限责任公司	Private Limited Liability Corporations	549.53	467.46	2.76	79.31	54.44
私营股份有限公司	Private Share - holding Corporations Ltd.	178.19	153.01	1.28	23.90	9.92
其他企业	others	2.78	2.19	0.04	0.55	0.16
港澳台商投资企业	Enterprises With Funds From Hong Kong Macao and Taiwan	348.42	294.75	1.33	52.34	42.16
与港澳台商合资经营	Joint - venture Enterprises	14.82	12.91	0.10	1.82	1.29
与港澳台商合作经营	Cooperation Enterprises From Hong Kong,Macao and Taiwan	499.64	437.96	2.00	59.69	40.72
港澳台商独资经营	Enterprises with Sole Hong - Kong,Macao and Taiwan	213.15	193.42	0.39	19.34	18.61
港澳台商投资股份有限公司	Share - holding Corporations Ltd. with Funds From Hong Kong,Macao and Taiwan	0.49	0.46		0.04	0.09
外商投资企业	Foreign Funded Enterprises	272.02	232.25	1.58	38.19	20.82
中外合资经营企业	Joint - venture Enterprises	0.58	0.58	0.01		0.14
中外合作经营企业	Cooperation Enterprises	229.19	192.37	1.44	35.38	21.18
外商企业	Enterprises With Sole Foreign Investment	7.55	6.74	0.03	0.79	0.32
外商投资股份有限公司	Foreign Invesment Share - holding Corporations Ltd.	7.30	6.64	0.01	0.66	0.23

续表 2 Continued 单位:亿元(100 million yuan)

指标	Item	管理费用 Management Expenses	财务费用 Financial Expenses	利润总额 Profits	应付职工薪酬(本年贷方累计发生额) Total Wages Pagable in the Year	本年应交增值税 Value added tases payab in the year
批发和零售贸易业合计	**Total**	**704.37**	**246.78**	**909.47**	**737.17**	**467.87**
批发企业合计	**Wholesale Trade**	**478.72**	**208.36**	**785.44**	**443.32**	**366.99**
#国有及国有控股	State－owned and State Holding Enterprises	88.35	19.88	320.62	96.90	113.96
内资企业	Domestic Funded Enterprises	452.88	201.36	754.41	415.45	352.02
国有企业	State－owned Enterprises	26.86	－10.06	129.86	28.32	43.48
集体企业	Collective Owned Enterprises	0.15	0.04	0.12	0.17	0.05
股份合作企业	Cooperative Enterprises	0.25	0.05	0.22	0.23	0.13
其他联营企业	Other Joint Ownership Enterprises	113.53	78.63	257.86	124.68	110.84
有限责任公司	Limited Liability Corporations	15.99	7.70	28.87	14.12	9.71
国有独资公司	State Sole Funded Corporations	97.54	70.92	228.98	110.56	101.13
其他有限责任公司	Other Limited Liability Corporations	47.26	18.20	138.18	50.23	17.49
股份有限公司	Share－holding Corporations Ltd.	264.71	114.46	228.00	211.67	180.02
私营企业	Private Enterprises	0.23	0.06	0.26	0.17	0.69
私营独资企业	Private Funded Enterprises	0.27	0.01	0.24	0.34	0.18
私营合伙企业	Private Partnership Corporations	259.01	111.88	223.88	207.07	177.07
私营有限责任公司	Private Limited Liability Corporations	5.20	2.50	3.63	4.09	2.08
私营股份有限公司	Private Share－holding Corporations Ltd.	16.13	4.14	11.60	14.71	5.26
港、澳、台商投资企业	Enterprises With Funds From Hong Kong, Macao and Taiwan	2.99	0.71	1.03	2.65	0.80
港澳台商合资经营企业	Joint－venture Enterprises	12.72	3.43	10.15	11.72	4.32
港澳台商独资经营企业	Enterprises with Sole Hong－Kong, Macao and Taiwan	9.72	2.86	19.43	13.16	9.70
外商投资企业	Foreign Funded Enterprises	2.96	1.71	19.36	6.76	6.99
中外合资经营企业	Joint－venture Enterprises					
中外合作经营企业	Cooperation Enterprises	4.70	0.82	6.77	3.68	1.63
外商企业	Enterprises With Sole Foreign Investment	0.47	－0.04	2.16	0.30	0.65
外商投资股份有限公司	Foreign Invesment Share－holding Corporations Ltd. Enterprises With Sole Foreign Investment	225.64	38.42	124.04	293.84	100.88

续表 3 Continued 单位:亿元(100 million yuan)

指标	Item	管理费用 Management Expenses	财务费用 Financial Expenses	利润总额 Profits	应付职工薪酬(本年贷方累计发生额) Total Wages Pagable in the Year	本年应交增值税 Value added tases payab in the year
零售企业总计	**Retail Sale**	**19.56**	**-0.10**	**28.72**	**37.10**	**13.02**
#国有及国有控股	State - owend and State - holding Enterprises	189.88	36.55	91.07	248.18	85.51
内资企业	Domestic Funded Enterprises	0.46		0.50	0.43	0.18
国有企业	State - owned Enterprises	0.74	0.01	0.83	0.63	0.35
集体企业	Collective Owned Enterprises	0.73	0.09	1.09	0.68	0.42
股份合作企业	Cooperative Enterprises	0.04		0.67	0.13	0.18
联营企业	Joint Ownership Enterprises			0.34	0.02	0.09
国有联营企业	State Joint Ownership Enterprises	0.01		0.20	0.08	0.07
集体联营企业	Collective Joint Ownership Enterprises	0.03		0.13	0.03	0.02
国有与集体联营企业	State - collective Joint Enterprises	63.79	10.07	65.22	104.45	35.61
其他联营企业	Other Joint Ownership Enterprises	4.11	-0.44	3.80	6.88	0.91
有限责任公司	Limited Liability Corporations	59.68	10.51	61.43	97.57	34.70
国有独资公司	State Sole Funded Corporations	9.08	1.65	1.26	15.64	7.20
其他有限责任公司	Other Limited Liability Corporations	114.89	24.71	21.23	126.06	41.57
股份有限公司	Share - holding Corporations Ltd.	1.10	0.14	1.07	0.96	0.39
私营企业	Private Enterprises	0.39	0.09	-0.02	0.25	0.23
私营独资企业	Private Funded Enterprises	109.58	24.06	19.09	121.94	39.89
私营合伙企业	Private Partnership Corporations	3.81	0.42	1.10	2.91	1.06
私营有限责任公司	Private Limited Liability Corporations	20.00	1.10	20.08	25.70	8.66
私营股份有限公司	Private Share - holding Corporations Ltd.	8.71	-0.02	16.01	7.52	2.95
其他企业	others	0.29	0.01	0.09	0.20	0.05
港澳台商投资企业	Enterprises With Funds From Hong Kong Macao and Taiwan	10.54	0.94	3.24	16.77	5.35
与港澳台商合资经营	Joint - venture Enterprises	0.33	0.10	0.72	0.91	0.25
与港澳台商合作经营	Cooperation Enterprises From Hong Kong, Macao and Taiwan	15.76	0.76	12.89	19.96	6.71
港澳台商独资经营	Enterprises with Sole Hong - Kong, Macao and Taiwan	3.74	-0.12	3.29	8.77	1.47
港澳台商投资股份有限公司	Share - holding Corporations Ltd. with Funds From Hong Kong, Macao and Taiwan			0.03	0.03	0.01
外商投资企业	Foreign Funded Enterprises	11.68	0.75	8.95	10.57	5.08
中外合资经营企业	Joint - venture Enterprises			0.01	0.04	
中外合作经营企业	Cooperation Enterprises	11.91	0.52	8.27	8.17	4.93
外商企业	Enterprises With Sole Foreign Investment	0.20	0.09	0.32	0.20	0.04
外商投资股份有限公司	Foreign Invesment Share - holding Corporations Ltd.	0.21	0.01	0.14	0.14	0.03

10－11 分行业限额以上批发零售贸易企业主要财务指标情况(2018 年)
Main Financial Indicators of Enterprises Above Designated Size in Wholesale and Retail Trade by Sector(2018)

单位:亿元(100 million yuan)

指标	Item	主营业务收入 Revenue in Main Business	主营业务成本 Cost in Main Business	主营业务税金及附加 Tax and Extra Changes in Main Business	主营业务利润 Profits in Main Business	销售费用 Sales Expenses
批发企业合计	**Wholesale**	**57773.11**	**54745.24**	**199.98**	**2827.90**	**1511.22**
农、林、牧产品批发	Agriculture, forest, animal husbandry products wholesale	50353.63	48164.27	176.14	2013.22	952.83
食品、饮料及烟草制品批发	Food, Beverages, Tobacoo and Its Products	2800.35	2303.97	134.33	362.06	138.80
#米、面制品及食用油批发	Rice, Flour and Its Products, Edible Oil	304.58	296.27	0.26	8.04	6.51
烟草制品批发	Tobacoo and Its Products	956.54	652.34	130.72	173.48	15.01
纺织、服装及日用品批发	Textile, Garments and Articles for Daily Use	6950.74	6468.85	6.52	475.38	262.36
#服装批发	Garments	1370.08	1239.66	1.49	128.93	62.59
文化、体育用品及器材批发	Culture, Sports Articles and Equipment	1046.68	979.28	1.00	66.39	26.31
医药及医疗器材批发	Medicines and Medical Appliances	1645.39	1465.22	3.12	177.05	96.75
矿产品、建材及化工产品批发	Mineral Products, Building Materials and Chemical Products	30784.58	30154.69	22.52	607.36	257.86
#煤炭及制品批发	Coal and Related Products	2735.72	2672.28	2.29	61.15	26.35
石油及制品批发	Petroleurn and Related Products	4971.81	4841.72	8.11	121.98	66.24
金属及金属矿批发	Petroleurn and Related Products	13555.18	13344.98	6.83	203.38	70.34
建材批发	Building Materials	1285.76	1240.28	1.20	44.28	18.22
化肥批发	Fertilizer	126.30	120.68	0.08	5.54	2.45
机械设备、五金交电及电子产品批发	Machinery Equipment, Hardware and Electric Products	5638.71	5347.60	4.60	286.51	149.89
#汽车批发	Motor Vehicles	2571.98	2472.22	1.69	98.07	74.58
五金产品批发	Hardware products Wholesale	555.02	513.76	0.44	40.82	16.63
计算机、软件及辅助设备批发	Computers, Software and Auxiliary Equipment	173.48	163.16	0.13	10.18	4.39
贸易经纪与代理	Manage and Agencies in Trade	132.56	126.81	0.05	5.70	3.13
其他批发	Others	1102.62	1076.43	3.75	22.45	12.25

续表 1 Continued 单位:亿元(100 million yuan)

指标	Item	主营业务收入 Revenue in Main Business	主营业务成本 Cost in Main Business	主营业务税金及附加 Tax and Extra Changes in Main Business	主营业务利润 Profits in Main Business	销售费用 Sales Expenses
零售企业合计	**Retail Sale**	**7419.48**	**6580.97**	**23.84**	**814.67**	**558.39**
综合零售	Synthesizs	1120.99	968.74	6.29	145.96	125.14
#百货零售	Consumer Goods	447.25	384.31	4.49	58.46	27.67
超级市场零售	Supermarkets	648.25	565.94	1.70	80.61	90.66
食品、饮料及烟草制品专门零售	Food, Beverages, Tobacoos and Its Products	95.84	78.18	0.25	17.41	11.88
纺织服装及日用品专门零售	Textile Garments and Articles for Daily Use	350.84	244.85	2.76	103.22	70.26
#服装零售	Garments Articles	259.08	174.76	2.33	81.98	56.51
文化、体育用品及器材专门零售	Culture, Sports Articles and Equipment	130.52	105.78	1.16	23.58	12.75
#体育用品及器材零售	Sports Articles	4.58	2.83	0.02	1.74	1.27
图书报刊零售	Books, newspaper	57.29	44.52	0.33	12.44	6.36
医药及医疗器材专门零售	Medicines and Medical Appliances	229.02	190.16	0.65	38.21	25.07
#药品零售	Medicines	225.94	187.68	0.63	37.63	24.90
汽车、摩托车、燃料及零配件专门零售	Motor Vehicles Motorcycles Fuel	4032.58	3773.13	9.09	250.36	139.85
#汽车零售	Motor Vehicles	3202.15	3015.90	7.68	178.57	101.17
机动车燃料零售	Fuel for Motor Vehicles Use	812.91	740.89	1.38	70.65	37.86
家用电器及电子产品专门零售	Household Appliance Electric Products	353.24	315.61	0.64	37.00	25.85
#日用家电设备零售	Household Appliances Retail	170.21	150.83	0.35	19.03	15.40
计算机、软件及辅助设备零售	Computer, Software and Auxiliary Equipment	46.12	42.12	0.07	3.93	1.63
通信设备零售	Communication Equipment	95.13	84.90	0.12	10.11	6.58
五金、家具及室内装修材料专门零售	Hardware Furniture Decoration Indoors	103.99	80.03	0.50	23.46	13.60
货摊、无店铺及其他零售	Stalls, No Satores and Other Retail	1002.46	824.49	2.50	175.47	133.99
#邮购及电视、电话零售	Mail, telephone and TV retail	13.04	11.92	0.03	1.09	1.20

续表 2 Continued　　单位:亿元(100 million yuan)

指标	Item	管理费用 Manage - ment Expenses	财务费用 Financial Expenses	利润总额 Profits	应付职工薪酬 Total Wages Pagable in the Year	本年应交增值税 Value Added Tases payable in the year
批发企业合计	**Wholesale**	**704.37**	**246.78**	**909.47**	**737.17**	**467.87**
农、林、牧产品批发	Agriculture, forest, animal husbandry products wholesale	478.72	208.36	785.44	443.32	366.99
食品、饮料及烟草制品批发	Food,Beverages,Tobacoo and Its Products	70.64	-3.71	212.91	87.48	70.88
#米、面制品及食用油批发	Rice,Flour and Its Products, Edible Oil	5.08	3.40	1.66	4.67	0.80
烟草制品批发	Tobacoo and Its Products	28.58	-10.98	142.31	30.33	47.67
纺织、服装及日用品批发	Textile,Garments and Articles for Daily Use	119.66	29.98	97.11	125.74	75.89
#服装批发	Garments	37.06	9.79	28.77	33.74	8.09
文化、体育用品及器材批发	Culture,Sports Articles and Equipment	15.43	4.29	23.77	14.11	15.11
医药及医疗器材批发	Medicines and Medical Appliances	37.51	9.83	49.16	36.78	25.16
矿产品、建材及化工产品批发	Mineral Products,Building Materials and Chemical Products	148.52	151.37	302.78	106.51	121.66
#煤炭及制品批发	Coal and Related Products	8.05	9.58	14.36	5.02	14.01
石油及制品批发	Petroleurn and Related Products	28.11	11.94	70.62	24.98	48.61
金属及金属矿批发	Petroleurn and Related Products	52.88	86.83	115.22	36.12	30.46
建材批发	Building Materials	13.30	9.72	20.83	8.15	7.50
化肥批发	Fertilizer	2.35	0.92	4.85	1.86	0.26
机械设备、五金交电及电子产品批发	Machinery Equipment,Hardware and Electric Products	73.06	8.56	88.07	61.64	28.48
#汽车批发	Motor Vehicles	19.13	1.22	20.21	14.86	8.98
五金产品批发	Hardware products Wholesale	14.29	0.21	10.85	11.51	2.24
计算机、软件及辅助设备批发	Computers,Software and Auxiliary Equipment	3.20	0.55	2.47	2.89	0.86
贸易经纪与代理	Manage and Agencies in Trade	1.79	0.69	0.31	1.41	0.43
其他批发	Others	7.16	3.19	9.05	5.11	28.90

续表 3　Continued　　单位:亿元(100 million yuan)

指标	Item	管理费用 Manage－ment Expenses	财务费用 Financial Expenses	利润总额 Profits	应付职工薪酬 Total Wages Pagable in the Year	本年应交增值税 Value Added Tases payable in the year
零售企业合计	**Retail Sale**	**225.64**	**38.42**	**124.04**	**293.84**	**100.88**
综合零售	Synthesizs	52.22	6.08	30.01	73.31	13.78
#百货零售	Consumer Goods	32.02	4.98	20.19	17.78	6.62
超级市场零售	Supermarkets	18.07	0.89	10.74	53.02	6.41
食品、饮料及烟草制品专门零售	Food, Beverages, Tobacoos and Its Products	5.60	0.24	1.39	6.83	1.70
纺织服装及日用品专门零售	Textile Garments and Articles for Daily Use	20.67	1.52	21.18	31.08	11.52
#服装零售	Garments Articles	15.86	0.69	17.65	25.09	9.02
文化、体育用品及器材专门零售	Culture, Sports Articles and Equipment	8.14	0.26	5.03	10.45	1.21
#体育用品及器材零售	Sports Articles	0.96	0.06	－0.43	0.54	0.06
图书报刊零售	Books, newspaper	4.26	－0.71	4.45	6.74	0.15
医药及医疗器材专门零售	Medicines and Medical Appliances	10.15	0.95	4.73	17.76	5.35
#药品零售	Medicines	9.94	0.93	4.39	17.57	5.24
汽车、摩托车、燃料及零配件专门零售	Motor Vehicles Motorcycles Fuel	79.31	24.49	43.46	100.73	41.81
#汽车零售	Motor Vehicles	68.95	22.02	19.81	84.90	29.11
机动车燃料零售	Fuel for Motor Vehicles Use	9.84	2.42	23.69	15.09	12.54
家用电器及电子产品专门零售	Household Appliance Electric Products	12.01	1.73	1.20	14.70	4.30
#日用家电设备零售	Household Appliances Retail	4.86	0.69	－0.61	7.18	2.39
计算机、软件及辅助设备零售	Computer, Software and Auxiliary Equipment	1.74	0.12	0.59	1.91	0.56
通信设备零售	Communication Equipment	4.06	0.65	0.98	4.28	0.91
五金、家具及室内装修材料专门零售	Hardware Furniture Decoration Indoors	5.09	0.67	6.29	4.65	3.18
货摊、无店铺及其他零售	Stalls, No Satores and Other Retail	32.45	2.47	10.74	34.32	18.02
#邮购及电视、电话零售	Mail, telephone and TV retail	0.38	－0.06	0.31	0.65	0.20

10-12 限额以上住宿餐饮业基本情况(2018年)
Main Indicator of Hotels and Catering Services Above Designated Size(2018)

单位:亿元(100 million yuan)

指标	Item	法人企业(个) Number of Corporation (unit)	从业人员数(人) Persons Employed (person)	营业额 Business Volume
总计	**Total**	**3053**	**275354**	**682.44**
住宿业	**Hotels**	**1394**	**131713**	**321.83**
#国有及国有控股	State-owend and State-holding Enterprises	155	22778	62.48
按登记注册类型分组	**By Registration**			
内资企业	Domestic Funded Enterprises	1336	115216	274.63
国有企业	State-owned Enterprises	52	6212	17.92
集体企业	Collective Owned Enterprises	14	1137	2.42
股份合作企业	Cooperative Enterprises	5	314	0.42
联营企业	Joint Ownership Enterprises	1	64	0.45
国有与集体联营企业	State-collective Joint Enterprises	1	64	0.45
有限责任公司	Limited Liability Corporations	345	44469	111.43
国有独资公司	State Sole Funded Corporations	28	4100	10.84
其他有限责任公司	Other Limited Liability Corporations	317	40369	100.58
股份有限公司	Share-holding Corporations Ltd.	19	3228	7.94
私营企业	Private Enterprises	900	59792	134.04
私营独资企业	Private Funded Enterprises	51	1725	3.15
私营合伙企业	Private Partnership Corporations	30	1288	1.89
私营有限责任公司	Private Limited Liability Corporations	804	55720	126.64
私营股份有限公司	Private Share-holding Corporations Ltd.	15	1059	2.36
其他企业	others			
港、澳、台商投资企业	Enterprises With Funds From Hong Kong,Macao and Taiwan	33	8798	25.29
合资经营企业	Joint-venture Enterprises	13	3442	8.53
合作经营企业	Cooperation Enterprises From Hong Kong,Macao and Taiwan	2	61	0.11
独资经营企业	Enterprises with Sole Hong Kong,Macao and Taiwan	16	4253	13.41
外商投资企业	Foreign Funded Enterprises	25	7699	21.91
中外合资经营企业	Joint-venture Enterprises	10	6251	18.26
外资企业	Enterprises With Sole Foreign Investment	15	1448	3.66
按住宿行业中类分组	By Category			
旅游饭店	Restaurant for Tourism	863	113182	277.61
一般旅馆	Ordinary Hotels	494	17670	41.91
其他住宿服务	Others	6	307	0.84

续表 Continued　　单位:亿元(100 million yuan)

指标	Item	法人企业(个) Number of Corporation (unit)	从业人员数(人) Persons Employed (person)	营业额 Business Volume
餐饮业	**Catering Services**	**1659**	**143641**	**360.61**
#国有及国有控股	State - owend and State - holding Enterprises	37	8314	19.95
按登记注册类型分组	By Registration			
内资企业	Domestic Funded Enterprises	1629	113865	283.69
国有企业	State - owned Enterprises	7	820	2.46
集体企业	Collective Owned Enterprises	2	90	0.10
股份合作企业	Cooperative Enterprises	3	232	0.41
有限责任公司	Limited Liability Corporations	208	26945	66.18
国有独资公司	State Sole Funded Corporations	11	1845	3.64
其他有限责任公司	Other Limited Liability Corporations	197	25100	62.55
股份有限公司	Share - holding Corporations Ltd.	16	4524	12.87
私营企业	Private Enterprises	1393	81254	201.67
私营独资企业	Private Funded Enterprises	210	6428	14.43
私营合伙企业	Private Partnership Corporations	35	1508	3.33
私营有限责任公司	Private Limited Liability Corporations	1137	72941	182.47
私营股份有限公司	Private Share - holding Corporations Ltd.	11	377	1.44
其他企业	Others			
港、澳、台商投资企业	Funded by Enterpreneurs From Hong Kong Macao and Taiwan	18	12061	21.21
合资经营企业	Joint - venture Enterprises	5	1784	2.98
合作经营企业	Cooperation Enterprises From Hong Kong,Macao and Taiwan			
独资经营企业	Enterprises with Sole Hong Kong,Macao and Taiwan	12	10227	18.12
外商投资企业	Foreign Funded Enterprises	12	17715	55.71
中外合资经营企业	Joint - venture Enterprises	4	16691	51.75
外资企业	Cooperation Enterprises	5	933	3.68
中外合作经营企业	Enterprises With Sole Foreign Investment			
按餐饮行业中类分组	**By Category**			
正餐服务	Dinner Services	1527	102903	258.63
快餐服务	Snack Services	60	34275	86.46
饮料及冷饮服务	Beverages and Cold Drink Services	21	862	2.39
其他餐饮服务	Others	17	2699	5.90

10 - 13 限额以上餐饮企业财务状况(2011 - 2018 年)

Financial Indicators of Enterprises in Catering Serveices Above Designated Size(2011 - 2018)

单位:亿元(100 million yuan)

指标	Item	2011	2012	2013	2014	2015	2016	2017	2018
法人企业数(个)	Corporation Unit	1179	1273	1506	1544	1554	1526	1595	1659
从业人员(人)	Employed Persons	162017	144237	136523	131722	129407	128213	135257	143641
流动资产合计	Total Circulating Assets	117.63	131.00	122.77	124.78	129.68	140.71	161.74	159.67
固定资产合计	Total Fixed Assets	87.81	99.72	109.21	119.43	120.82	122.10	131.96	123.80
资产总计	Total Assets	266.74	290.19	299.61	312.97	340.46	354.38	384.21	386.98
负债合计	Total Liabilities	196.20	222.15	235.70	252.00	267.18	278.78	301.25	310.98
主营业务收入	Businese Income	264.72	276.61	257.59	263.66	281.42	302.01	315.53	356.18
主营业务成本	Business Cost	143.24	143.56	134.08	132.88	142.00	157.39	161.79	183.58
销售费用	Business Expenses	65.31	77.47	77.17	80.49	81.95	86.34	93.43	758.06
主营业务税金及附加	Sale Tax and Extra Charges of Major Management	14.22	14.77	13.64	13.77	14.25	6.78	1.87	1.70
主营业务利润	Profits of Major Management	107.26	118.28	109.87	117.01	125.17	137.85	151.86	170.89
管理费用	Management Expenses	30.50	35.20	34.97	36.57	38.20	40.44	44.09	50.58
财务费用	Financial Expenses	5.61	7.17	6.25	5.87	6.43	5.80	5.94	5.63
利润总额	Total Profits	8.75	3.81	-4.69	-1.14	3.03	13.01	15.64	16.28
本年应付职工薪酬	Total Wages Payable in this year	43.91	46.05	49.31	50.25	52.48	57.22	61.58	72.74

10－14 限额以上住宿餐饮企业资产负债情况(2018 年)
Assets and Liabilities of Hotel and Catering Services Above Designated Size(2018)

单位:亿元(100 million yuan)

指标	Item	资产合计 Total Assets	固定资产 Fixed Assets	流动资产 Circulating Assets	负债合计 Total Liabilities	所有者权益合计 Total Creditor's Equity
总计	**Total**	**1363.18**	**476.15**	**526.83**	**1108.21**	**254.97**
住宿业	**Hotels**	**976.20**	**352.35**	**367.16**	**797.23**	**178.97**
#国有及国有控股	State－owend and State－holding Enterprises	202.40	81.38	64.17	110.30	92.10
按登记注册类型分组	**by Registration**					
内资企业	Domestic Funded Enterprises	820.22	284.98	303.72	669.03	151.19
国有企业	State－owned Enterprises	46.81	19.04	18.29	19.97	26.84
集体企业	Collective Owned Enterprises	4.13	1.72	1.48	2.72	1.40
股份合作企业	Cooperative Enterprises	0.86	0.25	0.35	0.59	0.27
联营企业	Joint Ownership Enterprises	0.63	0.16	0.42	0.09	0.54
国有与集体联营企业	State－collective Joint Enterprises	0.63	0.16	0.42	0.09	0.54
有限责任公司	Limited Liability Corporations	400.15	162.16	127.26	313.61	86.54
国有独资公司	State Sole Funded Corporations	25.81	11.20	5.85	11.45	14.36
其他有限责任公司	Other Limited Liability Corporations	374.34	150.97	121.41	302.15	72.18
股份有限公司	Share－holding Corporations Ltd.	35.39	9.40	15.59	24.13	11.26
私营企业	Private Enterprises	332.25	92.25	140.33	307.92	24.33
私营独资企业	Private Funded Enterprises	4.69	2.21	1.63	3.34	1.35
私营合伙企业	Private Partnership Corporations	4.12	0.72	1.56	3.04	1.08
私营有限责任公司	Private Limited liability Corporations	320.87	88.54	135.79	298.36	22.52
私营股份有限公司	Private Share－holding Corporations Ltd.	2.57	0.79	1.36	3.18	－0.62
其他企业	others					
港澳台商投资企业	Enterprises With Funds From Hong Kong Macao and Taiwan	112.40	49.54	47.42	101.66	10.74
合资经营企业	Joint－venture Enterprises	46.58	11.84	31.84	56.35	－9.77
合作经营企业	Cooperation Enterprises From Hong Kong, Macao and Taiwan	0.56	0.47	0.02	0.68	－0.12
独资经营企业	Enterprises with Sole Hong Kong,Macao and Taiwan	49.15	30.14	11.32	36.39	12.76
外商投资企业	Foreign Funded Enterprises	43.57	17.83	16.02	26.53	17.04
中外合资经营企业	Joint－venture Enterprises	28.52	11.30	9.91	15.00	13.52
外资企业	Enterprises With Sole Foreign Investment	15.05	6.53	6.10	11.53	3.52

续表 1　Continued　　单位:亿元(100 million yuan)

指标	Item	资产合计 Total Assets	固定资产 Fixed Assets	流动资产 Circulating Assets	负债合计 Total Liabilities	所有者权益合计 Total Creditor's Equity
按住宿行业中类分组	**By Category**					
旅游饭店	Restaurant for Tourism	901.65	327.65	333.87	736.51	165.13
一般旅馆	Ordinary Hotels	71.00	23.65	32.03	58.80	12.21
其他住宿服务	Others	0.68	0.25	0.24	0.27	0.41
餐饮业	**Catering Services**	**386.98**	**123.80**	**159.67**	**310.98**	**76.00**
#国有及国有控股	State - owend and State - holding Enterprises	25.67	8.66	11.21	15.95	9.72
按登记注册类型分组	**By Registration**					
内资企业	Domestic Funded Enterprises	333.64	100.91	143.83	268.19	65.45
国有企业	State - owned Enterprises	2.76	0.48	2.01	0.96	1.80
集体企业	Collective Owned Enterprises	0.03	0.01	0.02	0.03	0.01
股份合作企业	Cooperative Enterprises	0.29	0.04	0.17	0.70	-0.42
有限责任公司	Limited Liability Corporations	83.53	33.59	33.63	76.36	7.17
国有独资公司	State Sole Funded Corporations	2.69	0.84	1.48	2.40	0.29
其他有限责任公司	Other Limited Liability Corporations	80.84	32.76	32.15	73.96	6.88
股份有限公司	Share - holding Corporations Ltd.	20.32	5.26	8.11	12.01	8.31
私营企业	Private Enterprises	226.71	61.53	99.89	178.13	48.58
私营独资企业	Private Funded Enterprises	7.03	2.22	3.66	4.00	3.04
私营合伙企业	Private Partnership Corporations	2.63	0.65	1.28	1.26	1.36
私营有限责任公司	Private Limited Liability Corporations	216.46	58.52	94.64	172.39	44.07
私营股份有限公司	Private Share - holding Corporations Ltd.	0.59	0.15	0.31	0.48	0.11
其他企业	Others					
港、澳、台商投资企业	Funded by Entrepreneurs From Hong Kong Macao and Taiwan	25.00	13.44	5.35	21.34	3.66
合资经营企业	Joint - venture Enterprises	1.87	0.11	1.33	0.43	1.43
合作经营企业	Cooperation Enterprises From Hong Kong, Macao and Taiwan					
独资经营企业	Enterprises with Sole Hong Kong, Macao and Taiwan	22.44	12.73	3.94	20.20	2.24
外商投资企业	Foreign Funded Enterprises	28.34	9.44	10.48	21.45	6.89
中外合资经营企业	Joint - venture Enterprises	25.38	8.84	8.58	17.69	7.69
外资企业	Enterprises With Sole Foreign Investment	2.88	0.60	1.84	3.72	-0.84
中外合作经营企业	Joint - venture Enterprises					
按餐饮行业中类分组	**By Category**					
正餐服务	Dinner Services	336.04	113.78	139.12	271.45	64.59
快餐服务	Snack Services	42.82	9.13	14.15	34.91	7.91
饮料及冷饮服务	Beverages and Cold Drink Services	1.37	0.08	1.01	0.69	0.68
其他餐饮服务	Others	2.99	0.33	2.28	1.21	1.78

续表 2 Continued 单位:亿元(100 million yuan)

指标	Item	主营业务收入 Revenue in Main Business	主营业务成本 Cost in Main Business	主营业务税金及附加 Tax and Extra Changes in Main Business	营业费用 Management Cost
总计	**Total**	**670.57**	**284.96**	**5.23**	**215.06**
住宿业	**Hotels**	**314.39**	**101.38**	**3.52**	**111.29**
#国有及国有控股	State - owend and State - holding Enterprises	61.11	17.39	1.22	22.29
按登记注册类型分组	**by Registration**				
内资企业	Domestic Funded Enterprises	269.11	89.68	3.10	93.85
国有企业	State - owned Enterprises	17.37	4.74	0.29	6.36
集体企业	Collective Owned Enterprises	2.41	0.76	0.02	1.00
股份合作企业	Cooperative Enterprises	0.42	0.17		0.16
联营企业	Joint Ownership Enterprises	0.45	0.10		0.19
国有与集体联营企业	State - collective Joint Enterprises	0.45	0.10		0.19
有限责任公司	Limited Liability Corporations	108.76	33.76	1.70	38.36
国有独资公司	State Sole Funded Corporations	10.69	3.98	0.22	3.38
其他有限责任公司	Other Limited Liability Corporations	98.07	29.79	1.48	34.98
股份有限公司	Share - holding Corporations Ltd.	7.67	2.24	0.14	2.67
私营企业	Private Enterprises	132.04	47.89	0.95	45.10
私营独资企业	Private Funded Enterprises	3.10	1.47	0.05	0.84
私营合伙企业	Private Partnership Corporations	1.88	0.91	0.02	0.50
私营有限责任公司	Private Limited liability Corporations	124.74	44.88	0.87	42.62
私营股份有限公司	Private Share - holding Corporations Ltd.	2.32	0.63	0.01	1.15
其他企业	others				
港澳台商投资企业	Enterprises With Funds From Hong Kong Macao and Taiwan	23.98	6.17	0.28	7.43
合资经营企业	Joint - venture Enterprises	7.96	1.70	0.13	2.95
合作经营企业	Cooperation Enterprises From Hong Kong, Macao and Taiwan	0.11	0.04		0.07
独资经营企业	Enterprises with Sole Hong Kong, Macao and Taiwan	12.81	3.60	0.12	3.00
外商投资企业	Foreign Funded Enterprises	21.29	5.53	0.14	10.01
中外合资经营企业	Joint - venture Enterprises	17.73	4.59	0.08	8.71
外资企业	Enterprises With Sole Foreign Investment	3.57	0.94	0.05	1.30

续表 3 Continued 单位:亿元(100 million yuan)

指标	Item	主营业务收入 Revenue in Main Business	主营业务成本 Cost in Main Business	主营业务税金及附加 Tax and Extra Changes in Main Business	营业费用 Management Cost
按住宿行业中类分组	**By Category**				
旅游饭店	Restaurant for Tourism	270.89	84.50	3.20	97.13
一般旅馆	Ordinary Hotels	41.39	15.68	0.31	13.73
其他住宿服务	Others	0.66	0.39	0.01	0.16
餐饮业	**Catering Services**	**356.18**	**183.58**	**1.70**	**103.77**
#国有及国有控股	State – owend and State – holding Enterprises	19.81	10.86	0.12	6.12
按登记注册类型分组	**By Registration**				
内资企业	Domestic Funded Enterprises	280.18	149.57	1.63	78.48
国有企业	State – owned Enterprises	2.46	1.42	0.01	0.20
集体企业	Collective Owned Enterprises	0.10	0.07		0.02
股份合作企业	Cooperative Enterprises	0.41	0.26		0.11
有限责任公司	Limited Liability Corporations	65.70	33.37	0.31	20.45
国有独资公司	State Sole Funded Corporations	3.57	2.49	0.03	0.49
其他有限责任公司	Other Limited Liability Corporations	62.13	30.88	0.27	19.96
股份有限公司	Share – holding Corporations Ltd.	12.82	5.88	0.09	4.65
私营企业	Private Enterprises	198.69	108.57	1.22	53.06
私营独资企业	Private Funded Enterprises	14.30	9.27	0.16	2.27
私营合伙企业	Private Partnership Corporations	3.32	1.93	0.03	0.82
私营有限责任公司	Private Limited Liability Corporations	179.63	96.49	1.03	49.55
私营股份有限公司	Private Share – holding Corporations Ltd.	1.44	0.87		0.42
其他企业	Others				
港、澳、台商投资企业	Funded by Entrepreneurs From Hong Kong Macao and Taiwan	21.00	6.73	0.02	11.33
合资经营企业	Joint – venture Enterprises	2.96	0.85		1.56
合作经营企业	Cooperation Enterprises From Hong Kong, Macao and Taiwan				
独资经营企业	Enterprises with Sole Hong Kong, Macao and Taiwan	17.93	5.84	0.02	9.76
外商投资企业	Foreign Funded Enterprises	55.00	27.28	0.05	13.95
中外合资经营企业	Joint – venture Enterprises	51.03	25.26	0.04	12.31
外资企业	Enterprises With Sole Foreign Investment	3.68	1.86	0.02	1.53
中外合作经营企业	Joint – venture Enterprises				
按餐饮行业中类分组	**By Category**				
正餐服务	Dinner Services	254.71	132.19	1.57	72.69
快餐服务	Snack Services	86.02	41.86	0.07	27.65
饮料及冷饮服务	Beverages and Cold Drink Services	2.39	0.99	0.01	0.59
其他餐饮服务	Others	5.87	2.82	0.02	2.29

续表 4　Continued　单位:亿元(100 million yuan)

指标	Item	管理费用 Management Expenses	财务费用 Financial Expenses	利润总额 Profits	本年应付工资薪酬(本年贷方累计发生额) Total Wages Pagable in the year
总计	**Total**	**148.00**	**23.58**	**9.24**	**164.39**
住宿业	**Hotels**	**97.42**	**17.94**	**-7.04**	**91.64**
#国有及国有控股	State - owend and State - holding Enterprises	19.77	1.80	0.98	19.31
按登记注册类型分组	**by Registration**				
内资企业	Domestic Funded Enterprises	84.98	14.71	-9.17	79.02
国有企业	State - owned Enterprises	5.47	0.11	1.10	5.44
集体企业	Collective Owned Enterprises	0.63		0.03	0.68
股份合作企业	Cooperative Enterprises	0.09	0.04	-0.04	0.13
联营企业	Joint Ownership Enterprises	0.16			0.10
国有与集体联营企业	State - collective Joint Enterprises	0.16			0.10
有限责任公司	Limited Liability Corporations	35.95	7.03	-3.99	30.49
国有独资公司	State Sole Funded Corporations	3.31	0.09	0.07	2.92
其他有限责任公司	Other Limited Liability Corporations	32.64	6.95	-4.05	27.56
股份有限公司	Share - holding Corporations Ltd.	2.66	1.03	-0.69	2.37
私营企业	Private Enterprises	40.03	6.50	-5.59	39.81
私营独资企业	Private Funded Enterprises	0.56	0.07	0.13	9.65
私营合伙企业	Private Partnership Corporations	0.40	0.06	-0.02	0.51
私营有限责任公司	Private Limited liability Corporations	38.59	6.34	-5.74	29.04
私营股份有限公司	Private Share - holding Corporations Ltd.	0.48	0.04	0.05	0.61
其他企业	others				
港澳台商投资企业	Enterprises With Funds From Hong Kong Macao and Taiwan	8.57	2.57	0.27	6.54
合资经营企业	Joint - venture Enterprises	3.00	1.18	-0.26	2.50
合作经营企业	Cooperation Enterprises From Hong Kong, Macao and Taiwan	0.02		-0.01	0.03
独资经营企业	Enterprises with Sole Hong Kong, Macao and Taiwan	5.15	1.35	0.06	3.28
外商投资企业	Foreign Funded Enterprises	3.86	0.66	1.86	6.08
中外合资经营企业	Joint - venture Enterprises	2.72	0.25	2.03	5.06
外资企业	Enterprises With Sole Foreign Investment	1.14	0.41	-0.17	1.02

续表 5 Continued 单位:亿元(100 million yuan)

指标	Item	管理费用 Management Expenses	财务费用 Financial Expenses	利润总额 Profits	本年应付工资薪酬(本年贷方累计发生额) Total Wages Pagable in the year
按住宿行业中类分组	**By Category**				
旅游饭店	Restaurant for Tourism	84.41	17.04	-5.91	81.62
一般旅馆	Ordinary Hotels	12.51	0.88	-1.21	9.51
其他住宿服务	Others	0.20		0.02	0.26
餐饮业	**Catering Services**	**50.58**	**5.63**	**16.28**	**72.74**
#国有及国有控股	State - owend and State - holding Enterprises	2.50	0.02	3.35	6.34
按登记注册类型分组	**By Registration**				
内资企业	Domestic Funded Enterprises	42.20	5.08	7.78	57.85
国有企业	State - owned Enterprises	0.58	-0.03	0.28	0.57
集体企业	Collective Owned Enterprises	0.01			0.03
股份合作企业	Cooperative Enterprises	0.07		-0.04	0.11
有限责任公司	Limited Liability Corporations	10.15	1.51	-0.27	13.85
国有独资公司	State Sole Funded Corporations	0.46	0.01	0.17	1.24
其他有限责任公司	Other Limited Liability Corporations	9.70	1.50	-0.44	12.61
股份有限公司	Share - holding Corporations Ltd.	1.96	0.17	3.30	4.24
私营企业	Private Enterprises	29.42	3.42	4.50	39.04
私营独资企业	Private Funded Enterprises	1.76	0.08	0.82	2.76
私营合伙企业	Private Partnership Corporations	0.42	0.07	0.07	0.64
私营有限责任公司	Private Limited Liability Corporations	27.13	3.27	3.60	35.47
私营股份有限公司	Private Share - holding Corporations Ltd.	0.11			0.18
其他企业	Others				
港、澳、台商投资企业	Funded by Enterpreneurs From Hong Kong Macao and Taiwan	1.84	0.66	0.90	4.37
合资经营企业	Joint - venture Enterprises	0.25		0.31	0.69
合作经营企业	Cooperation Enterprises From Hong Kong, Macao and Taiwan				
独资经营企业	Enterprises with Sole Hong Kong, Macao and Taiwan	1.54	0.64	0.59	3.65
外商投资企业	Foreign Funded Enterprises	6.55	-0.10	7.61	10.52
中外合资经营企业	Joint - venture Enterprises	5.95	-0.16	7.79	9.61
外资企业	Enterprises With Sole Foreign Investment	0.59	0.06	-0.19	0.87
中外合作经营企业	Joint - venture Enterprises				
按餐饮行业中类分组	**By Category**				
正餐服务	Dinner Services	41.00	5.20	7.60	53.44
快餐服务	Snack Services	7.62	0.40	8.12	15.66
饮料及冷饮服务	Beverages and Cold Drink Services	0.67		0.12	0.51
其他餐饮服务	Others	0.53	0.02	0.28	1.60

10－15 商品交易市场情况(1978－2018 年)
Basic Conditions of Business Markets of Commodity(1978－2018)

年份	交易市场数(个) Business Markets (unit)	10 亿元以上(个) Above 1000 Million Yuan (unit)	100 亿元以上(个) Above 10000 Million Yuan (unit)	商品市场成交额(亿元) Transaction (100b million yuan)
1978	1051			8.6
1979	1322			11.3
1980	1415			12.2
1981	1656			14.7
1982	1736			18.1
1983	1788			21.6
1984	2241			26.9
1985	2345			44.0
1986	3653			59.1
1987	3706			80.9
1988	3632			96.3
1989	3669			149.0
1990	3797			161.9
1991	3802			204.6
1992	3865			321.3
1993	4127			651.2
1994	4207			1480.5
1995	4349			2165.7
1996	4388	57	3	2545.3
1997	4488	57	2	2798.0
1998	4619	58	2	3209.6
1999	4347	69	3	3606.0
2000	4348	68	4	4023.0
2001	4278	78	6	4652.0
2002	4193	77	6	4997.0
2003	4036	93	9	5591.0
2004	4049	114	9	6384.0
2005	4008	120	10	7173.0
2006	4064	125	13	8247.0
2007	4096	133	15	9325.0
2008	4087	139	15	9794.0
2009	4194	180	18	10744.9
2010	4146	202	22	12717.3
2011	4212	210	25	14500.0
2012	4297	233	31	15816.6
2013	4316	225	38	17800.0
2014	4321	225	33	19500.0
2015	4243	243	33	20500.0
2016	3951	294	32	20500.0
2017	3824	284	35	21500.0
2018	3759	268	39	21900.0

10－16 亿元以上商品交易市场成交情况
Basic Conditions of Business Markets of Commodity Above 100 Million Yuan

单位:万元(10000 yuan)

指标	Item	摊位数量(个) Number of Stall(unit)			成交额 Value		
		2016	2017	2018	2016	2017	2018
总计	Total	446033	442959	379362	165405467	172798140	152881672
食品、饮料、烟酒类	Food, Beverage, Tobacco and Liquor	113593	110086	115900	35633850	36586254	41280153
服装鞋帽、针、纺织品类	Garments, Shoes, Hats, Knit and Textile Goods	139638	139288	139971	45396675	47903427	53308526
化妆品类	Cosmetics	2317	2191	1971	514814	486139	487892
金银珠宝类	Jewelry	4525	4702	5157	2845449	3936604	4214401
日用品类	Articles For Daily Use	20290	21655	16730	3966069	3944904	4602349
五金、电料类	Hardware & Electric Materials	15643	16103	18296	5945779	6243463	6748891
体育、娱乐用品类	Sports and Recreation	1056	987	1319	190673	169904	226760
书报杂志类	Newspapers and Magazines	156	141	104	40339	43666	21676
电子出版物及音像制品类	Electronic Publication and Audiovisual Products	117	116	183	33291	34301	33277
家用电器和音像器材类	Household Appliances and Audiovisual Equipment	2883	2732	2484	885085	861015	911003
中西药品类	Traditional Chinese & Western Medicines	1350	1432	1424	261866	353562	360909
#中草药及中成药	Chinese Herbal Medicine and Other Traditional Chinese Medicine	1267	1340	981	226398	251530	152532
文化办公用品类	Culture and Official Articles	8892	8060	7477	1409725	1493559	1467299
家具类	Furniture	17816	19555	15363	3894021	4820392	4548707
通讯器材类	Communication Appliances	2662	2520	2279	301339	302532	242954
煤炭及制品类	Coal and Related Products	64	58	38	634361	792608	533733
木材及制品类	Timber and Related Products	4263	3817	4018	1176516	1170687	1312401
石油及制品类	Oil and Related Production	125	87	200	1567101	1283504	341420
化工材料及制品类	Chemical Materials and Related Products	4415	4515	4641	8767086	9362716	10272233
金属材料类	Metal Materials	12377	11032	10052	18614146	18105831	20626637
建筑及装潢材料类	Building and Decoration Materials	30053	29917	29070	5890689	6650305	6889195
机电成品及设备类	Mechanical and Electrical Products and Appliances	4416	4297	4031	2403846	2213108	2347569
#农机类	Agricutural Mechanical Products	11	55	11	1570	15382	1570
汽车类	Motor Vehicles	12047	13016	10886	13760357	15074367	13937310
种子饲料类	Seed and Forage	141	53	130	25077	12368	56774
棉麻类	Cotton & Ambery	661	600	606	997148	814167	809436
其他类	Others	32943	37793	39857	6844182	6712031	4022276

10-17 个体经济发展情况
Developments in Individual Economy

项目	Item	2015	2016	2017	2018
户数(户)	**Number of Households(household)**	**3177454**	**3526088**	**3896468**	**4226281**
农、林、牧、渔业	Farming,Forestry,Animal Husbandry and Fishery	50244	59295	69256	78304
采矿业	Ming and Quarrying	372	351	328	299
制造业	Manufacturing	562778	597647	644873	670736
电力、燃气及水的生产和供应业	Production and Supply of Electricity and Heating Power	424	449	482	569
建筑业	Construction	7450	9940	14887	20745
交通运输、仓储和邮政业	Transport,Storage and Post	90963	96607	111876	120271
信息传输、计算机服务和软件业	Information Transmission,Computer Services and Software	5472	6180	7805	10227
批发和零售业	Wholesale and Retail Trade	1833561	1974257	2110575	2261954
住宿和餐饮业	Hotels and Catering Services	268630	362098	450929	519160
房地产业	Real Estate	6978	8481	10821	13424
租赁和商务服务业	Renting and Business Services	51297	60793	75429	91134
居民服务和其他服务业	Resident Services and Other Services	266038	311260	352779	392774
卫生、社会保障和社会福利业	Health Care,Sports and Social Welfare	3840	4671	5365	6456
文化、体育和娱乐业	Culture,Sports and Entertainment	17294	19629	23870	27877
其他行业	Others	12113	14430	17193	12351
从业人员(人)	**Number of Employed Persons(person)**	**7247995**	**8002985**	**8359482**	**8961468**
农、林、牧、渔业	Farming,Forestry,Animal Husbandry and Fishery	151539	206611	233046	257385
采矿业	Ming and Quarrying	1707	1548	1384	1257
制造业	Manufacturing	2051105	2187626	2264485	2332277
电力、燃气及水的生产和供应业	Production and Supply of Electricity and Heating Power	948	978	1029	1224
建筑业	Construction	25461	35689	55565	74986
交通运输、仓储和邮政业	Transport,Storage and Post	139460	162550	182035	195387
信息传输、计算机服务和软件业	Information Transmission,Computer Services and Software	10525	10640	13134	16820
批发和零售业	Wholesale and Retail Trade	3178996	3352335	3461336	3706231
住宿和餐饮业	Hotels and Catering Services	740670	979135	1053902	1171151
房地产业	Real Estate	24642	26852	31675	37350
租赁和商务服务业	Renting and Business Services	143603	128954	155162	182583
居民服务和其他服务业	Resident Services and Other Services	687869	806332	784345	862360
卫生、社会保障和社会福利业	Health Care,Sports and Social Welfare	9500	11115	12822	15136
文化、体育和娱乐业	Culture,Sports and Entertainment	53470	58227	67957	77135
其他行业	Others	28500	34393	41605	30186

10 - 18 私营经济发展情况
Developments of Private - owned Economy

项目	Item	2015	2016	2017	2018
户数(户)	**Number of Households(household)**	**1292107**	**1521441**	**1800585**	**2068110**
农、林、牧、渔业	Farming, Forestry, Animal Husbandry and Fishery	27229	29691	31966	33527
采矿业	Ming and Quarrying	877	876	870	883
制造业	Manufacturing	415493	442948	471693	495619
电力、燃气及水的生产和供应业	Production and Supply of Electricity and Heating Power	2838	3456	5053	5384
建筑业	Construction	50661	60240	75005	90830
交通运输、仓储和邮政业	Transport, Storage and Post	23899	30256	36227	41293
信息传输、计算机服务和软件业	Information Transmission, Computer Services and Software	44215	64091	88373	110499
批发和零售业	Wholesale and Retail Trade	427229	505918	592772	688973
住宿和餐饮业	Hotels and Catering Services	18085	21046	24845	28135
房地产业	Real Estate	24155	28403	36785	43981
租赁和商务服务业	Renting and Business Services	126207	163594	214786	249967
居民服务和其他服务业	Resident Services and Other Services	37584	40869	46177	51036
卫生、社会保障和社会福利业	Health Care, Sports and Social Welfare	2024	2966	4229	5454
文化、体育和娱乐业	Culture, Sports and Entertainment	16619	25465	36938	50711
其他行业	Others	74992	101622	134866	171818
从业人员(人)	**Number of Employed persons(Person)**	**14363975**	**14683860**	**15126392**	**13500288**
农、林、牧、渔业	Farming, Forestry, Animal Husbandry and Fishery	170964	160014	166457	170902
采矿业	Ming and Quarrying	17957	17685	17061	16960
制造业	Manufacturing	6564672	6600428	6569513	5880670
电力、燃气及水的生产和供应业	Production and Supply of Electricity and Heating Power	28316	30732	36955	38037
建筑业	Construction	1153330	1167303	1081530	815105
交通运输、仓储和邮政业	Transport, Storage and Post	185832	197541	214442	223783
信息传输、计算机服务和软件业	Information Transmission, Computer Services and Software	299336	321719	396865	452687
批发和零售业	Wholesale and Retail Trade	3108272	2916719	3127643	2873656
住宿和餐饮业	Hotels and Catering Services	171424	175215	184035	191137
房地产业	Real Estate	191928	499442	210617	230288
租赁和商务服务业	Renting and Business Services	1550338	1562332	1892175	1263380
居民服务和其他服务业	Resident Services and Other Services	235122	263782	277811	225878
卫生、社会保障和社会福利业	Health Care, Sports and Social Welfare	16615	22378	27382	32162
文化、体育和娱乐业	Culture, Sports and Entertainment	119902	146147	186256	220539
其他行业	Others	549967	602423	737650	865104

10-19 个体和私营经济发展情况(2018 年)
Developments on Individual an d Private-owned Economy(2018)

项目	Item	个体 Individuals	#城镇 Urban Areas	私营 Privates	#城镇 Urban Areas
户数(户)	Number of Households(household)	4226281	2819493	2068110	1524931
农、林、牧、渔业	Farming, Forestry, Animal Husbandry and Fishery	78304	36071	33527	17722
采矿业	Ming and Quarrying	299	145	883	380
制造业	Manufacturing	670736	315693	495619	252695
电力、燃气及水的生产和供应业	Production and Supply of Electricity and Heating Power	569	265	5384	3254
建筑业	Construction	20745	12056	90830	68870
交通运输、仓储和邮政业	Transport, Storage and Post	120271	75202	41293	27846
信息传输、计算机服务和软件业	Information Transmission, Computer Services and Software	10227	8001	110499	98904
批发和零售业	Wholesale and Retail Trade	2261954	1584710	688973	558412
住宿和餐饮业	Hotels and Catering Services	519160	384712	28135	21633
房地产业	Real Estate	13424	12093	43981	34182
租赁和商务服务业	Renting and Business Services	91134	68784	249967	217038
居民服务和其他服务业	Resident Services, Repair and Other Services	392774	287548	51036	39547
卫生、社会保障和社会福利业	Health Care, Sports and Social Welfare	6456	5073	5454	3722
文化、体育和娱乐业	Culture, Sports and Entertainment	27877	19766	50711	44295
其他行业	Others	12351	9374	171818	136431
从业人员(人)	**Number of Employed(person)**	**8961468**	**5905591**	**13500288**	**8726806**
农、林、牧、渔业	Farming, Forestry, Animal Husbandry and Fishery	257385	127284	170902	83527
采矿业	Ming and Quarrying	1257	537	16960	4586
制造业	Manufacturing	2332277	1105967	5880670	2805475
电力、燃气及水的生产和供应业	Production and Supply of Electricity and Heating Power	1224	574	38037	22143
建筑业	Construction	74986	38345	815105	584371
交通运输、仓储和邮政业	Transport, Storage and Post	195387	134500	223783	144885
信息传输、计算机服务和软件业	Information Transmission, Computer Services and Software	16820	13253	452687	402383
批发和零售业	Wholesale and Retail Trade	3706231	2678342	2873656	2246098
住宿和餐饮业	Hotels and Catering Services	1171151	890028	191137	148640
房地产业	Real Estate	37350	34959	230288	174007
租赁和商务服务业	Renting and Business Services	182583	140835	1263380	1086177
居民服务和其他服务业	Resident Services, Repair and Other Services	862360	650907	225878	169888
卫生、社会保障和社会福利业	Health Care, Sports and Social Welfare	15136	12086	32162	24823
文化、体育和娱乐业	Culture, Sports and Entertainment	77135	55165	220539	187504
其他行业	Others	30186	22809	865104	642299

10－20 规模以上服务业企业主要经济指标(2018 年)
Main Indicators of Service Enterprises Above Designated Size(2018)

单位:亿元(100 million yuan)

项目	Item	单位数(个) Number of Enterprises (unit)	资产总计 Total assets	固定资产原价 Original value of fixed assets	本年折旧 This Year Depreciation
总　　计	**Total**	**10355**	**39809.27**	**10175.01**	**603.06**
按登记注册类型分	**By Registered Type**				
国有企业	State－owned	297	1761.32	437.35	24.17
集体企业	Collective Owned	126	445.15	148.33	4.57
股份合作企业	Share－cooperations	27	90.14	49.77	1.25
联营企业	Joint	4	2.84	0.43	0.01
有限责任公司	Limited Liability Corporations	3115	21678.62	4965.50	245.35
股份有限公司	Share－holding Corporations Ltd.	379	3750.87	1460.82	86.06
私营企业	Private	5953	5068.24	1281.73	91.33
其他企业	Others	109	74.29	47.90	2.39
港澳台商投资企业	Investment from HongKong, Macao and Taiwan	190	5772.99	1299.29	126.66
外商投资企业	Investment from Foreign	155	1164.83	483.88	21.25
按国民经济行业分	**by Sector**				
交通运输、仓储和邮政业	Transportation,Storage and Post	2981	5840.22	3494.23	183.42
信息传输、软件和信息技术服务业	Information Transmission,Software and Information Technology Services	1288	9312.85	2876.54	259.24
房地产业(除房地产开发经营)	Real Estate	858	4198.15	680.98	23.20
租赁和商务服务业	Renting and Business Services	2067	12078.94	1625.83	70.33
科学研究和技术服务业	Scientific Research and Technical Services	1297	2241.49	304.58	18.45
水利、环境和公共设施管理业	Water Conservancy,Environment and Public Utility	374	4061.56	730.14	21.79
居民服务、修理和其他服务业	Service for the Residents , Repair and Others	360	115.98	23.86	2.16
教育	Education	199	86.22	48.96	2.83
卫生和社会工作	Health Care and Social Work	300	209.54	103.77	6.95
文化、体育和娱乐业	Culture,Sports and Recreation	631	1664.31	286.13	14.68

续表 1 Continued

单位:亿元(100 million yuan)

项目	Item	负债合计 Total Liabilities	所有者权益 Owner's Equity	营业收入 The Business revenue
总　　计	**Total**	**20947.46**	**18861.81**	**15045.46**
按登记注册类型分	**By Registered Type**			
国有企业	State - owned	567.32	1194.00	613.55
集体企业	Collective Owned	175.87	269.28	55.45
股份合作企业	Share - cooperations	21.91	68.23	11.75
联营企业	Joint	1.87	0.97	1.98
有限责任公司	Limited Liability Corporations	11902.09	9776.52	4189.93
股份有限公司	Share - holding Corporations Ltd.	1463.31	2287.55	873.91
私营企业	Private	3396.90	1671.33	4377.21
其他企业	Others	44.19	30.10	54.07
港澳台商投资企业	Investment from HongKong, Macao and Taiwan	2581.00	3191.99	2973.22
外商投资企业	Investment from Foreign	792.99	371.84	1894.38
按国民经济行业分	**by Sector**			
交通运输、仓储和邮政业	Transportation, Storage and Post	3225.98	2614.24	3053.26
信息传输、软件和信息技术服务业	Information Transmission, Software and Information Technology Services	4446.46	4866.39	7064.83
房地产业(除房地产开发经营)	Real Estate	2437.33	1760.82	484.32
租赁和商务服务业	Renting and Business Services	6083.74	5995.20	1975.46
科学研究和技术服务业	Scientific Research and Technical Services	1299.87	941.62	1322.52
水利、环境和公共设施管理业	Water Conservancy, Environment and Public Utility	2472.97	1588.58	333.86
居民服务、修理和其他服务业	Service for the Residents , Repair and Others	78.45	37.53	156.21
教育	Education	47.74	38.48	59.97
卫生和社会工作	Health Care and Social Work	128.58	80.95	189.52
文化、体育和娱乐业	Culture, Sports and Recreation	726.33	937.98	405.51

续表 2 Continued 单位:亿元(100 million yuan)

项目	Item	营业成本 Costs in Business	税金及附加 Sales Taxes and Extra Charges in Business	销售费用 Sales Charges
总 计	**Total**	**10297.48**	**88.68**	**758.06**
按登记注册类型分	**By Registered Type**			
国有企业	State - owned	466.93	3.31	22.39
集体企业	Collective Owned	31.73	2.81	2.73
股份合作企业	Share - cooperations	4.99	0.66	0.31
联营企业	Joint	1.40	0.01	0.16
有限责任公司	Limited Liability Corporations	3180.29	29.15	192.15
股份有限公司	Share - holding Corporations Ltd.	546.07	9.17	81.03
私营企业	Private	3442.20	19.52	175.87
其他企业	Others	36.79	0.19	3.62
港澳台商投资企业	Investment from HongKong, Macao and Taiwan	781.24	20.09	264.13
外商投资企业	Investment from Foreign	1805.86	3.77	15.67
按国民经济行业分	**by Sector**			
交通运输、仓储和邮政业	Transportation, Storage and Post	2671.73	13.72	46.36
信息传输、软件和信息技术服务业	Information Transmission, Software and Information Technology Services	3972.06	27.91	476.47
房地产业(除房地产开发经营)	Real Estate	321.53	12.06	30.47
租赁和商务服务业	Renting and Business Services	1542.65	19.19	89.77
科学研究和技术服务业	Scientific Research and Technical Services	1007.68	7.14	33.58
水利、环境和公共设施管理业	Water Conservancy, Environment and Public Utility	232.48	2.05	14.23
居民服务、修理和其他服务业	Service for the Residents, Repair and Others	123.57	1.14	11.02
教育	Education	37.51	0.27	5.98
卫生和社会工作	Health Care and Social Work	127.82	0.27	15.88
文化、体育和娱乐业	Culture, Sports and Recreation	260.46	4.95	34.28

续表 3 Continued 单位:亿元(100 million yuan)

项目	Item	管理费用 Management Expenses	财务费用 Financial Expenses	营业利润 Operating Profits	利润总额 Profits
总　　计	**Total**	**2122.04**	**125.78**	**2141.73**	**2265.68**
按登记注册类型分	**By Registered Type**				
国有企业	State – owned	64.66	–18.07	120.66	128.60
集体企业	Collective Owned	13.19	0.39	8.62	9.74
股份合作企业	Share – cooperations	3.23	–0.18	3.49	2.96
联营企业	Joint	0.32	–0.01	0.10	0.10
有限责任公司	Limited Liability Corporations	478.49	162.06	446.22	518.04
股份有限公司	Share – holding Corporations Ltd.	113.96	11.56	153.01	160.25
私营企业	Private	564.85	45.15	194.28	218.03
其他企业	Others	10.67	0.32	2.56	2.84
港澳台商投资企业	Investment from HongKong, Macao and Taiwan	838.28	–81.11	1180.51	1186.42
外商投资企业	Investment from Foreign	34.40	5.66	32.28	38.71
按国民经济行业分	**by Sector**				
交通运输、仓储和邮政业	Transportation, Storage and Post	187.70	68.66	205.77	256.05
信息传输、软件和信息技术服务业	Information Transmission, Software and Information Technology Services	1338.63	–86.64	1397.33	1419.22
房地产业(除房地产开发经营)	Real Estate	71.32	33.93	33.71	47.18
租赁和商务服务业	Renting and Business Services	197.92	75.49	216.47	235.50
科学研究和技术服务业	Scientific Research and Technical Services	180.98	5.58	129.70	133.59
水利、环境和公共设施管理业	Water Conservancy, Environment and Public Utility	38.70	31.70	34.38	41.23
居民服务、修理和其他服务业	Service for the Residents, Repair and Others	13.47	0.17	10.64	11.19
教育	Education	11.25	0.37	4.96	5.15
卫生和社会工作	Health Care and Social Work	32.45	1.58	11.97	12.09
文化、体育和娱乐业	Culture, Sports and Recreation	49.62	–5.06	96.80	104.47

续表 4 Continued 单位:亿元(100 million yuan)

项目	Item	所得税费用 Income tax payable	应付职工薪酬 Total Wages Pagable	应交增值税 Value Added Taxes Payable	平均用工人数(万人) Average Number of Employed Persons (10000 persons)
总计	**Total**	**272.48**	**2274.59**	**316.40**	**185.98**
按登记注册类型分	**By Registered Type**				
国有企业	State – owned	4.43	135.60	16.50	11.25
集体企业	Collective Owned	0.51	9.18	1.88	0.91
股份合作企业	Share – cooperations	0.01	1.46	0.45	0.18
联营企业	Joint	0.03	0.34	0.04	0.02
有限责任公司	Limited Liability Corporations	68.90	785.92	93.23	69.27
股份有限公司	Share – holding Corporations Ltd.	24.12	161.60	20.95	12.52
私营企业	Private	49.63	597.37	87.58	76.50
其他企业	Others	0.64	18.27	0.94	1.68
港澳台商投资企业	Investment from HongKong, Macao and Taiwan	117.71	495.46	89.57	10.43
外商投资企业	Investment from Foreign	6.49	69.40	5.26	3.22
按国民经济行业分	**by Sector**				
交通运输、仓储和邮政业	Transportation, Storage and Post	57.31	396.91	41.17	38.22
信息传输、软件和信息技术服务业	Information Transmission, Software and Information Technology Services	127.34	834.83	145.42	28.38
房地产业(除房地产开发经营)	Real Estate	13.37	146.22	19.52	24.30
租赁和商务服务业	Renting and Business Services	31.90	395.13	47.34	53.70
科学研究和技术服务业	Scientific Research and Technical Services	20.61	284.88	37.07	17.17
水利、环境和公共设施管理业	Water Conservancy, Environment and Public Utility	6.25	52.55	6.50	6.65
居民服务、修理和其他服务业	Service for the Residents , Repair and Others	2.58	29.43	8.63	5.25
教育	Education	1.24	23.36	1.48	2.77
卫生和社会工作	Health Care and Social Work	3.55	51.46	0.20	4.66
文化、体育和娱乐业	Culture, Sports and Recreation	8.32	59.82	9.07	4.89

注：限额以上服务业企业统计不包括批发零售业，住宿餐饮业，房地产开发经营业，金融业。
Above designated size services unit statistics do not include wholesale and retail trade, hotel and restaurant industry, the real estate development industry, finance.

浙/江/统/计/年/鉴

主要统计指标解释

■ 社会消费品零售总额

指各种经济类型的批发零售贸易业、餐饮业和除制造业和农业外的其他行业对城乡居民和社会集团的消费品零售额。这个指标反映通过各种商品流通渠道向居民和社会集团供应的生活消费品来满足他们生活需要，是研究人民生活，社会消费品购买力、货币流通等问题的重要指标。社会消费品零售总额包括:(1)售给城乡居民作为生活用的商品和修建房屋用的建筑材料;(2)售给社会集团的各种办公用品和公用消费品;(3)售给机关、团体、学校、部队、企业、事业单位的职工食堂和旅店(招待所)附设专门供本店旅客食用，不对外营业的食堂的各种食品、燃料;企业、单位和国营农场直接售给本单位职工和职工食堂的自己生产的产品;(4)售给部队干部、战士生活用的粮食、副食品、衣着品、日用品、燃料;(5)售给来华的外国人、华侨、港澳(台)同胞的消费品;(6)居民自费购买的中、西药品、中药材及医疗用品;(7)报社、出版社直接售给居民和社会集团的报纸、图书、杂志、集邮公司出售的新、旧纪念邮票、特种邮票、首日封、集邮册、集邮工具等;(8)旧货寄售商店自购、自销部分的商品;(9)煤气公司、液化石油气站售给居民和社会集团的煤气灶具和罐装液化石油气。不包括售给国民经济各部门企业、事业单位(包括国有经济的农场)生产经营用的各种原材料、燃料、设备、工具等和售给批发零售贸易业、餐饮业作为转卖用的商品、旧货寄售商店受托寄售卖出的商品、服务业的营业收入、邮局出售邮票的收入、自来水、电力、煤气生产(供应)单位的产品供应收入。

■ 商品销售总额

指对本企业(单位)以外的单位和个人出售(包括对国(境)外直接出口)的商品。这个指标反映批发零售贸易业在国内市场上销售商品以及出口商品的总量。商品销售总额包括:(1)售给城乡居民和社会集团消费用的商品;(2)售给工业、农业、建筑业、运输邮电业、批发零售贸易业、餐饮业、服务业等作为生产、经营使用的商品;(3)售给批发零售贸易业作为转卖或加工后转卖的商品;(4)对国(境)外直接出口的商品。不包括:出售本企业(单位)自用的废旧包装用品，未通过买卖行为付出的商品，经本单位介绍，由买卖双方直接结算，本单位只收取手续费的业务，购货退回的商品以及商品损耗和损失等。

■ 消费品市场成交额

指在全国消费品交易市场成交的全部商品金额。消费品市场包括农副产品市场和工业消费品市场。

■ 亿元商品交易市场成交额

年成交额达到亿元以上，经工商部门批准，专门从事商品批发、零售业务活动的市场，其市场所有摊位销售总额称为亿元商品交易市场成交额。

■ 连锁企业(或称连锁店、连锁公司)

指在核心企业或总店的领导下，由分散的、经营同类商品或服务的企业或活动单位，采取共同方针，实行集中采购和分散销售的有机结合，通过规范化经营，实行集中采购和分散销售的有机结合，通过规范化经营，实现规模效益的经济联合组织形式。一般连锁店应由若干个分店组成。其经营特征:(1)经营同类商品;(2)使用统一商号;(3)统一采购配送，采购与销售相分离(部分商品可根据物流合理和保质保鲜原则，由供应商直接送货到门店，其余均由总部统一配送)。

连锁门店包括下列两种形式:

直营连锁:指正规连锁。连锁门店均由总部独资或控股开设，在总部的直接领导下统一经营。

加盟连锁:指特许连锁。各连锁门店(被特许人)通过合同形式，取得使用总部(特许人)商标、商号、经营技术和销售总部开发的商品的特许权，各加盟连锁门店为独立法人，在总部指导下统一经营。

ZHEJIANG STATISTICAL YEARBOOK

Explanatory Notes on Main Statistical Indicators

□ Total Retail Sales of Consumer Goods

refer to the sum of retail sales of consumer goods by the establishments in wholesale trade, retail sale trade, catering trade and other industries except manufacturing and agriculture of different types of ownership, to urban and rural residents and social groups. This indicator is used to show the supply of consumers goods through various channels to households and institutions to meet their demands, and is therefore very important for the study of the issues on people's livelihood, on the purchasing power of consumer goods and on the circulation of money. The retail sales of consumer goods include: (1) commodities sold to urban and rural residents for residential use and building materials sold to them for the construction or repair of houses; (2) food and fuels sold to canteens of institutions, enterprises, schools, military units and to canteens of hotels and hostels that only serve their guests, and commodities produced by enterprises, institutions or state farms and sold directly to their employees or their canteens; (3) grain and non-staple food, clothing, daily articles and fuels sold to military personnel; (4) consumer goods sold to foreigners, overseas Chinese, and Chinese compatriots from Taiwan, Hong Kong and Macao during their stay in the mainland of China; (5) Chinese and western medicines, herbs and medical facilities purchased by residents; (6) newspapers, books and magazines directly sold to residents and social groups by publishers, new and old commemorative stamps, special stamps, first-day covers, stamp albums and other stamp-collection articles sold by stamp companies; (7) consumer goods purchased and then sold by second-hand shops; (8) stoves and other heating facilities and liquified gas sold by gas companies to households and institutions. Excluded under this heading are: raw materials, fuels, equipment, tools sold to enterprises, institutions and state farms for production purpose; commodities sold to trade establishments for re-selling; commissioned sales at second-hand shops; operational income of urban public utilities; stamps sold at post offices; income of water, power, gas production and supply establishments from the supply of their products.

□ Total Sales of Commodities

refer to selling of commodities by the establishments to other establishments and individuals (including direct export). This indicator is used to show the total value of sales of commodities at domestic markets and export. The total sales include: (1) commodities sold to urban and rural residents and social groups for their consumption; (2) commodities sold to establishments in industry, agriculture, construction, transportation, post and telecommunications, wholesale and retail trades, catering trade and public utility for their production and operation; (3) commodities sold to wholesale and retail establishments for re-selling, with or without further processing; and (4) commodities for direct export to other countries. Excluded are selling of waste packaging materials used by the establishments (units) themselves, commodities transferred without buying or selling procedures, commission income from brokerage in transactions whose settlement is directly handled by buyers and sellers, rejected commodities in the purchase, loss in commodities, etc.

□ Volume of Transaction at Consumer Goods Markets

refers to the value of transaction of all goods at consumer goods markets in the country, including both markets for farm and sideline products and for industrial consumption goods.

□ Volume of Transaction at Large Commodity Markets (with transaction value over 100 million yuan)

refers to markets approved by the industrial and commercial administration departments, which specialize in wholesale and retail of modities with transaction value

EXPLANATORY NOTES ON MAIN STATISTICAL INDICATORS

over 100 million yuan. The stall of sales of all sellers in the markets makes up the transaction value of the markets.

□ Chain Enterprises (also called chain stores or called corporations)

refer to a form of joint economic entities unit which scattered enterprises or establishments engaged in pithing homogeneous commodities or services, with the central leadership of core enterprise or headquarters and guided by policies, conduct centralized purchase and distributed selling commodities, in order to gain better efficiency through standardized operation. Consisting of a number of branch stores the chain stores have in general following features: (1) homogeneous commodities, (2) unique name of stores, (3) centralized purchase and delivery which is separated from the headquarters cept some items which, from logistics, quality or considerations, might be delivered by the suppliers directy.

Chain stores have two categories:

(a) Chain stores under direct management: These are chain stores invested or controlled by the headquarters operate under the direct and unified management from the headquarters.

(b) Chain stores through license arrangement: These are contracts, chain stores (their owners) obtain licenses from the headquarters to use designated trade marks, names, operates know - how, and to sell the commodity developed by the headquarters. Under this arrangement. Each store in the chairs an independent legal entity and operates under the guidance the headquarters.

2019 浙江统计年鉴

ZHEJIANG STATISTICAL YEARBOOK

CHAPTER 11

对外经济贸易和旅游

Foreign Economy and Trade,Tourism

11－1 进出口总值(1986－2018 年)
Total Value of Imports and Exports(1986－2018)

单位:万美元、万元(USD 10000,RMB 10000)

年份 Year	进出口总值 Total Value of Imports and Export	出口 Export	#一般贸易 Ordinary Trade	进口 Import	#一般贸易 Ordinary Trade
1986	129291	109128		20163	
1987	149984	123406		26578	
1988	198628	149004		49624	
1989	251387	187222		64165	
1990	277342	218881		58461	
1991	385052	290628		94424	
1992	499907	357127	258763	142780	48230
1993	673269	432313	326388	240956	78690
1994	899144	608657	474070	290487	75292
1995	1151230	769782	593336	381448	92160
1996	1254126	804147	572545	449979	102558
1997	1427732	1011113	739172	416619	106496
1998	1485382	1086623	820244	398759	148712
1999	1830540	1287125	1001423	543415	314525
2000	2783265	1944279	1540108	838986	528135
2001	3279969	2297747	1825752	982222	635302
2002	4195650	2941102	2426940	1254548	859007
2003	6141083	4159499	3418932	1981584	1361717
2004	8521312	5814638	4674761	2706674	1665622
2005	10739123	7680353	6023916	3058770	1858590
2006	13914686	10089427	7731170	3825259	2143288
2007	17685633	12827293	9935900	4858341	2922772
2008	21110927	15426700	12185303	5684227	3440144
2009	18773488	13301032	10664403	5472456	3744581
2010	25353311	18046487	14500708	7306824	4943317
2011	30937777	21634949	17648423	9302827	6534332
2012	31240276	22451854	17968381	8788421	6243733
2013	33578871	24874624	19629669	8704246	6320295
2014	35504894	27332897	21676500	8171997	5819584
2015	215621649	171701752	133571930	43919897	32301600
2016	222020808	176664804	139364170	45356004	34807096
2017	256053153	194397631	155023115	61655522	47953668
2018	285115595	211745029	169599484	73370566	55589960

注：2015 年起以人民币为计价单位,以后各表同。
The data of this table is valued to RMB since 2015,The same applies to the tables following.

11-2 出口总值分类表(2012-2018年)
Total Value of Exports by Category(2012-2018)

单位:万美元、万元(USD 10000,RMB 10000)

项目	Item	2012	2013	2014	2015	2016	2017	2018
出口总值	**Total**	**22451854**	**24874624**	**27332897**	**171701752**	**176664804**	**194397631**	**211745029**
#机电产品	Electrical and Mechanical Products	9589938	10155084	11249163	72317490	74904798	84043878	92076534
总值中:	**Among Total**							
国有企业	State-owned Enterprises	2058912	1932966	1954347	10811052	9641795	10527712	11426279
三资企业	Foreign Funded Enterprises	6298252	6206415	6258027	35133806	33219739	34353579	35071257
集体企业	Collective Owned Enterprises	1029500	936231	898275	5139242	4964105	5116295	5325274
私营企业	Private Enterprises	13000168	15726403	18147611	120207379	128468988	144037996	159542380
其他企业	Others	65022	72609	74637	410274	370177	361862	379840
总值中:	**Among Total**							
工业制成品	Manufactured Goods	21443210	23841361	26401846	166515263	171550015	188668019	205059667
初级产品	Primary Goods	1008644	1033263	931051	5186489	5114789	5729612	6685362

注:2015年起以人民币为计价单位。The data of this table is valued to RMB since 2015

11-3 进口总值分类表(2012-2018年)
Total Value of Imports by Category(2012-2018)

单位:万美元、万元(USD 10000,RMB 10000)

项目	Item	2012	2013	2014	2015	2016	2017	2018
进口总值	**Total**	**8788421**	**8704246**	**8171997**	**43919897**	**45356004**	**61655522**	**73370566**
#机电产品	Electrical and Mechanical Products	1590660	1495148	1450632	8225716	8535271	10666725	12751334
总值中:	**Among Total**							
国有企业	State-owned Enterprises	904531	961541	933934	4807373	5712719	9224338	12033650
三资企业	Foreign Funded Enterprises	4021255	3770510	3419079	17049377	16428866	20456837	22261690
集体企业	Collective Owned Enterprises	663920	476642	401151	2039608	1937108	2551161	3244898
私营企业	Private Enterprises	3185058	3476978	3381090	20009685	21263480	29290251	35747857
其他企业	Others	13656	18575	36743	13852	13831	132932	82471
总值中:	**Among Total**							
工业制成品	Manufactured Goods	6042550	5849765	5387537	29070712	28883406	38721737	46642597
初级产品	Primary Goods	2745871	2854482	2784460	14849185	16472599	22933786	26727969

注:2015年起以人民币为计价单位。The data of this table is valued to RMB since 2015

11－4 浙江省与各国(地区)的进出口总额
Zhejiang's Foreign Trade with Relate Countries (Regions)

单位:万元(RMB 10000)

国别(地区)	Country(Region)	出口 Exports			进口 Imports		
		2016	2017	2018	2016	2017	2018
总值	**Total**	**176664804**	**194397631**	**211745029**	**45356004**	**61655522**	**73370566**
#亚太经济合作组织	APEC	81498822	90994986	101451113	30751466	40952305	48451913
亚洲	**Asia**	**61610804**	**65770518**	**69477039**	**24538351**	**33435251**	**40510915**
#中国香港	Hong Kong,China	2653602	2391753	2487052	97999	88405	277495
日本	Japan	7473988	8044405	8374351	4968122	6585552	7441320
台湾省	Taiwan,China	1770005	1929673	2118214	4448614	5284935	5718096
韩国	Korea Rep	4454419	5021827	5511525	4049347	5331170	6553275
东南亚联盟	The Association of Southeast Asian Nations	16144464	17419598	20220373	5863366	8371172	11369085
非洲	**Africa**	**13894941**	**14742278**	**16598995**	**1473573**	**2700946**	**3253334**
欧洲	**Europe**	**45987804**	**51082893**	**55283448**	**7182055**	**9302017**	**11104450**
#欧洲联盟	EU	39473095	43262570	46622454	5843660	7665212	9053224
#英国	United Kingdom	7010163	7187496	6600083	620238	839528	913781
德国	Germany	7235138	7796993	8403379	1738776	2144781	2819682
意大利	Italy	3752856	4154291	4525102	607809	764582	968809
法国	France	3269476	3708515	3923628	906638	1254222	1293168
比利时	Belgium	1698524	1851096	2058415	301145	341937	519530
#俄罗斯	Russia	4450017	5444714	5898578	977444	1086305	1288275
拉丁美洲	**Latin America**	**15203813**	**17535968**	**19866448**	**3690743**	**4788005**	**6372977**
北美洲	**North America**	**35423580**	**40323000**	**45076522**	**4678407**	**6110244**	**6095689**
#美国	United States	32496267	36980691	41485897	3813283	4978753	4700107
加拿大	Canada	2923932	3340458	3585996	865108	1131470	1394907
大洋洲	**Oceania**	**4543863**	**4940550**	**5442578**	**3785214**	**5315495**	**6030810**
#澳大利亚	Australia	3395755	3883317	4371911	3009856	4466239	5066717

11－5 进出口货物分贸易方式总值表(2015－2018 年)
Total Value of Imports and Exports by Type(2015－2018)

单位:万元(RMB 10000)

贸易方式	Type	出口 Exports				进口 Imports			
		2015	2016	2017	2018	2015	2016	2017	2018
总值	Total	171701752	176664804	194397631	211745029	43919897	45356004	61655522	73370566
一般贸易	Ordinary Trade	133571930	139364170	155023115	169599484	32301600	34807096	47953668	55589960
租赁贸易	Renting Trade	57713	59313	11629	5210	166	9310	9241	
来料加工装配贸易	Processing and Assembling Raw Material Supplied by Foreign Firms	1272020	1323016	1339028	1327986	698516	719051	768311	1007322
进料加工贸易	Processing Imported Raw Materials	16996083	15617431	17004973	17413277	6089019	5365010	6415517	7116531
外商投资企业作为投资进口的设备物品	Equipment and Articles for Investment and Import from Foreign－invested Enterprises					103431	75899	118857	49583
出料加工贸易	Processing Exported Raw Materials			5442	7318			5863	10796
保税监管场所进出境货物	Bonded cargo entry and exit monitoring sites	1084005	962113	1212159	1809989	3280497	3411921	4755760	6827842
海关特殊监管区域物流货物	Customs supervision of goods logistics	937606	519420	537763	827698	1353212	863066	1524592	2617705
国家间、国际组织无偿援助和赠送的物资	Free Assistance and Gifts from Countries and International Organizations	12839	900	230	5				
华侨、港澳台同胞、外籍华人捐赠物资	Assistant Goods From Overseas Chinese Compatriots from Hong Kong, Macao and Taiwan				472	412	600		270
来料加工装配进口的设备	Assembling Imported Equipment					2747	4033		849
对外承包工程出口货物	Exported Commodities for Contracted Projects	87393	96692	166141	213019				
其他	Others	17682163	18721748	19097151	20540572	90298	100017	103713	149709

注：2015 年起以人民币为计价单位。The data of this table is valued to RMB since 2015

11－6 出口主要商品情况(2014－2018 年)
Statistics on Export of Commodities(2014－2018)

单位:万美元、万元(USD 10000,RMB 10000)

项目名称	Item	2014	2015	2016	2017	2018
机电产品	Electrical and Mechanical Products	11249163	72317490	74904798	84043878	92076534
高新技术产品	High－tech Products	1550037	10434847	11117144	12631349	14082936
农副产品	Farm Products	1028031	6155095	6241266	6685174	7175979
服装及衣着附件	Garments and Related Products	3327578	20069479	19618625	19608519	20406957
纺织纱线、织物及制品	Spinning,Textile and Related Products	3768787	22546319	22938780	24610971	26860518
鞋类	Shoes	951918	5813056	5701199	5788392	5888188
家具及其零件	Furniture and Related Parts	1009468	6457152	6734852	7827066	8671077
塑料制品	Plastic Articles	807430	5849017	6177697	6716904	7468574
自动数据处理设备及其部件	Automatic Data Processing Equipment and Related Parts	140200	691989	732538	875636	937475
灯具、照明装置及零件	Lighting Fixtures, Lighting Fixtures and Parts	579170	3962062	4226125	3659076	3822381
箱包及类似容器	Travelling Articles and Bags	468806	2983874	3070241	3267287	3566975
汽车零配件	Parts of Moter Vehicles	691537	4209510	4484943	5122921	5656682
钢材	Stell	448163	2563463	2691523	2982002	3265728
床垫、寝具及类似品	Mattress and Beddings	227112	1417681	1530731	1628889	1820237
船舶	Seawater Aquatic Production	302482	2118460	1647538	1400966	1145741
医药品	Medical and Pharmaceutical Products	240651	1475831	1600246	1837339	2037638
电线和电缆	Electric Wire and Cables	292372	1652737	1684141	1900202	2044371
水海产品	Freshwater and Seawater Aquatic Production	199776	1139148	1210765	1271428	1376041
通断保护电路装置及零件	On－off Protection Circuit Device and Parts	326886	2213713	2399130	2657233	2799463
钢铁或铜制标准紧固件	Standard Parts Made by Iron & Steel or Copper	214523	1250947	1287784	1557626	1982892

注：2015 年起以人民币为计价单位。The data of this table is valued to RMB since 2015

11－7 进口主要商品情况(2014－2018 年)
Statistics on Import of Commodities(2014－2018)

单位:万美元、万元(USD 10000,RMB 10000)

商品名称	Item	2014	2015	2016	2017	2018
机电产品	Electrical and Mechanical Products	1450632	8225716	8535271	10666725	12751334
高新技术产品	High－tech Products	820211	4719462	5280752	6907330	7823218
农副产品	Farm Products	783812	5162973	5503729	6812551	7276591
钢材	Steed Products	94277	495473	508450	591279	897681
初级形状的塑料	Plastics of Primary Forms	655355	3729517	3752299	5006104	5887097
对苯二甲酸	Telephthatic Acid	15674	31824	17986	41798	35055
纺织机械及零件	Textile Machinery and Related Parts	90451	445134	348999	413343	601777
未锻轧铜及铜材	Unwrought Braided Copper and Copper Materials	265669	1220946	1126553	1876860	2660437
自动数据处理设备及其部件	Automatic Data Processing Equipment and Related Parts	17361	131310	139966	178402	269345
液晶显示板	LCD Panel	191737	799634	657498	658942	661842
原油	Crude Oil	154982	718577	435735	620781	344015
集成电路	Integrated Circuit	214903	1502065	1687147	2224475	2560874
苯乙烯	Styrene	92318	594174	629859	799621	774023
铁矿砂及其精矿	Iron ore in Sand Form and Refinedore	627337	2223142	2914691	4204365	4444772
橡胶或塑料加工机械及零件	Machinery Parts for Processing Rubber and Plastics	25573	100114	134582	148054	189146
金属加工机床	Processing Machine Tools	49413	259053	315576	480716	636622
纸浆	Paper Pulp	163050	1023902	1015196	1317684	1636249
乙二醇	Glycol	182533	989561	693244	1257482	1735898
原木	Log	141027	931006	912033	1171237	1201715
计量检测分析自控仪器及器具	Automatic Instruments for Measurement Examination Analysis	71933	407937	510309	574646	650262
成品油	Processed Oil	375832	1669593	1635280	2524507	4543692

注：2015 年起以人民币为计价单位。The data of this table is valued to RMB since 2015

11-8 利用外资协议合同(项目)和金额(1979-2018年) Total Amount of Foreign Capital Utilized Through the Signed Agreements and Contracts(1979-2018)

年份 Year	协议合同(项目)(个) Projects(unit)			协议金额(万美元) Value(USD 10000)		
	合计 Total	对外借款 Foreign Loans	外商直接投资 Direct Foreign Investment	合计 Total	对外借款 Foreign Loans	外商直接投资 Direct Foreign Investment
1979				1120		
1980	4		4	620		138
1981	1	1		749	385	
1982	1		1	552		1
1983	2		2	440		94
1984	25	2	23	8506	4005	3955
1985	58	3	55	9154	4352	3650
1986	33	3	30	5224	2414	2307
1987	68	29	39	14291	7745	4525
1988	185	33	152	26815	14865	11326
1989	226	41	185	37107	23910	12212
1990	296	2	294	24792	11274	13313
1991	592	7	585	37480	5634	31728
1992	2343	5	2338	324084	32076	290922
1993	4497	10	4487	404330	29274	374562
1994	2537	9	2528	321573	27839	289317
1995	1861	25	1836	422153	92950	325031
1996	1243	35	1208	429083	107750	312866
1997	888	36	852	486522	294123	121008
1998	1013	48	965	225795	41999	183390
1999	1154	41	1113	302839	85528	214793
2000	1742	100	1642	306977	56029	250948
2001	2311	1	2310	717502	209462	501588
2002	3364		3364	720846	38453	678912
2003	4442		4442	1317478	108301	1205014
2004	3824		3824	1567591	106407	1456066
2005	3396		3396	1858137	209649	1612667
2006	3583		3583	2175249	192344	1910261
2007	2919		2919	2585485	271271	2040043
2008	1858		1858	2115422	290101	1781995
2009	1738		1738	1761290	142406	1601785
2010	1944		1944	2313902	260493	2004666
2011	1691		1691	2637868	579475	2058393
2012	1597		1597	2666132	558919	2107213
2013	1572		1572	2438359		2438359
2014	1550		1550	2441203		2441203
2015	1778		1778	2782198		2782198
2016	2145		2145	2808140		2808140
2017	3030		3030	3468697		3468697
2018	3529		3529	4305661		4305661

11-9 实际利用外资金额(1984-2018 年)
Amount of Foreign Capital Actually Used(1984-2018)

单位:万美元(USD 10000)

年份 Year	合计 Total	对外借款 Foreign Loans	外商直接投资 Direct Foreign Investment	其他投资 Other Foreign Investment
1984	4887	4005	252	630
1985	6452	4352	1634	466
1986	4891	2414	1853	624
1987	11360	7745	2337	1278
1988	18124	14419	2957	748
1989	26918	21503	5181	234
1990	16235	11305	4844	86
1991	17186	7947	9162	77
1992	40971	10496	29398	1077
1993	121991	18226	103271	494
1994	137073	22038	114449	586
1995	153965	27692	125775	498
1996	238313	77825	152021	8467
1997	306641	84905	150345	71391
1998	241656	109448	131802	406
1999	252499	97036	153262	2201
2000	248919	87022	161266	631
2001	451934	223301	221162	7471
2002	469547	148515	316002	5030
2003	757824	207160	544936	5728
2004	974631	298657	668128	7846
2005	1393826	582049	772271	39506
2006	1450582	486127	888935	75520
2007	1432049	119126	1036576	276347
2008	1244995	192632	1007294	45069
2009	1087685	74715	993974	18996
2010	1322584	172425	1100175	49984
2011	1539807	353257	1166601	19949
2012	1622327	287791	1306926	27610
2013	1415898		1415898	
2014	1579725		1579725	
2015	1696024		1696024	
2016	1757748		1757748	
2017	1790210		1790210	
2018	1863874		1863874	

11-10 按行业分的外商直接投资
Foreign Direct Investment

单位:万美元(USD 10000)

指标	Item	项目(个) Number of Projects (unit)		合同外资 Compact of Foregin Captial		实际利用外资 Foregin Investments Actually Used	
		2017	2018	2017	2018	2017	2018
总计	**Total**	**3030**	**3529**	**3468697**	**4305661**	**1790210**	**1863874**
合资企业	Joint Enterprises	806	1035	952003	837180	400045	412847
独资企业	Foreign Enterprises	2201	2473	2345016	3368143	1302941	1331149
第一产业	**Primary Industry**	**23**	**14**	**74577**	**6608**	**8114**	**2212**
第二产业	**Secondary Industry**	**569**	**575**	**1005653**	**1221338**	**614032**	**661864**
#制造业	Manufacturing	518	541	891171	1113959	546417	596719
纺织业	Textile Industry	31	16	45029	16144	23718	14207
化学原料及化学制品制造业	Raw Chemical Materials and Chemical Products	23	26	111491	141710	65747	80779
医药制造业	Medical and Pharmaceutical Products	14	20	12904	48223	17172	16488
通用设备制造业	Ordinary Machinery	67	93	64991	212960	42612	51328
专用设备制造业	For Special Purpose Equipment Manufacturing	54	77	140679	103469	24599	55297
计算机、通信和其他电子设备制造业	Telecommunications Equipment, Computer and Other Electronic Equipment Manufacturing	38	42	108939	113593	68152	63917
#电力、热力、燃气及水的生产和供应业	Electricity, Thermal, Gas and Water Production and Supply Industry	29	14	60664	58859	28453	19252
#建筑业	Construction	22	22	53818	48327	38660	46199
第三产业	**Tertiary Industry**	**2438**	**2940**	**2388467**	**3077715**	**1168064**	**1199798**
#交通运输、仓储和邮政业	Transport, Storage and Post	32	41	128014	130119	62314	47205
信息传输、计算机服务和软件业	Information Transmission, Computer Services and Software	300	304	424363	485581	210635	201710
批发和零售业	Wholesale and Retail Trade	1343	1522	388567	332419	233898	213526
住宿和餐饮业	Hotels and Catering Services	46	61	26419	67895	6506	12186
金融业	Banking	109	181	195264	464260	57752	116935
房地产业	Real Estate	38	54	93027	509724	182244	277950
租赁和商务服务业	Renting and Business Services	230	395	656018	622322	182822	176974
科学研究、技术服务和地质勘查业	Scientific Research, Technic Service and Geological Prospecting	277	292	395283	319855	209918	140181
水利、环境和公共设施管理业	Water Conservancy, Environment and Public Utility	6	4	48352	14751	8433	2339
居民服务和其他服务业	Service for the Residents and Other	19	15	18563	93840	5273	2085
教育	Education	10	18	14	12509	616	111
卫生和社会工作	Health and Social Work	4	1	4247	13192	3695	3379
文化、体育和娱乐业	Culture, Sports and Entertainment	24	47	10336	9761	3958	2387

11－11 按国别(地区)分的外商直接投资
Foreign Direct Investment by Country(Region)

国别(地区)	Country(Region)	项目(个) Number of Projects (unit)		合同外资金额(万美元) Compact of Foregin Captial (USD 10000)		实际利用外资(万美元) Foregin Investments Actually Used (USD 10000)	
		2017	2018	2017	2018	2017	2018
总计	Total	3030	3529	3468697	4305661	1790210	1863874
#中国香港	Hong Kong,China	965	1150	2304644	2986453	1216673	1211894
台湾省	Taiwan,China	166	265	64276	43421	13800	8127
日本	Japan	41	67	59906	44179	47891	46026
新加坡	Singapore	44	77	47408	150647	39235	56621
韩国	Korea Rep	98	95	39229	24023	27277	13209
英国	United Kingdom	54	65	50761	59150	27272	35664
法国	France	24	22	11380	22230	9992	7787
德国	Germany	38	47	38130	47425	33902	26443
意大利	Italy	28	42	62505	35557	2924	4632
美国	United States	188	225	20722	190679	18382	30682
加拿大	Canada	59	52	6292	12834	762	4976
澳大利亚	Australia	23	37	7764	9610	1918	2373
维尔京群岛	Virgin Islands	24	17	75444	101715	53974	73223

注：年末实有企业指在工商行政管理部门登记注册的外商投资企业。
The number of Foregin－invested enterprises at year－end refer to thr enterprises registered at Industry and Commerce Administrative Department.

11－12 对外经济合作情况(2012－2018)
Labour Services Contracted Projects with Foreign and Regions(2012－2018)

项目	Item	2012	2013	2014	2015	2016	2017	2018
新签对外承包工程和劳务合作合同额（万美元）	Amount of Newly Signed Contracts (USD 10000)	361220	464707	423539	587412	553693	516116	411499
对外承包工程和劳务合作营业额（万美元）	Business Income (USD 10000)	382974	440266	533922	618719	683295	728427	756048
对外承包工程和劳务合作在年底在外人数（人）	Population in Foreign Countries and Regions (person)	27149	27923	31279	32234	33921	27873	33594
境外投资企业数（个）	Number of Enterprises Investing Abroad (unit)	634	568	577	760	803	527	737
境外企业中方投资额（万美元）	Amount of Investing Abroad (USD 10000)	389236	551648	581489	539701	1689363	964207	1838091

11－13 国际旅游发展情况(1979－2018 年)
Development of International Tourism(1979－2018)

单位:人(person)

年份 Year	入境旅游者人数(人) International Tourists	#外国人 Foreigners	#港澳台同胞 Compatriots from Hong Kong, Macao and Taiwan, China	旅游创汇收入(万美元) Foreign Exchange Earnings
1979	93094	49021	42901	
1980	138877	68583	68218	
1981	171710	102088	67005	
1982	180271	109309	67972	
1983	184287	114524	64618	1458
1984	213098	131977	73916	1900
1985	272870	178282	84621	2519
1986	293968	190695	90501	4175
1987	330062	206192	104005	4289
1988	392672	169782	182901	5624
1989	294062	84800	187607	3568
1990	496218	116429	342248	5440
1991	554091	176605	351881	7489
1992	685367	234282	403458	10210
1993	728408	289559	393251	11679
1994	612689	329529	261226	18055
1995	672717	366491	283353	23591
1996	729012	412970	293000	29184
1997	811468	453449	328430	34495
1998	819615	414273	364074	36122
1999	947788	506650	408454	41009
2000	1125898	643840	482058	51397
2001	1469502	818686	650816	70693
2002	2041761	1214635	827126	92763
2003	1817986	1069318	748668	87249
2004	2766680	1776392	990288	130047
2005	3480089	2328941	1151148	171626
2006	4272786	2817266	1455520	213490
2007	5111789	3436358	1675431	270790
2008	5396682	3661293	1735389	302408
2009	5706385	3776024	906547	322358
2010	6847102	4474054	2373048	393020
2011	7736908	5150408	2586500	454173
2012	8659290	5705072	2954218	515174
2013	8662817	5765720	2897097	539293
2014	9310301	6144460	3165841	575348
2015	10120384	6722552	1570727	678847
2016	11203019	7316202	3886817	743063
2017	12117339	8014956	4102383	827600
2018	4567577	3234062	1333515	259579

注：2018 年入境旅游者口径和范围调整为入境过夜游客
The caliber and scope of international tourists has been adjusted to overnight inbound tourists in 2018
1979－1999 年旅游者人数中包括华侨。
Total Tourists number from 1979－1999 in this table included Overseas Chinese

11－14 旅游事业发展情况(2012－2018 年)
Development of Tourism(2012－2018)

项目	Item	2012	2013	2014	2015	2016	2017	2018
国内旅游	Domestic Tourism							
人数(万人次)	Number of Tourism(10000 person－times)	39124	43439	47875	52532	57300	62868	68386
收入(亿元)	Earnings(100 million yuan)	4476	5202	5947	6720	7600	8764	9834
入境旅游	International Tourism							
人数合计(人次)	Total(person－time)	8659290	8662817	9310301	10120384	11203019	12117339	4567577
#外国人	Foreigners	5705072	5765720	6144460	6722552	7316202	8014956	3234062
港澳同胞	Compatriots from Hong Kong and Macao, China	1334035	1363811	1485451	1570727	1871789	1922931	478914
台湾同胞	Compatriots from Taiwan, China	1620183	1533286	1680390	1827105	2015028	2179452	854601
创汇收入(万美元)	Foreign Exchange Earnings(USD 10000)	515174	539293	575348	678847	743063	827600	259579

11－15 接待入境旅游者人数(2012－2018年)
Reception and Tourism Departments(2012－2018)

单位:人次(person－time)

国别(地区)	Country(Region)	2012	2013	2014	2015	2016	2017	2018
日本	Japan	717114	567087	515107	531329	552598	728221	311413
韩国	Korea Rep	838539	857061	955953	1103341	1168191	1028193	398352
马来西亚	Malaysia	263866	267461	257037	255174	268975	332428	113162
美国	United States	419638	441632	450717	485003	555743	636518	336958
新加坡	Singapore	168995	180420	195472	204909	204592	239499	79867
泰国	Thailand	125147	131264	134234	148543	168613	199976	54900
德国	Germany	158434	205304	221007	226266	246935	273711	110937
意大利	Italy	194011	227382	250023	281502	300172	284715	66556
法国	France	123699	171045	184472	203637	232813	240555	65746
印度尼西亚	Indonesia	85869	80659	79890	81134	88534	94286	42343
澳大利亚	Australia	115200	120212	121192	127899	143038	160630	71190
英国	United Kingdom	135582	169887	186097	194909	225166	262943	92006
印度	India	110701	115530	126043	165778	200255	219223	117528
菲律宾	Philippines	61038	60639	56034	69264	74537	88862	29516
加拿大	Canada	121858	125987	121996	126603	158602	183323	76308
西班牙	Spain	121332	121215	121430	149311	149413	151428	37223
荷兰	Netherlands	19878	67309	67075	74562	86305	109470	44046
俄罗斯	Russia	62749	116026	121211	110206	106592	134727	49080
瑞典	Sweden	8052	23049	20907	21101	25694	48024	34646
瑞士	Switzerland	28171	29393	32424	31578	36006	43145	10162
新西兰	New Zealand	35208	36530	37642	39945	53840	56001	11082
中国香港	Hong Kong,China	1032449	1022083	1097730	1143473	1326690	1374149	380436
中国澳门	Macao,China	301586	341728	387721	427254	545099	548782	98477
中国台湾	Taiwan,China	1620183	1533286	1680390	1827105	2015028	2179452	854601

注：自2018年年报开始,全省入境旅游统计口径调整为"住宿单位接待入境过夜游客"。
Since 2018, the statistical caliber of inbound tourism in the whole province has been adjusted to "accommodation units receive inbound overnight tourists".

浙/江/统/计/年/鉴

主要统计指标解释

■ 利用外资

指我国各级政府、部门、企业和其他经济组织通过对外借款、吸收外商直接投资以及用其他方式筹措的境外现汇、设备、技术等。

■ 对外借款

指通过对外正式签订借款协议,从境外筹措的资金,包括外国政府贷款、国际金融组织贷款、外国银行商业贷款、出口信贷以及对外发行债券等。1996 年及以前还包括对外发行股票。

■ 外商直接投资

是指外国企业和经济组织或个人(包括华侨、港澳台胞以及我国在境外注册的企业)按我国有关政策、法规,用现汇、实物、技术等在我国境内开办外商独资企业、与我国境内的企业或经济组织共同举办中外合资经营企业、合作经营企业或作合作开发资源的投资(包括外商投资收益的再投资)。

■ 外商其他投资

指除对外借款和外商直接投资以外的各种利用外资的形式。包括企业在境内外股票市场公开发行的以外币计价的股票(目前主要是在香港证券市场发行的 H 股和在境内证券市场发行的 B 股)发行价总额,国际租赁进口设备的应付款,补偿贸易中外商提供的进口设备、技术、物料的价款,加工装配贸易中外商提供的进口设备、物料的价款。

■ 对外劳承包工程及劳务合作

包括对外承包工程、对外劳务合作及对外设计咨询。其中对外承包工作指各对外承包公司以招标议标承包方式承揽的下列业务:(1)承包国外工程建设项目,(2)承包我国对外经援项目,(3)承包我国驻外机构的工程建设项目,(4)承包我国境内利用外资进行建设的工程项目,(5)与外国承包公司合营或联合承包工程项目时我国公司分包部分,(6)对外承包兼营的房屋开发业务。对外承包工程的营业额是以货币表现的本期内完成的对外承包工程的工作量,包括以前年度签订的合同和本年度新签订的合同在报告期内完成的工作量。对外劳务合作指以收取工资的形式向业主或承包商提供技术和劳动服务的活动。我国对外承包公司在境外开办的合营企业,中国公司同时又提供劳务的,其劳务部分也纳入劳务合作统计。劳务合作营业额按报告期内向雇主提交的结算数(包括工资、加班费和奖金等)统计。对外设计咨询指以服务成果向业主收费的技术服务项目。包括承担地形地貌测绘,地质资源勘探与普查,建设区域规划,提供设计文件、图纸、生产工艺技术资料和工程技术经济咨询,工程项目的可行性考察、研究和评估,进行技术指导和培训人员等;也包括承担国(境)内利用外资进行建设的工程项目的上述规定的设计咨询项目的收取外币部分。

■ 旅游人数

指来我国参观、访问、旅行、探亲、访友、休养、考察、参加会议和从事经济、科技、文化、教育、体育、宗教等活动的外国人、华侨、港澳和台湾同胞的人数。不包括外国在我国的常住机构,如领使馆、通讯社、企业办事处的工作人员;来我国常驻的外国专家、留学生以及在岸逗留不过夜人员。

■ 国际旅游(外汇)收入

指入境旅游的外国人、华侨、港澳台同胞在中国大陆旅游过程中发生的一切旅游支出。

ZHEJIANG STATISTICAL YEARBOOK

Explanatory Notes on Main Statistical Indicators

□ Utilization of Foreign Capital

refers to remittance, equipment and technology financed from abroad, by loans, foreign direct investment and other forms undertaken by the Chinese governments at all levels, by various departments, enterprises and other economic units.

□ Foreign Borrowings

refer to funds borrowed from abroad through formal signing of borrowing agreements with foreign institutions, including loans of foreign governments, loans of international financial institutions, commercial loans of foreign banks, export credit, and funds raised by Chinese bonds (and shares before 1996) issued abroad.

□ Foreign Direct Investment

refers to the investments inside China by foreign enterprises and economic organizations or individuals (including overseas Chinese, compatriots from Hong Kong and Macao, and Chinese enterprises registered abroad), following the relevant policies and laws of China, for the establishment of ventures exclusively with foreign own investment, si no – foreign joint ventures and cooperative enterprises or for co – operative exploration of resources with enterprises or economic organizations in China. It includes the re – investment of the foreign entrepreneurs with the profits gained from the investment.

□ Other Foreign Investment

refers to all forms of utilization of foreign capitals other than foreign borrowings and foreign direct investment. It includes the total value of stock shares in foreign currencies issued by enterprises at domestic or foreign stock exchanges (now mainly consisting of H shares issued at Hong Kong Security Market and B shares issued at domestic security markets), rent payable for the imported equipment through international leasing arrangement, cost of imported equipment, technology and materials provided by foreign counterparts in compensation trade and processing and assembly trade.

□ Overseas Contracted Project and Overseas Labour Services

It includes Overseas Contracted Project 、Overseas Labour Services and Overseas Design and Consultation Services. Overseas Contracted Project refers to projects undertaken by Chinese contractors (project contracting companies) through bidding process. They include: (1) overseas civil engineering construction projects financed by foreign investors; (2) overseas projects financed by the Chinese government through its foreign aid programs; (3) construction projects of Chinese diplomatic missions, trade offices and other institutions stationed abroad; (4) construction projects in China financed by foreign investment; (5) sub – contracted projects to be taken by Chinese contractors through a joint umbrella project with foreign contractor (s); (6) housing development projects. The business income from international contracted projects is the work volume of contracted projects completed during the reference period, expressed in monetary terms, including completed work on projects signed in previous years. Overseas Labour Services refer to the activities of providing technology and labour services to employers or contractors in the forms of receiving salaries and wages. Labour services providing by contractual joint ventures of Chinese international contracting corporations should be included in the statistics of service co – operation with foreign countries. The business income of labour service cooperation is the income in the form of wages and salaries, overtime pay, bonuses and other remuneration received from the employers during the reference period. Overseas Design and Consultation Services refer to projects with income for technical services provided to overseas operators. It includes geographic and topographic mapping, geological resource prospecting and survey, planning of construction areas, provision of design documents, blueprints, materials on production process and techniques, as well as engineering, technical and economic consultation, and feasibility study, research and evaluation of projects. Also included under this category are the above – mentioned services of foreign – financed projects in China that are paid in foreign currencies.

EXPLANATORY NOTES ON MAIN STATISTICAL INDICATORS

□ Number of Tourists

refers to the number of foreigners, overseas Chinese, and compatriots from Hong Kong, Macao and Taiwan coming to China for sightseeing, visits, tours, family reunions, vacations, study tours and other activities of an economic, scientific and technological, cultural, physical culture and religious nature. This does not include the number of employees of foreign organizations stationed in China such as embassies, consulates, news agencies, the offices of corporations and enterprises and foreign experts and students resi-ding in China and the persons staying briefly in China but not for passing the night .

□ Foreign Exchange Earnings from International Tourism

refer to the total expenditures of the foreigners, overseas Chinese, compatriots from Hong Kong, Macao and Taiwan in the process of their tourism in the mainland of China.

2019
浙江统计年鉴
ZHEJIANG STATISTICAL YEARBOOK

CHAPTER 12

财政、金融和保险
Public Finance,Banking and Insurance

12－1 一般预算总收入和总支出(1978－2018年)
Total Financial Budgettary Revenue and Expenditure(1978－2018)

单位:亿元(100 million yuan)

年份 Year	总收入 Total Revenue	#地方 The local	总支出 Total Expenditure	#一般公共服务支出 Expenditure of Public Service	#教育支出 Expenditure on Education	#城乡社区事务支出 Expenditure Urban and Lural Community Affairs	#农林水事务支出 Expenditure on Agriculture, Forestry and Land Reclamation, and Water Conservancy Affairs
1978	27.45		17.43				
1979	25.87		17.74				
1980	31.13		17.34				
1981	34.34		17.12				
1982	36.64		18.88				
1983	41.79		21.94				
1984	46.67		28.80				
1985	58.25		37.40				
1986	68.61		50.96				
1987	76.36		51.24				
1988	85.55		63.14				
1989	98.21		74.77				
1990	101.59		80.23				
1991	108.94		88.43				
1992	118.36		95.31				
1993	166.64		125.04				
1994	209.39	94.63	153.03				
1995	248.50	116.82	180.29				
1996	291.75	139.63	213.71				
1997	340.52	157.33	240.16				
1998	401.80	198.10	286.81				
1999	477.40	245.47	344.04				
2000	658.42	342.77	431.30				
2001	917.76	418.00	597.30				
2002	1166.58	566.85	749.90				
2003	1468.89	706.56	896.77				
2004	1805.16	900.99	1062.94				
2005	2115.36	1066.60	1265.53				
2006	2567.66	1298.20	1471.86	272.88	310.77	127.37	114.03
2007	3239.89	1649.50	1806.79	328.91	383.89	154.63	142.15
2008	3730.06	1933.39	2208.58	372.46	453.99	193.95	177.42
2009	4122.04	2142.51	2653.35	397.69	519.33	224.61	236.08
2010	4895.41	2608.47	3207.88	434.29	606.54	272.30	290.37
2011	5925.00	3150.80	3842.59	471.55	751.42	338.43	373.32
2012	6408.49	3441.23	4161.88	503.61	877.86	307.82	408.20
2013	6908.41	3796.92	4730.47	538.88	950.07	332.93	513.03
2014	7521.70	4122.02	5159.57	527.74	1030.99	389.01	524.59
2015	8549.47	4809.94	6645.98	584.45	1264.93	541.21	739.08
2016	9225.07	5301.98	6974.25	660.26	1300.03	788.93	722.41
2017	10301.16	5804.38	7530.32	765.03	1430.15	910.17	696.69
2018	11705.82	6598.08	8627.51	875.33	1572.47	1158.88	723.75

12-2 地方一般预算收入和支出(2014-2018年)
The Local Financial Budgetary Revenue and Expenditure(2014-2018)

单位:亿元(100 million yuan)

项目	Item	2014	2015	2016	2017	2018
一般预算收入合计	**The Local Budgetary Financial Revenue**	**4122.02**	**4809.94**	**5301.98**	**5804.38**	**6598.08**
税收收入小计	The Amount of Tax Revenue	3853.96	4168.22	4540.08	4940.74	5586.50
国内增值税(25%部分)	Value-added Taxe(25%)	743.40	809.91	1472.21	2201.37	2403.63
营业税	Business Taxe	1086.58	1201.33	678.78		
企业所得税	Company Income Tax	635.25	662.21	704.87	822.19	972.36
个人所得税	Personal Income Tax	217.54	265.74	317.10	395.24	465.86
城市维护建设税	City Maintenance and Construction Tax	246.61	274.92	300.65	329.09	370.55
房产税	Tax on Real Estates	158.43	179.98	184.30	195.35	233.29
契税	Contract Tax	267.09	243.37	304.79	381.59	459.45
其它地方各税	Others	499.06	530.75	577.39	615.92	681.36
非税收入小计	The Amount of Non Tax Revenue	268.06	641.72	761.89	863.64	1011.58
排污费收入	Fee on Sewage Treatment	8.52	11.55	9.84	9.58	3.83
教育费附加收入	Extra Charge for Education	116.94	128.00	140.26	153.06	174.21
行政事业性收费收入	Adiministrative Fees Income	33.90	43.47	49.00	68.99	96.75
罚没收入	Penalty and Confiscatory Income	93.64	107.76	123.40	123.66	172.45
其它收入	Others	72.41	415.02	504.08	556.69	619.17
国有企业计划亏损补贴	Subsidies for the Loss of State-owned Enterprises	-57.35	-64.07	-64.69	-48.34	-54.83
一般预算支出合计	**The Local Financial Budgetary Expenditure**	**5159.57**	**6645.98**	**6974.25**	**7530.32**	**8627.51**
一般公共服务	Public Service	527.74	584.45	660.26	765.03	875.33
公共安全	Public Safe	370.69	423.55	518.58	548.44	614.24
教育	Education	1030.99	1264.93	1300.03	1430.15	1572.47
科学技术	Science and Technology	207.99	250.79	269.04	303.50	379.66
文化体育与传媒	Culture,Physical Culture and the Media	115.36	165.38	158.72	159.66	174.58
社会保障和就业	Social Security and Employment	435.54	541.70	631.19	801.78	914.93
医疗卫生	Medical and Health Sevice	433.80	485.50	542.44	584.17	626.20
环境保护	Environment Protect	120.65	167.89	161.40	190.15	194.75
城乡社区事务	Urban and Rural Community Affairs	389.01	541.21	788.93	910.17	1158.88
农林水事务	Agriculture,Forestry and Land Reclamation and Water Conservancy Affairs	524.59	739.08	722.41	696.69	723.75
交通运输	Transportation	388.33	553.65	463.75	320.53	391.29
工业商业等事务	Industrial and Business Affairs	358.09	637.20	399.43	453.27	549.79
其他支出	Others	256.79	290.63	358.07	366.78	451.64

12-3 金融机构存贷款年末余额(1978-2018年)
Deposits and Loans of Financial Institutions(year-end,1978-2018)

单位:亿元(100 million yuan)

年份 Year	全部金融机构本外币存款余额 Deposits	全部金融机构人民币存款余额 RMB Deposits	住户本外币存款年末余额 Residents´ Deposits	住户人民币存款年末余额 Residents RMB Deposits	全部金融机构本外币贷款余额 Loans	全部金融机构人民币贷款余额 RMB Loans
1978		35.79		7.73		48.90
1979		44.92		11.79		54.91
1980		60.74		16.95		73.30
1981		74.26		21.47		85.85
1982		88.20		28.52		97.88
1983		108.14		37.34		109.42
1984		143.17		49.58		161.39
1985		185.66		67.73		210.81
1986		248.68		97.92		288.97
1987		306.44		129.12		365.87
1988		354.26		144.03		433.41
1989		441.13		214.98		505.48
1990		606.01		306.74		618.14
1991		789.64		402.09		749.93
1992		1036.72		514.44		972.09
1993		1316.53		664.64		1247.76
1994		1910.98		990.26		1627.87
1995		2623.60		1377.22		2103.65
1996		3400.19		1844.74		2584.09
1997		4297.07		2293.55		3273.73
1998		5264.21		2847.29		3897.12
1999		6273.15		3261.34		4650.50
2000		7299.57		3594.65		5423.52
2001		8823.12		4262.38		6482.22
2002	11899.34	11242.84	5700.77	5233.73	8791.38	8612.81
2003	15415.67	14758.15	6889.28	6452.21	12418.60	12014.28
2004	17855.05	17236.62	7741.65	7364.06	14982.54	14350.75
2005	21117.94	20494.16	9123.12	8746.02	17122.14	16557.67
2006	25005.92	24413.94	10801.70	10473.47	20757.83	20153.94
2007	29030.34	28504.46	11381.16	11160.73	24939.89	24144.42
2008	35481.20	34806.43	14804.54	14501.49	29649.22	28958.36
2009	45112.01	44336.49	18169.41	17833.44	39223.91	37997.98
2010	54482.29	53441.45	21093.62	20612.16	46938.54	45288.07
2011	60893.14	59727.91	23945.23	23470.25	53239.34	51276.64
2012	66679.08	64886.28	26902.40	26406.81	59509.12	56982.64
2013	73732.36	71986.58	29360.48	28922.97	65338.54	62597.56
2014	79241.90	77145.38	31167.48	30666.41	71361.00	68566.32
2015	90301.61	87393.30	34787.31	34218.62	76466.32	74070.20
2016	99530.29	96438.16	38755.05	38077.05	81804.50	79926.05
2017	107320.53	104000.60	40804.33	40192.49	90233.30	88606.47
2018	116512.74	113727.51	46457.80	45812.16	105774.91	104099.82

注:1、2008年起含外资金融机构。Data of this table include foreign financial institutions since 2008.
2、2015年起金融机构存贷款余额指标口径有所调整;住户存款年末余额2015年前为城乡居民储蓄存款年末余额。
The data of deposits and loans are adujusted since 2015, the data of residents´deposits refer to the data of household savings before 2015.

12-4 金融机构人民币信贷收支表
Credit Funds Balance Sheet of Financial Institution

单位:亿元(100 million yuan)

项目	Item	2015	2016	2017	2018
资金来源合计	**ALL Sources**	**91188.06**	**104902.66**	**111929.83**	**124550.35**
各项存款	**Deposits**	**87393.30**	**96438.16**	**104000.60**	**113727.51**
境内存款	Domestic Deposit	87120.62	96151.89	103767.65	113458.07
住户存款	Household Deposits	34218.62	38077.05	40192.49	45812.16
活期存款	Current Deposits	13586.27	16148.69	17240.95	19398.94
定期及其他存款	Regular and other Deposits	20632.35	21928.36	22951.54	26413.23
非金融企业存款	Non Financial Enterprise Deposits	29364.86	32338.64	34905.81	37672.35
广义政府存款	General Government Deposits	15125.75	17463.25	20825.82	23255.07
非银行业金融机构存款	Non Banking Financial Institutions Deposits	8411.39	8272.94	7843.53	6718.48
境外存款	Offshore Deposits	272.68	286.27	232.95	269.44
金融债券	**Bonds**	**861.39**	**1077.49**	**1464.11**	**1614.59**
卖出回购资产	**Sell Assets Repurchased**	**34.74**	**40.89**	**40.16**	**13.47**
借款及非银行业金融机构拆入	**Borrowing and non Bank Financial Institutions Borrowing**	**3.12**	**16.07**	**3.93**	**32.61**
其他	**Others**	**2895.49**	**7330.05**	**6421.03**	**5752.23**
资金运用合计	**All Uses**	**91188.06**	**104902.66**	**111929.83**	**124550.35**
各项贷款	**Loans**	**74070.20**	**79926.05**	**88606.47**	**104099.82**
境内贷款	Domestic Loans	74039.41	79851.14	88576.04	104016.55
住户贷款	Household Loans	23532.38	27834.26	33841.96	42549.14
短期贷款	Short-term Loans	11414.84	11299.02	12201.23	16537.27
中长期贷款	Medium-term &Long-term Loans	12117.54	16535.24	21640.72	26011.87
非金融企业及机团体贷款	Non Financial Enterprise and Government Agency Loans	50482.24	51978.44	54684.39	61460.48
非银行业金融机构贷款	Non Banking Financial Institutions Loans	24.79	38.44	49.69	6.92
境外贷款	Offshore Loans	30.79	74.91	30.44	83.27
债券投资	**Bond Investment**	**5748.95**	**6787.12**	**7435.93**	**9022.81**
股权及其他投资	**Equity and other Investment**	**7343.85**	**10270.78**	**10303.79**	**8921.48**
买入返售资产	**Buy Assets Repurchased**	**124.16**	**185.27**	**130.51**	**477.48**
存放非银行业金融机构款项	**Deposit of non Banking Financial Institutions**	**13.63**	**32.90**	**41.47**	**19.92**
联行往来(净)	**Interbank Transactions(net)**	**2298.78**	**5782.61**	**3488.14**	
外汇买卖	**Foreign exchange trading**	**-132.48**			
应收及预付款	**Collectable Account and advance Payment**	**886.31**	**1038.28**	**994.23**	**1055.12**
投资性房地产	**Investment Property**	**4.65**	**7.72**	**9.59**	**10.75**
固定资产	**Fitness Assets**	**829.99**	**871.93**	**919.70**	**942.97**

12－5 保险公司主要业务经济技术指标(2012－2018 年)
Economic Technical Indicators of Insurance Companies(2012－2018)

单位:亿元(100 million yuan)

项目	Item	2012	2013	2014	2015	2016	2017	2018
保费收入	**Premium**	**984.58**	**1109.91**	**1258.04**	**1435.33**	**1784.86**	**2146.88**	**2273.20**
财产险	Property Insurance	444.45	511.99	584.47	646.72	696.56	760.76	826.82
#机动车辆保险	Motor Vehicle Insurance	352.81	408.09	469.75	522.38	553.18	590.88	618.17
人身意外伤害险	Unforeseen Human Injury Insurance	27.13	30.03	35.43	43.66	52.16	59.19	68.28
健康险	Health Insurance	42.50	54.63	74.16	112.78	213.45	237.91	264.00
寿险	Life Insurance	470.50	513.26	563.97	632.16	822.69	1089.02	1114.09
各项赔款和给付	**Settled Claim and Payment**	**342.63**	**451.02**	**474.63**	**558.82**	**633.24**	**653.37**	**761.88**
财产险	Property Insurance	250.87	349.26	349.77	379.69	414.23	430.77	490.33
#机动车辆保险	Motor Vehicle Insurance	204.41	272.63	281.17	311.29	339.16	344.85	379.84
人身意外伤害险	Unforeseen Human Injury Insurance	5.09	5.85	6.86	8.70	11.04	14.19	17.08
健康险	Health Insurance	15.93	19.30	25.74	27.62	35.80	49.42	76.64
寿险	Life Insurance	70.74	76.60	92.25	142.81	172.17	159.00	177.83
退保金	Insurance Withdrawn	88.79	117.13	164.36	169.95	159.55	207.96	254.07
手续费及佣金支出	**Service Charges and Expenditure for Commission**	**67.42**	**79.66**	**100.92**	**136.35**	**214.30**	**293.52**	**331.11**

12－6 社会融资及证券交易
Socail financing and securities trading

单位:亿元、家 (100 million yuan,unit)

项目	Item	2014	2015	2016	2017	2018
本年社会融资规模	**Social Financing and Stock Exchange**	**7998**	**6291**	**7485**	**13331**	**19499**
人民币贷款	Renminbi Loan	5753	5387	5816	8718	15490
企业债券融资	Corporate Bond Financing	1341	1275	1270	911	1544
非金融企业境内股票融资	Domestic Stock Financing of Non－financial Enterprises	395	749	1294	1166	384
证券交易额	**Stock Exchange Volume**	**207910**	**628985**	**380852**	**378797**	**324404**
境内上市公司	**Domestic Listed Companies**	**266**	**299**	**329**	**415**	**432**
境内上市公司融资	**Financing of Domestic Listed Companies**	**3706**	**5181**	**7484**	**9077**	**10112**
#当年新增	New Domestic Listed Companies Financing in the Year	675	1476	2303	1593	1035

浙/江/统/计/年/鉴

主要统计指标解释

■ 财政收入

包括:(1) 各项税收　包括增值税、营业税、消费税、土地增值税、城市维护建设税、资源税、城市土地使用税、印花税、固定资产投资方向调节税、个人所得税、企业所得税、农牧业税和耕地占用税等。

(2)专项收入　包括征收排污费、征收城市水资源费收入、教育费附加收入等。

(3) 其他收入　包括基本建设贷款归还收入、国家能源交通重点建设基金收入、国家预算调节基金等。

(4) 国有企业计划亏损补贴　这项为负收入,冲减财政收入。

■ 财政支出

国家财政将筹集起来的资金进行分配使用,以满足经济建设和各项事业的需要,主要包括:

(1) 一般公共服务

(2) 公共安全

(3) 教育

(4) 科学技术

(5) 文化体育传媒

(6) 社会保障和就业

(7) 医疗卫生

(8) 环境保护

(9) 城乡社区事务

(10)农林水事务

(11)交通运输

(12)工业商业等事务

■ 信贷资金

指金融机构以信用方式积聚和分配的货币资金。金融机构信贷资金的来源有各项存款、金融债券发行、应付及暂收款、对国际金融机构负债、流通中货币、各项准备、所有者权益和其他项目等;信贷资金的运用有各项贷款、有价证券及投资、应收入预付款、委托投资、金银占款、外汇占款、库存现金、财政借款及在国际金融机构中的资产等。

■ 存款

指企业、机关、团体或居民根据资金必须收回的原则,把货币资金存入银行或其他信贷机构保管并取得一定利息的一种信用活动形式。根据存款对象或性质的不同可划分为企业存款、财政存款、机关团体存款、基本建设存款、储蓄存款、农村存款、委托存款、其他存款等科目。它是银行信贷资金的主要来源。

■ 贷款

指银行或其他信贷机构根据资金必须归还的原则,按一定利率,为企业、个人等提供资金的一种信用活动形式。我国银行贷款分为短期贷款、中期流动资金贷款、中长期贷款、信托贷款、融资租赁,委托贷款、票据融资、各项垫款等。

■ 保险公司

在中国境内的、经过保险监督管理部门批准设立,并依法登记注册的各类商业保险公司。

■ 保险金额

指保险人承担赔偿或者给付保险责任的最高限额。

■ 保费

指投保人为取得保险人在约定范围内所承担赔偿责任而支付给保险人的费用。

■ 赔款

指保险人根据保险合同的规定,向被保险人支付的赔偿保险责任损失的金额。

■ 给付

包括死伤医疗给付和满期给付。死伤医疗给付是指保险人根据人寿保险及长期健康保险合同的规定,因被保险人在保险期内发生保险责任范围内的保险事故支付给被保险人(或受益人)的金额。满期给付是指被保险人生存期满,保险人按人寿保险合同规定支付给被保险人的满期保险金额。

ZHEJIANG STATISTICAL YEARBOOK

Explanatory Notes on Main Statistical Indicators

□ Financial Revenue

It includes the following main items:

(1) Various tax revenues, including value added tax, business tax, consumption tax, land value added tax, tax on city maintenance and construction, resources tax, tax on use of urban land, stamp tax, tax on adjustment of the orientation of investment in fixed assets, personal income tax, enterprise income tax, tax on agriculture and animal husbandry and tax on occupancy of cultivated land, etc.

(2) Special revenues, including revenue collected from imposing fee on sewage treatment, revenue collected from imposing fee on urban water resources, and extra – charges for education, etc.

(3) Other revenues, including revenue from the repayment of capital construction loan, the funds for the state key construction projects in energy industry and transportation, and the funds for state budget adjustment, etc.

(4) Planned subsidies for the losses of the state – owned enterprises. This is an item of negative revenue, used to eat up part of the government revenue.

□ Financial Expenditure

refers to the distribution and use of the funds the government finance has raised, so as to meet the needs of economic construction and various causes. It includes the following main items:

(1) Public Service
(2) Pubic Safe
(3) Education
(4) Science and Technology
(5) Culture, Physical Culture and the Media
(6) Social Security and Employment
(7) Medical and Health Service
(8) Environment Protect
(9) Urban and Rural Community Affairs
(10) Agriculture, Forestry and Land Reclamation, and Water Conservancy Affairs
(11) Transportation
(12) Industrial and Business Affairs

□ Credit Funds

refer to the funds issued as loans by banking institutions. The sources of credit funds of the banking institutions included deposits, issue of financial bonds, account – pay – able and temporary gathering, liabilities to international financial institutions, currency in circulation, various reserves, owners' rights and interests and other items. The credit funds can be used in forms of loans, securities and investment, account receivable and advance payment, entrusted investment, gold, foreign exchange, cash on hand, government debt and assets in the international financial institutions.

□ Deposit

is a form of credit by which enterprises, institutions, organizations or households can put money into banks and other credit institutions for safekeeping and interest earning under the principle of free withdrawal. According to different depositors, deposits are divided into enterprise deposits, treasury deposits, deposits of government agencies and organizations, capital construction deposits, savings deposits, rural saving deposits, entrusted deposits and other deposits. Deposits are major sources of the credit funds of banks.

□ Loan

is a form of credit by which banks and other creditinstitutions provide funds at certain interest rate to enterprises and individuals in the light of the principle of unconditional repayment. Loans from Chinese banks include circulating capital loans, fixed assets loans, loans to urban and rural individuals engaged in industrial and

EXPLANATORY NOTES ON MAIN STATISTICAL INDICATORS

commercial business and agricultural loans.

□ Insurance Companies

refer to commercial insurance companies of various forms registered by law and established in China with the approval of insurance regulatory agencies.

□ Amount Insured

refers to the maximum that the insurant will get for the claim of the case insured.

□ Premium

is the fee paid by the insurant to the insurer to obtain the obligation of compensation from the insurance within the agreed terms.

□ Settled Claim

is the compensation paid by the insurer to the insurant in accordance with the insurance contract.

□ Payment

includes payment fordeath, injury or medical teatment and mature payment. Payment for death, injury or medical treatment refers to the money paid to the insurant (or the beneficiary) in accordance with the life or health insurance contract when the insurant encounters accidents within the insured period covered in the contract. Mature payment refers to the mature payment to the insurant in accordance with the life insurance contract at the end of the insured period.

2019 浙江统计年鉴

ZHEJIANG STATISTICAL YEARBOOK

CHAPTER 13

城市建设和环境保护

City Construction and Environment

13-1 城市公用事业(2012-2018年) Urban Public Utilities(2012-2018)

项目		Item		2012	2013	2014	2015	2016	2017	2018
自来水全年供水总量	**(万吨)**	**Annual Supply of Tap Water**	**(10000 tons)**	**281165**	**304982**	**308411**	**327217**	**329034**	**357435**	**371711**
#生活用水量		Water Consumption for Residential Use		134079	140214	145737	155160	159059	178508	189754
人均日生活用水量	(升)	Daily Water Consumption for Residential Use Per Capita	(Litres)	195.81	192.32	197.01	196.18	187.17	200.21	204.36
用水普及率	(%)	Percentage of Population with Access to Tap Water	(%)	99.88	99.97	99.93	99.95	99.97	100.00	100.00
公共车辆总数	**(标台)**	**Number of Public Transportation Vehicles**	**(Set)**	**26219**	**29260**	**31890**	**34678**	**37896**	**41515**	**42104**
每万人拥有量	(标台)	Number of Public Transportation Vehicles Owned 10000 Population	(Set)	13.96	14.64	15.72	16.00	16.27	16.99	16.54
城市道路面积	**(万平方米)**	**Area of Paved Roads**	**(10000 sq.m)**	**33575**	**35633**	**37323**	**39293**	**41286**	**42203**	**45946**
人均拥有道路面积	(平方米)	Areas of Paved Roads Per Capita	(sq.m)	17.88	17.83	18.40	18.12	17.73	17.27	18.05
排水管道长度	**(公里)**	**Length of Sewer Pipelines**	**(km)**	**29786**	**33502**	**35960**	**38203**	**40550**	**45674**	**48525**
液化石油气供气总量	**(万吨)**	**Total Supply of LPG**	**(10000 tons)**	**77.64**	**82.17**	**70.18**	**69.59**	**75.97**	**69.12**	**73.06**
液化石油气家庭用量	(万吨)	Consumption of LPG for Residential Use	(10000 tons)	51.82	53.28	47.86	47.67	53.10	45.11	50.29
用气普及率	(%)	Percentage of Population with Access to LPG	(%)	99.49	99.80	99.81	99.91	99.95	99.97	100.00
城市绿化覆盖面积	**(公顷)**	**Afforestation in Cities**	**(hectare)**	**138877**	**144481**	**149641**	**155192**	**172242**	**177783**	**186930**
园林绿地面积	(公顷)	Green Areas in Gardens	(hectare)	122723	127927	132619	138039	154314	159214	167370
#公园绿地面积	(公顷)	Public Green Areas	(hectare)	23420	24852	26155	28593	30675	32544	34958
人均公园绿地	(平方米)	Public Green Areas Per Capita	(sq.m)	12.47	12.44	12.90	13.19	13.17	13.32	13.73
公园个数	(个)	Number of Parks	(unit)	1015	1068	1106	1171	1197	1252	1340
公园面积	(公顷)	Areas of Parks	(hectare)	14803	15165	15949	16655	18213	19110	20432
环境卫生		**Environmental Sanitation**								
污水处理率(%)	(%)	Sewage Treatment Rate	(Percentage)	87.50	89.28	90.68	91.95	93.89	94.98	95.75
生活垃圾清运量	(万吨)	Volume of Living Garbage Disposal	(10000 tons)	1048.01	1123.36	1229.05	1332.63	1433.55	1454.66	1474.62

注：人均指标统计口径包含暂住人口。The data of Per capita indicators were adjusted.

13－2 自然资源(2014－2018 年)
Natural Resources(2014－2018)

项目				2014	2015	2016	2017	2018
人口		Population						
年末人口总数	(万人)	Year－end Population	(10000 persons)	4859.18	4873.34	4910.85	4957.63	4999.84
人口密度	(人/平方公里)	Density of Population	(person/sq. km)	461	462	465	469	473
土地		Land						
土地面积	(万平方公里)	Land Area	(10000 sq. km)	10.55	10.55	10.55	10.56	10.56
农用地面积	(%)	Agricultural Land Area	(%)	81.7	81.6	81.5	81.4	81.3
建设用地面积	(%)	Construction Land Area	(%)	12.0	12.2	12.3	12.4	12.6
未利用地面积	(%)	Unutilized Land Area	(%)	6.3	6.2	6.2	6.2	6.1
气候(主要城市)		Climate(Main Cities)						
年平均降雨量	(毫米)	Total Precipitation	(millimeter)	1635.5	1891.2	1826.0	1448.7	1571.3
年平均气温	(摄氏度)	Average Tempreature	(℃)	17.6	17.7	18.3	18.2	18.2
森林		Forest						
林地面积	(万公顷)	Area of Afforetated Land	(mille hectare)	659.77	660.49	660.00	660.95	660.23
森林覆盖率	(%)	Forest－coverage Rate	(%)	60.91	60.96	61.00	61.17	61.15
林木蓄积量	(万立方米)	Total Standing Stock Volume	(10000 cu. m)	31385	33074	34996	36725	38491
水资源		Water Resources						
水资源总量	(亿标立方米)	Hydropower Resources	(100 million cu. m)	1130.69	1405.11	1322.16	895.35	866.54
总供水量	(亿标立方米)	Total Amount of Water Supply	(100 million cu. m)	220.24	211.59	181.15	179.50	173.81
用水量构成	(%)	Component of Water Use	(%)					
农田灌溉		Farmlands Irrigation		33.20	33.91	39.15	39.72	39.08
农牧渔畜		Agriculture, Animal Husbandry and Fishery		6.90	6.09	5.56	5.33	5.29
工业		Indrstry		25.30	24.38	26.70	25.67	25.31
居民生活		Consumption for Life		12.60	13.13	15.62	15.86	16.43
城镇公共用水		Urban Public Consumption		7.30	7.84	9.94	10.33	10.72
环境配水		Supplement for Environment		12.40	12.07			
生态环境用水		Eco－Environmental Water Consumption		2.30	2.58	3.03	3.09	3.16
淡水已养殖面积	(千公顷)	Cultivated Freshwater Area	(1000 hectare)	209.89	213.07	202.09	198.04	179.77
海水已养殖面积	(千公顷)	Cultivated Seawater Area	(1000 hectare)	88.18	85.88	88.82	75.95	80.93
海岸线总长度	(公里)	Length of Mainland Coastline	(km)	6486	6486	6486	6486	6630
矿产资源(保有储量)	(万吨)	Mineral Resources(Ensured Reserves)	(10000 tons)					
铁矿石		Iron Ore		16172	18713	19702	23158	21194
煤		Coal		9309	9309	9306	9306	9307
沸石(矿石)		Zeolite		12752	12785	12817	12830	12830
叶蜡石(矿石)		Pyrophylite		4802	4776	4694	4920	4826
普通萤石		Fluorite		3571	3699	3812	3918	4158
明矾石		Alumstone		16831	16824	16821	16820	16820
水泥用灰岩		Cement Limestone		329123	350997	363867	381133	363848

注：2015 年土地面积来源于第二次土地调查。
Land area data for 2015 are derived from the Second Land Survey

13－3 各市水资源总量(2012－2018年)
Total Amount of Water Resource by City(2012－2018)

单位:亿立方米(100 million cu. m)

城市	City	2012	2013	2014	2015	2016	2017	2018
合　计	**Total**	**1444.79**	**930.90**	**1130.69**	**1405.11**	**1322.16**	**895.35**	**866.54**
杭州市	Hangzhou	221.26	141.15	163.01	239.06	213.10	146.87	146.24
宁波市	Ningbo	129.82	81.03	85.06	126.04	110.54	81.83	75.11
温州市	Wenzhou	183.94	138.08	159.01	155.74	184.66	104.68	128.47
嘉兴市	Jiaxing	36.87	21.70	23.52	38.76	40.61	27.31	36.51
湖州市	Huzhou	56.48	30.19	39.45	60.64	84.32	36.61	52.26
绍兴市	Shaoxing	102.23	67.04	72.40	106.77	80.03	62.03	59.21
金华市	Jinhua	144.34	81.66	115.13	139.17	118.28	88.88	69.95
衢州市	Quzhou	154.15	72.18	120.27	163.73	128.16	103.22	80.64
舟山市	Zhoushan	13.05	5.69	7.94	11.78	11.58	9.90	6.93
台州市	Taizhou	129.58	99.79	112.31	106.18	100.22	62.27	77.97
丽水市	Lishui	273.07	192.40	232.59	257.23	250.66	171.74	133.26

13－4 各市供水总量(2012－2018年)
Total Amount of Water Supply by City(2012－2018)

单位:亿立方米(100 million cu. m)

城市	City	2012	2013	2014	2015	2016	2017	2018
合　计	**Total**	**222.31**	**224.75**	**220.24**	**186.06**	**181.15**	**179.50**	**173.81**
杭州市	Hangzhou	56.45	57.77	57.38	34.79	34.24	33.47	32.47
宁波市	Ningbo	22.21	22.32	22.97	20.66	20.31	20.58	20.76
温州市	Wenzhou	22.66	22.83	21.79	19.13	18.78	18.49	17.81
嘉兴市	Jiaxing	18.99	20.24	19.34	18.96	18.81	18.89	18.76
湖州市	Huzhou	18.01	18.07	16.97	16.50	15.23	15.08	14.01
绍兴市	Shaoxing	21.55	21.10	20.17	18.52	18.36	18.52	18.09
金华市	Jinhua	18.96	18.78	17.88	17.51	17.19	17.10	16.28
衢州市	Quzhou	14.20	14.09	13.91	13.46	12.83	12.14	11.65
舟山市	Zhoushan	1.44	1.49	1.45	1.49	1.55	1.60	1.62
台州市	Taizhou	19.18	19.25	20.03	17.34	16.64	16.53	15.44
丽水市	Lishui	8.66	8.82	8.35	7.70	7.21	7.10	6.90

注：2015年起,供水总量不含环境配水量。
Total water supply does not include environmental water allocation since 2015.

13－5 主要城市平均气温(2018年)
Average Temperature in Major Cities(2018)

单位:摄氏度(℃)

城市	City	1月 Jan.	2月 Feb.	3月 Mar.	4月 Apr.	5月 May	6月 June	7月 July	8月 Aug.	9月 Sep.	10月 Oct.	11月 Nov.	12月 Dec.	年平均 Annual Average
杭 州	Hangzhou	4.4	5.8	13.5	19.0	23.8	25.5	29.9	29.7	25.5	18.7	14.1	7.5	18.1
宁 波	Ningbo	5.4	6.3	13.2	18.5	23.2	24.9	28.9	29.0	25.6	18.3	14.8	8.8	18.1
温 州	Wenzhou	8.9	8.7	14.6	19.3	24.1	25.3	28.6	28.9	26.3	20.1	17.1	11.9	19.5
嘉 兴	Jiaxing	4.2	5.5	12.5	18.1	23.0	25.2	29.3	29.4	25.7	18.5	13.9	7.8	17.7
湖 州	Huzhou	3.5	5.1	12.8	18.4	23.1	25.3	29.5	29.3	25.4	18.0	13.3	6.8	17.6
绍 兴	Shaoxing	4.8	6.2	13.7	19.5	24.5	25.8	30.3	30.0	26.1	19.2	14.6	8.0	18.5
金 华	Jinhua	6.0	7.3	15.0	20.2	24.9	26.3	30.2	30.2	26.8	19.2	14.9	8.4	19.1
衢 州	Quzhou	5.8	7.0	14.3	19.4	24.5	25.7	29.6	29.6	25.9	18.4	14.2	8.1	18.5
舟 山	Zhoushan	6.1	6.2	11.8	16.7	21.4	23.7	28.1	28.5	25.5	18.6	15.4	10.1	17.7
台 州	Taizhou	7.4	7.7	13.6	18.8	23.7	25.1	28.8	29.2	26.3	19.7	16.5	10.9	19.0
丽 水	Lishui	7.7	8.5	15.3	20.4	25.4	26.7	29.7	29.6	26.6	19.0	15.8	9.7	19.5

注：本表由省气象局整理提供。表13－6至13－7同。
The data on this table are provided by Provincial Meteorological Bureau. Table from 13－6 to 13－7 are the same.

13－6 主要城市降水量(2018年)
Precipitation in Major Cities(2018)

单位:毫米(millimeters)

城市	City	1月 Jan.	2月 Feb.	3月 Mar.	4月 Apr.	5月 May	6月 June	7月 July	8月 Aug.	9月 Sep.	10月 Oct.	11月 Nov.	12月 Dec.	全年 Annual Total
杭 州	Hangzhou	140.5	57.9	65.3	108.3	165.9	264.1	153.5	318.4	232.9	23.8	133.1	164.2	1827.9
宁 波	Ningbo	107.7	43.3	62.3	70.9	185.8	199.1	172.3	306.7	225.1	31.5	40.9	152.3	1597.9
温 州	Wenzhou	89.9	30.4	76.1	84.2	195.4	242.2	400.1	386.3	340.9	74.3	143.3	35.7	2098.8
嘉 兴	Jiaxing	109.2	46.0	70.9	105.1	176.7	185.2	88.6	354.6	247.4	17.3	115.5	183.1	1699.6
湖 州	Huzhou	143.8	53.6	71.2	101.4	124.2	158.9	135.0	321.9	95.1	13.6	100.3	177.9	1496.9
绍 兴	Shaoxing	149.0	55.0	68.9	122.6	278.2	209.4	163.2	324.1	133.8	17.4	121.6	163.8	1807.0
金 华	Jinhua	77.4	39.6	128.3	240.0	282.2	165.5	205.7	66.1	31.3	49.5	71.8	97.8	1455.2
衢 州	Quzhou	93.1	47.5	187.3	252.6	150.8	181.8	51.3	113.8	58.5	47.0	118.6	128.7	1431.0
舟 山	Zhoushan	118.0	60.5	65.9	66.7	176.6	133.7	43.3	262.6	168.1	76.4	66.6	203.9	1442.3
台 州	Taizhou	78.1	30.8	66.6	100.0	92.7	210.5	281.3	317.5	219.4	45.6	79.0	46.2	1567.7
丽 水	Lishui	74.5	30.9	79.7	114.6	264.3	162.9	118.4	161.1	117.1	52.8	75.8	57.8	1309.9

13－7 主要城市日照时数(2018 年)
Sunshine Hours in Major Cities(2018)

单位:小时(hours)

城市		1月 Jan.	2月 Feb.	3月 Mar.	4月 Apr.	5月 May	6月 June	7月 July	8月 Aug.	9月 Sep.	10月 Oct.	11月 Nov.	12月 Dec.	全年 Annual Total
杭 州	Hangzhou	80.3	116.3	144.1	176.4	147.0	177.9	240.8	214.7	148.3	170.6	88.2	40.3	1744.9
宁 波	Ningbo	78.2	115.3	145.3	157.1	136.5	137.0	235.5	227.4	166.9	159.8	90.6	34.2	1683.8
温 州	Wenzhou	57.8	109.7	134.0	139.0	144.4	114.7	183.7	194.9	154.1	134.2	57.7	33.3	1457.5
嘉 兴	Jiaxing	75.7	124.8	151.8	179.0	135.7	168.4	216.3	228.7	147.2	169.2	87.2	41.2	1725.2
湖 州	Huzhou	80.7	122.6	142.7	189.5	145.6	180.0	233.2	229.2	174.1	180.9	95.8	44.2	1818.5
绍 兴	Shaoxing	79.2	126.2	152.9	177.8	147.2	171.7	249.5	233.3	155.9	167.8	84.9	41.7	1788.1
金 华	Jinhua	73.9	113.9	165.2	159.7	146.6	138.5	251.1	231.6	177.3	170.6	83.0	43.6	1755.0
衢 州	Quzhou	82.5	117.1	143.2	134.4	132.9	132.7	243.2	219.1	169.3	168.3	67.1	41.1	1650.9
舟 山	Zhoushan	89.4	130.9	143.1	174.3	139.8	128.9	212.9	213.4	164.1	178.4	101.8	32.4	1709.4
台 州	Lishui	84.5	128.9	138.4	156.2	122.4	133.6	216.4	231.9	165.1	169.6	87.6	55.6	1690.2
丽 水	Linhai	76.0	110.9	108.4	105.7	119.1	111.0	194.8	190.2	146.2	151.7	53.6	37.3	1404.9

13－8 主要城市空气指标(2018 年)
Air Quality Indicators of Major Cities(2018)

城市	City	二氧化硫年平均浓度(微克/立方米) Average Concentration of Sulfur Dioxide (Microgram/Cubic Meter)	二氧化氮年平均浓度(微克/立方米) Annual Average Concentration of Nitrogen Dioxide (Microgram/Cubic Meter)	可吸入颗粒物(PM_{10})年平均浓度(微克/立方米) Annual Average Concentration of Inhalable Particulate Matter(PM_{10}) (Microgram/Cubic Meter)	一氧化碳日均值第95百分位浓度(毫克/立方米) Daily Average 95% Concentration of Carbon Monoxide (Milligram/Cubic Meter)	臭氧(O_3)最大8小时第90百分位浓度(微克/立方米) Maximum 8－hou 90th Percentile Concentration of Ozone (O_3) (Microgram/Cubic Meter)	细颗粒物($PM_{2.5}$)年平均浓度(微克/立方米) Annual Average Concentration of Fine Particulate Matter ($PM_{2.5}$) (Microgram/Cubic Meter)	空气质量达到和好于二级的天数比例(%) The proportion of days in which air quality reaches and is better than grade 2 (%)
浙江省	Zhejiang	9	32	56	1.2	159	33	85.3
杭州市	Hangzhou	10	43	68	1.3	181	40	73.7
宁波市	Ningbo	9	36	52	1.2	152	33	87.7
温州市	Wenzhou	9	37	58	1.0	141	30	95.1
嘉兴市	Jiaxing	9	36	63	1.4	184	39	76.7
湖州市	Huzhou	13	38	60	1.3	189	36	71.0
绍兴市	Shaoxing	9	31	66	1.4	171	42	77.8
金华市	Jinhua	11	35	54	1.2	165	34	84.4
衢州市	Quzhou	8	32	54	1.2	152	33	88.8
舟山市	Zhoushan	7	20	40	1.0	131	22	94.8
台州市	Taizhou	6	23	53	1.0	145	29	93.7
丽水市	Lishui	7	23	46	1.0	135	28	95.1

13－9 废水排放及处理利用情况(2012－2018 年)
Discharging and Using of Industrial Waste Water(2012－2018)

单位:万吨(10000 tons)

项目	Item	2012	2013	2014	2015	2016	2017	2018
废水排放总量	**Waste Water Discharged**	**420960**	**419120**	**418262**	**433822**	**430857**	**453935**	**463895**
工业	Industry	175416	163674	149380	147353	129913	122917	119936
城镇生活及其他	For Living and Others	245049	254972	268360	285847	300216	330264	343261
集中式治理设施污水排放	Centralized Treatment Facilities	495	474	521	622	728	754	698
工业重复用水率(%)	**Rate of Water Utilized Repeatedly in Industry(%)**	**66.70**	**65.40**	**83.40**	**78.23**			

13－10 工业废气排放情况(2012－2018 年) Discharge of Industrial Waste Gas(2012－2018)

项目	Item		2012	2013	2014	2015	2016	2017	2018
工业废气排放总量（亿标立方米）	Total Volume of Industrial Waste Gas Discharged	(100 million cu. m)	23967	24565	26958	26841	22185	31310	28498
二氧化硫排放量（万吨）	Volume of Industrial SO2 Discharged	(10000 tons)	61.1	57.9	56.0	52.4	24.5	18.1	12.9
氮氧化物排放量（万吨）	Volume of Industrial Nitrogen Oxide Discharged	(10000 tons)	63.5	57.3	51.9	45.9	23.2	20.6	17.8
烟(粉)尘排放总量（万吨）	Volume of Industrial Smoke dust	(10000 tons)	23.3	29.7	35.9	31.1	16.3	12.9	10.5

注：2016 年起污染物排放量核算方法进行了调整。The method of pollutant discharge calculation is adjusted since 2016.

13－11 工业固体废物排放及处理利用情况(2011－2018 年) Discharge and Treatment of Industrial Solid Wastes(2011－2018)

单位:万吨(10000 tons)

项目	Item	2011	2012	2013	2014	2015	2016	2017	2018
工业固体废物产生量	Volume of Industrial Solid Wastes Produced	4529	4542	4404	4700	4678	4496	4828	5134
工业固体废物排放量	Volume of Industrial Solid Wastes Discharged	0.34	0.40				0.28		
工业固体废物综合利用量	Volume of Industrial Solid Wastes Utilized	4129	4111	4123	4365	4338	4040	4365	4751
工业固体废物贮存总量	Volume of Industrial Solid Wastes Accumulated	45.30	69.30	53.80	52.60	43.70	40.1	79.2	41.9
工业固体废物处置量	Volume of Industrial Solid Wastes Consumed	362	366	248	295	312	459	460	384
工业固体废物综合利用率(%)	Comprehensive utilization ratio of Industrial Solid Wastes(%)	91.07	90.45	93.24	92.75	92.55	89.34	89.85	92.11

浙/江/统/计/年/鉴

主要统计指标解释

■ 工业废水排放量

指经过企业厂区所有排放口排到企业外部的工业废水量 。包括生产废水、外排的直接冷却水、超标排放的矿井地下水和与工业废水混排的厂区生活污水,不包括外排的间接冷却水(清污不分流的间按冷却水应计算在内)。

■ 工业废水排放达标量

指各项指标都达到国家或地方排放标准的外排工业废水量,包括未经处理外排达标的和经过处理后外排达标的两部分。国家排放标准见 GB8978-88。

■ 工业废气排放量

指企业厂区内燃料燃烧和生产工艺过程中产生的各种排入空气的含有污染物的气体的总量,以标准状态(273K,101325Pa)计。

■ 工业固体废物产生量

指企业在生产过程中产生的固体状、半固体状和高浓度液体状废弃物的总量,包括危险废物、冶炼废渣、粉煤灰、炉渣、煤矸石、尾矿、放射性废物和其他废物等;不包括矿山开采的剥离废石和掘进废石(煤矸石和呈酸性或碱性的废石除外)。酸性或碱性废石是指采掘的废石其流经水、雨淋水的 pH 值小于 4 或 pH 值大于 10.5 者 。

■ 工业固体废物综合利用量

指通过回收、加工、循环、交换等方式,从固体废物中提取或者使其转化为可以利用的资源、能源和其他原材料的固体废物量(包括当年利用往年的工业固体废物累计贮存量)。如用作农业肥料、生产建筑材料、筑路等。综合利用量由原产生固体废物的单位统计。

ZHEJIANG STATISTICAL YEARBOOK

Explanatory Notes on Main Statistical Indicators

□ Volume of Industrial Waste Water Discharged

refers to the volume of industrial waste water discharged, through all outlets, to the outside of industrial enterprises, including waste water produced, direct - cooling water, underground water from mines that does not meet the standard of discharge, and the domestic sewage mixed up with industrial waste water when discharged, but excluding discharged indirect - cooling water.

□ Volume of Waste Water up to the Standard for Discharge

refers to the volume of discharged industrial waste water that, with or without treatment, has come up to the national or local standards for discharge.

□ Volume of Waste Gas Emission

refers to waste gas emitted from burning of fuels and from production process in the area of the factory, and is measured by 10000 standard cubic metres each year under normal condition.

□ Volume of Industrial Solid Wastes Produced

refers to the total volume of solid, semi - solid or highconcentration liquid residue produced by industrial enterprises in their production process, including dangerous wastes, residues from melting, slag, powdered coal ash, gangue, chemical residues, tailings, radioactive residues and other residues, but excluding stripped or dug stones in mining (except gangue and acid or alkali stones which are stones washed or soaked by water with a pH value smaller than 4 or larger than 10.5.)

□ Volume of Industrial Solid Wastes Utilized in a Comprehensive Way

refers to the volume of solid wastes from which useful materials can be extracted or which can be changed to be utilizable resources, energy or other materials, including the volume of industrial solid wastes stored up in the previous years and utilized in the current year, such as the solid wastes utilized as fertilizers, building materials, for making roads or for other purpose. Statistical data on utilization of industrial solid wastes are collected by solid wastes producing units.

2019 浙江统计年鉴

ZHEJIANG STATISTICAL YEARBOOK

CHAPTER 14

教育、科技、专利、测绘和标准计量

Education,Science,Patent,Surveying and Mapping and Standard Calculating

14-1 高等学校基本情况(1978-2018年)
Basic Statistics on Institutions of Higher Education(1978-2018)

年份 Year	学校数(所) Number of Schools (unit)	招生数(人) New Students Enrollment (person)		在校学生数(人) Stuednts Enrollment (person)		毕业生数(人) Graduates (person)		教职员工数(人) Number of School Staff and Workers (person)	
		本专科 Regular College Course and Specialized Subject	研究生 Graduates	本专科 Regular College Course and Specialized Subject	研究生 Graduates	本专科 Regular College Course and Specialized Subject	研究生 Graduates		#专任教师 Teachers
1978	20	14241		24223		3743		11961	5389
1979	20	9498		32227		1013		13889	6275
1980	22	9387		37815		3710		15619	6886
1981	22	9208		41020		5852		16365	6933
1982	22	10162		36088		14968		18181	7701
1983	24	12750		39008		10411		19274	8219
1984	27	15030		44883		9002		20431	8690
1985	35	19026		52688		11044		22497	9908
1986	37	17877		57352		13027		24723	10804
1987	37	18190		60072		15017		25620	11223
1988	37	19364		60419		18712		26472	11578
1989	37	18270		61045		17323		26772	11574
1990	37	18264		60327		18417		26787	11578
1991	36	18651		59822		18175		27004	11208
1992	35	21217		62226		18267		27821	11105
1993	36	27716		73586		15971		27898	11148
1994	37	30482		87428		17895		28212	11345
1995	37	28094		92857		22443		28194	11491
1996	36	30541		96480		27133		28107	11530
1997	35	33145		102302		26386		28123	11595
1998	32	36668	2155	113543	5991	24296		28327	11816
1999	36	59300	3216	151318	7460	30561	1578	30532	13140
2000	35	93516	4130	212375	9895	32477	1600	40037	18981
2001	38	120195	5577	293078	13237	37230	1882	44347	22168
2002	60	152470	6111	393145	16297	48431	2645	48481	25993
2003	64	173519	6863	484639	19269	78685	3514	48691	29945
2004	68	195617	8029	572759	22062	103123	4858	60833	35766
2005	67	215362	9577	651307	25637	133051	5558	58924	38402
2006	68	237157	10996	719869	27125	162531	8731	69730	42143
2007	77	249749	12326	777982	31409	183863	7387	73704	45622
2008	77	265696	13691	832224	35812	203203	8944	75986	47795
2009	78	261361	16184	866496	43381	218226	7941	77852	49516
2010	80	260111	16575	884867	47991	233741	11156	79785	50969
2011	104	271285	17565	907482	51846	238448	13046	81384	52296
2012	105	280824	18748	932292	54369	247537	15112	83843	54154
2013	106	283353	19535	959629	57801	244860	15592	85381	56000
2014	108	284285	20164	978216	60511	253708	16535	87375	58076
2015	108	287809	21496	991149	63528	263981	17117	88744	59472
2016	108	288798	22246	996143	67232	273342	17801	90214	60477
2017	108	293745	27368	1002346	74404	276580	18717	92654	62357
2018	109	309687	29760	1019449	82547	280634	20676	94462	63433

注：1、2011年起包含独立学院。The data include independent College since 2011 .
2、2017年起研究生含全日制和非全日制。
The number of postgraduate students in school includes full-time and part-time students since 2017.

14－2 中等职业学校基本情况(1978－2018年)
Basic Statistics on Secondary Professional Schools(1978－2018)

年份	学校数（所）Number of Schools (unit)	招生数（万人）New Students Enrollment (10000 persons)	在校学生数（万人）Students Enrollment (10000 persons)	毕业生数（万人）Graduates (10000 persons)	教职员工数（万人）Staff and Workers (10000 persons)	#专任教师 Teachers
1978	73	1.29	2.79	0.14	0.54	0.24
1979	75	1.24	3.42	0.61	0.55	0.30
1980	81	1.13	3.10	1.44	0.67	0.33
1981	83	1.16	2.67	1.59	0.75	0.35
1982	92	1.19	2.77	1.08	0.85	0.39
1983	96	1.30	3.07	0.98	0.87	0.41
1984	104	1.64	3.66	1.16	0.96	0.44
1985	119	1.99	4.36	1.29	1.12	0.49
1986	130	2.14	5.22	1.27	1.25	0.58
1987	134	2.26	5.79	1.66	1.34	0.65
1988	136	2.31	6.31	1.81	1.40	0.70
1989	140	2.31	6.61	2.02	1.49	0.72
1990	141	2.23	6.67	2.12	1.50	0.73
1991	141	2.41	6.77	2.29	1.52	0.72
1992	142	2.72	7.20	2.27	1.54	0.72
1993	144	3.59	8.48	2.28	1.55	0.72
1994	155	4.92	10.87	2.32	1.58	0.74
1995	158	6.00	13.91	2.90	1.61	0.78
1996	161	7.30	17.72	3.44	1.63	0.80
1997	151	5.68	15.74	3.99	1.64	0.81
1998	150	5.65	16.70	4.58	1.60	0.79
1999	149	5.16	16.52	5.08	1.49	0.78
2000	86	3.54	14.80	5.08	0.97	0.53
2001	82	3.10	12.93	4.77	0.57	0.31
2002	62	4.22	12.25	4.67	0.59	0.34
2003	57	4.67	12.07	4.12	0.60	0.36
2004	53	4.33	12.81	3.22	0.57	0.37
2005	51	4.36	12.94	3.83	0.55	0.37
2006	49	3.39	11.36	4.10	0.50	0.37
2007	402	21.38	63.13	20.56	3.36	2.69
2008	392	21.09	59.36	20.84	3.32	2.69
2009	377	22.81	59.02	19.21	3.32	2.72
2010	358	22.62	60.64	17.29	3.35	2.77
2011	338	22.09	61.59	17.39	3.49	2.91
2012	319	18.89	58.40	19.06	3.58	3.04
2013	300	17.84	54.76	19.33	3.62	3.10
2014	274	16.73	50.60	18.97	3.64	3.16
2015	258	17.74	49.97	16.82	3.65	3.21
2016	239	17.85	49.98	15.98	3.64	3.23
2017	231	17.52	51.02	15.11	3.65	3.28
2018	230	17.01	50.68	16.15	3.72	3.36

注：2007年起数据口径调整为职业高中和普通中等专业学校.
The data scope were adjusted since 2007, including the vocational high schools and the general secondary specialized schools.

14－3 普通高等教育分类情况(2018 年)
Institutions of Higher Education by Type(2018)

分类	Item	学校数(所) Number of Schools (unit)	本、专科学生(人) Regular College Courae and Specialized Subject (person) 毕业生数 Graduates	招生数 New Students Enrollment	在校学生数 Students Enrollment	教职员工数(人) Number of School Staff and Workers (person)	#专任教师 Teachers
总计	**Total**	**109**	**280634**	**309687**	**1019449**	**94462**	**63433**
普通本科	**Institutions of Higher Education**	**60**	**149271**	**164713**	**624707**	**69088**	**45908**
#民办本科	Private Institutions	26	61495	68157	250680	17096	12779
#独立学院	Indenpendency Institutions	21	41130	45664	166432	10876	8348
高职(高专)院校	**Higher(Colleges) Professional Institutions**	**49**	**131363**	**144974**	**394742**	**25374**	**17525**
#民办	Private Higher Professional Institutions	10	22578	26820	69977	4354	3089

14－4 各级成人教育基本情况
Adult Education by Level

类别	Item	学校数(所) school (Unit) 2016	2017	2018	毕(结)业生数(万人) Graduates (10000 persons) 2016	2017	2018	在校学生数(万人) Students Enrollment (10000 persons) 2016	2017	2018
成人高等学历教育	**Adult Higher Education**	**9**	**9**	**9**	**12.40**	**10.92**	**9.59**	**24.11**	**21.96**	**22.75**
广播电视大学	Radio and TV Universities	2	2	2	0.50	0.52	0.49	1.39	1.25	1.19
职工高等学校	Schools of Higher Education for Staff and Workers	4	4	4	0.21	0.20	0.14	0.36	0.24	0.12
教育学院	Pedagogical Colleges	3	3	3	0.31	0.20	0.21	0.54	0.62	0.74
普通高校	Institutions of Higher Education	73	72	75	11.38	10.01	8.75	21.81	19.84	20.70
成人中等学历教育	**Secondary Education for Adults**	**23**	**20**	**16**	**1.01**	**0.79**	**0.89**	**2.09**	**2.17**	**1.93**
成人中学	**Secondary Schools for Adults**	**257**	**240**	**253**	**2.58**	**2.58**	**2.16**	**2.71**	**2.80**	**2.49**
成人技术培训学校	**Technical Training Schools for Adults**	**3958**	**4040**	**4620**	**339.78**	**343.69**	**456.11**	**320.44**	**326.50**	**407.22**
成人初等学校	**Primary Schools for Adults**	**344**	**306**	**258**	**9.37**	**7.73**	**6.65**	**7.84**	**6.80**	**6.45**

注：2014 年起指标成人初等学校口径有所变化。The Iindicator caliber of primary schools for adults had been changed since 2014.

14－5 技工学校基本情况(1980－2018 年)
Basic Statistics on Technical Schools(1980－2018)

年份	学校数 (所) Number of Schools (unit)	在校学生数 (人) Students Enrollment (person)	毕业生数 (人) Graduates (person)	招生数 (人) New Students Enrollment (person)	教职员工数 (人) Number of School Staff and Workers (person)
1980	140	17093	5895	5139	2709
1981	139	12180	8718	4115	4462
1982	141	9386	5798	3813	3987
1983	142	8536	3935	4260	4266
1984	101	11152	2696	6110	4673
1985	94	14065	4138	6790	5146
1986	94	17122	3529	6717	5936
1987	92	19006	4663	6907	5960
1988	91	18243	6121	6125	5881
1989	94	17323	6377	6060	4464
1990	96	16365	5815	6176	5826
1991	94	18230	5083	7489	6131
1992	98	21663	5414	9480	6373
1993	99	31998	7523	14204	6541
1994	102	38658	10523	17603	6993
1995	104	15149	12140	20852	7273
1996	107	49246	15415	20438	7335
1997	107	56633	13709	24026	6758
1998	106	62052	17268	23916	6560
1999	99	63128	18081	22681	6197
2000	95	60968	21029	22630	7204
2001	97	59068	20410	23983	5914
2002	96	62572	17684	27123	5774
2003	87	70650	15933	33494	5616
2004	83	88652	19062	40536	6335
2005	79	97783	21954	39406	5441
2006	76	101968	25444	39318	7128
2007	72	95295	22940	35323	6348
2008	71	97072	23944	35621	6316
2009	68	103862	26374	37892	5785
2010	68	108791	26328	39120	6875
2011	68	113036	25681	39173	7660
2012	66	106085	26618	35537	8431
2013	66	118587	27273	37351	8877
2014	71	121196	33376	39893	10059
2015	71	122661	34419	42372	10194
2016	78	137923	33880	47800	11229
2017	77	141668	33106	47189	11381
2018	77	153607	31044	48712	11933

14－6 特殊教育情况(1980－2018年)
Basic Statistics on Special Education(1980－2018)

年份 Year	学校数 (所) Number of Schools (unit)	在校学生数 (人) Students Enrollment (person)	毕业生数 (人) Graduates (person)	招生数 (人) New Students Enrollment (person)	教职员工数 (人) Number of School Staff and Workers (person)	#专任教师 Teachers
1980	7	1293	73	203	174	116
1981	7	1347	109	204	177	117
1982	7	1407	118	224	186	136
1983	8	1478	129	271	225	162
1984	11	1668	81	340	258	186
1985	13	1784	150	380	311	231
1986	15	1979	125	412	334	242
1987	18	2303	128	553	410	294
1988	24	2621	201	641	507	370
1989	32	2985	135	594	600	435
1990	43	3443	222	832	729	555
1991	46	3963	142	784	847	639
1992	47	6907	346	918	963	735
1993	53	13202	548	4288	1081	824
1994	55	18038	1172	2774	1291	1003
1995	56	23690	1791	2831	1433	1130
1996	60	22691	1778	2261	1462	1169
1997	61	23919	2190	2306	1419	1154
1998	63	22812	3086	2486	1453	1172
1999	62	21840	3315	2437	1382	1120
2000	62	19749	3701	2445	1396	1139
2001	64	19358	2783	2593	1385	1068
2002	64	16484	2603	2158	1424	1122
2003	63	15357	2561	1947	1445	1133
2004	62	14195	2124	1663	1475	1194
2005	62	12889	1782	1465	1531	1233
2006	63	12160	1717	1535	1576	1281
2007	63	12993	1567	1612	1603	1326
2008	64	12924	1603	1864	1680	1413
2009	64	12268	1649	1751	1605	1351
2010	67	13010	1718	1904	1837	1586
2011	78	13048	1544	2174	2095	1794
2012	79	14425	1550	2741	2185	1915
2013	82	16327	1777	2812	2331	2038
2014	84	15884	2101	2444	2422	2132
2015	86	16236	2367	2418	2538	2266
2016	84	16660	2598	2567	2656	2379
2017	86	18532	2910	3069	2853	2566
2018	85	19526	3046	3479	2869	2589

注：2017年开始，学生中含送教上门。
The ways of study have included "home delivery" teaching since 2017

14－7 普通中学基本情况(1978－2018 年)
Basic Statistics on Regular Secondary Schools(1978－2018)

年份 Year	学校数(所) Number of Schools (unit)	招生数(万人) New Students Enrollment (10000 persons)	在校学生数(万人) Students Enrollment (10000 persons)	毕业生数(万人) Graduates (10000 persons)	教职员工数(万人) Workers and Staff (10000 persons)	#专任教师 Teachers
1978	4097	83.92	214.65	83.59	12.29	9.94
1979	3680	72.29	181.12	80.45	11.04	9.04
1980	3391	64.67	170.04	49.05	11.45	8.53
1981	3243	61.03	155.75	50.75	10.88	8.07
1982	3115	59.93	151.08	44.01	10.34	7.89
1983	3161	61.28	154.91	39.43	10.44	7.90
1984	3199	61.95	166.13	39.50	10.56	7.87
1985	3235	63.29	177.46	41.84	10.94	8.24
1986	3296	65.09	184.04	47.49	11.14	8.41
1987	3346	62.41	182.95	50.19	11.26	8.56
1988	3389	54.34	169.74	52.04	11.53	8.83
1989	3384	58.19	163.34	52.09	11.76	8.95
1990	3353	64.78	169.62	49.92	11.59	8.98
1991	3381	66.01	180.75	46.02	11.87	9.24
1992	3283	66.14	188.38	49.55	12.17	9.53
1993	3259	63.08	185.02	55.67	12.36	9.73
1994	3315	72.82	194.02	56.88	12.72	10.12
1995	3255	80.67	210.54	58.84	13.37	10.77
1996	3240	75.03	223.64	57.41	14.15	11.55
1997	3186	71.92	222.74	68.10	14.74	12.19
1998	3128	76.23	217.67	75.49	15.11	12.52
1999	2995	85.72	228.15	69.91	15.78	13.14
2000	2940	92.51	249.55	66.83	16.52	13.93
2001	2900	89.34	263.00	71.57	17.70	14.73
2002	2781	92.10	270.30	81.36	18.25	15.33
2003	2695	90.99	270.07	88.09	18.78	15.83
2004	2609	84.72	266.14	86.48	19.17	16.29
2005	2524	86.45	261.08	89.71	19.49	16.69
2006	2459	91.93	262.32	88.60	19.82	17.01
2007	2404	90.14	266.55	82.99	20.05	17.34
2008	2377	90.40	269.80	83.40	20.36	17.76
2009	2353	85.47	262.27	87.73	20.56	18.02
2010	2314	83.30	255.15	85.97	20.82	18.29
2011	2314	80.03	244.50	85.30	21.05	18.26
2012	2306	78.85	236.88	81.15	21.15	18.34
2013	2296	77.76	232.24	78.19	21.14	18.29
2014	2280	75.60	228.99	75.72	21.31	18.47
2015	2275	74.87	225.27	74.93	21.44	18.66
2016	2291	79.04	226.87	74.23	21.77	18.98
2017	2315	72.52	233.18	81.62	22.12	19.43
2018	2333	79.74	238.39	72.13	22.53	19.79

14－8 小学基本情况(1978－2018年)
Basic Statistics on Primary Schools(1978－2018)

年份	学校数(万所) Number of Schools (unit)	招生数(万人) New Students Enrollment (10000 persons)	在校学生数(万人) Students Enrollment (10000 persons)	毕业生数(万人) Graduates (10000 persons)	教职员工数(万人) Workers and Staff (10000 persons)	#专任教师 Teachers	小学学龄儿童入学率(%) Percentage of Schoolage Children Enrolled(%)
1978	4.45	104.85	501.43	81.56	18.07	17.35	97.60
1979	4.26	86.44	486.77	72.47	18.38	17.54	97.40
1980	4.17	83.58	482.42	71.07	18.45	17.26	97.00
1981	4.10	74.19	459.83	78.66	17.66	16.50	97.20
1982	3.94	70.63	430.59	81.06	17.09	15.94	97.00
1983	3.82	70.20	407.20	83.03	16.44	15.25	97.40
1984	3.75	70.10	395.46	76.47	16.08	14.82	97.80
1985	3.65	67.78	384.91	75.34	16.09	14.62	98.10
1986	3.56	69.38	378.09	72.15	15.84	14.42	98.30
1987	3.45	57.33	365.15	67.32	15.55	14.16	98.60
1988	3.36	63.19	366.04	58.54	15.78	14.39	98.90
1989	3.27	72.30	375.73	60.16	16.11	14.65	99.10
1990	3.18	64.60	372.43	65.81	14.88	13.46	99.30
1991	2.97	57.85	362.64	65.64	14.97	13.50	99.30
1992	2.73	57.90	355.21	63.74	15.10	13.63	99.40
1993	2.53	64.74	359.23	59.33	15.23	13.77	99.50
1994	2.37	72.71	366.15	66.20	15.46	13.98	99.70
1995	2.26	66.19	362.98	70.01	15.84	14.34	99.70
1996	2.14	63.84	363.80	63.90	16.30	14.85	99.80
1997	1.97	61.39	368.57	57.72	16.84	15.40	99.88
1998	1.69	56.19	365.23	59.59	17.17	15.69	99.92
1999	1.38	65.46	363.31	67.83	17.53	16.00	99.95
2000	1.18	61.58	353.76	71.58	17.57	16.04	99.93
2001	1.00	58.45	346.28	66.66	17.64	15.99	99.97
2002	0.90	57.78	343.75	64.48	17.65	16.01	99.99
2003	0.77	52.45	340.29	59.78	17.54	15.91	99.98
2004	0.67	51.42	344.31	53.24	17.61	16.01	99.99
2005	0.61	48.96	342.40	55.25	17.79	16.22	99.99
2006	0.55	52.99	339.43	62.04	17.98	16.38	99.99
2007	0.48	54.85	335.46	62.81	18.12	16.56	99.99
2008	0.44	55.78	332.28	62.48	18.28	16.78	99.99
2009	0.41	53.91	325.14	57.24	18.45	17.01	99.99
2010	0.40	60.21	333.33	54.13	18.61	17.19	99.99
2011	0.38	62.88	344.06	51.78	18.53	17.44	99.99
2012	0.37	60.72	346.73	53.83	19.03	17.95	99.99
2013	0.34	60.75	349.58	54.04	19.44	18.35	99.99
2014	0.33	59.81	354.50	53.75	20.19	19.04	99.99
2015	0.33	59.88	356.99	52.73	20.50	19.48	99.99
2016	0.33	59.51	355.02	56.95	20.92	20.00	99.99
2017	0.33	61.31	354.01	58.56	21.33	20.51	99.99
2018	0.33	66.18	360.57	56.73	21.87	21.04	99.99

14-9 幼儿园基本情况(1979-2018年)
Basic Statistics on Kindergartens(1979-2018)

年份	园数 (所) Number of Kindergartens (unit)	班数 (个) Number of Classes (unit)	在园幼儿数 (万人) Number of Children Enrollment (10000 persons)	教职员工数 (人) Staff and Workers (person)	#专任教师 Teachers
1979	3100	8908	28.34	13400	10095
1980	7067	14951	43.39	20601	17473
1981	5235	14605	41.97	20737	17473
1982	6409	14916	44.52	22209	18212
1983	6120	15440	47.19	23198	18839
1984	11511	20043	60.65	28735	24074
1985	12468	21902	65.41	30801	26180
1986	12375	24286	71.90	34210	29012
1987	13366	25980	81.25	37548	31680
1988	12590	26048	80.32	38205	32261
1989	12153	26277	74.85	38955	32703
1990	11824	26684	75.16	39859	33556
1991	11242	28308	85.72	41706	34425
1992	9860	29035	94.30	41052	34024
1993	9179	29396	97.63	43522	35887
1994	11705	31178	99.33	48006	39453
1995	11794	31530	99.43	49377	40220
1996	11915	32654	98.95	50389	40678
1997	12920	34637	100.21	54459	43503
1998	14068	37270	105.90	58867	46500
1999	14864	38637	108.38	61549	47902
2000	15073	41271	112.45	67773	51168
2001	12501	43167	115.13	72593	48195
2002	11920	44483	117.61	75000	49442
2003	11560	44651	117.96	83022	54056
2004	11367	46490	127.85	91772	58732
2005	11472	47153	132.22	98629	62679
2006	11437	48666	138.91	106202	67046
2007	10411	51048	147.78	115965	73164
2008	10212	53755	159.34	127635	79741
2009	10067	55922	167.06	139977	87271
2010	9863	60856	183.05	157174	95101
2011	9649	63850	187.14	168497	100019
2012	9573	65192	188.63	180518	107289
2013	9209	64058	186.88	190186	110251
2014	8871	64112	185.75	200295	112297
2015	8908	66323	190.16	212385	116415
2016	8771	66232	191.82	223377	119957
2017	8645	67142	195.80	231543	125042
2018	8453	67165	193.41	240263	129643

14-10 各级学校女学生和女教师数(2009-2018年)
Female Students and Teachers by Level of Schools(2009-2018)

类别	Category	2009	2010	2011	2012	2013	2014	2015	2016	2017	2018
女学生数 (万人)	Number of Female Students (10000 persons)	349.60	352.35	355.04	353.10	352.16	352.06	351.33	350.88	353.26	359.17
普通高等学校	Institutions of Higher Education	45.17	46.61	48.59	50.72	52.79	54.26	54.79	54.65	54.37	55.22
中等职业学校	Specialized Secondary Schools	30.10	30.63	30.99	29.08	26.63	24.36	23.59	23.12	23.52	23.24
普通中学	Regular Secondary Schools	125.26	122.31	117.42	114.13	111.86	110.37	108.65	109.68	112.54	114.61
小学	Primary Schools	149.07	152.80	158.04	159.17	160.88	163.07	164.30	163.43	162.83	166.10
女学生占学生总数 (%)	Percentage of Female Students to Total Students (%)	47.45	47.77	47.69	47.80	47.87	47.92	47.88	47.83	47.70	47.67
普通高等学校	Institutions of Higher Education	52.13	52.67	53.55	54.40	55.01	55.46	55.27	54.86	54.24	54.17
中等职业学校	Specialized Secondary Schools	47.95	47.70	47.53	47.02	46.02	45.64	45.05	44.40	44.22	44.17
普通中学	Regular Secondary Schools	47.76	47.94	48.02	48.18	48.17	48.20	48.23	48.34	48.26	48.08
小学	Primary Schools	45.85	45.84	45.93	45.91	46.02	46.00	46.02	46.03	46.00	46.07
女教师数 (万人)	Number of Female Teachers (10000 persons)	24.45	25.07	25.59	26.40	27.06	28.01	28.85	29.80	30.93	31.98
普通高等学校	Institutions of Higher Education	2.17	2.26	2.32	2.42	2.51	2.63	2.70	2.75	2.84	2.90
中等职业学校	Specialized Secondary Schools	1.58	1.60	1.64	1.73	1.78	1.77	1.81	1.84	1.88	1.93
普通中学	Regular Secondary Schools	9.36	9.60	9.71	9.82	9.91	10.11	10.34	10.64	11.05	11.42
小学	Primary Schools	11.34	11.61	11.92	12.43	12.86	13.50	14.00	14.57	15.16	15.73
女教师占教师总数 (%)	Percentage of Female Teachers to Total Teachers (%)	56.81	57.50	58.12	58.76	59.46	60.16	60.89	61.65	62.45	63.23
普通高等学校	Institutions of Higher Education	43.84	44.41	44.31	44.65	44.89	45.28	45.37	45.51	45.61	45.74
中等职业学校	Specialized Secondary Schools	51.63	52.41	53.04	53.53	54.26	54.49	55.05	55.76	56.12	56.60
普通中学	Regular Secondary Schools	51.94	52.51	53.18	53.53	54.22	54.73	55.40	56.06	56.87	57.71
小学	Primary Schools	66.67	67.55	68.38	69.24	70.10	70.92	71.87	72.86	73.90	74.77

14－11 每万人口中在校学生数和构成(1979－2018年)
Students Enrollment Per 10 Thousand Population and Its Composition(1979－2018)

年份 Year	各级学校在校学生占全省人口(%) Students Enrollment as Percentage of Total Population	平均每万人口中 Number of Students Per 10000 Population			大、中、小学生占学生总数 Students of Different Level as Percentage of Total Students(%)		
		大学生(人) University and College Students (person)	中学生(人) Secondary School Students (person)	小学生(人) Primary School Students (person)	大学生(人) University and College Students (person)	中学生(人) Secondary School Students (person)	小学生(人) Primary School Students (person)
1979	17.79	8.50	486.60	1283.56	0.5	27.4	72.2
1980	17.27	9.88	456.50	1260.71	0.6	26.4	73.0
1981	16.11	10.60	412.65	1187.73	0.7	25.6	73.7
1982	15.01	9.20	394.84	1097.23	0.6	26.3	73.1
1983	14.43	9.84	405.18	1027.48	0.7	28.1	71.2
1984	14.38	11.24	436.36	990.36	0.8	30.3	68.9
1985	14.37	13.08	469.11	955.22	0.9	32.6	66.5
1986	14.29	14.09	486.19	928.95	1.0	34.0	65.0
1987	13.80	14.58	479.78	886.03	1.1	34.8	64.2
1988	13.36	14.49	443.83	877.83	1.1	33.2	65.7
1989	13.32	14.50	424.92	892.71	1.1	31.9	67.0
1990	13.33	14.25	439.14	879.43	1.1	32.9	66.0
1991	13.29	14.04	463.63	850.99	1.1	34.9	64.0
1992	13.25	14.52	481.58	828.79	1.1	36.3	62.6
1993	13.28	17.06	477.71	832.84	1.3	36.0	62.7
1994	13.72	20.14	508.46	843.42	1.5	37.0	61.5
1995	14.07	21.25	554.97	830.70	1.5	39.5	59.0
1996	14.37	21.93	588.29	826.80	1.5	41.0	57.5
1997	14.48	23.13	591.39	833.44	1.6	40.8	57.6
1998	14.34	25.52	587.47	821.32	1.8	41.0	57.2
1999	14.58	33.87	611.26	813.24	2.3	41.9	55.8
2000	14.86	47.19	554.41	785.92	3.2	43.9	52.9
2001	14.61	61.97	667.40	732.27	4.3	45.2	50.5
2002	14.94	82.31	691.96	719.69	5.5	46.3	48.2
2003	15.01	99.78	699.06	700.65	6.7	46.6	46.7
2004	15.11	116.29	695.51	699.08	7.7	46.0	46.3
2005	14.97	130.49	668.96	686.05	9.1	44.6	46.3
2006	14.86	141.93	674.74	669.25	9.6	45.4	45.0
2007	14.66	157.02	658.03	650.76	10.7	44.9	44.4
2008	14.54	166.53	650.11	637.48	11.5	44.7	43.8
2009	14.18	172.47	628.70	616.33	12.2	44.3	43.5
2010	13.83	171.28	599.78	612.00	12.4	43.4	44.3
2011	13.86	175.60	580.99	629.80	12.7	41.9	45.4
2012	13.72	180.15	558.49	633.06	13.1	40.7	46.2
2013	13.59	185.05	543.59	630.64	13.6	40.0	46.4
2014	13.62	188.59	529.61	643.61	13.8	38.9	47.3
2015	13.54	190.41	519.06	644.51	14.1	38.3	47.6
2016	13.45	190.23	519.93	635.10	14.1	38.7	47.2
2017	13.44	190.34	527.43	625.79	14.2	39.3	46.6
2018	13.51	192.09	530.64	628.50	14.2	39.3	46.5

注：从2001年起按常住人口计算。
The data in the table were calculated by resident population since 2001.

14－12 学校教师负担学生数(1979－2018 年)
Students－Teachers Ratio by Level of Schools(1979－2018)

年份 Year	高等学校 Institutions of Higher Education		中等学校 Secondary Schools		小学 Primary Schools	
	教师数(万人) Number of Teachers (10000 persons)	平均每个教师负担学生(人) Student Teacher Ratio (person)	教师数(万人) Number of Teachers (10000 persons)	平均每个教师负担学生(人) Student Teacher Ratio (person)	教师数(万人) Number of Teachers (10000 persons)	平均每个教师负担学生(人) Student Teacher Ratio (person)
1979	0.63	5.10	9.34	19.80	17.54	27.80
1980	0.69	5.50	8.95	19.50	17.26	28.00
1981	0.69	5.90	8.51	18.80	16.50	27.90
1982	0.77	4.70	8.35	18.60	15.94	27.00
1983	0.82	4.70	8.45	19.00	15.25	26.70
1984	0.87	5.20	8.54	20.40	14.82	26.70
1985	0.99	5.30	9.12	20.70	14.62	26.30
1986	1.08	5.30	9.45	20.90	14.42	26.20
1987	1.12	5.40	9.71	20.40	14.16	25.80
1988	1.16	5.20	10.12	18.30	14.39	25.40
1989	1.16	5.30	10.28	17.40	14.65	25.60
1990	1.16	5.20	10.36	18.00	13.46	27.70
1991	1.12	5.30	10.62	18.60	13.50	26.90
1992	1.11	5.60	10.97	18.80	13.63	26.10
1993	1.11	6.60	11.27	18.30	13.77	26.10
1994	1.13	7.70	11.75	18.80	13.98	26.20
1995	1.15	8.10	12.57	19.30	14.34	25.30
1996	1.15	8.40	13.43	19.30	14.85	24.50
1997	1.16	8.80	13.46	19.40	15.40	23.93
1998	1.18	9.60	14.66	17.80	15.69	23.28
1999	1.31	11.55	15.40	17.73	16.00	22.71
2000	1.90	11.17	14.83	18.24	16.04	22.05
2001	2.22	13.20	17.08	18.48	15.99	21.66
2002	2.60	15.12	18.01	18.35	16.01	21.47
2003	2.99	16.21	18.82	18.04	15.91	21.39
2004	3.58	16.00	19.57	17.50	16.01	21.51
2005	3.84	17.60	19.36	17.04	16.22	21.11
2006	4.21	17.10	20.26	16.40	16.38	20.70
2007	4.56	17.74	20.02	16.47	16.56	20.26
2008	4.78	18.16	20.82	16.28	16.78	19.80
2009	4.95	18.38	21.10	15.72	17.01	19.11
2010	5.10	18.30	21.61	15.12	17.19	19.39
2011	5.23	18.34	21.74	14.60	17.44	19.73
2012	5.42	18.22	21.97	13.92	17.95	19.32
2013	5.60	18.17	22.01	13.58	18.35	19.05
2014	5.81	17.89	22.37	13.04	19.04	18.62
2015	5.95	17.73	22.66	12.69	19.48	18.33
2016	6.05	17.58	23.10	12.58	20.00	17.75
2017	6.24	17.27	23.64	12.62	20.51	17.26
2018	6.34	17.37	24.12	12.62	21.04	17.14

注：2010 年起中等学校教师数包括了技工学校专任教师数。
Since 2010 the number of secondary school teachers in technical schools, including the number of full－time teachers.

14－13 R&D 经费投入情况(1990－2018)
Basic Statistics on R&D Activities Funds(1990－2018)

单位:亿元(100 million yuan)

年份 Year	研究与试验发展经费支出 Expenditure on R&D	按执行部门分 By Sector				按经费来源分 By Source			
		研究机构 Research and Development Institutions	高等院校 Colleges and Universities	工业企业 Enterprises	其他部门 Others	政府资金 Government Appropriatior Funds	企业资金 Selfraised Funds by Enterprises	国外资金 Overseas Capital	其他资金 Other
1990	2.04	0.96	0.51	0.52	0.05				
1991	2.27	0.87	0.69	0.64	0.06				
1992	3.46	1.21	1.25	0.90	0.09				
1993	4.43	1.48	1.77	1.04	0.13				
1994	7.88	1.33	1.82	4.52	0.21				
1995	9.14	1.85	2.42	4.63	0.24				
1996	10.50	2.23	2.43	5.56	0.29				
1997	15.19	2.96	3.04	7.85	1.34				
1998	19.70	3.10	3.00	11.80	1.80				
1999	27.05	3.04	3.71	17.80	2.50				
2000	36.59	3.21	3.33	26.54	3.51	5.73	26.93	0.53	3.40
2001	44.74	3.32	5.09	32.04	4.29	6.59	32.73	0.64	4.78
2002	57.65	2.97	6.58	42.58	5.52	6.77	42.20	0.17	8.51
2003	77.76	4.35	7.88	59.62	5.91	9.46	57.70	0.32	10.28
2004	115.55	4.62	13.33	91.10	6.50	13.78	97.42	0.63	3.72
2005	163.29	11.58	13.90	130.41	7.40	24.12	134.74	0.55	3.88
2006	224.03	12.38	15.99	183.39	12.27	28.00	190.28	1.12	4.63
2007	286.32	13.63	18.18	235.55	18.96	30.94	246.39	2.50	6.49
2008	345.76	13.89	19.15	283.73	28.99	37.08	296.46	4.39	7.83
2009	398.84	12.85	23.91	330.10	31.98	36.63	354.22	2.48	5.51
2010	494.23	15.36	34.55	407.43	36.89	48.00	435.45	3.27	7.53
2011	612.93	18.07	40.81	501.87	52.18	53.56	539.41	9.51	10.45
2012	722.59	21.83	44.72	588.61	67.43	60.41	644.37	3.13	14.68
2013	817.27	24.17	47.28	684.36	61.46	66.16	733.62	2.38	15.12
2014	907.85	27.12	49.76	768.15	62.83	70.65	817.35	2.58	17.27
2015	1011.18	30.28	56.14	853.57	71.19	75.29	911.30	2.00	22.60
2016	1130.63	35.03	54.65	935.79	105.16	78.72	1033.25	2.10	16.56
2017	1266.34	36.24	62.19	1030.14	137.77	91.58	1151.55	1.56	21.66
2018	1445.69	47.41	72.36	1147.39	178.53	113.89	1302.68	2.18	26.94

14 - 14 R&D 人员投入情况(1990 - 2018)
R&D Personnel(1990 - 2018)

单位:万人年(10000 man - year)

年份 Year	研究与试验发展人员 R&D Personnel	按执行部门分 By Sector			
		研究机构 Research and Development Institutions	高等院校 Colleges and Universities	工业企业 Enterprises	其他部门 Others
1990	1.23				
1991	1.30				
1992	1.39				
1993	1.49				
1994	1.56				
1995	1.63				
1996	1.71				
1997	1.76				
1998	2.31				
1999	2.74				
2000	2.86	0.29	0.53	1.62	0.43
2001	3.92	0.27	0.57	2.43	0.65
2002	4.46	0.28	0.77	2.66	0.74
2003	4.96	0.29	0.82	3.13	0.72
2004	5.85	0.28	1.03	3.98	0.56
2005	8.01	0.32	1.06	6.11	0.52
2006	10.81	0.34	1.05	8.80	0.63
2007	13.05	0.45	1.08	10.55	0.96
2008	16.03	0.41	1.13	13.03	1.46
2009	18.51	0.40	1.20	15.09	1.81
2010	22.35	0.42	1.30	18.57	2.05
2011	26.29	0.46	1.29	21.71	2.82
2012	27.81	0.54	1.34	22.86	3.07
2013	31.10	0.51	1.42	26.35	2.82
2014	33.84	0.56	1.41	29.03	2.84
2015	36.47	0.71	1.61	31.67	2.48
2016	37.66	0.71	1.77	32.18	2.99
2017	39.81	0.78	2.00	33.36	3.66
2018	45.80	0.89	2.07	39.41	3.43

14－15 县级以上政府部门属研究与开发机构情况(1986－2018 年)

Basic Statistics on Research and Development Organizations Attached to Goverment at County Level and Above(1986－2018)

年份 Year	机构数 (个) Institutions (unit)	从事科技活动人员数 (人) Specialized Technical Persons (person)	科技经费收入 (万元) Income (10000 yuan)	政府拨款 Government Appropriations	科技经费支出 (万元) Spending on Science and technology (10000 yuan)	#人员费用 Charge for Person
1986	153		14015	8877	12580	3067
1987	152		17721	10431	15234	3001
1988	156		18920	14073	27715	4065
1989	161		24889	11974	25070	4026
1990	163		33801	15801	29169	5123
1991	164		29623	9330	26494	5001
1992	165		40512	14410	37017	6156
1993	162		47139	14289	45206	9001
1994	161		53069	18251	48025	13993
1995	161		62021	11784	59248	15589
1996	161		72172	25110	63407	18189
1997	162		91503	31795	83434	20806
1998	164		126704	47919	107580	23018
1999	160		126740	50194	113565	28392
2000	146		120587	54365	108129	27263
2001	127		89248	51719	82109	26341
2002	110	5470	89540	54571	80771	28286
2003	104	5095	115029	65770	97981	38157
2004	92	4792	116542	80373	102949	34213
2005	99	5798	144821	109676	120907	31646
2006	99	6178	176610	128341	142664	38853
2007	100	6677	211682	155461	167207	44752
2008	98	7123	247818	177210	203732	51972
2009	97	7517	259300	188672	217138	57000
2010	95	7771	281040	205659	250360	60634
2011	94	8247	324294	223070	289858	71232
2012	97	8971	375690	270412	336575	80561
2013	97	9255	412979	309667	369037	92073
2014	97	9199	431374	311697	408097	104341
2015	96	9603	431581	304650	414042	122536
2016	96	9629	487236	358527	444288	138555
2017	93	10602	526443	383723	483779	171450
2018	92	10698	593654	431147	532198	203675

注：从事科技活动人员数包括本单位在职科技活动人员，也包括外聘的流动学者和非本单位在读研究生，和表 14－18 的科技活动人员口径一致。

Specialized technical persons include the on－the－job technical staff in the unit, including external flow scholars and the graduate students outside the unit, same as the table 14－18.

14－16 县级以上政府部门属研究与开发机构课题情况
Basic Statistics on Topics in Research and Development Organizations Attache to Government at County Level and Above

分类	Item	课题数(项)			投入人员(人年)			投入经费(万元)		
		2016	2017	2018	2016	2017	2018	2016	2017	2018
总计		4353	4578	4647	6197	6052	6423	189743	201217	224425
按活动类型分	By Type									
基础研究	Fundational Research	660	699	759	725	771	833	18607	14853	18795
应用研究	Applied Research	816	1055	1065	1297	1484	1600	45138	63175	57834
试验发展	Experimental Development	1335	1374	1604	2202	2116	2451	65349	65740	81463
R&D 成果应用	Applying in R&D Results	701	612	504	865	692	581	18704	20199	19656
科技服务	Technology Service	841	838	715	1108	989	957	41945	37251	46677

14－17 县级以上政府部门属研究与机构科学论文与科技著作
Basic Statistics on Papers in Research and Development Organizations Attached to Government at County Level and Above

单位:篇(paper)

项目	Item	科学论文 Papers of Science			#国外发表 Publishing Abroad			科技著作 Works of Science and Technology		
		2016	2017	2018	2016	2017	2018	2016	2017	2018
合计		4896	4904	4892	1321	1443	1610	161	166	196
国务院部门属	Attaching to the Sate Council	1506	2818	1590	900	399	1084	39	123	36
省属	Attaching to Province	2964	447	2913	398	42	484	104	12	147
市属	Attaching to City	426	1639	389	23	1002	42	18	31	13

14－18 县级以上政府部门属研究与开发机构情况(2018 年)
Basic Statistics on Research and Development Organizations Attached to Government at County Level and Above(2018)

项目	Item	机构数（个）Institutions (unit)	从事科技活动人员数（人）Specialized Technical Persons (person)	经费收入（万元）Income (10000 yuan)	#政府拨款 Government Appropriations	经费支出（万元）Expenditures (10000 yuan)	#科技费用 Charge of Science
总计		92	10698	662064	445343	626884	532198
按隶属关系分							
中央	Central Enterprises	10	3211	207111	150119	193225	167135
地方	The Local	82	7487	454953	295223	433659	365063
按机构地域分							
杭州市	Hangzhou District	39	6001	433512	262956	406760	325955
宁波市	Ningbo District	9	1824	105452	93141	96531	94272
温州市	Wenzhou District	14	1521	53693	40421	55964	48788
嘉兴市	Jiaxing District	2	492	18969	5769	20175	19865
湖州市	Huzhou District	4	175	14541	11613	12290	10824
绍兴市	Shaoxing District	2	48	1453	981	2102	2045
金华市	Jinhua District	8	194	8898	8135	8891	8308
衢州市	Quzhou District	3	57	3031	3021	2744	2700
舟山市	Zhoushan District	4	94	3870	3387	3634	2929
台州市	Taizhou District	4	182	8519	5916	7582	6829
丽水市	Lishui District	3	110	10127	10002	10212	9684

注：该表中的经费收入和经费支出均指的是全部经费收入和支出。
The data of income and expenditrue in the table refers to the data of all income and expenditure.

14 – 19 县级以上政府部门属研究与开发机构课题情况(1986 – 2018 年)
Basic Statistics on Research and Development Organizations Attached to Government at County Level and Above(1986 – 2018)

年份 Year	课题数 (项) Number of Topics (topic)	投入人员 (人年) Persons (person – year)	投入经费 (万元) Funds (10000 yuan)	人均经费 (元/人年) Funds per Capital (yuan/person – year)	课题平均经费 (元/项) Funds per Topic (yuan/topic)
1986	2568	6506	3590	5518	13980
1987	3272	6892	4467	6481	13652
1988	3066	7053	5180	7344	16895
1989	3134	7405	5644	7622	18009
1990	3120	6276	5551	8845	17792
1991	3457	5506	4720	8572	13653
1992	3452	5533	6772	12239	19618
1993	2941	4948	7418	14992	25223
1994	2540	4401	9262	21045	36465
1995	2453	4301	10058	23385	41003
1996	2315	4331	12792	29536	55257
1997	2440	4390	17798	40542	72943
1998	2534	5568	25194	45248	99424
1999	2558	5070	26927	53110	105266
2000	1989	4040	29664	73426	149140
2001	1790	2818	21663	76874	121022
2002	1746	2812	23329	89262	133614
2003	1700	2944	30816	104674	181271
2004	1540	2769	42463	153351	275734
2005	2121	3383	58242	172161	274597
2006	2834	3787	65945	174135	232392
2007	3539	4372	82918	189657	234298
2008	3151	4542	92146	202875	292434
2009	3132	4457	101017	226648	322532
2010	3278	4211	113576	269713	346480
2011	3223	4401	123464	280536	383072
2012	3743	5358	133137	248483	355697
2013	4044	5411	129391	239126	319958
2014	4217	5715	140051	245059	332111
2015	4430	6350	152245	239756	343668
2016	4353	6197	189743	306185	435890
2017	4578	6052	201217	332480	439530
2018	4647	6423	224425	349408	482946

14－20 高等学校科技活动情况(1986－2018年)
Basic Statistics on Scientific Technological Activities on Higher Education(1986－2018)

年份 Year	科技活动机构数(个) Institutions (unit)	科技活动人员(人) Persons Engaged in Scientific and Technological Activities (person)	经费拨入总额(万元) Funds (10000 yuan)	#政府拨款 Government Appropriations	经费支出总额(万元) Expenditures (10000 yuan)	#仪器设备费 Expenditures for Instrument and Equipment
1986	31	16086	2760	2061	2191	943
1987	32	15363	2954	1836	2557	823
1988	45	19874	3167	1789	2757	639
1989	44	20166	4514	2039	3926	884
1990	45	20267	5320	2773	4068	881
1991	43	20251	6442	3234	5505	1101
1992	58	20597	11083	5250	9996	2128
1993	234	20940	26974	9129	26563	4917
1994	262	20933	25766	8965	24830	3449
1995	259	21098	28731	7522	24805	3067
1996	259	22111	32341	7404	29516	3417
1997	295	22247	38327	10791	34538	4497
1998	433	23092	45677	11598	45008	4592
1999	365	23869	58749	13654	51850	3035
2000	430	28555	81153	23554	74714	8225
2001	534	34716	108576	37059	90486	11448
2002	405	19659	150651	61506	112630	17339
2003	421	21763	178362	67396	136090	19425
2004	203	29031	209249	90951	178960	27796
2005	191	25077	271011	136055	203204	37122
2006	160	25436	314684	170843	257099	53033
2007	161	26496	350014	178132	261104	41679
2008	169	28594	398755	225555	297278	51504
2009	575	53160	449992	242782	391720	72279
2010	471	56822	596839	348846	539237	61563
2011	494	60216	660167	376049	635506	108295
2012	524	62209	718381	410322	686972	98605
2013	595	64507	722863	406115	675602	96108
2014	601	65855	750889	433034	725606	88192
2015	634	74942	847205	498600	751587	86076
2016	717	87309	972426	580644	873965	94396
2017	823	89458	1091217	627515	994536	122007
2018	846	92824	1301272	724200	1208697	153233

14-21 高等学校自然科学领域研究与发展课题情况(1986-2018年)
Basic Statistics on Topics of Natural Scientific Research and Development in Institutions of Higher Education(1986-2018)

年份 Year	课题数 (项) Number of Topics (topic)	投入人员 (人年) Persons (person-year)	投入经费 (万元) Funds (10000 yuan)	课题平均经费 (元/项) Funds per Topic (yuan/topic)
1986	1684		2295	13569
1987	1849		2681	14500
1988	2163		2616	12094
1989	2285		3848	16840
1990	2925		4667	15956
1991	3400		5053	14862
1992	4083		7905	19361
1993	4263		12961	30403
1994	4398		17082	38840
1995	4264		16211	38018
1996	4415		17900	40544
1997	4713		23901	50713
1998	5173		24912	48158
1999	5412		25385	46905
2000	5268		29482	55964
2001	6375	3821	40110	62918
2002	8736	4295	37511	42938
2003	13385	6363	90175	67370
2004	16003	8354	154804	96734
2005	18789	8676	133346	70970
2006	19896	8844	126763	63713
2007	19945	8966	150157	75286
2008	21657	9687	192980	89107
2009	22235	9581	210106	94493
2010	22391	10073	346706	154842
2011	22193	9847	351999	158608
2012	23938	9745	342897	143244
2013	25264	9984	385379	152541
2014	25510	9857	424142	166265
2015	28514	10885	436645	153133
2016	32389	11844	424460	131051
2017	36800	13177	450101	122310
2018	38483	13876	563041	146309

14-22 高等学校自然科学领域研究与发展课题情况
Basic Statistics on Topics of Natural Scientific Research and Development in Institutions of Higher Education

项目	Item	课题数(项) Number of Topics (topic)		投入人员 (人年) Persons (person)		投入经费 (万元) Funds (10000 yuna)		课题平均经费(元) Funds per Topic (yuan)	
		2017	2018	2017	2018	2017	2018	2017	2018
总计	**Total**	**36800**	**38483**	**13177**	**13876**	**450101**	**563041**	**122310**	**146309**
按活动类型分	**By Type of Activities**								
基础研究	Fundational Research	12410	13089	4360	4835	170898	218307	137710	166787
应用研究	Applied Research	18670	19015	6928	6850	193228	231513	103496	121753
试验发展	Experimental Development	2053	2384	751	756	19407	30154	94529	126483
研究与试验发展成果应用	Applying in R&D Results	1733	1855	547	667	42255	56786	243824	306124
科技服务	Technology Service	1934	2140	591	768	24314	26282	125717	122811

14-23 高等学校自然科学领域研究与发展机构科技著作
Scientific and Technical Works of Research and Development Organizations in Institutions of Higher Education

项目	Item	出版科技专著 (部) Science and Technology Workers Published (work)				发表学术论文 (篇) Academic Papers Published (paper)				#国外及全国性学术刊物 Published in foreign Academic Publications			
		2015	2016	2017	2018	2015	2016	2017	2018	2015	2016	2017	2018
合计	**Total**	**144**	**135**	**163**	**174**	**29246**	**33724**	**37257**	**38371**	**13234**	**15126**	**17535**	**21411**
自然科学	Natural Sciences	28	23	29	22	6289	7016	8282	7729	3038	3161	4306	4401
工程与技术	Engineering and Technology	60	78	77	96	13659	14414	15618	15011	5917	6539	7629	8897
医学科学	Medical Sciences	41	27	42	42	6641	9650	10255	12588	2888	3991	4574	6236
农业科学	Agricultural Sciences	15	7	15	14	2657	2644	3102	3043	1391	1435	1026	1877

14－24 规模以上工业企业研发活动情况(2016－2018 年)
Basic Statistics on R&D Activities of Industrial Enterprises above Designated Size (2016－2018)

单位:亿元(100 million yuan)

项目	Item	2016	2017	2018
有 R&D 活动的企业数 (个)	Number of Enterprises with R&D Activities (unit)	14493	15517	16505
企业有研发机构 (个)	Number of R&D Intitutions (unit)	10137	10893	10141
从业人员年平均人数 (万人)	Average Number of Employed Person (10000 persons)	676	667	662
研发活动人员 (万人)	Number of Persons with R&D Activities (10000 persons)	41.47	44.43	51.35
参加项目人员 (万人)	Number of Persons with R&D Projects (10000 persons)	40.72	43.60	47.91
企业内部的日常研发经费支出	Daily Expenditure on R&D Activities of Enterprises	1188.98	1293.05	1559.12
人工费	Labor Costs	424.56	477.01	559.60
原材料费	Material Costs	516.29	565.16	666.41
委托外单位开发经费支出	Expenditure on Entrustment	46.49	47.69	82.17
折合全时 R&D 人员 (万人年)	Full－time Equivalent of R&D Personnel (10000 man－year)	32.18	33.36	39.41
R&D 经费支出	Expenditure on R&D Activities	935.79	1030.14	1147.39
新产品开发经费支出	Expenditure on New Product Development	1004.16	1107.40	1270.04
新产品产值	Output of New Product	23444.86	22167.04	24246.27
新产品销售收入	Sales income of New Porduct	21396.83	21150.15	23308.16
出口	Export	4210.39	4155.25	4531.86
专利申请数 (项)	Number of Patent Application (item)	78729	85639	100254
发明专利 (项)	Patent of Invention (item)	19280	21817	27998
拥有发明专利数 (项)	Owning Invention Patent (item)	38661	49158	62341
技术改造经费支出	Expenditure for Technology Transform	191.90	185.53	227.16
引进境外技术经费支出	Expenditure for Acquisition of Abroad Technology	9.33	7.58	9.47
引进境外技术的消化吸收经费支出	Expenditure for Assimilation of Abroad Technology	3.53	1.89	1.56
购买境内技术经费支出	Expenditure for Purchasing of Domestic Technology	14.41	14.08	20.72

14－25 规模以上工业企业研发活动情况(2018 年)
Basic Statistics on R&D Activities of Industrial Enterprises above Designated Size(2018)

项目	Item	有 R&D 活动的企业数(个) Number of Enterprises with R&D Acticities (unit)	企业办研发机构(个) Number of R&D Intitutios (unit)	企业办机构仪器设备原价(万元) Value of Instrument and Equipment Owned by Intitutions (10000 yuan)
总计	**Total**	**16505**	**10769**	**7703703**
按企业规模分	**By size**			
大型企业	Large－sized Industrial Enterprises	473	529	2030819
中型企业	Medium－sized Industrial Enterprises	2705	2321	3008399
小型企业	Small－sized Industrial Enterprises	13078	7827	2613912
微型企业	Micro enterprises	249	92	50573
按登记注册类型分	**By Registered Type**			
内资企业	Domestic Funded Enterprises	14603	9384	6125099
国有企业	State－owned Enterprises	9	5	2681
集体	Collective Owned Enterprises	4	2	66
股份合作企业	Cooperative Enterprises	98	58	18297
联营企业	Joint Ownership Enterprises	1		
有限责任公司	Limited Liability Corporations	2278	1605	2049707
股份有限公司	Share－holding Corporations Ltd.	897	889	1396108
私营企业	Private Enterprises	11316	6825	2658240
其他企业	Other Enterprises			
港、澳、台商投资企业	Enterpreneurs with Funds From Hong Kong, Macao and Taiwan	981	722	848932
合资经营企业	Joint－venture Enterprises	541	398	478961
合作经营企业	Cooperation Enterprises	12	11	4604
港、澳、台商独资经营企业	Enterprises with Sole Investment	399	292	308479
港、澳、台商投资股份有限公司	Share－holding Corporations Ltd.	20	13	51032
其他港澳台投资企业	Other Enterprises	9	8	5856
外商投资企业	Foreign Funded Enterprises	921	663	729672
中外合资经营企业	Joint－venture Enterprises	491	354	334549
中外合作经营企业	Cooperation Enterprises	7	5	990
外资企业	Enterprises With Sole Foreign Investment	381	278	369951
外商投资股份有限公司	Foreign Invesment Share－holding Corporations Ltd.	22	15	20439
其他外商投资企业	Other Enterprises	20	11	3743
按隶属关系分	**By Jurisdiction of Management**			
中央企业	Central Enterprises	43	28	67559
地方企业	Local Enterprise	16462	10741	7636143

R&D 人员（人年）R&D Personnel (man - year)	R&D 经费支出（万元）Expenditure on R&D Activities (10000 yuan)	新产品开发经费支出（万元）Expenditure on New Product Development (10000 yuan)	新产品销售收入（万元）Sales income of New Porduct (10000 yuan)	发明专利申请数（项）Number of Patent Invention Application (item)	有效发明专利数（项）Number of Owning Invention Patent (item)
513546	**11473921**	**12700402**	**233081591**	**27998**	**62341**
122475	3470541	3981809	90694482	8752	16156
167818	3771340	4087128	74667877	7573	19060
221518	4195196	4586787	66877058	11508	26211
1735	36844	44679	842173	165	914
418783	8903731	9830635	183474625	22070	47525
194	4843	6573	135818	8	18
20	265	265	2099		
1367	22408	20591	285379	53	123
2	10				
82637	1994773	2297275	55032235	6505	11852
77021	2028907	2209476	39959107	4521	11384
257542	4852525	5296456	88059988	10983	24148
55158	1556496	1745483	26931562	3944	8799
25544	672895	758897	14717991	1247	2614
433	11308	15219	266372	15	38
20499	599450	677196	9556543	1634	5429
8476	267149	285152	2263372	1043	709
206	5693	9018	127283	5	9
39605	1013695	1124284	22675404	1984	6017
22109	537772	610937	12874444	1236	3329
155	3106	4031	35430		30
14962	413616	439629	8155680	688	2364
1617	36397	44668	925515	34	248
762	22804	25020	684335	26	46
1901	49171	58323	1153672	764	2002
511645	11424750	12642079	231927919	27234	60339

14－26 大中型工业企业研发活动情况(2018 年)
Basic Statistics on R&D Activities of Large and Medium sized Industrial Enterprises(2018)

项目	Item	企业数(个) Number of Enterprises (unit)	有R&D活动的企业数(个) Number of Enterprises with R&D Activities (unit)	企业办研发机构(个) Number of R&D Intitutions (unit)
总计	**Total**	**4476**	**3178**	**2850**
按登记注册类型分	**By Status of Registration**			
内资企业	Domestic Funded Enterprises	3473	2542	2263
国有企业	State－owned Enterprises	16	5	3
集体	Collective Owned Enterprises	2		
股份合作企业	Cooperative Enterprises	9	7	5
有限责任公司	Limited Liability Corporations	855	567	516
股份有限公司	Share－holding Corporations Ltd.	476	430	541
私营企业	Private Enterprises	2115	1533	1198
其他企业	Others			
港、澳、台商投资企业	Funded by Enterpreneurs From Hong Kong Macao and Taiwan	498	339	316
合资经营企业	Joint－venture Enterprises	267	198	187
合作经营企业	Cooperation Enterprises From Hong Kong, Macao and Taiwan	7	4	5
港、澳、台商独资经营企业	Enterprises with Sole Hong Kong, Macao and Taiwan	200	121	110
港、澳、台商投资股份有限公司	Share－holding Corporations Ltd. with Funds From Hong Kong, Macao and Taiwan	18	14	11
其他港澳台投资企业	Other Hong Kong, Macao and Taiwan investment	6	2	3
外商投资企业	Foreign Funded Enterprises	505	297	271
中外合资经营企业	Joint－venture Enterprises	238	162	156
中外合作经营企业	Cooperation Enterprises	3	1	1
外资企业	Enterprises With Sole Foreign Investment	241	118	103
外商投资股份有限公司	Foreign Invesment Share－holding Corporations Ltd.	13	10	8
其他外商投资企业	Other foreign investment	10	6	3
按隶属关系分	**By Relationship**			
中央企业	Central Enterprises	53	18	15
地方企业	The Local	4423	3160	2835

企业办机构仪器设备原价（万元）Original Value of Machines (10000 yuan)	R&D 人员（人年）Number of Persons with R&D Activities (man - year)	R&D 经费支出（万元）Expenditure on R&D Activities (10000 yuan)	新产品开发经费支出（万元）Expenditure on New Product Development (10000 yuan)	新产品销售收入（万元）Sales income of New Product (10000 yuan)	发明专利申请数（项）Number of Patent Applications (item)	有效发明专利数（项）Patent of Inventions Owned (item)
5039218	**290293**	**7241881**	**8068937**	**165362360**	**16325**	**35216**
3880213	219882	5184114	5771920	124559450	11815	23990
2488	174	4554	4728	128271	7	14
8710	357	8665	5478	119973	20	29
1553123	50109	1323519	1564692	42731656	4788	7390
1232129	65544	1771205	1917561	35029553	3722	8996
1083764	103698	2076172	2279460	46549997	3278	7561
665240	43181	1315758	1478808	22918567	3224	7056
368152	19072	537443	615678	12557442	877	1707
2736	263	7839	11239	223676	7	21
240098	15409	504838	565995	7853821	1311	4741
49375	8343	263368	279825	2186857	1024	578
4879	94	2269	6072	96770	5	9
493765	27230	742010	818209	17884342	1286	4170
220561	15333	395101	453440	10351027	778	2188
235	54	676	676	20450		2
252562	9934	297023	306227	6127639	466	1784
18411	1348	30980	38675	794212	23	174
1996	561	18230	19192	591014	19	22
61157	1310	37438	43615	967281	694	1874
4978061	288983	7204444	8025321	164395079	15631	33342

14－27 大中型工业企业研发活动情况(2016－2018 年)

Basic Statistics on R&D Activities of Large and Medium sized Industrial Enterprises (2016－2018)

单位:亿元(100 million yuan)

项目		Item		2016	2017	2018
企业数	(个)	Number of Enterprises	(unit)	4745	4740	4476
有 R&D 活动企业数	(个)	Number of Enterprises with R&D Activities	(unit)	3051	3289	3178
企业有研发机构	(个)	Number of R&D Intitutions	(unit)	3016	3174	2850
从业人员年平均人数	(万人)	Average Number of Employed Person	(10000 persons)	335.11	326.69	318.31
R&D 活动人员	(万人)	Number of Persons with R&D Activities	(10000 persons)	24.24	25.83	29.03
参加项目人员	(万人)	Number of Persons with R&D Projects	(10000 persons)	23.81	25.26	27.33
企业内部的日常研发经费支出		Daily Expenditure on R&D Activities of Enterprises		767.82	832.29	933.57
人工费		Labor Costs		278.94	312.09	363.52
原材料费		Material Costs		324.87	352.30	407.39
委托外单位开发经费支出		Expenditure on Entrustment		37.90	38.53	70.22
折合全时 R&D 人员	(万人年)	Full－time Equivalent of R&D Personnel	(person－year)	19.37	20.04	22.75
R&D 经费支出		Expenditure on R&D Activities		599.36	668.15	724.19
新产品开发经费支出		Expenditure on New Product Development		653.06	720.15	806.89
新产品产值		Output of New Product		16264.20	15753.32	17163.78
新产品销售收入		Sales income of New Porduct		15121.47	15161.90	16536.24
出口		Export		3066.27	3100.06	3350.89
专利申请数	(项)	Patent Application	(item)	39073	44391	50132
发明专利	(项)	Patent of Invention	(item)	10564	12840	16325
拥有发明专利数	(项)	Owning Invention Patent	(item)	22693	28657	35216
技术改造经费支出		Expenditure for Technology Transform		155.79	161.55	193.24
引进境外技术经费支出		Expenditure for Acquisition of Abroad Technology		8.14	6.72	8.23
引进境外技术的消化吸收经费支出		Expenditure for Assimilation of Abroad Technology		3.28	1.69	1.35
购买境内技术经费支出		Expenditure for Purchasing of Domestic Technology		9.80	10.76	15.59

14－28 科协系统科技活动情况
Basic Statistics on Scientific and Technological Activities

项目		Item		科协合计 Total Associations with Science and Technology System 2017	2018	省科协 Associations at province Level 2017	2018	市科协 Associations at City level 2017	2018	县级科协 Associations 2017	2018
机构数	**（个）**	**Institutions**	**（Number）**	**101**	**101**	**1**	**1**	**11**	**11**	**89**	**89**
人员数	**（人）**	**Personnel**	**（person）**	**1632**	**1614**	**226**	**217**	**530**	**540**	**876**	**857**
学术活动		**Academic Activities**									
学术会议		**Academic Meetings**									
次数	（次）	Number	（Times）	297	215	11	5	155	151	131	59
参加人数	（人）	Participants	（person）	54901	50883	2332	370	29508	40721	23061	9792
干部教育培训											
办培训班	（个）	Training Classes	（Number）	97	120	5	20	14	10	78	90
培训人数	（人次）		（Times）	6382	8807	452	1775	1111	786	4819	6246
科普活动		**Activities for Popular Science**									
宣讲活动	（次）		（Times）	4291	4095	135	136	800	584	3356	3375
受众	（人次）		（Times）	6760623	8256229	3085555	2181477	1298836	3348124	2376232	2726628
出版		**Publications**									
编著科技图书	（种）	Books Edited	（Species）	63	47			20	15	43	32
年发行总量	（册）	Number of Annual Published	（tome）	477400	231810			172500	97000	304900	134810

14－29 科协系统省级学会情况(2012－2018年)
Basic Statistics on Academy in Science Systems(2012－2018)

项目		Item		2012	2013	2014	2015	2016	2017	2018
机构数	**(个)**	**Institutions**	**(unit)**	**162**	**165**	**169**	**170**	**173**	**173**	**175**
会员数	**(人)**	**Personnel**	**(person)**	**200156**	**197578**	**219027**	**231067**	**220897**	**235037**	**274195**
学术活动		**Academic Activities**								
学术会议		**Domestic Academic Meetings**								
次数	(次)	Number	(Time)	768	771	927	1105	1058	780	829
参加人数	(人)	Participants	(person)	95156	100846	127614	173171	182818	223252	223508
交流论文数	(篇)	Papers Presented	(paperr)	27289	14873	33283	35226	39773	26284	24887
科技培训		**Training**								
继续教育	(个)	Continuing Education	(unit)	234	253	344	443	334	326	239
培训人数	(人次)	Participants	(person－Time)	28115	35343	51386	82564	59965	76936	73540
科普活动		**Activities for Popular Science**								
宣讲活动	(次)	Propaganda Activity	(Time)	909	937	1455	1967	1254	452	342
受众人数	(人次)	Audience Numbers	(Time)	263943	265364	323308	352079	1984109	1863481	3561227
青少年科技竞赛次数	(次)	Teenagers Participating in Science technology Competitions	(Time)	58	61	39	48	49	26	30
出版		**Publications**								
主办科技期刊	(种)	Journals by held	(kind)	50	58	54	56	53	60	54
年发行总数	(册)	Number of Copies Distributed	(cope)	2212513	981607	2144011	2109891	995120	1862500	1929077
编著科技图书	(种)	Academic Newspaper	(kind)	44	44	51	51	70	34	37
年发行总量	(册)	Number of Copies Distributed	(cope)	150300	167000	291400	306300	362232	362730	318750

14－30 专利申请量和授权量(2011－2018 年)
Patent Applications Accepted and Approved(2011－2018)

项目	Item	2011	2012	2013	2014	2015	2016	2017	2018
申请量合计(项)	**Number of Patent Applications Accepted(item)**	**177081**	**249373**	**294014**	**261434**	**307263**	**393147**	**377115**	**455526**
发明	Inventions	24745	33265	42744	52405	67674	93254	98975	143064
实用新型	Utility Models	75875	108599	127122	116011	150172	199244	191372	219176
外观设计	Outward Designs	76461	107509	124148	93018	89417	100649	86768	93286
授权量合计(项)	**Number of Patent Applications Approved(item)**	**130190**	**188431**	**202350**	**188544**	**234983**	**221456**	**213805**	**284592**
发明	Inventions	9135	11459	11139	13372	23345	26576	28742	32550
实用新型	Utility Models	56030	84897	106238	99508	124465	123744	114311	172435
外观设计	Outward Designs	65025	92075	84973	75664	87173	71136	70752	79607

14－31 测绘部门主要指标完成情况(2009－2018 年)
Major Indicators of Surveying and Mapping Department(2009－2018)

项目	Item	2009	2010	2011	2012	2013	2014	2015	2016	2017	2018
测绘资质单位数（家）	Number of surveying and mapping qualification Units (unit)									723	799
基础测绘经费总投入（万元）	Gross Output Value of Surveying and Mapping (10000 yuan)	30656	35920	34496	40576	50675	74789	71238	67943	48512	40452
测绘服务总值（亿元）	Gross Output Value of Surveying and Mapping (100 million yuan)	12.83	15.13	25.10	27.95	32.39	33.64	37.43	50.40	54.13	66.18
年末测绘人数（人）	Personnel (person)	9686	10295	10774	11742	12488	14587	16061	18576	20011	21939
1:1 万地形图测制与更新（幅）	1:10000 Topographic Maps and Updated (Suit)	1446	1819	1473	1657	1639	1502	1446	1446	1446	4336
1:2 千地形图测制与更新（副）	1:2000 Topographic Maps and Updated (Suit)									22076	12262

14－32 标准计量、特种设备和质量监督情况表
Basic Statistics on Standard Measuring ,Special Equipment and Quality Supervising

项目				2014	2015	2016	2017	2018
国家质检中心	（家）	Number of National Quality Inspection Center	(unit)	40	44	49	49	49
省级质检中心	（家）	Number of Provincial Quality Inspection Center	(unit)	92	96	100	101	104
各级政府质量奖获奖企业数	（家）	Number of Government Quality Award Winning Enterprises at All Levels	(unit)	1309	1590	1712	1993	2371
浙江名牌产品数	（个）	Number of Famous Brand Products in Zhejiang	(unit)	2508	2618	2605	2680	2842
纳入全省质量信用信息平台的企业数	（家）	Number of Enterprises Included in the Provincial Quality Credit Information Platform	(unit)	51892	54012	50432	34691	
纳入全省质量信用信息平台的信息数	（条）	Number of Information Included in the Provincial Quality Credit Information Platform	(Strip)	209445	218013	203104	136771	
现行有效地方标准数	（项）	Number of Effective Local Standards	(nape)	667	611	623	733	789
企业产品标准自我声明公开数	（项）	Number of Product Standards by Enterprises	(nape)	2334	23805	62180	102877	136372
依法设置的计量检定机构数	（所）	Number of Metrological Verification Institutions	(unit)	74	74	76	76	76
省级检定机构数	（所）	Provincial Level	(unit)	1	1	1	1	1
市级检定机构数	（所）	City level	(unit)	12	12	12	12	12
县（市、区）级检定机构数	（所）	County(District) Level	(unit)	61	61	63	63	63

续表 Continued

项目				2014	2015	2016	2017	2018
依法授权的计量检定机构数	(个)	Number of Metrological Verification Institutions Authorized in accordance with the Law	(unit)	61	61	51	56	84
省级授权机构数	(个)	Provincial Level	(unit)	8	8	8	8	9
市级授权机构数	(个)	City level	(unit)	53	53	43	48	75
全省最高等级社会公用计量标准数	(个)	Number of Social Common Measurement Standards by Highest Level	(unit)	167	172	200	183	321
全省其他等级社会公用计量标准数	(个)	Number of Social Common Measurement Standards at Other Levels	(unit)	2248	3063	3176	3193	3039
强制检定计量器具实际检出数	(万台件)	Actual Quantity Checked by Measurement Implement Tested Compulsively	(10000pointsq)	1221.77	759.29	643.18	776.13	728.02
全省检验检测机构数	(个)	Number of Provincial Inspection and Testing Institutions	(unit)	1475	1558	1674	1766	2062
产品质量监督检验受检企业数	(个)	Number of Enterprises Passed Quality Check	(unit)	20424	19660	17960	17620	17239
特种设备综合检验机构数	(个)	Number of Comprehensive Inspection Institutions for Special Equipment	(unit)	16	16	18	18	18
省特种设备检验机构数	(个)	Provincial Level	(unit)	1	1	1	1	1
市特种设备检验机构数	(个)	City level	(unit)	11	11	11	11	11
行业特种设备检验机构数	(个)	Sector	(unit)	4	4	6	2	6
固定资产总值	(万元)	Value of Fixed Assets	(10000 yuan)	354849	481274	578220	614091	
打击假冒伪劣案件立案数	(个)	Number of Fake and Shoddy Cases Registered	(unit)	4709	4510	4365	5962	7750

注：固定资产总值自2015年起含工商、食药、质监三局部分合并数据。
Data of value of Fixed Assets Contains the Part of the Consolidated Data from Industrial and Commercial Administrative Bureau, Food and Drug Administrative Bureau and Administrative Bureau of Quality Supervision, Inspervision and Quarantine since 2015.

14－33 按行业分的事业单位专业技术人员(2018 年)
Specialized Technical Personnel in Enterprises by Sector(2018)

单位:人(person)

项目	Item	总计 Total	按职务分 By Post 高级岗位 Senior	中级岗位 Medium	初级岗位 Junior
总计	Total	913326	174128	385656	353542
教育	Education	506040	106414	236051	163575
科研	Scientific Research	7151	2785	3046	1320
科研	Culture	11339	2418	4902	4019
卫生	Health	274234	46578	94688	132968
体育	Sports	1412	245	599	568
新闻出版	Press and Publications	3039	648	1330	1061
广播电视	Radion and television	9691	1340	4138	4213
社会福利	Social welfare	2161	96	929	1136
救助减灾	Resuce and disaster mitigation	204	8	88	108
统计调查	Statistical Survey	693	30	259	404
技术推广与实验	Technology promotion and experiment	10176	1799	4637	3740
公共设施与管理	Public facilities and management	21754	4108	9027	8619
物资仓储	Material storage	90	8	38	44
监测	Supervise	2118	501	917	700
勘探与勘察	Exploration and investigation	2752	881	1434	437
测绘	Mapping	884	243	401	240
检验检测与鉴定	Inspection, testing and identification	1851	400	732	719
法律服务	Legal service	457	19	135	303
资源管理事务	Resource management services	1774	184	843	747
质量技术监督事务	Quality and technical supervision service	3201	833	1356	1012
经济监管事务	Economic regulation	1290	134	570	586
知识产权事务	Intellctual property matters	85	17	44	24
公证与认证	Notarization and certification	415	56	148	211
信息与咨询	Information and consultation	1500	276	625	599
人才交流	Talent exchange	261	27	121	113
机关后勤服务	Office logistics service	1461	72	607	782
其他服务	Others	47293	4008	17991	25294

14－34 按行业分的企业单位专业技术人员(2018 年)
Specialized Technical Personnel in Enterprises by Sector(2018)

单位:人(person)

项目	Item	总数 Total	按职务分 By Post				
			高级职务 Senior	#正高级职务 Chief Senior	中级职务 Medium	初级职务 Junior	未聘任专业技术职务 Not Appointed
总计	**Total**	**156803**	**12647**	**581**	**39915**	**56584**	**47657**
农、林、牧、渔业	Farming, Forestry, Animal Husbandry and Fishery	1220	94	5	345	684	97
采矿业	Ming and Quarrying	520	65		212	219	24
制造业	Manufacturing	23721	1730	69	6015	8402	7574
电力、热力、燃气及水生产和供应业	Electricity, Heat, Gas and Water Production and Supply	16249	1368	34	4769	7822	2290
建筑业	Construction	20563	2288	26	5391	6903	5981
批发和零售业	Wholesale and Retail Trade	18351	529	10	2850	5690	9282
交通运输、仓储及邮政业	Transport, Storage and Post	29466	3102	197	8232	12037	6095
住宿和餐饮业	Hotels and Catering Services	910	37		147	501	225
信息传输、软件和信息技术服务业	Information Transmission Software and Information Technology Services	3187	67	1	260	409	2451
金融业	Finance	9779	271	2	2421	3248	3839
房地产业	Real Estate	5339	561	8	1947	1714	1117
租赁和商务服务业	Leasing and Commercial Services	3700	222	6	1110	1461	907
科学研究和技术服务业	Scientific Research and Technic Service	4244	795	40	1685	919	845
水利、环境和公共设施管理业	Water Conservancy, Environment and Public Facilities Management	6168	546	5	1816	2886	920
居民服务、修理和其他服务业	Resident Services, Repair and Other Services	2769	155	1	657	1560	397
教育	Education	279	31	8	137	57	54
卫生和社会工作	Health Care and Social Work	1365	178	28	509	611	67
文化、体育与娱乐业	Culture, Sports and Recreation	8973	608	141	1412	1461	5492
公共管理、社会保障和社会组织	Public Security, Social Security and Social Organization						

续表 Continued　　　　单位：人(person)

项目	Item	按专业分 By Occupation					
		#工程技术人员 Engine－ering	#农业技术人员 Agricu－lature	#科学技术人员 Scientific Research	#卫生技术人员 Medical Profess－ionals	#教学人员 Teaching	#其他专技人员 Others
总计	**Total**	**77110**	**819**	**482**	**5342**	**676**	**72374**
农、林、牧、渔业	Farming, Forestry, Animal Husbandry and Fishery	416	224	3	3	5	569
采矿业	Ming and Quarrying	262			12		246
制造业	Manufacturing	16847	162	181	208	184	6139
电力、热力、燃气及水生产和供应业	Electricity, Heat, Gas and Water Production and Supply	10559	8	4	10	6	5662
建筑业	Construction	16806		1		8	3748
批发和零售业	Wholesale and Retail Trade	769	269		3153	27	14133
交通运输、仓储及邮政业	Transport, Storage and Post	16099	128		102	105	13032
住宿和餐饮业	Hotels and Catering Services	214		1		10	685
信息传输、软件和信息技术服务业	Information Transmission Software and Information Technology Services	1689		129			1369
金融业	Finance	369	1			7	9402
房地产业	Real Estate	2944	4		2	9	2380
租赁和商务服务业	Leasing and Commercial Services	937	3		39	6	2715
科学研究和技术服务业	Scientific Research and Technic Service	3712		157	1	3	371
水利、环境和公共设施管理业	Water Conservancy, Environment and Public Facilities Management	4032	16	4		5	2111
居民服务、修理和其他服务业	Resident Services, Repair and Other Services	880	4		535	15	1335
教育	Education	21			2	199	57
卫生和社会工作	Health Care and Social Work	28		1	1274		62
文化、体育与娱乐业	Culture, Sports and Recreation	526		1	1	87	8358
公共管理、社会保障和社会组织	Public Security, Social Security and Social Organization						

浙/江/统/计/年/鉴

主要统计指标解释

■ 普通高等学校

指按照国家规定的设置标准和审批程序批准举办,通过国家统一招生考试,招收高中毕业生为主要培养对象,实施高等教育的全日制大学、独立设置的学院和高等专科学校、短期职业大学。

■ 成人高等学校

指按照国家有关规定审批,招收通过全国成人高教统一招生考试的具有高中毕业或同等学历的在职从业人员利用脱产、半脱产、业余或函授等多种形式对其实施高等学历教育,培养高等教育专科或本科毕业水平的专门人才,修业年限、课程设置和总学时数均按高等学历教育要求付诸实施的学校。包括广播电视大学、职工高等学校、农民高等学校、管理干部学院、教育学院、独立设置的函授学院等。

■ 小学学龄儿童入学率

指调查范围内已入小学学习的学龄儿童占校内外学龄儿童总数(包括弱智儿童在内,但不包括盲聋哑儿童)的比重。计算公式

$$\text{小学学龄儿童入学率} = \frac{\text{已入学的小学学龄儿童数}}{\text{校内外小学学龄儿童总数}} \times 100\%$$

■ 独立研究与开发机构

指有明确的任务和研究方向,有一定学术水平的业务骨干和一定数量的研究人员,具有研究、开发、开展学术工作的基本条件,主要进行科学研究与技术开发活动,并且在行政上有独立的组织形式,财务上独立核算盈亏,有权与其他单位签订合同,在银行有单独户头的单位。包括国务院各部门、中国科学院、中国社会科学院和各省、自治区、直辖市以及地(市)以上(含地,市)各部门所属的国有独立的科学研究与技术开发机构。

■ 科学家和工程师

指具有大学本科及以上学历的和不具备上述学历但有高、中级职称的人员。

ZHEJIANG STATISTICAL YEARBOOK

Explanatory Notes on Main Statistical Indicators

□ Regular Institutions of Higher Education

refer to educational establishments set up according to the government evaluation and approval procedures, enrolling graduates from senior secondary schools and providing higher education courses and training for senior professionals. They include full – time universities, colleges, high professional schools and short – term professional universities.

□ Institutions of Higher Education for Adults

refer to educational establishments, set up in line with relevant rules approved by the government, enrolling staff and workers with senior secondary school or equivalent education, and providing higher education courses in many forms of full – time, part – time, spare – time, or correspondence for adults. Professionals thus trained receive a qualification equivalent to graduates studying regular courses at regular universities, colleges and professional colleges. Institutions of higher learning for adults include Radio and TV universities, schools of high education for staff and workers and peasants, colleges for management cadres, pedagogical colleges, independent correspondence colleges.

□ Enrollment Rate of Primary School-age Children

refers to the proportion of school – age children enrolled at schools to the total number of school – age children both in and outside schools (including retarded children, but excluding blind, deaf and mute children). The formula is:

$$\text{Enrollment Rate of Primary School-age Children} = \frac{\text{Total Primary School-age Children at Schools}}{\text{Total Primary School-age Children Both at and Outside Schools}} \times 100\%$$

□ Independent Research and Development Institutions

refer to the state – owned insitutions which have direct mission and research purpose, a certain number of core member with higher research level and a certain number of research personnel, favorable conditions for R&D and engaging in scientific rese arch and technological development. The institutions also have their own indepen dent organization and finance, authority to sign contracts with other units, with their own accounts in banks. Independent research and development institutions include the institutions attached to central government agencies, Chinese Acade my of Sciences. Chinese Academy of Social Sciences and the institutions attached to local governments.

□ Scientists and Engineers

refer to persons who have completed university or higher education or obtained titles of senior and middle – level professional positions.

2019
浙江统计年鉴
ZHEJIANG STATISTICAL YEARBOOK

CHAPTER 15

文化、体育和卫生
Culture,Sports and Public Health

15-1 文化部门文化、艺术、文物机构数(1978-2018 年)
Number of Institutions for Culture, Arts and Heritage (1978-2018)

单位:个(unit)

年份 Year	电影放映单位 Film Prijection Units	艺术表演团体 Art Performance Troupes	文化馆、站 Cultural Centers, Stations	#文化馆 Cultural Centers	公共图书馆 Public Libraries	博物馆 Meseums
1978	4375	128	1125	76	63	19
1979	4320	161	1332	79	69	17
1980	4218	170	1659	79	69	19
1981	4126	147	1753	79	70	20
1982	4095	135	2124	82	73	20
1983	4625	131	2954	86	73	20
1984	5242	133	3607	91	74	21
1985	5592	126	3598	93	76	21
1986	5375	122	3617	95	78	35
1987	5089	112	3619	93	80	40
1988	4896	98	3501	87	80	45
1989	4673	90	3547	87	80	47
1990	4580	90	3554	85	80	51
1991	4436	91	3695	85	80	55
1992	4050	89	2065	84	80	55
1993	3600	89	2033	84	81	58
1994	3327	87	2010	84	82	58
1995	3029	83	1974	83	81	59
1996	2817	85	2114	83	81	61
1997	2766	86	2014	83	81	63
1998	2723	82	2016	83	82	68
1999	2381	82	1956	84	83	69
2000	2129	79	1932	84	83	65
2001	1868	80	1640	86	83	69
2002	1984	80	1676	86	83	70
2003	83	77	1650	87	83	70
2004	1758	71	1634	87	84	73
2005	1505	68	1592	87	90	73
2006	1829	68	1593	87	92	72
2007	1626	71	1582	87	93	75
2008		71	1593	87	94	81
2009	100	72	1613	88	96	90
2010	136	70	1612	89	97	90
2011	160	77	1449	104	97	89
2012	196	65	1447	102	97	103
2013	263	60	1432	102	98	103
2014	325	57	1420	102	98	105
2015	418	57	1417	102	100	108
2016	520	59	1466	102	102	111
2017	650	59	1472	101	101	117
2018	725	58	1475	101	103	119

注:1、2003 年电影放映单位为发行机构数,2009 年起为城市影院数。
The film projection units in 2003 refer to publishing institutions, as it refers to the number of urban theater since 2009.
2、2011 年"群艺馆"更名为"文化馆",2011 年之前"文化馆"单位数未包括"群艺馆"。
"Art House" were renamed "Museum" in 2011, before 2011 the number of "museum" did not include the number of "Mass Art".

15－2 文化文物部门机构人员数(2018 年)
Number of Cultural and Cultural Relics Department Intitutions and Persons(2018)

单位:个、人(unit、person)

类别	Category	总计 Total		执行事业会计制度 According to the Institution Accounting System		执行企业会计制度 According to the Enterprise Accounting System		隶属文化部门 Subordination to Cultural Department	
		机构数 Institutions	人数 Persons	机构数 Institutions	人数 Persons	机构数 Institutions	人数 Persons	机构数 Institutions	人数 Persons
总计	**Total**	**19160**	**187839**	**2407**	**29990**	**16753**	**157849**	**2282**	**31531**
一、文化合计	**Cultural Department**	**18632**	**177778**	**1893**	**20140**	**16739**	**157638**	**1976**	**23363**
艺术表演团体	Art Performance Troupes	1573	45485	44	2731	1529	42754	58	3949
其中:公有制艺术表演团体	Public－owned	64	4098	44	2731	20	1367	58	3949
艺术表演场馆	Art Performance Venue	336	6030	46	556	290	5474	71	1417
其中:公有制艺术表演场馆	Public－owned	79	1528	46	556	33	972	71	1417
公共图书馆	Public Library	103	3849	103	3849			102	3839
文化馆	Cultural Center	101	2241	101	2241			101	2241
文化站	Cultural Station	1374	5518	1374	5518			1374	5518
其中:乡镇综合文化站	Multi－use Culture Station of Township	965	3637	965	3637			965	3637
艺术展览创作机构	Art Exhibition and Creative Organization	12	152	12	152			11	138
其中:美术馆	Art Gallery	9	134	9	134			9	134
艺术教育业	Art Education	7	1237	7	1237			7	1237
文化科研机构	Cultural Scientific Research Institutions	7	151	7	151			7	151
文化市场经营机构	Cultural Market Management Organization	14868	107837			14868	107837		
文化行政主管部门	Administrative Department of Culture	102	2534	102	2534			102	2534
其他文化机构	Other Cultural Institutions	149	2744	97	1171	52	1573	143	2339
其中:文化市场执法机构	Law Enforcement Agencies	60	928	60	928			60	928
二、文物合计	**Cultural Relics Department**	**528**	**10061**	**514**	**9850**	**14**	**211**	**306**	**8168**
博物馆	Museum	337	5724	337	5724			119	3902
文物保护管理机构	Cultural Relics Protection Administration	96	2827	96	2827			94	2790
文物科研机构	Cultural Relics Scientific Research Institution	5	188	5	188			5	188
文物商店	Cultural Relics Store	8	68			8	68	8	68
其他文物机构	Other	82	1254	76	1111	6	143	80	1220

15－3 电影放映情况(2009－2018 年)
Considions of Film Projection(2009－2018)

项目	Item	2009	2010	2011	2012	2013
城市影院数（个）	**Number of Urban Theaters (unit)**	**100**	**136**	**160**	**196**	**263**
放映场次（万场）	Number of Projection (10000 shows)	43	69	108	151	232
观众人数（万人次）	Number of Audiences (10000 person－times)	1299	2021	2624	3440	4862
放映收入（万元）	Projection Income (10000 yuan)	42144	71450	97533	137500	180368

续表　Continued

项目	Item	2014	2015	2016	2017	2018
城市影院数（个）	**Number of Urban Theaters (unit)**	**325**	**418**	**520**	**650**	**725**
放映场次（万场）	Number of Projection (10000 shows)	305	422	596	774	932
观众人数（万人次）	Number of Audiences (10000 person－times)	6426	9696	10017	12501	13789
放映收入（万元）	Projection Income (10000 yuan)	236817	349204	345700	411692	449187

15－4 文化馆(站)业务活动和经费情况
Basic Statistics on Activities and Expenditures of Cultural Centers

项目		Item		总计 Total			文化馆 Cultural Centers			文化站 Cultural Stations		
				2016	2017	2018	2016	2017	2018	2016	2017	2018
单位数	(个)	Number of Units	(unit)	1466	1472	1475	102	101	101	1364	1371	1374
举办展览	(个)	Number of Exhibitions	(unit)	11524	13514	14903	2318	2783	3031	9206	10731	11872
组织文艺活动	(次)	Entertainment Activities	(Times)	78833	91936	115327	17546	19932	22675	61287	72004	92652
举办训练班班次	(次)	Number of Training Classes	(Times)	53268	66855	81366	20712	23352	31277	32556	43503	50089
培训人次	(千人次)	Persons Training Courses	(1000 person－times)	3679	4400	5284	1221	1377	1491	2459	3022	3793
由本馆(站)指导单位		Units Responsible for Guilding Centers(Stations)										
群众业余文艺团队	(个)	Part time Art Groups	(Number)	34872	36020	37483	7283	8631	7947	27589	27389	29536
总支出	(万元)	Total Expenditures	(10000 yuan)	211327	231789	265603	73418	80750	88434	137909	151039	177169
#事业支出	(万元)	Operating Expenditures	(10000 yuan)	107820	120821	131031	45822	51064	54885	61999	69757	76146

15－5 博物馆、文物保护管理单位基本情况
Basic Statistics on Museums and Cultural Relic Protiction & Management Agencies

项目		Item		博物馆 Museums			文物保护管理单位 Projection & Management Agencies		
				2016	2017	2018	2016	2017	2018
单位数	**(个)**	**Number of Units**	**(unit)**	**111**	**117**	**119**	**92**	**92**	**94**
藏　品	**(件)**	**Number of Collections**	**(case)**	**912418**	**957357**	**1022871**	**90822**	**92193**	**110731**
#一级品		Grade One	(Piece)	2611	1878	1915	218	211	169
业务活动		**Vocational Activities**							
陈列、展览	(个)	Number of Displays	(unit)	1317	1349	1415	223	219	227
参观人数	(万人次)	Number of Visitors	(10000 person－times)	4397	4731	5077	1927	2571	2540
本年收入	**(万元)**	**Total Income**	**(10000 yuan)**	**126872**	**109483**	**141769**	**202360**	**149568**	**132336**
本年支出	**(万元)**	**Total Expenditure**	**(10000 yuan)**	**116969**	**123414**	**144381**	**119348**	**138628**	**119257**
固定资产原值	**(万元)**	**Original Value of Fixed Assets**	**(10000 yuan)**	**199346**	**237288**	**278089**	**187395**	**206962**	**290816**

15－6 公共图书馆基本情况(2009－2018 年)
Basic Statistics on Public Libraries(2009－2018)

项目		Item		2009	2010	2011	2012	2013
单位数	(个)	Number of Units	(unit)	96	97	97	97	98
从业人员	(人)	Staff and Workers	(person)	2646	3040	3091	3096	3273
总藏量	(万册件)	Total Collections	(10000 volume－time)	3552	3761	3964	4539	5165
有效借书证数	(万个)	Number of Library Cards Borrowed	(10000 units)	139	177	203	241	322
书刊文献外借人次	(万人次)	Number of Persons Borrowing Books and Papers	(10000 person－times)	1214	1376	1766	1677	1912
书刊文献外借册次	(万册次)	Number of Books and Papers Borrowed by the Readers	(10000 volume－times)	2785	2924	3660	3900	3919
经费总支出	(万元)	Total Expenditure	(10000 yuan)	44880	47316	56470	73446	76969
本年新购藏量	(万册)	Number of Books Purchased During the Year	(10000 volumes)	321	337	450	628	480
固定资产原值	(万元)	Orginal Value of Fixed Assets	(10000 yuan)	119547	128663	142779	167655	191237
实际使用房建筑面积	(万平方米)	Space of Actual Building Area	(10000 sq. m)	56	58	63	69	75
阅览室座席数	(千个)	Seating Capacity of Reading Rooms	(1000 seats)	35	35	36	40	42

续表 Continued

项目		Item		2014	2015	2016	2017	2018
单位数	(个)	Number of Units	(unit)	98	100	102	101	103
从业人员	(人)	Staff and Workers	(person)	3483	3577	3616	3607	3849
总藏量	(万册件)	Total Collections	(10000 volume－time)	5634	6250	6969	7813	8608
有效借书证数	(万个)	Number of Library Cards Borrowed	(10000 units)	926	1639	845	1041	957
书刊文献外借人次	(万人次)	Number of Persons Borrowing Books and Papers	(10000 person－times)	1953	2253	2706	2862	2432
书刊文献外借册次	(万册次)	Number of Books and Papers Borrowed by the Readers	(10000 volume－times)	4936	5727	6520	6982	7149
经费总支出	(万元)	Total Expenditure	(10000 yuan)	83152	100338	108932	129175	143649
本年新购藏量	(万册)	Number of Books Purchased During the Year	(10000 volumes)	437	643	711	753	673
固定资产原值	(万元)	Orginal Value of Fixed Assets	(10000 yuan)	207624	232383	273537	275283	338817
实际使用房建筑面积	(万平方米)	Space of Actual Building Area	(10000 sq. m)	86	95	106	108	120
阅览室座席数	(千个)	Seating Capacity of Reading Rooms	(1000 seats)	51	61	65	69	78

注：总藏量未包含电子图书。The data od total collections does not include electronic books.

15－7 报纸和杂志出版数量
Number of Newspaper and Magazines Published

项目	Item	种数(种) Number of Publications (kind)			总印量 (万册、万份) Total Printed Copies (10000 Copies)			总印张 (千印张) Total Printed Sheets (1000 sheets)		
		2016	2017	2018	2016	2017	2018	2016	2017	2018
报纸	**Newspaper**	**67**	**66**	**66**	**261658**	**230830**	**211181**	**9621082**	**7616572**	**6481101**
综合报	Synthetical Newspapers	42	42	42	217784	191943	177182	8664513	6847249	5863211
专业报	Special Newspapers	17	16	16	33003	29412	25051	747707	585611	438593
杂志	**Magazines**	**226**	**229**	**231**	**7690**	**7534**	**7366**	**336176**	**321014**	**313925**
综合	Synthesis	21	21	21	23	23	23	1566	1549	1556
哲学、社会科学	Philosophy and Social Science	48	49	49	1997	1939	1895	106398	100260	100222
自然科学技术	Natural Science and Technology	109	111	113	442	419	410	25946	24971	24399
文化教育	Culture and Education	32	31	31	4773	4754	4711	177382	176096	171360
文学艺术	Literature and Arts	16	17	17	454	399	327	24885	18139	16387

15－8 图书出版数量
Number of books Published

项目	Item	本版图书种数(种) Number of Publications (kind)		租型图书种数(种) Number of Publications for lease (kind)		总印数 (万册、万份) Total Printed Copies (10000 Copies)		总印张 (千印张) Total Printed Sheets (10000 sheets)	
		2017	2018	2017	2018	2017	2018	2017	2018
图书总计	**Total**	**14462**	**15231**	**453**	**420**	**39919**	**41810**	**2921821**	**3049827**
使用《中国标准书号》部分合计	Publications with"China Standard Book Number"	14410	15203	453	420	39830	41784	2913294	3047661
#哲学	Philosophy	161	163			98	152	13448	20194
社会科学总论	General Social Science	191	234			116	166	15350	22516
文化、科学、教育、体育	Culture, Science, Education and Sports	7416	7380	449	411	29413	31041	1995614	2040751
文学	Literature	2130	2252			5395	5308	472941	489398
艺术	Arts	1728	2013			734	912	77729	83914
自然科学总论	General Natural Science	17	16			16	18	3686	3790
不使用《中国标准书号》部分合计	Publications without"China Standard Book Number"	52	28			90	26	8527	2165

15-9 电视节目制作情况(2010-2018年) Prodiction of Television Programs(2010-2018)

项目		Item		2010	2011	2012	2013
基本情况		Basic Statistics					
省市级电视台	(座)	Television Station	(set)	12	12	12	12
电视节目套数	(套)	Sets of Television Programs	(set)	115	116	116	116
电视发射台及转播台	(座)	Number of TV Transmission Stations and Relaying Stations at 1 kw and Higher Level	(set)	98	97	97	100
播出时间	(小时)	Broadcasting Hours(Hour/per week)	(hours)	712130	722035	733784	738055
新闻资讯节目		New and Informating Programs		82533	86552	94558	98587
专题服务节目		Special Subject Service Programs		66995	72850	73588	84682
综艺益智节目		Programs of General Entertainment		35839	38317	38789	32970
影视剧节目		Movie and Teleplay Programs		319215	322303	329109	322553
广告节目		Advertisement		122267	122537	123652	122328
其他节目		Other Programs		85280	79475	74085	66935
电视人口覆盖率	(%)	Viewer Rating	(%)	99.35	99.38	99.60	99.64
中央电视台(一套节目)	(%)	CCTV-1	(%)	98.52	98.63	98.91	99.00
浙江电视台(一套节目)	(%)	ZJTV-1	(%)	98.72	98.70	99.16	99.24
有线电视实际用户数	(万户)	Number of Cable TV Users	(10000 households)	1183.65	1330.93	1357.34	1449.05

续表 Continued

项目		Item		2014	2015	2016	2017	2018
基本情况		Basic Statistics						
省市级电视台	（座）	Television Station	(set)	12	12	12	12	12
电视节目套数	（套）	Sets of Television Programs	(set)	117	118	118	116	116
电视发射台及转播台	（座）	Number of TV Transmission Stations and Relaying Stations at 1 kw and Higher Level	(set)	100	176	164	168	180
播出时间	（小时）	Broadcasting Hours(Hour/per week)	(hours)	755633	753757	755972	740705	744396
新闻资讯节目		New and Informating Programs		103248	109730	116754	115792	116054
专题服务节目		Special Subject Service Programs		93206	93996	104435	107359	113963
综艺益智节目		Programs of General Entertainment		31496	35552	36906	36350	34420
影视剧节目		Movie and Teleplay Programs		324315	322198	305808	289295	288290
广告节目		Advertisement		126074	117372	119556	119209	122085
其他节目		Other Programs		77292	74906	72511	72699	69581
电视人口覆盖率	（%）	Viewer Rating	(%)	99.65	99.69	99.72	99.75	99.80
中央电视台（一套节目）	（%）	CCTV－1	(%)	99.01	99.06	99.71	99.74	99.80
浙江电视台（一套节目）	（%）	ZJTV－1	(%)	99.26	99.29	99.66	99.72	99.78
有线电视实际用户数	（万户）	Number of Cable TV Users	(10000 households)	1499.71	1562.57	1526.08	1845.92	1874.87

15－10 广播节目制作情况(2008－2018年) Prodiction of Broadcasting Programs(2008－2018)

项目		Item		2008	2009	2010	2011	2012
基本情况		Basic Statistics						
省市级广播电台	(座)	Broadcasting Stations	(set)	12	12	12	12	12
广播节目套数	(套)	Set of Broadcasting Programs	(set)	106	106	107	107	108
中短波广播发射台和转播台	(座)	Number of Broadcasting Transmission Stations and Relaying Stations	(set)	36	37	37	37	36
县级广播电视台	(个)	Number of Boradcast Stations at County and Higher Level	(unit)	66	66	66	66	66
广播人口综合覆盖率	(%)	Listener Rating	(%)	98.92	99.09	99.17	99.20	99.54
中央人民广播电台第一套节目	(%)	Channel 1,Central People Broadcasting Station	(%)	98.05	98.13	98.26	98.40	98.81
浙江电台第一套节目	(%)	Zhejiang Channel 1	(%)	98.31	98.45	98.61	98.56	98.97
全年公共广播节目播出时间	(小时)	Broadcasting Hours Per Day	(hours)	687024	694857	709854	713198	714622
新闻咨讯类节目		News Programs		127897	127753	123775	140654	145666
专题服务类节目		Special Subject Programs		147620	145694	158029	176263	174486
综艺类节目		Programs of Entertainment		161767	177756	179135	178555	179916
广播剧类节目		Educational Programs		23859	24279	25821	26072	26662
广告类		Advertisement		78723	76959	74354	72488	72741
其他类节目		Service Programs		147158	142413	148739	119166	115105

续表 Continued

项目		Item		2013	2014	2015	2016	2017	2018
基本情况		Basic Statistics							
省市级广播电台	(座)	Broadcasting Stations	(set)	12	12	12	12	12	12
广播节目套数	(套)	Set of Broadcasting Programs	(set)	110	111	113	113	112	112
中短波广播发射台和转播台	(座)	Number of Broadcasting Transmission Stations and Relaying Stations	(set)	36	36	37	36	38	33
县级广播电视台	(个)	Number of Boradcast Stations at County and Higher Level	(unit)	66	66	66	66	66	66
广播人口综合覆盖率	(%)	Listener Rating	(%)	99.56	99.57	99.60	99.65	99.68	99.73
中央人民广播电台第一套节目	(%)	Channel 1, Central People Broadcasting Station	(%)	98.81	98.82	99.86	99.47	99.51	99.56
浙江电台第一套节目	(%)	Zhejiang Channel 1	(%)	99.02	99.03	99.09	99.44	99.52	99.58
全年公共广播节目播出时间	(小时)	Broadcasting Hours Per Day	(hours)	740977	749740	761835	778581	770768	770765
新闻咨讯类节目		News Programs		156168	157189	157933	168161	160904	156897
专题服务类节目		Special Subject Programs		188969	185000	185974	179690	163848	162958
综艺类节目		Programs of Entertainment		177619	173893	175431	175715	187906	182589
广播剧类节目		Educational Programs		28500	27580	28619	26688	21677	24301
广告类		Advertisement		73229	75670	77090	78293	78198	83127
其他类节目		Service Programs		116492	130406	136786	150032	158233	160890

15－11 体育系统职工人数(2018 年)
Number of Staff and Workers in Sports Commissions(2018)

单位:人(person)

类别	Category	总计 Total	体育行政机关 Sports Commiss－ion Organizatic	运动项目管理部门 Sprots Manag－ement	职业运动技术学院 Profes－sional Sprots and Technical College	体育运动学校 Physical Education and Sport Schools	竞技(业余)体校 Amateur Sports Schools	体育场所 Public Sports Places	训练基地 Training bases	体育科研机构 Sports Science Research Institu	其他事业单位 Others
总计	Total	4868	807	498	1003	394	928	562	64	26	586
公务员	Government	695	695								
运动员	Office Worker	814		358	456						
专职教练员(教练员)	Athletes Full－time Coaches	1048		50	166	165	559	18	32		58
专职教师(文化教师)	Full－time Teachers	362			70	115	157	4			16
科研人员	Scientific and Technical Personnel	46			12	6	4			20	4
医务人员	Medical Personnel	50		1	35	4	6	3	1		
管理人员	Administrative Personnel	923		40	126	56	115	232	25	4	325
工勤人员	Workers	283	25	2	120	7	12	99	2	2	14
其他人员	Others	647	87	47	18	41	75	206	4		169

注：业余体校包括重点业余体校和普通业余体校。
Sparetime sports schools included key and ordinary spare schools.

15－12 等级运动员、裁判员和社会体育指导员人数(2009－2018 年)
Number of Athletes and Referees and Social Sprots Instructors(2009－2018)

单位:人(person)

项目	Item	2009	2010	2011	2012	2013	2014	2015	2016	2017	2018
等级运动员	Number of Athletes in Grades	2408	2032	1950	2889	2256	2496	2420	3684	2074	2567
国际级健将	International Master of Sports	4	15	9	12	10	10	16	10	7	6
国家级健将	National Master of Sports	39	65	122	126	85	75	125	119	83	30
一级	First Grade Sportsmen	277	472	633	517	545	622	922	489	712	792
二级	Second Grade Sportsmen	2088	1480	1186	2234	1616	1789	1357	3066	1272	1739
等级裁判员	Number of Referees in Grades	2196	1619	1671	1430	1958	2332	2108			
社会体育指导员	International Referees									18418	29652
一级	National Referees									2490	1168
二级	First Grade Referees									3760	7369
三级	Second Grade Referees									12168	21115

15－13 运动员分项获奖情况(2013－2018)
Awards Own by Athletes by Item(2013－2018)

单位:项(Item)

项目	Item	世界冠军 World Championships								
		2013	2014	2015	2016	2017	2018	2013	2014	2015
合计	**Total**	**17**	**12**	**14**	**13**	**19**	**74**	**7**	**31**	**20**
举重	Weightlifting		2	2		6	3			
游泳	Swimming	3		4	1	3	22		9	
田径	Track and Field							2	2	5
棋类	Chess		3	1	4	1	1		3	1
羽毛球	Badminton		2	3	4	1	15		3	3
射击	Shooting		2			1	12	1	3	4
拳击	Boxing									
体操	Gymnastics	1					2		1	
皮划艇	Canoe/Kayak									
其他	Others	13	3	4	4	7	19	4	10	7

续表 Continued

单位:项(Item)

项目	Item	亚洲冠军 Asia Championships			全国冠军 National Championships					
		2016	2017	2018	2013	2014	2015	2016	2017	2018
合计	**Total**	**39**	**22**	**52**	**204**	**376**	**418**	**391**	**432**	**529**
举重	Weightlifting	3	3			47	45	33	59	27
游泳	Swimming	10		12	37	60	104	88	118	49
田径	Track and Field	4	1	2	4	21	29	21	39	40
棋类	Chess	2	1	1		6	16	8	8	5
羽毛球	Badminton	4	2	5	1	6	7	1	7	10
射击	Shooting	5	3	3	1	13	9	7	14	32
拳击	Boxing				2	1	1	3	2	2
体操	Gymnastics		5	2	2	22	21	29	29	42
皮划艇	Canoe/Kayak		2	1		20	20	22	12	57
其他	Others	11	5	26	157	180	166	179	144	265

15－14 群众体育活动和新建体育场地情况
Basic Statistics on Activities of Mass Sports and Number of Newly－built Sports Ground

项目		Item		2016	2017	2018
群众体育活动		**Activities of Mass Sports**				
#省级	（次）	Provincial Level	（Times）	564	516	515
参加人数	（万人）	Number of active persons	（10000 persons）	18	8	10
#市级	（次）	City level	（Times）	3747	1748	1975
参加人数	（万人）	Number of active persons	（10000 persons）	302	85	75
#县级	（次）	County level	（Times）	18572	5706	10100
参加人数	（万人）	Number of active persons	（10000 persons）	1182	255	337
国民体质监测		**Monitor Wational constitution**				
站点数	（个）	Sites	（Number）	2511	1100	1196
累计受测人员数	（万人）	Accumulative persons involved monitoring	（10000 persons）	362.0	391.0	425.7
本年受测人员数	（万人）	Persons involved monitoring this year	（10000 persons）	19.0	29.0	34.7
测试达标人员数	（万人）	Number of persons reached the Standards	（10000 persons）	18.0	27.0	32.2
测试达标率	（%）	Attainment rate	（Percentage）	93.0	92.0	92.9
体育俱乐部		**Sport Club**				
个数	（个）	Number of Sport Club	（Number）	2077	1843	
#国家级	（个）	National level	（Number）	85	148	
#省级	（个）	Provincial level	（Number）	1465	1695	
体育场地		**Sports Ground**				
数量	（个）	Number of Sports Ground	（Number）	139009	143512	151251
场地面积	（万平方米）	Space of sports Ground	（Million Square meters）	10247	11028	12412
人均体育场地面积	（平方米）	Per capita Area of Sports Ground	（Square meters）	1.83	1.95	2.16

15－15 卫生事业情况(2012－2018 年)
Statistics on Health Undertakings(2012－2018)

项目	Item	2012	2013	2014	2015	2016	2017	2018
卫生机构数合计(个)	**Total Number of Health Institutions(unit)**	**30267**	**30060**	**30360**	**31139**	**31548**	**31981**	**32755**
医院	Hospital	782	843	935	1049	1131	1204	1288
疗养院	Sanatoriam	16	18	14	13	15	14	13
社区卫生服务中心(站)	Center of Community Service	6622	6264	6166	6020	5870	5687	5310
卫生院	Commune Hospital	1151	1146	1148	1199	1201	1161	1168
门诊部	Clinics	822	917	1060	1247	1390	1605	1831
诊所医务室卫生所	Consulting Room	7253	7824	8257	9098	9673	10201	11090
专科防治所站	Specialized Prevention Station	22	25	20	16	16	16	16
疾控中心防疫站	Sanitation and Antiepidemic Institutions	99	100	100	101	101	100	100
#卫生防疫站	Sanitaion Station							
妇幼保健机构	Maternity and Child Care Institutions	86	87	89	88	87	88	89
卫生监督所	Sanitation Supervisory Station	100	103	103	103	103	102	102
医学科学研究机构	Research Institutions of Medical Science	7	7	7	7	7	7	6
医学在职培训机构	Training Institutions	44	42	42	41	41	37	37
村卫生室	Clinics by Village	13091	12504	12042	11867	11677	11535	11483
其他卫生机构	Others	172	180	377	290	236	224	222
床位合计数(张)	**Total Beds(bed)**	**213267**	**230056**	**245752**	**272503**	**290388**	**314016**	**332116**
#医院	Hospital	180722	197096	213451	239444	255279	277598	293720
社区服务中心(站)	Center of Community Service	8463	7775	7120	7413	7286	7472	8283
卫生院	Commune Hospital	14893	15207	15481	15697	17162	18093	19031
门诊部	Clinics	496	428	370	277	239	184	219
妇幼保健机构	Maternity and Child Care Institutions	6568	6794	7194	7549	7985	8485	8820
专科防治所站	Specialized Prevention Sation	634	241	224	204	448	104	104
其他卫生机构	Others	1491	2515	1912	1919	1989	2080	1939
卫生人员合计(人)	**Persons Engaged in Health Institutions(persons)**	**399930**	**427215**	**455704**	**491172**	**523632**	**557296**	**589703**
卫生技术人员	Medical Technical Personnel	328660	352393	375542	405458	432393	460505	486231
医生	Doctors	129998	138289	145698	158056	168167	179474	190802
其他技术人员	Others	16068	16812	18127	18793	20444	22499	24792
管理人员	Management Personnel	13599	14075	15173	17142	18455	20148	21510
工勤人员	Logistics Workers	31825	34990	38327	41609	44326	46347	49843
乡村医生和卫生员	Doctors and Health Workers in Rural Area	9778	8945	8535	8170	8014	7797	7327
在卫生技术人员中	Among them							
执业医师	Licenced Doctors	109484	117370	124648	135772	144998	155782	166144
执业助理医师	Licenced Assistant Doctors	20514	20919	21050	22284	23169	23692	24658
注册护士	Registered Nurses	121313	132705	145135	159945	174486	188163	201514
药剂人员	Medical Pharmacists	21613	23036	24452	25763	26871	27950	29048
检验人员	Laboratory Technicians	16950	18047	19372	20477	21975	23315	24514
其他	Others	38786	40316	40885	41217	40894	41603	40353
平均每千人口拥有卫生技术人员(按常住人口计算)	Number of Medical Technical Personnel Per 1000 Population(Calculated by Number of Permanent population)	6.00	6.41	6.82	7.32	7.74	8.14	8.48
#医生	Doctors	2.37	2.52	2.65	2.85	3.01	3.17	3.33
平均每千人口拥有卫生技术人员(按户籍人口计算)	Number of Medical Technical Personnel Per 1000 Population(Calculated by Number of Household population)	6.85	7.30	7.73	8.32	8.81	9.29	9.72
#医生	Doctors	2.71	2.86	3.00	3.24	3.42	3.62	3.82

注：自 2010 年开始，卫生机构中包含村卫生室，卫生人员中包含乡村医生和卫生员。
Since 2010, health agencies are included in the village clinics, health personnel include rural doctors and health workers.

15－16 医疗卫生机构诊疗次数和入院人数(2018 年) Number of Hospital Patients(2018)

类别	Item	机构数(个) Number of Institu－tions (unit)	诊疗人次数(万人次) Total Number of Patients Treate (10000 person times) 小计 Total	#门、急诊 Out－Patients and Emer－gency Patients	入院人数(人) Hospital Admiss－ions (person)	每百门急诊次入院人数(人) Hospital Admiss－ions Per 100 Patient－Time (person)
医院合计	**Hospitals**	**1288**	**28291.99**	**28118.51**	**9236936**	**3.29**
综合医院	**General Hospitals**	**555**	**19549.45**	**19449.28**	**6691286**	**3.44**
中医医院	**Hospitals of Chinese Medicine**	**171**	**4974.69**	**4944.54**	**1185662**	**2.40**
中西医结合医院	**Hospitals which Integrate Traditional Chinese Therapeutics with Western Therapeutics**	**33**	**696.18**	**689.70**	**192860**	**2.80**
专科医院	**Specialized Hospitals**	**472**	**3049.50**	**3018.85**	**1132494**	**3.75**
传染病院	Hospitals for Infectious Diseases	4	117.19	114.54	46705	4.08
精神病院	Mental Hospitals	69	448.42	441.50	181880	4.12
肿瘤医院	Tumor Hospitals	4	100.27	100.27	168717	16.83
眼科病院	Ophthalmoology Hospitals	49	251.23	250.42	118303	4.72
妇幼保健院	**Hospitals for Maternity and Childern Care**	**62**	**1845.91**	**1798.47**	**501078**	**2.79**
社区卫生服务中心	**Center of Community Service**	**475**	**9876.03**	**9521.85**	**66111**	**0.07**
卫生院	**Rural Hospitals**	**1168**	**10573.82**	**10269.73**	**349337**	**0.34**
门诊部	**Clinics**	**1831**	**2039.89**	**1754.63**	**855**	

15－17 医疗机构病床使用情况(2018 年) Utilization of Beds of Medical Institutions(2018)

类别	Item	入院人数(人) Hospital Admissions (persons)	病床使用率(%) Utilization Rate of Beds (%)	病床周转次数(次) Turnover of Beds (time)	出院者平均住院日(日) Average Hospitalization Period (day)
合计	Total	10198312	86.0	32.8	9.4
#医院	Hospital	9236936	89.5	33.4	9.6
#社区卫生服务中心	Center of Community Service	66111	40.6	9.4	14.9
#卫生院	Rural Hospitals	349337	52.5	20.6	8.8

15－18 县(区)村卫生室基本情况
Basic Conditions of Rual Clinics on Country

项目		Item		总计 Total		村办 Villiage－run		乡卫生院设点 Township－run	
				2017	2018	2017	2018	2017	2018
机构数	（个）	Number of Institutions	（unit）	11535	11483	6984	6762	1173	1420
执业(助理)医师	（个）	Licensed(Assistant) Doctors	（unit）	5805	5605	4004	3820		
注册护士	（人）	Registered Nurse	（person）	1053	1052	800	757		
乡村医生和卫生员	（人）	Rural Doctors and Health Workers	（person）	7797	7327	5084	4769	570	572
乡村医生数	（人）	Rural Doctors	（person）	7403	7039	4863	4594	550	552
卫生员	（人）	Health Workers	（person）	394	288	221	175	20	20
年内培训人次数	（人次）	Training Number	（Times）	28180	27702	19011	18630	1697	2111
当年考核合格的乡村医生数	（人）	Doctor Number	（person）	4522	4351	3040	2905	380	369
年总收入	（千元）	Total Income	（1000 yuan）	151737.2	162370.1	101488.0	108261.4	10447.9	10204.9
#上级补助收入		Subsidies of Higher Level		16745.9	17919.0	11887.5	13051.6	1537.0	1196.9
村或集体补助收入		Subiness of Villiage		97.4	89.2	81.7	79.8	4.2	7.3
医疗和药品收入		Medical and Pharmaceutical Income		130774.8	139061.9	86782.9	91903.7	8579.3	8687.9
年总支出	（千元）	Total Expenditure	（1000 yuan）	138232.1	145734.9	93717.2	99267.2	9622.9	9503.6
#人员经费		Persons Expenditure		47240.1	48722.9	31885.5	32607.9	3018.7	2733.8
药品支出		Medicines Expenditure		84244.1	89919.1	57520.7	61947.8	6087.3	6382.0
诊疗人次数	（万人）	Patients Treated	（10000 persons）	4171.4	4500.3	2817.8	2944.5	195.2	190.6
其中:出诊人次数	（万人）	Medical Treatment Outside	（10000 persons）	71.2	65.6	45.1	44.2	5.2	3.2
报告疑似传染病例数	（数）	The Number of Suspected Infections Diseses	（person）	1707	1939	1441	1690	22	51
参加乡镇卫生院例会次数	（次）	The Number of Rural Hospital to Psticipate in Regular Meetings	（Times）	88575	82063	59279	55179	6701	5530

按设置/主办单位分 By Ownership						按行医方式分 By Type					
联合办 Combination		私人办 Privata - run		其他 Others		中医 Chinese Medicine		西医 Western Medicine		中西医结合 Combining Chinese Medicine With Western Medicine	
2017	2018	2017	2018	2017	2018	2017	2018	2017	2018	2017	2018
154	145	1948	1949	1276	1207	226	217	8242	8342	3067	2924
108	110	988	1008	705	667	210	193	3010	2995	2585	2417
8	8	164	198	81	89	19	21	568	590	466	441
79	78	1461	1365	603	543	88	67	6474	6159	1235	1101
79	72	1346	1316	565	505	69	65	6234	5974	1100	1000
0	6	115	49	38	38	19	2	240	185	135	101
329	299	5029	4704	2114	1958	558	539	21693	22332	5929	4831
28	26	743	747	331	304	43	37	3808	3695	671	619
1806.6	1840.6	26240.9	27417.8	11753.8	14645.5	3474.1	3639.2	101160.0	108362.9	47103.1	50368.0
144.2	159.4	2298.2	2680.9	878.9	830.2	230.5	246.0	12756.0	13740.8	3759.3	3932.2
		2.1	1.4	9.4	0.7		2.8	74.0	63.6	23.4	22.8
1635.0	1663.9	23186.0	23890.0	10591.5	12916.5	3136.0	3155.4	85765.5	91324.4	41873.3	44582.1
1553.9	1593.1	23006.0	23508.6	10332.1	11862.3	3071.0	3073.5	91887.3	97999.2	43273.7	44662.2
606.0	565.3	8278.5	8652.1	3451.4	4163.8	990.6	1019.7	31932.9	32959.0	14316.5	14744.3
923.3	969.5	13412.8	13784.2	6300.0	6835.7	1946.2	1851.6	55829.5	60511.6	26468.4	27555.9
51.1	55.1	749.3	804.2	358.2	505.9	89.3	117.2	2781.3	2928.9	1300.8	1454.2
0.2	0.2	15.9	13.8	4.8	4.2	1.4	1.1	57.6	53.2	12.1	11.4
38	37	176	133	30	28	45	76	787	930	875	933
580	546	16327	15855	5688	4953	1411	1384	69504	65377	17660	15302

15－19 城市和农村前十位疾病死亡原因和构成
Main 10 Causes of Death by Diseases in Urban and Rural Areas

2017				2018			
位次 No.	城市死因	Cause of Death in Urban Area	占死亡总数(%) As % of Total Death	位次 No.	城市死因	Cause of Death in Urban Area	占死亡总数(%) As % of Total Death
1	恶性肿瘤	Malignant Tumour	30.77	1	恶性肿瘤	Malignant Tumour	30.03
2	脑血管病	Cerebrovasular Disease	17.43	2	脑血管病	Cerebrovasular Disease	17.25
3	心脏病	Heart Trouble	14.34	3	心脏病	Heart Trouble	14.63
4	呼吸系统疾病	Respiratory Disease	13.36	4	呼吸系统疾病	Respiratory Disease	13.99
5	损伤和中毒	Trauma and Toxicosis	9.15	5	损伤和中毒	Trauma and Toxicosis	9.15
6	内分泌,营养和代谢的其他疾病	Other Diseases of Endocrine, Nutrilion and Supersession	3.00	6	内分泌,营养和代谢的其他疾病	Other Diseases of Endocrine, Nutrilion and Supersession	3.12
7	消化系统疾病	Disease of Digestion System	2.12	7	消化系统疾病	Disease of Digestion System	2.21
8	神经系统疾病	Mental Disease	2.05	8	神经系统疾病	Mental Disease	2.14
9	传染病和寄生虫病	Infections and Parasite Disease	1.09	9	传染病和寄生虫病	Infections and Parasite Disease	1.18
10	泌尿生殖系统疾病	Urinary Disease	1.03	10	泌尿生殖系统疾病	Urinary Disease	1.03
	合计	Total	94.34		合计	Total	94.73

2017				2018			
位次 No.	农村死因	Cause of Death in Rural Area	占死亡总数(%) As % of Total Death	位次 No.	农村死因	Cause of Death in Rural Area	占死亡总数(%) As % of Total Death
1	恶性肿瘤	Malignant Tumour	29.01	1	恶性肿瘤	Malignant Tumour	28.88
2	脑血管病	Cerebrovasular Disease	18.64	2	脑血管病	Cerebrovasular Disease	18.36
3	呼吸系统疾病	Respiratory Disease	14.19	3	心脏病	Heart Trouble	13.99
4	心脏病	Heart Trouble	13.75	4	呼吸系统疾病	Respiratory Disease	14.36
5	损伤和中毒	Trauma and Toxicosis	9.62	5	损伤和中毒	Trauma and Toxicosis	9.58
6	内分泌,营养和代谢的其他疾病	Other Diseases of Endocrine, Nutrilion and Supersession	2.83	6	内分泌,营养和代谢的其他疾病	Other Diseases of Endocrine, Nutrilion and Supersession	2.95
7	神经系统疾病	Mental Disease	2.39	7	神经系统疾病	Mental Disease	2.34
8	消化系统疾病	Disease of Digestion System	2.26	8	消化系统疾病	Disease of Digestion System	2.31
9	泌尿生殖系统疾病	Urinary Disease	1.21	9	泌尿生殖系统疾病	Urinary Disease	1.25
10	传染病和寄生虫病	Infections and Parasite Disease	1.12	10	传染病和寄生虫病	Infections and Parasite Disease	1.12
	合计	Total	95.02		合计	Total	95.14

浙/江/统/计/年/鉴

主要统计指标解释

■ 文化事业机构

指从事专业文化工作和为专业文化工作服务的独立建制的单独核算的单位。不包括这些单位另外举办独立核算的其他机构和各部门的业余文化组织。

■ 艺术表演团体

指从事戏曲、音乐、舞蹈、杂技等专业艺术表演，有独立帐户，实行单独核算的团体。不包括半工半艺、半农半艺和民间职业剧团。

■ 电影放映单位

指具有放映机器设备、固定或不固定的放映场所与专职或兼职的放映技术人员，经有关部门登记批准，经常为一定的观众对象放映电影的机构。包括经批准对外开放进行营业，并与电影发行放映管理机构分帐的专用放映单位和军委系统租片单位。

■ 等级运动员人数

指经考核正式批准授予等级运动员称号的人数。运动员等级分为国际级运动健将、运动健将、一级运动员、二级运动员、三级运动员、少年级运动员 。

■ 等级裁判员人数

指经考核正式批准授予等级裁判员称号的人数。裁判员等级分为国际裁判、国家级裁判、一级裁判、二级裁判、三级裁判。

■ 医院

指名称为医院，设有固定床位能收容病人住院并能为病人提供医疗、护理服务的医疗机构。包括县及县以上医院、农村乡卫生院、其他医院三部分。按所属性质分为卫生部门、工业及其他部门，集体经济单位三类。其中县及县以上医院按业务性质分为综合医院和专科医院。

■ 卫生技术人员

指卫生事业机构支付工资的全部固定职工和合同制职工中现任职务为卫生技术工作的专业人员。包括中医师、西医师、中西医结合高级医师、护师、中药师、西药师、检验师、其他技师、中医士、西医士、护士、助产士、中药剂士、西药剂士 、检验士、其他技士、其他中医、护理员、中药剂员、西药剂员、检验员，其他初级卫生技术人员。

■ 医生

指领取职业医生证书，从事医疗工作的专业人员。分为中医医生、西医医生和助理中西医医生。

ZHEJIANG STATISTICAL YEARBOOK

Explanatory Notes on Main Statistical Indicators

□ Cultural Institutions

refer to units which have their own organizational system and independent accounting system and specialize in or serve cultural development. They exclude other establishments run by these cultural institutions and amateur cultural groups established by various departments.

□ Art Troupe

refers to the troupe which is engaged in drama, opera, music, dance, acrobatics or other art performance, opens independent accounts with banks and has self – supporting accounting system; excluding the troupes which are engaged partly in industrial or agricultural activities, partly in art performance and the professional troupes organized by the people.

□ Film Projection Units

refer to units with film projection equipment, full or part – time projectionists, permanent or non – permanent places, approved by related administrative departments to show films regularly for certain groups of audience, including those film projection units which have been approved to give commercial shows and run business with independent accounting system as well as those film – renting units of the military system.

□ Number of Athletes in Grades

refers to the number of at athletes who have been given titles through examination. The titles of athletes include international masters of sports, masters of sports, first – grade, second – grade and third – grade sportsmen and young athletes.

□ Number of Referees in Grades

refers to the number of referees who have been given titles after examination. They are classified as international referees, national referees and referees of the first, second and third grades.

□ Hospitals

refer to medical institutions named as "hospital" with permanent hospital beds, which are able to take in patients and provide them with medical and nursing services. Hospitals are classified into three categories: hospitals at or above the county level, hospitals of rural townships, and other hospitals. According to their ownership, hospitals can be classified into three categories: hospitals under the public health departments, hospitals under industrial and other departments and Collective Owned hospitals. Hospitals at or above county level are divided into comprehensive and specialized hospitals.

□ Medical Technical Personnel

refers to all permanent medical staff and workers employed by medical institutions, including doctors of Chinese and Western medicine, senior doctors who integrate traditional Chinese thrapeutics with Western thrapeutics in practice, senior nurses, pharmacists of Chinese and Western medicine, laboratory specialists, other specialists, paramedics of Chinese and Western medicine, nurses, midwives, druggists in Chinese and Western medicine, laboratory technicians, other technicians, other practitioners of Chinese medicine, nursing attendants, pharmacological workers of Chinese and Western medicine, laboratory workers, and other primary medical personnel.

□ Doctors

refer to qualified professional medical workers approved to practice by public health departments. They are classified into doctors of Chinese medicine, doctors of Western medicine, Assistant Doctors.

2019
浙江统计年鉴
ZHEJIANG STATISTICAL YEARBOOK

CHAPTER 16

档案、司法、社会福利和工会组织

Archives,Judicature,Social Welfare and Labour Union

16－1 档案事业机构和人员数
Number of Persons and Instituions of Archives

项目	Item	机构数（个）Number of Institutions (unit)				专职人员数（人）Full－time Persons (person)			
		2015	2016	2017	2018	2015	2016	2017	2018
总计	**Total**	**5623**	**5859**	**6113**	**213**	**6857**	**6958**	**7014**	**1807**
档案行政管理部门	Administrative Department of Archives	100	99	99	99	1325	1318	1342	1215
档案馆	Archives	115	114	114	114	632	654	568	592
档案室(处、科)	Archive Offices(Sections)	5408	5646	5900		4900	4986	5104	

续表 Continued

项目	Item	#女性 Female				#大专以上文化程度 College and Higher Level			
		2015	2016	2017	2018	2015	2016	2017	2018
总计	**Total**	**4837**	**4853**	**4816**	**852**	**6334**	**6481**	**6526**	**1792**
档案行政管理部门	Administrative Department of Archives	588	585	587	534	1296	1294	1302	1205
档案馆	Archives	340	347	305	318	619	640	559	587
档案室(处、科)	Archive Offices(Sections)	3909	3921	3924		4419	4547	4665	

16－2 档案馆档案资料馆藏和利用情况(2006－2018 年)
Conditions and Files Stored and Used in the Archives(2006－2018)

项目		Item		2006	2007	2008
馆藏档案		**Archives Stored**				
全　宗	(个)	Whole Volume	(unit)	17377	17772	17888
案　卷	(万卷、件)	Files	(10000 volumes, part)	915	1066	1118
录音录像影片	(盘)	Records, Films on Videotape	(copy)	14020	16824	17801
照　片	(万张)	Pictures	(10000 Pieces)	103.00	135.00	144.94
馆藏资料	**(万册)**	**Number of Material Stored**	**(10000 volumes)**	**107.00**	**114.00**	**116.53**
档案馆面积	**(平方米)**	**Areas of Archives**	**(sq. m)**	**222319**	**268856**	**298709**
#库房建筑面积		Areas of Storerooms		99403	120018	126447
档案资料利用		**Use of Archive Material**				
利用人次	(万人次)	Number of Persons Using Material	(10000 person－times)	20.00	20.00	21.85
利用档案	(万卷、次)	Number of Archives Used	(10000 volume－times)	56.00	63.00	74.75
利用资料	(万册、次)	Number of Material Used	(10000 volume－times)	2.90	3.60	2.69
复　制	(万页)	Copies	(10000 pages)	126.00	80.00	90.66
开放档案		**Opening Archives**				
全　宗	(个)	Whole Volume	(Number)	9961	10240	10517
案　卷	(万卷)	Files	(10000 volumes, part)	227.00	233.00	256.22

注：2013 年起案卷的计量单位改为万卷、件。

2009	2010	2011	2012	2013	2014	2015	2016	2017	2018
18260	18606	19289	19491	19608	20016	20342	20638	20906	20993
1173	1310	1399	1446	2269	2609	2946	3140	3506	3865
23855	23282	24778	29194	32213	36608	39933	40974	34010	35038
158.87	170.00	177.56	185.40	181.00	234.00	251.00	257.00	258.57	190.00
124.75	**127.00**	**124.95**	**124.22**	**179.45**	**133.00**	**133.00**	**135.00**	**147.00**	**146.00**
318659	**351321**	**399899**	**389569**	**391816**	**468545**	**486864**	**570315**	**691479**	**725842**
127168	126535	132358	132231	140090	154880	162963	185242	215564	229112
26.36	27.00	64.06	50.66	47.36	45.00	47.52	47.12	48.72	47.00
56.09	56.06	186.00	138.49	121.81	142.00	177.52	140.62	150.44	150.71
3.69	4.00	2.67	7.10	7.15	15.50	5.60	6.78	6.16	7.00
87.27	102.41	137.11							
10580	11062	11866	11711	11958	12375	12389	12664	13122	
282.83	301.96	321.61	328.11	458.23	448.37	446.86	559.42	693.00	468.00

The unit of files adjusted since 2013.

16－3 工会、妇联工作情况(2008－2018 年)
Basic statistics on Unions and Women Federation(2008－2018)

项目		Item		2008	2009
工会情况		**Basic Statistics on Unions**			
基层工会组织数	(个)	Number of Grass Roots Unions	(Number)	102339	110416
全省已建立工会组织的基层单位职工和会员人数		Membership and Number of Staff and Workers in Grass Roots Unions			
在岗职工人数	(万人)	Number of Staff and Workers	(10000 persons)	1306.58	1415.99
#女职工	(万人)	Female	(10000 persons)	580.08	624.35
会员人数	(万人)	Membership	(10000 persons)	1190.04	1307.32
#女会员	(万人)	Female	(10000 persons)	537.75	583.74
工会专职干部	(万人)	Full－time Cadres	(10000 persons)	1.34	1.56
提出合理化建议	(万件)	Advanced Rationalization Proposals	(10 Kilo－Piece)	29.31	27.39
组织职工技术培训数	(万人)	Enterprise	(10000 persons)		
建立劳动保护监督检查委员会	(个)	Commissions for Labour protection Supervising and inspecting	(Number)	38637	42657
建立了工会劳动法律监督组织	(个)	Organization of Labor Law Supervision Established by Grass Roots Unions	(Number)	29542	38657
建立劳动争议调解委员会	(个)	Labour dispute mediation Committee	(Number)	35812	46005
劳动争议调解委员会受理劳动争议	(件)	Number of Technical Training for Staff and Workers	(Piece)		
劳动争议调解委员会调解成功劳动争议	(件)	Disputes resolved through mediation by the committees	(Piece)	10411	9653
全省签订综合集体合同数	(件)	Number of Comprehensive Collective Contract	(Piece)		
全省签订工作专项集体合同数	(件)	Number of Special Collective Contract	(Piece)		
参加工会开展的职工医疗互助活动人数	(万人)	Number of Workers Who Take Part in the Employee Medical Assistance	(10000 persons)		
妇联工作情况		**Condition of the Women Federation**			
妇联的基层组织数	(个)	Number of Grass Roots Women Federation	(Number)	33604	34503
接受技术培训人数	(万人)	Number of Women Participating in Technical Training	(10000 persons)	75.30	53.30
创建巾帼文明岗数量	(人)	The Demonstration Posts of Women Civilization	(person)	2891	2665
评选巾帼建功标兵数量	(人)	Number of Persons	(person)	1078	814
来信来访处理情况		Treatment of the Letters From the People and the Persons Coming to Visit			
女职工劳动保护信访案件	(件)	Petition Letter and Visit Cases about Women Laber Protection	(Piece)	678	897
侵犯妇女财产权利信访案件	(件)	Petition Letter and Visit Cases about Woman's Property Right be Violated	(Piece)	3136	1581
文明家庭户数	(万户)	Civilized family households	(10 Kilo－door)	150.79	46.76

注：1. 自 2011 年起接受技术培训人数统计口径有调整。
The data of number of women participating in technical training was adjusted since 2011.

2010	2011	2012	2013	2014	2015	2016	2017	2018
117501	134706	143885	149865	153220	151330	150155	149731	148909
1569.35	1770.70	2011.04	2098.18	2142.22	2097.11	2119.73	2136.37	2135.56
687.79	778.49	862.39	891.27	905.43	885.30	890.73	893.88	889.90
1468.97	1669.22	1925.75	2010.34	2055.15	2027.83	2056.51	2071.79	2069.47
652.65	739.90	831.71	865.38	880.33	864.98	872.33	875.18	869.53
1.38	1.80	1.75	1.26	1.37	1.51	1.49	1.69	1.85
34.14	36.00	46.53	42.12	90.30	51.95	36.26	28.10	26.30
				49.80	52.40	37.01	42.05	50.25
48577	66083	70031	88385	102998	101724	104568	108255	110032
45075	53883	57646	68971	7286	72450	77183	54548	78560
53437	63753	62278	83380	92207	95704	96653	73867	83341
				21489	16078	9705	9030	7771
6421	10459	8733	12668	12513	11303	5724	4937	3431
				116206	129603	124209	103204	84778
				114088	126777	121722	103114	88419
				422.33	698.87	736.50	828.54	736.30
34337	33508	33548	33993	35209	32780	33465	32777	30044
70.33	38.68	25.94	38.09	24.31	32.69	78.04	24.37	90.18
2423	2437	1955	3385	2249	2312	1505	2047	2330
912	864	885	961	782	652	718	679	792
1022	505	453	379	357	111	67	88	
1487	892	1034	901	860	787	475	575	894
30.95	815.57	815.18	882.31	1047.22	1165.00	1134.56	1123.83	

2. 自 2011 年起文明家庭户数统计口径有调整。The data of civilized family households was adjusted since 2011.

16-4 律师、公证及调解工作基本情况(2008-2018年)
Basic Statistics on Lawyers, Notarization and Mediation(2008-2018)

项目		Item		2008	2009
律师工作		**Lawyers**			
律师事务所	(个)	Number of Law Offices	(unit)	700	787
律师工作人员	(人)	Number of Lawyers	(person)	10441	11917
聘请担任常年法律顾问单位	(处)	Number of Units with Permanent Legal Advisors	(solum)	27727	28144
民事诉讼代理	(件)	Agent of Civil Cases	(Piece)	140515	168615
刑事辩护及代理	(件)	Defending and Agent of Criminal Cases	(Piece)	44836	24813
非诉讼法律事务	(件)	Agent of Non litigious Legal Affairs	(Piece)	18212	14541
解答法律咨询	(人次)	Legal Advisory Services	(Times)	203023	245373
代写法律事务文书	(件)	Agent of Legal Document Written on Behalf of Clients	(Piece)	34102	22374
公证工作		Notarization			
公证处	(个)	Number of Notary Offices	(unit)	93	92
公证人员	(人)	Notarial Personnel	(person)	940	957
#公证员	(人)	Notaries	(person)	346	365
公证员助理	(人)	Assistant Notaries	(person)	321	306
办理国内公证文书	(件)	Number of Domestic Notarized Documents	(case)	360655	447429
#经济合同公证	(件)	Notarized Business Contracts	(case)	134058	167300
人民调解工作		**People's Mediation**			
专职司法助理员	(人)	Number of Full-time Judicial Assistants	(person)	3051	3269
人民调解委员会	(个)	Number of People's Mediation Committees	(unit)	47779	47056
调解人员	(人)	Number of Mediators	(person)	175616	175849
调解民事纠纷	(件)	Number of Civil Disputes Mediated	(case)	295042	357388
法律援助机构	(个)	Assistance Institution of Law	(unit)	102	102
工作人员	(人)	Staff and Workers	(person)	461	461
承办案件总数	(件)	Number of Cases Accepted	(case)	28408	37730
受援人总数	(人)	Number of Persons Being Assisted	(person)	45263	44509

2010	2011	2012	2013	2014	2015	2016	2017	2018
868	957	1021	1072	1158	1269	1348	1465	1518
12994	14623	15698	16657	18680	20115	22201	24537	26912
33076	35941	63978	37623	39614	42472	41295	47407	54636
152714	158360	173321	181043	226327	274484	310155	346392	393212
28410	25576	27396	23992	32733	37155	43934	48163	52844
16645	18364	15949	16716	16120	18618	19316	25697	30291
191413	196616	190738	201693	201913	221203	124574	114519	142839
23091	20927	20201	21688	19384	17504	11163	12115	18166
92	92	92	92	92	92	92	92	92
1044	1133	1186	1252	1305	1284	1337	1454	1558
383	395	408	410	418	450	467	479	511
378	443	447	509	489	444	473	451	453
486654	483449	494958	606423	497469	552671	626542	654289	269655
192312	190298	199471	169214	115332	115094	120196	113118	
5005	3527	4533	3598	3533	3522	3421	3139	2846
46688	45805	45050	44032	42731	42136	41180	38944	35009
174422	174570	173677	170704	158310	156698	153955	150309	130304
408744	492858	562072	601314	598686	589883	590448	608523	643754
102	102	102	103	102	103	103	105	102
511	501	530	529	540	530	517	549	573
41811	44917	58965	75129	84383	92667	99149	25268	101913
47210	53153	73053	84921	98292	105057	101528	26560	102513

16-5 涉外公证文书分类(2008-2018年)
Foreign-related Notarial Documents by Type(2008-2018)

单位:件(case)

项目	Item	2008	2009	2010	2011	2012
合　计	**Total**	**211895**	**210341**	**200432**	**199146**	**197025**
收养子女	Children Adoption	51	113	100	91	90
遗　嘱	Testaments	8	20	4	9	5
出　生	Births	38897	39385	35439	34653	33656
死　亡	Deaths	683	739	577	521	537
生存、居住	Survival and Residence	618	692	793	902	671
学　历	Schooling	6750	6372	5755	5632	5180
经　历	Personal Histories	1177	1064	1021	616	906
婚姻状况	Marriages	13779	14983	12805	14428	12237
亲属关系	Kinship	19122	19354	20409	21143	18574
继承权	Rights of Inheritance	769	530	18	103	55
受、未受刑事处分	Criminal Records & Uncriminal Records	27131	27883	20334	18139	15876
声明书	Declarations	5540	5069	6938	7087	5591
委托书	Trust Deeds	2976	3689	3728	4075	2752
文本相符	Confirmation of Copies and Photo-offset Copies to Originals	29910	27685	29626	30909	35323
签名印鉴属实	Confirmation of Signatures and Seals	32726	30301	31381	29503	19376
其　他	Others	31758	32462	31504	31335	46196

续表　Continued

单位:件(case)

项目	Item	2013	2014	2015	2016	2017	2018
合　计	**Total**	**214091**	**208748**	**211641**	**199420**	**181268**	**190065**
收养子女	Children Adoption	61	78	54	57	51	
遗　嘱	Testaments	2	7	4	7	7	
出　生	Births	33655	32128	34000	27254	23701	
死　亡	Deaths	486	619	572	458	454	
生存、居住	Survival and Residence	728	748	404	315	308	
学　历	Schooling	5804	3633	2157	2160	1966	
经　历	Personal Histories	689	505	108	79	59	
婚姻状况	Marriages	9525	8775	5105	4865	4901	
亲属关系	Kinship	18283	20207	22649	22972	23363	
继承权	Rights of Inheritance	144	441	50	107	49	
受、未受刑事处分	Criminal Records & Uncriminal Records	16530	16055	18697	18783	15926	
声明书	Declarations	6823	5924	5984	5857	5578	
委托书	Trust Deeds	4239	4367	3733	3245	2526	
文本相符	Confirmation of Copies and Photo-offset Copies to Originals	43700	41423	40589	35894	27174	
签名印鉴属实	Confirmation of Signatures and Seals	15904	23051	13157	15545	13544	
其　他	Others	57518	25262	20667	6751	6452	

16－6 调解民间纠纷分类(2008－2018 年)
Civil Disputes Mediated by Type(2008－2018)

单位:件(caes)

分类	Item	2008	2009	2010	2011	2012
合　计	**Total**	**295042**	**357388**	**408744**	**492858**	**562072**
婚　姻	Marriages	32962	40078	45628	52534	50762
邻　里	Neighbor Disputes	64030	75971	88362	99751	103940
合　同	Contracts	11631	14176	15369	14851	17146
损害赔偿	Compensation for Damages	69230	91245	60703	60728	57361
劳　动	Labour Dispates	29201	31620	32529	36342	34956
村务管理	Management of Rural Business	4659	4750	3687	5205	5479
土地承包	Contracts of Land	9634	10643	13268	15744	15485
征地拆迁	Land Expropriating and Rehouse	10556	12570	18113	14753	12733
计划生育	Family Planning	1321	1329	1031	671	1029
施工扰民	Fazing Civilian with Construction	3010	3482			4242
房屋、宅基地	Housing and Housing Sites	15877	20355	22931	24610	24092
其　他	Others	42931	51169	107123	167669	234847

续表　Continued

单位:件(caes)

分类	Item	2013	2014	2015	2016	2017	2018
合　计	**Total**	**601314**	**598686**	**589883**	**590448**	**608523**	**643754**
婚　姻	Marriages	51544	53516	52286	54213	56007	56585
邻　里	Neighbor Disputes	102239	103261	98119	105644	106348	108918
合　同	Contracts	18421	21734	22962	23258	28184	30999
损害赔偿	Compensation for Damages	65421	70811	74776	75280	76808	83863
劳　动	Labour Dispates	34692	35437	34978	33401	34379	37388
村务管理	Management of Rural Business	6935	4338	2506	3125	3933	
土地承包	Contracts of Land	15330	15976	13630	7020	6055	
征地拆迁	Land Expropriating and Rehouse	14525	13372	8850	8703	15955	14786
计划生育	Family Planning	531					
施工扰民	Fazing Civilian with Construction						
房屋、宅基地	Housing and Housing Sites	21413	19495	16283	16442	17004	14963
其　他	Others	90239	85134	76935	263362	280854	105586

16－7 国内公证文书分类(2008－2018 年)
Domestic Notarial Documents by type(2008－2018)

单位:件(case)

分类	Item	2008	2009	2010	2011	2012
总计	**Domestic Notarial Documents**	**360655**	**447429**	**486654**	**483449**	**494958**
经济公证	**Notarized Documents on Economic Affairs**	**134058**	**167300**	**192312**	**190298**	**199471**
购　销	Purchases and Sales of Products	274	181	382	45	25
联　营	Joint Business	296	4	13	2	23
拍　卖	Auctions	2768	3956	3744	5545	3785
贷　款	Loans	78866	103315	115540	118531	119889
担　保	Guarantees	691	218	264	69	277
招标、投标	Bidding	8728	9908	12485	11144	11876
科技协作	Coordination of Science and Technology	1	85	11		1
供用电	Supply and Use of Electric Power			40		
劳务合同	Labor Contracts	316	154	278	63	307
建筑工程承包	Construction Project Contracts	1300	863	1467	1220	902
工商服务业承包	Industrial and Commercial Service Contracts	697	1041	647	529	431
农林牧副渔业承包	Farming, Forestry, Animal Husbandry, Sideline Production and Fishery Contracts	260	266	160	79	147
财产租赁	Property Leases	312	73	931	23	61
企业租赁	Enterprise Leases	12	8	2	10	45
资产经营责任制	System of Asset Business Responsibility			105	70	64
还款协议	Repayment Agreement	673	509	555	416	649
土地使用权出让转让	Transferring or Renting the Use Right of Land	4059	4274	4182	3368	2823
其他经济合同	Other Business Contracts	5207	4980	7476	6909	10072
法人(代表人)资格	Legal Person (Agent) Identification	311	508	463	674	589
法人委托书	Legal Person Trust Deeds	10430	14059	15147	13936	12806
公司章程	Corporation Constitutions	86	85	75	4	22
执行许可证明	Operating Permits	810	879	880	820	1393
其　他	Others	17961	21934	27465	26841	33284

续表 1 Continued 单位:件(case)

分类	Item	2008	2009	2010	2011	2012
民事公证	**Notarized Documents on Civil Relations**	**226597**	**280129**	**294342**	**293151**	**295487**
收　　养	Child Adoption	58	373	228	158	103
解除收养	Adoption Renouncements	281	8	133	8	6
继 承 权	Rights of Inheritance	22868	30123	32178	38220	38131
遗　　嘱	Testaments	5851	6322	6406	6098	4889
产　　权	Property Rights	4251	2240	2748	2478	2106
亲属关系	Kinship	1131	1327	2133	2631	3036
死　　亡	Death Certificates	81	100	778	83	126
房屋买卖	Purchases and Sales Of Houses	6103	13061	8874	6725	5970
房屋租赁	House Leases	343	232	134	799	226
留学协议	Foreign Study Contracts	143	71	114	154	272
遗赠扶养协议	Donations and Family Fostering	180	543	698	260	270
委 托 书	Trust Deeds	60208	108375	109487	96067	88395
赠 与 书	Presentation Documents	4681	6005	6663	6725	7496
声 明 书	Declarations	10002	15881	14443	15867	16359
现场监督	Field Supervision	38285	12545	11242	32181	13877
文本相符	Confirmation of Copies and Photo – offset Copies to Originals	5828	4165	4682	6372	17820
签名印鉴属实	Confirmation of Signatures and Seals	3834	8457	10494	14094	19738
宅基地使用权	Rights to Housing Site	1137	572	417	204	183
证据保全	Evidence Preservation	9873	10307	12504	11945	11813
拆迁协议	Housing Demolition Agreements	5243	6259	11500	2956	3951
计划生育协议	Birth Control Contracts	24	16	13	4	12
夫妻财产协议	Property Agreements Between Spouses	3626	5976	5267	4371	3879
其他民事协议	Other Civil Agreements	12824	12318	12004	13403	13477
其　　他	Others	29742	34853	41202	31348	43352

续表 2 Continued 单位:件(case)

分类	Item	2013	2014	2015	2016	2017	2018
总计	**Domestic Notarial Documents**	**606423**	**497469**	**342629**	**470801**	**583016**	**569655**
经济公证	**Notarized Documents on Economic Affairs**	**51167**	**27793**	**19957**	**26256**	**41845**	
购　销	Purchases and Sales of Products						
联　营	Joint Business						
拍　卖	Auctions	5225	3947	1115	3083	1858	
贷　款	Loans						
担　保	Guarantees	3715	2464	768	246	346	
招标、投标	Bidding	15929	13871	13157	14513	16315	
科技协作	Coordination of Science and Technology						
供用电	Supply and Use of Electric Power						
劳务合同	Labor Contracts	14	9	19	19	31	
建筑工程承包	Construction Project Contracts	1915	993	979	980	1017	
工商服务业承包	Industrial and Commercial Service Contracts						
农林牧副渔业承包	Farming, Forestry, Animal Husbandry, Sideline Production and Fishery Contracts						
财产租赁	Property Leases						
企业租赁	Enterprise Leases						
资产经营责任制	System of Asset Business Responsibility						
还款协议	Repayment Agreement	444	85	94	52	2224	
土地使用权出让转让	Transferring or Renting the Use Right of Land	2267	1600	1420	1806	13368	
其他经济合同	Other Business Contracts	20409	3630	1597	3747	5560	
法人(代表人)资格	Legal Person (Agent) Identification						
法人委托书	Legal Person Trust Deeds						
公司章程	Corporation Constitutions	3	5	10	13	11	
执行许可证明	Operating Permits	1246	1189	798	1797	1115	
其　他	Others						

续表 3 Continued 单位:件(case)

分类	Item	2013	2014	2015	2016	2017	2018
民事公证	**Notarized Documents on Civil Relations**	**331288**	**284913**	**322672**	**415080**	**541171**	
收　　养	Child Adoption	90	94	83	80	61	
解除收养	Adoption Renouncements						
继 承 权	Rights of Inheritance	44907		53953	61752	69585	
遗　　嘱	Testaments	4897	4066	3549	4358	5133	
产　　权	Property Rights						
亲属关系	Kinship	2518	2160	1958	1766	1558	
死　　亡	Death Certificates	89	76	75	82	78	
房屋买卖	Purchases and Sales Of Houses						
房屋租赁	House Leases						
留学协议	Foreign Study Contracts	456	946	1084	1337	1358	
遗赠扶养协议	Donations and Family Fostering	578	506	857	719	796	
委 托 书	Trust Deeds	111539	81922	63353	80481	96860	
赠 与 书	Presentation Documents	6287	2131	1108	765	718	
声 明 书	Declarations	22853	23424	22666	21829	29758	
现场监督	Field Supervision	52645	47172	38954	45476	62335	
文本相符	Confirmation of Copies and Photo－offset Copies to Originals	21366	16576	20676	26530	20361	
签名印鉴属实	Confirmation of Signatures and Seals	40968	42405	94611	142054	132794	
宅基地使用权	Rights to Housing Site						
证据保全	Evidence Preservation	10379	13026	16721	23935	27613	
拆迁协议	Housing Demolition Agreements	11716	6232	3024	3916	20076	
计划生育协议	Birth Control Contracts						
夫妻财产协议	Property Agreements Between Spouses						
其他民事协议	Other Civil Agreements						
其　　他	Others						

16－8 司法公证文书
Judicial Notarial Document

单位:件(case)

分类	Item	2015	2016	2017	2018
总计	**Total**	**552671**	**626542**	**654289**	**765726**
合同(协议)	**Contract (Agreement)**	**115094**	**120196**	**113118**	**90303**
买卖合同	Business Contract	5898	7884	5715	
赠与合同	Gift contract	8492	5768	7329	
借款合同	Loan Contract	59052	58622	30365	
租赁合同	Lease Contract	5309	10513	9308	
承揽合同	Contract of Undertaking	9	5	13	
建设工程合同	Construction Contract	979	980	1017	
委托合同	Commission Contract	676	463	1411	
担保合同	Contract of Guarantee	676	1361	346	
土地使用权合同	Land Use Right Contract	1420	1806	2224	
知识产权合同	Intellectual Property Contract	15	10	13	
承包合同	Contract	137	35	31	
企业经营合同	Contract for Corporate Operations	5	1	15	
劳动(劳务)合同	Labor (Service) Contract	19	19	26	
其他合同	Other Contracts	1597	3747	4915	
合伙协议	Partnership Agreement	24	187	38	
财产分割协议	Property Separation Agreement	8343	8521	10785	
财产约定协议	Property Agreement	3950	3851	3540	
扶养协议	Maintenance Agreement	857	719	796	
出国留学协议	Study Abroad Agreement	1084	1337	1358	
拆迁安置协议	Resettlement Agreement	3024	3916	20076	
赔偿协议	Compensation Agreement	7	29	13	
还款协议	Repayment Agreement	94	52	64	
其他	Other Agreement	13427	10177	13368	
单方法律行为	**Unilateral Juristic Act**	**93361**	**109713**	**134020**	**193904**
委托	Entrust	63353	80481	96860	142646
声明	Statement	22666	21829	29758	41617
赠与	Gift	1108	765	718	1863
遗嘱	Will	3549	4358	5133	7778
保证(担保)	Guarantee	768	246	331	
承诺(要约)	Commitment (Offer)	894	686	180	
其他	Other	1023	1348	1050	

续表 Continued 单位:件(case)

分类	Item	2015	2016	2017	2018
现场监督	**On - the - spot Supervision**	**38954**	**45476**	**62335**	**45268**
招标投标	Bidding and Tendering	13157	14513	16315	
拍卖	Auction	1115	3083	1858	
开奖、评选	The lottery, Discuss and Elect	546	556	347	
公司会议	Company Meeting	23	25	15	
抽签(摇号)	Draw	16519	22183	28418	
其他	Other	7594	5116	15382	
其他有法律意义事实	**Other Llegal Facts**	**435**	**552**	**397**	
出生	Birth	111	208	69	
死亡	Death	75	82	78	24451
生存、居住	Live	14	20	9	
学历(学位)	Education Background (Degree)	19	32	21	5222
经历	Experience	53	90	90	
职务(职称)	Job Title (Professional Technical Title)	13	1	19	
其他	Other	150	118	111	
继承	**Succession document**	**53953**	**61752**	**69585**	**76150**
保全证据	**Preserve Evidence**	**16721**	**23935**	**27613**	**40880**
公司章程	**Articles of Association**	**10**	**13**	**11**	**146**
组织资格	**Organizational Qualification**	**331**	**378**	**339**	
财产权	**Property**	**26**	**13**	**2**	
身份	**Identity**	**978**	**1334**	**1689**	
收养关系	**Adoptive Relationship**	**83**	**80**	**61**	**33003**
婚姻状况	**Marital Status**	**102**	**144**	**191**	
亲属关系	**Relationship**	**1958**	**1766**	**1558**	
有无违法犯罪记录	**Having or not Having Illegal and Criminal Record**	**1500**	**2026**	**1336**	**20858**
证书(执照)	**Certificate (Licence)**	**3134**	**4771**	**5560**	**57471**
签名(印鉴)	**Signature (Seal)**	**94611**	**142054**	**132794**	**44957**
文本相符	**Text Matching**	**20676**	**26530**	**20361**	**49577**
赋予执行效力	**Give Effect to Execution**	**81749**	**59973**	**48651**	**29587**
执行证书	**Execution Certificate**	**798**	**1797**	**1115**	**357**
抵押登记	**Mortgage Registration**	**16456**	**17940**	**23171**	**27770**
提存	**Deposit**	**242**	**339**	**478**	**532**
保管	**Safekeeping**	**39**	**107**	**58**	**27**
其他	**Other**	**11460**	**5024**	**9118**	**25263**

16－9 社会福利事业单位基本情况(2008－2018年)
Basic Statiatics on Social Welfare Institutions(2008－2018)

项目		Item		2008	2009	2010	2011	2012
提供住宿的社会服务机构	(个)	A Social Service Provider that Provides Accommodation	(unit)	1591	1633	1695	1863	1979
床位数	(万张)	Hospital Beds	(10000 bed)	15.49	17.25	19.42	21.80	24.92
收养人数	(万人)	Number of Persons Adopted	(10000 persons)	9.87	10.40	10.88	11.96	12.70
福利企业单位数	(个)	Number of Social Welfare Enterprises and Institutions	(unit)	2771	2769	2708	2664	2574
福利企业单位全部职工人数	(万人)	Total Number of Staff and Workers Engaged in Welfare Institutions	(10000 persons)	26.67	26.53	26.71	27.03	25.64
#残疾人数		Number of Disabled Persons		10.34	10.00	10.00	9.88	9.78
殡葬事业单位数	(个)	Funeral and Interment Services Institutions	(unit)	220	226	240	240	251

续表 Continued

项目		Item		2013	2014	2015	2016	2017	2018
提供住宿的社会服务机构	(个)	A Social Service Provider that Provides Accommodation	(unit)	2089	2030	1348	1422	1502	1538
床位数	(万张)	Hospital Beds	(10000 bed)	27.96	29.82	22.92	38.40	28.05	29.63
收养人数	(万人)	Number of Persons Adopted	(10000 persons)	14.04	14.22	10.20	11.10	12.11	12.78
福利企业单位数	(个)	Number of Social Welfare Enterprises and Institutions	(unit)	2123	1934	1724	1608		
福利企业单位全部职工人数	(万人)	Total Number of Staff and Workers Engaged in Welfare Institutions	(10000 persons)	22.33	20.40	17.16	16.20		
#残疾人数		Number of Disabled Persons		7.36	6.75	6.04	5.64		
殡葬事业单位数	(个)	Funeral and Interment Services Institutions	(unit)	217	225	225	225	216	215

注：从2017年起民政部对福利企业单位不作统计。
The Ministry of Civil Affairs has not made statistics on welfare enterprises since 2017.

16－10 享受国家抚恤、补助及救济人员情况(2008－2018年)
Pensons Enjoying Subsidy and Commiseration of Country(2008－2018)

单位:人、户(person,household)

项目	Item	2008	2009	2010	2011	2012
享受定期抚恤人数	Number of Persons Receiving Periodical Commiseration	5486	5478	5501	5382	5419
革命伤残人员抚恤人数	Number of Persons Receiving Disability Commiseration	22458	22255	22004	21879	22232
享受定期补助优抚对象数	Number of Persons Receiving Periodical Subsidies	91379	90299	90653	119449	182445
#在乡复员军人数	Rural Demobilized Soldier	36447	33972	31910	29711	27418
在乡退伍军人数	Rural Veteran	29995	29543	30780	34688	26224
社会困难户得到国家临时救济人数	Number of Persons in Poor Households Receiving Temporary Government Relief Funds	166894	182088	138000	213895	157164

续表 Continued

单位:人、户(person,household)

项目	Item	2013	2014	2015	2016	2017	2018
享受定期抚恤人数	Number of Persons Receiving Periodical Commiseration	4872	4897	4758	4426	4309	4241
革命伤残人员抚恤人数	Number of Persons Receiving Disability Commiseration	22285	22246	22369	22598	22344	22632
享受定期补助优抚对象数	Number of Persons Receiving Periodical Subsidies	235293	249113	271970	279624	290730	329532
#在乡复员军人数	Rural Demobilized Soldier	23048	20736	18517	16284	14068	11433
在乡退伍军人数	Rural Veteran	23536	20193	17948	16398	15928	15520
社会困难户得到国家临时救济人数	Number of Persons in Poor Households Receiving Temporary Government Relief Funds	138637	139545	246636	370201	319860	266040

注：1、2012年起社会困难户得到国家临时救济人数计量单位为户次。
The data of number of persons in poor households receiving temporary government relief funds wae adjusted since 2012.
2、以上18年数据来源退役军人保障厅。
Data in this table are from the Department of Veterans Support since 2018.

16－11 最低生活保障和救济情况(2008－2018年)
Basic Statistics of Lowest Cost－of－Living and Relief(2008－2018)

项目		Item		2008	2009	2010	2011	2012
最低生活保障人数	(万人)	Number of Person Receiving Lowest Cost－of－Living	(10000 persons)	70.08	70.40	70.67	71.09	68.56
#城镇		Urban		9.28	9.33	8.98	8.76	7.85
#农村(含五保)		Rural		60.80	61.08	61.70	62.33	60.71
保障资金总额	(亿元)	Amount of Security Money	(100 million yuan)	10.68	12.15	14.71	18.98	22.19
#城镇		Urban		2.73	2.97	3.44	4.17	4.37
#农村(不含五保)		Rural		7.95	9.18	11.27	14.81	17.82
医疗救助支出	(亿元)	Expenditure of Medical Care Relief	(100 million yuan)	4.19	5.10	6.03	6.50	7.72
自然灾害救济支出	(亿元)	Expenditure of Natural Disasters Relief	(100 million yuan)	1.55	1.28	1.12	1.73	2.37

续表 Continued

项目		Item		2013	2014	2015	2016	2017	2018
最低生活保障人数	(万人)	Number of Person Receiving Lowest Cost－of－Living	(10000 persons)	66.05	60.78	67.54	82.26	81.40	72.59
#城镇		Urban		7.18	6.43	7.32	10.89	22.17	21.98
#农村(含五保)		Rural		58.87	54.35	60.22	71.37	59.23	50.61
保障资金总额	(亿元)	Amount of Security Money	(100 million yuan)	24.32	24.41	26.44	35.10	42.13	46.05
#城镇		Urban		4.38	4.20	4.49	6.35	13.49	14.55
#农村(不含五保)		Rural		19.94	20.21	21.95	28.75	28.64	31.16
医疗救助支出	(亿元)	Expenditure of Medical Care Relief	(100 million yuan)	9.23	9.68	10.45	12.38	15.20	20.09
自然灾害救济支出	(亿元)	Expenditure of Natural Disasters Relief	(100 million yuan)	3.32	2.28	3.80	3.60	3.34	

注：1.农村最低生活保障人数中包含了农村五保供养人数。
Number of Persons Receiving Lowed Cost－of －Living in Rual Areas include Number of Persons with Livlihood Guaranteed in Five Aspects.
2.2018年起医疗救助支出口径调整。
Expenditure Caliber of Medical Care Relief has been adjusted Since 2018.

16－12 内地居民婚姻登记情况(2008－2018年)
Conditions of Marriages(2008－2018)

项目		Item		2008	2009	2010	2011	2012
准予登记结婚数	**(对)**	**Registered Marriages**	**(couple)**	**413774**	**427614**	**431568**	**440931**	**441984**
初婚数	(人)	First Marriages	(person)	750003	755950	757741	775973	770792
恢复结婚数	(对)	Resume Marriages	(person)	4670	5856	7527	8796	10229
再婚数	(人)	Remarriages	(person)	77545	99278	105395	105889	113176
男	(人)	Male	(person)	36021	47832	48384	51631	53731
女	(人)	Female	(person)	41524	51446	57011	54258	59445
准予登记离婚数	**(对)**	**Divorces Approved**	**(couple)**	**73689**	**82902**	**87671**	**90442**	**98082**
内地居民登记离婚	(对)	Mainland residents to register a divorce	(couple)	73361	82541	87309	90024	97628
涉外及华侨、港澳台居民登记离婚	(对)	Concerning foreign affairs and overseas Chinese, Hong Kong, Macao and Taiwan residents to register a divorce	(couple)	328	361	362	418	454

续表 Continued

项目		Item		2013	2014	2015	2016	2017	2018
准予登记结婚数	**(对)**	**Registered Marriages**	**(couple)**	**422174**	**436802**	**392478**	**366823**	**344449**	**337295**
初婚数	(人)	First Marriages	(person)	712969	732704	648666	605781	572689	561895
恢复结婚数	(对)	Resume Marriages	(person)	11758	10305	10619	13195	24952	24329
再婚数	(人)	Remarriages	(person)	131379	140900	136290	127865	116209	112695
男	(人)	Male	(person)	69154	67692	66321	62457	53836	52791
女	(人)	Female	(person)	62225	73208	69969	65408	62373	59904
准予登记离婚数	**(对)**	**Divorces Approved**	**(couple)**	**108097**	**111040**	**115062**	**122870**	**132855**	**129619**
内地居民登记离婚	(对)	Mainland residents to register a divorce	(couple)	107546	110637	114669	122483	132547	129249
涉外及华侨、港澳台居民登记离婚	(对)	Concerning foreign affairs and overseas Chinese, Hong Kong, Macao and Taiwan residents to register a divorce	(couple)	551	403	393	387	308	370

浙/江/统/计/年/鉴

主要统计指标解释

■ 社会福利事业单位

指集中收养社会孤老,残,幼的机构。包括由民政部门管理的社会福利院、儿童福利院、精神病人福利院和城镇集体办的福利院,以及农村集体举办的敬老院。

■ 社会福利事业单位收养人数

包括民政部门管理和城镇及农村集体举办的社会福利事业单位中收养的老人,少年儿童,缺乏生活自理能力的残疾人员和精神病人。

■ 社会福利企业单位

指以安置城镇有一定劳动能力的盲,聋,哑和肢体残疾人员就业为目的,享受国家减免税待遇的国有或集体经济性质的企业。包括福利工厂、福利商业服务业、假肢厂和安置农场等单位。

■ 律师

指受聘参加法律顾问处工作,提任法律顾问、刑(民)事代理人、刑事辩护人、办理非诉讼事件、解答法律询问、代定法律事务文书等主要从事律师业务的专职法律工作者和兼职律师。

■ 公证人员

指在国家公证机关依法办理公证事务的司法人员。包括公证员、助理公证员和在公证员和在公证处工作的其他人员。

■ 办理公证文书

指公证处在一定时期内办结的公证文书件数。公证文书系按司法部规定或批准的格式制作。包括国内公证和涉外公证两部分。其中国内公证分为经济合同公证和民事法律关系公证两大类。

■ 调解人员

在人民调解委员会担负调解民间一般民事纠纷和轻微违法行为所引起和纠纷的工作人员。包括调解委员会的委员和调解小组的调解员。

■ 调解民间纠纷

指调解委员会依照法律规定,根据自愿原则,用说服教育的方法调解民间发生的有关民事权利和义务的争执,促成当事双方达到协议和谅解,解决纠纷。包括婚姻家庭纠纷,财产权益纠纷等。不包括法院受理调解的民事案件数。

■ 受理劳动争议案件数

是指劳动争议仲裁委员会根据国家有关规定,对劳动争议当事人的申请予以审查,符合受理条件而正式立案,准备处理的劳动争议案件数。

■ 离休、退休、通职人员

指正式办理了离休、退休、退职手续,并享受相应的离休、退休、退职待遇的人员。

■ 保险福利费用

指企业、事业、机关单位在工资以外实际支付给职工和离休、退休、退职人员个人以及用于集体的劳动保险和福利费用。

ZHEJIANG STATISTICAL YEARBOOK

Explanatory Notes on Main Statistical Indicators

□ Social Welfare Institutions

refer to institutions taking care of old people without children, handicapped people and orphans. They include social welfare institutions run by civil affairs departments, children's welfare institutions social welfare institutions for mental patients, and Collective Owned old people's homes in tual areas.

□ Number of People Taken in by Social Welfare Institutions

refers to the number of old people, children, totally dependent handicapped people and mental patiens taken in by scoial welfare institutions run by civil affairs departments and those run by collective units in urban and rural aress.

□ Social Welfare Enterprises

are Collective Owned enterprises which employ the blind, deaf-mute, and other handicapped people who are able to work in cities and towns and enjoy exemption from state taxes, including welfare plants, welfare commercial services, artificial limb plants and farms, etc.

□ Lawyers

are legal workers who are employed full – time by legal counseling firms to act as legal advisres, agents in criminal or civil lawsuits, or defenders in criminal lawsuits, or to handle non – litigious legal affairs, to advise on matters of law or to write legal papers for others. Both full-time and part – time lawyers are included.

□ Notary Personnel

refers to judicial workers of the state notary offices handing notarization work according to law. They include notaries, assistant notaries, and other people working for notary offices.

□ Notarized Documents

refer to the documents settled by notary offices in a year . The notarial documents are drawn up in accordance with the regulations of the Ministry of Justice, including domestic documents and foreign – related documents. Domestic documents are divided into two major categoriees, documents on economic contracts and documents on civil legal relations.

□ Mediators

refer to workers on people's mediation committees responsible for mediating in civil dispites and cases of slight infraction of the law. They include members of the mediation committees and mediators of mediation groups.

□ Mediation of Civil Disputes

refers to mediation committees' work in mediating in civi ldisputes concerning civil rights and duties through persuasion and education in accordance with the provisions of law on a voluntary basis, so as to solve disputes by helping the parties involved come to an agreement and understanding. These disputes include divorce cases and disputes over property ownership, but exclude the civil cases to be handled by the court.

□ Number of Labour Dispute Cases Accepted

refers to the number of cases of labour dispute submitted that, after being reviewed by the labour dispute arbitration committees in line with the relevant state regulations, are accepted and registered for trearment.

□ Retired or Resigned Personnel

refers to the persons who have formally gone through the formalities for their retorement or quitting work and enjoy the corresponding treatments.

□ Insurance and welfare funds

refers to labour insurance and welfare fund paid by enterprises, organizations and institutions to their staff and workers as well as retired and resigned in addition to their wages and salaries.

2019
浙江统计年鉴
ZHEJIANG STATISTICAL YEARBOOK

CHAPTER 17

各市、县国民经济主要经济指标

Major Indicators of National Economy by City,Prefecture and County

17－1 各市土地面积和行政区划(2018 年)
Land Area and Administrative Divisions by City (2018)

城市	City	土地面积 (平方公里) Land Area (sq. m)	市辖区 (个) Districts Under City Administration	县(县级市) (个) Counties (Cities) (unit)	建制镇 (个) Towns (unit)	乡 (个) Townships (unit)	村 (个) Villages (unit)
杭州市	Hangzhou	16850	10	3	75	23	2015
宁波市	Ningbo	9816	6	4	75	10	2485
温州市	Wenzhou	12110	4	7	93	26	5385
嘉兴市	Jiaxing	4223	2	5	42		759
湖州市	Huzhou	5820	2	3	39	6	988
绍兴市	Shaoxing	8279	3	3	67	15	2129
金华市	Jinhua	10942	2	7	74	31	3404
衢州市	Quzhou	8845	2	4	43	39	1482
舟山市	Zhoushan	1459	2	2	17	5	296
台州市	Taizhou	10050	3	6	61	24	3043
丽水市	Lishui	17275	1	8	53	90	2725

17－2 各市国民经济主要指标(2018 年)
Main Indicators of National Economy by City (2018)

城市	City	年末常住人口(万人) Total Population with Permanent Residence (10000 persons)	生产总值(亿元) Gross Domestic Product (100 million yuan)	第一产业 Primary Industry	第二产业 Secondary Industry	第三产业 Tertiary Industry
杭州市	Hangzhou	980.60	13509.15	305.51	4571.93	8631.71
宁波市	Ningbo	820.20	10745.46	305.96	5507.53	4931.97
温州市	Wenzhou	925.00	6006.16	141.75	2379.53	3484.88
嘉兴市	Jiaxing	472.60	4871.98	115.03	2624.49	2132.46
湖州市	Huzhou	302.70	2719.07	127.69	1273.63	1317.75
绍兴市	Shaoxing	503.50	5416.90	196.12	2611.80	2608.98
金华市	Jinhua	560.40	4100.23	135.86	1745.47	2218.90
其中:义乌市	Yiwu	131.04	1248.11	21.05	409.53	817.53
衢州市	Quzhou	220.90	1470.58	80.93	661.68	727.97
舟山市	Zhoushan	117.30	1316.70	142.63	428.37	745.70
台州市	Taizhou	613.90	4874.67	264.28	2182.60	2427.79
丽水市	Lishui	219.90	1394.67	94.16	577.79	722.72

续表 1 Continued

城市	City	工业 Industry	人均生产总值(元) Per Capita GDP (yuan)	全社会就业人员年末数(万人) Total Empioyed Persons by year - end (10000 persons)	社会消费品零售总额(亿元) Total Retail Sales of Consumer Goods (100 million yuan)
杭州市	Hangzhou	4160.13	140180	696.10	5715.33
宁波市	Ningbo	4953.67	132603	540.62	4154.93
温州市	Wenzhou	1921.18	65055	575.81	3337.11
嘉兴市	Jiaxing	2387.18	103858	335.50	1938.59
湖州市	Huzhou	1152.53	90304	191.50	1297.24
绍兴市	Shaoxing	2234.22	107853	346.60	2007.61
金华市	Jinhua	1502.85	73428	353.50	2253.00
其中:义乌市	Yiwu	348.34	95795	93.94	668.77
衢州市	Quzhou	553.16	66936	134.83	717.46
舟山市	Zhoushan	303.59	112490	75.10	536.85
台州市	Taizhou	1895.25	79541	407.79	2366.88
丽水市	Lishui	478.45	63611	144.21	682.91

续表 2 Continued

城市	City	进口总额（亿美元）Imports (USD 100 million)	出口总额（亿美元）Exports (USD 100 million)	财政总收入（亿元）Total Financial Revenue (100 million yuan)	一般公共预算收入（亿元）General Public Revenue (100 million yuan)
杭州市	Hangzhou	257.60	477.66	3457.46	1825.06
宁波市	Ningbo	459.37	841.68	2655.28	1379.69
温州市	Wenzhou	31.28	197.24	895.26	547.58
嘉兴市	Jiaxing	121.87	305.85	895.29	518.55
湖州市	Huzhou	17.36	116.83	490.71	287.10
绍兴市	Shaoxing	29.42	310.52	811.85	501.34
金华市	Jinhua	16.66	554.97	661.74	392.62
其中:义乌市	Yiwu	5.77	382.78	153.45	95.20
衢州市	Quzhou	18.02	35.04	206.90	128.10
舟山市	Zhoushan	107.46	64.18	218.35	146.02
台州市	Taizhou	31.19	232.93	745.19	431.18
丽水市	Lishui	3.22	34.02	211.18	130.01

续表 3 Continued

城市	City	一般公共预算支出(亿元) General Public Budget Expenditure (100 million yuan)	住户存款年末余额(亿元) Savings Deposits of Residents (100 million yuan)	城镇居民人均可支配收入(元) Per Capita Disposable Income of Urban Residents (yuan)	农村居民人均可支配收入(元) Per Capita Disposable Income of Rural Residents (yuan)
杭州市	Hangzhou	1717.08	9981.24	61172	33193
宁波市	Ningbo	1594.10	6561.26	60134	33633
温州市	Wenzhou	874.14	6620.92	56097	27478
嘉兴市	Jiaxing	588.87	3719.47	57437	34279
湖州市	Huzhou	397.54	2121.37	54393	31767
绍兴市	Shaoxing	556.65	4082.87	59049	33097
金华市	Jinhua	574.00	4600.89	54883	26218
其中:义乌市	Yiwu	107.01	1528.26	71207	36389
衢州市	Quzhou	355.94	1167.67	43126	22255
舟山市	Zhoushan	308.49	831.42	56622	33812
台州市	Taizhou	653.75	4580.29	55705	27631
丽水市	Lishui	432.02	1544.77	42557	19922

注：生产总值为初步核算数,人均生产总值按常住人口计算。
GDP data are preliminary accounting figures. Per Capita GDP is calculated by population with permanent residence.

17－3 全社会就业人员数(2018 年底)
Total Employed Persons (end of 2018)

单位:万人(10000 persons)

城市	City	全社会就业人员数 Total Employed Persons	第一产业 Primary Industry	第二产业 Secondary Industry	第三产业 Tertiary Industry
杭州市	Hangzhou	696.10	59.70	244.30	392.10
宁波市	Ningbo	540.62	15.61	270.96	254.05
温州市	Wenzhou	575.81	62.35	275.26	238.20
嘉兴市	Jiaxing	335.50	26.84	180.06	128.59
湖州市	Huzhou	191.50	20.96	96.09	74.45
绍兴市	Shaoxing	346.60	45.05	174.51	127.04
金华市	Jinhua	353.50	69.04	163.59	120.87
其中:义乌市	Yiwu	93.94	5.25	36.80	51.89
衢州市	Quzhou	134.83	48.50	40.08	46.25
舟山市	Zhoushan	75.10	10.55	29.19	35.36
台州市	Taizhou	407.79	67.84	183.70	156.30
丽水市	Lishui	144.21	47.59	39.61	57.01

17－4 各市年末城镇就业人员数(2018 年)
Employed Persons in Towns by City (2018)

单位:万人(10000 persons)

城市	City	年末城镇就业人员数 Total Employed Persons in Towns	年末城镇就业人员数 Total Employed Persons in Towns	采矿业 Mining and Quarrying	制造业 Manufac－turing	电力、煤气及水的生产和供应业 Electricity, Gas and Water	建筑业 Construction	批发和零售业 Wholesale and Retail Trade
杭州市	Hangzhou	279.19	0.07	0.07	61.86	1.81	69.00	17.00
宁波市	Ningbo	150.83	0.03		64.21	1.65	21.43	6.97
温州市	Wenzhou	107.36	0.08	0.01	24.68	1.70	33.54	1.97
嘉兴市	Jiaxing	75.26	0.09		41.48	1.14	3.29	2.10
湖州市	Huzhou	47.37	0.02	0.08	17.06	0.90	11.77	1.40
绍兴市	Shaoxing	115.06	0.01	0.15	25.59	1.10	62.88	2.00
金华市	Jinhua	86.97	0.02	0.01	13.07	0.95	41.80	1.80
其中:义乌市	Yiwu	9.82			1.67	0.18	1.22	0.21
衢州市	Quzhou	19.33		0.03	4.67	0.62	1.82	0.47
舟山市	Zhoushan	18.14	0.01	0.03	3.06	0.42	2.35	0.60
台州市	Taizhou	94.95	0.05	0.01	30.76	1.30	31.29	2.19
丽水市	Lishui	19.01	0.07	0.04	3.07	0.55	0.76	0.34

续表 1 Continued 单位:万人(10000 persons)

城市	City	交通运输、仓储和邮政业 Transport, Storage and Post	住宿、餐饮业 Hotels and Catering Services	信息传输、软件和信息技术服务业 Information Transmission, Software and Information Technology Services	金融业 Finance	房地产业 Real Estate	租赁和商业服务业 Leasing and Commercial Services	科学研究和技术服务业 Scientific Research and Technical Services
杭州市	Hangzhou	9.75	7.44	16.04	11.05	11.81	12.59	8.86
宁波市	Ningbo	6.81	1.56	1.36	8.40	3.19	4.15	2.46
温州市	Wenzhou	3.47	0.81	0.71	6.02	2.04	2.93	0.85
嘉兴市	Jiaxing	1.60	0.61	0.63	2.06	1.71	3.17	1.42
湖州市	Huzhou	0.91	0.93	0.43	2.31	0.65	0.63	0.46
绍兴市	Shaoxing	1.31	0.59	0.44	2.25	0.61	0.88	0.65
金华市	Jinhua	2.00	0.63	0.77	2.34	0.81	1.68	0.55
其中:义乌市	Yiwu	0.62	0.12	0.11	0.24	0.26	0.47	0.14
衢州市	Quzhou	0.46	0.17	0.28	2.03	0.08	0.23	0.23
舟山市	Zhoushan	2.07	0.36	0.24	0.98	0.52	0.91	0.22
台州市	Taizhou	1.16	0.51	0.53	5.47	0.90	1.39	0.62
丽水市	Lishui	0.57	0.19	0.31	2.08	0.10	0.45	0.31

续表 2 Continued 单位:万人(10000 persons)

城市	City	水利、环境和公共设施管理业 Water Conservancy, Environmen	居民服务、修理和其他服务业 Service for the Residents, Repair and Others	教育 Education	卫生和社会工作 Health Care and Social Work	文化、体育和娱乐业 Culture Sports and Recreation	公共管理、社会保障和社会组织 Public Administration, Social Security and Social Organization
杭州市	Hangzhou	3.02	1.43	18.96	12.04	2.33	14.08
宁波市	Ningbo	1.47	0.28	9.20	6.90	1.00	9.76
温州市	Wenzhou	0.68	0.11	10.58	5.92	0.63	10.61
嘉兴市	Jiaxing	0.84	0.12	5.88	3.56	0.39	5.19
湖州市	Huzhou	0.39	0.03	3.33	2.15	0.20	3.71
绍兴市	Shaoxing	0.92	0.14	6.39	3.65	0.37	5.12
金华市	Jinhua	1.19	0.12	6.84	4.50	1.19	6.73
其中:义乌市	Yiwu	0.21		1.81	0.97	0.09	1.52
衢州市	Quzhou	0.12	0.03	2.60	1.62	0.16	3.70
舟山市	Zhoushan	0.43	0.04	1.55	1.06	0.19	3.11
台州市	Taizhou	0.64	0.07	6.63	4.04	0.41	6.99
丽水市	Lishui	0.42	0.03	3.30	1.96	0.25	4.22

17－5 各市农、林、牧、渔业总产值(2018 年)
Gross Output Value of Farming, Forestry, Animal Husbandry and Fishery by City(2018)

单位:亿元(100 million yuan)

城市	City	农、林、牧、渔业总产值 Total Output Value	农业产值 Farming	林业产值 Forestry	牧业产值 Animal Husbandry	渔业产值 Fishery	农林牧渔业服务业产值 Services
杭州市	Hangzhou	466.10	282.71	57.30	61.85	47.47	16.77
宁波市	Ningbo	473.81	229.14	15.54	34.86	177.16	17.12
温州市	Wenzhou	223.73	104.28	6.44	32.22	76.15	4.65
嘉兴市	Jiaxing	195.49	123.27	1.99	24.60	28.68	16.95
湖州市	Huzhou	216.42	98.99	21.86	18.31	65.56	11.70
绍兴市	Shaoxing	295.10	200.67	28.88	27.07	35.12	3.36
金华市	Jinhua	216.12	148.89	7.01	39.70	13.49	7.04
其中:义乌市	Yiwu	31.14	25.23	0.75	3.30	1.23	0.64
衢州市	Quzhou	128.51	70.06	13.68	34.98	7.68	2.11
舟山市	Zhoushan	261.33	9.80	0.22	1.76	248.50	1.05
台州市	Taizhou	476.96	155.40	6.72	26.07	283.68	5.09
丽水市	Lishui	143.57	97.68	22.85	17.79	3.59	1.66

17－6 各市播种面积(2018 年)
Sown Area by City (2018)

城市	City	农作物播种面积(千公顷) Swon Area of Farm Crop (1000 hectares)	#粮食 Grain	#谷物 Gereal	#油料 Oilbearing Crops	#棉花 Cotton	#蔬菜瓜类 Vegetable	果用瓜 Melo used as Fruit
杭州市	Hangzhou	278.14	88.50	66.24	23.71	0.17	98.68	11.30
宁波市	Ningbo	258.37	109.40	83.11	12.22	2.35	81.06	18.13
温州市	Wenzhou	211.50	107.09	89.86	6.83		67.43	11.68
嘉兴市	Jiaxing	268.90	150.74	136.93	6.27	0.70	80.67	6.93
湖州市	Huzhou	156.29	78.55	68.87	8.60	0.14	37.94	4.32
绍兴市	Shaoxing	229.39	119.71	99.96	10.86	0.31	53.55	9.10
金华市	Jinhua	201.70	77.71	57.82	21.50	1.40	49.51	11.12
其中:义乌市	Yiwu	21.41	7.15	5.71	1.71		8.46	1.14
衢州市	Quzhou	182.51	87.95	72.40	27.38	0.41	41.03	6.18
舟山市	Zhoushan	15.38	4.88	2.81	1.29		6.83	1.63
台州市	Taizhou	199.18	82.03	65.03	6.27	0.22	76.46	16.32
丽水市	Lishui	135.80	69.18	45.83	3.52	0.01	45.81	3.06

17－7 各市主要农产品产量(2018 年)
Output of Major Farm Products by City (2018)

单位:吨(ton)

城市	City	粮食 Grain	#谷物 Cereal	油菜籽 Rapeseeds	棉花 Cotton	水果 Fruit	#柑桔 Citrus	茶叶 Tea	蚕茧 Silkworm Cocoons
杭州市	Hangzhou	495951	424743	55584	240	834089	186567	30091	4564
宁波市	Ningbo	665886	577153	19256	2966	1265531	252073	13147	
温州市	Wenzhou	649520	588974	9977	7	599134	112155	6835	3
嘉兴市	Jiaxing	934151	885602	16218	1270	558878	45358	47	10817
湖州市	Huzhou	518200	485538	20237	231	239865	809	10667	5254
绍兴市	Shaoxing	775810	699380	14852	428	597850	14819	41442	355
金华市	Jinhua	454859	377960	34855	2071	657527	77082	23404	231
其中:义乌市	Yiwu	41398	34604	2082		96831	9854	844	3
衢州市	Quzhou	572843	521230	46940	603	791182	533063	8900	68
舟山市	Zhoushan	24820	16832	1766	1	76976	26128	79	
台州市	Taizhou	510838	455789	9488	289	1472699	489347	5285	9
丽水市	Lishui	358478	281235	4180	13	342483	99797	35273	376

续表 Continued

单位:吨(ton)

城市	City	生猪年末存栏头数(万头) Year-end Hogs (10000 heads)	牛年末存栏头数(头) Year-end Cattle (head)	羊年末存栏只数(万只) Year-end Sheep and Goats (1000 heads)	肉产量(吨) Output of Meat (tons)	#猪肉 Pork (ton)	禽蛋产量(吨) Poultry Eggs (ton)	牛奶产量(吨) Cow Milk (ton)	水产品产量(吨) Output of Aquatic Production (ton)
杭州市	Hangzhou	108	14263	20	210844	170892	100142	27328	205600
宁波市	Ningbo	59	13381	7	101376	85467	41596	28682	967900
温州市	Wenzhou	40	33164	13	100329	60798	34378	17017	604400
嘉兴市	Jiaxing	19	1304	41	85662	25883	30409	6660	157600
湖州市	Huzhou	19	2062	33	72212	26285	28960	5840	464800
绍兴市	Shaoxing	53	7114	9	80393	65547	18017	14857	115800
金华市	Jinhua	73	20597	6	146023	121177	30273	53202	84200
其中:义乌市	Yiwu	1	70		8925	1524	189		3700
衢州市	Quzhou	77	13251	5	186069	140457	38085	2102	70600
舟山市	Zhoushan	3	303	1	5094	3861	1257		1736300
台州市	Taizhou	38	20361	6	109906	78393	23838	5318	1525200
丽水市	Lishui	37	15899	6	67786	53389	13910	1481	24700

17-8 各市农业现代化情况(2018年) Agricultural Modernization by City (2018)

城市	City	农业机械总动力(万千瓦) Total Power of Agricultural Machinery (10000 million kw)	农村用电量(万千瓦小时) Electricity Consumed in Rural Area (10000 million kw.h)	农用化肥施用量(折纯)(吨) Consumption of Chemical Fertilizer (pure)(ton)	机耕面积(千公顷) Area Ploughed by Tractors (1000 hectares)	有效灌溉面积(千公顷) Irrigated Area (1000 hectares)
杭州市	Hangzhou	236.16	1102619	87108	152.23	157.01
宁波市	Ningbo	255.58	1865192	90093	229.32	177.32
温州市	Wenzhou	186.69	908505	77518	148.22	115.86
嘉兴市	Jiaxing	118.08	1444255	98015	149.96	177.60
湖州市	Huzhou	151.18	376779	38914	90.37	134.46
绍兴市	Shaoxing	204.17	2253666	88645	148.09	167.28
金华市	Jinhua	231.82	586627	91774	125.49	170.75
其中:义乌市	Yiwu	21.97	116110	11826	11.87	18.08
衢州市	Quzhou	135.46	117301	56926	107.72	105.18
舟山市	Zhoushan	138.59	162324	4209	9.08	15.36
台州市	Taizhou	256.32	1200449	88791	127.19	125.13
丽水市	Lishui	95.28	65430	55617	66.40	94.85

17－9 各市规模以上工业企业单位数(2018 年)
Number of Industrial Enterprises Above Designated Size by City (2018)

单位:个(unit)

城市	City	工业企业单位数 Number of Enterprises	内资企业 Domestic－funded Enterprises	港澳台商投资企业 Enterprises with Investment from Hong Kong,Macao and Taiwan	外商投资企业 Enterprises with Foreign Investment
杭州市	Hangzhou	5431	4652	322	457
宁波市	Ningbo	7602	6228	727	647
温州市	Wenzhou	4618	4484	56	78
嘉兴市	Jiaxing	5822	4829	439	554
湖州市	Huzhou	3489	3137	176	176
绍兴市	Shaoxing	4584	3984	379	221
金华市	Jinhua	3586	3422	87	77
其中:义乌市	Yiwu	623	591	22	10
衢州市	Quzhou	873	825	17	31
舟山市	Zhoushan	353	333	6	14
台州市	Taizhou	3972	3835	68	69
丽水市	Lishui	943	919	10	14

17－10 各市规模以上工业总产值(2018 年)
Gross Output Value of Industry by City Above Designated Size (2018)

单位:亿元(100 million yuan)

城市	City	工业总产值 Gross Output Value of Industry	内资企业 Domestic－funded Enterprises	港澳台商投资企业 Enterprises with Investment from Hong Kong, Macao and Taiwan	外商投资企业 Enterprises with Foreign Investment
杭州市	Hangzhou	14016.41	10805.04	1401.27	1810.09
宁波市	Ningbo	17015.26	11865.94	3370.14	1779.18
温州市	Wenzhou	4721.72	4381.62	85.45	254.66
嘉兴市	Jiaxing	9785.54	732.63	93.95	151.97
湖州市	Huzhou	4471.55	3656.82	386.30	428.43
绍兴市	Shaoxing	6789.33	5454.39	756.61	578.32
金华市	Jinhua	3769.78	3489.71	167.94	112.14
其中:义乌市	Yiwu	554.26	500.63	33.24	20.39
衢州市	Quzhou	1704.87	1486.05	16.42	202.40
舟山市	Zhoushan	731.88	662.17	11.68	58.03
台州市	Taizhou	4959.09	4385.02	132.75	441.32
丽水市	Lishui	1267.11	1240.46	15.47	11.17

17－11 各市工业企业经济指标(2018 年)
Main Indicators of Industrial Enterprises by City (2018)

单位:亿元(100 million yuan)

城市	City	平均用工人数(万人) Average Number of Staff and Workers (10000 persons)	流动资产合计 Circulating Funds	固定资产合计 Fixed Assets	主营业务收入 Revenues in Main Business
杭州市	Hangzhou	103.00	9885.42	2985.25	14432.89
宁波市	Ningbo	150.53	9491.27	3854.88	16861.05
温州市	Wenzhou	67.71	2802.23		4401.27
嘉兴市	Jiaxing	87.75	5341.61	5455.43	9683.44
湖州市	Huzhou	38.57	2457.99	1156.76	4419.56
绍兴市	Shaoxing	64.15	4474.37		6253.03
金华市	Jinhua	53.34	2381.70	964.11	3687.38
其中:义乌市	Yiwu	9.65	417.83	237.39	548.08
衢州市	Quzhou	12.81	916.48		1663.81
舟山市	Zhoushan	6.78	944.39	489.54	716.34
台州市	Taizhou	65.62	3277.39	1813.90	4897.02
丽水市	Lishui	14.01	702.59		1468.12

续表 Continued

单位:亿元(100 million yuan)

城市	City	利税总额 Total Profits and Taxes	产品销售税金及附加 Sales Tax and Extra Charges	本年应交增值税 Tax Payable of Value Added	利润总额 Total Profits
杭州市	Hangzhou	1798.86	297.67	486.03	1015.16
宁波市	Ningbo	2114.22	403.33	451.39	1259.50
温州市	Wenzhou	424.20	24.47	144.34	255.39
嘉兴市	Jiaxing	927.78	47.10	270.93	609.75
湖州市	Huzhou	434.64	29.37	130.77	274.50
绍兴市	Shaoxing	603.68	34.32	172.77	396.59
金华市	Jinhua	347.53	22.08	128.94	196.51
其中:义乌市	Yiwu	52.76	3.16	22.35	27.25
衢州市	Quzhou	184.47	9.90	40.39	134.18
舟山市	Zhoushan	28.34	5.09	14.85	8.40
台州市	Taizhou	535.99	36.71	156.36	342.92
丽水市	Lishui	127.83	6.96	42.23	78.64

17－12 各市客运量和货运量(2018 年)
Passenger Traffic and Freight Traffic by City (2018)

城市	City	客运量(万人) Passenger Traffic (10000 persons)			货运量(万吨) Freight Traffic (10000 tons)		
		公路 Highways	水运 Waterways	航空 Civil Aviation	公路 Highways	水运 Waterways	航空 Civil Aviation
杭州市	Hangzhou	10027	603.00	1956.24	30593	4244	64.09
宁波市	Ningbo	3858	190.00	1172.00	32424	26325	10.57
温州市	Wenzhou	20831	25.91	588.52	11700	4271	4.78
嘉兴市	Jiaxing	2971	246.56		13864	2269	
湖州市	Huzhou	5242	98.30		11504	7279	
绍兴市	Shaoxing	2798	107.45		12596	1565	
金华市	Jinhua	10773	2.14	163.57	9911	26	1.98
其中:义乌市	Yiwu	2869		163.57	3290		1.98
衢州市	Quzhou	3966	2.00	25.00	13162	4	0.08
舟山市	Zhoushan	2584	2921.72	121.00	10374	27756	0.01
台州市	Taizhou	6992	173.47	57.93	15392	13759	0.38
丽水市	Lishui	2074	126.00		4950	254	

17－13 各市公路里程、邮电通信和用电量情况(2018 年)
Length of Highways,Posts and Telecommunications and Electricity by City (2018)

城市	City	境内公路里程(公里) Length of Highways (km)	#高速公路 Expressway	民用汽车拥有量(辆) Civil Motor Vehicles (unit)	固定电话用户(万户) Telephone Subscribers (10000 subscribers)	年末移动电话用户数(万户) Number of Mobile Telephones Subscribers (10000 subscribers)
杭州市	Hangzhou	16520.29	632.04	2680014	241.17	1801.43
宁波市	Ningbo	11295.00	567.00	2674205	207.00	1259.00
温州市	Wenzhou	8994.15	364.53	2184911	137.05	1238.50
嘉兴市	Jiaxing	8242.00	393.00	1331110	98.12	719.80
湖州市	Huzhou	8079.00	319.00	812440	76.25	502.74
绍兴市	Shaoxing	10137.00	441.00	1385574	106.79	730.13
金华市	Jinhua	12952.00	376.00	1880694	90.44	1373.36
其中:义乌市	Yiwu	1539.00	76.00	590520	29.27	345.92
衢州市	Quzhou	8409.00	422.00	488429	35.00	253.00
舟山市	Zhoushan	1921.79	41.93	179855	22.58	170.81
台州市	Taizhou	13014.18	447.44	1629324	107.70	958.00
丽水市	Lishui	15480.80	419.10	393646	32.24	263.01

续表 Continued

城市	City	国际互联网用户数(万户) Users of International Computer Network (10000 subscribers)	电信业务收入(万元) Telecom Business Income (10000 yuan)	全年用电量(亿千瓦小时) Total Electricity Consumption (100 million kw.h)	#工业用电 Industrial Consumption	#城乡居民生活用电 Residential Consumption
杭州市	Hangzhou	509.24	1968500	796.96	446.09	128.49
宁波市	Ningbo	420.00	1222765	775.28	571.73	88.80
温州市	Wenzhou	410.28	1190897	423.30	250.19	96.64
嘉兴市	Jiaxing	192.30	559827	522.06	415.56	44.63
湖州市	Huzhou	193.10	364639	274.80	203.47	31.39
绍兴市	Shaoxing	218.52	561948	437.72	338.14	45.95
金华市	Jinhua	287.37	782664	370.57	244.13	57.09
其中:义乌市	Yiwu	94.20	262261	95.22	54.21	14.93
衢州市	Quzhou	90.00	175824	171.76	131.85	18.18
舟山市	Zhoushan	55.38	140672	55.67	23.93	10.12
台州市	Taizhou	245.07	711268	329.57	214.62	62.28
丽水市	Lishui	88.33	189079	103.45	65.15	19.24

17－14 各市房地产投资(2018 年) Investment in Real Estate by City (2018)

单位:亿元(100 million yuan)

城市	City	房地产开发投资 Real Estate Development	#住宅 Residential Buildings	商品房屋销售面积(万平方米) Floor Space of Commerical Houses Sold (10000 sq. m)	商品房屋销售额 Total Value of Commerical Houses Sold
杭州市	Hangzhou	3068.90	1953.30	1675.50	4007.75
宁波市	Ningbo	1585.15	1102.00	1621.53	2450.76
温州市	Wenzhou	1176.57	919.22	1165.76	1561.00
嘉兴市	Jiaxing	952.47	767.89	1158.54	1491.47
湖州市	Huzhou	523.30	401.84	808.99	851.39
绍兴市	Shaoxing	798.06	634.14	1067.78	1210.09
金华市	Jinhua	535.31	428.07	532.28	676.15
其中:义乌市	Yiwu	152.77	109.04	97.36	164.65
衢州市	Quzhou	253.43	213.86	271.05	299.72
舟山市	Zhoushan	187.54	148.43	201.10	285.89
台州市	Taizhou	659.55	451.33	933.35	953.77
丽水市	Lishui	202.33	137.31	316.77	292.99

17－15 各市国内贸易情况(2018 年)
The Situation of Domestic Trade by City (2018)

城市	City	社会消费品零售总额(亿元) Total Retail Sales of Consumer Goods (100 million yuan)	限额以上批发零售业商品销售额(亿元) Total Sales of Wholesale and Retailsale Trade Above Designated Size (100 million yuan)	限额以上批发零售企业数(个) Number of Wholesale and retail enterprises above the Designated Size (unit)	零售 Retail
杭州市	Hangzhou	5715.33	21800.13	4459	1349
宁波市	Ningbo	4154.93	20876.06	4332	849
温州市	Wenzhou	3337.11	4117.07	2235	715
嘉兴市	Jiaxing	1938.59	2904.02	1596	393
湖州市	Huzhou	1297.24	2593.41	780	317
绍兴市	Shaoxing	2007.61	3306.15	2335	581
金华市	Jinhua	2253.00	2076.48	1301	548
其中:义乌市	Yiwu	668.77	413.07	359	126
衢州市	Quzhou	717.46	529.56	417	209
舟山市	Zhoushan	536.85	2373.28	382	84
台州市	Taizhou	2366.88	2197.13	1164	518
丽水市	Lishui	682.91	675.21	313	216

17－16 各市外贸及利用外资情况(2018 年)
The Situation of Foreign Trade and the Use of Foreign Capital by City(2018)

城市	City	进口总额(亿美元) Total imports (100 million USD)	出口总额(亿美元) Total exports (100 million USD)	外国和港澳台地区在华直接投资 Foreign Funded Enterprises and Enterprises Funded by Entrepreneurs from Hong Kong, Macao & Taiwan	
				新签项目(合同)数(个) Newly Signed Contracts(unit)	实际使用外资金额(万美元) Amount of Foreign Capital Actually Use (USD 10000)
杭州市	Hangzhou	257.60	477.66	744	682658
宁波市	Ningbo	459.37	841.68	623	432017
温州市	Wenzhou	31.28	197.24	89	52307
嘉兴市	Jiaxing	121.87	305.85	350	313980
湖州市	Huzhou	17.36	116.83	218	127143
绍兴市	Shaoxing	29.42	310.52	230	135141
金华市	Jinhua	16.66	554.97	1007	31854
其中:义乌市	Yiwu	5.77	382.78	946	14731
衢州市	Quzhou	18.02	35.04	13	7431
舟山市	Zhoushan	107.46	64.18	271	41762
台州市	Taizhou	31.19	232.93	44	28893
丽水市	Lishui	3.22	34.02	9	10691

17－17 各市国际旅游事业情况(2018年)
International Tourism by City (2018)

城市	City	海外入境游客人数(人) Number of Overseas Inbound Tourists (person)	#外国人 Foreigners	#港澳台同胞 Compatriots from Hong Kong Macao and Taiwan, China	国际旅游收入(万美元) Total Income From Tourism (USD 10000)
杭州市	Hangzhou	4205063	2991007	1214056	74279
宁波市	Ningbo	840102	651812	188289	42100
温州市	Wenzhou	555291	415276	140015	29155
嘉兴市	Jiaxing	536573	218924	317649	29040
湖州市	Huzhou	1099529	505945	593585	42235
绍兴市	Shaoxing	147224	112065	35159	6798
金华市	Jinhua	842925	704061	138863	50089
其中:义乌市	Yiwu	645532	540250	105282	38663
衢州市	Quzhou	21202	7118	14084	587
舟山市	Zhoushan	177480	89821	87659	16354
台州市	Taizhou	183787	103210	29986	6355
丽水市	Lishui	10136	6740	3395	392

17－18 各市财政收支情况(2018年)
Total Financial Revenve and Expenditure by City (2018)

单位:万元(10000 yuan)

城市	City	财政总收入(亿元) Total Financial Revenue (100 million)	一般公共预算收入 General Public Revenue	一般公共预算支出 General Public Budget Expenditure	#一般性公共服务支出 Expenses for Public Service	#教育支出 Expenses for Education
杭州市	Hangzhou	3457.46	18250616	17170834	1503663	3154350
宁波市	Ningbo	2655.28	13796865	15941000	1502108	2235538
温州市	Wenzhou	895.26	5475765	8741367	1021528	1889937
嘉兴市	Jiaxing	895.29	5185536	5888689	594078	1202026
湖州市	Huzhou	490.71	2870960	3975433	403092	699078
绍兴市	Shaoxing	811.85	5013379	5566451	602250	1202789
金华市	Jinhua	661.74	3926214	5739988	655312	1144535
其中:义乌市	Yiwu	153.45	952005	1070100	152816	261202
衢州市	Quzhou	206.90	1280960	3559423	404244	484551
舟山市	Zhoushan	218.35	1460243	3084897	391897	344129
台州市	Taizhou	745.19	4311768	6537506	780115	1345144
丽水市	Lishui	211.18	1300106	4320191	481289	689280

17－19 各市金融情况(2018 年)
Finace by City(2018)

单位:亿元(100 million yuan)

城市	City	金融机构年末存款余额 Deposits	住户存款年末余额(亿元) Savings Deposits of Residents	金融机构年末贷款余额 Loans
杭州市	Hangzhou	38810.05	9981.24	35877.56
宁波市	Ningbo	18532.51	6561.26	19341.11
温州市	Wenzhou	11736.66	6620.92	9970.50
嘉兴市	Jiaxing	8104.32	3719.47	6770.69
湖州市	Huzhou	4514.08	2121.37	3871.53
绍兴市	Shaoxing	8226.98	4082.87	7468.31
金华市	Jinhua	8533.44	4600.89	7345.17
其中:义乌市	Yiwu	2872.19	1528.26	2448.41
衢州市	Quzhou	2408.63	1167.67	2240.11
舟山市	Zhoushan	1986.86	831.42	2003.68
台州市	Taizhou	8385.74	4580.29	7288.77
丽水市	Lishui	2488.23	1544.77	1922.37

17－20 各市社会保险福利情况(2018 年)
Basic Statistics on Social Insurance & Welfare by City (2018)

单位:万人(10000 persons)

城市	City	城镇职工基本养老保险参保人数 Staff and Workers in Urban Area Participating in the Basic Retirement Security Program	城乡居民基本医疗保险参保人数 Urban and Rural Households Participating in the Basic Health Care Program	失业保险人数 Persons Participating in the Unemployment Insurance Program
杭州市	Hangzhou	671.07	359.74	459.37
宁波市	Ningbo	453.03	327.39	281.82
温州市	Wenzhou	294.98	594.80	124.06
嘉兴市	Jiaxing	181.09	173.56	144.05
湖州市	Huzhou	151.82	139.55	77.2
绍兴市	Shaoxing	236.73	275.35	120.70
金华市	Jinhua	229.95	342.32	91.61
其中:义乌市	Yiwu	56.95	43.16	23.77
衢州市	Quzhou	83.14	173.28	32.15
舟山市	Zhoushan	70.71	54.04	23.72
台州市	Taizhou	228.85	453.98	98.59
丽水市	Lishui	74.62	192.50	25.13

续表 Continued

单位:万人(10000 persons)

城市	City	养老服务机构数(个) Number of Pension Service Institutions (unit)	养老服务机构床位数(张) Number of Beds in Pension Services (unit)	居民最低生活保障线以下人数(人) Residents under Minimum Life Guarantee Relief (person)
杭州市	Hangzhou	253	46141	20674
宁波市	Ningbo	251	56064	67798
温州市	Wenzhou	375	51086	12718
嘉兴市	Jiaxing	85	25795	5290
湖州市	Huzhou	126	24970	5735
绍兴市	Shaoxing	209	46064	5823
金华市	Jinhua	112	37444	2575
其中:义乌市	Yiwu	6	5916	208
衢州市	Quzhou	86	13999	3832
舟山市	Zhoushan	89	10737	1565
台州市	Taizhou	242	36408	86885
丽水市	Lishui	95	14493	78175

17－21 各市各类学校在校学生数(2018 年)
Student Enrollment by Type of School and by City (2018)

城市	City	高等学校(人) Institutions of Higher Education (person)	中等职业学校(人) Vocational Secondary Schools (person)	普通中学(万人) Regular Secondary Schools (10000 persons)	小学(万人) Primary Schools (10000 persons)
杭州市	Hangzhou	431965	75934	34.93	59.05
宁波市	Ningbo	149804	66000	29.52	49.03
温州市	Wenzhou	88810	80762	38.93	62.86
嘉兴市	Jiaxing	70711	48904	16.25	26.02
湖州市	Huzhou	26941	28306	11.43	16.66
绍兴市	Shaoxing	99270	47581	23.05	25.79
金华市	Jinhua	77480	74333	26.70	42.19
其中:义乌市	Yiwu	8364	14820	5.12	10.92
衢州市	Quzhou	14413	26338	11.23	13.38
舟山市	Zhoushan	23032	6884	3.24	4.94
台州市	Taizhou	35216	86024	31.41	44.57
丽水市	Lishui	21008	28060	11.69	16.07

17－22 各市 R&D 经费支出及专利申请(2018 年)
Expenditure on R&D Activities and Patent Application by City(2018)

城市	City	R&D 经费支出(万元) Expenditure on R&D Activities (10000 yuan)	专利申请受理量(项) Patent Application Accepted (item)	专利申请授权量(项) Patent Application Approved (item)	
					#发明 Invention
杭州市	Hangzhou	4642500	98396	55379	10267
宁波市	Ningbo	2761700	72954	44777	5302
温州市	Wenzhou	1091257	53394	38181	3415
嘉兴市	Jiaxing	1389345	47864	24589	2506
湖州市	Huzhou	761400	37284	18672	1831
绍兴市	Shaoxing	1280970	47094	37288	3254
金华市	Jinhua	710400	38489	23711	1649
其中:义乌市	Yiwu	142300	6991	4374	269
衢州市	Quzhou	204805	7533	6125	667
舟山市	Zhoushan	84828	3784	2216	508
台州市	Taizhou	801595	35695	26288	2767
丽水市	Lishui	200700	13980	7375	381

17－23 各市文化和卫生事业主要指标(2018 年)
Main Indicators of Culture and Public Healthy by City (2018)

城市	City	体育场馆数(个) Number of Sports Grounds and Gymnasiums (unit)	剧场、影剧院数(个) Number of Theaters and Music Halls (unit)	公共图书馆图书藏量(万册) Total Collections of Books in Public Libraries (10000 copies)	医院数(个) Number of Health Institutions (unit)	医院床位数(张) Number of Beds in Health Institutions (bed)	医生数(人) Doctors (person)
杭州市	Hangzhou	25	170	2447	316	75186	44896
宁波市	Ningbo	21	114	986	170	35591	25850
温州市	Wenzhou	36	9	1244	145	37414	28387
嘉兴市	Jiaxing	65	56	877	82	23050	12340
湖州市	Huzhou	42	38	275	62	13598	8847
绍兴市	Shaoxing	25	10	485	81	21651	15662
金华市	Jinhua	12	63	475	137	29290	17286
义乌市	Yiwu	2	24	108	30	5239	3540
衢州市	Quzhou	49	15	301	84	12571	7294
舟山市	Zhoushan	8	15	205	33	5698	4105
台州市	Taizhou	16	79	888	122	26879	18103
丽水市	Lishui	18	22	224	56	12340	8032

17-24 各市、县国民经济主要指标(2018 年)
Main Indicators of National Economy by City and Country (2018)

市县名称	City and County	土地面积（平方公里）Land Area (sq. km)	年末常住人口（万人）Total Population with Permanent Residence (10000 persons)	生产总值（亿元）Gross Domestic Product (100 million yuan)	第一产业 Primary Industry	第二产业 Secondary Industry
杭州市区	Hangzhou District	8292	857.00	12506.08	212.35	4143.05
萧山区	Xiaoshan	1418	150.10	2106.37	65.58	979.73
余杭区	Yuhang	1228	160.30	2312.45	50.46	629.68
富阳区	Fuyang	1821	74.20	764.61	45.29	332.90
临安区	Linan	3119	59.30	539.63	42.91	238.58
建德市	Jiande	2314	44.60	367.90	33.65	165.50
桐庐县	Tonglu	1830	43.20	391.99	23.53	195.56
淳安县	Chunan	4417	35.80	243.19	35.99	67.82
宁波市区	Ningbo District	3730	433.70	6768.07	92.82	3270.95
鄞州区	Yinzhou	814	134.20	1820.11	25.14	622.60
奉化区	Fenhua	1268	51.50	602.36	30.01	355.21
余姚市	Yuyao	1501	114.20	1105.08	44.08	642.43
慈溪市	Cixi	1361	150.90	1737.03	52.24	1052.59
象山县	Xiangshan	1382	52.90	531.65	73.42	225.59
宁海县	Ninghai	1843	68.50	603.64	43.40	315.97
温州市区	Wenzhou District	1332	301.11	2392.27	16.60	968.57
洞头区	Dongtou	254	10.35	101.15	5.66	36.62
瑞安市	Ruian	1350	143.12	948.02	23.64	385.37
乐清市	Yueqing	1391	142.35	1078.52	20.00	456.62
永嘉县	Yongjia	2677	82.94	414.47	14.61	177.40
平阳县	Pingyang	1042	80.27	460.17	16.92	179.25
苍南县	Cangnan	1253	125.22	560.59	33.02	201.23
文成县	Wenchen	1296	24.42	97.47	8.88	23.56
泰顺县	Taishun	1768	25.57	98.97	8.08	26.03
嘉兴市区	Jiaxing District	987	128.87	1246.42	24.66	586.97
平湖市	Pinghu	554	69.59	693.92	11.91	417.23
海宁市	Haining	863	85.85	948.73	17.63	538.02
桐乡市	Tongxiang	727	84.81	893.51	21.76	466.94
嘉善县	Jiashan	507	58.69	582.60	22.40	320.50
海盐县	Haiyan	585	44.79	503.27	16.67	293.85
湖州市区	Huzhou District	1565	135.38	1189.81	45.53	527.45
德清县	Deqing	938	51.38	517.00	22.39	267.55
长兴县	ChangXing	1431	66.89	609.78	33.39	300.41
安吉县	Anji	1886	49.05	404.32	26.38	178.30
绍兴市区	Shaoxing District	2965	276.60	3204.51	93.32	1518.68
柯桥区	keqiao	1066	98.62	1404.55	35.12	708.87
上虞区	Shangyu	1406	79.71	916.52	46.58	471.77

续表 1 Continued

市县名称	City and County	土地面积（平方公里）Land Area (sq. km)	年末常住人口（万人）Total Population with Permanent Residence (10000 persons)	生产总值（亿元）Gross Domestic Product (100 million yuan)	第一产业 Primary Industry	第二产业 Secondary Industry
诸暨市	Zhuji	2311	118.70	1225.25	45.18	605.90
嵊州市	Shengzhou	1789	69.38	560.65	36.62	272.16
新昌县	Xinchang	1214	38.81	421.09	21.00	200.08
金华市区	Jinhua District	2049	115.49	769.20	31.17	270.46
金东区	JIndong	658	36.45	201.47	12.95	94.74
兰溪市	Lanxi	1312	56.71	375.13	22.87	196.94
东阳市	Dongyang	1747	84.39	585.00	16.79	276.48
义乌市	Yiwu	1105	131.04	1248.11	21.05	409.53
永康市	Yongkang	1047	76.27	557.71	7.93	310.33
武义县	Wuyi	1568	36.16	246.58	14.57	127.57
浦江县	Pujiang	918	42.25	221.88	9.92	110.56
磐安县	Panan	1195	18.09	96.62	11.57	43.60
衢州市区	Quzhou District	2354	84.05	659.47	27.07	311.48
江山市	Jiangshan	2019	48.37	300.47	20.85	140.25
常山县	Changshan	1097	25.49	140.42	7.91	59.99
开化县	Kaihua	2231	25.50	131.99	13.09	43.44
龙游县	Longyou	1143	37.48	241.98	12.01	107.40
舟山市区	Zhoushan District	1036	89.01	986.38	67.24	333.23
岱山县	Daishan	326	21.21	215.49	43.17	81.66
嵊泗县	Shengsi	97	7.08	114.35	32.22	16.43
台州市区	Taizhou District	1680	197.60	1808.20	51.26	811.82
温岭市	Wenling	1074	136.90	1091.07	75.11	454.79
临海市	Linhai	2251	105.40	670.92	44.58	310.31
玉环市	Yuhuan	510	62.80	580.77	34.37	314.51
三门县	Sanmen	1105	35.00	229.38	30.71	86.32
天台县	Tiantai	1432	40.50	254.51	13.54	104.55
仙居县	Xianju	2000	35.70	230.11	14.72	98.04
丽水市区	Lishui District	1493	48.10	359.11	19.05	127.71
龙泉市	Longquan	3044	24.02	133.53	14.54	47.61
青田县	Qingtian	2477	35.87	239.15	8.74	117.28
云和县	Yunhe	990	11.50	73.21	4.86	35.92
庆元县	Qingyuan	1897	13.96	72.26	6.55	28.45
缙云县	Jinyun	1494	37.20	237.05	10.64	117.05
遂昌县	Suichang	2540	19.15	116.53	11.06	43.33
松阳县	Songyang	1401	19.16	106.06	12.47	44.44
景宁自治县	Jingning	1939	10.94	59.34	6.24	17.52

续表 2 Continued

市县名称	City and County	第三产业 Tertiary Industry	工业 Industry Industry	人均生产总值（元）Per－capita GDP (yuan)	社会消费品零售总额（亿元）Total Retail Sales of Consumer Goods (100 million yuan)	财政总收入（亿元）Total Financia Revenue (100 million yuan)
杭州市区	Hangzhou District	8150.68	3797.67	148784	5310.88	3319.87
萧山区	Xiaoshan	1061.06	919.32	124859	738.21	474.23
余杭区	Yuhang	1632.30	586.88	150208	515.79	623.86
富阳区	Fuyang	386.42	310.32	103256	270.47	123.18
临安区	Linan	258.15	211.93	91154	199.63	88.48
建德市	Jiande	168.75	141.03	82581	139.37	50.46
桐庐县	Tonglu	172.90	173.58	91054	167.94	52.76
淳安县	Chunan	139.38	47.85	68407	97.14	34.37
宁波市区	Ningbo District	3404.30	2919.52	158558	2617.27	1982.80
鄞州区	Yinzhou	1172.38	523.48	135380	874.99	435.91
奉化区	Fenhua	217.14	324.66	117419	175.79	78.61
余姚市	Yuyao	418.57	595.21	98800	471.78	169.37
慈溪市	Cixi	632.20	990.67	115379	625.78	331.77
象山县	Xiangshan	232.64	168.04	100786	211.87	71.28
宁海县	Ninghai	244.27	280.24	88316	228.23	100.07
温州市区	Wenzhou District	1407.11	728.73	79549	1549.96	395.72
洞头区	Dongtou	58.87	17.79	98685	33.72	16.15
瑞安市	Ruian	539.01	326.79	66295	452.68	117.72
乐清市	Yueqing	601.90	418.02	76016	461.42	160.31
永嘉县	Yongjia	222.45	126.20	49798	186.13	56.30
平阳县	Pingyang	263.99	137.55	57611	204.77	58.90
苍南县	Cangnan	326.34	157.85	44975	385.63	81.24
文成县	Wenchen	65.03	9.89	40014	46.23	11.33
泰顺县	Taishun	64.86	9.66	38767	50.29	13.75
嘉兴市区	Jiaxing District	634.79	528.19	97720	525.95	287.65
平湖市	Pinghu	264.78	398.30	100227	216.54	135.70
海宁市	Haining	393.09	470.51	111478	439.43	153.08
桐乡市	Tongxiang	404.81	416.52	105910	392.74	129.43
嘉善县	Jiashan	239.70	292.93	100163	216.48	105.53
海盐县	Haiyan	192.75	279.74	112639	147.45	83.90
湖州市区	Huzhou District	616.83	464.04	88371	659.48	207.19
德清县	Deqing	227.06	247.41	101186	183.92	100.76
长兴县	ChangXing	275.97	274.03	91558	282.41	102.68
安吉县	Anji	199.65	164.96	82907	171.43	80.08
绍兴市区	Shaoxing District	1592.52	1283.20	116180	1155.03	533.69
柯桥区	keqiao	660.56	609.68	142879	305.49	198.58
上虞区	Shangyu	398.17	400.15	115218	342.24	141.25

续表 3 Continued

市县名称	City and County	第三产业 Tertiary Industry	工业 Industry Industry	人均生产总值(元) Per－capita GDP (yuan)	社会消费品零售总额(亿元) Total Retail Sales of Consumer Goods (100 million yuan)	财政总收入(亿元) Total Financia Revenue (100 million yuan)
诸暨市	Zhuji	574.17	506.68	103446	350.99	137.80
嵊州市	Shengzhou	251.87	245.30	80965	315.23	69.32
新昌县	Xinchang	200.01	183.69	108704	186.36	71.04
金华市区	Jinhua District	467.58	223.80	66864	674.18	166.09
金东区	JIndong	93.78	74.59	55502	202.89	33.50
兰溪市	Lanxi	155.32	184.22	66207	145.37	45.30
东阳市	Dongyang	291.73	213.52	69527	280.18	112.41
义乌市	Yiwu	817.53	348.34	95795	668.77	153.45
永康市	Yongkang	239.44	286.92	73373	238.37	93.94
武义县	Wuyi	104.44	114.01	68268	90.73	43.89
浦江县	Pujiang	101.40	99.69	52691	114.57	29.74
磐安县	Panan	41.45	32.35	53588	40.82	16.93
衢州市区	Quzhou District	320.92	271.62	78851	269.12	118.22
江山市	Jiangshan	139.37	122.01	62383	137.19	29.57
常山县	Changshan	72.51	48.21	55523	69.91	17.09
开化县	Kaihua	75.46	22.70	52129	85.51	14.52
龙游县	Longyou	122.57	88.73	64909	155.73	27.50
舟山市区	Zhoushan District	585.92	240.59	111123	416.97	176.10
岱山县	Daishan	90.66	58.05	101719	81.97	32.27
嵊泗县	Shengsi	65.69	6.80	161052	37.92	9.98
台州市区	Taizhou District	945.13	724.72	91717	935.10	306.33
温岭市	Wenling	561.17	373.96	79698	633.34	130.70
临海市	Linhai	316.03	268.68	63746	265.79	114.46
玉环市	Yuhuan	231.89	297.32	92553	199.71	92.38
三门县	Sanmen	112.35	64.31	65537	102.26	30.22
天台县	Tiantai	136.42	88.06	63233	127.32	36.36
仙居县	Xianju	117.35	80.05	64729	103.37	34.73
丽水市区	Lishui District	212.35	102.39	74713	208.60	80.17
龙泉市	Longquan	71.37	34.82	55800	61.13	14.16
青田县	Qingtian	113.14	104.19	67064	112.30	30.16
云和县	Yunhe	32.44	33.53	63746	31.97	9.49
庆元县	Qingyuan	37.26	20.97	51910	39.05	8.33
缙云县	Jinyun	109.36	102.84	64034	90.23	24.68
遂昌县	Suichang	62.14	35.37	60849	57.76	17.25
松阳县	Songyang	49.15	37.03	55499	48.55	11.64
景宁自治县	Jingning	35.58	8.97	54394	33.33	15.30

续表 4 Continued

市县名称	City and County	一般公共预算收入（亿元）General Public Revenue (100 million yuan)	一般公共预算支出（亿元）General Public Budget Expenditure (100 million yuan)	住户存款年末余额（亿元）Savings Deposits of Residents (100 million yuan)	城镇居民人均可支配收入（元）Per Capita Disposable Income of Urban Residents (yuan)	农村居民人均可支配收入（元）Per Capita Disposable Income of Rural Residents (yuan)
杭州市区	Hangzhou District	1746.63	1557.33	9293.64		
萧山区	Xiaoshan	270.32	267.40	1712.05	65465	37770
余杭区	Yuhang	336.38	342.54	1232.60	62819	37691
富阳区	Fuyang	72.70	73.00	493.82	55985	32448
临安区	Linan	53.17	74.22	339.74	53052	30795
建德市	Jiande	28.27	47.71	261.49	49026	26302
桐庐县	Tonglu	30.67	44.87	257.95	50073	29222
淳安县	Chunan	19.50	67.18	168.16	43611	19316
宁波市区	Ningbo District	996.42	1138.09	3758.16		
鄞州区	Yinzhou	252.99	212.51	1718.96	64888	36589
奉化区	Fenhua	49.47	71.88	332.06	52801	30584
余姚市	Yuyao	100.63	115.37	884.42	57250	33792
慈溪市	Cixi	180.00	188.56	1287.26	59264	34927
象山县	Xiangshan	41.00	68.66	284.64	54706	30882
宁海县	Ninghai	61.63	83.43	319.64	56186	31069
温州市区	Wenzhou District	233.67	296.03	3006.03		
洞头区	Dongtou	10.81	32.72	45.78	45407	27130
瑞安市	Ruian	71.09	109.13	1034.31	59507	30455
乐清市	Yueqing	94.30	115.93	940.14	59063	32158
永嘉县	Yongjia	35.07	81.53	449.93	45293	22190
平阳县	Pingyang	39.56	71.59	389.23	47021	22730
苍南县	Cangnan	56.86	105.37	452.65	47051	22166
文成县	Wenchen	8.26	47.27	213.72	38687	17352
泰顺县	Taishun	8.76	47.30	134.91	37143	17018
嘉兴市区	Jiaxing District	166.16	209.34	1061.81	52036	33001
平湖市	Pinghu	81.88	86.75	422.46	58397	34443
海宁市	Haining	89.00	83.15	741.71	60600	35440
桐乡市	Tongxiang	72.40	73.29	715.47	56707	34886
嘉善县	Jiashan	61.60	75.16	446.77	58654	34788
海盐县	Haiyan	47.52	61.18	331.26	59172	34853
湖州市区	Huzhou District	121.66	184.46	1084.52		
德清县	Deqing	59.15	67.20	361.99	54863	32723
长兴县	ChangXing	59.37	71.58	380.15	54985	32114
安吉县	Anji	46.92	74.30	294.71	52617	30541
绍兴市区	Shaoxing District	326.60	346.63	2491.38		
柯桥区	keqiao	126.36	112.89	954.58	63768	37345
上虞区	Shangyu	82.65	86.42	652.35	60042	32423

续表 5 Continued

市县名称	City and County	一般公共预算收入（亿元）General Public Revenue (100 million yuan)	一般公共预算支出（亿元）General Public Budget Expenditure (100 million yuan)	住户存款年末余额（亿元）Savings Deposits of Residents (100 million yuan)	城镇居民人均可支配收入（元）Per Capita Disposable Income of Urban Residents (yuan)	农村居民人均可支配收入（元）Per Capita Disposable Income of Rural Residents (yuan)
诸暨市	Zhuji	87.37	92.21	862.04	62623	36053
嵊州市	Shengzhou	45.49	61.01	466.66	56360	29459
新昌县	Xinchang	41.88	56.79	262.79	55725	28185
金华市区	Jinhua District	93.58	139.65	816.44		
金东区	JIndong	20.39	29.12	0	45465	25257
兰溪市	Lanxi	26.60	47.56	280.73	41263	19906
东阳市	Dongyang	65.75	92.52	693.13	52688	29544
义乌市	Yiwu	95.20	107.01	1528.26	71207	36389
永康市	Yongkang	56.36	74.87	679.95	54581	28342
武义县	Wuyi	25.98	42.13	247.99	39252	17899
浦江县	Pujiang	19.14	38.57	258.78	44743	21471
磐安县	Panan	10.01	31.70	95.61	38621	17809
衢州市区	Quzhou District	70.89	141.36	452.22	43698	20961
江山市	Jiangshan	19.21	56.03	296.19	45464	24082
常山县	Changshan	10.98	47.05	121.22	36423	20184
开化县	Kaihua	9.39	52.48	120.42	34617	17283
龙游县	Longyou	17.63	59.02	177.61	44246	22636
舟山市区	Zhoushan District	114.67	226.18	668.44		
岱山县	Daishan	24.15	54.17	119.57	50192	33860
嵊泗县	Shengsi	7.20	28.14	43.42	50617	32601
台州市区	Taizhou District	175.12	231.77	1917.53	61779	29626
温岭市	Wenling	77.29	107.81	988.77	57793	30743
临海市	Linhai	64.07	94.69	612.44	51520	27418
玉环市	Yuhuan	53.34	69.98	406.16	66027	32453
三门县	Sanmen	18.63	43.82	168.33	44933	24313
天台县	Tiantai	21.90	51.14	249.92	45265	22468
仙居县	Xianju	20.84	54.55	237.14	40506	20970
丽水市区	Lishui District	50.41	98.48	388.40	45624	25701
龙泉市	Longquan	9.10	48.37	122.03	44399	21249
青田县	Qingtian	19.11	53.54	466.21	43874	22825
云和县	Yunhe	5.89	25.02	60.51	40177	18573
庆元县	Qingyuan	5.05	32.98	72.59	36949	17157
缙云县	Jinyun	15.34	52.15	185.09	41555	19571
遂昌县	Suichang	10.10	41.15	98.78	44108	18811
松阳县	Songyang	7.27	38.00	99.07	37128	17546
景宁自治县	Jingning	7.74	42.33	52.08	36778	18170

注：人均生产总值按常住人口计算，以后各表同。
Per Capita GDP is calculated by population with permanent residence. The same applies to the relevant tables following.

17-25 各市、县全社会就业人员数(2018 年底)
Total Employed Persons by City and County (End of 2018)

单位:万人(10000 persons)

市县名称	City and County	全社会就业人员数 Total Employed Persons	第一产业 Primary Industry	第二产业 Secondary Industry	第三产业 Tertiary Industry
杭州市区	Hangzhou District	613.05	34.14	219.63	359.28
萧山区	Xiaoshan	119.25	10.99	62.32	45.94
余杭区	Yuhang	98.40	8.90	36.72	52.78
富阳区	Fuyang	48.27	8.81	23.21	16.25
临安区	Linan	40.36	8.98	17.83	13.55
建德市	Jiande	27.25	9.28	8.39	9.58
桐庐县	Tonglu	29.91	5.37	12.61	11.93
淳安县	Chunan	25.89	10.91	3.67	11.31
宁波市区	NiBo District	300.71		145.73	166.01
鄞州区	Yinzhou	92.68	3.30	43.86	45.52
奉化区	Fenhua	37.57	5.38	19.15	13.04
余姚市	Yuyao	71.92	2.65	37.44	31.83
慈溪市	Cixi	81.40	9.20	45.90	26.30
象山县	Xiangshan	37.59	7.49	16.69	13.41
宁海县	Ninghai	49.00	7.30	25.20	16.50
温州市区	WenZhou District	240.27	2.38	127.55	110.34
洞头区	Ruian	5.09	0.79	1.75	2.55
瑞安市	Dongtou	72.22	3.55	38.90	29.77
乐清市	Yueqing	72.35	11.86	28.72	31.77
永嘉县	Yongjia	49.06	12.38	20.63	16.05
平阳县	Pingyang	45.64	10.92	19.82	14.90
苍南县	Cangnan	65.01	11.65	28.77	24.59
文成县	Wenchen	14.31	4.51	3.35	6.45
泰顺县	Taishun	16.95	5.10	7.52	4.33
嘉兴市区	JiXing District	90.95	6.85	43.02	41.08
平湖市	Pinghu	40.38	3.89	22.75	13.74
海宁市	Haining	29.65	4.04	16.61	9.00
桐乡市	Tongxiang	65.99	4.38	36.31	25.30
嘉善县	Jiashan	42.88	3.13	24.72	15.03
海盐县	Haiyan	65.64	4.54	36.65	24.45
湖州市区	District	85.34	9.11	41.16	35.55
德清县	Deqing	32.46	3.42	18.05	10.99
长兴县	ChangXing	42.80	4.52	22.71	15.57
安吉县	Anji	30.42	3.91	14.17	12.34
绍兴市区	ShaoXing District	191.74	14.40	95.41	81.93
柯桥区	keqiao	72.28	5.03	38.70	28.55
上虞区	Shangyu	57.33	7.27	31.11	18.95

续表 Continued 单位:万人(10000 persons)

市县名称	City and County	全社会就业人员数 Total Employed Persons	第一产业 Primary Industry	第二产业 Secondary Industry	第三产业 Tertiary Industry
诸暨市	Zhuji	81.13	11.19	43.72	26.22
嵊州市	Shengzhou	47.35	9.93	24.11	13.31
新昌县	Xinchang	26.38	5.02	12.15	9.21
金华市区	JinHua District	72.32	7.11	36.12	29.09
金东区	JIndong	23.23	7.82	8.63	6.78
兰溪市	Lanxi	36.08	7.16	16.33	12.59
东阳市	Dongyang	52.97	9.02	26.15	17.80
义乌市	Yiwu	93.94	5.25	36.80	51.89
永康市	Yongkang	50.36	8.26	30.11	11.99
武义县	Wuyi	20.24	2.70	10.36	7.18
浦江县	Pujiang	31.10	5.33	15.66	10.11
磐安县	Panan	12.43	3.23	5.14	4.06
衢州市区	QuZhou District				
江山市	Jiangshan	26.69	9.45	10.56	6.68
常山县	Changshan	16.80	3.05	8.01	5.74
开化县	Kaihua	15.87	6.62	4.27	4.98
龙游县	Longyou	24.48	8.36	8.01	8.11
舟山市区	ZhouShan District	56.94	5.89	20.02	31.03
岱山县	Daishan	13.86	2.80	5.24	5.82
嵊泗县	Shengsi	4.60	1.12	0.68	2.80
台州市区	TaiZhou District	119.48	13.94	63.29	42.30
温岭市	Wenling	93.88	17.05	49.50	27.30
临海市	Linhai	63.03	16.57	37.88	8.60
玉环市	Yuhuan	41.07	3.49	26.37	11.20
三门县	Sanmen	22.35	5.25	10.86	6.20
天台县	Tiantai	22.12	6.79	7.52	7.80
仙居县	Xianju	21.90	6.70	7.99	7.20
丽水市区	LiShui District	29.83	6.22	9.89	13.72
龙泉市	Longquan	16.04	5.87	4.52	5.65
青田县	Qingtian	19.18	6.48	5.92	6.78
云和县	Yunhe	7.97	1.86	2.79	3.32
庆元县	Qingyuan	7.34	3.52	1.40	2.42
缙云县	Jinyun	21.36	8.66	6.83	5.87
遂昌县	Suichang	12.76	4.88	3.63	4.25
松阳县	Songyang	14.26	6.03	4.25	3.98
景宁自治县	Jingning	6.06	2.88	0.94	2.24

17－26 各市、县年末单位就业人员数(2018 年底)
Employed Persons in Towns by City and County (End of 2018)

单位:人(person)

市县名称	City and County	年末城镇就业人员数 Total Employed Persons in Towns	农、林、牧、渔业 Agriculture	采矿业 Mining and Quarrying	制造业 Manufac－turing	电力、煤气及水的生产和供应业 Electricity, Gas and Water Production and Supply	建筑业 Construction	批发和零售业 Wholesale and Retail Trade	交通运输、仓储和邮政业 Transport, Storage and Post
杭州市区	Hangzhou District	2664436	420	504	574750	15422	683066	164773	90024
萧山区	Xiaoshan	450863	27		167242	4210	156095	10996	15436
余杭区	Yuhang	258531	283		97063	1984	22463	13834	9091
富阳区	Fuyang	113798	71	275	39123	1963	27671	2994	3544
临安区	Linan	76371	30	112	31958	1116	11983	1168	1939
建德市	Jiande	42226	15	173	17385	1108	1929	781	1198
桐庐县	Tonglu	45859		30	18829	961	276	933	4633
淳安县	Chunan	39354	245		7645	641	4714	3474	1596
宁波市区	Ningbo District	1001209	206		418609	9288	104510	59741	57761
鄞州区	Yinzhou	313569	39		82334	1658	56583	19404	16292
奉化区	Fenhua	53686	21		25484	684	2373	1187	2580
余姚市	Yuyao	134923	24		87333	2012	3265	1762	1992
慈溪市	Cixi	148678	50		84502	1792	2426	6385	4491
象山县	Xiangshan	161553			25083	1326	103433	725	1911
宁海县	Ninghai	61895	28		26609	2103	674	1053	1936
温州市区	Wenzhou District	395122			60550	6247	95966	10719	23890
洞头区	Dongtou	9582	3		772	163	368	207	715
瑞安市	Ruian	80967			19627	965	14249	1911	2079
乐清市	Yueqing	175498	25		84063	4691	29792	2853	2780
永嘉县	Yongjia	86482	40		28871	907	27166	1116	1679
平阳县	Pingyang	110903	61		32961	1480	43273	676	1168
苍南县	Cangnan	152197	128		19501	1524	90460	1504	1637
文成县	Wenchen	21535	446		358	662	6978	421	424
泰顺县	Taishun	41269	48	76	135	345	27180	263	342
嘉兴市区	Jiaxing District	245606	150		121111	3113	6794	10606	7396
平湖市	Pinghu	119605	35		77827	2634	514	1567	2842
海宁市	Haining	106103	452		61568	1713	424	2568	1736
桐乡市	Tongxiang	120773	81		56678	1790	19215	2507	1446
嘉善县	Jiashan	101790	122		71319	1266	1307	2488	1368
海盐县	Haiyan	58704	15		26321	884	4626	1244	1184
湖州市区	Huzhou District	247069	85	661	55291	2820	89511	8622	5271
德清县	Deqing	84557	14		50602	1687	5342	1873	1575
长兴县	ChangXing	77837		135	36503	3741	11693	2056	1400
安吉县	Anji	64262	59		28209	796	11133	1494	868
绍兴市区	Shaoxing District	792260	12	1277	166230	8562	454782	14140	10041
柯桥区	keqiao	288438		1277	52006	3129	193824	2187	925
上虞区	Shangyu	206700	3		58518	1905	113346	2658	1154

续表 1　Continued　　　　　　　　　　　　　　　　单位：人(person)

市县名称	City and County	年末城镇就业人员数 Total Employed Persons in Towns	农、林、牧、渔业 Agriculture	采矿业 Mining and Quarrying	制造业 Manufac－turing	电力、煤气及水的生产和供应业 Electricity, Gas and Water Production and Supply	建筑业 Construction	批发和零售业 Wholesale and Retail Trade	交通运输、仓储和邮政业 Transport, Storage and Post
诸暨市	Zhuji	241405	43	172	32621	854	158980	3269	815
嵊州市	Shengzhou	46452	21	8	21677	875	251	1437	1081
新昌县	Xinchang	70486	30		35369	687	14755	1177	1183
金华市区	Jinhua District	158136	90		31969	2639	22744	9770	6752
金东区	JIndong	27521	6		7094		750	4137	255
兰溪市	Lanxi	47738	48		17809	1462	6829	1025	1384
东阳市	Dongyang	421922	15	85	32439	1255	340438	2264	1977
义乌市	Yiwu	98229	20		16695	1805	12181	2075	6156
永康市	Yongkang	53579	31		15335	805	3475	1798	1557
武义县	Wuyi	23627			6421	739	1237	403	775
浦江县	Pujiang	21050	16		3284	746	894	351	881
磐安县	Panan	45467	29		6703	11	30175	299	476
衢州市区	Quzhou District	110639			24718	3710	12068	3556	3670
江山市	Jiangshan	25118			7730	859	1059	394	3
常山县	Changshan	15890			3767	494	632	447	37
开化县	Kaihua	14173			1915	489	664	65	505
龙游县	Longyou	27436		273	8537	673	3801	250	390
舟山市区	Zhoushan District	143971	54	23	21173	3762	19403	5504	17244
岱山县	Daishan	25407	3	214	9386	247	2295	232	1740
嵊泗县	Shengsi	12000	5	37	6	186	1779	278	1737
台州市区	Taizhou District	388353	318		138029	4778	92945	10889	6292
温岭市	Wenling	144792			35249	1293	61337	4288	892
临海市	Linhai	192304	93		44975	1478	103862	2958	2462
玉环市	Yuhuan	89116	16		60617	1305	4346	1350	632
三门县	Sanmen	31127	45		4713	2635	8759	303	352
天台县	Tiantai	64218	12		13172	898	29842	225	747
仙居县	Xianju	39628		115	10801	578	11791	1923	271
丽水市区	Lishui District	68921	34		6295	1643	3140	2015	2223
龙泉市	Longquan	14116	24		460	471	736	106	462
青田县	Qingtian	25693	20	194	9590	620	230	399	545
云和县	Yunhe	9792	20		1168	558	628	78	322
庆元县	Qingyuan	11254	274		1310	610	129	71	497
缙云县	Jinyun	20235	48		3210	500	535	268	505
遂昌县	Suichang	18509	217	197	7070	508	191	193	295
松阳县	Songyang	12267	25	20	1191	420	744	71	562
景宁自治县	Jingning	9332	10		403	153	1302	181	286

续表 2 Continued 单位:人(person)

市县名称	City and County	住宿、餐饮业 Hotels and Catering Services	信息传输、软件和信息技术服务业 Information Transmission, Software and Information Technology Services	金融业 Finance	房地产业 Real Estate	租赁和商业服务业 Leasing and Commercial Services	科学研究和技术服务业 Scientific Research and Technical Services
杭州市区	Hangzhou District	70646	159581	108661	116527	122102	87472
萧山区	Xiaoshan	8680	3100	4010	11273	10237	2305
余杭区	Yuhang	1969	29047	2021	7781	10760	5929
富阳区	Fuyang	532	589	1081	1530	2713	1025
临安区	Linan	522	451	775	978	1678	600
建德市	Jiande	310	235	642	529	1148	412
桐庐县	Tonglu	460	266	711	275	1572	366
淳安县	Chunan	2949	318	438	754	1049	302
宁波市区	Ningbo District	11086	12404	79863	27458	33415	14939
鄞州区	Yinzhou	3809	6340	31434	14269	16222	8501
奉化区	Fenhua	279	306	754	405	2902	388
余姚市	Yuyao	1502	247	1110	1453	1413	1042
慈溪市	Cixi	1553	289	1483	1217	1432	7480
象山县	Xiangshan	908	492	858	865	2707	514
宁海县	Ninghai	588	142	656	861	2533	674
温州市区	Wenzhou District	5358	5316	54640	13341	18634	5805
洞头区	Dongtou		74	265	266	524	98
瑞安市	Ruian	894	482	952	856	3255	624
乐清市	Yueqing	746	464	1056	3182	1883	594
永嘉县	Yongjia	303	203	807	485	337	520
平阳县	Pingyang	28	271	106	1014	1156	530
苍南县	Cangnan	341		1034	1007	2206	261
文成县	Wenchen	224	193	915	190	622	49
泰顺县	Taishun	248	122	421	83	710	59
嘉兴市区	Jiaxing District	2914	4309	17531	8682	6733	7017
平湖市	Pinghu	410	644	629	955	9032	630
海宁市	Haining	1016	230	953	3094	5828	793
桐乡市	Tongxiang	742	739	212	2399	4050	340
嘉善县	Jiashan	423	156	685	906	4211	497
海盐县	Haiyan	580	242	579	1050	1860	4927
湖州市区	Huzhou District	6537	2866	21165	4137	4438	3171
德清县	Deqing	1567	979	698	1215	736	895
长兴县	ChangXing	664	205	252	441	496	249
安吉县	Anji	501	213	969	746	648	311
绍兴市区	Shaoxing District	5037	3960	20140	4303	5424	5134
柯桥区	keqiao	227	313	2018	1917	1381	782
上虞区	Shangyu	1689	194	1307	506	638	1094

续表 3 Continued 单位:人(person)

市县名称	City and County	住宿、餐饮业 Hotels and Catering Services	信息传输、软件和信息技术服务业 Information Transmission, Software and Information Technology Services	金融业 Finance	房地产业 Real Estate	租赁和商业服务业 Leasing and Commercial Services	科学研究和技术服务业 Scientific Research and Technical Services
诸暨市	Zhuji	326	271	978	1048	2051	833
嵊州市	Shengzhou	468		856	354	309	313
新昌县	Xinchang	95	179	541	408	1038	264
金华市区	Jinhua District	924	4531	16737	3456	6637	2255
金东区	JIndong		1726	582	148	2959	447
兰溪市	Lanxi	24	262		642	193	338
东阳市	Dongyang	2744	570	901	495	3267	410
义乌市	Yiwu	1152	1079	2395	2560	4723	1353
永康市	Yongkang	711	637	2604	445	1254	470
武义县	Wuyi	287	332	415	156	435	347
浦江县	Pujiang	160	203	316	311	68	198
磐安县	Panan	271	96		50	241	84
衢州市区	Quzhou District	1050	2361	19820	469	1085	1767
江山市	Jiangshan		180	49	46	301	190
常山县	Changshan	584	110	312	41	44	87
开化县	Kaihua	43	110		42	200	133
龙游县	Longyou	41	81	87	241	681	105
舟山市区	Zhoushan District	3459	2318	9395	4397	6611	2022
岱山县	Daishan	92	60	384	504	882	104
嵊泗县	Shengsi	33	35	23	261	1646	96
台州市区	Taizhou District	2056	4326	49169	4846	5724	3310
温岭市	Wenling	1047	267	3135	1125	2600	650
临海市	Linhai	849	308	1200	723	2786	1495
玉环市	Yuhuan	802	140	96	716	1180	147
三门县	Sanmen		135	628	375	601	131
天台县	Tiantai	126	122		817	575	409
仙居县	Xianju	185		445	437	421	44
丽水市区	Lishui District	959	2502	18650	279	1773	1751
龙泉市	Longquan	469	71	408	67	363	188
青田县	Qingtian		256		203	551	203
云和县	Yunhe		11	232	15	346	74
庆元县	Qingyuan		84	349	11	112	170
缙云县	Jinyun	176		484	121	319	152
遂昌县	Suichang	259	78	336	183	726	189
松阳县	Songyang	16	128	255	92	224	294
景宁自治县	Jingning			59	25	61	61

续表 4　Continued　　单位:人(person)

市县名称	City and County	水利、环境和公共设施管理业 Water Conservancy, Environment and Public Facilities Management	居民服务、修理和其他服务业 Service for the Residents, Repair and Others	教育 Education	卫生和社会工作 Health Care and Social Work	文化、体育和娱乐业 Culture Sports and Recreation	公共管理、社会保障和社会组织 Public Administration, Social Security and Social Organization
杭州市区	Hangzhou District	26725	14200	174346	109449	22596	123172
萧山区	Xiaoshan	3015	455	23546	12933	1389	15914
余杭区	Yuhang	1450	799	24965	9765	883	18444
富阳区	Fuyang	2036	415	12556	6452	812	8416
临安区	Linan	1530	41	8850	5005	273	7362
建德市	Jiande	1324	44	5510	3363	255	5865
桐庐县	Tonglu	1020	41	5281	4355	189	5661
淳安县	Chunan	1132	35	4455	3238	280	6089
宁波市区	Ningbo District	7315	2377	53198	44989	5710	58340
鄞州区	Yinzhou	1084	991	16746	15388	2418	20057
奉化区	Fenhua	643	48	4620	3618	421	6973
余姚市	Yuyao	464	198	11703	6955	955	11493
慈溪市	Cixi	2724	136	11875	7940	1707	11196
象山县	Xiangshan	2228	6	6952	4257	1281	8007
宁海县	Ninghai	1925	50	8265	4856	340	8602
温州市区	Wenzhou District	2784	214	30213	27955	2443	31047
洞头区	Dongtou	228	4	1697	742	175	3281
瑞安市	Ruian	1048	91	12495	8184	1450	11805
乐清市	Yueqing	1204	301	18788	6019	897	16160
永嘉县	Yongjia	167	55	10469	3433	169	9755
平阳县	Pingyang	504	70	11698	4153	330	11424
苍南县	Cangnan	298	296	13522	5420	402	12656
文成县	Wenchen	291	14	2770	1562	235	5181
泰顺县	Taishun	312	27	4127	1729	233	4809
嘉兴市区	Jiaxing District	946	838	17839	13397	1485	14745
平湖市	Pinghu	661	39	7361	4237	550	9038
海宁市	Haining	656	112	11508	5746	597	7109
桐乡市	Tongxiang	4682	74	10303	5663	340	9512
嘉善县	Jiashan	1024	59	6155	3640	511	5653
海盐县	Haiyan	409	64	5623	2926	371	5799
湖州市区	Huzhou District	1135	162	13961	10554	925	15757
德清县	Deqing	1269	114	5957	3472	582	5980
长兴县	ChangXing	881	40	7617	4039	204	7221
安吉县	Anji	663	18	5735	3484	276	8139
绍兴市区	Shaoxing District	4485	728	35034	20935	2254	29782
柯桥区	keqiao	2021	214	9666	7083	693	8775
上虞区	Shangyu	956	42	9331	4669	279	8411

续表 5 Continued

单位:人(person)

市县名称	City and County	水利、环境和公共设施管理业 Water Conservancy, Environment and Public Facilities Management	居民服务、修理和其他服务业 Service for the Residents, Repair and Others	教育 Education	卫生和社会工作 Health Care and Social Work	文化、体育和娱乐业 Culture Sports and Recreation	公共管理、社会保障和社会组织 Public Administration, Social Security and Social Organization
诸暨市	Zhuji	3326	281	17728	7802	661	9346
嵊州市	Shengzhou	441	317	6737	4619	510	6178
新昌县	Xinchang	907	78	4409	3162	293	5911
金华市区	Jinhua District	2535	761	16736	12396	1738	15466
金东区	JIndong	564	20	3481	964		4388
兰溪市	Lanxi	659	50	6808	3826	367	6012
东阳市	Dongyang	2795	49	8869	7585	7726	8038
义乌市	Yiwu	2097	47	18077	9711	933	15170
永康市	Yongkang	2766	113	7610	5185	349	8434
武义县	Wuyi	390	130	3775	2482	258	5045
浦江县	Pujiang	322	55	4660	2496	277	5812
磐安县	Panan	308		1905	1298	202	3319
衢州市区	Quzhou District	668	176	11323	7575	892	15731
江山市	Jiangshan	114	31	5444	3043	142	5533
常山县	Changshan	161	33	2551	1796	215	4579
开化县	Kaihua	49	34	2896	1916	163	4949
龙游县	Longyou	207	31	3751	1869	176	6242
舟山市区	Zhoushan District	3004	351	12545	8469	1392	22845
岱山县	Daishan	643	38	1952	1399	268	4964
嵊泗县	Shengsi	667	17	972	741	190	3291
台州市区	Taizhou District	2818	232	21601	13553	1994	25473
温岭市	Wenling	304	145	13020	8256	334	10850
临海市	Linhai	266	88	10814	6974	506	10467
玉环市	Yuhuan	902	104	5908	3232	435	7188
三门县	Sanmen	443	33	4063	2267	265	5379
天台县	Tiantai	1373	53	6394	3409	270	5774
仙居县	Xianju	273	43	4508	2668	335	4790
丽水市区	Lishui District	1424	53	7834	7817	1077	9452
龙泉市	Longquan	330	25	3930	1623	180	4203
青田县	Qingtian	720	40	4763	1852	124	5383
云和县	Yunhe	182	57	1716	965	158	3262
庆元县	Qingyuan	142	26	2424	1203	98	3744
缙云县	Jinyun	480	34	5228	2662	331	5182
遂昌县	Suichang	280	20	2485	1359	231	3692
松阳县	Songyang	210	29	2901	1300	100	3685
景宁自治县	Jingning	388		1757	838	228	3580

17－27 各市、县农、林、牧、渔业总产值(2018)
Gross Output Value of Farming, Forestry, Animal Husbandry and Fishery by City and County (2018)

单位:万元(1000 yuan)

市县名称	City and County	农、林、牧、渔业总产值 Total Output Value of Agriculture	农业产值 Farming	林业产值 Forestry	牧业产值 Animal Husbandry	渔业产值 Fishery	农林牧渔业服务业产值 Services
杭州市区	Hangzhou District	4660989	2827117	572957	618513	474742	167660
萧山区	Xiaoshan	876867	570573	15128	150509	91468	49189
余杭区	Yuhang	799656	446111	77754	37408	184700	53683
富阳区	Fuyang	640034	382214	113865	104263	31742	7950
临安区	Linan	622026	310261	204463	86130	8374	12798
建德市	Jiande	531170	355519	34092	106225	18734	16600
桐庐县	Tonglu	350690	226136	54615	43100	16693	10146
淳安县	Chunan	508465	345109	72193	55275	26385	9503
宁波市区	Ningbo District	4738137	2291362	155396	348587	1771614	171178
鄞州区	Yinzhou	362456	263951	10562	11313	51205	25425
奉化区	Fenhua	491968	214028	41910	30941	190155	14934
余姚市	Yuyao	692915	493681	42421	65140	63063	28610
慈溪市	Cixi	783727	499042	4798	101772	152049	26066
象山县	Xiangshan	1259571	214415	14886	62069	937591	30610
宁海县	Ninghai	613578	190233	19115	47806	334014	22410
温州市区	Wenzhou District	2237343	1042840	64424	322163	761455	46461
洞头区	Dongtou	103994	1410	452	1276	100535	321
瑞安市	Ruian	369899	148218	4002	37709	173071	6899
乐清市	Yueqing	312111	138015	1431	50042	105453	17170
永嘉县	Yongjia	216145	149191	14393	39723	9418	3420
平阳县	Pingyang	292227	103898	12484	60857	108687	6301
苍南县	Cangnan	511539	186420	11839	53933	251895	7452
文成县	Wenchen	125583	102967	9622	9800	1643	1551
泰顺县	Taishun	117977	81364	7987	26266	956	1404
嘉兴市区	Jiaxing District	1954857	1232715	19858	246018	286764	169502
海宁市	Haining	294608	178249	3822	43538	39919	29080
平湖市	Pinghu	208623	130782	4328	9651	32239	31623
嘉善县	Jiashan	409568	317185	1021	12019	62783	16560
海盐县	Haiyan	267653	145321	5584	57551	33744	25453
桐乡市	Tongxiang	373076	208007	3443	81834	39534	40258
湖州市区	Huzhou District	2164215	989939	218599	183097	655626	116954
德清县	Deqing	396143	75505	51329	42536	192244	34529
长兴县	ChangXing	598012	422828	49253	28256	81509	16166
安吉县	Anji	401602	263992	89403	14143	27793	6271
绍兴市区	Shaoxing District	2950972	2006715	288770	270709	351193	33585
柯桥区	keqiao	515548	366274	48969	36320	59384	4601
上虞区	Shangyu	745753	451156	46664	82592	154729	10612

续表 Continued 单位:万元(1000 yuan)

市县名称	City and County	农、林、牧、渔业总产值 Total Output Value of Agriculture	农业产值 Farming	林业产值 Forestry	牧业产值 Animal Husbandry	渔业产值 Fishery	农林牧渔业服务业产值 Services
诸暨市	Zhuji	671072	434318	98371	60948	70581	6854
嵊州市	Shengzhou	548033	410293	53913	69360	10912	3555
新昌县	Xinchang	281834	231221	33044	7704	4849	5016
金华市区	Jinhua District	2161177	1488878	70050	396968	134910	70371
金东区	Jindong	234945	179828	2513	37141	11083	4380
兰溪市	Lanxi	396881	205651	3321	128888	48194	10827
东阳市	Dongyang	258206	196744	12283	25502	12098	11579
义乌市	Yiwu	311372	252300	7467	32902	12289	6414
永康市	Yongkang	119864	82547	2813	13309	14602	6593
武义县	Wuyi	224827	165135	12204	33384	6838	7266
浦江县	Pujiang	138962	106395	3243	22987	3639	2698
磐安县	Panan	167741	139480	16114	9609	308	2230
衢州市区	Quzhou District	1285115	700552	136839	349841	76827	21056
江山市	Jiangshan	349864	165715	23909	140779	14671	4790
常山县	Changshan	124247	75471	20467	17768	6569	3972
开化县	Kaihua	185630	122124	32602	21594	6600	2710
龙游县	Longyou	231826	79890	21036	111132	16694	3074
舟山市区	Zhoushan District	2613298	97962	2203	17631	2484989	10513
岱山县	Daishan	820608	17231	837	2343	799159	1038
嵊泗县	Shengsi	526790	1317	57	266	522257	2893
台州市区	Taizhou District	4769554	1553968	67187	260659	2836819	50921
玉环市	Yuhuan	657829	69725	1149	11608	567520	7827
三门县	Sanmen	638342	104106	3917	22417	507650	252
天台县	Tiantai	208130	139817	14485	48741	3729	1358
仙居县	Xianju	230367	164707	24210	33259	6085	2106
温岭市	Wenling	1406606	299325	431	50243	1027948	28659
临海市	Linhai	739839	354926	18735	61297	301881	3000
丽水市区	Lishui District	1435741	976799	228533	177915	35887	16607
龙泉市	Longquan	222383	146375	45015	26223	3042	1728
青田县	Qingtian	131554	82243	21469	15725	10579	1538
云和县	Yunhe	77021	59143	6391	7097	1829	2561
庆元县	Qingyuan	99098	61751	28513	5199	2160	1475
缙云县	Jinyun	161182	101936	20872	33273	3578	1523
遂昌县	Suichang	174801	112603	41925	16239	2358	1676
松阳县	Songyang	188395	142415	22230	20328	2504	918
景宁县	Jingning	99133	68596	15735	11610	1736	1456

17－28 各市、县农作物播种面积(2018 年)
Sown Area by City and County (2018)

单位:千公顷(1000 hectares)

县市名称	City and County	农作物播种面积 Sown Area of Farm Corps	#粮食 Grain	#谷物 Cereal	油料 Oil－bearing Crops	棉花 Cotton	蔬菜 Vegetables	果用瓜 Melon Used as Fruit
杭州市区	Hangzhou District	189.90	56.79	45.22	10.22	0.06	73.64	6.36
萧山区	Xiaoshan	71.89	17.63	11.29	3.83	0.05	28.02	2.40
余杭区	Yuhang	49.43	16.21	15.14	1.48	0.01	22.97	0.94
富阳区	Fuyang	37.91	15.61	13.37	3.05		10.61	2.03
临安区	Linan	24.99	6.85	4.98	1.72		8.35	0.91
建德市	Jiande	34.46	12.67	8.96	5.97	0.03	8.73	2.59
桐庐县	Tonglu	23.01	7.82	6.35	2.94		7.00	1.39
淳安县	Chunan	30.76	11.22	5.71	4.58	0.07	9.31	0.96
宁波市区	Ningbo District	86.58	38.80	32.38	1.78	0.03	20.45	4.28
鄞州区	Yinzhou	26.85	12.91	11.79	0.48	0.01	8.30	1.26
奉化区	Fenhua	20.38	10.17	7.50	0.52		2.32	0.74
余姚市	Yuyao	52.19	24.91	21.75	1.74	0.03	17.67	1.84
慈溪市	Cixi	69.84	18.46	9.71	6.49	1.71	30.56	7.32
象山县	Xiangshan	23.60	11.42	8.76	1.07		7.94	1.49
宁海县	Ninghai	26.16	15.80	10.51	1.15	0.58	4.45	3.19
温州市区	Wenzhou District	23.58	7.40	5.13	0.82		12.90	1.02
洞头区	Dongtou	2.14	0.64	0.06	0.33		0.91	0.31
瑞安市	Ruian	31.43	14.83	13.89	1.20		11.37	2.83
乐清市	Yueqing	31.11	20.39	18.33	0.87		6.73	1.36
永嘉县	Yongjia	25.90	13.51	10.81	1.76		6.50	1.41
平阳县	Pingyang	30.59	17.22	14.77	1.08		7.02	2.01
苍南县	Cangnan	37.38	20.83	18.61	0.48		11.47	2.25
文成县	Wenchen	16.95	6.56	4.13	0.53		6.37	0.67
泰顺县	Taishun	14.56	6.34	4.18	0.12		5.07	0.13
嘉兴市区	Jiaxing District	66.02	37.75	33.15	1.06	0.14	21.62	1.92
海宁市	Haining	39.10	19.11	16.69	2.19	0.13	10.99	0.68
平湖市	Pinghu	40.68	30.01	28.95	0.63	0.12	7.38	0.55
嘉善县	Jiashan	39.30	21.11	20.12	0.50		14.62	1.97
海盐县	Haiyan	32.30	22.43	20.82	0.42	0.04	7.50	0.76
桐乡市	Tongxiang	51.50	20.33	17.22	1.47	0.27	18.57	1.05
湖州市区	Huzhou District	48.28	26.86	24.91	2.88	0.04	13.19	1.13
德清县	Deqing	13.29	7.39	5.60	0.29	0.08	3.84	0.54
长兴县	ChangXing	66.45	30.41	26.32	4.69	0.01	13.54	1.12
安吉县	Anji	28.26	13.89	12.04	0.76	0.02	7.37	1.53
绍兴市区	Shaoxing District	104.92	56.42	50.58	4.22	0.21	28.71	4.26
柯桥区	keqiao	31.73	13.74	12.05	1.06	0.01	9.82	1.05
上虞区	Shangyu	57.79	33.88	30.02	2.74	0.20	15.11	2.66

续表 Continued 单位:千公顷(1000 hectares)

县市名称	City and County	农作物播种面积 Sown Area of Farm Corps	#粮食 Grain	#谷物 Cereal	油料 Oil - bearing Crops	棉花 Cotton	蔬菜 Vegetables	果用瓜 Melon Used as Fruit
诸暨市	Zhuji	60.05	35.09	28.82	2.23	0.01	7.18	2.30
嵊州市	Shengzhou	44.64	20.66	15.65	1.74	0.05	12.65	1.80
新昌县	Xinchang	19.78	7.53	4.90	2.67	0.04	5.03	0.74
金华市区	Jinhua District	41.70	11.47	9.13	4.24	0.08	8.91	2.70
金东区	Jindong	15.12	2.26	0.89	1.28	0.02	5.04	1.63
兰溪市	Lanxi	40.44	17.36	12.13	8.05	1.19	6.95	2.15
东阳市	Dongyang	32.52	15.04	12.53	2.17	0.09	7.13	1.74
义乌市	Yiwu	21.41	7.15	5.71	1.71		8.46	1.14
永康市	Yongkang	13.70	7.18	6.25	0.61		4.10	0.71
武义县	Wuyi	22.23	9.62	6.70	2.37		5.96	0.85
浦江县	Pujiang	15.22	5.41	3.50	2.08	0.04	4.57	1.04
磐安县	Panan	14.48	4.47	1.88	0.28		3.44	0.81
衢州市区	Quzhou District	57.64	22.68	18.31	7.17	0.02	17.40	3.44
江山市	Jiangshan	40.98	23.95	21.05	5.10	0.18	8.34	0.55
常山县	Changshan	17.56	8.55	6.70	2.86	0.02	4.22	0.60
开化县	Kaihua	27.60	11.02	7.67	5.82	0.01	6.19	0.69
龙游县	Longyou	38.72	21.76	18.68	6.44	0.18	4.88	0.91
舟山市区	ZhoushanDistrict	12.29	4.15	2.48	0.95		5.18	1.33
岱山县	Daishan	2.86	0.70	0.33	0.34		1.46	0.29
嵊泗县	Shengsi	0.23	0.02				0.20	0.01
台州市区	Taizhou District	45.85	15.39	11.81	0.42	0.01	22.51	3.89
玉环市	Yuhuan	7.51	1.86	1.08	0.41		3.88	1.09
三门县	Sanmen	18.49	6.90	5.29	0.98	0.10	6.46	3.23
天台县	Tiantai	23.50	10.11	8.59	1.59	0.03	7.33	0.97
仙居县	Xianju	24.93	11.83	9.00	1.56		6.41	0.92
温岭市	Wenling	41.44	18.61	14.66	0.57	0.04	15.89	3.44
临海市	Linhai	37.45	17.33	14.59	0.75	0.04	13.99	2.78
丽水市区	Lishui District	19.58	7.13	3.00	0.71		9.80	1.15
龙泉市	Longquan	22.50	12.60	10.14	0.40		6.54	0.18
青田县	Qingtian	14.90	7.99	5.13	0.44	0.01	4.71	0.47
云和县	Yunhe	5.61	3.36	2.30	0.07		1.59	0.18
庆元县	Qingyuan	10.44	7.45	5.87	0.03		2.31	0.05
缙云县	Jinyun	17.10	7.88	5.28	0.54		6.76	0.52
遂昌县	Suichang	18.33	9.52	6.02	0.68		5.17	0.16
松阳县	Songyang	14.53	7.16	4.19	0.42		4.64	0.10
景宁县	Jingning	12.81	6.07	3.90	0.23		4.29	0.25

17－29 各市、县主要农产品产量(2018 年)
Output of Major Farm Products by City and County (2018)

单位:吨(ton)

县市名称	City and County	粮食 Grain	#谷物 Cereal	油菜籽 Rapeseeds	棉花 Cotton	水果 Fruit	#柑桔 Citrus	茶叶 Tea	蚕茧 Silkworm Cocoons
杭州市区	Hangzhou District	338873	298441	22092	99	391137	5233	18855	1479
萧山区	Xiaoshan	91542	71727	9131	73	132049	375	618	
余杭区	Yuhang	106760	102819	3044	26	68361	1102	8324	48
富阳区	Fuyang	99517	90596	6496		128442	2567	6777	548
临安区	Linan	38316	30779	3186		59434	1139	2531	883
建德市	Jiande	68766	57518	20041	46	227983	116460	3095	400
桐庐县	Tonglu	47202	42337	5784		92243	2415	3466	695
淳安县	Chunan	41110	26446	7667	95	122726	62459	4675	1990
宁波市区	Ningbo District	256620	232450	1859	35	319861	46084	3838	
鄞州区	Yinzhou	86608	81505	588	12	96328	21299	1120	
奉化区	Fenhua	65308	56469	456		71036	7400	1062	
余姚市	Yuyao	162152	149961	3097	44	184009	1899	4014	
慈溪市	Cixi	84262	59477	12221	2201	354297	3455	61	
象山县	Xiangshan	75629	66333	1100	4	200373	122172	588	
宁海县	Ninghai	87224	68932	979	682	206991	78463	4646	
温州市区	WenzhouDistrict	42551	35052	1403		83103	33178	41	
洞头区	Dongtou	2125	356	475		12933	1180		
瑞安市	Ruian	91486	88646	1937		96833	12192	81	
乐清市	Yueqing	125439	118268	1176	5	65425	7305	161	
永嘉县	Yongjia	84108	75041	2338	2	113571	25195	706	
平阳县	Pingyang	105548	96505	1674		76801	9440	969	3
苍南县	Cangnan	129085	121244	667		84429	23341	942	
文成县	Wenchen	37447	28058	633		48423	717	474	
泰顺县	Taishun	33856	26160	149		30549	787	3461	
嘉兴市区	Jiaxing District	233003	216193	2789	201	190396	1269		466
海宁市	Haining	118847	110333	5599	215	108896	25795		2846
平湖市	Pinghu	185938	183135	1657	148	29421	1367		
嘉善县	Jiashan	131572	128720	1120	3	88833	4202		
海盐县	Haiyan	136997	131944	1097	81	71499	12045	47	700
桐乡市	Tongxiang	127794	115277	3956	622	69833	680		6805
湖州市区	Huzhou District	196093	188305	7419	39	45359	155	325	2857
德清县	Deqing	46690	39839	646	173	24323	81	1382	1396
长兴县	ChangXing	195119	182806	10975	11	127125	548	5044	712
安吉县	Anji	80343	74558	1197	8	43058	25	3916	290
绍兴市区	Shaoxing District	364066	342559	7944	303	277302	2685	10728	89
柯桥区	keqiao	92728	86128	2118	14	54813	612	7523	3
上虞区	Shangyu	212505	198775	4785	274	192785	1990	2446	86

续表 1　Continued　　单位:吨(ton)

县市名称	City and County	粮食 Grain	#谷物 Cereal	油菜籽 Rapeseeds	棉花 Cotton	水果 Fruit	#柑桔 Citrus	茶叶 Tea	蚕茧 Silkworm Cocoons
诸暨市	Zhuji	235147	212099	2269	8	143144	3606	8043	17
嵊州市	Shengzhou	132004	109874	1514	49	137373	7332	17394	177
新昌县	Xinchang	44593	34848	3125	68	40031	1196	5277	72
金华市区	Jinhua District	68980	58211	6640	129	149202	24524	2170	
金东区	JIndong	12850	5698	1871	27	106189	19262	33	
兰溪市	Lanxi	96290	78783	14705	1789	100762	13751	1798	1
东阳市	Dongyang	86512	78348	3187	108	103740	14656	2049	6
义乌市	Yiwu	41398	34604	2082		96831	9854	844	3
永康市	Yongkang	48358	44778	966		49056	6097	14	20
武义县	Wuyi	55722	45902	3934	5	53113	6755	13255	176
浦江县	Pujiang	32677	24729	3245	40	84052	1382	1055	17
磐安县	Panan	24922	12605	96		20771	63	2219	8
衢州市区	Quzhou District	148118	133689	13425	17	442134	300937	1412	
江山市	Jiangshan	163537	153323	7965	278	49195	17078	1479	
常山县	Changshan	53451	47975	4608	25	173692	145916	218	23
开化县	Kaihua	71474	60447	9373	13	29459	3141	2128	45
龙游县	Longyou	136263	125795	11569	270	96702	65991	3663	
舟山市区	Zhoushan District	21451	15040	1360	1	66288	23245	42	
岱山县	Daishan	3259	1792	406		10517	2803	37	
嵊泗县	Shengsi	110				171	80		
台州市区	Taizhou District	92037	81639	527	20	306176	88312	50	
玉环市	Yuhuan	10168	7689	695	6	96249	43152	9	
三门县	Sanmen	42450	37939	1346	143	158047	65693	739	
天台县	Tiantai	67287	61791	2004	25	91607	21080	2710	2
仙居县	Xianju	74483	63948	2817		99738	6339	474	3
温岭市	Wenling	113399	101974	960	50	286753	14707	75	
临海市	Linhai	111014	100810	1139	45	434129	250064	1228	4
丽水市区	Lishui District	30160	18061	750		137778	38860	1877	
龙泉市	Longquan	70959	63421	202		10074	2309	2070	
青田县	Qingtian	40954	30552	576	9	66407	28230	307	
云和县	Yunhe	16294	13346	78		7538	735	1196	
庆元县	Qingyuan	41164	35668	40		12709	9877	531	
缙云县	Jinyun	41656	32342	929	3	55411	1612	2300	376
遂昌县	Suichang	48968	37904	847		9932	543	11793	
松阳县	Songyang	36610	25389	550	1	32895	15278	13020	
景宁县	Jingning	31714	24551	208		9739	2353	2179	

续表 2 Continued 单位:吨(ton)

县市名称	City and County	生猪年末存栏头数(万头) Year - end Hogs (10000 heads)	牛年末存栏头数(头) Year - end Cattle (head)	羊年末存栏只数(万只) Year - end Sheep and Goats (10000 heads)	肉产量(吨) Output of Meat (ton)	#猪肉(吨) Pork (ton)	禽蛋产量(吨) Poultry Eggs (ton)	牛奶产量(吨) Cow Milk (ton)	水产品产量(吨) Output of Aquatic Production (ton)
杭州市区	Hangzhou District	83	9709	18	161093	130654	25268	23617	205642
萧山区	Xiaoshan	60	2383	8	78848	72356	1843	10912	35702
余杭区	Yuhang	4	308	4	15552	5602	3542		59652
富阳区	Fuyang	9	3039	3	37872	27990	15124		15748
临安区	Linan	11	2687	3	28693	24705	4759	8792	5244
建德市	Jiande	7	1934	1	21369	14669	66275	3711	9439
桐庐县	Tonglu	5	1233	1	10540	8829	2307		8076
淳安县	Chunan	13	1387	1	17842	16740	6292		13249
宁波市区	Ningbo District	11	6446	1	16320	13721	5539	17423	967941
鄞州区	Yinzhou	1	364		1003	702	842		14578
奉化区	Fenhua	8	1026	1	10507	9388	3426	466	147504
余姚市	Yuyao	15	1686	1	24269	20341	2631	5486	23350
慈溪市	Cixi	17	488	2	30291	26300	22647	1585	43963
象山县	Xiangshan	9	864	2	16286	13017	9110		555440
宁海县	Ninghai	9	3897	1	14210	12088	1669	4188	155981
温州市区	WenzhouDistrict	3	2053	1	15357	5617	3648	1857	604363
洞头区	Dongtou		31		996	762	590		163067
瑞安市	Ruian	5	4353	1	11655	7901	5968	2133	96180
乐清市	Yueqing	3	4929	1	15795	10407	6624	2667	70751
永嘉县	Yongjia	5	8913	4	14045	8614	2652	35	4128
平阳县	Pingyang	10	4612	2	16168	11309	5279	2374	58868
苍南县	Cangnan	9	4783	3	16522	11368	9268	2494	206304
文成县	Wenchen		1156	1	2693	581	501		1140
泰顺县	Taishun	5	2365	1	8094	5001	438	5457	703
嘉兴市区	Jiaxing District	5	1046	3	13111	5613	2617	5870	157564
海宁市	Haining	2		13	19103	2892	3730		22186
平湖市	Pinghu	1	22	1	3125	983	1746		22696
嘉善县	Jiashan		236	1	2079		4409	790	29295
海盐县	Haiyan	4		4	28024	7754	2390		15895
桐乡市	Tongxiang	7		19	20220	8641	15517		19053
湖州市区	Huzhou District	9	69	17	40432	10069	13166		464797
德清县	Deqing	4	1213	7	11205	5239	7465	5840	146198
长兴县	ChangXing	2	513	8	10721	4229	7583		61991
安吉县	Anji	4	267	1	9854	6748	746		17680
绍兴市区	Shaoxing District	26	3881	5	38031	33983	6182	14857	115808
柯桥区	keqiao	7	59	1	9279	8652	2331		20555
上虞区	Shangyu	16	3819	3	24326	21440	3164	14857	43148

续表 3 Continued

单位:吨(ton)

县市名称	City and County	生猪年末存栏头数(万头) Year-end Hogs (10000 heads)	牛年末存栏头数(头) Year-end Cattle (head)	羊年末存栏只数(万只) Year-end Sheep and Goats (10000 heads)	肉产量(吨) Output of Meat (ton)	#猪肉(吨) Pork (ton)	禽蛋产量(吨) Poultry Eggs (ton)	牛奶产量(吨) Cow Milk (ton)	水产品产量(吨) Output of Aquatic Production (ton)
诸暨市	Zhuji	8	2080	3	12349	9220	9776		24710
嵊州市	Shengzhou	17	590	1	25828	18775	1004		4959
新昌县	Xinchang	3	563		4185	3569	1055		3550
金华市区	Jinhua District	32	15031	1	47881	44358	6218	52243	84245
金东区	JIndong	9	4797		18003	16235	4961	17713	8120
兰溪市	Lanxi	12	2561	2	38944	30960	16170	804	22235
东阳市	Dongyang	6	882	1	12347	10455	3018		10193
义乌市	Yiwu	1	70		8925	1524	189		3710
永康市	Yongkang	1	209		3213	2380	673		14901
武义县	Wuyi	14	1314	1	21471	19351	2031	131	7229
浦江县	Pujiang	4	294	1	9897	9171	649		4050
磐安县	Panan	2	236		3345	2978	1325	24	217
衢州市区	Quzhou District	17	4704	2	28385	23231	4802	2072	70575
江山市	Jiangshan	17	3693	1	45330	25816	21782	30	15110
常山县	Changshan	4	1127	1	9578	6765	2447		6450
开化县	Kaihua	6	728		12428	11360	786		4980
龙游县	Longyou	33	2999	1	90348	73285	8268		20715
舟山市区	Zhoushan District	3	230	1	4383	3338	1215		1736303
岱山县	Daishan		61		557	379	42		410863
嵊泗县	Shengsi		12		154	144			379212
台州市区	Taizhou District	4	1851	1	11358	9818	4306	3739	1525191
玉环市	Yuhuan	1	556	1	4927	3065	588		240932
三门县	Sanmen	5	1579	1	9210	8310	4513	25	284603
天台县	Tiantai	8	6790	1	21835	10007	2782	18	2704
仙居县	Xianju	4	4261	1	13031	10542	2267	629	4728
温岭市	Wenling	7	1328		16035	11841	5709	170	583557
临海市	Linhai	8	3996	2	33510	24810	3673	737	123114
丽水市区	Lishui District	7	1630	1	15251	10653	3080	216	24661
龙泉市	Longquan	7	1746		12671	9216	250	552	3398
青田县	Qingtian	4	3269	1	8375	7417	1164		4583
云和县	Yunhe	2	1710		2613	2045	890	30	1751
庆元县	Qingyuan	1	1505		1726	1267	312		856
缙云县	Jinyun	5	773	2	8857	6676	4135	17	3125
遂昌县	Suichang	4	1482		5830	5213	1938		2326
松阳县	Songyang	5	1209		9053	8122	1668	666	2308
景宁县	Jingning	2	2575	1	3410	2780	473		1904

17-30 各市、县农业现代化情况(2018年) Agricultural Modernization by City and County (2018)

市县名称	City and County	农业机械总动力(千瓦) Total Power of Agricultural Machinery (kw)	农村用电量(万千瓦小时) Electricity Consumed in Rural Area (10000 kw.h)	农用化肥施用量(折纯)(吨) Consumption of Chemical Fertilizer (pure) (ton)	机耕面积(千公顷) Area Ploughed by Tractors (1000 hectares)	有效灌溉面积(千公顷) Irrigated Area (1000 hectares)
杭州市区	Hangzhou District	2361634	1000617	52952	106.06	3.21
萧山区	Xiaoshan	430188	179615	19166	36.88	44.05
余杭区	Yuhang	396921	179579	11128	20.45	26.89
富阳区	Fuyang	307268	473603	7747	19.17	22.66
临安区	Linan	329504	125416	13078	12.09	19.92
建德市	Jiande	205255	22950	17284	23.20	15.79
桐庐县	Tonglu	154956	63782	9856	11.75	14.81
淳安县	Chunan	301977	15270	7016	11.21	9.68
宁波市区	Ningbo District	2555815	564159	34501	52.63	27.96
鄞州区	Yinzhou	149095	149584	4233	23.12	14.12
奉化区	Fenhua	215518	137365	15593	11.91	22.14
余姚市	Yuyao	459344	287133	12309	51.61	39.74
慈溪市	Cixi	357026	767704	24788	64.17	38.88
象山县	Xiangshan	756715	77235	9462	23.07	16.58
宁海县	Ninghai	268607	168961	9033	25.92	17.90
温州市区	Wenzhou District	1866869	231557	7739	13.38	10.81
洞头区	Dongtou	246161	11886	920	0.46	0.09
瑞安市	Ruian	349760	105769	13398	28.35	19.58
乐清市	Yueqing	226210	107856	12443	26.87	17.91
永嘉县	Yongjia	139954	244637	12078	21.73	14.51
平阳县	Pingyang	264248	121384	10877	26.20	14.99
苍南县	Cangnan	396344	77630	8139	19.68	19.74
文成县	Wenchen	68758	10119	5603	7.63	8.59
泰顺县	Taishun	66191	9553	7241	4.39	9.64
嘉兴市区	Jiaxing District	1180817	237690	25635	36.51	40.69
海宁市	Haining	164435	206367	8441	18.99	29.22
平湖市	Pinghu	210073	275636	20456	27.86	23.13
嘉善县	Jiashan	203647	202119	9153	25.75	23.27
海盐县	Haiyan	113747	175906	15164	21.29	22.31
桐乡市	Tongxiang	225021	346537	19166	19.56	38.98
湖州市区	Huzhou District	225021	159303	10818	31.18	55.69
德清县	Deqing	296340	131500	4050	4.67	23.94
长兴县	ChangXing	402065	58132	13540	37.90	33.57
安吉县	Anji	291626	27844	10506	16.63	21.26
绍兴市区	Shaoxing District	2041734	1455072	39005	77.27	10.00
柯桥区	keqiao	181475	1140989	6181	13.81	14.38
上虞区	Shangyu	399714	200238	27703	46.46	45.59

续表　Continued

市县名称	City and County	农业机械总动力（千瓦）Total Power of Agricultural Machinery (kw)	农村用电量（万千瓦小时）Electricity Consumed in Rural Area (10000 kw. h)	农用化肥施用量（折纯）（吨）Consumption of Chemical Fertilizer (pure) (ton)	机耕面积（千公顷）Area Ploughed by Tractors (1000 hectares)	有效灌溉面积（千公顷）Irrigated Area (1000 hectares)
诸暨市	Zhuji	699617	640734	26717	42.35	44.03
嵊州市	Shengzhou	375044	109050	11275	21.91	39.89
新昌县	Xinchang	204107	48810	11648	6.56	13.39
金华市区	Jinhua District	2318155	74079	24598	23.86	28.16
金东区	Jindong	220258	39656	13347	6.83	14.64
兰溪市	Lanxi	279082	126023	20188	30.10	36.85
东阳市	Dongyang	479948	154679	8262	21.27	22.54
义乌市	Yiwu	219660	116110	11826	11.87	18.08
永康市	Yongkang	302542	65561	7804	6.49	16.05
武义县	Wuyi	192238	17585	12058	22.09	15.45
浦江县	Pujiang	101060	22945	3500	5.70	13.62
磐安县	Panan	227088	9645	3538	4.12	5.35
衢州市区	Quzhou District	1354575	39324	17672	22.34	32.21
江山市	Jiangshan	402866	28698	13491	29.11	23.79
常山县	Changshan	93095	22083	6423	13.05	13.32
开化县	Kaihua	126784	10964	5982	15.22	12.30
龙游县	Longyou	289968	16232	13358	27.99	23.56
舟山市区	Zhoushan District	1385905	142227	3010	7.57	12.77
岱山县	Daishan	545025	16297	1175	1.45	2.56
嵊泗县	Shengsi	204075	3800	24	0.06	0.03
台州市区	Taizhou District	2563211	452811	29494	21.95	28.31
玉环市	Yuhuan	203569	100263	2327	3.66	6.56
三门县	Sanmen	245533	59702	6304	17.56	12.89
天台县	Tiantai	154735	35391	6238	10.27	13.78
仙居县	Xianju	216213	43239	6068	18.31	13.60
温岭市	Wenling	975221	286655	16691	25.20	21.50
临海市	Linhai	437986	222388	21669	30.26	28.49
丽水市区	Lishui District	952796	4775	10458	9.77	11.72
龙泉市	Longquan	178606	7370	6656	11.46	16.38
青田县	Qingtian	58684	15078	1925	5.18	9.33
云和县	Yunhe	65002	1721	548	2.65	6.95
庆元县	Qingyuan	91550	2630	6754	7.08	13.98
缙云县	Jinyun	121611	17036	6714	13.45	10.22
遂昌县	Suichang	113498	6879	8577	6.79	9.71
松阳县	Songyang	135199	7194	9754	5.69	9.63
景宁县	Jingning	83177	2747	4231	4.33	6.93

17-31 各市、县规模以上工业企业单位数(2018年)
Number of Industrial Enterprises Above Designated Size by City and County (2018)

单位:个(unit)

市县名称	City and County	工业企业单位数 Number of Enterprises	内资企业 Domestic-Funded Enterprises	港澳台商投资企业 Enterprises with Investment from Hong Kong, Macao and Taiwan	外商投资企业 Enterprises with Foreign Investment
杭州市区	Hangzhou District	4746	4020	291	435
萧山区	Xiaoshan	1575	1326	116	133
余杭区	Yuhang	1155	1012	68	75
富阳区	Fuyang	622	567	22	33
临安区	Linan	598	570	14	14
建德市	Jiande	308	300	5	3
桐庐县	Tonglu	292	254	24	14
淳安县	Chunan	85	78	2	5
宁波市区	Ningbo District	3843	2972	438	433
鄞州区	Yinzhou	1078	890	100	88
奉化区	Fenhua	492	432	27	33
余姚市	Yuyao	1197	999	129	69
慈溪市	Cixi	1499	1339	87	73
象山县	Xiangshan	510	446	29	35
宁海县	Ninghai	553	472	44	37
温州市区	Wenzhou District	1512	1439	29	44
洞头区	Dongtou	36	34	2	
瑞安市	Ruian	906	894	2	10
乐清市	Yueqing	1075	1060	6	9
永嘉县	Yongjia	361	351	6	4
平阳县	Pingyang	374	360	7	7
苍南县	Cangnan	346	337	6	3
文成县	Wenchen	23	22		1
泰顺县	Taishun	21	21		
嘉兴市区	Jiaxing District	1159	914	93	152
平湖市	Pinghu	746	548	74	124
海宁市	Haining	1389	1232	84	73
桐乡市	Tongxiang	1117	953	101	63
嘉善县	Jiashan	830	647	64	119
海盐县	Haiyan	581	535	23	23
湖州市区	District	1502	1389	51	62
德清县	Deqing	785	661	72	52
长兴县	ChangXing	767	704	26	37
安吉县	Anji	435	383	27	25
绍兴市区	Shaoxing District	2467	2096	243	128
柯桥区	keqiao	1207	1079	92	36
上虞区	Shangyu	739	620	76	43

续表 Continued 单位:个(unit)

市县名称	City and County	工业企业单位数 Number of Enterprises	内资企业 Domestic - Funded Enterprises	港澳台商投资企业 Enterprises with Investment from Hong Kong, Macao and Taiwan	外商投资企业 Enterprises with Foreign Investment
诸暨市	Zhuji	1257	1130	68	59
嵊州市	Shengzhou	604	522	61	21
新昌县	Xinchang	256	236	7	13
金华市区	Jinhua District	684	619	37	28
金东区	JIndong	295	287	4	4
兰溪市	Lanxi	378	362	4	12
东阳市	Dongyang	460	447	5	8
义乌市	Yiwu	623	591	22	10
永康市	Yongkang	641	627	9	5
武义县	Wuyi	467	460	1	6
浦江县	Pujiang	213	198	8	7
磐安县	Panan	120	118	1	1
衢州市区	Quzhou District	310	288	3	19
江山市	Jiangshan	218	207	5	6
常山县	Changshan	110	106	2	2
开化县	Kaihua	70	68	2	
龙游县	Longyou	165	156	5	4
舟山市区	Taizhou District	288	275	5	8
岱山县	Daishan	54	47	1	6
嵊泗县	Shengsi	11	11		
台州市	Taizhou District	1267	1221	24	22
温岭市	Wenling	851	827	10	14
临海市	Linhai	507	486	13	8
玉环市	Yuhuan	821	797	10	14
三门县	Sanmen	210	203	2	5
天台县	Tiantai	155	147	4	4
仙居县	Xianju	161	154	5	2
丽水市区	Lishui District	229	224	2	3
龙泉市	Longquan	99	97	1	1
青田县	Qingtian	140	134	1	5
云和县	Yunhe	59	57		2
庆元县	Qingyuan	55	54	1	
缙云县	Jinyun	177	174	2	1
遂昌县	Suichang	66	64	1	1
松阳县	Songyang	99	97	2	
景宁自治县	Jingning	19	18		1

17－32 各市、县规模以上工业总产值(2018 年)
Gross Output Value of Industry Above Designated Size by City and County (2018)

单位:亿元(100 million yuan)

市县名称	City and County	工业总产值 Gross Output Value of Industry	内资企业 Domestic－Funded Enterprises	港澳台商投资企业 Enterprises with Investment from Hong Kong, Macao and Taiwan	外商投资企业 Enterprises with Foreign Investment
杭州市区	Hangzhou District	13125.93	10011.87	1354.59	1759.47
萧山区	Xiaoshan	3971.46	3277.75	401.83	291.88
余杭区	Yuhang	1799.71	1535.93	115.25	148.53
富阳区	Fuyang	1373.21	1256.46	22.96	93.79
临安区	Linan	805.38	763.34	19.36	22.69
建德市	Jiande	408.72	377.70	7.01	24.01
桐庐县	Tonglu	377.72	318.53	38.29	20.91
淳安县	Chunan	104.04	96.94	1.39	5.71
宁波市区	Ningbo District	10724.49	6848.96	2537.02	1338.50
鄞州区	Yinzhou	1572.63	1155.09	214.93	202.61
奉化区	Fenhua	668.88	541.82	68.76	58.30
余姚市	Yuyao	1669.56	1128.81	437.37	103.37
慈溪市	Cixi	3163.91	2620.81	301.22	241.88
象山县	Xiangshan	633.28	517.10	47.29	68.89
宁海县	Ninghai	824.02	750.25	47.24	26.53
温州市区	Wenzhou District	1658.33	1549.54	28.70	80.09
洞头区	Dongtou	60.47	57.55	2.92	0
瑞安市	Ruian	832.34	765.45	4.24	62.65
乐清市	Yueqing	1283.57	1192.53	5.39	85.64
永嘉县	Yongjia	277.72	271.74	3.06	2.93
平阳县	Pingyang	332.26	308.89	5.30	18.08
苍南县	Cangnan	312.21	268.48	38.76	4.98
文成县	Wenchen	13.01	12.72		0.30
泰顺县	Taishun	12.28	12.28		
嘉兴市区	Jiaxing District	2242.62	162.00	21.24	41.02
平湖市	Pinghu	1895.85	119.05	20.19	50.35
海宁市	Haining	1849.31	143.75	25.62	15.57
桐乡市	Tongxiang	1718.00	149.90	11.87	10.03
嘉善县	Jiashan	1161.33	75.23	10.79	30.11
海盐县	Haiyan	918.43	82.70	4.25	4.89
湖州市区	Huzhou District	1789.36	1537.10	116.43	135.83
德清县	Deqing	923.41	711.39	151.26	60.76
长兴县	ChangXing	1155.37	878.87	82.30	194.20
安吉县	Anji	603.41	529.46	36.31	37.64
绍兴市区	Shaoxing District	4574.32	359.29	611.16	370.29
柯桥区	keqiao	1908.39	1625.40	196.04	86.94
上虞区	Shangyu	1461.06	1080.90	259.66	120.50

续表 Continued 单位:亿元(100 million yuan)

市县名称	City and County	工业总产值 Gross Output Value of Industry	内资企业 Domestic - Funded Enterprises	港澳台商投资企业 Enterprises with Investment from Hong Kong, Macao and Taiwan	外商投资企业 Enterprises with Foreign Investment
诸暨市	Zhuji	1268.95	1051.57	61.83	155.55
嵊州市	Shengzhou	469.48	377.44	66.69	25.35
新昌县	Xinchang	476.59	432.52	16.94	27.13
金华市区	Jinhua District	706.38	554.69	105.92	45.76
金东区	JIndong	228.11	216.36	9.46	2.29
兰溪市	Lanxi	623.39	602.39	2.28	18.72
东阳市	Dongyang	462.31	451.57	6.06	4.68
义乌市	Yiwu	554.26	500.63	33.24	20.39
永康市	Yongkang	755.63	735.65	15.83	4.15
武义县	Wuyi	458.16	444.92	0.50	12.74
浦江县	Pujiang	133.46	126.13	3.71	3.61
磐安县	Panan	76.20	73.72	0.40	2.07
衢州市区	Quzhou District	1050.84	878.09	3.56	169.18
江山市	Jiangshan	238.98	231.22	2.09	5.68
常山县	Changshan	116.68	112.19	3.48	1.01
开化县	Kaihua	81.40	77.81	3.60	
龙游县	Longyou	216.96	186.74	3.69	26.53
舟山市区	Zhoushan District	605.31	572.44	11.00	21.87
岱山县	Daishan	123.04	86.21	0.68	36.16
嵊泗县	Shengsi	3.52	3.52		
台州市区	Taizhou District	1844.53	1656.78	51.59	136.16
温岭市	Wenling	706.87	650.76	35.13	20.98
临海市	Linhai	978.30	805.31	18.24	154.74
玉环市	Yuhuan	804.90	678.31	11.31	115.29
三门县	Sanmen	254.10	244.67	4.78	4.65
天台县	Tiantai	187.97	177.56	1.59	8.82
仙居县	Xianju	182.43	171.63	10.11	0.69
丽水市区	Lishui District	363.01	358.15	2.10	2.77
龙泉市	Longquan	61.25	60.83	0.22	0.20
青田县	Qingtian	236.97	222.41	10.61	3.95
云和县	Yunhe	93.84	92.77	0	1.07
庆元县	Qingyuan	43.77	42.83	0.93	0
缙云县	Jinyun	188.86	185.54	0.80	2.52
遂昌县	Suichang	151.64	151.29	0.11	0.24
松阳县	Songyang	117.52	116.82	0.70	
景宁自治县	Jingning	10.25	9.83		0.42

17－33 各市、县工业企业经济指标(2018 年)
Main Indicators of Industrial Enterprises by City and County (2018)

单位:亿元(100 million yuan)

市县名称	City and County	平均用工人数(万人) Average Number of Staff and Workers (10000 persons)	流动资产合计 Circulating Funds	固定资产合计 Fixed Assets	主营业务收入 Revenues in Main Business
杭州市区	Hangzhou District	94.00	9397.14	2708.47	13544.39
萧山区	Xiaoshan	30.00	2728.38	1020.55	4146.74
余杭区	Yuhang	19.00	1297.65	383.85	1814.81
富阳区	Fuyang	9.00	885.52	290.66	1441.85
临安区	Linan	7.00	586.94	156.72	819.27
建德市	Jiande	4.00	200.17	133.22	414.46
桐庐县	Tonglu	4.00	213.42	103.45	366.76
淳安县	Chunan	1.00	74.68	40.10	107.29
宁波市区	Ningbo District	77.73	5978.07	2582.64	10761.66
鄞州区	Yinzhou	18.35	1031.82	330.06	1603.22
奉化区	Fenhua	8.83	430.20	141.81	653.71
余姚市	Yuyao	21.82	1005.45	315.07	1619.02
慈溪市	Cixi	33.34	1546.25	548.01	3092.40
象山县	Xiangshan	6.97	405.24	170.65	566.85
宁海县	Ninghai	10.66	556.25	238.51	821.12
温州市区	Wenzhou District	25.40	883.37		1446.11
洞头区	Dongtou	0.53	51.92		101.22
瑞安市	Ruian	12.67	459.81		806.86
乐清市	Yueqing	16.13	917.20		1251.42
永嘉县	Yongjia	5.19	229.50		264.54
平阳县	Pingyang	4.77	144.79		310.57
苍南县	Cangnan	3.19	153.81		302.05
文成县	Wenchen	0.17	7.76		10.38
泰顺县	Taishun	0.18	5.99		9.35
嘉兴市区	Jiaxing District	21.54	1294.89	1164.71	2247.12
平湖市	Pinghu	14.60	982.34	1092.34	1869.15
海宁市	Haining	17.12	1025.17	772.74	1836.17
桐乡市	Tongxiang	13.44	864.92	810.74	1693.64
嘉善县	Jiashan	14.04	642.26	477.36	1131.37
海盐县	Haiyan	7.00	532.03	1137.53	905.99
湖州市区	Huzhou District	13.29	1011.99	443.07	1832.26
德清县	Deqing	9.37	485.47	198.16	876.66
长兴县	ChangXing	8.61	675.55	357.73	1132.04
安吉县	Anji	7.30	284.99	157.80	578.60
绍兴市区	Shaoxing District	39.43	2679.19		4112.26
柯桥区	keqiao	18.21	973.23		1783.53
上虞区	Shangyu	11.82	1082.35		1351.29

续表 Continued

单位:亿元(100 million yuan)

市县名称	City and County	平均用工人数(万人) Average Number of Staff and Workers (10000 persons)	流动资产合计 Circulating Funds	固定资产合计 Fixed Assets	主营业务收入 Revenues in Main Business
诸暨市	Zhuji	12.27	998.86		1216.58
嵊州市	Shengzhou	6.80	289.00		449.27
新昌县	Xinchang	5.64	507.33		474.92
金华市区	Jinhua District	9.23	528.23	180.62	707.87
金东区	JIndong	3.28	137.34	50.18	218.33
兰溪市	Lanxi	5.45	304.55	151.76	581.83
东阳市	Dongyang	7.47	288.15	121.80	451.96
义乌市	Yiwu	9.65	417.83	237.39	548.08
永康市	Yongkang	10.76	502.86	129.95	742.60
武义县	Wuyi	6.88	220.26	77.54	449.75
浦江县	Pujiang	2.47	71.12	41.52	133.09
磐安县	Panan	1.44	48.70	23.55	72.20
衢州市区	Quzhou District	5.77	526.28		1012.36
江山市	Jiangshan	2.66	155.40		242.03
常山县	Changshan	1.41	62.41		108.24
开化县	Kaihua	0.61	39.32		81.38
龙游县	Longyou	2.37	133.07		219.81
舟山市区	Zhoushan District	5.19	517.53	368.68	611.81
岱山县	Daishan	1.56	424.37	118.25	100.60
嵊泗县	Shengsi	0.03	2.49	2.61	3.93
台州市区	Taizhou District	22.10	1112.84	447.38	1854.91
温岭市	Wenling	12.22	405.24	147.86	684.78
临海市	Linhai	10.43	869.08	218.93	964.62
玉环市	Yuhuan	12.24	447.08	231.24	776.54
三门县	Sanmen	3.12	171.73	622.63	246.73
天台县	Tiantai	2.57	150.56	58.36	190.99
仙居县	Xianju	2.94	120.86	87.49	178.44
丽水市区	Lishui District	4.10	303.11		497.24
龙泉市	Longquan	1.03	33.53		57.35
青田县	Qingtian	2.25	132.29		259.18
云和县	Yunhe	0.82	20.68		93.22
庆元县	Qingyuan	0.82	19.60		42.23
缙云县	Jinyun	2.55	82.51		188.85
遂昌县	Suichang	1.08	57.63		206.27
松阳县	Songyang	1.20	46.27		114.09
景宁自治县	Jingning	0.15	6.98		9.68

17－34 各市、县客运量和货运量(2018 年)
Passenger Traffic and Freight Traffic by City and County (2018)

市县名称	City and County	客运量(万人) Passenger Traffic (10000 persons)		货运量(万吨) Freight Traffic (10000 tons)	
		公路 Highways	水运 Waterways	公路 Highways	水运 Waterways
杭州市区	Hangzhou District	8037	299	15931	4036
萧山区	Xiaoshan	350	18	3691	1692
余杭区	Yuhang	171		1675	739
富阳区	Fuyang	238		1380	474
临安区	Linan	207	11	632	137
建德市	Jiande	460	25	822	117
桐庐县	Tonglu	370	30	6294	90
淳安县	Chunan	402	249	802	1
宁波市区	Ningbo District	2251	42	28313	22399
鄞州区	Yinzhou	658	18	6032	1166
奉化区	Fenhua	506		2192	458
余姚市	Yuyao	246		1334	11
慈溪市	Cixi	543		1179	
象山县	Xiangshan	664	121	479	2865
宁海县	Ninghai	153	27	1119	1049
温州市区	Wenzhou District	2353	2	6747	2593
洞头区	Dongtou	540		80	1641
瑞安市	Ruian	2035	7	1212	232
乐清市	Yueqing	4289		920	627
永嘉县	Yongjia	2955		1247	513
平阳县	Pingyang	3048	15	518	38
苍南县	Cangnan	3876		886	269
文成县	Wenchen	1075	2	124	
泰顺县	Taishun	1200		46	
嘉兴市区	Jiaxing District	777	122	3889	680
平湖市	Pinghu	542		3489	313
海宁市	Haining	340		1237	179
桐乡市	Tongxiang	505	72	1488	417
嘉善县	Jiashan	605	53	2577	311
海盐县	Haiyan	202		1184	369
湖州市区	Huzhou District				
德清县	Deqing	997	35	1270	642
长兴县	ChangXing	710	51	4651	3351
安吉县	Anji	1199		2026	1468
绍兴市区	Shaoxing District				
柯桥区	keqiao	188	67	3313	168
上虞区	Shangyu	307		2432	541

续表 Continued

市县名称	City and County	客运量(万人) Passenger Traffic (10000 persons)		货运量(万吨) Freight Traffic (10000 tons)	
		公路 Highways	水运 Waterways	公路 Highways	水运 Waterways
诸暨市	Zhuji	389	34	2327	493
嵊州市	Shengzhou	242		1660	22
新昌县	Xinchang	1074	2	1087	
金华市区	Jinhua District				
金东区	JIndong				
兰溪市	Lanxi	1434		754	26
东阳市	Dongyang	1753		1711	
义乌市	Yiwu	2869		3290	
永康市	Yongkang	1118		1224	
武义县	Wuyi	836		328	
浦江县	Pujiang	415		270	
磐安县	Panan	534		156	
衢州市区	Quzhou District	1600		5131	
江山市	Jiangshan	800		3740	
常山县	Changshan	407		1391	
开化县	Kaihua	533		930	
龙游县	Longyou	626	2	1970	4
舟山市区	Zhoushan District				
岱山县	Daishan		536		
嵊泗县	Shengsi		214		
台州市区	Taizhou District				
温岭市	Wenling	2163		2145	2631
临海市	Linhai	254		2236	346
玉环市	Yuhuan	1566	150	1589	1861
三门县	Sanmen	661		464	980
天台县	Tiantai	688		671	
仙居县	Xianju	720		550	
丽水市区	Lishui District	442	98	1054	
龙泉市	Longquan	162	2	386	
青田县	Qingtian	473	5	1129	254
云和县	Yunhe	122	21	292	
庆元县	Qingyuan	178		426	
缙云县	Jinyun	251		599	
遂昌县	Suichang	243		579	
松阳县	Songyang	116		277	
景宁自治县	Jingning	87		208	

17－35 各市、县公路里程邮电通信和用电量情况(2018年)
Length of Highways, Posts and Telecommunications, Electricity Consumption by City and County (2018)

市县名称	City and County	境内公路里程(公里) Length of Highways (km)	#高速公路 Expressway	民用汽车拥有量(辆) Civilb Motor Vehicles (unit)	固定电话用户(万户) Telephone Subscribers (10000 subscribers)	年末移动电话用户数(万户) Number of Mobile Telephones Subscribers (10000 subscribers)
杭州市区	Hangzhou District	9867	483	2443382	140.61	1015.51
萧山区	Xiaoshan	2463	125	517346	41.03	253.86
余杭区	Yuhang	2366	122	400698	24.20	220.86
富阳区	Fuyang	1963	37	156863	9.84	91.21
临安区	Linan	2939	104	144862	8.36	75.26
建德市	Jiande	1990	107	85776	5.50	52.00
桐庐县	Tonglu	1901	29	91449	5.98	54.74
淳安县	Chunan	2762	13	59407	5.67	37.97
宁波市区	Ningbo District	4605	300	1572165		
鄞州区	Yinzhou	1015	95	527360	40.58	228.14
奉化区	Fenghua	1358	55	151116	11.88	70.00
余姚市	Yuyao	1989	65	338950	25.72	238.85
慈溪市	Cixi	1627	82	456136	31.50	211.77
象山县	Xiangshan	1427	46	144228	17.31	81.29
宁海县	Ninghai	1648	75	162726	12.44	113.17
温州市区	Wenzhou District				59.58	485.63
洞头区	Dongtou	219		19637	1.27	12.83
瑞安市	Ruian	1402	44	402530	19.31	179.21
乐清市	Yueqing	998	80	312168	22.04	179.83
永嘉县	Yongjia	1384	110	219756	10.36	99.13
平阳县	Pingyang	744	34	153748	7.34	97.40
苍南县	Cangnan	1131	24	223024	13.43	146.07
文成县	Wenchen	845		45600	1.72	21.26
泰顺县	Taishun	1261		45665	2.05	27.80
嘉兴市区	Jiaxing District	1801	125	394886	32.84	240.80
平湖市	Pinghu	1234	46	156840	11.02	84.83
海宁市	Haining	1466	101	241008	18.54	121.25
桐乡市	Tongxiang	1962	44	269011	16.22	133.82
嘉善县	Jiashan	772	37	144207	11.05	82.23
海盐县	Haiyan	1006	40	125158	8.46	56.86
湖州市区	Huzhou District					
德清县	Deqing	1288	44	131904	10.82	77.84
长兴县	Changxing	2261	119	162020	13.29	94.93
安吉县	Anji	2212	35	142160	11.18	78.68
绍兴市区	Shaoxing District					
柯桥区	keqiao	1466	23	305443	21.82	120.90
上虞区	Shangyu	1578	87	186000	15.20	105.45

续表 1 Continued

市县名称	City and County	境内公路里程(公里) Length of Highways (km)	#高速公路 Expressway	民用汽车拥有量(辆) Civilb Motor Vehicles (unit)	固定电话用户(万户) Telephone Subscribers (10000 subscribers)	年末移动电话用户数(万户) Number of Mobile Telephones Subscribers (10000 subscribers)
诸暨市	Zhuji	2737	152	330735	24.53	143.91
嵊州市	Shengzhou	2329	100	146556	11.42	82.42
新昌县	Xinchang	1377	40	91089	5.66	61.60
金华市区	Jinhua District					
金东区	JIndong	1179	50			
兰溪市	Lanxi	1455	15	113148	5.67	77.79
东阳市	Dongyang	2431	95	274019	12.06	158.07
义乌市	Yiwu	1539	76	590520	29.27	345.92
永康市	Yongkang	1201	58	302363	10.46	193.01
武义县	Wuyi	1424	26	99530	4.67	59.56
浦江县	Pujiang	913	13	115331	4.36	111.96
磐安县	Panan	1240	20	31763	1.80	28.76
衢州市区	Quzhou District	2401	65	202717	18.00	114.00
江山市	Jiangshan	1845	76	113945	5.83	49.63
常山县	Changshan	1062	89	43166	3.09	25.31
开化县	Kaihua	1599	112	46304	2.61	26.30
龙游县	Longyou	1503	80	82297	5.46	37.35
舟山市区	Zhoushan District				18.47	134.35
岱山县	Daishan	401		19067	2.88	26.47
嵊泗县	Shengsi	181		4992	1.23	9.98
台州市区	Taizhou District	2554	59	640813	43.55	342.97
温岭市	Wenling	2041	45	364609	19.88	213.10
临海市	Linhai	2392	106	235397	13.15	148.13
玉环市	Yuhuan	739	32	150788	14.21	98.55
三门县	Sanmen	1340	58	67239	4.95	45.62
天台县	Tiantai	2007	42	86383	6.82	57.37
仙居县	Xianju	1942	106	84095	5.14	52.27
丽水市区	Lishui District	1346	69	105275	10.67	69.42
龙泉市	Longquan	2534	89	45916	2.37	27.96
青田县	Qingtian	2458	67	47726	5.02	37.65
云和县	Yunhe	892	44	20681	1.40	14.13
庆元县	Qingyuan	1565	21	21012	1.48	16.08
缙云县	Jinyun	1437	35	68218	5.37	42.18
遂昌县	Suichang	1785	29	29804	2.12	21.35
松阳县	Songyang	1548	53	34470	2.63	21.20
景宁自治县	Jingning	1916	12	17422	1.18	13.02

续表 2 Continued

市县名称	City and County	电信业务收入（万元）Telecom Business Income (10000 yuan)	全年用电量（万千瓦小时）Total Electricity Consumption (10000 kw. h)	#工业用电 Industrial Consumption	#城乡居民生活用电 Residential Consumption
杭州市区	Hangzhou District	1226600			
萧山区	Xiaoshan	260900	2538332		
余杭区	Yuhang	229800	1064385	529313	240107
富阳区	Fuyang	81400	861952	684620	89267
临安区	Linan	60900	367687	241286	62428
建德市	Jiande	38300	348886	272410	36768
桐庐县	Tonglu	45500	233982	142866	45460
淳安县	Chunan	25100	143615	68420	25960
宁波市区	Ningbo District	732909			
鄞州区	Yinzhou	228363	904694	453524	173234
奉化区	Fenghua	61569	359761	249850	52599
余姚市	Yuyao	125446	997734	778717	109118
慈溪市	Cixi	188282	1142933	871198	153391
象山县	Xiangshan	82198	256192	146580	54520
宁海县	Ninghai	93931	358454	236914	69394
温州市区	Wenzhou District	475377			
洞头区	Dongtou	13129	33554	12387	11017
瑞安市	Ruian	174975	756474	491976	165012
乐清市	Yueqing	185551	620943	347608	168735
永嘉县	Yongjia	87977	301622	176524	76034
平阳县	Pingyang	87432	363990	224738	88313
苍南县	Cangnan	135174	619129	393046	147600
文成县	Wenchen	16590	47787	15594	16934
泰顺县	Taishun	23478	47650	14240	19044
嘉兴市区	Jiaxing District	195208	1293729	949555	126398
平湖市	Pinghu	63934	828031	712194	53569
海宁市	Haining	93772	950393	746254	82187
桐乡市	Tongxiang	100798	1046048	855348	83980
嘉善县	Jiashan	64503	574186	445206	61087
海盐县	Haiyan	41612	503180	422003	39061
湖州市区	Huzhou District				
德清县	Deqing	54818	469072	351659	50098
长兴县	Changxing	65832	802808	669877	66231
安吉县	Anji	58664	335602	215395	59305
绍兴市区	Shaoxing District				
柯桥区	keqiao	107961	1546632	1336280	93745
上虞区	Shangyu	78072	612717	467197	64676

续表 3 Continued

市县名称	City and County	电信业务收入（万元）Telecom Business Income (10000 yuan)	全年用电量（万千瓦小时）Total Electricity Consumption (10000 kw.h)	#工业用电 Industrial Consumption	#城乡居民生活用电 Residential Consumption
诸暨市	Zhuji	118427	903585	687203	108623
嵊州市	Shengzhou	57798	293570	189326	59200
新昌县	Xinchang	36842	227373	157826	35385
金华市区	Jinhua District				
金东区	JIndong		267619	165567	38359
兰溪市	Lanxi	42463	487304	403408	43700
东阳市	Dongyang	101552	504104	326716	89119
义乌市	Yiwu	262261	952151	542078	149296
永康市	Yongkang	108098	500984	367862	79540
武义县	Wuyi	41005	259318	196489	30175
浦江县	Pujiang	44419	223082	164076	31739
磐安县	Panan	15106	55043	31809	11244
衢州市区	Quzhou District	83076	951200	776425	75474
江山市	Jiangshan	30836	262726	184117	36219
常山县	Changshan	17663	161299	123560	19660
开化县	Kaihua	17515	78531	41206	19729
龙游县	Longyou	26733	249328	178713	30752
舟山市区	Zhoushan District	115596	415397	189671	80246
岱山县	Daishan	17094	90689	43128	14744
嵊泗县	Shengsi	7982	50580	6518	6257
台州市区	Taizhou District	277956	1235231	806308	209803
温岭市	Wenling	154608	601920	363484	147687
临海市	Linhai	95953	508526	344382	93713
玉环市	Yuhuan	77568	471092	363966	68849
三门县	Sanmen	31761	190743	107871	30910
天台县	Tiantai	38170	148459	79552	39529
仙居县	Xianju	35253	121921	62855	32345
丽水市区	Lishui District	62049	245359	126196	47417
龙泉市	Longquan	17784	78578	41393	20765
青田县	Qingtian	25769	157506	96775	34702
云和县	Yunhe	9622	118373	99721	10870
庆元县	Qingyuan	10670	41670	22370	8861
缙云县	Jinyun	27597	176647	125296	31719
遂昌县	Suichang	13480	102386	72555	14661
松阳县	Songyang	12780	73977	44795	15062
景宁自治县	Jingning	9328	22756	6413	8371

17－36 各市、县国内贸易情况(2018 年)
Domestic and Foreign Trade by City and County (2018)

市县名称	City and County	社会消费品零售总额(亿元) Total Retail Sales of Consumer Goods (100 million yuan)	限额以上批发、零售业商品销售额(亿元) Total Sales of Wholesale and Retailsale Trade Above Designated Size (100 million yuan)	限额以上批发零售企业数(个) Number of Wholesale and retail enterprises above Designaged Size(unit)	#零售 Retail
杭州市区	Hangzhou District	5310.88	21549.44	4155	1196
萧山区	Xiaoshan	738.21	2706.97	766	141
余杭区	Yuhang	515.79	1269.70	608	173
富阳区	Fuyang	270.47	703.82	215	77
临安区	Linan	199.63	165.99	187	115
建德市	Jiande	139.37	63.31	69	28
桐庐县	Tonglu	167.94	91.26	143	70
淳安县	Chunan	97.14	96.12	92	55
宁波市区	Ningbo District	2617.27	18807.96	3419	539
鄞州区	Yinzhou	874.99	4832.73	1390	178
奉化区	Fenhua	175.79	138.10	110	40
余姚市	Yuyao	471.78	677.01	238	64
慈溪市	Cixi	625.78	956.08	391	135
象山县	Xiangshan	211.87	196.64	145	44
宁海县	Ninghai	228.23	238.36	139	67
温州市区	Wenzhou District	1549.96	2982.68	1226	315
洞头区	Dongtou	33.72	62.15	23	8
瑞安市	Ruian	452.68	376.02	324	89
乐清市	Yueqing	461.42	302.25	246	94
永嘉县	Yongjia	186.13	166.48	119	55
平阳县	Pingyang	204.77	102.74	114	43
苍南县	Cangnan	385.63	171.01	142	70
文成县	Wenchen	46.23	8.32	29	22
泰顺县	Taishun	50.29	7.57	35	27
嘉兴市区	Jiaxing District	525.95	1210.96	439	138
平湖市	Pinghu	216.54	379.81	213	42
海宁市	Haining	439.43	419.43	338	55
桐乡市	Tongxiang	392.74	640.43	382	104
嘉善县	Jiashan	216.48	158.09	122	29
海盐县	Haiyan	147.45	95.30	102	25
湖州市区	Huzhou District	659.48	710.11	349	144
德清县	Deqing	183.92	491.69	158	32
长兴县	ChangXing	282.41	1329.84	148	55
安吉县	Anji	171.43	61.77	125	86
绍兴市区	Shaoxing District	1155.03	2412.71	1656	285
柯桥区	keqiao	305.49	1276.21	890	56
上虞区	Shangyu	342.24	266.46	210	92

续表 Continued

市县名称	City and County	社会消费品零售总额（亿元）Total Retail Sales of Consumer Goods (100 million yuan)	限额以上批发、零售业商品销售额（亿元）Total Sales of Wholesale and Retailsale Trade Above Designated Size (100 million yuan)	限额以上批发零售企业数（个）Number of Wholesale and retail enterprises above Designaged Size(unit)	#零售 Retail
诸暨市	Zhuji	350.99	654.55	453	181
嵊州市	Shengzhou	315.23	105.26	135	73
新昌县	Xinchang	186.36	133.62	91	42
金华市区	Jinhua District	674.18	729.28	315	142
金东区	JIndong	202.89	178.25	125	70
兰溪市	Lanxi	145.37	278.31	120	56
东阳市	Dongyang	280.18	237.51	122	57
义乌市	Yiwu	668.77	413.07	359	126
永康市	Yongkang	238.37	326.15	234	92
武义县	Wuyi	90.73	57.39	79	32
浦江县	Pujiang	114.57	27.31	49	30
磐安县	Panan	40.82	7.45	23	13
衢州市区	Quzhou District	269.12	353.77	222	95
江山市	Jiangshan	137.19	45.19	68	47
常山县	Changshan	69.91	27.16	33	22
开化县	Kaihua	85.51	12.10	17	11
龙游县	Longyou	155.73	91.34	77	34
舟山市区	Zhoushan District	416.97	2327.29	343	70
岱山县	Daishan	81.97	17.60	22	7
嵊泗县	Shengsi	37.92	28.39	17	7
台州市区	Taizhou District	935.10	1262.18	491	208
温岭市	Wenling	633.34	420.41	287	106
临海市	Linhai	265.79	237.61	131	81
玉环市	Yuhuan	199.71	148.22	119	43
三门县	Sanmen	102.26	33.03	37	20
天台县	Tiantai	127.32	34.08	47	35
仙居县	Xianju	103.37	61.60	52	25
丽水市区	Lishui District	208.60	361.31	104	66
龙泉市	Longquan	61.13	17.28	24	14
青田县	Qingtian	112.30	19.95	47	40
云和县	Yunhe	31.97	8.32	21	17
庆元县	Qingyuan	39.05	3.25	12	10
缙云县	Jinyun	90.23	20.83	36	26
遂昌县	Suichang	57.76	27.89	23	9
松阳县	Songyang	48.55	27.36	32	24
景宁自治县	Jingning	33.33	189.00	14	10

17－37 各市、县外贸及利用外资情况(2018 年)
Foreign Trade and Utlization of Foreign Capital by City and County (2018)

市县名称	City and County	进口总额(万美元) Total imports (USD 10000)	出口总额(万美元) Total exports (USD 10000)	外国和港澳台地区在华直接投资 Foreign Funded Enterprises and Enterprises Funded by Entrepreneurs from Hong Kong, Macao & Taiwan	
				新签项目(合同)数(个) Newly Signed Contracts (unit)	实际使用外资金额(万美元) Amount of Foreign Capital Actually Use (USD 10000)
杭州市区	Hangzhou District	1504450	3730876	706	648073
萧山区	Xiaoshan	351949	1037904	126	160905
余杭区	Yuhang	73143	628012	105	105468
富阳区	Fuyang	231370	194729	18	28903
临安区	Linan	57365	180771	8	21666
建德市	Jiande	9275	98107	9	14561
桐庐县	Tonglu	11701	106595	8	17883
淳安县	Chunan	2155	15850	21	2141
宁波市区	Ningbo District			479	281387
鄞州区	Yinzhou	668783	2103523	148	90080
奉化区	Fenhua	43353	259857	16	19959
余姚市	Yuyao	425726	821988	58	50074
慈溪市	Cixi	165726	1123682	44	68367
象山县	Xiangshan	32828	256443	23	16006
宁海县	Ninghai	37345	323197	19	16183
温州市区	Wenzhou District			50	24657
洞头区	Dongtou	29616	6201	11	2010
瑞安市	Ruian	54133	359654	8	6478
乐清市	Yueqing	8233	234938	6	7206
永嘉县	Yongjia	3176	79457	6	1112
平阳县	Pingyang	4942	96357	2	10326
苍南县	Cangnan	3397	68666	12	1392
文成县	Wenchen	1716	4063	1	570
泰顺县	Taishun	5	5395	4	566
嘉兴市区	Jiaxing District	231490	832397	111	120588
平湖市	Pinghu	513748	471510	49	44503
海宁市	Haining	86567	766411	44	42204
桐乡市	Tongxiang	212959	433185	54	36143
嘉善县	Jiashan	97002	351052	61	45333
海盐县	Haiyan	76933	203912	31	25209
湖州市区	Huzhou District			60	38801
德清县	Deqing	32255	226423	28	20170
长兴县	ChangXing	51519	237031	55	23963
安吉县	Anji	10312	374886	31	20145
绍兴市区	Shaoxing District			182	87015
柯桥区	keqiao	64226	1135481	117	28898
上虞区	Shangyu	47744	387606	39	40429

续表 Continued

市县名称	City and County	进口总额（万美元）Total imports (USD 10000)	出口总额（万美元）Total exports (USD 10000)	外国和港澳台地区在华直接投资 Foreign Funded Enterprises and Enterprises Funded by Entrepreneurs from Hong Kong, Macao & Taiwan	
				新签项目（合同）数（个）Newly Signed Contracts (unit)	实际使用外资金额（万美元）Amount of Foreign Capital Actually Use (USD 10000)
诸暨市	Zhuji	85491	532826	38	30103
嵊州市	Shengzhou	6616	166779	9	11170
新昌县	Xinchang	6159	234191	1	6853
金华市区	Jinhua District	27978	394310	17	8128
金东区	JIndong	2163	78515	8	5383
兰溪市	Lanxi	34808	157625	10	3558
东阳市	Dongyang	25981	288536	16	3481
义乌市	Yiwu	57673	3827799	946	14731
永康市	Yongkang	8712	458055	9	2
武义县	Wuyi	3072	296992	2	1665
浦江县	Pujiang	7092	83062	6	289
磐安县	Panan	1327	43279	1	
衢州市区	Quzhou District	150915	198521	6	4906
江山市	Jiangshan	850	53980	1	315
常山县	Changshan	6390	19810	3	100
开化县	Kaihua	3372	30648	2	406
龙游县	Longyou	18627	47419	1	1704
舟山市区	Zhoushan District			266	29218
岱山县	Daishan	31708	77321	4	9533
嵊泗县	Shengsi	103196	4547	1	3011
台州市区	Taizhou District	226329	867965	18	8311
温岭市	Wenling	37021	460420	8	3327
临海市	Linhai	23607	346664	5	5379
玉环市	Yuhuan	14481	400259	7	7253
三门县	Sanmen	3722	82014	3	1001
天台县	Tiantai	5627	73476	2	1769
仙居县	Xianju	1151	98469	1	1851
丽水市区	Lishui District	4760	70639	1	1000
龙泉市	Longquan	67	38078		100
青田县	Qingtian	12198	72323	4	4015
云和县	Yunhe	1200	24043		856
庆元县	Qingyuan	214	16357		228
缙云县	Jinyun	1622	75861	1	2391
遂昌县	Suichang	5598	9991	1	1050
松阳县	Songyang	66	13607	1	1051
景宁自治县	Jingning	6490	19275	1	

17－38 各市、县财政收支情况(2018 年)
Total Financial Revenue and Expenditure by City and County (2018)

单位:亿元(100 million yuan)

市县名称	City and County	财政总收入 Total Financial Revenue	一般公共预算收入 General Public Revenue	一般公共预算支出 General Public Budget Expenditure	一般性公共服务支出 Expenses for Public Service	#教育事业费 Expenses for Education
杭州市区	Hangzhou District	3319.87	1746.63	1557.33	134.84	287.23
萧山区	Xiaoshan	474.23	270.32	267.40	22.15	54.40
余杭区	Yuhang	623.86	336.38	342.54	26.11	58.79
富阳区	Fuyang	123.18	72.70	73.00	8.53	20.04
临安区	Linan	88.48	53.17	74.22	6.85	15.23
建德市	Jiande	50.46	28.27	47.71	5.03	9.00
桐庐县	Tonglu	52.76	30.67	44.87	3.64	11.26
淳安县	Chunan	34.37	19.50	67.18	6.85	7.95
宁波市区	Ningbo District	1982.80	996.42	1138.09	104.98	138.22
鄞州区	Yinzhou	435.91	252.99	212.51	20.76	26.24
奉化区	Fenhua	78.61	49.47	71.88	9.70	13.03
余姚市	Yuyao	169.37	100.63	115.37	12.17	22.77
慈溪市	Cixi	331.77	180.00	188.56	15.53	34.71
象山县	Xiangshan	71.28	41.00	68.66	9.11	10.85
宁海县	Ninghai	100.07	61.63	83.43	8.41	17.01
温州市区	Wenzhou District	395.72	233.67	296.03	43.14	63.25
洞头区	Dongtou	16.15	10.81	32.72	4.31	4.61
瑞安市	Ruian	117.72	71.09	109.13	11.14	25.39
乐清市	Yueqing	160.31	94.30	115.93	9.19	26.81
永嘉县	Yongjia	56.30	35.07	81.53	8.44	20.19
平阳县	Pingyang	58.90	39.56	71.59	11.25	14.84
苍南县	Cangnan	81.24	56.86	105.37	9.86	23.91
文成县	Wenchen	11.33	8.26	47.27	5.24	7.67
泰顺县	Taishun	13.75	8.76	47.30	3.90	6.95
嘉兴市区	Jiaxing District	287.65	166.16	209.34	18.58	29.23
平湖市	Pinghu	135.70	81.88	86.75	9.03	18.75
海宁市	Haining	153.08	89.00	83.15	9.25	21.68
桐乡市	Tongxiang	129.43	72.40	73.29	7.00	18.56
嘉善县	Jiashan	105.53	61.60	75.16	9.08	16.45
海盐县	Haiyan	83.90	47.52	61.18	6.47	15.55
湖州市区	Huzhou District	207.19	121.66	184.46	18.45	29.50
德清县	Deqing	100.76	59.15	67.20	6.93	11.68
长兴县	ChangXing	102.68	59.37	71.58	6.95	13.88
安吉县	Anji	80.08	46.92	74.30	7.97	14.84
绍兴市区	Shaoxing District	533.69	326.60	346.63	39.31	74.51
柯桥区	keqiao	198.58	126.36	112.89	10.86	27.38
上虞区	Shangyu	141.25	82.65	86.42	11.18	17.28

续表 Continued 单位:亿元(100 million yuan)

市县名称	City and County	财政总收入 Total Financial Revenue	一般公共预算收入 General Public Revenue	一般公共预算支出 General Public Budget Expenditure	一般性公共服务支出 Expenses for Public Service	#教育事业费 Expenses for Education
诸暨市	Zhuji	137.80	87.37	92.21	9.02	21.03
嵊州市	Shengzhou	69.32	45.49	61.01	5.43	12.44
新昌县	Xinchang	71.04	41.88	56.79	6.46	12.30
金华市区	Jinhua District	166.09	93.58	139.65	18.99	23.87
金东区	JIndong	33.50	20.39	29.12	4.40	4.43
兰溪市	Lanxi	45.30	26.60	47.56	4.87	10.86
东阳市	Dongyang	112.41	65.75	92.52	6.63	17.51
义乌市	Yiwu	153.45	95.20	107.01	15.28	26.12
永康市	Yongkang	93.94	56.36	74.87	6.76	14.99
武义县	Wuyi	43.89	25.98	42.13	4.74	6.98
浦江县	Pujiang	29.74	19.14	38.57	4.11	8.78
磐安县	Panan	16.93	10.01	31.70	4.16	5.35
衢州市区	Quzhou District	118.22	70.89	141.36	19.71	18.89
江山市	Jiangshan	29.57	19.21	56.03	5.09	8.95
常山县	Changshan	17.09	10.98	47.05	5.01	6.12
开化县	Kaihua	14.52	9.39	52.48	5.24	6.05
龙游县	Longyou	27.50	17.63	59.02	5.38	8.44
舟山市区	Zhoushan District	176.10	114.67	226.18	31.27	27.04
岱山县	Daishan	32.27	24.15	54.17	4.31	4.81
嵊泗县	Shengsi	9.98	7.20	28.14	3.62	2.56
台州市区	Taizhou District	306.33	175.12	231.77	30.31	47.88
温岭市	Wenling	130.70	77.29	107.81	11.24	21.73
临海市	Linhai	114.46	64.07	94.69	9.65	20.99
玉环市	Yuhuan	92.38	53.34	69.98	9.39	12.93
三门县	Sanmen	30.22	18.63	43.82	5.98	9.07
天台县	Tiantai	36.36	21.90	51.14	5.94	12.26
仙居县	Xianju	34.73	20.84	54.55	5.48	9.66
丽水市区	Lishui District	80.17	50.41	98.48	12.38	15.32
龙泉市	Longquan	14.16	9.10	48.37	4.43	6.23
青田县	Qingtian	30.16	19.11	53.54	6.91	9.05
云和县	Yunhe	9.49	5.89	25.02	3.13	3.47
庆元县	Qingyuan	8.33	5.05	32.98	3.90	6.05
缙云县	Jinyun	24.68	15.34	52.15	4.66	11.57
遂昌县	Suichang	17.25	10.10	41.15	4.22	6.39
松阳县	Songyang	11.64	7.27	38.00	4.15	6.17
景宁自治县	Jingning	15.30	7.74	42.33	4.34	4.67

17－39 各市、县金融业、社会保险、福利情况(2018年)
Basic Statistics on Finace and Social Insurance and Welfare by City and County (2018)

市县名称	City and County	金融机构年末存款余额(亿元) Deposits in Financial Institutions (100 million yuan)	#住户存款年末余额(亿元) Saving Deposits of Residents (10000 million yuan)	金融机构年末贷款余额(亿元) Loans in Financial Institutions (100 million yuan)	城镇职工基本养老保险参保人数(万人) Staff and Workers in Urban Area Participating in the Basic Retirement Security Program (10000 persons)	城乡居民基本医疗保险参保人数(万人) Urban and Rural Households Participating in the Basic Health Care Program (10000 persons)
杭州市区	Hangzhou District	37564.83	9293.64	34773.75	619.72	275.38
萧山区	Xiaoshan	4306.78	1712.05	3818.89		44.80
余杭区	Yuhang	3076.82	1232.60	2059.43		42.05
富阳区	Fuyang	1074.17	493.82	1278.32		31.14
临安区	Linan	832.10	339.74	645.29	26.88	32.18
建德市	Jiande	440.03	261.49	365.66	20.60	31.10
桐庐县	Tonglu	467.36	257.95	466.74	20.07	23.67
淳安县	Chunan	337.83	168.16	271.41	10.69	29.59
宁波市区	Ningbo District	13310.44	3758.16	14388.68	253.26	109.23
鄞州区	Yinzhou	6621.14	1718.96	7974.88	67.90	28.53
奉化区	Fenhua	662.91	332.06	692.39	25.60	28.39
余姚市	Yuyao	1568.59	884.42	1266.02	52.96	47.36
慈溪市	Cixi	2363.76	1287.26	2027.87	69.47	66.97
象山县	Xiangshan	571.14	284.64	794.11	24.77	32.94
宁海县	Ninghai	718.58	319.64	864.44	26.98	42.49
温州市区	Wenzhou District	6302.91	3006.03	5301.83	107.74	97.42
洞头区	Dongtou	94.01	45.78	84.40	3.31	10.20
瑞安市	Ruian	1528.43	1034.31	1195.10	54.72	78.92
乐清市	Yueqing	1431.60	940.14	1247.27	36.85	99.65
永嘉县	Yongjia	689.71	449.93	633.66	30.05	75.96
平阳县	Pingyang	573.87	389.23	517.35	28.29	67.81
苍南县	Cangnan	695.46	452.65	810.38	27.28	108.94
文成县	Wenchen	301.87	213.72	140.02	4.74	32.30
泰顺县	Taishun	212.82	134.91	124.89	5.31	33.81
嘉兴市区	Jiaxing District	2675.88	1061.81	2312.08	55.22	36.30
平湖市	Pinghu	927.32	422.46	748.93	25.06	19.61
海宁市	Haining	1504.68	741.71	1221.29	33.15	35.84
桐乡市	Tongxiang	1363.91	715.47	1114.53	31.39	42.32
嘉善县	Jiashan	978.91	446.77	706.77	20.82	22.06
海盐县	Haiyan	653.62	331.26	667.10	15.45	17.43
湖州市区	Huzhou District	2335.72	1084.52	1860.98	56.69	63.18
德清县	Deqing	760.99	361.99	688.39	30.94	17.56
长兴县	ChangXing	823.12	380.15	691.69	33.73	30.46
安吉县	Anji	594.24	294.71	630.48	28.18	28.35
绍兴市区	Shaoxing District	5467.32	2491.38	5043.17	144.05	130.27
柯桥区	keqiao	1905.37	954.58	1568.42	50.40	40.73
上虞区	Shangyu	1197.75	652.35	1079.06	37.59	44.12

续表 1 Continued

市县名称	City and County	金融机构年末存款余额（亿元）Deposits in Financial Institutions (100 million yuan)	#住户存款年末余额（亿元）Saving Deposits of Residents (10000 million yuan)	金融机构年末贷款余额（亿元）Loans in Financial Institutions (100 million yuan)	城镇职工基本养老保险参保人数（万人）Staff and Workers in Urban Area Participating in the Basic Retirement Security Program (10000 persons)	城乡居民基本医疗保险参保人数（万人）Urban and Rural Households Participating in the Basic Health Care Program (10000 persons)
诸暨市	Zhuji	1436.00	862.04	1291.19	46.09	75.33
嵊州市	Shengzhou	757.00	466.66	631.63	27.82	45.53
新昌县	Xinchang	566.66	262.79	502.32	18.76	24.23
金华市区	Jinhua District	1839.20	816.44	1894.91	58.55	66.62
金东区	JIndong					
兰溪市	Lanxi	471.33	280.73	435.27	19.68	46.56
东阳市	Dongyang	1218.48	693.13	838.48	35.91	64.83
义乌市	Yiwu	2872.19	1528.26	2448.41	56.95	43.16
永康市	Yongkang	1126.95	679.95	919.52	24.62	45.51
武义县	Wuyi	435.63	247.99	349.75	14.04	27.64
浦江县	Pujiang	365.90	258.78	311.12	12.41	30.42
磐安县	Panan	203.76	95.61	147.71	7.79	17.58
衢州市区	Quzhou District	1170.33	452.22	1250.22	38.03	52.23
江山市	Jiangshan	486.51	296.19	368.36	16.89	44.82
常山县	Changshan	212.87	121.22	154.50	9.04	22.17
开化县	Kaihua	212.32	120.42	179.55	7.92	26.96
龙游县	Longyou	326.60	177.61	287.49	11.26	27.10
舟山市区	Zhoushan District	1664.34	668.44	1840.13	55.26	39.05
岱山县	Daishan	244.25	119.57	122.13	11.38	11.47
嵊泗县	Shengsi	78.27	43.42	41.42	4.07	3.52
台州市区	Taizhou District	3884.57	1917.53	3297.82	86.57	114.26
温岭市	Wenling	1653.22	988.77	1380.01	42.15	95.90
临海市	Linhai	1052.20	612.44	888.98	32.96	93.33
玉环市	Yuhuan	676.24	406.16	546.85	20.88	31.84
三门县	Sanmen	285.85	168.33	449.28	13.05	33.53
天台县	Tiantai	401.65	249.92	380.41	20.40	46.46
仙居县	Xianju	432.01	237.14	345.43	12.85	38.65
丽水市区	Lishui District	772.04	388.40	766.76	19.88	29.91
龙泉市	Longquan	184.79	122.03	154.27	8.24	22.77
青田县	Qingtian	591.81	466.21	253.01	10.57	30.47
云和县	Yunhe	108.10	60.51	85.65	3.77	8.52
庆元县	Qingyuan	127.73	72.59	102.72	4.57	15.93
缙云县	Jinyun	280.74	185.09	228.77	11.76	36.05
遂昌县	Suichang	163.61	98.78	125.25	5.73	17.56
松阳县	Songyang	153.24	99.07	124.16	6.77	18.70
景宁自治县	Jingning	106.16	52.08	81.79	3.33	12.59

续表 2 Continued

市县名称	City and County	失业保险人数（万人）Person Participating in the Unemployment Insurance Program (10000 persons)	养老服务机构数（个）Number of Pension Service Institutions (unit)	养老服务机构床位数（张）Number of Beds in Pension Services (unit)	居民最低生活保障线以下人数(人) Residents under Minimum Life Guarantee Relief (person)
杭州市区	Hangzhou District	436.52	180	37757	18409
萧山区	Xiaoshan	55.64	35	6983	2759
余杭区	Yuhang	60.44	18	3576	1711
富阳区	Fuyang	21.47	27	4777	462
临安区	Linan	13.03	26	2682	470
建德市	Jiande	8.63	20	3131	790
桐庐县	Tonglu	9.03	28	2817	974
淳安县	Chunan	5.19	25	2436	501
宁波市区	Ningbo District	187.50	122	32732	22427
鄞州区	Yinzhou	50.38	24	9353	4079
奉化区	Fenhua	11.73	23	5031	9500
余姚市	Yuyao	26.17	36	7065	12825
慈溪市	Cixi	32.74	15	4435	11776
象山县	Xiangshan	11.12	60	5933	11399
宁海县	Ninghai	12.57	18	5899	9371
温州市区	Wenzhou District	56.24	55	10638	6250
洞头区	Dongtou	1.04	12	1026	58
瑞安市	Ruian	19.64	65	7970	1438
乐清市	Yueqing	19.21	61	8664	313
永嘉县	Yongjia	8.48	41	5829	905
平阳县	Pingyang	9.01	51	5720	1288
苍南县	Cangnan	8.88	70	6605	2185
文成县	Wenchen	1.03	21	2807	234
泰顺县	Taishun	1.57	11	2853	99
嘉兴市区	Jiaxing District	46.26	16	4509	1556
平湖市	Pinghu	22.75	16	4864	1195
海宁市	Haining	23.93	18	5499	643
桐乡市	Tongxiang	21.04	18	4686	553
嘉善县	Jiashan	17.74	8	3588	686
海盐县	Haiyan	12.34	9	2649	657
湖州市区	Huzhou District	32.17	41	10147	2926
德清县	Deqing	15.10	17	4388	448
长兴县	ChangXing	15.95	41	6281	1765
安吉县	Anji	13.94	27	4154	596
绍兴市区	Shaoxing District	78.94	77	22103	4774
柯桥区	keqiao	29.46	14	6942	1665
上虞区	Shangyu	19.43	28	7840	1266

续表 3 Continued

市县名称	City and County	失业保险人数（万人）Person Participating in the Unemployment Insurance Program（10000 persons）	养老服务机构数（个）Number of Pension Service Institutions（unit）	养老服务机构床位数（张）Number of Beds in Pension Services（unit）	居民最低生活保障线以下人数（人）Residents under Minimum Life Guarantee Relief（person）
诸暨市	Zhuji	19.97	46	11234	362
嵊州市	Shengzhou	11.40	67	8028	480
新昌县	Xinchang	10.39	19	4699	207
金华市区	Jinhua District	27.81	22	6756	914
金东区	JIndong		9	1925	101
兰溪市	Lanxi	7.25	18	6001	400
东阳市	Dongyang	12.57	24	6815	188
义乌市	Yiwu	23.77	6	5916	208
永康市	Yongkang	10.10	9	4417	160
武义县	Wuyi	4.03	17	3280	167
浦江县	Pujiang	4.12	10	2458	423
磐安县	Panan	1.96	6	1801	115
衢州市区	Quzhou District	16.96	10	2502	1716
江山市	Jiangshan	5.78	29	3211	554
常山县	Changshan	2.86	22	3308	782
开化县	Kaihua	2.24	14	1811	446
龙游县	Longyou	4.31	11	3167	334
舟山市区	Zhoushan District	19.96	54	7785	1151
岱山县	Daishan	2.69	22	2295	219
嵊泗县	Shengsi	1.07	13	657	195
台州市区	Taizhou District	39.28	61	10151	16014
温岭市	Wenling	16.82	42	8442	12856
临海市	Linhai	16.58	63	7385	13690
玉环市	Yuhuan	11.00	17	1897	5425
三门县	Sanmen	4.46	13	1726	10538
天台县	Tiantai	5.62	30	3601	14068
仙居县	Xianju	4.84	16	3206	14294
丽水市区	Lishui District	9.83	15	3593	11037
龙泉市	Longquan	2.25	8	2085	7374
青田县	Qingtian	3.00	22	2783	15159
云和县	Yunhe	1.32	6	878	3254
庆元县	Qingyuan	0.84	2	563	6950
缙云县	Jinyun	3.27	18	1966	14415
遂昌县	Suichang	1.70	9	629	6350
松阳县	Songyang	1.55	5	848	7740
景宁自治县	Jingning	1.37	10	1148	5896

17－40 各市、县各类学校在校学生数(2018 年)
Student Enrollment by Type of School ,City and County (2018)

市县名称	City and County	高等学校（人）Institutions of Higher Education (person)	中等职业学校（人）Specialized Secondary Schools (person)	普通中学（万人）Regular Secondary Schools (10000 persons)	小学（万人）Primary Schools (10000 persons)
杭州市区	Hangzhou District	424100	69197	30.11	52.88
萧山区	Xiaoshan	28200	10859	6.79	10.79
余杭区	Yuhang	25629	10915	5.31	10.54
富阳区	Fuyang	4770	6621	3.39	4.51
临安区	Linan	14480	3602	2.04	3.14
建德市	Jiande		1406	1.75	2.17
桐庐县	Tonglu	7865	2287	1.62	2.46
淳安县	Chunan		3044	1.44	1.54
宁波市区	Ningbo District	149804	34993	15.18	25.72
鄞州区	Yinzhou			3.24	8.33
奉化区	Fenhua		3770	1.93	3.08
余姚市	Yuyao		8486	3.89	6.69
慈溪市	Cixi		10632	5.13	8.12
象山县	Xiangshan		4303	2.22	3.65
宁海县	Ninghai		7586	3.09	4.86
温州市区	Wenzhou District	88810	25018	9.83	17.35
洞头区	Dongtou		762	0.47	0.71
瑞安市	Ruian		12841	5.60	8.90
乐清市	Yueqing		10133	6.18	10.69
永嘉县	Yongjia		9004	4.49	6.07
平阳县	Pingyang		9426	4.32	6.13
苍南县	Cangnan		11160	6.15	10.13
文成县	Wenchen		1085	1.01	1.56
泰顺县	Taishun		2095	1.36	2.03
嘉兴市	Jiaxing District	46879	14762	4.75	8.02
平湖市	Pinghu		6733	1.91	2.99
海宁市	Haining	14374	10233	2.85	4.44
桐乡市	Tongxiang	5198	8503	3.15	4.68
嘉善县	Jiashan	4260	3980	1.96	3.44
海盐县	Haiyan		4693	1.64	2.44
湖州市区	Huzhou District		10201	4.56	7.46
德清县	Deqing		3402	1.95	2.59
长兴县	ChangXing		8806	2.69	3.59
安吉县	Anji		5897	2.23	3.02
绍兴市区	Shaoxing District	92868	27519	10.85	13.54
柯桥区	keqiao	12999	9100	3.73	4.43
上虞区	Shangyu	9975	7005	3.28	3.73

续表 Continued

市县名称	City and County	高等学校（人）Institutions of Higher Education (person)	中等职业学校（人）Specialized Secondary Schools (person)	普通中学（万人）Regular Secondary Schools (10000 persons)	小学（万人）Primary Schools (10000 persons)
诸暨市	Zhuji	6402	9902	7.35	6.71
嵊州市	Shengzhou		5843	2.80	3.23
新昌县	Xinchang		4317	2.05	2.28
金华市区	Jinhua District	47423	30618	6.01	8.31
金东区	JIndong				
兰溪市	Lanxi	7310	5364	2.61	3.19
东阳市	Dongyang	14383	6803	4.67	6.93
义乌市	Yiwu	8364	14820	5.12	10.92
永康市	Yongkang		7821	3.56	5.93
武义县	Wuyi		2486	1.46	2.79
浦江县	Pujiang		4783	2.32	3.03
磐安县	Panan		1638	0.95	1.07
衢州市区	Quzhou District	14413	12140	4.10	5.05
江山市	Jiangshan		6312	2.77	3.10
常山县	Changshan		2016	1.30	1.64
开化县	Kaihua		1661	1.43	1.67
龙游县	Longyou		4209	1.63	1.92
舟山市区	Zhoushan District	23032	6311	2.62	4.05
岱山县	Daishan		573	0.43	0.64
嵊泗县	Shengsi			0.19	0.25
台州市区	Taizhou District		27443	9.26	14.13
温岭市	Wenling		13013	5.46	8.75
临海市	Linhai	7486	22405	6.02	7.92
玉环市	Yuhuan		4632	2.36	4.62
三门县	Sanmen		5515	1.97	2.68
天台县	Tiantai		6451	3.16	3.23
仙居县	Xianju		7185	3.18	3.25
丽水市区	Lishui District	21008	5999	2.53	3.75
龙泉市	Longquan		3129	1.23	1.61
青田县	Qingtian		4305	1.87	2.91
云和县	Yunhe		1689	0.48	0.82
庆元县	Qingyuan		1866	0.77	0.95
缙云县	Jinyun		5032	2.33	2.89
遂昌县	Suichang		2254	0.90	1.05
松阳县	Songyang		2218	0.96	1.27
景宁自治县	Jingning		1568	0.63	0.83

17－41 各市、县专利申请(2018 年)
Patent Application by City and County (2018)

市县名称	City and County	专利申请受理量(项) Patent Application Accepted (item)	专利申请授权量(项) Patent Application Approved (item)	#发明 Invention
杭州市区	Hangzhou District	88782	50024	9853
萧山区	Xiaoshan	9618	5658	477
余杭区	Yuhang	19949	11485	932
富阳区	Fuyang	4060	2254	376
临安区	Linan	4235	2325	252
建德市	Jiande	1587	725	53
桐庐县	Tonglu	2896	1832	79
淳安县	Chunan	896	473	30
宁波市区	Ningbo District			
鄞州区	Yinzhou	17550	9945	1524
奉化区	Fenghua	2578	1540	201
余姚市	Yuyao	9764	6083	472
慈溪市	Cixi	15296	9936	666
象山县	Xiangshan	2464	2289	104
宁海县	Ninghai	4240	3254	292
温州市区	Wenzhou District			
洞头区	Dongtou	466	390	35
瑞安市	Ruian	8727	6350	462
乐清市	Yueqing	8727	6323	787
永嘉县	Yongjia	3761	2500	150
平阳县	Pingyang	3676	2608	118
苍南县	Cangnan	3018	2043	85
文成县	Wencheng	760	314	36
泰顺县	Taishun	999	461	20
嘉兴市区	Jiaxing District	13667	7300	977
平湖市	Pinghu	5882	3305	237
海宁市	Haining	9007	4006	491
桐乡市	Tongxiang	8129	3238	266
嘉善县	Jiashan	5950	3489	276
海盐县	Haiyan	5229	3251	259
湖州市区	Huzhou District			
德清县	Deqing	7489	4325	320
长兴县	Changxing	6869	3911	529
安吉县	Anji	9708	3974	280
绍兴市区	Shaoxing District			
柯桥区	keqiao	8190	6163	593
上虞区	Shangyu	6524	4729	592

续表 Continued

市县名称	City and County	专利申请受理量(项) Patent Application Accepted (item)	专利申请授权量(项) Patent Application Approved (item)	#发明 Invention
诸暨市	Zhuji	12102	10003	815
嵊州市	Shengzhou	3323	2121	281
新昌县	Xinchang	9454	10170	600
金华市区	Jinhua District			
金东区	JIndong	2175	1166	94
兰溪市	Lanxi	2594	1491	105
东阳市	Dongyang	4433	2483	334
义乌市	Yiwu	6991	4374	269
永康市	Yongkang	10172	7112	198
武义县	Wuyi	2996	1881	58
浦江县	Pujiang	3238	1950	191
磐安县	Panan	892	502	41
衢州市区	Quzhou District	3647	3008	403
江山市	Jiangshan	1185	1193	186
常山县	Changshan	669	587	15
开化县	Kaihua	689	466	16
龙游县	Longyou	1343	871	47
舟山市区	Zhoushan District			
岱山县	Daishan	371	333	22
嵊泗县	Shengsi	122	46	7
台州市区	Taizhou District	15499	12322	1379
温岭市	Wenling	6130	4367	470
临海市	Linhai	4422	2861	365
玉环市	Yuhuan	4006	3267	241
三门县	Sanmen	2392	1460	148
天台县	Tiantai	2267	1476	101
仙居县	Xianju	979	535	63
丽水市区	Lishui District	2605	1340	165
龙泉市	Longquan	1650	843	42
青田县	Qingtian	1958	991	32
云和县	Yunhe	3173	1618	10
庆元县	Qingyuan	611	416	30
缙云县	Jinyun	2434	1329	42
遂昌县	Suichang	578	265	30
松阳县	Songyang	563	336	21
景宁自治县	Jingning	408	237	9

17－42 各市、县文化和卫生事业主要指标(2018 年)
The Culture and Public Health by City and county (2018)

市县名称	City and County	体育场馆数（个）Number of Sports and Gymnsiums (unit)	剧场和影剧院数（个）Number of Theaters and Music Halls (unit)	公共图书馆图书藏量（万册）Total Collections of Books in Public Libraries (10000 copies)	医院数（个）Number of Hospitals (unit)	医院床位数（张）Number of Beds in Hospital (unit)	医生数（人）Doctors (person)
杭州市区	Hangzhou District	17	158	2249	282	68765	41105
萧山区	Xiaoshan	1	14	306	56	9699	5214
余杭区	Yuhang	1	32	127	29	4919	4093
富阳区	Fuyang	1	7	52	13	2812	2250
临安区	Linan	2	5	79	25	2827	1841
建德市	Jiande	2	4	74	9	2285	1283
桐庐县	Tonglu	4	5	66	15	1990	1422
淳安县	Chunan	2	3	58	10	2146	1086
宁波市区	Ningbo District	16	69	651	112	25022	16251
鄞州区	Yinzhou	3	20	202	36	8282	5360
奉化区	Fenhua	2	7	26	11	2382	1500
余姚市	Yuyao	1	11	65	13	2909	2658
慈溪市	Cixi	2	17	181	24	3826	3829
象山县	Xiangshan	1	8	51	15	1971	1472
宁海县	Ninghai	1	7	40	6	1863	1640
温州市区	Wenzhou District	12	4	723	59	18782	11351
洞头区	Dongtou	1	1	32	2	312	291
瑞安市	Ruian	3	1	100	14	3592	4078
乐清市	Yueqing	7	1	79	21	3908	3956
永嘉县	Yongjia	3		66	11	2432	2339
平阳县	Pingyang	2		65	10	2971	2389
苍南县	Cangnan	3		127	24	4166	2739
文成县	Wenchen	3	1	49	4	813	750
泰顺县	Taishun	3	1	35	2	750	785
嘉兴市区	Jiaxing District	15	20	264	31	9186	4493
平湖市	Pinghu	7	5	103	8	2664	1044
海宁市	Haining	10	9	190	11	3879	1978
桐乡市	Tongxiang	12	11	137	14	3149	2230
嘉善县	Jiashan	12	6	106	10	2372	1255
海盐县	Haiyan	9	5	78	8	1800	1340
湖州市区	Huzhou District	17	22	94	30	7189	4409
德清县	Deqing	16	4	50	9	1262	1320
长兴县	ChangXing	7	7	41	14	3053	1862
安吉县	Anji	2	5	26	9	2094	1256
绍兴市区	Shaoxing District	17	6	306	43	12534	8523
柯桥区	keqiao	4	1	50	10	3315	2909
上虞区	Shangyu	4	1	60	11	2638	2101

续表 Continued

市县名称	City and County	体育场馆数（个）Number of Sports and Gymnsiums (unit)	剧场和影剧院数（个）Number of Theaters and Music Halls (unit)	公共图书馆图书藏量（万册）Total Collections of Books in Public Libraries (10000 copies)	医院数（个）Number of Hospitals (unit)	医院床位数（张）Number of Beds in Hospital (unit)	医生数（人）Doctors (person)
诸暨市	Zhuji	3	2	82	15	3973	3845
嵊州市	Shengzhou	3	1	55	14	2724	1743
新昌县	Xinchang	2	1	42	9	2420	1551
金华市区	Jinhua District	3	15	129	36	9311	4526
金东区	JIndong		3	10	7	317	604
兰溪市	Lanxi	2	2	32	20	2036	1528
东阳市	Dongyang	2	8	52	14	4733	2799
义乌市	Yiwu	2	24	108	30	5239	3540
永康市	Yongkang	1	6	50	14	2990	2188
武义县	Wuyi		4	33	7	1893	983
浦江县	Pujiang	2	3	43	10	2322	1212
磐安县	Panan		1	28	6	766	510
衢州市区	Quzhou District	22	10	183	33	6136	3408
江山市	Jiangshan	6	1	31	8	2095	1293
常山县	Changshan	5	1	32	9	1209	816
开化县	Kaihua	8	1	33	8	1358	801
龙游县	Longyou	8	2	22	26	1773	976
舟山市区	Zhoushan District	6	12	159	26	4882	3383
岱山县	Daishan	1	2	31	5	591	510
嵊泗县	Shengsi	1	1	14	2	225	212
台州市区	Taizhou District	3	29	363	48	8526	6242
温岭市	Wenling	2	17	158	26	5742	3750
临海市	Linhai	1	11	115	21	5523	3141
玉环市	Yuhuan	3	6	78	8	2113	1267
三门县	Sanmen	2	5	39	5	1126	1002
天台县	Tiantai	1	5	54	8	2335	1426
仙居县	Xianju	1	5	82	6	1514	1275
丽水市区	Lishui District	4	3	54	15	5000	2824
龙泉市	Longquan	2	3	22	4	895	787
青田县	Qingtian	2	1	22	8	1441	942
云和县	Yunhe	2	2	22	5	549	437
庆元县	Qingyuan	1	2	12	2	552	447
缙云县	Jinyun		3	38	10	1858	1043
遂昌县	Suichang	2	4	20	4	752	585
松阳县	Songyang	3	2	22	5	745	562
景宁自治县	Jingning	2	2	12	3	548	405

2019
浙江统计年鉴
ZHEJIANG STATISTICAL YEARBOOK

CHAPTER 18

附　录
Appendix

附表1　各季消费者信心指数（2018年）

指标	1季度	2季度	3季度	4季度
按地区分				
杭州	123.6	118.4	118.3	120.4
宁波	130.6	122.5	124.0	126.4
温州	125.1	122.0	120.0	130.4
嘉兴	126.9	122.4	116.3	125.8
湖州	132.7	130.6	131.6	129.9
绍兴	129.8	128.6	126.7	131.6
金华	127.3	123.7	121.9	129.0
衢州	123.2	125.7	123.7	138.3
舟山	122.4	112.7	125.4	130.6
台州	128.7	127.4	127.1	142.1
丽水	138.5	135.4	134.2	140.9
全省	127.9	124.1	124.0	130.7
按城乡分				
城市	128.6	124.9	125.3	131.4
农村	126.8	122.8	122.1	129.8
按年龄分				
18-30岁	131.3	128.8	127.7	131.2
31-40岁	127.0	124.8	122.5	129.5
41-50岁	124.3	120.1	121.7	131.0
51-60岁	127.4	119.3	123.8	131.7
61-65岁	134.5	128.6	129.0	137.4
按就业状况分				
全职工作	129.3	126.4	126.7	132.8
非全职工作	121.7	114.9	115.2	123.6
离退休	131.7	124.7	126.0	136.4
不工作	120.0	113.7	107.3	112.3

附表2 各季就业信心指数（2018年）

指标	1季度	2季度	3季度	4季度
按地区分				
杭州	130.6	124.6	125.8	127.4
宁波	139.6	133.3	131.7	134.3
温州	131.0	128.9	129.5	139.4
嘉兴	133.9	131.2	125.0	136.0
湖州	141.5	139.2	138.9	137.4
绍兴	136.7	132.9	132.4	138.6
金华	134.8	133.7	131.4	138.7
衢州	132.6	135.6	131.9	147.2
舟山	127.9	119.5	131.0	138.9
台州	135.7	138.6	134.1	150.4
丽水	144.3	142.5	144.7	149.6
全省	135.1	132.3	132.0	139.1
按城乡分				
城市	135.9	132.7	132.9	139.4
农村	134.0	131.7	130.6	138.6
按年龄分				
18-30岁	138.7	138.4	136.9	140.3
31-40岁	134.8	134.0	132.5	139.1
41-50岁	132.2	126.8	128.7	138.5
51-60岁	132.3	125.9	127.1	137.5
61-65岁	139.3	133.3	129.3	139.5
按就业状况分				
全职工作	136.5	134.6	134.8	141.2
非全职工作	130.2	124.4	124.7	132.7
离退休	137.6	131.3	128.2	141.0
不工作	127.5	121.9	115.7	121.3

附表3　各季收入信心指数（2018年）

指标	1季度	2季度	3季度	4季度
按地区分				
杭州市	119.9	115.4	115.7	116.8
宁波市	127.4	116.4	120.5	123.1
温州市	123.1	119.1	115.3	125.5
嘉兴市	123.6	117.3	112.3	119.6
湖州市	128.3	126.1	129.2	128.1
绍兴市	126.5	127.4	125.2	129.0
金华市	122.2	118.3	116.7	123.2
衢州市	117.3	119.7	119.5	133.7
舟山市	119.8	110.5	122.8	127.7
台州市	125.2	120.9	124.6	137.6
丽水市	135.5	130.5	128.3	135.2
全省	124.3	119.8	120.5	126.6
按城乡分				
城市	125.1	120.9	122.1	127.6
农村	123.2	118.0	118.1	125.1
按年龄分				
18-30岁	127.4	123.5	122.8	127.0
31-40岁	123.4	120.4	117.6	124.4
41-50岁	120.1	116.6	119.2	126.9
51-60岁	125.6	115.5	123.9	129.2
61-65岁	132.8	125.5	131.1	137.9
按就业状况分				
全职工作	125.9	122.2	123.2	128.8
非全职工作	117.0	110.0	109.3	118.6
离退休	129.3	121.2	127.1	135.4
不工作	116.3	108.8	103.0	105.7

附表4 浙江省投入产出延长表（2015年）

（按当年生产者价格计算） 单位：万元

产出 投入	中间使用						
	农林牧渔产品和服务	煤炭采选产品	石油和天然气开采产品	金属矿采选产品	非金属矿和其他矿采选产品	食品和烟草	纺织品
农林牧渔产品和服务	1556207	1	0	52	605	8626620	3923047
煤炭采选产品	0	2425	0	3115	12938	63184	291348
石油和天然气开采产品	0	0	0	21	0	17918	44772
金属矿采选产品	0	0	0	112844	0	0	0
非金属矿和其他矿采选产品	12157	0	0	334	332554	22945	2441
食品和烟草	2191355	2	0	120	1007	7324803	111283
纺织品	0	0	0	93	65	34828	28522197
纺织服装鞋帽皮革羽绒及其制品	0	68	0	1101	5762	32851	148618
木材加工品和家具	18115	148	0	265	1425	10379	305498
造纸印刷和文教体育用品	0	13	0	880	4745	1125891	436802
石油、炼焦产品和核燃料加工品	66291	7	0	2304	61101	118809	209132
化学产品	1574002	1	0	14616	76955	1870911	13886339
非金属矿物制品	37483	0	0	376	14106	424173	34713
金属冶炼和压延加工品	6317	0	0	30747	6935	32632	194249
金属制品	516415	0	0	2090	3123	315355	91869
通用设备	0	0	0	5223	23688	96325	342441
专用设备	1326119	0	0	34980	32156	35118	86123
交通运输设备	16242	0	0	852	1359	12507	6283
电气机械和器材	0	0	0	1781	26812	28616	147598
通信设备、计算机和其他电子设备	0	0	0	112	292	5558	58711
仪器仪表	0	95	0	394	1924	9171	45258
其他制造产品	0	0	0	3	0	1209	7856
废品废料	0	2	0	5	10297	5140	15094
金属制品、机械和设备修理服务	17099	11	0	3497	23715	63911	175102
电力、热力的生产和供应	95436	304	0	26803	149707	987221	2451324
燃气生产和供应	0	0	0	29	0	15019	1775
水的生产和供应	0	6	0	76	1486	24089	49126
建筑	0	10	0	105	402	15939	15845
批发和零售	544593	140	0	10281	32361	2762728	6941766
交通运输、仓储和邮政	89740	639	0	10286	224936	1239832	983140
住宿和餐饮	0	37	0	2391	18815	152679	158028
信息传输、软件和信息技术服务	0	892	0	4815	36295	216538	782474
金融	679682	159	0	10226	49093	953200	1914929
房地产	0	2	0	28	2612	12648	31275
租赁和商务服务	14724	13	0	7582	32361	695414	339853
科学研究和技术服务	131295	87	0	1748	10377	38417	67398
水利、环境和公共设施管理	92003	6	0	345	3253	14891	20728
居民服务、修理和其他服务	83861	37	0	1020	24217	63752	34745
教育	0	29	0	333	4097	19585	18262
卫生和社会工作	155082	0	0	0	0	0	0
文化、体育和娱乐	0	9	0	694	6335	30953	44901
公共管理、社会保障和社会组织	996471	0	0	617	215	11799	6502
中间投入合计	**10220689**	**5143**	**0**	**293184**	**1238126**	**27533558**	**62948845**
劳动者报酬	17932986	506	0	65113	145211	1820537	5907362
生产税净额	-837127	289	0	50072	125389	3715170	2601653
固定资产折旧	1553378	59	0	34076	68937	634067	2157629
营业盈余	0	827	0	1933	136771	1787474	4846634
增加值合计	**18649237**	**1681**	**0**	**151194**	**476308**	**7957248**	**15513278**
总投入	**28869926**	**6824**	**0**	**444378**	**1714434**	**35490806**	**78462123**

续1

投入 \ 产出	中间使用						
	纺织服装鞋帽皮革羽绒及其制品	木材加工品和家具	造纸印刷和文教体育用品	石油、炼焦产品和核燃料加工品	化学产品	非金属矿物制品	金属冶炼和压延加工品
农林牧渔产品和服务	675563	1205156	787883	234	2865374	1124	908
煤炭采选产品	39815	22858	270830	92937	846005	913096	843431
石油和天然气开采产品	3116	8843	8052	11603777	2878351	181057	152408
金属矿采选产品	0	688	97039	0	86820	131611	3588324
非金属矿和其他矿采选产品	177	3397	18590	8	277603	2099438	83434
食品和烟草	210945	52806	186431	4813	761128	32799	8333
纺织品	13331963	475527	1125518	2794	2134159	64571	12912
纺织服装鞋帽皮革羽绒及其制品	11125269	358394	225994	5833	522312	73755	40923
木材加工品和家具	85590	5761591	895954	3880	259576	52060	25969
造纸印刷和文教体育用品	792937	460143	12053062	2520	1691324	392043	189287
石油、炼焦产品和核燃料加工品	181385	63776	178200	1136115	4564510	345328	629050
化学产品	3435317	1151455	3667091	475417	69013692	1518979	327614
非金属矿物制品	48468	212868	220919	1839	1695596	5530079	385615
金属冶炼和压延加工品	87903	579456	1746447	1277	1185699	729425	35343751
金属制品	143361	383424	702320	3548	788155	134815	147598
通用设备	175734	232943	333302	10199	1143959	157273	379083
专用设备	64246	223600	99021	2618	453741	210725	884584
交通运输设备	28577	4914	35469	644	22790	33513	117397
电气机械和器材	19802	97448	342697	3718	661934	137343	188485
通信设备、计算机和其他电子设备	31146	4310	73395	592	137669	43422	20887
仪器仪表	3540	290	14959	11876	102252	31356	33002
其他制造产品	242473	2387	1902	49	9194	5859	5098
废品废料	12308	11600	869212	1914	353084	338104	2970446
金属制品、机械和设备修理服务	113623	56828	141120	6752	278296	154394	175579
电力、热力的生产和供应	602506	308642	1515857	76752	5104914	1501157	2444479
燃气生产和供应	0	201	3499	0	16253	3421	35685
水的生产和供应	19481	17177	19566	1266	69213	18447	33923
建筑	16723	6396	15567	1603	61654	22154	19845
批发和零售	4340324	831662	1528615	1076737	4816901	1336823	1359286
交通运输、仓储和邮政	829389	666862	981111	287857	3655596	1674097	1168357
住宿和餐饮	151665	80245	155795	3917	726365	149121	115276
信息传输、软件和信息技术服务	808278	172856	306621	6994	845519	170314	223415
金融	1114740	457357	1245218	139191	3893431	1343945	2386594
房地产	63029	26251	67771	572	76902	33883	32042
租赁和商务服务	548866	227524	320748	73823	2223593	302324	217562
科学研究和技术服务	78250	45407	57933	1593	577930	33852	59342
水利、环境和公共设施管理	18020	8546	19064	494	97317	21432	24196
居民服务、修理和其他服务	69517	26871	56278	3380	407230	63466	39240
教育	27297	13475	30759	1856	61155	13859	15492
卫生和社会工作	0	0	0	0	0	0	0
文化、体育和娱乐	35375	19022	36697	742	129946	32777	30497
公共管理、社会保障和社会组织	9207	2817	11027	89	25828	4725	7730
中间投入合计	**39585925**	**14286013**	**30467533**	**15050220**	**115522970**	**20037966**	**54767079**
劳动者报酬	5947299	2081682	3494787	157181	9576811	1950988	2390091
生产税净额	1767297	665053	1312362	1463578	5180661	960719	1335889
固定资产折旧	932734	413452	1192016	120116	4954534	886397	1175760
营业盈余	2906367	1397330	1891874	557147	8306547	1487573	1769924
增加值合计	**11553697**	**4557517**	**7891039**	**2298022**	**28018553**	**5285677**	**6671664**
总投入	**51139622**	**18843530**	**38358572**	**17348242**	**143541523**	**25323643**	**61438743**

续 2

投入 \ 产出	中间使用						
	金属制品	通用设备	专用设备	交通运输设备	电气机械和器材	通信设备、计算机和其他电子设备	仪器仪表
农林牧渔产品和服务	68483	809	444	1845	1669	1375	69
煤炭采选产品	53624	28826	8787	39792	11968	10776	827
石油和天然气开采产品	49221	19654	6061	51782	37875	2320	117
金属矿采选产品	60263	15844	7164	120485	58030	16435	8811
非金属矿和其他矿采选产品	13444	1659	1712	2703	23331	3156	115
食品和烟草	7052	13637	6178	9821	15120	8134	2164
纺织品	38734	38548	17960	60643	29185	3233	5922
纺织服装鞋帽皮革羽绒及其制品	57034	59123	81789	59119	103714	27069	8014
木材加工品和家具	119358	140543	29951	126859	239847	11274	7191
造纸印刷和文教体育用品	399488	439186	110406	291451	772377	169871	98208
石油、炼焦产品和核燃料加工品	136063	277248	76886	140923	187486	45132	7922
化学产品	1769547	964277	646334	2512697	4390392	916752	304737
非金属矿物制品	658735	419515	104711	238489	1808458	721629	313831
金属冶炼和压延加工品	10131316	11355451	3740655	6883954	13672372	2982570	302329
金属制品	3271654	2194212	532540	1079013	2380967	528736	138026
通用设备	840168	12804934	2533288	4001386	3380188	536705	177788
专用设备	238885	468073	1482319	177273	1225656	224785	160382
交通运输设备	19730	449256	28823	23482695	76573	1980	1053
电气机械和器材	440313	3745041	1102769	2005669	19721382	2482117	834166
通信设备、计算机和其他电子设备	120699	897027	363684	472614	3963203	13659099	1219842
仪器仪表	217577	787522	310979	256589	629948	477250	1061739
其他制造产品	3564	10339	469	1670	146498	1215	40056
废品废料	307386	234597	75441	202052	6897	7960	318
金属制品、机械和设备修理服务	73686	145686	32955	191375	93657	54156	12063
电力、热力的生产和供应	1128332	848464	317086	678423	918227	370674	68161
燃气生产和供应	41152	17187	4412	1613	22	256	0
水的生产和供应	24324	16990	7238	15344	14092	12655	1962
建筑	11229	14546	5421	28121	17313	8354	1166
批发和零售	764199	1348114	441259	1557390	2266818	1526049	273359
交通运输、仓储和邮政	820600	1104430	415512	1033775	1263245	443619	124970
住宿和餐饮	133953	283121	152447	149411	284023	154529	47799
信息传输、软件和信息技术服务	299162	1061818	267195	274131	308267	310008	58459
金融	1050220	1447236	475951	1683821	1848687	629931	123830
房地产	40553	59705	34701	31578	51144	40503	15815
租赁和商务服务	301988	456550	200882	458196	868377	373733	97147
科学研究和技术服务	181564	247112	86229	191619	324589	341785	38418
水利、环境和公共设施管理	15235	30459	16003	17668	24715	16284	4561
居民服务、修理和其他服务	47171	109993	63368	78509	109768	34336	16948
教育	17997	34621	11206	14084	30950	12374	6327
卫生和社会工作	0	0	0	0	0	0	0
文化、体育和娱乐	27156	64003	27805	30433	48443	26868	9135
公共管理、社会保障和社会组织	6104	10673	4428	4931	17184	3050	3213
中间投入合计	**24006963**	**42666029**	**13833448**	**48659946**	**61372657**	**27198737**	**5596960**
劳动者报酬	3058427	5666665	2271211	5738183	6018696	3186396	949916
生产税净额	1085455	2292247	811370	2121160	2449683	1044455	312140
固定资产折旧	768010	1728666	639130	1926156	1759046	708903	204266
营业盈余	1545615	3293824	1174162	3100941	4026297	2759761	636844
增加值合计	**6457507**	**12981402**	**4895873**	**12886440**	**14253722**	**7699515**	**2103166**
总投入	**30464470**	**55647431**	**18729321**	**61546386**	**75626379**	**34898252**	**7700126**

续3

投入＼产出	中间使用						
	其他制造产品	废品废料	金属制品、机械和设备修理服务	电力、热力的生产和供应	燃气生产和供应	水的生产和供应	建筑
农林牧渔产品和服务	22369	89	130	10728	45	1979	1781005
煤炭采选产品	312132	1528	13499	8077859	0	13	581508
石油和天然气开采产品	114	0	2482	716115	1870982	0	461
金属矿采选产品	0	65144	0	0	0	0	0
非金属矿和其他矿采选产品	876	24357	0	7104	0	1087	1892502
食品和烟草	38876	696	633	2730	180	3763	41526
纺织品	276580	3284	9	86	10	66	20937
纺织服装鞋帽皮革羽绒及其制品	51595	11226	3243	35522	1210	12433	444666
木材加工品和家具	35147	9524	297	2209	157	313	2703497
造纸印刷和文教体育用品	91208	21076	5721	30874	2114	10509	381204
石油、炼焦产品和核燃料加工品	12359	13212	7725	210554	153	3718	1266408
化学产品	525386	423730	12123	30889	6814	65638	3900024
非金属矿物制品	13368	39051	1393	9183	474	940	20262762
金属冶炼和压延加工品	275950	48926	170061	11405	5876	902	24242982
金属制品	92330	40787	133366	21158	1142	1070	3811131
通用设备	47130	16658	69123	232572	9017	17769	881153
专用设备	3867	181	89	24984	135	6142	185326
交通运输设备	1293	2381	2876	959	66	764	55332
电气机械和器材	41998	4520	54199	361193	863	3970	4552697
通信设备、计算机和其他电子设备	7887	487	184	7667	108	1133	191877
仪器仪表	69678	128	16565	61399	10984	24179	50698
其他制造产品	80507	0	1	29	2	2	3198
废品废料	16	1629890	56867	44	5	2111	0
金属制品、机械和设备修理服务	17443	4470	28910	185173	440	89126	37944
电力、热力的生产和供应	119848	134679	31962	14296533	2241	270064	1714979
燃气生产和供应	0	1011	0	0	731123	0	7444
水的生产和供应	2619	792	432	28339	117	153307	135721
建筑	1115	1587	0	29205	219	5214	2454655
批发和零售	151282	261245	28584	508368	184303	9542	7542515
交通运输、仓储和邮政	145957	102418	20424	1347903	44804	18772	3486937
住宿和餐饮	24222	8842	10855	56138	4455	15919	382762
信息传输、软件和信息技术服务	42621	19488	12183	145205	6123	97215	176338
金融	66782	86015	30137	2173215	68340	255776	3523180
房地产	8348	1463	821	5889	269	2126	42939
租赁和商务服务	62534	14079	14731	231572	26157	54457	1046725
科学研究和技术服务	9993	1952	169	60913	716	3730	4466866
水利、环境和公共设施管理	2885	1927	1381	102835	504	11612	36492
居民服务、修理和其他服务	6100	1749	1833	54991	661	15451	331634
教育	4325	1145	1420	18892	878	4358	110909
卫生和社会工作	0	0	0	0	0	0	0
文化、体育和娱乐	4896	3546	2417	25549	1301	9076	317708
公共管理、社会保障和社会组织	803	407	132	98190	138	1037	21131
中间投入合计	**2672439**	**3003690**	**736977**	**29224173**	**2983126**	**1175283**	**93087773**
劳动者报酬	598194	182212	398659	2895829	106619	272297	20739650
生产税净额	218012	114628	90950	2104449	102211	48663	3841443
固定资产折旧	162679	95369	36572	4068770	152281	388615	631213
营业盈余	375635	926139	41719	2393374	193075	28781	4208050
增加值合计	**1354520**	**1318348**	**567900**	**11462422**	**554186**	**738356**	**29420356**
总投入	**4026959**	**4322038**	**1304877**	**40686595**	**3537312**	**1913639**	**122508129**

续4

投入 \ 产出	中间使用						
	批发和零售	交通运输、仓储和邮政	住宿和餐饮	信息传输、软件和信息技术服务	金融	房地产	租赁和商务服务
农林牧渔产品和服务	182990	822	2734387	3112	8438	696	1208165
煤炭采选产品	0	791	0	0	0	0	1
石油和天然气开采产品	0	0	0	0	0	0	0
金属矿采选产品	0	806	34	0	0	0	0
非金属矿和其他矿采选产品	0	670	8	0	0	7	22
食品和烟草	70160	28671	2455880	40353	133791	11664	16801
纺织品	33834	17835	29969	3197	2910	893	1423461
纺织服装鞋帽皮革羽绒及其制品	89019	79554	73140	64615	258362	47610	26779
木材加工品和家具	10218	10729	24780	123049	27431	11139	2657
造纸印刷和文教体育用品	320884	209760	578827	1900816	2209220	117937	778244
石油、炼焦产品和核燃料加工品	667048	3900756	50914	103177	99624	29695	805493
化学产品	78153	103910	77849	583959	672275	2762	17950
非金属矿物制品	307	10857	14393	611	0	1601	184
金属冶炼和压延加工品	2638	13711	123	9	2	23	49
金属制品	383804	13113	18290	727	562392	2695	938984
通用设备	28857	64072	197277	34025	288141	56672	47865
专用设备	671	10303	6224	375	16911	6181	38991
交通运输设备	1963	1346696	12655	51990	33896	8693	1011553
电气机械和器材	18293	32958	34642	1380365	13902	2902	2429082
通信设备、计算机和其他电子设备	16548	10157	28444	2299644	48412	6109	408558
仪器仪表	277	4746	114	511090	0	146	567
其他制造产品	2322	9081	209686	1611	3586	3299	1205149
废品废料	0	0	0	0	0	0	0
金属制品、机械和设备修理服务	129450	96048	3243	21324	6859	9884	12457
电力、热力的生产和供应	818735	203658	1041583	366209	263217	267032	64742
燃气生产和供应	11176	102497	152637	0	0	13139	2950
水的生产和供应	88052	7922	30048	2686	15751	1488	7320
建筑	66075	43016	25756	12389	119902	16441	15900
批发和零售	3225254	556702	598773	921841	400070	27897	1287388
交通运输、仓储和邮政	5050891	12807330	203784	408699	1426976	96264	821695
住宿和餐饮	916211	159798	51239	604088	1295649	155133	220555
信息传输、软件和信息技术服务	1806242	177026	135115	2699169	1682872	134071	100305
金融	7328458	4012128	860356	1525239	4983030	1366469	6050186
房地产	1682211	90265	1247547	182121	719209	356979	84518
租赁和商务服务	7916507	324364	2754926	1541499	2796019	1417775	905246
科学研究和技术服务	1119589	76438	18265	232023	39512	2175	297
水利、环境和公共设施管理	108255	38685	2942	51903	185205	16407	19609
居民服务、修理和其他服务	621244	249673	187682	55996	77864	9042	136226
教育	231691	39150	8022	28276	384499	23564	34922
卫生和社会工作	411674	28774	7923	81	0	0	0
文化、体育和娱乐	222898	55747	355303	185841	399186	54890	44584
公共管理、社会保障和社会组织	39243	6665	5962	82583	39541	10855	191694
中间投入合计	**33701842**	**24945884**	**14238742**	**16024692**	**19214654**	**4290229**	**20361149**
劳动者报酬	23423926	13172070	6395042	5088120	6537293	3799399	6799886
生产税净额	10657649	1584665	732533	1417830	5383682	5591373	1213219
固定资产折旧	2302363	5277770	1186021	2245697	853181	12713980	1393394
营业盈余	16622649	3887633	2042829	8336705	24418428	3791221	2521513
增加值合计	**53006587**	**23922138**	**10356425**	**17088352**	**37192584**	**25895973**	**11928012**
总投入	**86708429**	**48868022**	**24595167**	**33113044**	**56407238**	**30186202**	**32289161**

续 5

投　入 ＼ 产　出	中间使用						
	科学研究和技术服务	水利、环境和公共设施管理	居民服务、修理和其他服务	教育	卫生和社会工作	文化、体育和娱乐	公共管理、社会保障和社会组织
农林牧渔产品和服务	389498	794001	88906	51937	7517	12781	0
煤炭采选产品	0	0	0	0	0	6	0
石油和天然气开采产品	0	0	0	0	0	0	0
金属矿采选产品	0	0	50	0	0	0	0
非金属矿和其他矿采选产品	5663	110	49	52	0	72	9
食品和烟草	42090	3684	24934	8363	1185	146324	89868
纺织品	118	25780	24903	6512	3	1230	27042
纺织服装鞋帽皮革羽绒及其制品	11741	66866	131993	3632	830	16857	17675
木材加工品和家具	36881	25777	97097	154	79	7255	191
造纸印刷和文教体育用品	533015	88643	175238	346432	49773	1350718	500737
石油、炼焦产品和核燃料加工品	35607	60541	693442	87266	21220	22328	117020
化学产品	138035	48150	576603	586632	5357849	57337	43497
非金属矿物制品	4809	900	57	15454	174	275	41225
金属冶炼和压延加工品	63947	631	317	219	25	120	0
金属制品	1290123	171878	48801	3836	880	18827	7595
通用设备	105949	36777	49584	4233	6521	38875	9393
专用设备	3970	3093	345	1121	1512283	352	3208
交通运输设备	162058	24834	31223	305819	11259	16035	318690
电气机械和器材	659145	22957	142043	816	586634	3664	0
通信设备、计算机和其他电子设备	262815	7308	97151	3788	7557	215421	23372
仪器仪表	403194	36296	115361	31427	421	200	80128
其他制造产品	24834	67655	133588	7886	308	2007	0
废品废料	7	0	0	0	0	0	0
金属制品、机械和设备修理服务	85500	10366	2282	26847	7665	8448	18120
电力、热力的生产和供应	119224	168288	119739	152243	137576	111789	235695
燃气生产和供应	105	23744	242865	670	0	5597	0
水的生产和供应	7963	20346	20292	10451	9954	3019	10025
建筑	22593	12520	27019	109913	51825	24726	65126
批发和零售	452681	140629	221244	109363	733280	167301	104459
交通运输、仓储和邮政	1125759	89763	210746	402484	122423	127812	541795
住宿和餐饮	1116020	54625	132605	384518	29422	111732	576670
信息传输、软件和信息技术服务	135622	21411	74974	205083	30725	57736	315570
金融	420201	258937	350278	745873	34371	379193	279999
房地产	198302	59634	278403	74905	83974	92966	140728
租赁和商务服务	444570	195870	300429	56613	76570	278449	183166
科学研究和技术服务	1924653	350	47982	758	718230	116	1345
水利、环境和公共设施管理	48717	204700	13383	10438	2828	10568	31125
居民服务、修理和其他服务	66428	64041	39199	1211254	198892	82259	1657040
教育	23501	11244	9144	1605013	35376	28322	189234
卫生和社会工作	0	0	0	0	1088472	10375	0
文化、体育和娱乐	121075	22609	30677	112580	25410	331609	391298
公共管理、社会保障和社会组织	15272	1807	3827	14968	15178	4192	494338
中间投入合计	**10501685**	**2846765**	**4556773**	**6699553**	**10966689**	**3746893**	**6515383**
劳动者报酬	3078364	1393587	4342135	10416937	6763673	1857864	13312013
生产税净额	390286	152447	180743	49707	8504	304875	11482
固定资产折旧	275607	409021	280801	978844	519628	434611	842809
营业盈余	1003456	362598	1403807	214209	251087	881659	358152
增加值合计	**4747713**	**2317653**	**6207486**	**11659697**	**7542892**	**3479009**	**14524456**
总投入	**15249398**	**5164418**	**10764259**	**18359250**	**18509581**	**7225902**	**21039839**

续 6

投入 \ 产出	中间使用合计	最终使用 农村居民	城镇居民	居民消费小计	政府消费	最终消费合计
农林牧渔产品和服务	**27017063**	1006621	8925887	**9932508**	167278	**10099786**
煤炭采选产品	**12543919**	44648	27958	**72606**	0	**72606**
石油和天然气开采产品	**17655499**	0	0	**0**	0	**0**
金属矿采选产品	**4370392**	0	0	**0**	0	**0**
非金属矿和其他矿采选产品	**4831786**	0	0	**0**	0	**0**
食品和烟草	**14110103**	6968084	17466712	**24434796**	0	**24434796**
纺织品	**47797511**	332534	1119911	**1452445**	0	**1452445**
纺织服装鞋帽皮革羽绒及其制品	**14385310**	1625072	6553796	**8178868**	0	**8178868**
木材加工品和家具	**11224054**	797106	1203369	**2000475**	0	**2000475**
造纸印刷和文教体育用品	**29133584**	174819	677847	**852666**	0	**852666**
石油、炼焦产品和核燃料加工品	**16635928**	1013999	5497116	**6511115**	0	**6511115**
化学产品	**121826690**	1837032	10140471	**11977503**	0	**11977503**
非金属矿物制品	**33289621**	762701	1615627	**2378328**	0	**2378328**
金属冶炼和压延加工品	**113851401**	358348	318948	**677296**	0	**677296**
金属制品	**20920150**	357823	169098	**526921**	0	**526921**
通用设备	**29416290**	43	49745	**49788**	0	**49788**
专用设备	**9255156**	0	194435	**194435**	0	**194435**
交通运输设备	**27741692**	2266884	5602850	**7869734**	0	**7869734**
电气机械和器材	**42334534**	149113	1556473	**1705586**	0	**1705586**
通信设备、计算机和其他电子设备	**24716889**	1163488	2555815	**3719303**	0	**3719303**
仪器仪表	**5413319**	11369	220770	**232139**	0	**232139**
其他制造产品	**2234592**	469501	1231948	**1701449**	0	**1701449**
废品废料	**7110797**	0	0	**0**	0	**0**
金属制品、机械和设备修理服务	**2615504**	0	0	**0**	0	**0**
电力、热力的生产和供应	**40234505**	1194475	2493350	**3687825**	0	**3687825**
燃气生产和供应	**1435482**	554780	1347493	**1902273**	0	**1902273**
水的生产和供应	**903105**	159776	850758	**1010534**	0	**1010534**
建筑	**3367589**	1113992	0	**1113992**	0	**1113992**
批发和零售	**51392126**	1591569	9382500	**10974069**	10601	**10984670**
交通运输、仓储和邮政	**45621629**	970626	2615169	**3585795**	628557	**4214352**
住宿和餐饮	**9231075**	1685465	9796936	**11482401**	0	**11482401**
信息传输、软件和信息技术服务	**14229145**	1895488	6407877	**8303365**	0	**8303365**
金融	**56245604**	75878	87249	**163127**	11120	**174247**
房地产	**5974631**	1008717	4438017	**5446734**	0	**5446734**
租赁和商务服务	**28403518**	177083	3143459	**3320542**	578117	**3898659**
科学研究和技术服务	**11241017**	0	0	**0**	3480415	**3480415**
水利、环境和公共设施管理	**1347621**	40351	625968	**666319**	2611869	**3278188**
居民服务、修理和其他服务	**6402966**	745480	3502522	**4248002**	0	**4248002**
教育	**3127643**	1598222	3178296	**4776518**	11610050	**16386568**
卫生和社会工作	**1702381**	1848876	3449953	**5298829**	11566728	**16865557**
文化、体育和娱乐	**3319991**	387679	1584001	**1971680**	987235	**2958915**
公共管理、社会保障和社会组织	**2174573**	0	0	**0**	18799416	**18799416**
中间投入合计	**926786385**	**34387642**	**118032324**	**152419966**	50451386	**202871352**
劳动者报酬	**209933817**					
生产税净额	**62656866**					
固定资产折旧	**57106558**					
营业盈余	**115890564**					
增加值合计	**445587805**					
总投入	**1372374190**					

续 7

产出 / 投入	最终使用				
	固定资本形成总额	存货增加	资本形成总额合计	出口	国内省外流出
农林牧渔产品和服务	2911026	115560	**3026586**	156345	1050796
煤炭采选产品	0	120112	**120112**	39661	55331
石油和天然气开采产品	0	6	**6**	138860	0
金属矿采选产品	0	4617	**4617**	41	1493690
非金属矿和其他矿采选产品	0	58079	**58079**	25699	226884
食品和烟草	0	420333	**420333**	2497059	2755453
纺织品	0	293244	**293244**	23372232	11667093
纺织服装鞋帽皮革羽绒及其制品	0	358286	**358286**	19566866	12589401
木材加工品和家具	367616	161769	**529385**	6747528	2360549
造纸印刷和文教体育用品	27909	319752	**347661**	4999727	6556066
石油、炼焦产品和核燃料加工品	0	500145	**500145**	801476	8287987
化学产品	0	1349229	**1349229**	18008555	26005287
非金属矿物制品	0	876431	**876431**	1873568	938248
金属冶炼和压延加工品	0	–366592	**–366592**	4935470	7794557
金属制品	1186307	895512	**2081819**	8315670	1959772
通用设备	8957258	201395	**9158653**	13456471	7702793
专用设备	10980196	69725	**11049921**	3810308	1051739
交通运输设备	1457739	171199	**1628938**	7775175	18836388
电气机械和器材	2885724	187336	**3073060**	19308829	14948632
通信设备、计算机和其他电子设备	984742	199814	**1184556**	4151325	5330901
仪器仪表	608858	27370	**636228**	2565249	869065
其他制造产品	0	58272	**58272**	2762539	330813
废品废料	0	–3708	**–3708**	41764	998792
金属制品、机械和设备修理服务	0	0	**0**	0	5828
电力、热力的生产和供应	0	0	**0**	0	114554
燃气生产和供应	0	0	**0**	0	199557
水的生产和供应	0	0	**0**	0	0
建筑	114702982	0	**114702982**	3202955	292549
批发和零售	1792212	532773	**2324985**	15980913	15226976
交通运输、仓储和邮政	273225	109438	**382663**	2822691	2739055
住宿和餐饮	0	0	**0**	0	3936360
信息传输、软件和信息技术服务	0	0	**0**	3402402	7796728
金融	0	0	**0**	15770	43900
房地产	18756597	0	**18756597**	0	105360
租赁和商务服务	0	0	**0**	3945691	61632
科学研究和技术服务	500000	0	**500000**	1647	26319
水利、环境和公共设施管理	0	0	**0**	0	538609
居民服务、修理和其他服务	0	0	**0**	0	571920
教育	0	0	**0**	332908	61460
卫生和社会工作	0	0	**0**	37	7024
文化、体育和娱乐	0	0	**0**	127843	1641888
公共管理、社会保障和社会组织	0	0	**0**	0	65850
中间投入合计	**166392391**	**6660097**	**173052488**	175183274	167245806
劳动者报酬					
生产税净额					
固定资产折旧					
营业盈余					
增加值合计					
总投入					

续 8

投入＼产出	最终使用合计	进口	国内省外流入	总产出
农林牧渔产品和服务	**14333513**	1188493	11292157	**28869926**
煤炭采选产品	**287710**	63075	12761730	**6824**
石油和天然气开采产品	**138866**	1028804	16765561	**0**
金属矿采选产品	**1498348**	2810383	2613979	**444378**
非金属矿和其他矿采选产品	**310662**	39029	3388985	**1714434**
食品和烟草	**30107641**	1745058	6981880	**35490806**
纺织品	**36785014**	1176421	4943981	**78462123**
纺织服装鞋帽皮革羽绒及其制品	**40693421**	506827	3432282	**51139622**
木材加工品和家具	**11637937**	1451513	2566948	**18843530**
造纸印刷和文教体育用品	**12756120**	1130669	2400463	**38358572**
石油、炼焦产品和核燃料加工品	**16100723**	2708128	12680281	**17348242**
化学产品	**57340574**	12636056	22989685	**143541523**
非金属矿物制品	**6066575**	342557	13689996	**25323643**
金属冶炼和压延加工品	**13040731**	3138666	62314723	**61438743**
金属制品	**12884182**	329366	3010496	**30464470**
通用设备	**30367705**	1544553	2592011	**55647431**
专用设备	**16106403**	1384512	5247726	**18729321**
交通运输设备	**36110235**	238055	2067486	**61546386**
电气机械和器材	**39036107**	2436875	3307387	**75626379**
通信设备、计算机和其他电子设备	**14386085**	452165	3752557	**34898252**
仪器仪表	**4302681**	1567028	448846	**7700126**
其他制造产品	**4853073**	652135	2408571	**4026959**
废品废料	**1036848**	3215378	610229	**4322038**
金属制品、机械和设备修理服务	**5828**	0	1316455	**1304877**
电力、热力的生产和供应	**3802379**	0	3350289	**40686595**
燃气生产和供应	**2101830**	0	0	**3537312**
水的生产和供应	**1010534**	0	0	**1913639**
建筑	**119312478**	7056	164882	**122508129**
批发和零售	**44517544**	1889562	7311679	**86708429**
交通运输、仓储和邮政	**10158761**	1886421	5025947	**48868022**
住宿和餐饮	**15418761**	0	54669	**24595167**
信息传输、软件和信息技术服务	**19502495**	143051	475545	**33113044**
金融	**233917**	31771	40512	**56407238**
房地产	**24308691**	0	97120	**30186202**
租赁和商务服务	**7905982**	3888759	131580	**32289161**
科学研究和技术服务	**4008381**	0	0	**15249398**
水利、环境和公共设施管理	**3816797**	0	0	**5164418**
居民服务、修理和其他服务	**4819922**	0	458629	**10764259**
教育	**16780936**	1492674	56655	**18359250**
卫生和社会工作	**16872618**	673	64745	**18509581**
文化、体育和娱乐	**4728646**	272182	550553	**7225902**
公共管理、社会保障和社会组织	**18865266**	0	0	**21039839**
中间投入合计	**718352920**	51397895	221367220	**1372374190**
劳动者报酬				
生产税净额				
固定资产折旧				
营业盈余				
增加值合计				
总投入				

附表5 浙江省投入产出直接消耗系数表（2015年）

产 出 投 入	农林牧渔产品和服务	煤炭采选产品	石油和天然气开采产品	金属矿采选产品	非金属矿和其他矿采选产品	食品和烟草	纺织品
农林牧渔产品和服务	0.053904	0.000147		0.000117	0.000353	0.243066	0.049999
煤炭采选产品	0.000000	0.355363		0.007010	0.007547	0.001780	0.003713
石油和天然气开采产品	0.000000	0.000000		0.000047	0.000000	0.000505	0.000571
金属矿采选产品	0.000000	0.000000		0.253937	0.000000	0.000000	0.000000
非金属矿和其他矿采选产品	0.000421	0.000000		0.000752	0.193973	0.000647	0.000031
食品和烟草	0.075904	0.000293		0.000270	0.000587	0.206386	0.001418
纺织品	0.000000	0.000000		0.000209	0.000038	0.000981	0.363515
纺织服装鞋帽皮革羽绒及其制品	0.000000	0.009965		0.002478	0.003361	0.000926	0.001894
木材加工品和家具	0.000627	0.021688		0.000596	0.000831	0.000292	0.003894
造纸印刷和文教体育用品	0.000000	0.001905		0.001980	0.002768	0.031723	0.005567
石油、炼焦产品和核燃料加工品	0.002296	0.001026		0.005185	0.035639	0.003348	0.002665
化学产品	0.054520	0.000147		0.032891	0.044887	0.052715	0.176981
非金属矿物制品	0.001298	0.000000		0.000846	0.008228	0.011952	0.000442
金属冶炼和压延加工品	0.000219	0.000000		0.069191	0.004045	0.000919	0.002476
金属制品	0.017888	0.000000		0.004703	0.001822	0.008886	0.001171
通用设备	0.000000	0.000000		0.011754	0.013817	0.002714	0.004364
专用设备	0.045934	0.000000		0.078717	0.018756	0.000989	0.001098
交通运输设备	0.000563	0.000000		0.001917	0.000793	0.000352	0.000080
电气机械和器材	0.000000	0.000000		0.004008	0.015639	0.000806	0.001881
通信设备、计算机和其他电子设备	0.000000	0.000000		0.000252	0.000170	0.000157	0.000748
仪器仪表	0.000000	0.013921		0.000887	0.001122	0.000258	0.000577
其他制造产品	0.000000	0.000000		0.000007	0.000000	0.000034	0.000100
废品废料	0.000000	0.000293		0.000011	0.006006	0.000145	0.000192
金属制品、机械和设备修理服务	0.000592	0.001612		0.007869	0.013833	0.001801	0.002232
电力、热力的生产和供应	0.003306	0.044549		0.060316	0.087322	0.027816	0.031242
燃气生产和供应	0.000000	0.000000		0.000065	0.000000	0.000423	0.000023
水的生产和供应	0.000000	0.000879		0.000171	0.000867	0.000679	0.000626
建筑	0.000000	0.001465		0.000236	0.000234	0.000449	0.000202
批发和零售	0.018864	0.020516		0.023136	0.018876	0.077843	0.088473
交通运输、仓储和邮政	0.003108	0.093640		0.023147	0.131201	0.034934	0.012530
住宿和餐饮	0.000000	0.005422		0.005381	0.010974	0.004302	0.002014
信息传输、软件和信息技术服务	0.000000	0.130715		0.010835	0.021170	0.006101	0.009973
金融	0.023543	0.023300		0.023012	0.028635	0.026858	0.024406
房地产	0.000000	0.000293		0.000063	0.001524	0.000356	0.000399
租赁和商务服务	0.000510	0.001905		0.017062	0.018876	0.019594	0.004331
科学研究和技术服务	0.004548	0.012749		0.003934	0.006053	0.001082	0.000859
水利、环境和公共设施管理	0.003187	0.000879		0.000776	0.001897	0.000420	0.000264
居民服务、修理和其他服务	0.002905	0.005422		0.002295	0.014125	0.001796	0.000443
教育	0.000000	0.004250		0.000749	0.002390	0.000552	0.000233
卫生和社会工作	0.005372	0.000000		0.000000	0.000000	0.000000	0.000000
文化、体育和娱乐	0.000000	0.001319		0.001562	0.003695	0.000872	0.000572
公共管理、社会保障和社会组织	0.034516	0.000000		0.001388	0.000125	0.000332	0.000083
中间投入合计	**0.354025**	**0.753664**	**0.000000**	**0.659763**	**0.722178**	**0.775794**	**0.802283**
劳动者报酬	0.621165	0.074150		0.146526	0.084699	0.051296	0.075289
生产税净额	−0.028997	0.042351		0.112679	0.073137	0.104680	0.033158
固定资产折旧	0.053806	0.008646		0.076682	0.040210	0.017866	0.027499
营业盈余	0.000000	0.121190		0.004350	0.079776	0.050364	0.061770
增加值合计	**0.645975**	**0.246336**	**0.000000**	**0.340237**	**0.277822**	**0.224206**	**0.197717**
总投入	**1.000000**	**1.000000**	**1.000000**	**1.000000**	**1.000000**	**1.000000**	**1.000000**

续 1

投入＼产出	纺织服装鞋帽皮革羽绒及其制品	木材加工品和家具	造纸印刷和文教体育用品	石油、炼焦产品和核燃料加工品	化学产品	非金属矿物制品	金属冶炼和压延加工品
农林牧渔产品和服务	0.013210	0.063956	0.020540	0.000013	0.019962	0.000044	0.000015
煤炭采选产品	0.000779	0.001213	0.007060	0.005357	0.005894	0.036057	0.013728
石油和天然气开采产品	0.000061	0.000469	0.000210	0.668873	0.020052	0.007150	0.002481
金属矿采选产品	0.000000	0.000037	0.002530	0.000000	0.000605	0.005197	0.058405
非金属矿和其他矿采选产品	0.000003	0.000180	0.000485	0.000000	0.001934	0.082904	0.001358
食品和烟草	0.004125	0.002802	0.004860	0.000277	0.005302	0.001295	0.000136
纺织品	0.260697	0.025236	0.029342	0.000161	0.014868	0.002550	0.000210
纺织服装鞋帽皮革羽绒及其制品	0.217547	0.019019	0.005892	0.000336	0.003639	0.002912	0.000666
木材加工品和家具	0.001674	0.305760	0.023357	0.000224	0.001808	0.002056	0.000423
造纸印刷和文教体育用品	0.015505	0.024419	0.314221	0.000145	0.011783	0.015481	0.003081
石油、炼焦产品和核燃料加工品	0.003547	0.003385	0.004646	0.065489	0.031799	0.013637	0.010239
化学产品	0.067175	0.061106	0.095600	0.027404	0.480793	0.059983	0.005332
非金属矿物制品	0.000948	0.011297	0.005759	0.000106	0.011813	0.218376	0.006276
金属冶炼和压延加工品	0.001719	0.030751	0.045530	0.000074	0.008260	0.028804	0.575268
金属制品	0.002803	0.020348	0.018309	0.000205	0.005491	0.005324	0.002402
通用设备	0.003436	0.012362	0.008689	0.000588	0.007970	0.006211	0.006170
专用设备	0.001256	0.011866	0.002581	0.000151	0.003161	0.008321	0.014398
交通运输设备	0.000559	0.000261	0.000925	0.000037	0.000159	0.001323	0.001911
电气机械和器材	0.000387	0.005171	0.008934	0.000214	0.004611	0.005424	0.003068
通信设备、计算机和其他电子设备	0.000609	0.000229	0.001913	0.000034	0.000959	0.001715	0.000340
仪器仪表	0.000069	0.000015	0.000390	0.000685	0.000712	0.001238	0.000537
其他制造产品	0.004741	0.000127	0.000050	0.000003	0.000064	0.000231	0.000083
废品废料	0.000241	0.000616	0.022660	0.000110	0.002460	0.013351	0.048348
金属制品、机械和设备修理服务	0.002222	0.003016	0.003679	0.000389	0.001939	0.006097	0.002858
电力、热力的生产和供应	0.011782	0.016379	0.039518	0.004424	0.035564	0.059279	0.039787
燃气生产和供应	0.000000	0.000011	0.000091	0.000000	0.000113	0.000135	0.000581
水的生产和供应	0.000381	0.000912	0.000510	0.000073	0.000482	0.000728	0.000552
建筑	0.000327	0.000339	0.000406	0.000092	0.000430	0.000875	0.000323
批发和零售	0.084872	0.044135	0.039851	0.062066	0.033558	0.052790	0.022124
交通运输、仓储和邮政	0.016218	0.035389	0.025577	0.016593	0.025467	0.066108	0.019017
住宿和餐饮	0.002966	0.004258	0.004062	0.000226	0.005060	0.005889	0.001876
信息传输、软件和信息技术服务	0.015805	0.009173	0.007994	0.000403	0.005890	0.006725	0.003636
金融	0.021798	0.024271	0.032463	0.008023	0.027124	0.053071	0.038845
房地产	0.001232	0.001393	0.001767	0.000033	0.000536	0.001338	0.000522
租赁和商务服务	0.010733	0.012074	0.008362	0.004255	0.015491	0.011938	0.003541
科学研究和技术服务	0.001530	0.002410	0.001510	0.000092	0.004026	0.001337	0.000966
水利、环境和公共设施管理	0.000352	0.000454	0.000497	0.000028	0.000678	0.000846	0.000394
居民服务、修理和其他服务	0.001359	0.001426	0.001467	0.000195	0.002837	0.002506	0.000639
教育	0.000534	0.000715	0.000802	0.000107	0.000426	0.000547	0.000252
卫生和社会工作	0.000000	0.000000	0.000000	0.000000	0.000000	0.000000	0.000000
文化、体育和娱乐	0.000692	0.001009	0.000957	0.000043	0.000905	0.001294	0.000496
公共管理、社会保障和社会组织	0.000180	0.000149	0.000287	0.000005	0.000180	0.000187	0.000126
中间投入合计	**0.774075**	**0.758139**	**0.794282**	**0.867536**	**0.804805**	**0.791275**	**0.891409**
劳动者报酬	0.116295	0.110472	0.091108	0.009060	0.066718	0.077042	0.038902
生产税净额	0.034558	0.035293	0.034213	0.084365	0.036092	0.037938	0.021743
固定资产折旧	0.018239	0.021941	0.031076	0.006924	0.034516	0.035003	0.019137
营业盈余	0.056832	0.074154	0.049321	0.032115	0.057869	0.058742	0.028808
增加值合计	**0.225925**	**0.241861**	**0.205718**	**0.132464**	**0.195195**	**0.208725**	**0.108591**
总投入	**1.000000**	**1.000000**	**1.000000**	**1.000000**	**1.000000**	**1.000000**	**1.000000**

续 2

投入 \ 产出	金属制品	通用设备	专用设备	交通运输设备	电气机械和器材	通信设备、计算机和其他电子设备	仪器仪表
农林牧渔产品和服务	0.002248	0.000015	0.000024	0.000030	0.000022	0.000039	0.000009
煤炭采选产品	0.001760	0.000518	0.000469	0.000647	0.000158	0.000309	0.000107
石油和天然气开采产品	0.001616	0.000353	0.000324	0.000841	0.000501	0.000066	0.000015
金属矿采选产品	0.001978	0.000285	0.000383	0.001958	0.000767	0.000471	0.001144
非金属矿和其他矿采选产品	0.000441	0.000030	0.000091	0.000044	0.000309	0.000090	0.000015
食品和烟草	0.000231	0.000245	0.000330	0.000160	0.000200	0.000233	0.000281
纺织品	0.001271	0.000693	0.000959	0.000985	0.000386	0.000093	0.000769
纺织服装鞋帽皮革羽绒及其制品	0.001872	0.001062	0.004367	0.000961	0.001371	0.000776	0.001041
木材加工品和家具	0.003918	0.002526	0.001599	0.002061	0.003171	0.000323	0.000934
造纸印刷和文教体育用品	0.013113	0.007892	0.005895	0.004735	0.010213	0.004868	0.012754
石油、炼焦产品和核燃料加工品	0.004466	0.004982	0.004105	0.002290	0.002479	0.001293	0.001029
化学产品	0.058086	0.017328	0.034509	0.040826	0.058054	0.026269	0.039576
非金属矿物制品	0.021623	0.007539	0.005591	0.003875	0.023913	0.020678	0.040757
金属冶炼和压延加工品	0.332562	0.204061	0.199722	0.111850	0.180788	0.085465	0.039263
金属制品	0.107392	0.039431	0.028433	0.017532	0.031483	0.015151	0.017925
通用设备	0.027579	0.230108	0.135258	0.065014	0.044696	0.015379	0.023089
专用设备	0.007841	0.008411	0.079144	0.002880	0.016207	0.006441	0.020828
交通运输设备	0.000648	0.008073	0.001539	0.381545	0.001013	0.000057	0.000137
电气机械和器材	0.014453	0.067299	0.058879	0.032588	0.260774	0.071124	0.108331
通信设备、计算机和其他电子设备	0.003962	0.016120	0.019418	0.007679	0.052405	0.391398	0.158418
仪器仪表	0.007142	0.014152	0.016604	0.004169	0.008330	0.013675	0.137886
其他制造产品	0.000117	0.000186	0.000025	0.000027	0.001937	0.000035	0.005202
废品废料	0.010090	0.004216	0.004028	0.003283	0.000091	0.000228	0.000041
金属制品、机械和设备修理服务	0.002419	0.002618	0.001760	0.003109	0.001238	0.001552	0.001567
电力、热力的生产和供应	0.037038	0.015247	0.016930	0.011023	0.012142	0.010622	0.008852
燃气生产和供应	0.001351	0.000309	0.000236	0.000026	0.000000	0.000007	0.000000
水的生产和供应	0.000798	0.000305	0.000386	0.000249	0.000186	0.000363	0.000255
建筑	0.000369	0.000261	0.000289	0.000457	0.000229	0.000239	0.000151
批发和零售	0.025085	0.024226	0.023560	0.025304	0.029974	0.043729	0.035501
交通运输、仓储和邮政	0.026936	0.019847	0.022185	0.016797	0.016704	0.012712	0.016230
住宿和餐饮	0.004397	0.005088	0.008139	0.002428	0.003756	0.004428	0.006208
信息传输、软件和信息技术服务	0.009820	0.019081	0.014266	0.004454	0.004076	0.008883	0.007592
金融	0.034474	0.026007	0.025412	0.027359	0.024445	0.018051	0.016082
房地产	0.001331	0.001073	0.001853	0.000513	0.000676	0.001161	0.002054
租赁和商务服务	0.009913	0.008204	0.010726	0.007445	0.011482	0.010709	0.012616
科学研究和技术服务	0.005960	0.004441	0.004604	0.003113	0.004292	0.009794	0.004989
水利、环境和公共设施管理	0.000500	0.000547	0.000854	0.000287	0.000327	0.000467	0.000592
居民服务、修理和其他服务	0.001548	0.001977	0.003383	0.001276	0.001451	0.000984	0.002201
教育	0.000591	0.000622	0.000598	0.000229	0.000409	0.000355	0.000822
卫生和社会工作	0.000000	0.000000	0.000000	0.000000	0.000000	0.000000	0.000000
文化、体育和娱乐	0.000891	0.001150	0.001485	0.000494	0.000641	0.000770	0.001186
公共管理、社会保障和社会组织	0.000200	0.000192	0.000236	0.000080	0.000227	0.000087	0.000417
中间投入合计	**0.788032**	**0.766721**	**0.738598**	**0.790622**	**0.811524**	**0.779372**	**0.726866**
劳动者报酬	0.100393	0.101832	0.121265	0.093233	0.079585	0.091305	0.123364
生产税净额	0.035630	0.041192	0.043321	0.034464	0.032392	0.029929	0.040537
固定资产折旧	0.025210	0.031065	0.034125	0.031296	0.023260	0.020313	0.026528
营业盈余	0.050735	0.059191	0.062691	0.050384	0.053239	0.079080	0.082706
增加值合计	**0.211968**	**0.233279**	**0.261402**	**0.209378**	**0.188476**	**0.220628**	**0.273134**
总投入	**1.000000**	**1.000000**	**1.000000**	**1.000000**	**1.000000**	**1.000000**	**1.000000**

续 3

产出 投入	其他制造产品	废品废料	金属制品、机械和设备修理服务	电力、热力的生产和供应	燃气生产和供应	水的生产和供应	建筑
农林牧渔产品和服务	0.005555	0.000021	0.000100	0.000264	0.000013	0.001034	0.014538
煤炭采选产品	0.077511	0.000354	0.010345	0.198539	0.000000	0.000007	0.004747
石油和天然气开采产品	0.000028	0.000000	0.001902	0.017601	0.528928	0.000000	0.000004
金属矿采选产品	0.000000	0.015073	0.000000	0.000000	0.000000	0.000000	0.000000
非金属矿和其他矿采选产品	0.000218	0.005636	0.000000	0.000175	0.000000	0.000568	0.015448
食品和烟草	0.009654	0.000161	0.000485	0.000067	0.000051	0.001966	0.000339
纺织品	0.068682	0.000760	0.000007	0.000002	0.000003	0.000034	0.000171
纺织服装鞋帽皮革羽绒及其制品	0.012812	0.002597	0.002485	0.000873	0.000342	0.006497	0.003630
木材加工品和家具	0.008728	0.002204	0.000228	0.000054	0.000044	0.000164	0.022068
造纸印刷和文教体育用品	0.022649	0.004876	0.004384	0.000759	0.000598	0.005492	0.003112
石油、炼焦产品和核燃料加工品	0.003069	0.003057	0.005920	0.005175	0.000043	0.001943	0.010337
化学产品	0.130467	0.098039	0.009291	0.000759	0.001926	0.034300	0.031835
非金属矿物制品	0.003320	0.009035	0.001068	0.000226	0.000134	0.000491	0.165399
金属冶炼和压延加工品	0.068526	0.011320	0.130327	0.000280	0.001661	0.000471	0.197889
金属制品	0.022928	0.009437	0.102206	0.000520	0.000323	0.000559	0.031109
通用设备	0.011704	0.003854	0.052973	0.005716	0.002549	0.009285	0.007193
专用设备	0.000960	0.000042	0.000068	0.000614	0.000038	0.003210	0.001513
交通运输设备	0.000321	0.000551	0.002204	0.000024	0.000019	0.000399	0.000452
电气机械和器材	0.010429	0.001046	0.041536	0.008877	0.000244	0.002075	0.037162
通信设备、计算机和其他电子设备	0.001959	0.000113	0.000141	0.000188	0.000031	0.000592	0.001566
仪器仪表	0.017303	0.000030	0.012695	0.001509	0.003105	0.012635	0.000414
其他制造产品	0.019992	0.000000	0.000001	0.000001	0.000001	0.000001	0.000026
废品废料	0.000004	0.377111	0.043580	0.000001	0.000001	0.001103	0.000000
金属制品、机械和设备修理服务	0.004332	0.001034	0.022155	0.004551	0.000124	0.046574	0.000310
电力、热力的生产和供应	0.029761	0.031161	0.024494	0.351382	0.000634	0.141126	0.013999
燃气生产和供应	0.000000	0.000234	0.000000	0.000000	0.206689	0.000000	0.000061
水的生产和供应	0.000650	0.000183	0.000331	0.000697	0.000033	0.080113	0.001108
建筑	0.000277	0.000367	0.000000	0.000718	0.000062	0.002725	0.020037
批发和零售	0.037567	0.060445	0.021906	0.012495	0.052103	0.004986	0.061567
交通运输、仓储和邮政	0.036245	0.023697	0.015652	0.033129	0.012666	0.009810	0.028463
住宿和餐饮	0.006015	0.002046	0.008319	0.001380	0.001259	0.008319	0.003124
信息传输、软件和信息技术服务	0.010584	0.004509	0.009337	0.003569	0.001731	0.050801	0.001439
金融	0.016584	0.019901	0.023096	0.053414	0.019320	0.133659	0.028759
房地产	0.002073	0.000338	0.000629	0.000145	0.000076	0.001111	0.000350
租赁和商务服务	0.015529	0.003257	0.011289	0.005692	0.007395	0.028457	0.008544
科学研究和技术服务	0.002482	0.000452	0.000130	0.001497	0.000202	0.001949	0.036462
水利、环境和公共设施管理	0.000716	0.000446	0.001058	0.002527	0.000142	0.006068	0.000298
居民服务、修理和其他服务	0.001515	0.000405	0.001405	0.001352	0.000187	0.008074	0.002707
教育	0.001074	0.000265	0.001088	0.000464	0.000248	0.002277	0.000905
卫生和社会工作	0.000000	0.000000	0.000000	0.000000	0.000000	0.000000	0.000000
文化、体育和娱乐	0.001216	0.000820	0.001852	0.000628	0.000368	0.004743	0.002593
公共管理、社会保障和社会组织	0.000199	0.000094	0.000101	0.002413	0.000039	0.000542	0.000172
中间投入合计	**0.663637**	**0.694971**	**0.564787**	**0.718275**	**0.843331**	**0.614161**	**0.759850**
劳动者报酬	0.148547	0.042159	0.305515	0.071174	0.030141	0.142293	0.169292
生产税净额	0.054138	0.026522	0.069700	0.051723	0.028895	0.025430	0.031357
固定资产折旧	0.040397	0.022066	0.028027	0.100003	0.043050	0.203076	0.005152
营业盈余	0.093280	0.214283	0.031972	0.058825	0.054582	0.015040	0.034349
增加值合计	**0.336363**	**0.305029**	**0.435213**	**0.281725**	**0.156669**	**0.385839**	**0.240150**
总投入	**1.000000**	**1.000000**	**1.000000**	**1.000000**	**1.000000**	**1.000000**	**1.000000**

续4

投入＼产出	批发和零售	交通运输、仓储和邮政	住宿和餐饮	信息传输、软件和信息技术服务	金融	房地产	租赁和商务服务
农林牧渔产品和服务	0.002110	0.000017	0.111176	0.000094	0.000150	0.000023	0.037417
煤炭采选产品	0.000000	0.000016	0.000000	0.000000	0.000000	0.000000	0.000000
石油和天然气开采产品	0.000000	0.000000	0.000000	0.000000	0.000000	0.000000	0.000000
金属矿采选产品	0.000000	0.000016	0.000001	0.000000	0.000000	0.000000	0.000000
非金属矿和其他矿采选产品	0.000000	0.000014	0.000000	0.000000	0.000000	0.000000	0.000001
食品和烟草	0.000809	0.000587	0.099852	0.001219	0.002372	0.000386	0.000520
纺织品	0.000390	0.000365	0.001218	0.000097	0.000052	0.000030	0.044085
纺织服装鞋帽皮革羽绒及其制品	0.001027	0.001628	0.002974	0.001951	0.004580	0.001577	0.000829
木材加工品和家具	0.000118	0.000220	0.001008	0.003716	0.000486	0.000369	0.000082
造纸印刷和文教体育用品	0.003701	0.004292	0.023534	0.057404	0.039166	0.003907	0.024102
石油、炼焦产品和核燃料加工品	0.007693	0.079822	0.002070	0.003116	0.001766	0.000984	0.024946
化学产品	0.000901	0.002126	0.003165	0.017635	0.011918	0.000091	0.000556
非金属矿物制品	0.000004	0.000222	0.000585	0.000018	0.000000	0.000053	0.000006
金属冶炼和压延加工品	0.000030	0.000281	0.000005	0.000000	0.000000	0.000001	0.000002
金属制品	0.004426	0.000268	0.000744	0.000022	0.009970	0.000089	0.029080
通用设备	0.000333	0.001311	0.008021	0.001028	0.005108	0.001877	0.001482
专用设备	0.000008	0.000211	0.000253	0.000011	0.000300	0.000205	0.001208
交通运输设备	0.000023	0.027558	0.000515	0.001570	0.000601	0.000288	0.031328
电气机械和器材	0.000211	0.000674	0.001408	0.041686	0.000246	0.000096	0.075229
通信设备、计算机和其他电子设备	0.000191	0.000208	0.001156	0.069448	0.000858	0.000202	0.012653
仪器仪表	0.000003	0.000097	0.000005	0.015435	0.000000	0.000005	0.000018
其他制造产品	0.000027	0.000186	0.008525	0.000049	0.000064	0.000109	0.037324
废品废料	0.000000	0.000000	0.000000	0.000000	0.000000	0.000000	0.000000
金属制品、机械和设备修理服务	0.001493	0.001965	0.000132	0.000644	0.000122	0.000327	0.000386
电力、热力的生产和供应	0.009442	0.004168	0.042349	0.011059	0.004666	0.008846	0.002005
燃气生产和供应	0.000129	0.002097	0.006206	0.000000	0.000000	0.000435	0.000091
水的生产和供应	0.001015	0.000162	0.001222	0.000081	0.000279	0.000049	0.000227
建筑	0.000762	0.000880	0.001047	0.000374	0.002126	0.000545	0.000492
批发和零售	0.037197	0.011392	0.024345	0.027839	0.007093	0.000924	0.039871
交通运输、仓储和邮政	0.058251	0.262080	0.008286	0.012343	0.025298	0.003189	0.025448
住宿和餐饮	0.010567	0.003270	0.002083	0.018243	0.022970	0.005139	0.006831
信息传输、软件和信息技术服务	0.020831	0.003623	0.005494	0.081514	0.029834	0.004441	0.003106
金融	0.084518	0.082101	0.034981	0.046062	0.088340	0.045268	0.187375
房地产	0.019401	0.001847	0.050723	0.005500	0.012750	0.011826	0.002618
租赁和商务服务	0.091300	0.006638	0.112011	0.046553	0.049568	0.046968	0.028036
科学研究和技术服务	0.012912	0.001564	0.000743	0.007007	0.000700	0.000072	0.000009
水利、环境和公共设施管理	0.001248	0.000792	0.000120	0.001567	0.003283	0.000544	0.000607
居民服务、修理和其他服务	0.007165	0.005109	0.007631	0.001691	0.001380	0.000300	0.004219
教育	0.002672	0.000801	0.000326	0.000854	0.006816	0.000781	0.001082
卫生和社会工作	0.004748	0.000589	0.000322	0.000002	0.000000	0.000000	0.000000
文化、体育和娱乐	0.002571	0.001141	0.014446	0.005612	0.007077	0.001818	0.001381
公共管理、社会保障和社会组织	0.000453	0.000136	0.000242	0.002494	0.000701	0.000360	0.005937
中间投入合计	**0.388680**	**0.510475**	**0.578924**	**0.483939**	**0.340642**	**0.142125**	**0.630588**
劳动者报酬	0.270146	0.269544	0.260012	0.153659	0.115895	0.125865	0.210593
生产税净额	0.122914	0.032427	0.029784	0.042818	0.095443	0.185229	0.037574
固定资产折旧	0.026553	0.108000	0.048222	0.067819	0.015125	0.421185	0.043154
营业盈余	0.191707	0.079554	0.083058	0.251765	0.432895	0.125595	0.078092
增加值合计	**0.611320**	**0.489525**	**0.421076**	**0.516061**	**0.659358**	**0.857875**	**0.369412**
总投入	**1.000000**	**1.000000**	**1.000000**	**1.000000**	**1.000000**	**1.000000**	**1.000000**

续 5

投入 \ 产出	科学研究和技术服务	水利、环境和公共设施管理	居民服务、修理和其他服务	教育	卫生和社会工作	文化、体育和娱乐	公共管理、社会保障和社会组织	**中间使用合计**
农林牧渔产品和服务	0.025542	0.153745	0.008259	0.002829	0.000406	0.001769	0.000000	**0.019686**
煤炭采选产品	0.000000	0.000000	0.000000	0.000000	0.000000	0.000001	0.000000	**0.009140**
石油和天然气开采产品	0.000000	0.000000	0.000000	0.000000	0.000000	0.000000	0.000000	**0.012865**
金属矿采选产品	0.000000	0.000000	0.000005	0.000000	0.000000	0.000000	0.000000	**0.003185**
非金属矿和其他矿采选产品	0.000371	0.000021	0.000005	0.000003	0.000000	0.000010	0.000000	**0.003521**
食品和烟草	0.002760	0.000713	0.002316	0.000456	0.000064	0.020250	0.004271	**0.010282**
纺织品	0.000008	0.004992	0.002313	0.000355	0.000000	0.000170	0.001285	**0.034828**
纺织服装鞋帽皮革羽绒及其制品	0.000770	0.012947	0.012262	0.000198	0.000045	0.002333	0.000840	**0.010482**
木材加工品和家具	0.002419	0.004991	0.009020	0.000008	0.000004	0.001004	0.000009	**0.008179**
造纸印刷和文教体育用品	0.034953	0.017164	0.016280	0.018870	0.002689	0.186927	0.023799	**0.021229**
石油、炼焦产品和核燃料加工品	0.002335	0.011723	0.064421	0.004753	0.001146	0.003090	0.005562	**0.012122**
化学产品	0.009052	0.009323	0.053566	0.031953	0.289464	0.007935	0.002067	**0.088771**
非金属矿物制品	0.000315	0.000174	0.000005	0.000842	0.000009	0.000038	0.001959	**0.024257**
金属冶炼和压延加工品	0.004193	0.000122	0.000029	0.000012	0.000001	0.000017	0.000000	**0.082959**
金属制品	0.084602	0.033281	0.004534	0.000209	0.000048	0.002605	0.000361	**0.015244**
通用设备	0.006948	0.007121	0.004606	0.000231	0.000352	0.005380	0.000446	**0.021435**
专用设备	0.000260	0.000599	0.000032	0.000061	0.081703	0.000049	0.000152	**0.006744**
交通运输设备	0.010627	0.004809	0.002901	0.016657	0.000608	0.002219	0.015147	**0.020214**
电气机械和器材	0.043224	0.004445	0.013196	0.000044	0.031694	0.000507	0.000000	**0.030848**
通信设备、计算机和其他电子设备	0.017234	0.001415	0.009025	0.000206	0.000408	0.029812	0.001111	**0.018010**
仪器仪表	0.026440	0.007028	0.010717	0.001712	0.000023	0.000028	0.003808	**0.003944**
其他制造产品	0.001629	0.013100	0.012410	0.000430	0.000017	0.000278	0.000000	**0.001628**
废品废料	0.000000	0.000000	0.000000	0.000000	0.000000	0.000000	0.000000	**0.005181**
金属制品、机械和设备修理服务	0.005607	0.002007	0.000212	0.001462	0.000414	0.001169	0.000861	**0.001906**
电力、热力的生产和供应	0.007818	0.032586	0.011124	0.008292	0.007433	0.015471	0.011202	**0.029317**
燃气生产和供应	0.000007	0.004598	0.022562	0.000036	0.000000	0.000775	0.000000	**0.001046**
水的生产和供应	0.000522	0.003940	0.001885	0.000569	0.000538	0.000418	0.000476	**0.000658**
建筑	0.001482	0.002424	0.002510	0.005987	0.002800	0.003422	0.003095	**0.002454**
批发和零售	0.029685	0.027230	0.020554	0.005957	0.039616	0.023153	0.004965	**0.037448**
交通运输、仓储和邮政	0.073823	0.017381	0.019578	0.021923	0.006614	0.017688	0.025751	**0.033243**
住宿和餐饮	0.073185	0.010577	0.012319	0.020944	0.001590	0.015463	0.027408	**0.006726**
信息传输、软件和信息技术服务	0.008894	0.004146	0.006965	0.011171	0.001660	0.007990	0.014999	**0.010368**
金融	0.027555	0.050139	0.032541	0.040627	0.001857	0.052477	0.013308	**0.040984**
房地产	0.013004	0.011547	0.025864	0.004080	0.004537	0.012866	0.006689	**0.004353**
租赁和商务服务	0.029153	0.037927	0.027910	0.003084	0.004137	0.038535	0.008706	**0.020697**
科学研究和技术服务	0.126212	0.000068	0.004458	0.000041	0.038803	0.000016	0.000064	**0.008191**
水利、环境和公共设施管理	0.003195	0.039637	0.001243	0.000569	0.000153	0.001463	0.001479	**0.000982**
居民服务、修理和其他服务	0.004356	0.012400	0.003642	0.065975	0.010745	0.011384	0.078757	**0.004666**
教育	0.001541	0.002177	0.000849	0.087423	0.001911	0.003920	0.008994	**0.002279**
卫生和社会工作	0.000000	0.000000	0.000000	0.000000	0.058806	0.001436	0.000000	**0.001240**
文化、体育和娱乐	0.007940	0.004378	0.002850	0.006132	0.001373	0.045892	0.018598	**0.002419**
公共管理、社会保障和社会组织	0.001001	0.000350	0.000356	0.000815	0.000820	0.000580	0.023495	**0.001585**
中间投入合计	**0.688662**	**0.551227**	**0.423324**	**0.364914**	**0.592487**	**0.518536**	**0.309669**	**0.675316**
劳动者报酬	0.201868	0.269844	0.403384	0.567394	0.365415	0.257112	0.632705	**0.152971**
生产税净额	0.025594	0.029519	0.016791	0.002707	0.000459	0.042192	0.000546	**0.045656**
固定资产折旧	0.018073	0.079200	0.026086	0.053316	0.028073	0.060146	0.040058	**0.041612**
营业盈余	0.065803	0.070211	0.130414	0.011668	0.013565	0.122014	0.017023	**0.084445**
增加值合计	**0.311338**	**0.448773**	**0.576676**	**0.635086**	**0.407513**	**0.481464**	**0.690331**	**0.324684**
总投入	**1.000000**	**1.000000**	**1.000000**	**1.000000**	**1.000000**	**1.000000**	**1.000000**	**1.000000**

附表6　浙江省投入产出完全消耗系数表（2015年）

投入＼产出	农林牧渔产品和服务	煤炭采选产品	石油和天然气开采产品	金属矿采选产品	非金属矿和其他矿采选产品	食品和烟草	纺织品
农林牧渔产品和服务	0.091822	0.015624	0.000000	0.012336	0.015067	0.347047	0.109755
煤炭采选产品	0.016112	0.598533	0.000000	0.083359	0.087100	0.041554	0.061429
石油和天然气开采产品	0.015091	0.025832	0.000000	0.029351	0.065610	0.028174	0.043335
金属矿采选产品	0.006845	0.005964	0.000000	0.370815	0.010134	0.007668	0.007773
非金属矿和其他矿采选产品	0.002271	0.001403	0.000000	0.003944	0.243837	0.005043	0.003444
食品和烟草	0.107264	0.007440	0.000000	0.006291	0.008272	0.298345	0.020832
纺织品	0.007931	0.019749	0.000000	0.014190	0.015198	0.018739	0.596420
纺织服装鞋帽皮革羽绒及其制品	0.002888	0.025382	0.000000	0.009735	0.011027	0.006228	0.010490
木材加工品和家具	0.003585	0.054336	0.000000	0.007235	0.007849	0.006884	0.015297
造纸印刷和文教体育用品	0.019202	0.046288	0.000000	0.029671	0.033712	0.082970	0.044936
石油、炼焦产品和核燃料加工品	0.015758	0.031469	0.000000	0.031849	0.085261	0.029883	0.040604
化学产品	0.155992	0.062069	0.000000	0.143706	0.163671	0.219159	0.594703
非金属矿物制品	0.009389	0.008451	0.000000	0.012613	0.021775	0.028319	0.014750
金属冶炼和压延加工品	0.079780	0.067770	0.000000	0.372857	0.114891	0.084095	0.084808
金属制品	0.031325	0.014145	0.000000	0.026317	0.019352	0.032416	0.019397
通用设备	0.017600	0.013668	0.000000	0.058020	0.043107	0.019802	0.026273
专用设备	0.058701	0.005879	0.000000	0.126765	0.032052	0.023667	0.013521
交通运输设备	0.005860	0.015282	0.000000	0.014887	0.019145	0.010965	0.009116
电气机械和器材	0.014514	0.035613	0.000000	0.042514	0.053607	0.021339	0.026583
通信设备、计算机和其他电子设备	0.007596	0.042877	0.000000	0.020320	0.019203	0.011061	0.015331
仪器仪表	0.003430	0.033399	0.000000	0.009530	0.008363	0.004252	0.005789
其他制造产品	0.001072	0.002451	0.000000	0.002610	0.002996	0.002757	0.002648
废品废料	0.008988	0.009074	0.000000	0.033762	0.025746	0.012673	0.012627
金属制品、机械和设备修理服务	0.002466	0.005629	0.000000	0.014950	0.021265	0.005490	0.007394
电力、热力的生产和供应	0.036792	0.140089	0.000000	0.184746	0.211579	0.099280	0.138141
燃气生产和供应	0.000665	0.001357	0.000000	0.001220	0.001830	0.001602	0.000913
水的生产和供应	0.000520	0.002183	0.000000	0.001186	0.002028	0.001705	0.002097
建筑	0.000705	0.003506	0.000000	0.001481	0.001639	0.001628	0.001589
批发和零售	0.049684	0.072713	0.000000	0.075737	0.067558	0.144763	0.194860
交通运输、仓储和邮政	0.037938	0.244152	0.000000	0.105485	0.278903	0.114577	0.098877
住宿和餐饮	0.007094	0.022514	0.000000	0.018132	0.024825	0.015472	0.015835
信息传输、软件和信息技术服务	0.011239	0.239567	0.000000	0.042906	0.054734	0.028099	0.043114
金融	0.062960	0.117036	0.000000	0.112779	0.124444	0.114202	0.127081
房地产	0.003513	0.007897	0.000000	0.005931	0.008676	0.007241	0.008662
租赁和商务服务	0.018784	0.039787	0.000000	0.052479	0.054789	0.058625	0.051656
科学研究和技术服务	0.009173	0.029267	0.000000	0.012604	0.014838	0.009273	0.010779
水利、环境和公共设施管理	0.004512	0.003398	0.000000	0.002999	0.004496	0.003230	0.002779
居民服务、修理和其他服务	0.008640	0.013446	0.000000	0.007834	0.022968	0.008624	0.007063
教育	0.001520	0.009505	0.000000	0.003425	0.005730	0.003047	0.003078
卫生和社会工作	0.006512	0.000627	0.000000	0.000533	0.000622	0.002794	0.001684
文化、体育和娱乐	0.002338	0.006335	0.000000	0.005347	0.008205	0.004184	0.004452
公共管理、社会保障和社会组织	0.039051	0.002061	0.000000	0.003595	0.002020	0.013700	0.005191

续 1

投入 \ 产出	纺织服装鞋帽皮革羽绒及其制品	木材加工品和家具	造纸印刷和文教体育用品	石油、炼焦产品和核燃料加工品	化学产品	非金属矿物制品	金属冶炼和压延加工品
农林牧渔产品和服务	0.068288	0.122096	0.060436	0.003661	0.060008	0.017287	0.012268
煤炭采选产品	0.043732	0.045849	0.080073	0.015192	0.071597	0.141736	0.127922
石油和天然气开采产品	0.034877	0.033330	0.040141	0.722336	0.102611	0.057611	0.049531
金属矿采选产品	0.007222	0.019570	0.029211	0.001022	0.012259	0.024954	0.200862
非金属矿和其他矿采选产品	0.002685	0.005211	0.005718	0.000405	0.009128	0.134217	0.009346
食品和烟草	0.020543	0.022859	0.021489	0.001867	0.023397	0.009983	0.006532
纺织品	0.544543	0.089006	0.092185	0.004091	0.060887	0.023642	0.014424
纺织服装鞋帽皮革羽绒及其制品	0.284921	0.040682	0.018763	0.001588	0.013765	0.012311	0.009334
木材加工品和家具	0.012034	0.447758	0.056301	0.001449	0.011384	0.012937	0.009764
造纸印刷和文教体育用品	0.062241	0.080662	0.492693	0.005969	0.058071	0.060234	0.041318
石油、炼焦产品和核燃料加工品	0.035688	0.035463	0.041262	0.077299	0.087259	0.058335	0.052417
化学产品	0.399793	0.274752	0.373903	0.064593	1.004952	0.224855	0.126016
非金属矿物制品	0.012569	0.032976	0.025945	0.001877	0.036390	0.291239	0.029744
金属冶炼和压延加工品	0.079380	0.229730	0.278267	0.011154	0.122138	0.183839	1.505572
金属制品	0.020240	0.051574	0.048905	0.003085	0.026786	0.024421	0.025721
通用设备	0.023316	0.044866	0.038886	0.003305	0.034526	0.032413	0.047397
专用设备	0.010985	0.033882	0.018829	0.001207	0.015609	0.023422	0.060279
交通运输设备	0.010328	0.012008	0.013330	0.002889	0.011227	0.017463	0.019134
电气机械和器材	0.023621	0.035619	0.043752	0.004510	0.034510	0.037825	0.039237
通信设备、计算机和其他电子设备	0.015303	0.015319	0.020346	0.002507	0.016660	0.019946	0.018796
仪器仪表	0.004788	0.005402	0.006638	0.001651	0.006607	0.008760	0.008986
其他制造产品	0.008953	0.002931	0.002714	0.000721	0.003088	0.003114	0.002584
废品废料	0.012142	0.026153	0.080115	0.001755	0.021812	0.048277	0.199417
金属制品、机械和设备修理服务	0.007291	0.008581	0.010262	0.001048	0.007159	0.013952	0.012426
电力、热力的生产和供应	0.099050	0.100811	0.164668	0.016448	0.149093	0.193366	0.219506
燃气生产和供应	0.000871	0.001139	0.001346	0.000217	0.001298	0.001574	0.002796
水的生产和供应	0.001772	0.002396	0.001966	0.000290	0.001809	0.002147	0.002403
建筑	0.001658	0.001680	0.001991	0.000374	0.001949	0.002657	0.002269
批发和零售	0.202457	0.122306	0.123987	0.076233	0.110697	0.120409	0.109709
交通运输、仓储和邮政	0.098810	0.132500	0.127958	0.038847	0.123894	0.211245	0.141735
住宿和餐饮	0.016476	0.017557	0.018722	0.002951	0.019944	0.021621	0.018037
信息传输、软件和信息技术服务	0.049731	0.037934	0.042670	0.006556	0.036369	0.049225	0.047129
金融	0.122271	0.122201	0.143586	0.029288	0.129157	0.167585	0.185875
房地产	0.009907	0.008882	0.009886	0.002400	0.007680	0.009665	0.008605
租赁和商务服务	0.058575	0.053132	0.051775	0.016204	0.061329	0.055795	0.047400
科学研究和技术服务	0.010677	0.011337	0.010818	0.002162	0.014762	0.010878	0.010771
水利、环境和公共设施管理	0.002570	0.002835	0.003077	0.000440	0.003230	0.003641	0.003417
居民服务、修理和其他服务	0.007494	0.007625	0.008004	0.001589	0.010074	0.010882	0.007169
教育	0.003357	0.003533	0.004084	0.000784	0.003269	0.004288	0.003969
卫生和社会工作	0.001486	0.001410	0.001065	0.000432	0.000993	0.000855	0.000727
文化、体育和娱乐	0.004530	0.004830	0.005172	0.000808	0.004887	0.006052	0.005359
公共管理、社会保障和社会组织	0.000180	0.000149	0.000287	0.000005	0.000180	0.000187	0.000126

续 2

产出 / 投入	金属制品	通用设备	专用设备	交通运输设备	电气机械和器材	通信设备、计算机和其他电子设备	仪器仪表
农林牧渔产品和服务	0.018637	0.013713	0.014791	0.014578	0.017017	0.014604	0.015566
煤炭采选产品	0.088942	0.066119	0.063901	0.057924	0.068081	0.053444	0.049594
石油和天然气开采产品	0.043590	0.035372	0.034795	0.034344	0.038348	0.029035	0.028839
金属矿采选产品	0.085916	0.069361	0.065096	0.057777	0.066925	0.045661	0.036311
非金属矿和其他矿采选产品	0.009040	0.006287	0.005871	0.005274	0.009826	0.008645	0.010844
食品和烟草	0.008071	0.007125	0.007781	0.007031	0.008187	0.007456	0.007910
纺织品	0.019820	0.015984	0.018511	0.018185	0.019696	0.015209	0.018500
纺织服装鞋帽皮革羽绒及其制品	0.010096	0.008235	0.012544	0.008167	0.009576	0.007409	0.007906
木材加工品和家具	0.014529	0.012276	0.010283	0.011802	0.014054	0.007570	0.009087
造纸印刷和文教体育用品	0.056751	0.049791	0.045050	0.043759	0.056185	0.044510	0.056230
石油、炼焦产品和核燃料加工品	0.043608	0.038693	0.037543	0.035485	0.039899	0.031031	0.030462
化学产品	0.220198	0.145315	0.173068	0.214071	0.250726	0.174052	0.202757
非金属矿物制品	0.050399	0.035002	0.030980	0.027678	0.064022	0.063355	0.088047
金属冶炼和压延加工品	1.020353	0.844753	0.791421	0.654702	0.802092	0.541808	0.409597
金属制品	0.143029	0.081191	0.065132	0.057946	0.073633	0.053228	0.054803
通用设备	0.071572	0.337077	0.224030	0.165951	0.113533	0.066266	0.077788
专用设备	0.038438	0.038339	0.112589	0.027441	0.049431	0.032077	0.046841
交通运输设备	0.015704	0.029665	0.017586	0.630250	0.016287	0.012204	0.012015
电气机械和器材	0.057697	0.156518	0.139911	0.113295	0.404695	0.193892	0.232839
通信设备、计算机和其他电子设备	0.029112	0.068534	0.071336	0.047689	0.140406	0.680462	0.337343
仪器仪表	0.017043	0.030117	0.032021	0.016841	0.023222	0.034403	0.173582
其他制造产品	0.002868	0.003141	0.003049	0.002742	0.005662	0.003332	0.009353
废品废料	0.103439	0.080329	0.075030	0.065579	0.070047	0.048633	0.039215
金属制品、机械和设备修理服务	0.010067	0.009730	0.008385	0.010772	0.008478	0.007871	0.007386
电力、热力的生产和供应	0.182950	0.133057	0.130429	0.117859	0.134843	0.109211	0.099343
燃气生产和供应	0.003608	0.002106	0.001984	0.001465	0.001619	0.001300	0.001245
水的生产和供应	0.002456	0.001749	0.001784	0.001631	0.001703	0.001781	0.001518
建筑	0.002076	0.001804	0.001781	0.002115	0.001869	0.001717	0.001517
批发和零售	0.101536	0.099259	0.095658	0.103188	0.114797	0.131849	0.113719
交通运输、仓储和邮政	0.136684	0.118653	0.117664	0.114412	0.122632	0.105797	0.106173
住宿和餐饮	0.019636	0.020446	0.023047	0.017181	0.020037	0.021024	0.021418
信息传输、软件和信息技术服务	0.046171	0.056081	0.048705	0.036804	0.038616	0.042074	0.037697
金融	0.162266	0.144619	0.139023	0.146515	0.150183	0.128898	0.118137
房地产	0.009104	0.008771	0.009506	0.007867	0.008769	0.009620	0.009915
租赁和商务服务	0.051402	0.049441	0.050967	0.049400	0.057457	0.057273	0.055673
科学研究和技术服务	0.016184	0.015271	0.014975	0.014066	0.016588	0.026623	0.018065
水利、环境和公共设施管理	0.003171	0.002989	0.003241	0.002613	0.002879	0.002847	0.002801
居民服务、修理和其他服务	0.007705	0.007952	0.009307	0.007305	0.007988	0.006969	0.008212
教育	0.003862	0.003695	0.003543	0.003137	0.003607	0.003269	0.003643
卫生和社会工作	0.000719	0.000669	0.000657	0.000688	0.000768	0.000830	0.000744
文化、体育和娱乐	0.005311	0.005535	0.005757	0.004581	0.005090	0.005072	0.005247
公共管理、社会保障和社会组织	0.002386	0.002080	0.002122	0.001865	0.002290	0.001906	0.002237

续 3

投入 \ 产出	其他制造产品	废品废料	金属制品、机械和设备修理服务	电力、热力的生产和供应	燃气生产和供应	水的生产和供应	建筑
农林牧渔产品和服务	0.035854	0.016095	0.011141	0.009869	0.002746	0.016092	0.033792
煤炭采选产品	0.175450	0.050034	0.068422	0.494966	0.003197	0.090774	0.079721
石油和天然气开采产品	0.036080	0.033105	0.028829	0.048940	0.670825	0.022271	0.042793
金属矿采选产品	0.023413	0.042686	0.045984	0.005116	0.001513	0.007895	0.053543
非金属矿和其他矿采选产品	0.004062	0.015446	0.004231	0.001340	0.000253	0.002495	0.045655
食品和烟草	0.022652	0.007142	0.006188	0.004741	0.001382	0.009690	0.009842
纺织品	0.137493	0.019807	0.012100	0.010695	0.002944	0.016559	0.018879
纺织服装鞋帽皮革羽绒及其制品	0.024761	0.010390	0.008484	0.011259	0.001378	0.014665	0.012567
木材加工品和家具	0.024150	0.010088	0.007020	0.018219	0.000753	0.006855	0.040222
造纸印刷和文教体育用品	0.066249	0.035211	0.033892	0.028761	0.007264	0.043632	0.043541
石油、炼焦产品和核燃料加工品	0.037004	0.033682	0.030068	0.028773	0.005242	0.020856	0.048726
化学产品	0.366520	0.349203	0.108060	0.040895	0.013339	0.122875	0.174306
非金属矿物制品	0.019565	0.028371	0.019155	0.006025	0.001500	0.009123	0.232476
金属冶炼和压延加工品	0.279905	0.117815	0.544800	0.059334	0.017772	0.090462	0.639812
金属制品	0.043808	0.028639	0.135707	0.012051	0.003511	0.020219	0.059962
通用设备	0.036623	0.022376	0.096350	0.021648	0.006411	0.030996	0.038957
专用设备	0.014125	0.009697	0.018529	0.005173	0.001136	0.009704	0.025370
交通运输设备	0.011820	0.009971	0.013948	0.010629	0.002945	0.009393	0.015136
电气机械和器材	0.043701	0.019952	0.089480	0.037894	0.005624	0.034281	0.082816
通信设备、计算机和其他电子设备	0.025691	0.010013	0.024549	0.020472	0.003717	0.024602	0.023317
仪器仪表	0.028071	0.003805	0.022450	0.014599	0.005173	0.022738	0.008537
其他制造产品	0.023194	0.001902	0.002326	0.001933	0.000934	0.003271	0.002910
废品废料	0.027997	0.619146	0.119402	0.007357	0.001910	0.015817	0.059510
金属制品、机械和设备修理服务	0.009229	0.005277	0.027376	0.009795	0.000641	0.054956	0.007830
电力、热力的生产和供应	0.127838	0.129647	0.117292	0.596633	0.007457	0.275485	0.133038
燃气生产和供应	0.001150	0.001286	0.001328	0.000910	0.260750	0.000969	0.001653
水的生产和供应	0.001910	0.001140	0.001407	0.002076	0.000215	0.087922	0.002672
建筑	0.001688	0.001624	0.001151	0.002725	0.000344	0.004371	0.022132
批发和零售	0.105644	0.138697	0.076061	0.054127	0.073786	0.042519	0.135874
交通运输、仓储和邮政	0.133106	0.110174	0.088953	0.159618	0.033533	0.072651	0.147760
住宿和餐饮	0.018635	0.013031	0.018863	0.014134	0.004376	0.021653	0.020486
信息传输、软件和信息技术服务	0.053771	0.028946	0.036413	0.086920	0.006977	0.088228	0.034471
金融	0.108996	0.103545	0.108625	0.150600	0.045056	0.227096	0.147551
房地产	0.008731	0.006681	0.006389	0.005873	0.002682	0.008169	0.009030
租赁和商务服务	0.052333	0.038753	0.041239	0.034854	0.021068	0.064213	0.052351
科学研究和技术服务	0.012191	0.007438	0.007148	0.013308	0.001943	0.008105	0.051224
水利、环境和公共设施管理	0.002853	0.002426	0.002881	0.005833	0.000579	0.009218	0.002915
居民服务、修理和其他服务	0.007534	0.005375	0.005751	0.008169	0.001442	0.013150	0.009650
教育	0.004117	0.002607	0.003467	0.004980	0.001040	0.005785	0.004186
卫生和社会工作	0.000835	0.000871	0.000517	0.000441	0.000412	0.000374	0.000989
文化、体育和娱乐	0.004834	0.004155	0.005067	0.004584	0.001323	0.009361	0.007284
公共管理、社会保障和社会组织	0.002663	0.001719	0.001557	0.004985	0.000407	0.002808	0.002702

续4

投入＼产出	批发和零售	交通运输、仓储和邮政	住宿和餐饮	信息传输、软件和信息技术服务	金融	房地产	租赁和商务服务
农林牧渔产品和服务	0.014345	0.006021	0.167934	0.017103	0.014748	0.005330	0.058083
煤炭采选产品	0.012822	0.010780	0.037226	0.025005	0.013363	0.007576	0.028422
石油和天然气开采产品	0.018634	0.085419	0.021408	0.017493	0.012029	0.004670	0.035674
金属矿采选产品	0.003532	0.004007	0.005845	0.011051	0.004690	0.001431	0.014043
非金属矿和其他矿采选产品	0.000648	0.000668	0.001623	0.002178	0.000958	0.000273	0.002189
食品和烟草	0.006366	0.004126	0.145813	0.009627	0.010261	0.002677	0.012099
纺织品	0.013505	0.007274	0.022535	0.017845	0.014928	0.006692	0.087979
纺织服装鞋帽皮革羽绒及其制品	0.004071	0.005036	0.007878	0.007008	0.008986	0.003156	0.006882
木材加工品和家具	0.002769	0.002624	0.006713	0.012390	0.005159	0.001721	0.006833
造纸印刷和文教体育用品	0.028219	0.023966	0.066631	0.115506	0.080223	0.015170	0.070075
石油、炼焦产品和核燃料加工品	0.024813	0.122358	0.019318	0.019888	0.014269	0.005323	0.046546
化学产品	0.035994	0.038088	0.084996	0.108210	0.065303	0.013462	0.112795
非金属矿物制品	0.003447	0.003466	0.008710	0.013456	0.004854	0.001483	0.012325
金属冶炼和压延加工品	0.040459	0.044910	0.065965	0.125677	0.051781	0.016288	0.163296
金属制品	0.016267	0.007919	0.018909	0.018670	0.020930	0.004568	0.053196
通用设备	0.008017	0.012594	0.022531	0.020551	0.014744	0.005479	0.027877
专用设备	0.003494	0.002874	0.012642	0.008787	0.003908	0.001452	0.012860
交通运输设备	0.011958	0.063626	0.012406	0.011459	0.008711	0.004411	0.060333
电气机械和器材	0.020667	0.012092	0.028068	0.096714	0.017094	0.008775	0.127198
通信设备、计算机和其他电子设备	0.011163	0.006478	0.014167	0.145694	0.012196	0.004307	0.041852
仪器仪表	0.002651	0.002063	0.003546	0.025254	0.002444	0.000843	0.006019
其他制造产品	0.004963	0.001588	0.014598	0.003899	0.003357	0.002417	0.041335
废品废料	0.005027	0.005464	0.008960	0.015600	0.007964	0.002119	0.017753
金属制品、机械和设备修理服务	0.002918	0.003827	0.002676	0.003408	0.001601	0.000826	0.003554
电力、热力的生产和供应	0.032582	0.024285	0.100992	0.058843	0.031332	0.020787	0.051911
燃气生产和供应	0.001023	0.004066	0.008698	0.000786	0.000693	0.000745	0.001080
水的生产和供应	0.001502	0.000540	0.001994	0.000761	0.000719	0.000200	0.001049
建筑	0.001605	0.001830	0.002051	0.001312	0.002944	0.000870	0.001812
批发和零售	0.060022	0.037322	0.069318	0.070937	0.030443	0.009581	0.089264
交通运输、仓储和邮政	0.106890	0.378092	0.058648	0.061913	0.060795	0.015122	0.088557
住宿和餐饮	0.019245	0.010404	0.011165	0.029253	0.030389	0.008210	0.019872
信息传输、软件和信息技术服务	0.034139	0.015002	0.023072	0.105091	0.043679	0.009780	0.026496
金融	0.147557	0.146618	0.115062	0.115821	0.139884	0.070142	0.272700
房地产	0.025279	0.006474	0.056569	0.012187	0.018163	0.013924	0.010702
租赁和商务服务	0.116737	0.026351	0.142581	0.079403	0.072493	0.056363	0.065746
科学研究和技术服务	0.017749	0.004515	0.005680	0.014396	0.003447	0.000941	0.006005
水利、环境和公共设施管理	0.002476	0.001990	0.002053	0.003118	0.004488	0.001034	0.002696
居民服务、修理和其他服务	0.010324	0.008631	0.012219	0.005635	0.004424	0.001351	0.009032
教育	0.004803	0.002713	0.002450	0.002954	0.009175	0.001641	0.004427
卫生和社会工作	0.005511	0.001094	0.001718	0.000521	0.000302	0.000096	0.000852
文化、体育和娱乐	0.005305	0.003488	0.017775	0.009211	0.009985	0.002921	0.005495
公共管理、社会保障和社会组织	0.002093	0.000852	0.007667	0.004375	0.002102	0.001065	0.009176

续 5

投入＼产出	科学研究和技术服务	水利、环境和公共设施管理	居民服务、修理和其他服务	教育	卫生和社会工作	文化、体育和娱乐	公共管理、社会保障和社会组织
农林牧渔产品和服务	0.059354	0.186991	0.023422	0.014872	0.025304	0.030228	0.012787
煤炭采选产品	0.033391	0.034143	0.021285	0.014974	0.037068	0.032113	0.014822
石油和天然气开采产品	0.026771	0.027481	0.075985	0.019086	0.041180	0.020486	0.017554
金属矿采选产品	0.019802	0.008485	0.005706	0.003899	0.013270	0.009929	0.003636
非金属矿和其他矿采选产品	0.003527	0.001692	0.001526	0.001287	0.004049	0.002132	0.001079
食品和烟草	0.024468	0.023579	0.009989	0.007670	0.010286	0.036667	0.012840
纺织品	0.017172	0.028858	0.023318	0.009440	0.023664	0.027529	0.010427
纺织服装鞋帽皮革羽绒及其制品	0.006662	0.021361	0.019293	0.003901	0.006734	0.009189	0.004514
木材加工品和家具	0.011367	0.012493	0.016906	0.004299	0.006241	0.014841	0.004401
造纸印刷和文教体育用品	0.092340	0.049255	0.042811	0.047559	0.035531	0.309157	0.054754
石油、炼焦产品和核燃料加工品	0.031400	0.029519	0.084235	0.021942	0.037919	0.022511	0.021242
化学产品	0.113382	0.096396	0.154093	0.105602	0.652276	0.121184	0.045011
非金属矿物制品	0.017754	0.008605	0.007947	0.006794	0.018088	0.010868	0.006848
金属冶炼和压延加工品	0.231061	0.098144	0.064491	0.042601	0.151638	0.103496	0.039686
金属制品	0.129120	0.054244	0.016171	0.007780	0.023700	0.021408	0.007375
通用设备	0.038105	0.023931	0.017128	0.009663	0.037514	0.022704	0.009093
专用设备	0.014796	0.015080	0.005488	0.003288	0.104280	0.007611	0.003091
交通运输设备	0.033866	0.016206	0.011210	0.034333	0.009722	0.012721	0.030465
电气机械和器材	0.103255	0.027099	0.035906	0.012293	0.077585	0.027465	0.012888
通信设备、计算机和其他电子设备	0.062351	0.015053	0.027609	0.008880	0.021195	0.062768	0.011993
仪器仪表	0.041607	0.012486	0.015745	0.004958	0.007979	0.004177	0.007426
其他制造产品	0.006390	0.017107	0.015193	0.002662	0.002369	0.003659	0.002541
废品废料	0.025595	0.011625	0.008066	0.006247	0.017809	0.021033	0.005957
金属制品、机械和设备修理服务	0.010348	0.004778	0.002240	0.003039	0.004497	0.004566	0.002230
电力、热力的生产和供应	0.075493	0.088105	0.047411	0.036917	0.081732	0.076279	0.038309
燃气生产和供应	0.002053	0.007113	0.029109	0.002660	0.001173	0.002140	0.002915
水的生产和供应	0.001641	0.005089	0.002550	0.001175	0.001606	0.001261	0.001027
建筑	0.002979	0.003475	0.003246	0.007427	0.004182	0.004686	0.004009
批发和零售	0.085396	0.065539	0.055298	0.027583	0.097729	0.070702	0.025279
交通运输、仓储和邮政	0.170910	0.065761	0.060888	0.056665	0.077849	0.075104	0.057766
住宿和餐饮	0.094805	0.019178	0.019198	0.028851	0.016180	0.025771	0.033501
信息传输、软件和信息技术服务	0.031929	0.021267	0.019937	0.022632	0.023212	0.027731	0.024941
金融	0.122168	0.116528	0.082020	0.081279	0.077170	0.126718	0.048512
房地产	0.025511	0.017617	0.030541	0.010329	0.011272	0.020062	0.012959
租赁和商务服务	0.075223	0.065076	0.050649	0.022239	0.040410	0.070381	0.026822
科学研究和技术服务	0.151519	0.005274	0.008906	0.003033	0.055175	0.005328	0.002681
水利、环境和公共设施管理	0.005625	0.043175	0.002355	0.001545	0.002040	0.003118	0.002360
居民服务、修理和其他服务	0.010691	0.017266	0.006533	0.074705	0.017083	0.016075	0.083658
教育	0.004295	0.004391	0.002359	0.097011	0.004238	0.006649	0.011100
卫生和社会工作	0.000930	0.001457	0.000465	0.000283	0.063179	0.002189	0.000282
文化、体育和娱乐	0.013860	0.007363	0.005061	0.009072	0.004818	0.051096	0.021855
公共管理、社会保障和社会组织	0.004424	0.007924	0.001900	0.001920	0.002731	0.002740	0.025018

浙/江/统/计/年/鉴

主要统计指标解释

■ 消费者信心指数(Consumer Confidence Index,CCI)

是反映消费者信心强弱的指标,是综合反映并量化消费者对当前经济形势评价和对经济前景、收入水平、收入预期以及消费心理状态的主观感受,是预测经济走势和消费趋向的一个先行指标,是监测经济周期变化不可缺少的依据。消费者信心指数的取值均在“0-200”之间。“0”表示“极端悲观”,200表示“极端乐观”,“100”为“乐观”和“悲观”的临界值。当信心指数大于100时,表明消费者趋于乐观,越接近200乐观程度越高;小于100时,表明消费者趋于悲观,越接近0悲观程度越深。

■ 就业信心指数

是反映消费者对当前和未来6个月就业形势信心强弱的指标,是消费者信心指数的重要组成部分。就业信心指数由就业信心满意指数和就业信心预期指数加权平均取得。就业信心指数的取值均在“0-200”之间。“0”表示“极端悲观”,200表示“极端乐观”,“100”为“乐观”和“悲观”的临界值。当信心指数大于100时,表明消费者趋于乐观,越接近200乐观程度越高;小于100时,表明消费者趋于悲观,越接近0悲观程度越深。

■ 收入信心指数

是反映消费者对当前和未来6个月家庭收入情况信心强弱的指标,是消费者信心指数的重要组成部分。收入信心指数由收入信心满意指数和收入信心预期指数加权平均取得。收入信心指数的取值均在“0-200”之间。“0”表示“极端悲观”,200表示“极端乐观”,“100”为“乐观”和“悲观”的临界值。当信心指数大于100时,表明消费者趋于乐观,越接近200乐观程度越高;小于100时,表明消费者趋于悲观,越接近0悲观程度越深。

■ 总产出

是我省常住单位在一定时期内生产的所有货物和服务的价值,既包括新增价值,也包括转移价值。它反映常住单位生产活动的总规划。总产出按生产者价格计算。常住单位是指在我国的经济领土内具有经济利益中心的单位。

■ 中间使用

指常住单位在本期生产活动中消耗和使用的非固定资产货物和服务的价值,其中包括国内生产和国外进口的各类货物和服务的价值。

■ 最终使用

指已退出或暂时退出本期生产活动而为最终需求所提供的货物和服务。

■ 总投入

指一定时期内我省常住单位进行生产活动所投入的总费用。

■ 中间投入

指常住单位在生产或提供货物和服务过程中,消耗和使用的所有非固定资产货物和服务的价值。

■ 增加值

指常住单位生产过程创造的新增价值和固定资产的转移价值。它包括固定资产折旧、劳动者报酬、生产税净额和营业盈余。

■ 直接消耗系数

也称为投入系数,记为 $a_{ij}(i,j=1,2,\cdots,n)$,它是指在生产经营过程中第j部门(或产品)的单位总产出所直接消耗的第i部门(或产品)的数量。直接消耗系数的计算主法为:用第j部门的总投入 X_j 去除该部门生产经营中所直接消耗的第i部门的货换或服务的数量 χ_{ij},用公式表示为:

$$a_{ij}=\frac{\chi_{ij}}{X_j}\qquad(i,j=1,2,\cdots,n)$$

■ 完全消耗系数

通常记为 b_{ij},它是指第j部门每提供一个单位最终使用时,对第i部门货物或服务的直接消耗和间接消耗之和。利用直接消耗系数矩阵A计算完全消耗系数矩阵B的公式为:

$$B=(I-A)^{-1}-I$$